D1718985

Himmelsbach
Beck'sches Mandatshandbuch
Wettbewerbsrecht

Beck'sches
Mandats
Handbuch

Wettbewerbsrecht

Ansprüche, Verfahren, Taktik, Muster

von

Prof. Dr. Gero Himmelsbach
Rechtsanwalt in München

4. Auflage 2014

C.H.BECK

www.beck.de

ISBN 978 3 406 66057 3

© 2014 Verlag C.H. Beck oHG
Wilhelmstraße 9, 80801 München
Druck und Bindung: Beltz Bad Langensalza GmbH,
Neustädter Str. 1–4, 99947 Bad Langensalza

Satz: Druckerei C.H. Beck, 86720 Nördlingen

Gedruckt auf säurefreiem, alterungsbeständigem Papier
(hergestellt aus chlorfrei gebleichtem Zellstoff)

Meiner Familie

Vorwort zur 4. Auflage

Es hat sich seit Erscheinen der dritten Auflage im Jahr 2009 einiges getan im deutschen Lauterkeitsrecht. Gravierend sind die Einflüsse des europäischen Rechts: So stehen die Regelungen der Preisangabenverordnung insgesamt zur Disposition und es stellt sich immer mehr die Frage, ob der deutsche Gesetzgeber im Jahr 2008 die Vorgaben der UGP-Richtlinie tatsächlich ausreichend berücksichtigt hat. Das bietet für die Parteien eines UWG-Streits umfangreiches Argumentationsmaterial. Schließlich hängt es letztlich von der europarechtlichen Bewertung ab, ob die deutsche Norm (uneingeschränkt) anwendbar ist. In dieser Auflage wird deshalb jeweils durch einen Infokasten „UGP-RL konform?" der aktuelle Stand der Diskussion dargestellt. Das kann vor allem bei grundsätzlichen Streitigkeiten, die nicht im Verfügungsverfahren vor dem Instanzgericht enden, eine wertvolle Hilfe sein.

Diese Auflage ist auf dem aktuellen Rechtsstand und berücksichtigt bereits die umfassenden Informationspflichten aufgrund der Umsetzung der EU-Verbraucherrechterichtlinie, die zum 13.6.2014 wirksam werden. Im UWG hat das Gesetz gegen unseriöse Geschäftspraktiken für einige – sehr übersichtliche – Änderungen gesorgt, die durch den Infokasten „UWG 2013" kenntlich gemacht sind. Auch in den wettbewerbsrechtlichen Nebengesetzen macht sich der europäische Einfluss bemerkbar: So hat die Regelungsdichte im Heilmittelwerbegesetz etwas abgenommen. Dagegen gibt es neue Informationspflichten, zB zu energiebezogenen Aussagen.

Erneut ist der Umfang deutlich erweitert worden, um vor allem dem Praktiker die europarechtlichen Aspekte lesbar nahezubringen. Damit der Nutzer ohne Umwege auf die Darstellung der einzelnen Normen insbesondere des UWG zurückgreifen kann, ist nunmehr ab Seite XXXIII eine Übersicht zu den besprochenen Paragrafen aufgenommen.

Der Umfang der Nachbearbeitung hat auch bei dieser Auflage meiner Familie eine besondere Geduld abgefordert. Meine liebe Frau und meine drei Kinder – Theo, Lenz und Til – haben nun auch die Bearbeitung der vierten Auflage überstanden. Mein besonderer Dank gilt deshalb meiner geduldigen Familie und auch Herrn Rechtsanwalt Bernd Hickertz, der wie schon bei den bisherigen Auflagen den Text kritisch durchgesehen und wertvolle Anregungen beigetragen hat.

München im Mai 2014   *Gero Himmelsbach*

Inhaltsübersicht

Inhaltsverzeichnis

Inhaltsverzeichnis

Inhaltsverzeichnis

Inhaltsverzeichnis

Literaturverzeichnis

Ahrens, Die fristgebundene Vollziehung einstweiliger Verfügungen, WRP 1999, 1.

Ahrens, Die Abschlußerklärung, WRP 1997, 907.

Ahrens, Der Wettbewerbsprozess, 6. Aufl. Berlin/Bonn/München 2009 (zitiert: *Ahrens*, Wettbewerbsprozess).

Alexander, Die strafbare Werbung in der UWG-Reform, WRP 2004, 407.

Alexander, Nutzen und Zukunft der Gewinnabschöpfung in der Diskussion, WRP 2012, 1190.

Alexander, Die Rechtsprechung des EuGH zur Richtlinie 2005/29/EG bis zum Jahr 2012, WRP 2013, 17.

Alexander, Bedarf § 5a UWG einer Korrektur?, WRP 2013, 716.

Alexander, (K)ein „Haircut" bei der Preisangabeverordnung?, WRP 2013, 1561.

Alexander, Die Umsetzung der Verbraucherrechte-Richtlinie und die Auswirkungen auf das Lauterkeitsrecht, WRP 2015, 501.

Anders, Die Zustellung einstweiliger Verfügungen nach dem Zustellungsreformgesetz, WRP 2003, 204.

Baronikians, Eilverfahren und Verjährung, WRP 2001, 121.

Baumbach/Lauterbach/Albers/Hartmann, Zivilprozessordnung, 72. Aufl. München 2014.

Berlit, Auswirkungen der Aufhebung des Rabattgesetzes und der Zugabeverordnung auf die Auslegung von § 1 UWG und § 3 UWG, WRP 2001, 349.

Berlit, Die Zukunft des Preisausschreibens im Lichte der Entscheidung „Millionen-Chance II", WRP 2011, 1225.

Berneke, Die einstweilige Verfügung in Wettbewerbssachen, 2. Aufl. München 2003 (zitiert: *Berneke*, Einstweilige Verfügung).

Berneke, Zum Lauterkeitsrecht nach einer Aufhebung von Zugabeverordnung und Rabattgesetz, WRP 2001, 615.

Beyerlein, „(K)eine zweite Chance – wiederholter Antrag auf Erlass einer einstweiligen Verfügung als Dringlichkeitsproblem", WRP 2005, 1463.

Bodewig/Henning-Bodewig, Rabatte und Zugaben in den Mitgliedstaaten der Europäischen Union, WRP 2000, 1341.

Borck, Der Hilfsantrag im Unterlassungsprozess, WRP 1981, 248.

Borck, Der Weg zum „richtigen" Unterlassungsantrag, WRP 2000, 824.

Boehme-Neßler, Rechtsprobleme der Internet-Werbung, ZUM 2001, 547.

Böhler, Wettbewerbsrechtliche Schranken für Werbemaßnahmen gegenüber Minderjährigen, WRP 2011, 1028.

Bornemann/von Coelln/Hepach/Himmelsbach/Lörz, Kommentar zum Bayerischen Mediengesetz, Loseblatt, Stand: 2013.

Bornkamm, Irrungen, Wirrungen – Der Tatbestand der Irreführung durch Unterlassen, WRP 2012, 1.

Brandner/Bergmann, Zur Zulässigkeit „gesetzeswiederholender" Unterlassungsanträge, WRP 2000, 842.

Buchmann, Neuere Entwicklungen im Recht der lauterkeitsrechtlichen Abmahnung, WRP 2012, 1345.

Bülow/Ring/Artz/Brixius, Heilmittelwerbegesetz – Gesetz über die Werbung auf dem Gebiet des Heilwesens (HWG) Kommentar, 4. Aufl. Köln 2012.

Burk, Die neuen Publikumswerbeverbote des § 11 HWG auf dem Prüfstand von Verfassungs- und Europarecht, GRUR 2012, 1097.

Busch, Die Rechtsprechung zur Rückrufverpflichtung, AfP 2004, 413.

Busch, Zurückweisung einer Abmahnung bei Nichtvorlage der Originalvollmacht nach § 174 S. 1 BGB?, GRUR 2006, 477.

Literaturverzeichnis

Büscher, Klagehäufung im gewerblichen Rechtsschutz – alternativ, kumulativ, eventuell?, GRUR 2012, 16.

Chudziak, Die Erstattung der Rechtsanwaltskosten des unbegründet Abgemahnten, GRUR 2012, 133.

Cordes, Die Gewährung von Zugaben und Rabatten und deren wettbewerbsrechtlichen Grenzen nach Aufhebung von Zugabeverordnung und Rabattgesetz, WRP 2001, 867.

Danckwerts, Klagehäufung im UWG: Nach „TÜV" tut nun ein „Biomineralwasser" gut, AnwBl 2013, 252.

Decker, Ähnlichkeit von Waren und Dienstleistungen im Rahmen der Privilegierung von E-Mail-Werbung nach § 7 III UWG, GRUR 2011, 774.

Doepner, Heilmittelwerbegesetz, Kommentar, 2. Aufl. München 2000.

Doepner, Selbstwiderlegung der Dringlichkeit in wettbewerbsrechtlichen Verfügungsverfahren: wider eine feste Zeitspanne, WRP 2011, 1384.

Deutsch, Zur Markenverunglimpfung, GRUR 1995, 319.

Dunkl/Moeller/Baur/Feldmeier, Handbuch des einstweiligen Rechtsschutzes, 3. Aufl. 1999.

Ernst, Die Double-opt-in-Bestätigungsmail als Werbung?, WRP 2013, 160.

Fezer, Markenrecht, 4. Aufl. München 2009.

Fezer, Telefonmarketing im b2c- und b2b-Geschäftsverkehr, WRP 2010, 1075.

Finger, EuGVVO – Eine erste Übersicht über die neue Regelung, MDR 2001, 1394.

Gärtner, Probleme der Auslandsvollstreckung von Nichtgeldleistungsentscheidungen im Bereich der Europäischen Gemeinschaft (Diss.), München 1991.

Geimer, Internationales Zivilprozessrecht, 6. Aufl. Köln 2009 (zitiert: *Geimer,* IZPR).

Geimer/Schütze, Internationaler Rechtsverkehr in Zivil- und Handelssachen, 46. Aufl. München 2001 ff.

Gerold/Schmidt, Rechtsanwaltsvergütungsgesetz, 21. Aufl. München 2013 (zitiert: Gerold/Schmidt/*Bearbeiter,* RVG).

Gerstenberg, Zur (Gegen-)Abmahnung als Retourkutsche, WRP 2011, 1116.

Gierschmann, Die E-Commerce-Richtlinie, DB 2000, 1315.

Gloy/Loschelder/Erdmann, Handbuch des Wettbewerbsrechts, 4. Aufl. München 2010 (zitiert: Gloy/Loschelder/Erdmann/*Bearbeiter*).

Goldbeck, Zur Ermittlung des sachlich zuständigen Gerichts bei der Vertragsstrafeklage wettbewerbsrechtlichen Ursprungs, WRP 2006, 37.

Goldmann, Lauterkeitsrechtlicher Schutz gegen mittelbare Verwechslungsgefahr?, GRUR 2012, 857.

Gounalakis/Rhode, Unentgeltlicher Zeitungsvertrieb – modernes Medienkonzept oder Marktstörung?, AfP 2000, 21.

Grabinski, Zur Bedeutung des Europäischen Gerichtsstands- und Vollstreckungsübereinkommens (Brüsseler Übereinkommens) und des Lugano-Übereinkommens in Rechtsstreitigkeiten über Patentverletzungen, GRUR Int. 2001, 199.

Groeben, von der, Zuwiderhandlungen gegen die einstweilige Verfügung zwischen Verkündung und Vollziehung des Unterlassungsurteils, GRUR 1999, 674.

Grunsky, Taktik im Zivilprozeß, 2. Aufl. Köln 1996.

Günther, Zur Höhe der Geschäftsgebühr bei Abmahnungen im Wettbewerbsrecht, gewerblichen Rechtsschutz und Urheberrecht, WRP 2009, 118.

Hausmann, Zur Anerkennung und Vollstreckung von Maßnahmen des einstweiligen Rechtsschutzes im Rahmen des EG-Gerichtsstands- und Vollstreckungsübereinkommens, IPRax 1981, 79.

Harte-Bavendamm/Henning-Bodewig, UWG, 3. Auflage, München 2013 (zitiert: Harte-Bavendamm/Henning-Bodewig/*Bearbeiter*).

Hecker, Anmerkung zum Urteil „Millionen-Chance II" des Bundesgerichtshofs vom 5. Oktober 2010, Az. I ZR 4/06, WRP 2011, 560.

Heermann, Rabattgesetz und Zugabeverordnung Ade! Was ist nun erlaubt? Was ist nun verboten?, WRP 2001, 855.

Heermann, Die Erheblichkeitsschwelle i. S. des § 3 UWG-E, GRUR 2004, 94.

Heermann, Ambush-Marketing anlässlich Sportgroßveranstaltungen – Erscheinungsformen, wettbewerbsrechtliche Bewertung, Gegenmaßnahmen, GRUR 2006, 359.

Heermann, Ambush Marketing durch Gewinnspiele?, WRP 2012, 1035.

Henning-Bodewig, Relevanz der Irreführung, UWG-Nachahmungsschutz und die Abgrenzung Lauterkeitsrecht/IP-Rechte, GRUR Int. 2007, 986.

Henning-Bodewig, Der Schutzzweck des UWG und die Richtlinie über unlautere Geschäftspraktiken, GRUR 2013, 238.

Himmelsbach, Kommentar zur Entscheidung des LG Bonn vom 11.4.2006 (Irreführende Werbung mangels deutlicher Lesbarkeit des Fußnotentextes im Werbeprospekt), K & R 2006, 423.

Himmelsbach, Die neuen Werbe-Bedigungen der Stiftung Warentest, K & R 2008, 335.

Himmelsbach, Anmerkung zur Entscheidung des OLG Frankfurt a. M. 6 W 43/12, GRUR-Prax 2012, 247.

Himmelsbach, Schleichwerbung in den Medien, GRUR-Prax 2013, 78.

Ingerl/Rohnke, Markengesetz – Gesetz über den Schutz von Marken und sonstigen Kennzeichen, 3. Aufl. München 2010.

Jacobs/Lindacher/Teplitzky, UWG Großkommentar, Berlin/New York 1991 ff.

Keßler, Die gesetzliche Krankenversicherung als Ausnahmebereich im deutschen und europäischen Wettbewerbsrecht im Lichte der neueren Rechtsprechung, WRP 2006, 1283.

Kieser/Sagemann, Vollstreckung von Unterlassungsverfügungen in EU-Staaten: Bestrafungsverfahren in Deutschland wird attraktiver, GRUR-Prax 2012, 155.

Klindt, Die Umweltzeichen „Blauer Engel" und „Europäische Blume" zwischen produktbezogenem Umweltschutz und Wettbewerbsrecht, BB 1998, 545.

Köhler, Das Einigungsverfahren nach § 27a UWG, WRP 1991, 617.

Köhler, Wettbewerbsrechtliche Grenzen des Mitgliederwettbewerbs der gesetzlichen Krankenkassen, WRP 1997, 373.

Köhler, Wettbewerbs- und verfassungsrechtliche Fragen der Verteilung unentgeltlicher Zeitungen, WRP 1998, 455.

Köhler, Rabattgesetz und Zugabeverordnung: Ersatzlose Streichung oder Gewährleistung eines Mindestschutzes für Verbraucher und Wettbewerber?, BB 2001, 265.

Köhler, Der Rechtsbruchtatbestand im neuen UWG, GRUR 2004, 381.

Köhler, „Täter" und „Störer" im Wettbewerbs- und Markenrecht – Zur BGH-Entscheidung „Jugendgefährdende Medien bei eBay", GRUR 2008, 1.

Köhler, Die Unlauterkeitstatbestände des § 4 UWG und ihre Auslegung im Lichte der Richtlinie über unlautere Geschäftspraktiken, GRUR 2008, 841.

Köhler, Die UWG-Novelle 2008, WRP 2009, 109.

Köhler, Der Schutz vor Produktnachahmung im Markenrecht, Geschmacksmusterrecht und neuen Lauterkeitsrecht, GRUR 2009, 445.

Köhler, Die notarielle Unterwerfungserklärung – eine Alternative zur strafbewehrten Unterlassungserklärung?, GRUR 2010, 6.

Köhler, Neubeurteilung der wettbewerblichen Haftung des Rechtsnachfolgers eines Unternehmers?, WRP 2010, 475.

Köhler, Dogmatik des Beispielkatalogs des § 4 UWG, WRP 2012, 638.

Köhler, Unbestellte Waren und Dienstleistungen – neue Normen, neue Fragen – Zugleich Besprechung zu BGH, Urt. v. 17.8.2011 – I ZR 134/10 – Auftragsbestätigung, GRUR 2012, 217.

Köhler, Die Umsetzung der Richtlinie über unlautere Geschäftspraktiken in Deutschland – eine kritische Analyse, GRUR 2012, 1073.

Köhler, „Gratuliere, Sie haben gewonnen!" – neue Kontrollmaßstäbe für Gewinnmitteilungen – Zugleich Besprechung von EuGH, Urt. v. 18.10.2012 – C-428/11 – Purely Creative u. a., GRUR 2012, 1211.

Köhler, Ist die Regelung der Telefonwerbung im UWG richtlinienkonform? WRP 2012, 1329.

Köhler, Richtlinienumsetzung im UWG – eine unvollendete Aufgabe, WRP 2013, 403.

Literaturverzeichnis

Köhler, „Haircut" bei der Preisangabenverordnung am 12.6.2013, WRP 2013, 723.

Köhler, Zum Vorenthalten wesentlicher Informationen am Beispiel der Impressumangaben, WRP 2013, 1419.

Köhler/Bornkamm, Wettbewerbsrecht, 32. Aufl. München 2014 (zitiert: *Köhler/Bornkamm*).

Köhler/Lettl, Das geltende europäische Lauterkeitsrecht, der Vorschlag für eine EG-Richtlinie über unlautere Geschäftspraktiken und die UWG-Reform, WRP 2003, 1019.

Koppe/Zagouras, Rechtsprobleme der Testwerbung, WRP 2008, 1035.

Kotthoff, Die Anwendbarkeit des deutschen Wettbewerbsrechts auf Werbemaßnahmen im Internet, CR 1997, 676.

Kotthoff, Neue Maßstäbe für vergleichende Werbung, BB 1998, 2217.

Kropholler, Europäisches Zivilprozessrecht – Kommentar zu EuGVVO und Lugano-Übereinkommen, 9. Aufl. Heidelberg 2011.

Kur, Metatags – pauschale Verurteilung oder differenzierende Betrachtung?, CR 2000, 448.

Lange, Steht das Powershopping in Deutschland vor dem Aus?, WRP 2001, 888.

Lehmann, Juristisch-ökonomische Kriterien zur Berechnung des Verletzergewinns bzw. des entgangenen Gewinns, BB 1988, 1680.

Lehment, Neuordnung der Täter- und Störerhaftung, WRP 2012, 149.

Leible, Ausländersicherheit und einstweiliger Rechtsschutz, NJW 1995, 2817.

Lindacher, Die internationale Dimension lauterkeitsrechtlicher Unterlassungsansprüche: Marktterritorialität versus Universalität, GRURInt. 2008, 453.

Linsenbarth/Schiler, Datenschutz und Lauterkeitsrecht – Ergänzender Schutz bei Verstößen gegen das Datenschutzrecht durch das UWG?, WRP 2013, 576.

Mankowski, Internet und internationales Wettbewerbsrecht, GRURInt. 1999, 909.

Maurer, Verjährungshemmung durch vorläufigen Rechtsschutz, WRP 2003, 208.

Mehls/Fraunzen, Rechtsnachfolge in die gesetzliche Unterlassungsschuld des Wettbewerbsrechts – Zugleich eine kritische Stellungnahme zur „Schuldnachfolge"-Entscheidung des BGH, GRUR 2008, 968.

Meisterernst/Haber, Die VO (EG) 1924/2006 über nährwert- und gesundheitsbezogene Angaben, WRP 2007, 363.

Müller-Broich, Verfahrenstaktik nach den „TÜV"-Entscheidungen, GRUR-Prax 2012, 399.

Münchener Kommentar, Bürgerliches Gesetzbuch, 6. Aufl. München 2012 (zitiert: MüKo-BGB/*Bearbeiter/in*).

Münchener Kommentar, Zivilprozessordnung, 4. Aufl. München 2012 (zitiert: MüKo-ZPO/*Bearbeiter/in*).

Nagel/Gottwald, Internationales Zivilprozessrecht, 7. Aufl. Köln 2013.

Nelle, Anspruch, Titel und Vollstreckung im internationalen Rechtsverkehr, Tübingen 2000 = Beiträge zum ausländischen und internationalen Privatrecht, Band 71, Tübingen 2000.

Nieder, Die vertragsstrafenbewehrte Unterwerfung im Prozessvergleich, WRP 2001, 117.

Palandt, Bürgerliches Gesetzbuch, 73. Aufl. München 2014 (zitiert: *Palandt/Bearbeiter,* BGB).

Pfister, Erfordernis des Vollmachtsnachweises bei Abmahnschreiben, WRP 2002, 799.

Pierson, Online-Werbung nach der UWG-Reform – Zusammenfassende Übersicht, JurPC Web-Dok. 139/2006.

Piper/Ohly/Sosnitza, UWG, 5. Auflage, München 2010.

Reese, Die Neuregelungen für die Publikumswerbung nach § 11 HWG, WRP 2013, 283.

Rehart, Neue Dringlichkeitsfalle im Eilverfahren? – Zur Frage der Notwendigkeit eines Vollstreckungsantrags gem. § 890 ZPO, MMR-Aktuell 2010, 307091.

Remien, Rechtsverwirklichung durch Zwangsgeld, Tübingen 1992.

Sack, Die Bedeutung der EG-Richtlinien 84/450/EWG und 97/55/EG über irreführende und vergleichende Werbung für das deutsche Wettbewerbsrecht, GRUR 1998, 263.

Scherer, Divergenz und Kongruenz der Rechtsprechung des EuGH und des BGH zur Verbraucherwerbung, WRP 1999, 991.

Scherer, Die „Verbrauchergeneralklausel" des § 3 II 1 UWG – eine überflüssige Norm, WRP 2010, 586.

Scherer, Kehrtwende bei der vergleichenden Werbung – Welche Konsequenzen hat die Änderung der BGH-Rechtsprechung?, GRUR 2012, 545.

Schirmbacher, Rabatte und kein Ende – Zur Verlängerung befristeter Rabattaktionen, K&R 2012, 87.

Schmid, Geschäftsführung ohne Auftrag als Anspruchsgrundlage für Kostenerstattung von wettbewerbsrechtlichen Abmahnungen?, GRUR 1999, 312.

Schmidhuber/Haberer, Rücknahme und Neueinreichung des Verfügungsantrags – Ein rechtsmissbräuchliches Auslaufmodell?, WRP 2013, 436.

Schrader, Wettbewerbsrechtlicher Unterlassungs- und Beseitigungsanspruch gegen Vorstandsmitglieder oder gegen die Aktiengesellschaft, DB 1994, 2221.

Schricker/Loewenheim, Urheberrecht, Kommentar, 4. Aufl. München 2010.

Schröler, Vollstreckung und Durchsetzung von Unterlassungsverfügungen im EU-Ausland, WRP 2012, 185.

Schulz, Die Rechte des Hinterlegers einer Schutzschrift, WRP 2009, 1472.

Selke, Erstattung von Rechtsanwaltskosten bei unberechtigter Abmahnung aus culpa in contrahendo, WRP 1999, 286.

Soehring/Hoene, Presserecht – Recherche, Darstellung, Haftung im Recht der Presse, des Rundfunks und der neuen Medien, 5. Aufl. Stuttgart 2013 (zitiert: *Soehring/Hoene*, Presserecht).

Sosnitza, Der Gesetzentwurf zur Umsetzung der Richtlinie über unlautere Geschäftspraktiken, WRP 2008, 1014.

Stein/Jonas, Zivilprozeßordnung, 22. Aufl. Tübingen 2002 (zitiert: *Stein/Jonas/Bearbeiter*, ZPO).

Stoffregen, Grenzüberschreitende Vollstreckung von Ordnungsgeldern, WRP 2010, 839.

Teplitzky, Die (Unterwerfungs-)Vertragsstrafe in der neueren BGH-Rechtsprechung, WRP 1994, 709.

Teplitzky, Die wettbewerbsrechtliche Unterwerfung heute, GRUR 1996, 696.

Teplitzky, Klageantrag und konkrete Verletzungsform, WRP 1999, 75.

Teplitzky, Aktuelle Probleme der Abmahnung und Unterwerfung sowie des Verfahrens der einstweiligen Verfügung im Wettbewerbs- und Markenrecht, WRP 2005, 654.

Teplitzky, Gerichtliche Hinweise im einseitigen Verfahren zur Erwirkung einer einstweiligen Verfügung, GRUR 2008, 34.

Teplitzky, Wettbewerbsrechtliche Ansprüche, 10. Aufl. Berlin/Bonn/München 2011 (zitiert: *Teplitzky*, Wettbewerbsrecht).

Teplitzky, Rücknahme und Neueinreichung des Verfügungsantrags – Eine Erwiderung, WRP 2013, 839.

Thomas/Putzo, Zivilprozessordnung, 35. Aufl. München 2014 (zitiert: *Thomas/Putzo/Bearbeiter*).

Timm-Wagner, Die Umsetzung der Richtlinie über unlautere Geschäftspraktiken in Deutschland, GRUR 2013, 245.

Trube, Preisangaben nach dem Wegfall des Rabattgesetzes, WRP 2001, 878.

Ulrich, Die unterbliebene Vollziehung wettbewerbsrechtlicher Unterlassungsverfügungen und ihre Folgen, WRP 1996, 84.

Viefhues, Internet und Kennzeichenrecht: Meta-Tags, MMR 1999, 336.

Vohwinkel, Neuer Vollziehungsbegriff für § 945 ZPO – Auswirkungen auf § 929 II ZPO?, GRUR 2010, 977.

Vonhoff, Rechtsunsicherheiten bei PKW-Werbung – Die reformierte PKW-EnVKV in der Praxis, InTeR 2013, 21.

Walter, von/Kluge, Identitätsangaben nach § 5a Abs. 3 Nr. 2 UWG – Ein Plädoyer gegen das Impressumsdenken, WRP 2013, 866.

Wandtke/Bullinger, Praxiskommentar zum Urheberrecht, 3. Aufl. München 2009.

Wasse, Endlich: Unzulässigkeit der Scheibenwischerwerbung nach dem UWG, WRP 2010, 191.

Literaturverzeichnis

Weidert, Internet und Wettbewerbsrecht, AnwBl 2000, 390.

Weißmann/Riedel, Handbuch der internationalen Zwangsvollstreckung, Kissing Stand 2009 (zitiert: *Weißmann/Riedel/Bearbeiter*).

Wenzel, Das Recht der Wort- und Bildberichterstattung, 5. Aufl. Köln 2003.

Schröder, Negative Feststellungsklage vs. Leistungsklage – Die nächste Runde, WRP 2012, 183.

Zöller, Zivilprozessordnung, 30. Aufl. Köln 2014.

Abkürzungsverzeichnis

aA	anderer Ansicht
aE	am Ende
aF	alte Fassung
AfP	Archiv für Presserecht
AMG	Arzneimittelgesetz
AVMD-RL	Richtlinie über audiovisuelle Mediendienste, Richtlinie 2007/65/EG
Az.	Aktenzeichen
BGB	Bürgerliches Gesetzbuch
bestr.	bestritten
BGHSt	BGH-Entscheidungen in Strafsachen
BGHZ	BGH-Entscheidungen in Zivilsachen
BR	Bundesrat
BT	Bundestag
CR	Computer und Recht
DB	Der Betrieb
Drs.	Drucksache
EuGVVO	EG-Verordnung über die gerichtliche Zuständigkeit und die Anerkennung und Vollstreckung von Entscheidungen in Zivil- und Handelssachen vom 22.12.2000
EuGVÜ	Brüsseler Übereinkommen über die gerichtliche Zuständigkeit und die Vollstreckung gerichtlicher Entscheidungen in Zivil- und Handelssachen
GKG	Gerichtskostengesetz
GRUR	Gewerblicher Rechtsschutz und Urheberrecht
GRUR Int.	Gewerblicher Rechtsschutz und Urheberrecht – Auslands- und internationaler Teil
GRUR-Prax	Gewerblicher Rechtsschutz und Urheberrecht. Praxis im Immaterialgüter- und Wettbewerbsrecht
GWB	Gesetz gegen Wettbewerbsbeschränkungen
GWB aF	GWB in der bis 1.7.2005 geltenden Fassung
hM	herrschende Meinung
HWG	Heilmittelwerbegesetz
HZPÜ	Haager Zivilprozessübereinkommen
HZÜ	Haager Übereinkommen über die Zustellung gerichtlicher und außergerichtlicher Schriftstücke im Ausland in Zivil- oder Handelssachen
InTeR	Zeitschrift zum Innovations- und Technikrecht
IPrax	Praxis des Internationalen Privat- und Verfahrensrechts
iSv	im Sinne von
JMStV	Jugendmedienschutz-Staatsvertrag
JuSchG	Jugendschutzgesetz
KUG	Kunst-Urhebergesetz
LFBG	Lebensmittel-, Bedarfsgegenstände und Futtermittelgesetzbuch
LugÜ	Lugano-Übereinkommen über die gerichtliche Zuständigkeit
MarkenG	Markengesetz
MDR	Monatsschrift für Deutsches Recht
MDStV	Mediendienste-Staatsvertrag
MPG	Medizinproduktegesetz
mHa	mit Hinweis auf
mwH	mit weiteren Hinweisen
mwN	mit weiteren Nachweisen
nF	neue Fassung
NJOZ	Neue Juristische Online-Zeitung
NJW	Neue Juristische Wochenschrift
NJW-CoR	NJW-Computer-Report
NJW-RR	NJW-Rechtsprechungs-Report Zivilrecht
nv	nicht veröffentlicht
NZS	Neue Zeitschrift für Sozialrecht

Abkürzungsverzeichnis

Paragrafen-Sprungstellen

Inhaltsübersicht zu den gesetzlichen Regelungen

Vorbemerkung

Das deutsche Wettbewerbsrecht wird von der „großen Generalklausel" des § 3 UWG und 1
den Beispieltatbeständen in §§ 4–6 sowie § 7 UWG geprägt. Gerade aufgrund der umfangreichen Kommentierungen zu §§ 3–7 UWG empfiehlt es sich, für die eigene wettbewerbsrechtliche Arbeit ein wettbewerbsrechtliches „Hauptwerk" auszuwählen. Das erleichtert das Auffinden der zu der Fragestellung passenden Kommentierung. Es gibt eine Reihe guter und sehr guter vertiefender wettbewerbsrechtlicher Literatur. Für die wettbewerbsrechtliche Vertiefung empfehlenswert sind die Kommentare von *Köhler/Bornkamm* und *Harte-Bavendamm/Henning-Bodewig*. Auch *Teplitzkys* „Wettbewerbsrechtliche Ansprüche" und das „Handbuch des Wettbewerbsrechts" von *Gloy/Loschelder/Erdmann* werden vielfach zitiert. Nachfolgend wird in der Regel zumeist auf die Kommentierungen bei *Köhler/Bornkamm* und *Harte-Bavendamm/Henning-Bodewig* verwiesen, da der Verfasser davon ausgeht, dass der nicht laufend mit der Materie Wettbewerbsrecht befasste Jurist die zur Fallbearbeitung benötigte Literatur nach Möglichkeit überschaubar halten möchte. Da der Gesetzgeber mit der Neufassung 2004 das UWG deutlich übersichtlicher als zuvor gestaltet hat, lassen sich die relevanten Kommentarstellen in der übrigen wettbewerbsrechtlichen Literatur gut auffinden. Wettbewerbsrechtliche Gesetze und Entscheidungen auch der Instanzgerichte lassen sich vielfach im Internet recherchieren. Einen besonderen Vorteil bieten die Entscheidungen des I. Zivilsenats des BGH, der für Wettbewerbssachen zuständig ist: Er versieht seine Entscheidungen mit Schlagwörtern, wie zum Beispiel „Unbestimmter Unterlassungsantrag I" oder „Vielfachabmahner". Auch das erleichtert das Auffinden der einschlägigen BGH-Rechtsprechung, zumal in der Kommentarliteratur durchweg ein Fälle- bzw. Fundstellenverzeichnis enthalten ist. Ab der 4. Auflage sind zusätzlich zu den neu eingearbeiteten Entscheidungen zudem die jeweiligen Aktenzeichen angegeben. Schließlich wird – soweit möglich – auf Veröffentlichungen in NJW oder NJW-RR verwiesen.

Das Wettbewerbsrecht gehört zum Gebiet des „gewerblichen Rechtsschutzes" – ebenso 2
wie das Patent- und Gebrauchsmusterrecht, das Designrecht und das Kennzeichenrecht (vor allem Markenrecht). Zum Wettbewerbsrecht gehören nicht nur das UWG und weitere wettbewerbsrechtliche Regelungen wie etwa das Heilmittelwerbegesetz, sondern auch das Gesetz gegen Wettbewerbsbeschränkungen (GWB). Gleichwohl ist dieses Buch weitgehend auf die wettbewerbsrechtlichen Regelungen außerhalb des Kartellrechts beschränkt.[1] Einen breiten Raum nimmt hingegen das Verfahrensrecht ein, da vor allem das Verfügungsverfahren reichlich Fallstricke bietet.

Um das Buch gerade für Praktiker verständlich und übersichtlich zu gestalten, enthält es nicht nur viele Praxistipps, deren Beachtung schon die gröbsten Fehler vermeiden helfen lässt. Jedem Kapitel ist auch, wenn es sich anbietet, ein Fall aus der Rechtsprechung vorangestellt, der am Ende des betreffenden Kapitels aufgelöst wird. Das ermöglicht dem Leser, bis zur Fall-Lösung die wichtigsten Fakten zu lesen, um sich eine eigene Meinung zum Fall bilden zu können – und ein gewisses Gespür für wettbewerbsrechtliche Fragestellungen zu bekommen. Eine Sammlung einschlägiger Brief- und Schriftsatzmuster ist im Anhang beigefügt.

---

[1] Als kartellrechtliche Einstiegsliteratur bieten sich etwa an: *Emmerich*, Kartellrecht, 13. Auflage, München 2014. Einen umfassenden Überblick über das deutsche und europäische Kartellrecht geben *Immenga/Mestmäcker*, Europäisches Wettbewerbsrecht, 5. Auflage, München 2012.

1. Teil. Materielles Wettbewerbsrecht

§ 1 Grundlagen des Wettbewerbsrechts

Übersicht

A. Allgemeines

In Deutschland gilt das Prinzip der Wettbewerbsfreiheit. Es ist damit grundsätzlich jedem **3** erlaubt, sich am wirtschaftlichen Wettbewerb zu beteiligen – sei es als neuer Wettbewerber, der in einen bestimmten Markt eintreten möchte oder als Marktteilnehmer, der seine Entschlüsse auf dem Markt frei fassen und durchführen kann.[2] Zur Wettbewerbsfreiheit gehört auch, sich *nicht* wirtschaftlich zu betätigen.

Die wirtschaftliche Betätigung der Marktteilnehmer ist allerdings nur frei, soweit sie nicht **4** durch gesetzliche Verbote eingeschränkt ist. Nur rechtlich erlaubtes Verhalten ist damit frei und nicht jedwede wirtschaftliche Betätigung. So können vor allem der Staat und die Wirtschaft die Wettbewerbsfreiheit einschränken. Der Staat kann bestimmte Voraussetzungen an die Ausübung wirtschaftlicher Tätigkeit knüpfen, wie dies etwa die Handwerksordnung vorsieht. Die Wirtschaft kann den Wettbewerb zum Beispiel beeinflussen, indem Anbieter Vertriebssysteme geschlossen halten.[3]

Eine Einschränkung der Wettbewerbsfreiheit ist nur möglich, soweit sie mit der Verfassung **5** der bestehenden Wirtschaftsordnung zu vereinbaren ist. Dies gilt insbesondere für die im Wettbewerbsrecht bestimmende Frage, ob das Handeln eines Wettbewerbers lauter – und damit erlaubt – oder unlauter und damit verboten ist. Auch wenn sich das Grundgesetz nicht für ein bestimmtes Wirtschaftssystem entschieden hat,[4] steckt es einen Gesamtrahmen für eine Wirtschaftsordnung ab, die einerseits Individualität und andererseits gemeinschaftliche, soziale Prinzipien (Sozialstaatsprinzip) beinhaltet. Von besonderer Bedeutung sind

---

[2] Vgl. *Köhler/Bornkamm* Einl. Rn. 1.26 ff.

[3] Das ist vor allem beim Vertrieb von Markenartikeln häufig der Fall, so etwa im Bereich von Parfümerie-Markenartikeln.

[4] Vgl. BVerfGE 4, 7 (17 f.); 50, 299 (337) und *Köhler/Bornkamm* Einl. Rn. 1.43.

die im Grundgesetz festgeschriebenen Grundrechte, die es dem Einzelnen ermöglichen, sich wirtschaftlich zu betätigen – allerdings in den verfassungsrechtlich normierten Grenzen. So kann die freie Berufswahl und Berufsausübung (Art. 12 GG) ebenso beschränkt werden wie die Garantie des Eigentums (Art. 14 GG). Auch wenn grundsätzlich jedermann seine Meinung frei äußern kann (Art. 5 Abs. 1 GG), kann dieses Grundrecht gleichwohl eingeschränkt sein (Art. 5 Abs. 2 GG).

6   Den rechtlichen Rahmen für die wirtschaftliche Betätigung gibt das Wettbewerbsrecht vor, das vor allem zwei Bereiche umfasst: einerseits das Recht gegen unlauteren Wettbewerb (UWG) und andererseits das Recht gegen Wettbewerbsbeschränkungen (GWB). Diese beiden gesetzlich geregelten Bereiche zeigen zugleich die Doppelaufgabe des Wettbewerbsrechts. Das sind die Sicherung des freien Wettbewerbs (GWB) und die Bekämpfung unlauterer geschäftlicher Handlungen (UWG). Schutzzweck beider Gesetze ist der Wettbewerb nach unterschiedlichen Gesichtspunkten: Das GWB schützt den freien Wettbewerb vor allem durch marktpolitische Maßnahmen wie etwa das Verbot der Bildung eines Preiskartells. Das UWG dient dem Schutz aller Marktteilnehmer vor unlauteren Handlungen von Mitbewerbern.

Beide Rechtsgebiete – UWG und GWB – bestehen nebeneinander. Die Anwendbarkeit des UWG schließt damit die Anwendbarkeit des GWB nicht aus. Allerdings muss eine wettbewerbswidrige Handlung nicht zugleich auch eine kartellrechtswidrige Handlung sein und umgekehrt.[5] GWB und UWG stehen auch in einer Wechselbeziehung zueinander. Dies bedeutet, dass auch Wertungen des GWB in die Lösung von UWG-Fragen mit einzustellen sind.[6] Ebenso können Wertungen des UWG Einfluss auf GWB-Regelungen haben – etwa bei der wettbewerbsrechtlichen Beurteilung von Preiskampfmaßnahmen.

7   Beeinflusst von wettbewerbsrechtlichen Regelungen ist auch der gesamte Bereich des gewerblichen Rechtsschutzes. So lautet etwa § 14 Abs. 2 Nr. 3 MarkenG:

§ 14 Abs. 2 MarkenG:

(2) Dritten ist es untersagt, ohne Zustimmung des Inhabers der Marke im geschäftlichen Verkehr
...

3. ein mit der Marke identisches Zeichen oder ein ähnliches Zeichen für Waren oder Dienstleistungen zu benutzen, die nicht denen ähnlich sind, für die die Marke Schutz genießt, wenn es sich bei der Marke um eine im Inland bekannte Marke handelt und die Benutzung des Zeichens die Unterscheidungskraft oder die Wertschätzung der bekannten Marke ohne rechtfertigenden Grund in unlauterer Weise ausnutzt oder beeinträchtigt.

Das Lauterkeitskriterium ist also nicht nur im UWG von Bedeutung, sondern auch in anderen gesetzlichen Regelungen.

B. Grundlagen des UWG

I. EU-Vorgaben und Umsetzung in Deutschland

8   Seit dem 30.12.2008 ist die Neufassung des UWG in Kraft. Nachdem das UWG im Jahr 2004 grundlegend neu strukturiert worden war, mussten nunmehr die Vorgaben der Richtlinie 2005/29/EG über unlautere Geschäftspraktiken im binnenmarktinternen Geschäftsver-

---

[5] Vgl. etwa §§ 33, 34a GWB, die insoweit abschließend sind und keinen Raum für lauterkeitsrechtliche Ansprüche lassen BGH KZR 33/04, GRUR 2006, 773 = NJW 2006, 2627 = WRP 2006, 1113 – Probeabonnement.

[6] Damit hatte sich der BGH zum Beispiel bei der Frage der Wettbewerbswidrigkeit der Entfernung von so genannten Kontrollnummern zu beschäftigen. Hier handelt es sich um kundenspezifische Kontrollnummern, mit denen Hersteller ihre Markenware kennzeichnen, um die Einhaltung eines Vertriebsbindungssystems zu kontrollieren, das kein rechtlich zulässiges lückenloses Vertriebsbindungssystem gemäß der Regelung des GWB darstellt. Kann sich der Hersteller durch ein nicht schutzfähiges Vertriebsbindungssystem der Aufsicht der Kartellbehörde gemäß § 16 GWB aF (jetzt von § 1 GWB erfasst) entziehen, ist auch die Entfernung derartiger Kontrollnummern unter dem Gesichtspunkt der Behinderung (des Herstellers bei der Durchsetzung seines Vertriebsbindungssystems) nicht wettbewerbswidrig, BGHZ 104, 185 = GRUR 1988, 823 = NJW 1988, 3152 = WRP 1988, 722 – Kontrollnummern I und BGH GRUR 1988, 826 = NJW 1988, 3154 = WRP 1988, 725 – Kontrollnummern II.

kehr zwischen Unternehmern und Verbrauchern (UGP-Richtlinie, UGP-RL) umgesetzt werden.[7] Das ist – längst nach Ablauf der letzten Umsetzungsfrist im Dezember 2007 – geschehen.[8] Damit sollen die in Art. 1 der Richtlinie vorgeschriebene **Vollharmonisierung** der „Rechts- und Verwaltungsvorschriften der Mitgliedstaaten über unlautere Geschäftspraktiken, die die wirtschaftlichen Interessen der Verbraucher beeinträchtigen" und ein hohes Verbraucherschutzniveau erreicht werden. Dadurch hat sich im europäischen Lauterkeitsrecht der Schwerpunkt der Schutzzwecke völlig geändert: Ging es ursprünglich vor allem um die Interessen der Mitbewerber, erstreckte sich der Schutz dann gleichermaßen auch auf Verbraucher und die Allgemeinheit. Mit der UGP-RL stehen nun die Interessen der Verbraucher im Vordergrund des europäischen Wettbewerbsrechts.[9]

Soweit das Schutzniveau des UWG über das der Richtlinie hinausging oder dahinter zurückblieb, musste der deutsche Gesetzgeber das UWG an die Vorgaben der Richtlinie anpassen. Gegenüber der Fassung aus dem Jahr 2004 sieht das UWG 2008 also vor allem Änderungen im Geschäftsverkehr zwischen Unternehmern und Verbrauchern vor. Für den Bereich des Mitbewerberschutzes und des Schutzes der Allgemeinheit enthält die Richtlinie zwar keine Vorgaben. Der deutsche Gesetzgeber hat sich aber für den so genannten „integrierten Ansatz" entschieden. Das bedeutet, dass es in Deutschland keine strikte Trennung zwischen „B2B" (Unternehmer-Unternehmer) und „B2C" (Unternehmer-Konsument) Geschäftspraktiken gibt. Während die UGP-RL ausschließlich den „B2C"-Bereich regelt, hat der deutsche Gesetzgeber diese – in aller Regel strengeren – Bestimmungen weitgehend für alle Marktteilnehmer in das UWG 2008 aufgenommen.[10] Nahezu alle Regelungen des deutschen UWG dürften vom Anwendungsbereich der UGP-RL umfasst sein, da die meisten Regelungen zumindest mittelbar die Verbraucherinteressen berühren. Lediglich die Regelungen in § 4 Nr. 7, Nr. 8 UWG sowie in §§ 17–19 UWG dürften ausschließlich die Mitbewerber schützen.[11] Bei § 4 Nr. 9b und c UWG ist das schon fraglich.[12]

8a

II. Kritik an der Umsetzung der UGP-Richtlinie

Die Umsetzung der UGP-RL im UWG 2008 wird jedoch durchaus kritisch gesehen.[13] Vor allem die Entscheidung des EuGH zu § 4 Nr. 6 UWG[14] hat gezeigt, dass der deutsche Gesetzgeber die UGP-RL nicht einwandfrei umgesetzt hat. *Köhler* weist daraufhin, dass die *Kommission* die Bundesregierung habe wissen lassen, „eine Vielzahl von Bestimmungen der UGP-RL sei im UWG nicht richtig umgesetzt worden".[15] Gerade wenn man die Umsetzung der Richtlinie als „Daueraufgabe mit dem Ziel einer Verbesserung der Umsetzung" begreifen mag[16], bietet das UWG 2008 für den Praktiker reichlich Argumentationsstoff bei wettbewerbsrechtlichen Auseinandersetzungen. Dies ist allerdings auf geschäftliche Handlungen im „B2C"-Bereich beschränkt, da auch nur insoweit eine Vollharmonisierung des EU-Lauterkeitsrechts vorgegeben ist.

8b

Bei der Frage, ob das UWG 2008 entsprechend der UGP-RL umgesetzt wurde, kommt es nicht allein auf den Wortlaut an. Denn die Richtlinie zwingt den Gesetzgeber nicht zu einer wörtlichen Übernahme des Richtlinientextes.[17] Bedeutsam sind auch die Gründe, die zu dem Erlass der Richtlinie geführt haben. Insbesondere die Erwägungsgründe der Richtlinie sind bei

8c

---

[7] Allgemeine Informationen zur UGP-RL sind über die Webseite der EU-Kommission https://webgate.ec.europa.eu/ucp (abgerufen am 31.1.2014) abrufbar.

[8] BT-Drs. 16/10145 vom 20.8.2008, BGBl. I 2949.

[9] *Henning-Bodewig* GRUR 2013, 238 (240).

[10] *Henning-Bodewig* GRUR 2013, 238 (239).

[11] *Alexander* WRP 2013, 17 (19).

[12] So *Alexander* WRP 2013, 17 (19); siehe aber auch → Rn. 165.

[13] *Fezer*, WRP 2010, 1075; *Henning-Bodewig* GRUR 2013, 238; *Köhler* GRUR 2012, 1073; *Köhler* WRP 2012, 638; *Köhler* WRP 2012, 1329; *Köhler* WRP 2013, 403; anders *Timm-Wagner* GRUR 2013, 245.

[14] → Rn. 143.

[15] *Köhler* WRP 2013, 403 (404).

[16] *Köhler* WRP 2013, 403 (404), mHa die Schlussanträge der Generalanwältin *Trstenjak* vom 6.9.2012 in der Rechtssache C-206/11 – Koeck, Rn. 31.

[17] *Timm-Wagner* GRUR 2013, 245 (246).

der Auslegung des nationalen Rechts zu beachten: „In diesem Sinne ist der verfügende Teil eines Unionsrechtsakts untrennbar mit seiner Begründung verbunden und erforderlichenfalls unter Berücksichtigung der Gründe auszulegen, die zu seinem Erlass geführt haben (…).“[18]

8d   Bedeutsam ist schließlich, dass der deutsche Richter deutsches Recht nicht anwenden muss, wenn es gegen Unionsrecht verstößt. Diese Normenverwerfungskompetenz ist eine Ausnahme: Hält das Gericht eine deutsche Norm für verfassungswidrig, muss es das Verfahren aussetzen und wegen Art. 100 GG das BVerfG anrufen.[19]

C. Prüfungsreihenfolge

8e   Für das UWG 2008 bietet sich folgendes Prüfungsschema an:
- **1. Frage:** Liegt eine geschäftliche Handlung im Sinne von § 2 Abs. 1 Nr. 1 UWG vor?
  Nur dann, wenn eine geschäftliche Handlung gegeben ist, ist das UWG anwendbar. Denn gemäß § 1 UWG dient das Gesetz dem Schutz vor unlauteren geschäftlichen Handlungen.[20]
- **2. Frage:** Handelt es sich um eine geschäftliche Handlung im „B2B“- oder im „B2C“-Bereich?
  Nur im „B2C“-Bereich findet die sogenannte „schwarze Liste“ (Anhang zu § 3 Abs. 3 UWG) Anwendung.
- **3. Frage:** Ist im „B2C“-Bereich ein Tatbestand der „schwarzen Liste“ verwirklicht?
- **4. Frage:** Ist (darüber hinaus) ein Verbotstatbestand gemäß § 3 Abs. 1 UWG iVm §§ 4–6 UWG erfüllt?
- **5. Frage:** Falls ein Verbotstatbestand gemäß § 3 Abs. 1 UWG iVm §§ 4–6 UWG erfüllt ist: Ist die Handlung relevant im Sinne von § 3 Abs. 1 UWG? Allerdings ist bei richtlinienkonformer Auslegung der Beispielstatbestände §§ 4–6 UWG zumeist eine zusätzliche Relevanzprüfung entbehrlich.[21]
  Im „B2C“-Bereich findet zunächst die „Verbraucher-Generalklausel“ gemäß § 3 Abs. 2 UWG Anwendung. § 3 Abs. 1 UWG gilt im „B2C“-Bereich ergänzend.
- **6. Frage:** Liegt eine unzumutbare Belästigung gemäß § 7 UWG vor?
- **7. Frage:** Stellt die Handlung einen sonstigen, nicht ausdrücklich in §§ 4–7 geregelten unlauteren Sachverhalt dar?
  Vorsicht: § 3 Abs. 1 UWG ist hierbei nicht als genereller „Auffangtatbestand“ zu sehen, sondern als Ergänzung zu den im UWG konkret benannten unlauteren Handlungen.[22]
- **8. Frage:** Ergibt eine Berücksichtigung aller Umstände des Einzelfalls eine Bewertung des Verhaltens als unlauter?[23]
- **9. Frage:** Nur im „B2C“-Bereich: Ist die Bestimmung des UWG, auf die die Verletzung gestützt wird, richtlinienkonform? Die richtlinienkonforme Auslegung hat dabei Vorrang vor dem Gebot der verfassungskonformen Auslegung.[24]

I. Schutzzweck des Gesetzes und Definitionen

1. Schutzzweck

9   § 1 UWG enthält die Schutzzweckbestimmung des Gesetzes:

§ 1 UWG:

Dieses Gesetz dient dem Schutz der Mitbewerber, der Verbraucherinnen und Verbraucher sowie der sonstigen Marktteilnehmer vor unlauteren geschäftlichen Handlungen. Es schützt zugleich das Interesse der Allgemeinheit an einem unverfälschten Wettbewerb.

---

[18] EuGH C-509/09 und C-161/10 Rn. 55 = EuZW 2011, 962 (965) = GRUR 2012, 300 – eDateAdvertising/Martinez.
[19] *Köhler/Bornkamm* Einl. UWG Rn. 3.13.
[20] → Rn. 9.
[21] *Köhler/Bornkamm* § 3 Rn. 136 ff.
[22] Vgl. BGH – FSA-Kodex, → Rn. 215a.
[23] Zur Einzelfallprüfung → Rn. 38 („UGP-RL konform?“).
[24] *Köhler/Bornkamm* § 3 Rn. 21, 26.

Das Gesetz schützt also – und zwar absolut gleichrangig – die Interessen der Mitbewerber, Verbraucher und sonstigen Marktteilnehmer („Schutztrias"). Der Schutz ist ein *objektiver* Schutz. Der Schutz umfasst nicht unbedingt auch *subjektive* Ansprüche der Marktteilnehmer. So ist etwa der Verbraucher nicht aktiv legitimiert.[25]

Die Allgemeininteressen sind nur geschützt, soweit es um einen unverfälschten Wettbewerb geht. Der Begriff „unverfälschter Wettbewerb" stellt ab auf die Beeinträchtigung oder Verzerrung des Wettbewerbsprozesses durch unlautere geschäftliche Handlungen.

Der Begriff der „geschäftlichen Handlung" ist der zentrale Begriff des UWG 2008. Er hat den zuvor im UWG verwendeten Begriff der „Wettbewerbshandlung" ersetzt. Das war der Vorgabe der UGP-RL geschuldet, die im Verhältnis von Unternehmer zu Verbraucher auch Handlungen des Unternehmers während und nach Vertragsschluss erfasst.[26] Der deutsche Gesetzgeber hat – gemäß dem integrierten Ansatz in Deutschland[27] – die „geschäftliche Handlung" für alle Personen, die auf dem Markt tätig sind, eingeführt. Unlauter können demnach auch geschäftliche Handlungen eines Unternehmers gegenüber einem anderen Unternehmer sein.

2. Definitionen

§ 2 UWG definiert die für das neue UWG maßgeblichen Begriffe. 10

§ 2 UWG:

(1) Im Sinne dieses Gesetzes bedeutet
1. „geschäftliche Handlung" jedes Verhalten einer Person zugunsten des eigenen oder eines fremden Unternehmens vor, bei oder nach einem Geschäftsabschluss, das mit der Förderung des Absatzes oder des Bezugs von Waren oder Dienstleistungen oder mit dem Abschluss oder der Durchführung eines Vertrags über Waren oder Dienstleistungen objektiv zusammenhängt; als Waren gelten auch Grundstücke, als Dienstleistungen auch Rechte und Verpflichtungen;
2. „Marktteilnehmer" neben Mitbewerbern und Verbrauchern alle Personen, die als Anbieter oder Nachfrager von Waren oder Dienstleistungen tätig sind;
3. „Mitbewerber" jeder Unternehmer, der mit einem oder mehreren Unternehmern als Anbieter oder Nachfrager von Waren oder Dienstleistungen in einem konkreten Wettbewerbsverhältnis steht;
4. „Nachricht" jede Information, die zwischen einer endlichen Zahl von Beteiligten über einen öffentlich zugänglichen elektronischen Kommunikationsdienst ausgetauscht oder weitergeleitet wird; dies schließt nicht Informationen ein, die als Teil eines Rundfunkdienstes über ein elektronisches Kommunikationsnetz an die Öffentlichkeit weitergeleitet werden, soweit die Informationen nicht mit dem identifizierbaren Teilnehmer oder Nutzer, der sie erhält, in Verbindung gebracht werden können;
5. „Verhaltenskodex" Vereinbarungen oder Vorschriften über das Verhalten von Unternehmern, zu welchem diese sich in Bezug auf Wirtschaftszweige oder einzelne geschäftliche Handlungen verpflichtet haben, ohne dass sich solche Verpflichtungen aus Gesetzes- oder Verwaltungsvorschriften ergeben;
6. „Unternehmer" jede natürliche oder juristische Person, die geschäftliche Handlungen im Rahmen ihrer gewerblichen, handwerklichen oder beruflichen Tätigkeit vornimmt, und jede Person, die im Namen oder Auftrag einer solchen Person handelt;
7. „fachliche Sorgfalt" der Standard an Fachkenntnissen und Sorgfalt, von dem billigerweise angenommen werden kann, dass ein Unternehmer ihn in seinem Tätigkeitsbereich gegenüber Verbrauchern nach Treu und Glauben unter Berücksichtigung der Marktgepflogenheiten einhält.

(2) Für den Verbraucherbegriff gilt § 13 des Bürgerlichen Gesetzbuchs entsprechend.

a) „Geschäftliche Handlung". § 2 Abs. 1 Nr. 1 UWG definiert den Begriff der „geschäftlichen Handlung". Damit ist jedes „Verhalten" gemeint. Das soll zum Ausdruck bringen, dass als geschäftliche Handlung ein positives Tun und ein Unterlassen in Betracht kommen. Voraussetzung für das Vorliegen einer geschäftlichen Handlung ist unter anderem, dass das Verhalten einer Person mit der Förderung des Absatzes oder des Bezugs von Waren oder 11

---

[25] Nach wie vor ist das UWG als solches kein Schutzgesetz iSv § 823 Abs. 2 BGB, vgl. BT-Drs. 15/1487, 43. § 16 Abs. 1, 2 UWG sind aber Schutzgesetz, vgl. *Köhler/Bornkamm* § 16 Rn. 29.
[26] → § 2 Abs. 1 Nr. 1 UWG.
[27] → Rn. 8a.

Dienstleitungen oder dem Abschluss oder der Durchführung eines Vertrages hierüber in einem objektiven Zusammenhang steht.

12   Es kommt nicht darauf an, ob das (subjektive) *Ziel* der Handlung die Förderung des eigenen oder eines fremden Unternehmens ist. Maßgeblich ist ausschließlich der **objektive Zusammenhang** zwischen Verhalten einerseits und Förderung des eigenen oder eines fremden Unternehmens andererseits. Weltanschauliche, wissenschaftliche, redaktionelle oder verbraucherpolitische Äußerungen von Marktteilnehmern unterfallen auch weiterhin nicht dem UWG, sofern kein objektiver Zusammenhang zwischen Verhalten und Wettbewerbsförderung gegeben ist.

13   Das UWG wirkt auch über den Vertragsschluss hinaus. Umfasst sind geschäftliche Handlungen **vor, während und nach Geschäftsabschluss.** So können etwa unrichtige oder irreführende Aussagen gegenüber dem Verbraucher nach Vertragsschluss von § 2 Abs. 1 Nr. 1 UWG umfasst sein. Beispiel: Der Unternehmer behauptet gegenüber einem Verbraucher, er müsse – anders als es die Beweislastumkehr nach § 476 BGB ausdrücklich vorsieht – bei einem Sachmangel in jedem Fall beweisen, dass dieser bereits bei Gefahrübergang vorlag (Verstoß gegen § 5 Abs. 1 S. 2 Nr. 7 UWG). Ob die Nicht- oder Schlechterfüllung auch erfasst ist, ist streitig.[28]

14   b) „Mitbewerber" und „Marktteilnehmer". § 2 Abs. 1 Nr. 3 UWG definiert als „Mitbewerber" jeden Unternehmer, „der mit einem oder mehreren Unternehmen als Anbieter oder Nachfrager von Waren oder Dienstleistungen in Wettbewerb steht". Gemeint ist – wie der Wortlaut deutlich macht – der *konkrete* Wettbewerb.

UGP-RL konform?

Die EU-Werbe-Richtlinien[29] enthalten keine Definition, die für den Begriff des Mitbewerbers auf ein konkretes Wettbewerbsverhältnis abstellen. Die Definition ist daher womöglich überholt und mit EU-Recht nicht vereinbar.[30]

Unternehmer im Sinne des UWG kann auch die **öffentliche Hand** sein. Diese untersteht, wenn sie am Wirtschaftsleben teilnimmt, ebenfalls dem Schutz des UWG.[31] Das ist dann nicht der Fall, wenn die erwerbswirtschaftliche Tätigkeit mit zwingenden öffentlich-rechtlichen Normen unvereinbar ist.[32] Der Begriff des Mitbewerbers findet sich häufig im UWG, zum Beispiel in §§ 3, 4 und 6 UWG.

15   Den „Marktteilnehmer" definiert § 2 Abs. 2 Nr. 2 UWG. Das sind „neben Mitbewerbern und Verbrauchern alle Personen, die als Anbieter oder Nachfrager von Waren oder Dienstleistungen tätig sind". Der Begriff erhält vor allem dann Bedeutung, wenn nicht gerade der Verbraucher geschützt werden soll. So heißt es etwa in § 4 Nr. 1 UWG, dass unlauter handelt, wer „geschäftliche Handlungen vornimmt, die geeignet sind, die Entscheidungsfreiheit der Verbraucher oder sonstiger Marktteilnehmer durch Ausübung von Druck oder durch sonstigen unangemessenen unsachlichen Einfluss zu beeinträchtigen".

16   c) „Verbraucher" und „Unternehmer". Der Verbraucherbegriff in § 2 Abs. 2 UWG entspricht der Regelung in § 13 BGB.[33]

„Unternehmer" ist in § 2 Abs. 1 Nr. 6 UWG definiert. Danach ist Unternehmer nicht nur der Unternehmensinhaber, sondern auch sein Vertreter oder Beauftragter. Allerdings ist der

---

[28] Ablehnend *Köhler* WRP 2009, 109, zustimmend *Sosnitza* WRP 2008, 1014.
[29] Das sind in dem hier verstandenen Sinn neben der UGP-RL auch die Richtlinie über irreführende und vergleichende Werbung 2006/114/EG und die Datenschutzrichtlinie für elektronische Kommunikation 2002/58/EG.
[30] *Köhler* WRP 2013, 403 (405) (Rn. 14).
[31] Vgl. *Köhler/Bornkamm* § 4 Rn. 13.5.
[32] BGHZ 120, 228 = GRUR 1993, 692 = NJW 1993, 852 = WRP 1993, 383 – Guldenburg.
[33] Siehe zum neuen Verbraucherbegriff gem. EU-Verbraucherrechte-Richtlinie (b13 BGB 2014) *Alexander* WRP 2014, 501.

im UWG verwendete Unternehmerbegriff nicht einheitlich: §§ 4 Nr. 8, 5 Abs. 1 Nr. 4 und 6, 8 Abs. 3 Nr. 2, 15 Abs. 2 UWG etwa beziehen sich nur auf den Unternehmensinhaber. § 5 Abs. 1 S. 2 Nr. 3 UWG umfasst dagegen auch die Vertreter und Beauftragten.[34]

d) „Fachliche Sorgfalt". § 2 Abs. 1 Nr. 7 UWG definiert den Begriff der „fachlichen Sorg- **17** falt". In der UGP-RL ist von „beruflicher Sorgfalt" die Rede (Art. 2h). Wer diese außer Acht lässt, handelt unlauter. Der deutsche Gesetzgeber hat den Begriff der „fachlichen Sorgfalt" gewählt.[35] Im Gesetz findet sich der Begriff in § 3 Abs. 2 S. 1 – der „Verbraucher-Generalklausel" – und in § 5a Abs. 3 Nr. 4 UWG wieder.

II. Generalklausel und Beispieltatbestände

Hauptnorm des UWG ist die Generalklausel des § 3 UWG.

§ 3 UWG:

(1) Unlautere geschäftliche Handlungen sind unzulässig, wenn sie geeignet sind, die Interessen von Mitbewerbern, Verbrauchern oder sonstigen Marktteilnehmern spürbar zu beeinträchtigen.

(2) Geschäftliche Handlungen gegenüber Verbrauchern sind jedenfalls dann unzulässig, wenn sie nicht der für den Unternehmer geltenden fachlichen Sorgfalt entsprechen und dazu geeignet sind, die Fähigkeit des Verbrauchers, sich auf Grund von Informationen zu entscheiden, spürbar zu beeinträchtigen und ihn damit zu einer geschäftlichen Entscheidung zu veranlassen, die er andernfalls nicht getroffen hätte. Dabei ist auf den durchschnittlichen Verbraucher oder, wenn sich die geschäftliche Handlung an eine bestimmte Gruppe von Verbrauchern wendet, auf ein durchschnittliches Mitglied dieser Gruppe abzustellen. Auf die Sicht eines durchschnittlichen Mitglieds einer auf Grund von geistigen oder körperlichen Gebrechen, Alter oder Leichtgläubigkeit besonders schutzbedürftigen und eindeutig identifizierbaren Gruppe von Verbrauchern ist abzustellen, wenn für den Unternehmer vorhersehbar ist, dass seine geschäftliche Handlung nur diese Gruppe betrifft.

(3) Die im Anhang dieses Gesetzes aufgeführten geschäftlichen Handlungen gegenüber Verbrauchern sind stets unzulässig.

§ 3 umfasst alle „geschäftlichen Handlungen". Das UWG findet daher – entsprechend der **18** Definition in § 2 Abs. 1 Nr. 1 UWG – auf alle geschäftlichen Handlungen vor, bei oder nach Vertragsschluss Anwendung.

Nach § 3 Abs. 1 UWG sind unlautere Handlungen unzulässig, die geeignet sind, die *Inte-* **19** *ressen* der Marktteilnehmer zu beeinträchtigen.

Diese Generalklausel konkretisieren §§ 4–6 UWG, die beispielhaft aufzählen, wann unlauterer Wettbewerb (§ 4 UWG), irreführende Werbung (§§ 5, 5a UWG) und unlautere vergleichende Werbung (§ 6 UWG) vorliegen. Dabei kommt es häufig zu Überschneidungen der einzelnen Beispieltatbestände, die durchweg nebeneinander anwendbar sind. Die Aufzählungen in §§ 4–6 UWG sind exemplarisch und damit nicht abschließend. § 7 UWG (unzumutbare Belästigungen) ist als eigenständiger Verbotstatbestand ausgestaltet.

Mit Aufnahme der Beispieltatbestände in das UWG 2004 unternahm der Gesetzgeber den Versuch, die umfangreiche Fallgruppen-Rechtsprechung zu § 1 UWG 1909 gesetzlich zu verankern. Fallen die Tatbestände in den Anwendungsbereich von Richtlinien – das sind neben der UGP-RL vor allem die Richtlinie über irreführende und vergleichende Werbung[36] und die Richtlinie über den elektronischen Geschäftsverkehr[37] – sind sie richtlinienkonform auszulegen. Letzte Instanz ist damit vielfach nicht mehr das Bundesverfassungsgericht, sondern der EuGH.

Als Generalklausel ist § 3 UWG auch für die Auslegung anderer Vorschriften von Bedeu- **20** tung. So ist die Frage, ob Handlungen wettbewerbswidrig sind, in erster Linie anhand der UWG-Wertungen zu lösen, nicht anhand von BGB-Vorschriften. Ein Eingriff etwa in das Recht am eingerichteten und ausgeübten Gewerbebetrieb muss damit noch nicht wettbe-

---

[34] *Köhler/Bornkamm* § 2 Rn. 121.
[35] *Köhler* WRP 2013, 403 (405) (Rn. 16) hält den Begriff der „unternehmerischen Sorgfalt" für treffender.
[36] Richtlinie 2006/114/EG vom 12.12.2007, ABl. 2006 L 376.
[37] Richtlinie 2000/31/EG vom 8.6.2000, ABl. 2000 L 178.

werbswidrig sein und kann nur dann die Wettbewerbswidrigkeit begründen, wenn dies zur Ausfüllung von Gesetzeslücken erforderlich ist.[38]

21   § 3 Abs. 2 UWG ist der Umsetzung von Art. 5 Abs. 2 UGP-RL geschuldet und enthält den dort geregelten „**Verbraucher-Auffangtatbestand**". § 3 Abs. 1 UWG erfasst bereits alle irreführenden und aggressiven Geschäftspraktiken nach der UGP-RL (bezogen auf alle Marktteilnehmer!), so dass der Anwendungsbereich von § 3 Abs. 2 S. 1 UWG gering ist.[39]
§ 3 Abs. 2 S. 2 UWG stellt auf das vom EuGH entwickelte und vom BGH in ständiger Rechtsprechung verwendete Verbraucherleitbild des informierten, verständigen und angemessen aufmerksamen Durchschnittsverbrauchers ab.[40] Außerdem ist – wie dies auch ständige Rechtsprechung ist – ausdrücklich geregelt, dass es bei einer Handlung gegenüber einer bestimmten Verbrauchergruppe auf ein durchschnittliches Mitglied dieser Gruppe ankommt.

22   § 3 Abs. 3 UWG schließlich verweist auf die im Anhang dem UWG beigefügte „**Schwarze Liste**". Die dort beschriebenen geschäftlichen Handlungen **gegenüber Verbrauchern** sind immer unlauter. Die Erheblichkeitsschwelle des § 3 Abs. 1 UWG ist bei diesen Tatbeständen immer überschritten.

23   §§ 8–10 UWG zeigen die Rechtsfolgen unlauterer geschäftlicher Handlungen auf. Das sind Beseitigung und Unterlassung (§ 8 UWG), Schadensersatz (§ 9 UWG) und die im Gesetzgebungsverfahren zur Novellierung 2004 besonders umstrittene Gewinnabschöpfung (§ 10 UWG). Durch eine geschäftliche Handlung können mehrere Verbotsnormen des UWG verletzt sein. Wird etwa in einem Rundschreiben an Kunden eines Mitbewerbers mitgeteilt, der Mitbewerber sei zahlungsunfähig geworden, kann dies einen Verstoß gegen §§ 3, 4 Nr. 7, Nr. 8 oder Nr. 10 UWG darstellen. §§ 16–19 UWG betreffen strafbare geschäftliche Handlungen.

III. „Unlauterkeit" und Verkehrsauffassung

1. Begriff der „Unlauterkeit"

24   Kernfrage des UWG-Rechts ist, ob eine Handlung lauter oder unlauter ist. Der Begriff der „Unlauterkeit" lehnt sich an die europäische Terminologie der „unfair commercial practices" (daher die englische Bezeichnung der UGP-RL als „UCP-Directive") an. Was lauter oder unlauter ist, lässt sich nur anhand des Schutzzweckes des UWG und der Funktion des Wettbewerbs bestimmen. Auf die subjektive Sichtweise des Handelnden kommt es nicht an.[41] Zur Unlauterkeit hat die Rechtsprechung in der Vergangenheit Fallgruppen gebildet, die unter die gesetzlich normierten Beispieltatbestände zu subsumieren sind. Während demnach einerseits die Behinderung von Mitbewerbern oder die Ausbeutung deren Leistung wettbewerbswidrig sein kann, soll das Wettbewerbsrecht andererseits nicht die Entwicklung neuer wettbewerblicher Maßnahmen hemmen.[42] Das erfordert allerdings in der Praxis durchaus Überzeugungskraft und Durchhaltevermögen, wie zum Beispiel Entscheidungen im Medienbereich zeigen:[43] War es bis 1998 sehr umstritten, ob die Verteilung kostenfreier Zeitungen (etwa Anzeigenblätter) andere Presseverlage in der Ausübung ihrer Markttätigkeit unlauter behindert,[44] sieht sie der BGH in seiner Entscheidung aus dem Jahr 2003 als

---

[38] Vgl. *Köhler/Bornkamm* Einl. Rn. 7.1 ff.

[39] Vgl. *Köhler/Bornkamm* § 3 Rn. 32. *Scherer* WRP 2010, 586, hält die „Verbraucher-Generalklausel" schlicht für „überflüssig".

[40] Siehe nachfolgend Rn. 27.

[41] Köhler/Bornkamm § 3 Rn. 106.

[42] Vgl. *Köhler/Bornkamm* Einl. Rn. 1.17.

[43] Vgl. OLG München AfP 1996, 79 = NJW-RR 1996, 108 = WRP 1995, 875 (Petra-Movie). Hier ging es um die Frage, ob die Beifügung einer Videokassette zu einer Frauenzeitschrift wettbewerbswidrig ist – etwa aus dem Gesichtspunkt unlauterer Anlockung, § 1 UWG 1909 oder verbotener Zugabe gemäß § 1 Zugabe-VO oder eines Verstoßes gegen die Preisbindung gemäß § 15 GWB aF. Das OLG München entschied, dass es nicht Aufgabe des UWG sei, neue Formen der Information – eben als Videokassette – zu unterbinden und ließ damit bereits aus diesem Grund die Beifügung einer Videokassette mit redaktionellen Inhalten zu. Vgl. hierzu auch OLG Hamburg AfP 1996, 81 = GRUR 1995, 830.

[44] Vgl. *Köhler/Bornkamm* § 4 Rn. 12.20 ff.

zulässig an.[45] Ein anderes Beispiel: War gefühlsbetonte Werbung früher mit erheblichen wettbewerbsrechtlichen Risiken verbunden, ist derartige Werbung seit der Bennetton-II-Entscheidung des Bundesverfassungsgerichts weitgehend erlaubt.[46] Es kommt also im Zeitablauf durchaus zu Änderungen im Verständnis der Unlauterkeit wettbewerbsbezogener Handlungen.

Unlauter sind jedenfalls alle geschäftlichen Handlungen, die in §§ 4–7 UWG beispielhaft 25 aufgezählt sind (soweit diese Regelungen richtlinienkonform sind). Andere Handlungen können gemäß § 3 Abs. 1 UWG unlauter sein, wobei jedoch die in §§ 4–7 UWG normierten Wertungen und die Wertungen der UGP-RL (bei Handlungen gegenüber Verbrauchern) bei der Beurteilung einer Handlung als unlauter zu berücksichtigen sind. Verstoßen geschäftliche Handlungen nicht gegen Vorschriften des UWG, sondern gegen Vorschriften anderer Gesetze, sind sie zwar rechtswidrig, jedoch nur dann gemäß § 4 Nr. 11 UWG unlauter, wenn die gesetzliche Vorschrift „im Interesse der Marktteilnehmer das Marktverhalten" regelt.[47]

2. Bedeutung der Verkehrsauffassung

Maßgeblich für die Beurteilung der Frage, ob eine Handlung lauter oder unlauter ist, ist 26 die Verkehrsauffassung. Hierbei geht es nicht in erster Linie um die Auffassung „aller gerecht und billig Denkenden",[48] sondern um die angesprochenen Verkehrskreise. So kann einerseits die Auffassung der Durchschnittsgewerbetreibenden von Bedeutung sein, wenn diese durch eine Maßnahme angesprochen sind. Andererseits kann auch die Auffassung der Allgemeinheit relevant sein, wenn deren Belange betroffen sind.[49] Richtet sich Werbung (auch) an Verbraucher, regeln § 3 Abs. 2 S. 2 und 3 UWG, dass es gerade auf die angesprochenen Verkehrskreise ankommt. Das ist nicht neu: Richtet sich eine Werbung etwa vor allem an Kinder und Jugendliche, bedürfen diese eines weitergehenden Schutzes,[50] als wenn sich eine Werbung an Fachkreise wendet.

Der EuGH stellt auf den durchschnittlich informierten, aufmerksamen und verständigen 27 Durchschnittsverbraucher ab, der aufgrund ausreichender Information in der Lage sein muss, seine Entscheidung auf dem Markt frei zu treffen.[51] An diesem Verbraucherbild orientiert sich auch der BGH.[52]

IV. Geschäftliche Handlung

Erste Voraussetzung für die Anwendbarkeit wettbewerbsrechtlicher Vorschriften ist eine 28 „geschäftliche Handlung". § 2 Abs. 1 Nr. 1 UWG definiert den Begriff der „geschäftlichen Handlung" als

„jedes Verhalten einer Person zugunsten des eigenen oder eines fremden Unternehmens vor, bei oder nach einem Geschäftsabschluss, das mit der Förderung des Absatzes oder des Bezugs von Waren oder Dienstleistungen oder mit dem Abschluss oder der Durchführung eines Vertrags über Waren oder Dienstleistungen objektiv zusammenhängt; als Waren gelten auch Grundstücke, als Dienstleistungen auch Rechte und Verpflichtungen".

---

[45] BGH GRUR 2004, 602 = NJW 2004, 2083 = WRP 2004, 896.
[46] → Rn. 116.
[47] → Rn. 204 ff.
[48] Vgl. *Köhler/Bornkamm* § 3 Rn. 100.
[49] Vgl. *Köhler/Bornkamm* § 3 Rn. 103.
[50] Vgl. auch BGH GRUR 1965, 363 – Fertigbrei; OLG Düsseldorf GRUR 1975, 267 – Milky Way; OLG Frankfurt a. M. GRUR 1994, 522 – Lego-Hotline.
[51] Vgl. EuGH NJW 1998, 3183 = WRP 1998, 848 – Gut Springenheide.
[52] BGH GRUR 2000, 337 = NJW-RR 2000, 704 = WRP 2000, 386 – Preisknaller; BGH GRUR 2000, 619 = NJW-RR 2000, 1490 = WRP 2000, 517 – Orient-Teppichmuster („flüchtig" und „verständig" schließe sich nicht aus); BGH GRUR 2000, 820 = NJW-RR 2000, 1136 = WRP 2000, 724 (726) – Space Fidelity Peep Show. Siehe auch *Scherer* WRP 1999, 991 ff.

1. Unternehmensbezug der Handlung

Fall „Makler-Privatangebot":[53]

Ein Makler bietet in Zeitungsanzeigen ein Grundstück an, das sich in seinem Privatbesitz befindet. Ein Hinweis auf seine Tätigkeit als Makler ist der Zeitungsanzeige nicht zu entnehmen.

29 Die Handlung muss einen **Unternehmensbezug** haben.[54] Damit wird deutlich, dass das UWG ausschließlich im geschäftlichen (wirtschaftlichen) Wettbewerb anwendbar ist und nur den Wettbewerb zwischen Unternehmen regelt. Der Unternehmensbegriff ist weit zu fassen. Es genügt jede auf Dauer angelegte, selbstständige wirtschaftliche Betätigung, die darauf gerichtet ist, Waren oder Dienstleistungen gegen Entgelt zu vertreiben.[55] Auf die Rechtsform kommt es nicht an. Auch juristische Personen des öffentlichen Rechts können Unternehmen im Sinne des UWG sein und geschäftliche Handlungen vornehmen.[56] Dies kann auch für hoheitliche Eingriffe in den Wettbewerb gelten.[57] Es sind jedenfalls im Wettbewerbsrecht weder eine Gewinnerzielung noch eine Gewinnerzielungsabsicht erforderlich. Auch gemeinnützige Unternehmen und Idealvereine können damit dem Wettbewerbsrecht unterliegen.[58]

Zum Fall „Makler-Privatangebot":

30 Bei der geschäftlichen Handlung muss es sich um eine selbstständige, wirtschaftliche Zwecke verfolgende Tätigkeit handeln, in der eine Teilnahme am Erwerbsleben zum Ausdruck kommt und die sich auf Mitbewerber auswirken kann. Diese Voraussetzungen sah der BGH (noch zu § 1 UWG 1909) als nicht gegeben an: Der Beklagte habe das Grundstück durch eine private Schenkung schon mehrere Jahre vor der Anzeige erhalten und nicht seinem geschäftlichen Bereich zugeschlagen. Er betreibe mit der Anzeige keine Kundenwerbung, sondern suche einen Käufer für ein privates Objekt. Es handele sich um eine Anzeige „von Privat an Privat".

2. Marktbezug der Handlung

31 Die Handlung muss einen **Marktbezug** haben.[59] Sie muss auf die Förderung des Absatzes oder Bezugs von Waren oder Dienstleistungen eines Unternehmens gerichtet sein. Keinen Marktbezug haben deshalb rein private, betriebsinterne oder amtliche Handlungen. Wenn also ein Verbraucher Waren erwirbt, um seinen privaten Bedarf zu decken, handelt er nicht „mit Marktbezug". Bei **Gewerbetreibenden** wird in der Regel ein Handeln mit Marktbezug vermutet, wenn es sich nicht um rein private Äußerungen oder Handlungen außerhalb jeder beruflichen Tätigkeit handelt.[60] Bemüht sich ein gemeinnütziger Verein um Geldspenden, ist diese Tätigkeit nicht auf den Absatz oder Bezug von Waren oder Dienstleistungen gerichtet. Es fehlt dann ebenfalls der Marktbezug.

3. Zusammenhang von Handlung und Wettbewerbsförderung

32 a) **Funktionaler Zusammenhang.** Der im Gesetz genannte „objektive Zusammenhang" (§ 2 Abs. 1 Nr. 1 UWG) erfordert keinen unmittelbaren Kausalzusammenhang zwischen geschäftlicher Handlung und Wettbewerbsförderung. Die Handlung muss vielmehr „bei objektiver Betrachtung unter Berücksichtigung der Umstände des Einzelfalls darauf gerichtet sein, durch Beeinflussung der geschäftlichen Entscheidungen der Verbraucher (oder sonsti-

---

[53] BGH GRUR 1993, 761 = NJW-RR 1993, 1063 zu § 1 UWG 1909 – Handeln im geschäftlichen Verkehr.
[54] *Köhler/Bornkamm* § 2 Rn. 17 ff.
[55] Vgl. BGH GRUR 1995, 697 = NJW-RR 1995, 1379 = WRP 1995, 815 – FUNNY PAPER.
[56] Vgl. dazu ausführlich *Köhler/Bornkamm* § 4 Rn. 13.1 ff.
[57] BVerfGE 105, 252 = NJW 2002, 2621 = AfP 2002, 498 – Glykolwein; *Köhler/Bornkamm* § 4 Rn. 13.28.
[58] Vgl. *Köhler/Bornkamm* § 2 Rn. 24.
[59] *Köhler/Bornkamm* § 2 Rn. 34 ff.
[60] Vgl. *Köhler/Bornkamm* § 2 Rn. 35; vgl. auch § 344 Abs. 1 HGB.

gen Marktteilnehmer) den Absatz oder Bezug zu fördern".[61] Ein objektiver Zusammenhang besteht damit auch etwa bei Imagewerbung oder bei Sponsoringmaßnahmen. Geht es hingegen um weltanschauliche, religiöse, kirchliche, soziale, karitative, erzieherische, verbraucherpolitische, wissenschaftliche oder künstlerische Ziele, wird in aller Regel ein objektiver Zusammenhang zu verneinen sein.[62]

b) Eignung zur Wettbewerbsförderung.

Fall „Die Besten II":[63]

Die Beklagte verlegt das Nachrichtenmagazin *Focus*. Die klagende Rechtsanwaltskammer wendet sich gegen die Veröffentlichung der Artikelserie „Die 500 besten Anwälte". In den Artikeln werden – gegliedert nach Rechtsgebieten und Regionen – Rechtsanwälte mit Namen, Kanzleisitz und Telefonnummer genannt. Zugleich wird den Lesern mitgeteilt, dass die genannten Anwälte aufgrund ihrer „Reputation unter Kollegen" und ihrer „Präsenz in Fachkreisen" ermittelt wurden.

Die geschäftliche Handlung muss objektiv geeignet sein, den Absatz oder Bezug des eige- **33** nen oder eines fremden Unternehmens zu fördern. Es kommt nicht darauf an, ob das Handeln für einen Mitbewerber nachteilig ist. Es genügt daher zum Beispiel auch, dass die Handlung für Verbraucher nachteilig ist – etwa, wenn ein Monopolist irreführende Werbung veranstaltet. Auf das Bestehen eines „Wettbewerbsverhältnisses" kommt es – anders als bis zur Novellierung im Jahr 2008 – nicht an. Allerdings spielt das Wettbewerbsverhältnis bei der Anspruchsberechtigung von Mitbewerbern noch eine Rolle (§ 8 Abs. 3 Nr. 1 UWG).

Mit „Absatz" ist die Anbieterseite, mit „Bezug" die Nachfragerseite gemeint. Es genügt, **34** wenn durch die geschäftliche Handlung die Stellung im Wettbewerb nur irgendwie gefördert wird.[64] Es kommt nicht darauf an, ob das Ziel der Wettbewerbsförderung auch erreicht wird. In der Regel haben die Gerichte bislang das objektive Tatbestandselement der geschäftlichen Handlung als gegeben angesehen.[65] Es handelt sich hier übrigens um eine Rechtsfrage und nicht um eine Sachfrage, die bewiesen oder durch Beweis widerlegt werden könnte.[66]

Das noch in § 3 UWG 2004 hinein gelesene subjektive Element, den Wettbewerb fördern **35** zu wollen, gibt es nicht mehr.[67] Die wesentliche Funktion des subjektiven Elements war, Handlungen aus dem Geltungsbereich des UWG auszunehmen, die keine geschäftlichen Zielsetzungen hatten. Ausnahmen galten etwa bei Rechtsanwälten,[68] bei Wissenschaftlern[69] und bei der Medienberichterstattung, die den Schutz von Art. 5 GG genießt. In diesen Fällen war die Wettbewerbsabsicht **positiv** festzustellen. Übt zB eine Fachzeitschrift, die zugleich Organ einer berufsständigen Vertretung eines bestimmten Heilberufs ist, unsachliche und einseitige Kritik an den Leistungen eines nicht zum Berufsstand gehörenden wettbewerblichen Außenseiters, konnte dies ein Indiz für die Bejahung einer Wettbewerbsabsicht sein.[70] Mit Wegfall des subjektiven Kriteriums ist damit aber nicht jede Berichterstattung zulässig geworden. Vielmehr kommt es nun darauf an, ob ein „objektiver Zusammenhang" zwischen Handlung und Absatzförderung besteht. Ein „objektiver Zusammenhang" besteht

---

[61] *Köhler/Bornkamm* § 2 Rn. 48.
[62] Vgl. *Köhler/Bornkamm* § 2 Rn. 51.
[63] BGH AfP 1997, 797 = GRUR 1997, 914 = NJW 1997, 2681 = WRP 1997, 1051.
[64] So etwa auch dann, wenn ein Verleger dem Großhandel die Ausgabe einer Zeitschrift kostenlos überlässt, um die Mehraufwendungen beim Vertrieb überschwerer Hefte auszugleichen. Auf diese Weise wird die Zusammenarbeit mit dem Großhandel und damit der künftige Wettbewerb gefördert, BGH GRUR 1967, 256 – Stern.
[65] Vgl. hierzu etwa BGH GRUR 1983, 374 = NJW 1983, 1737 = WRP 1983, 387 – Spendenbitte.
[66] Vgl. *Baumbach/Hefermehl*, 22. Auflage, Einl. UWG Rn. 215 mit Hinweis auf RG GRUR 1933, 504 – Opernhaus.
[67] *Köhler/Bornkamm* § 2 Rn. 46, 53.
[68] Vgl. BGH GRUR 1967, 428 = NJW 1967, 873 – Anwaltsberatung I.
[69] Vgl. BGH GRUR 1962, 45 = NJW 1961, 1916 = WRP 1961, 307 – Betonzusatzmittel.
[70] Vgl. OLG Hamburg AfP 1998, 76.

dann nicht, wenn der redaktionelle Beitrag ausschließlich der Information und Meinungsbildung der Rezipienten dient.[71] Das ist bei Beiträgen, die sachlich, richtig und objektiv (also nicht einseitig unsachlich zu Lasten oder zu Gunsten eines Unternehmens) sind, grundsätzlich zu bejahen.

Zum Fall „Die Besten II":

36   Die Darstellung der mit Namen, Adresse und Telefonnummer benannten Rechtsanwälte als „Die 500 Besten" oder als „Die besten Anwälte" sah der BGH (nach § 1 UWG 1909) als unzulässige Handlung zur Förderung von deren Wettbewerb an. Die Beklagte habe auch die Absicht gehabt, den Wettbewerb der genannten „besten Anwälte" zu fördern. Dies ergebe sich aus der übermäßig werbenden Darstellung der empfohlenen Rechtsanwälte als den besten der Bundesrepublik Deutschland. Die Darstellung sei auch wettbewerbswidrig, da es an sachlichen und überprüfbaren Kriterien fehle, die eine Beurteilung zuließen, es handele sich bei den benannten Rechtsanwälten um die besten in Deutschland. An dieser Entscheidung würde sich auch nach heutigen Kriterien – Wegfall der Wettbewerbsförderungsabsicht und Erfordernis eines objektiven Zusammenhangs – nichts ändern.

V. Relevanzklausel des § 3 UWG

Fall „Überregionaler Krankentransport":[72]

Der Kläger ist ein in Köln ansässiger Krankentransportunternehmer. Die Beklagte ist Krankentransportunternehmerin in München. Die Beklagte hatte eine Patientin von Köln nach München transportiert. Das hält der Kläger für wettbewerbswidrig, weil die Beklagte nicht die für die Durchführung von Krankentransporten in Nordrhein-Westfalen erforderliche behördliche Genehmigung habe.

37   § 3 UWG verbietet ausschließlich unlautere geschäftliche Handlungen, die geeignet sind, den Wettbewerb spürbar zu beeinträchtigen. Es kommt nicht auf eine tatsächliche Beeinträchtigung an. Vielmehr genügt die abstrakte Möglichkeit einer spürbaren Beeinträchtigung. Die Relevanzklausel legalisiert jedoch nicht unlautere geschäftliche Handlungen, wie schon die Gesetzesbegründung zum UWG 2004 ausdrücklich klarstellt.[73] Dementsprechend ist die Schwelle auch nicht zu hoch anzusetzen.[74]

38   Mit der Einführung einer ähnlichen Regelung in § 3 Abs. 1 UWG 2004 war allgemein von **Bagatellklausel** die Rede. Das ist nicht mehr einheitlich.[75] Nunmehr rückt eher der Begriff der „Spürbarkeit" in den Vordergrund.[76] Die Spürbarkeit der Beeinträchtigung ist im Einzelfall festzustellen.[77] Dabei ist zwischen den in § 3 UWG angesprochenen Marktteilnehmern – Mitbewerber, Verbraucher und sonstige Marktteilnehmer – zu unterscheiden. Allgemeininteressen sind ohne Belang, wenn nicht zugleich auch die Interessen von Marktteilnehmern berührt sind. Bei der Beurteilung, ob eine spürbare Beeinträchtigung eines **Mitbewerbers** gegeben ist, kommt es unter anderem auf die Marktverhältnisse sowie die Art, Schwere, Häufigkeit oder Dauer des Wettbewerbsverstoßes an. Bei einer spürbaren Beeinträchtigung von **Verbrauchern** und **sonstigen Marktteilnehmern** sind deren Entscheidungsfreiheit und sonstigen geschützten Interessen maßgeblich.[78] Auch hier kommt es auf die Art, Schwere, Häufigkeit oder Dauer des Wettbewerbsverstoßes an. Geht es zum Beispiel bei un-

---

[71] *Köhler/Bornkamm* § 2 Rn. 67.
[72] BGH I ZR 141/06 = GRUR 2009, 881.
[73] BT-Drs. 15/1487, 17.
[74] BT-Drs. 15/1487, 17.
[75] *Köhler/Bornkamm* § 3 Rn. 123 ff. ersetzten zB den Begriff – entsprechend den europarechtlichen Vorgaben im B2C-Bereich – allgemein durch „Relevanzklausel". Harte-Bavendamm/Henning-Bodewig/*Podszun* § 3 Rn. 125 behalten den Begriff der „Bagatellklausel" bei.
[76] *Köhler/Bornkamm* § 3 Rn. 118 f.; Harte-Bavendamm/Henning-Bodewig/*Podszun* § 3 Rn. 125 ff.
[77] *Köhler/Bornkamm* § 3 Rn. 123 ff.
[78] *Köhler/Bornkamm* § 3 Rn. 120 ff.

zulässigen Direktmarketing-Maßnahmen (§ 7 UWG) um einzelne Ausreißer, kann es im Einzelfall an der Spürbarkeit fehlen. Anderes gilt aber bei planmäßigem Handeln, das gerade auf einen Rechtsverstoß angelegt ist. Besteht eine „nicht unerhebliche Nachahmungsgefahr", ist das Kriterium der Spürbarkeit ebenfalls erfüllt.[79]

UGP-RL konform?

Die „Bagatellklausel" des § 3 Abs. 1 UWG entspricht nicht den Anforderungen der in der UGP-RL enthaltenen „Relevanzklausel". Bei den Beispieltatbeständen der §§ 4–6 UWG ist eine gesonderte Prüfung der Spürbarkeit zudem entbehrlich.[80] Zusätzlich bedarf es jeweils einer einzelfallbezogener Unlauterkeitsprüfung.[81]

Zum Fall „Überregionaler Krankentransport":

Der BGH sah in § 18 Rettungsgesetz Nordrhein-Westfalen (RettG NRW) zwar keine   39 Marktverhaltensregelung im Sinne von § 4 Nr. 11 UWG im Interesse der privaten Mitbewerber. Aber die Regelung diene zumindest auch dem Schutz der im Wege des Krankentransports zu befördernden Kranken, Verletzten und sonstigen hilfsbedürftigen Personen. Auch liege ein Verstoß gegen das nach dem RettG NRW beim Fehlen einer entsprechenden Genehmigung bestehende Verbot der Durchführung von Krankentransporten vor. Das danach als unlauter im Sinne des § 4 Nr. 11 UWG zu beurteilende Handeln der Beklagten beeinträchtige die wettbewerbsrechtlich geschützten Interessen der Verbraucher jedoch nicht spürbar, sondern allenfalls unerheblich. Denn: Für die Belange der beförderten Person mache die Frage der Genehmigung nur dann einen praktischen Unterschied, wenn die Erteilung der Genehmigung nach dem Recht des Ausgangsorts (NRW) von weitergehenden, im Interesse der beförderten Personen bestehenden Voraussetzungen abhängt als die Erteilung der Genehmigung nach dem Recht des Zielorts (Bayern). Dies sei aber nicht der Fall. Auf eine spürbare Beeinträchtigung der Mitbewerber im Sinne von § 3 Abs. 1 UWG kam es nicht an, da – wie der BGH ausführte – § 18 RettG NRW bezogen auf die Mitbewerber eine Marktzutrittsregelung und keine Marktverhaltensregelung sei.

---

[79] BT-Drs. 15/1487, 17.
[80] *Köhler* WRP 2013, 403 (406) (Rn. 21 ff.); *Köhler/Bornkamm* § 3 Rn. 136 ff.
[81] Vgl. EuGH C-261/07, C-200/07 = GRUR 2009, 599 = WRP 2009, 722 – VTB-VAB und Galatea; EuGH C-304/08 = GRUR 2010, 244 = WRP 2010, 232 – Plus Warenhandelsgesellschaft.

§ 2 Die Unlauterkeitstatbestände im Anhang zu § 3 Abs. 3 UWG

Übersicht

A. Vorbemerkung

40   Die UGP-RL enthält einen Anhang mit 31 irreführenden und aggressiven Geschäftspraktiken gegenüber Verbrauchern, die immer unlauter sind. Der deutsche Gesetzgeber hat sich entschieden, diese Tatbestände weitgehend unverändert als Anhang zu § 3 Abs. 3 UWG in das UWG aufzunehmen. Der Anhang zu § 3 Abs. 3 UWG beinhaltet insgesamt 30 Tatbestände. Mit diesem Sonderschutz von Verbrauchern weicht der Gesetzgeber von seinem Grundsatz der einheitlichen Anwendung des Gesetzes auf Mitbewerber, Verbraucher und sonstige Marktteilnehmer ab. Die Ausnahme ist aber – wie es in der Gesetzesbegründung heißt – gerechtfertigt, weil die „Regelung aus Gründen des Verbraucherschutzes besonders streng ausgefallen ist. Es wäre nicht gerechtfertigt, den kaufmännischen Verkehr mit derart starren Regelungen zu belasten."[82]

41   Bei den im Anhang benannten Verboten handelt es sich um Per-se-Verbote ohne Relevanzprüfung. Damit sind auch Handlungen unzulässig, die die Erheblichkeitsschwelle des § 3 Abs. 2 UWG bzw. § 3 Abs. 1 UWG nicht erreichen. In der Gesetzesbegründung wird zwar darauf verwiesen, dass „auch hier stets der allgemeine Grundsatz der Verhältnismä-

---

[82] BT-Drs. 16/10145, 22.

ßigkeit" gilt, „weshalb es auch künftig Fallgestaltungen geben kann, bei denen ein nach § 3 Abs. 3 UWG-E oder § 7 UWG-E unlauteres Verhalten gleichwohl keine wettbewerbsrechtlichen Sanktionen auslöst".[83] Verlassen sollte man sich darauf ebenso wenig wie auf die Beurteilung einer Handlung als noch nicht wettbewerbsrechtlich relevant.

B. Unzulässige geschäftliche Handlungen gemäß Anhang zu § 3 Abs. 3 UWG

Wer das UWG fachgerecht anwenden möchte, sollte die Tatbestände im Anhang zu § 3 **42** Abs. 3 UWG gelesen haben. Sie sind nachstehend wiedergegeben. Eine analoge Anwendung der eng und kasuistisch gefassten Tatbestände auf lediglich vergleichbare Sachverhalte ist ausgeschlossen.[84]

I. Synopse UWG und UGP-Richtlinie

Nr. 1–24 des Anhangs betreffen irreführende, Nr. 25–30 aggressive geschäftliche Hand- **43** lungen. Die Reihenfolge der Auflistung im UWG entspricht im Wesentlichen der Reihenfolge der UGP-Richtlinie. Nr. 31 der UGP-Richtlinie hat der deutsche Gesetzgeber jedoch als Nr. 17 in den Anhang verschoben. Nachstehende Synopse der Regelungen im UWG und in der UGP-Richtlinie erleichtert das Auffinden der jeweiligen Regelung:

UWG	UGP-Richtlinie
Nr. 1–16	Nr. 1–16
Nr. 17	Nr. 31
Nr. 18	Nr. 17
Nr. 19	Nr. 18
Nr. 20	Nr. 19
Nr. 21	Nr. 20
Nr. 22	Nr. 21
Nr. 23	Nr. 22
Nr. 24	Nr. 23
Nr. 25	Nr. 24
Nr. 26	Nr. 25
Nr. 27 bis Nr. 30	Nr. 27 bis Nr. 30
§ 7 Abs. 2 Nr. 1	Nr. 26

II. Die Tatbestände des Anhangs zu § 3 Abs. 3 UWG

1. Nr. 1 des Anhangs

Unzulässige geschäftliche Handlungen im Sinne des § 3 Abs. 3 sind
1. die unwahre Angabe eines Unternehmers, zu den Unterzeichnern eines Verhaltenskodexes zu gehören;

Es genügt hier bereits die Behauptung, einen Verhaltenskodex unterzeichnet zu haben. Es **44** muss nicht behauptet werden, die dort verankerten Standards würden eingehalten. Denn der Verkehr erwartet die Einhaltung der behaupteten Standards schon wegen der bloßen Bezugnahme auf die Unterzeichnung.

---

[83] BT-Drs. 16/10145, 30.
[84] OLG Köln 6 U 159/10 = GRUR-RR 2011, 275.

2. Nr. 2 des Anhangs

Unzulässige geschäftliche Handlungen im Sinne des § 3 Abs. 3 sind
2. die Verwendung von Gütezeichen, Qualitätskennzeichen oder Ähnlichem ohne die erforderliche Genehmigung;

45   Bereits die unerlaubte Verwendung der in Nr. 2 benannten Zeichen ist unlauter. Solche Zeichen können Zertifikate von Ausbildungseinrichtungen und Zertifizierungsstellen, Auszeichnungen oder das GS-Zeichen nach dem Geräte- und Produktsicherheitsgesetz sein. Das „Testsiegel" der Stiftung Warentest ist kein Gütezeichen gem. Nr. 2 des Anhangs.[85] Es kommt nicht darauf an, ob die so angebotenen Waren oder Dienstleitungen die durch das Zeichen verbürgte Qualität aufweisen. Ebenfalls unbeachtlich ist, ob das Zeichen von einer staatlichen oder privaten Stelle vergeben wird. Allgemeine Produktbezeichnungen wie „frisch gepresst" oder „biologisch angebaut" fallen nicht unter Nr. 2.

3. Nr. 3 des Anhangs

Unzulässige geschäftliche Handlungen im Sinne des § 3 Abs. 3 sind
3. die unwahre Angabe, ein Verhaltenskodex sei von einer öffentlichen oder anderen Stelle gebilligt;

46   Die falsche Behauptung, ein Verhaltenskodex sei von einer Stelle gebilligt, ist immer wettbewerbswidrig. Auf die Relevanz dieser Angabe für die Geschäftsentscheidung des Verbrauchers kommt es nicht an.

4. Nr. 4 des Anhangs

Unzulässige geschäftliche Handlungen im Sinne des § 3 Abs. 3 sind
4. die unwahre Angabe, ein Unternehmer, eine von ihm vorgenommene geschäftliche Handlung oder eine Ware oder Dienstleistung sei von einer öffentlichen oder privaten Stelle bestätigt, gebilligt oder genehmigt worden, oder die unwahre Angabe, den Bedingungen für die Bestätigung, Billigung oder Genehmigung werde entsprochen;

47   Für Verbraucher haben Angaben zu einer angeblichen Genehmigung der Geschäftstätigkeit oder der Ware bzw. Dienstleistung eine erhebliche Bedeutung für die Güte des Angebots oder des Unternehmens. Falsche Angaben sind deshalb immer unlauter. Testurteile der Stiftung Warentest sind nicht von Nr. 4 umfasst.[86]

5. Nr. 5 des Anhangs

Unzulässige geschäftliche Handlungen im Sinne des § 3 Abs. 3 sind
5. Waren- oder Dienstleistungsangebote im Sinne des § 5a Abs. 3 zu einem bestimmten Preis, wenn der Unternehmer nicht darüber aufklärt, dass er hinreichende Gründe für die Annahme hat, er werde nicht in der Lage sein, diese oder gleichartige Waren oder Dienstleistungen für einen angemessenen Zeitraum in angemessener Menge zum genannten Preis bereitzustellen oder bereitstellen zu lassen (Lockangebote). Ist die Bevorratung kürzer als zwei Tage, obliegt es dem Unternehmer, die Angemessenheit nachzuweisen;

Fall „Irische Butter":[87]

Eine Verbraucherzentrale nimmt den Handelskonzern Lidl auf Unterlassung in Anspruch: In einer Zeitungsanzeige wurde aus Anlass der Wiedereröffnung einer Lidl-Filiale in Krefeld unter anderem für einen 17-Zoll-LCD-Monitor mit einer Preisreduzierung von 149 Euro auf 77,77 Euro geworben. Die Fußzeile, die über den in der Werbung enthaltenen Sternchenhinweis erreicht wurde, enthielt den Hinweis: „*Dieser Artikel kann auf Grund begrenzter Vorratsmenge bereits am ersten Angebotstag ausverkauft sein" Der Monitor war für Verbraucher bereits zum in der Anzeige angegebenen Zeitpunkt der Wiedereröffnung der Filiale um 8.00 Uhr nicht erhältlich.

---

[85] OLG Köln 6 U 159/10 = GRUR-RR 2011, 275.
[86] OLG Köln 6 U 159/10 = GRUR-RR 2011, 275 mit Hinweis auf abweichende Literaturmeinungen.
[87] BGH I ZR 183/09 = GRUR 2011, 340 = NJW-RR 2011, 398. Der BGH entschied in diesem Verfahren über eine weitere Werbemaßnahme, die eine Butter betraf – daher die Bezeichnung „Irische Butter".

Maßgeblich ist bei Nr. 5 die *mangelnde Aufklärung* über den Vorrat und nicht eine mög- 48 licherweise unzureichende Bevorratung an sich. Die bisherige Rechtsprechung zur irreführenden Werbung findet nach wie vor Anwendung. Demnach muss die umworbene Ware oder Dienstleistung überhaupt erhältlich sein. Ist die Ware unverschuldet dem Werbenden nicht geliefert worden, ist seine Ankündigung auch nicht wettbewerbswidrig.[88] Ebenso gilt die bisherige Rechtsprechung, wenn es um die Form der Aufklärung geht.[89] Ein optisch vollkommen in den Hintergrund tretender Hinweis, dass eine Verfügbarkeit der Ware nicht garantiert sei, führt nicht zu einer Freizeichnung des Werbenden.[90]

Der Begriff der „gleichartigen Waren oder Dienstleistungen" ist eng auszulegen. Eine sol- 49 che Gleichartigkeit liegt nur vor, wenn die Waren oder Dienstleistungen tatsächlich gleichwertig und aus der Sicht des Verbrauchers austauschbar sind. Dabei können auch subjektive Gesichtspunkte, wie der Wunsch nach Erwerb eines bestimmten Markenprodukts, eine Rolle spielen. Gleichwertig ist nicht eine Butter der Lidl-Eigenmarke „Milbona" mit der irischen Butter „Kerrygold".[91]

In Nr. 5 Satz 2 wird der in der aufgehobenen Vorschrift des § 5 Abs. 5 UWG 2004 ent- 50 haltene Bevorratungszeitraum von zwei Tagen übernommen. Der Unternehmer muss beweisen, dass der Vorrat angemessen war, wenn er bereits am zweiten Tag aufgebraucht ist. Große Einzelhandelsunternehmen können Probleme mit der Umsetzung dieser Regelung nur lösen, wenn sie eine unerwartet hohe Nachfrage beweisen können.[92] Der Gesetzgeber nimmt den Unternehmern nicht das Risiko ab, nach zwei Tagen auf der Restware sitzen zu bleiben.

Den Ausweg hat der BGH inzwischen aufgezeigt: Werden in einer Werbung die tatsächlich verfügbaren Stückzahlen der beworbenen Waren angegeben, ist eine Irreführung der angesprochenen Verkehrskreise ausgeschlossen.[93] Zur Bewerbung von Luxusgütern hat der BGH festgestellt, dass der Verkehr bei einer Herstellerwerbung nicht erwarte, dass die Artikel im Fachhandel „in erheblichem Umfang" vorrätig gehalten würden. Bei einer allgemein gehaltenen Herstellerwerbung ohne Angabe von Preisen und Verkaufsstellen erwarte der Verkehr nicht einmal, dass ein Ansichtsexemplar vorrätig sei.[94]

UGP-RL konform?

Die Zweitages-Beweislastregel enthält die UGP-RL nicht. Sie ist daher nicht richtlinienkonform.[95]

Nr. 5 geht – als Per-se-Verbot – der Regelung in § 5 S. 2 Nr. 1 UWG vor. Dort ist das Ver- 51 bot irreführender Handlungen in Bezug auf die Menge einer Ware geregelt. Während es bei § 5 UWG auf die Relevanz der Irreführung ankommt, ist diese bei Nr. 5 des Anhangs gerade nicht zu prüfen.

Zum Fall „Irische Butter":

Der BGH war der Auffassung, dass das hinter dem reduzierten Preis gedruckte Sternchen 51a zu undeutlich war.[96] Ein solcher Hinweis müsse klar formuliert, leicht lesbar und gut erkennbar sein. Das habe das Berufungsgericht zutreffend verneint.

---

[88] *Köhler/Bornkamm* Anh. zu § 3 Rn. 5.5.
[89] Vgl. *Köhler/Bornkamm* § 5 Rn. 8.6 f.
[90] Vgl. *Köhler/Bornkamm* § 5 Rn. 8.7.
[91] BGH I ZR 183/09 = GRUR 2011, 340 = NJW-RR 2011, 398 – „Irische Butter".
[92] *Köhler/Bornkamm* § 5 Rn. 8.14.
[93] BGH I ZR 128/10 (Rn. 20) = GRUR-RR 2012, 475 – Matratzen; vgl. auch *Köhler/Bornkamm* § 5 Rn. 8.6.
[94] BGH GRUR 2007, 991 = WRP 2007, 1351 – Weltreiterspiele.
[95] *Köhler* WRP 2013, 403 (411).
[96] Vgl. zum Sternchenhinweis auch *Himmelsbach* Anm. zu LG Bonn 11 O 9/06 in K & R 2006, 423.

6. Nr. 6 des Anhangs

Unzulässige geschäftliche Handlungen im Sinne des § 3 Abs. 3 sind

6. Waren- oder Dienstleistungsangebote im Sinne des § 5a Abs. 3 zu einem bestimmten Preis, wenn der Unternehmer sodann in der Absicht, stattdessen eine andere Ware oder Dienstleistung abzusetzen, eine fehlerhafte Ausführung der Ware oder Dienstleistung vorführt oder sich weigert zu zeigen, was er beworben hat, oder sich weigert, Bestellungen dafür anzunehmen oder die beworbene Leistung innerhalb einer vertretbaren Zeit zu erbringen;

52   Lockangebote, die den Verbraucher ködern und auf ein anderes Angebot „umlenken" sollen, sind unzulässig. Es kommt nicht darauf an, ob es sich bei den beworbenen Leistungen um Sonderangebote handelt.

7. Nr. 7 des Anhangs

Unzulässige geschäftliche Handlungen im Sinne des § 3 Abs. 3 sind

7. die unwahre Angabe, bestimmte Waren oder Dienstleistungen seien allgemein oder zu bestimmten Bedingungen nur für einen sehr begrenzten Zeitraum verfügbar, um den Verbraucher zu einer sofortigen geschäftlichen Entscheidung zu veranlassen, ohne dass dieser Zeit und Gelegenheit hat, sich auf Grund von Informationen zu entscheiden;

53   Es handelt sich hier um die Ausübung psychologischen Kaufzwangs durch übertriebenes Anlocken. Der Unternehmer muss den angeblichen Zeitdruck behaupten, der objektiv nicht besteht. Entsteht beim Verbraucher nur der Eindruck eines Zeitdrucks, ist Nr. 7 nicht erfüllt. Die Formulierung „sehr begrenzt" macht deutlich, dass die übliche Dauer von zum Beispiel Sonderangeboten nicht unter Nr. 7 fällt. Damit ist aber noch nicht jede Werbeankündigung wie „Nur heute!" unzulässig. Denn der Verbraucher darf auch keine Gelegenheit haben, sich – im angemessenen Zeitrahmen – aufgrund von Informationen zu entscheiden. Verbleibt dem Verbraucher auch nur kurze Überlegenszeit, kann Nr. 7 bereits ausscheiden. Wer etwa auf den Markt geht und mit einem Sonderangebot für ein Produkt des täglichen Bedarfs konfrontiert wird, kann auch in kürzester Zeit entscheiden, ob er das Sonderangebot in Anspruch nehmen möchte.

8. Nr. 8 des Anhangs

Unzulässige geschäftliche Handlungen im Sinne des § 3 Abs. 3 sind

8. Kundendienstleistungen in einer anderen Sprache als derjenigen, in der die Verhandlungen vor dem Abschluss des Geschäfts geführt worden sind, wenn die ursprünglich verwendete Sprache nicht Amtssprache des Mitgliedstaats ist, in dem der Unternehmer niedergelassen ist; dies gilt nicht, soweit Verbraucher vor dem Abschluss des Geschäfts darüber aufgeklärt werden, dass diese Leistungen in einer anderen als der ursprünglich verwendeten Sprache erbracht werden;

54   Nr. 8 betrifft Kundendienstleistungen, also Serviceleistungen, die nach Erfüllung eines Kaufvertrags erbracht werden sollen. Es geht hier um die Fälle, in denen etwa ein Unternehmen mit Sitz in Spanien die Vertragsanbahnung in deutscher Sprache gestaltet – also in einer Sprache, die nicht die Amtssprache Spaniens ist. Der Verbraucher möchte nun einen Mangel reklamieren und stellt fest, dass dies nur in Spanisch möglich ist. Die Irreführung besteht in der enttäuschten Erwartung des Verbrauchers, auch nach Vertragsschluss in seiner Sprache kommunizieren zu können. Geht es um die Vertrags*erfüllung,* greift Nr. 8 dagegen nicht ein. Ebenso wenig ist der Unternehmer verpflichtet, bei der Vertragsabwicklung sämtliche Unterlagen – wie etwa Bedienungsanleitungen – in der während der Vertragsanbahnung benutzten Sprache zu liefern. Auch ist ein Unternehmen durch Nr. 8 nicht verpflichtet, in der Sprache der Vertragsanbahnung Kundendienstleistungen zu erbringen. Er muss den Verbraucher dann aber hierüber aufklären.

9. Nr. 9 des Anhangs

Unzulässige geschäftliche Handlungen im Sinne des § 3 Abs. 3 sind

9. die unwahre Angabe oder das Erwecken des unzutreffenden Eindrucks, eine Ware oder Dienstleistung sei verkehrsfähig;

Diese Regelung betrifft vor allem Waren- und Dienstleistungen, deren Besitz, bestim- 55 mungsgemäße Benutzung oder Entgegennahme gegen ein gesetzliches Verbot verstößt. Das kann zum Beispiel beim Fehlen der Betriebserlaubnis für ein technisches Gerät der Fall sein. So lassen sich etwa Film-DVDs nicht in jedem Land auf jedem DVD-Rekorder betrachten. Es genügt allerdings, wenn der Unternehmer auf die Verkehrsfähigkeit in dem Mitglieds- staat hinweist, in dem er die Ware oder Dienstleistung bewirbt.[97]

10. Nr. 10 des Anhangs

Unzulässige geschäftliche Handlungen im Sinne des § 3 Abs. 3 sind
10. die unwahre Angabe oder das Erwecken des unzutreffenden Eindrucks, gesetzlich bestehende Rechte stellten eine Besonderheit des Angebots dar;

Hier geht es um die Werbung mit Selbstverständlichkeiten.[98] Durch eine solche Werbung 56 erweckt der Unternehmer den unzutreffenden Eindruck, sein Angebot würde sich gegenüber den Angeboten anderer Wettbewerber auszeichnen. Keinen Verstoß gegen Nr. 10 stellt es al- lerdings dar, wenn ein Reiseveranstalter – ohne dies besonders hervorzuheben – auf einen Sicherungsschein mit den Worten hinweist: „Unsere Kunden gehen kein Risiko ein."[99]

11. Nr. 11 des Anhangs

Unzulässige geschäftliche Handlungen im Sinne des § 3 Abs. 3 sind
11. der vom Unternehmer finanzierte Einsatz redaktioneller Inhalte zu Zwecken der Verkaufsförde- rung, ohne dass sich dieser Zusammenhang aus dem Inhalt oder aus der Art der optischen oder akustischen Darstellung eindeutig ergibt (als Information getarnte Werbung);

Nr. 11 betrifft Werbung, die als redaktioneller Inhalt getarnt ist. Der Verbraucher erkennt 57 vor allem wegen der Gestaltung nicht, dass es sich um Werbung handelt. Ein entsprechendes Verbot enthält auch § 4 Nr. 3 UWG.[100] Diesen Anforderungen genügt eine mehrseitige Zeit- schriftenwerbung, wenn der Werbecharakter nach dem Inhalt der gesamten Werbung un- verkennbar ist und bei einer Kenntnisnahme nur der ersten Seite deren isolierter Inhalt kei- ne Verkaufsförderung bewirkt.[101]

12. Nr. 12 des Anhangs

Unzulässige geschäftliche Handlungen im Sinne des § 3 Abs. 3 sind
12. unwahre Angaben über Art und Ausmaß einer Gefahr für die persönliche Sicherheit des Verbrau- chers oder seiner Familie für den Fall, dass er die angebotene Ware nicht erwirbt oder die ange- botene Dienstleistung nicht in Anspruch nimmt;

Nr. 12 betrifft das Ausnutzen von Angst. Die Behauptung muss sich auf die persönliche 58 Sicherheit des Verbrauchers oder seiner Familie beziehen. Gefahren für die persönliche Si- cherheit sind Gefahren für Leib und Leben – nicht aber Vermögensverlust oder die Sicher- heit des Arbeitsplatzes. Wer das Gefühl der Angst ausnutzt, handelt unlauter, weil dadurch die rationalen Erwägungen des Verbrauchers verdrängt werden. Das Ausnutzen von Angst ist auch von § 4 Nr. 2 UWG umfasst. Diese Regelung kommt aber nur dann zum Zuge, wenn das Per-se-Verbot in Nr. 12 nicht greift.

13. Nr. 13 des Anhangs

Unzulässige geschäftliche Handlungen im Sinne des § 3 Abs. 3 sind
13. Werbung für eine Ware oder Dienstleistung, die der Ware oder Dienstleistung eines Mitbewerbers ähnlich ist, wenn dies in der Absicht geschieht, über die betriebliche Herkunft der beworbenen Ware oder Dienstleistung zu täuschen;

---

[97] *Köhler/Bornkamm* Anh. zu § 3 Rn. 9.3.
[98] → Rn. 260.
[99] OLG Köln 6 W 21/13 = BeckRS 2013, 06882 = WRP 2013, 662.
[100] → Rn. 128 ff.
[101] BGH I ZR 161/09 = GRUR 2011, 163 – Flappe.

59   Unzulässig ist es, über die betriebliche Herkunft zu täuschen. Die Regelung steht neben
§ 4 Nr. 9a UWG und dem Irreführungstatbestand des § 5 Abs. 1 S. 2 Nr. 1 und Abs. 2
UWG. Anknüpfungspunkt ist ausschließlich die Ähnlichkeit der Ware oder Dienstleistung.
Es geht also in Nr. 13 nicht um die Irreführung durch die Verwendung verwechslungsfähiger Kennzeichen.[102] Voraussetzung ist außerdem, dass der Unternehmer die Täuschung über
die betriebliche Herkunft *beabsichtigt*. Bedingter Vorsatz genügt.[103] „Werbung" ist nach
Art. 2a der Richtlinie irreführende und vergleichende Werbung „jede Äußerung bei der
Ausübung eines Handels, Gewerbes, Handwerks oder freien Berufs mit dem Ziel, den Absatz von Waren oder die Erbringung von Dienstleistungen, einschließlich unbeweglicher Sachen, Rechte und Verpflichtungen zu fördern".[104] Der Unternehmer handelt absichtlich,
wenn er weiß, dass er ein Nachahmer-Produkt bewirbt und den Verbraucher hierüber bewusst täuschen will.

60   Nr. 13 ist unabhängig davon anwendbar, ob die Werbung gleichzeitig einen markenrechtlichen Tatbestand erfüllt. Es ist bei einer solchen Werbung deshalb nicht mehr allein die Entscheidung des Markeninhabers, hiergegen vorzugehen. Der Verbraucherschutz geht insoweit
vor.

UGP-RL konform?

In Nr. 13 Anhang I UGP-RL ist nicht von Mitbewerber, sondern – weiter – von Hersteller die Rede. Weiter gefasst ist die Regelung gegenüber der UGP-RL, da Nr. 13 Anhang UWG die bloße Täuschungsabsicht genügen lässt. Nr. 13 Anhang I UGP-RL erfordert jedoch eine absichtliche Täuschungshandlung.[105]

---

14. Nr. 14 des Anhangs

Unzulässige geschäftliche Handlungen im Sinne des § 3 Abs. 3 sind
  14. die Einführung, der Betrieb oder die Förderung eines Systems zur Verkaufsförderung, das den
  Eindruck vermittelt, allein oder hauptsächlich durch die Einführung weiterer Teilnehmer in das
  System könne eine Vergütung erlangt werden (Schneeball- oder Pyramidensystem);

61   Immer unlauter sind Schneeball- und Pyramidensysteme. Schneeball-Systeme sind Verkaufsförderungsmaßnahmen, bei denen der Veranstalter zunächst mit einem von ihm unmittelbar geworbenen Erstkunden abschließt. Dieser wirbt weitere Kunden, mit denen der
Veranstalter ebenfalls weitere Verträge abschließt. Pyramidensysteme sind Verkaufsförderungsmaßnahmen, bei denen der unmittelbar vom Veranstalter geworbene Erstkunde selbst
gleichlautende Verträge mit anderen Verbrauchern schließt. Solche Wettbewerbssysteme sind
schon nach der allgemeinen Vorschrift des § 4 Nr. 2 UWG unlauter. Denn die Chancen, neue
Kunden zu werben, sinken wegen des progressiven Charakters des Systems. Progressiv ist
das Vergütungssystem dann, wenn auf jeder Stufe alle vorangegangenen Stufen mit Provisi-
onen bedacht werden müssen. Unerfahrene oder leichtfertige Verbraucher erkennen dies
möglicherweise nicht. Nach § 16 Abs. 2 UWG können derartige Verkaufsförderungsmaßnahmen auch strafbar sein. Damit wird der Strukturvertrieb nicht insgesamt verboten. So
lange das Vergütungssystem nicht progressiv ausgestaltet ist, ist ein Strukturvertrieb zulässig.

---

15. Nr. 15 des Anhangs

Unzulässige geschäftliche Handlungen im Sinne des § 3 Abs. 3 sind
  15. die unwahre Angabe, der Unternehmer werde demnächst sein Geschäft aufgeben oder seine Geschäftsräume verlegen;

---

[102] BGH I ZR 100/11 = GRUR 2013, 631 = WRP 2013, 778 – AMARULA/Marulablu.
[103] BGH I ZR 188/11 = GRUR 2013, 1161 = WRP 2013, 1465 – Hard Rock Café.
[104] → Rn. 491.
[105] *Köhler* WRP 2013, 403 (411).

Wer unrichtig behauptet, er gebe sein Geschäft auf oder verlege die Geschäftsräume, han- **62** delt unlauter: Das schafft beim Verbraucher die irrige Vorstellung, der Unternehmer werde seine Warenbestände zu besonders günstigen Konditionen abgeben. Ob die Angebote tatsächlich besonders günstig sind, ist unbeachtlich. Voraussetzung für Nr. 15 ist – anders als für den Irreführungstatbestand des § 5 Abs. 1 Satz 2 UWG – aber auch, dass der Werbende gar nicht die Aufgabe seines Geschäfts oder dessen Verlegung beabsichtigt.[106]

16. Nr. 16 des Anhangs

Unzulässige geschäftliche Handlungen im Sinne des § 3 Abs. 3 sind
16. die Angabe, durch eine bestimmte Ware oder Dienstleistung ließen sich die Gewinnchancen bei einem Glücksspiel erhöhen;

Der Begriff des Glücksspiels in Nr. 16 ist gemeinschaftsrechtlich auszulegen. Es handelt **63** sich demnach um Spiele, bei denen der Gewinn ganz oder überwiegend vom Zufall abhängt und die Aussicht auf einen Gewinn – anders als bei Wettbewerben, Preisausschreiben und Gewinnspielen – einen geldwerten Einsatz voraussetzt. Unlauter ist danach zum Beispiel ein „Bio-Lotto-Programm", anhand dessen sich angeblich die persönlichen Lotto-Glückszahlen ermitteln lassen.[107]

17. Nr. 17 des Anhangs

Unzulässige geschäftliche Handlungen im Sinne des § 3 Abs. 3 sind
17. die unwahre Angabe oder das Erwecken des unzutreffenden Eindrucks, der Verbraucher habe bereits einen Preis gewonnen oder werde ihn gewinnen oder werde durch eine bestimmte Handlung einen Preis gewinnen oder einen sonstigen Vorteil erlangen, wenn es einen solchen Preis oder Vorteil tatsächlich nicht gibt, oder wenn jedenfalls die Möglichkeit, einen Preis oder sonstigen Vorteil zu erlangen, von der Zahlung eines Geldbetrags oder der Übernahme von Kosten abhängig gemacht wird;

Nr. 17 betrifft die typischen Fälle der irreführenden Werbung im Bereich der Gewinnspie- **64** le, Preisausschreiben und sonstigen Verkaufsförderungsmaßnahmen. Es soll verhindert werden, dass der Verbraucher zur Teilnahme an Wettbewerben oder Preisausschreiben veranlasst wird, bei denen entweder die beschriebenen Preise von vornherein nicht gewonnen werden können, weil sie nicht vergeben werden, oder bei denen der Preis oder Vorteil jedenfalls von einer Geldzahlung oder einer Kostenübernahme abhängt. Es wird dem Verbraucher also der unrichtige Eindruck vermittelt, dass ihm ein Gewinn oder sonstiger Vorteil schon sicher sei. Bei der Auslegung der Vorschrift ist allerdings zu berücksichtigen, dass sie nicht zu den irreführenden, sondern zu den aggressiven Geschäftspraktiken der UGP-RL zählt. Vom Verbraucher darf keinerlei Zahlung gefordert werden – nicht einmal Briefporto, das dem Veranstalter gar nicht zugute kommt. Auch eine kostenlose Alternative bei sonst kostenpflichtigen Handlungen genügt nicht.[108]

Ein solches Verhalten verstößt zugleich gegen das nach § 4 Nr. 5 UWG bestehende Gebot, **64a** die Teilnahmebedingungen von Preisausschreiben und Gewinnspielen klar und deutlich anzugeben.[109] Auch der Tatbestand von § 4 Nr. 6 UWG, Preisausschreiben oder Gewinnspiele vom Erwerb einer Ware oder Dienstleistung abhängig zu machen, kann erfüllt sein.[110]

18. Nr. 18 des Anhangs

Unzulässige geschäftliche Handlungen im Sinne des § 3 Abs. 3 sind
18. die unwahre Angabe, eine Ware oder Dienstleistung könne Krankheiten, Funktionsstörungen oder Missbildungen heilen;

---

[106] OLG Köln 6 U 79/09 = GRUR-RR 2010, 250 – Die letzten 6 Ausverkaufstage; *Köhler/Bornkamm* Anh. zu § 3 Rn. 15.2 f.
[107] Vgl. KG GRUR 1988, 223.
[108] EuGH C-428/11 = GRUR 2012, 1269 – Purely Creative Ltd. ua/Office of Fair Trading; *Köhler* GRUR 2012, 1211.
[109] → Rn. 138 f.
[110] → Rn. 140 ff.

65   Wer behauptet, eine Ware oder Dienstleistung könne Krankheiten, Funktionsstörungen oder Missbildungen heilen, handelt unlauter gemäß Nr. 18. Dieses Verhalten erfüllt zugleich den Tatbestand des § 5 Abs. 1 Satz 2 Nr. 1 UWG, wonach auch unwahre Angaben über die Zwecktauglichkeit einer Ware oder Dienstleistung irreführend sind. Zudem konkurriert Nr. 18 mit dem arzneimittelrechtlichen Irreführungsverbot in § 8 Abs. 1 Nr. 2a AMG, § 3 HWG und § 11 Abs. 1 LFBG. Der Begriff der Krankheit ist entsprechend diesen Regelungen weit auszulegen. Er umfasst jede auch nur geringfügige oder vorübergehende Störung der normalen Beschaffenheit des Körpers.[111]

19. Nr. 19 des Anhangs

Unzulässige geschäftliche Handlungen im Sinne des § 3 Abs. 3 sind
19. eine unwahre Angabe über die Marktbedingungen oder Bezugsquellen, um den Verbraucher dazu zu bewegen, eine Ware oder Dienstleistung zu weniger günstigen Bedingungen als den allgemeinen Marktbedingungen abzunehmen oder in Anspruch zu nehmen;

66   Nr. 19 regelt einen Sonderfall der Irreführung über die Preiswürdigkeit eines Angebots. Nach dieser Regelung sind Angaben unzulässig, mit denen über Marktbedingungen und Bezugsmöglichkeiten getäuscht wird. Erforderlich ist eine objektiv unrichtige Information. Die „weniger günstigen Bedingungen" können der Preis, aber auch andere Vertragskonditionen sein.

20. Nr. 20 des Anhangs

Unzulässige geschäftliche Handlungen im Sinne des § 3 Abs. 3 sind
20. das Angebot eines Wettbewerbs oder Preisausschreibens, wenn weder die in Aussicht gestellten Preise noch ein angemessenes Äquivalent vergeben werden;

67   Nr. 20 verbietet es, ein Gewinnspiel oder Preisausschreiben anzubieten, wenn dahinter nicht auch die Absicht steht, einen Preis oder ein angemessenes Äquivalent zu vergeben. Der Unterschied zur Nr. 17 besteht darin, dass dem Verbraucher in den Fällen von Nr. 20 eine Gewinn*chance* vorgetäuscht wird, während bei Nr. 17 der Eindruck vermittelt wird, der Gewinn sei bereits sicher. Ein Verstoß gegen Nr. 20 verletzt zugleich das Transparenzgebot in § 4 Nr. 5 UWG.

21. Nr. 21 des Anhangs

Unzulässige geschäftliche Handlungen im Sinne des § 3 Abs. 3 sind
21. das Angebot einer Ware oder Dienstleistung als „gratis", „umsonst", „kostenfrei" oder dergleichen, wenn hierfür gleichwohl Kosten zu tragen sind; dies gilt nicht für Kosten, die im Zusammenhang mit dem Eingehen auf das Waren- oder Dienstleistungsangebot oder für die Abholung oder Lieferung der Ware oder die Inanspruchnahme der Dienstleistung unvermeidbar sind;

68   Unlauter ist es, Waren oder Dienstleistungen als kostenlos anzubieten, wenn sie nicht kostenlos sind. Es geht um einen Sonderfall der Irreführung über die Berechnung des Preises im Sinne von § 5 Abs. 1 S. 2 Nr. 2 UWG. Es kommt nicht darauf an, ob es sich um ein Werbegeschenk oder um eine Zugabe handelt. Kosten gemäß Nr. 21 sind zum Beispiel „Bearbeitungsgebühren". Ein Verstoß gegen Nr. 21 liegt selbst dann vor, wenn der Unternehmer den Verbraucher über das Entstehen derartiger Kosten aufgeklärt hat. „Unvermeidbare Kosten" sind etwa Portokosten oder die Kosten für Telefonanrufe zu den üblichen Basistarifen, um das Angebot wahrnehmen zu können.

22. Nr. 22 des Anhangs

Unzulässige geschäftliche Handlungen im Sinne des § 3 Abs. 3 sind
22. die Übermittlung von Werbematerial unter Beifügung einer Zahlungsaufforderung, wenn damit der unzutreffende Eindruck vermittelt wird, die beworbene Ware oder Dienstleistung sei bereits bestellt;

---

[111] Vgl. *Doepner* HWG § 1 Rn. 52.

Nr. 22 betrifft die Fälle, in denen durch Übersendung einer Rechnung der unzutreffende 69
Eindruck erweckt wird, es liege bereits eine Bestellung vor.[112] Die Regelung erfasst auch
rechnungsähnlich aufgemachte Angebotsschreiben. Es geht auch bei diesem Per-se-Verbot
ausschließlich um Werbematerial gegenüber *Verbrauchern*. Der Unternehmer verstößt nur
dann nicht gegen Nr. 22, wenn er deutlich macht, dass die Zahlungsaufforderung nur für
den Fall der Bestellung gilt.

23. Nr. 23 des Anhangs

Unzulässige geschäftliche Handlungen im Sinne des § 3 Abs. 3 sind
23. die unwahre Angabe oder das Erwecken des unzutreffenden Eindrucks, der Unternehmer sei Verbraucher oder nicht für Zwecke seines Geschäfts, Handels, Gewerbes oder Berufs tätig;

Gegen Nr. 23 verstößt, wer sein unternehmerisches Handeln verschleiert. Das kommt 70
zum Bespiel in Betracht, wenn wahrheitswidrig behauptet wird, der Vertrieb einer Ware
oder einer angebotenen Dienstleistung diene sozialen oder humanitären Zwecken. Auch
Makler, die den gewerblichen Charakter ihres Angebots nicht aufdecken und damit den
Eindruck erwecken, es handele sich um das Angebot eines Privatmanns, verstoßen gegen
Nr. 23. Es genügt für Nr. 23, dass der unzutreffende Eindruck erweckt wird. Unter Nr. 23
dürften zahlreiche Angebote auf Internet-Plattformen wie „eBay" fallen, bei denen der An-
bieter zwar ausdrücklich darauf hinweist, es handele sich um einen „Privatverkauf" – die
Kriterien für unternehmerisches Handeln aber erfüllt sind.[113]

24. Nr. 24 des Anhangs

Unzulässige geschäftliche Handlungen im Sinne des § 3 Abs. 3 sind
24. die unwahre Angabe oder das Erwecken des unzutreffenden Eindrucks, es sei im Zusammenhang
mit Waren oder Dienstleistungen in einem anderen Mitgliedstaat der Europäischen Union als
dem des Warenverkaufs oder der Dienstleistung ein Kundendienst verfügbar;

Um Irreführungen im grenzüberschreitenden Rechtsverkehr geht es in Nr. 24. Nr. 24 be- 71
trifft etwa den Fall, dass ein Unternehmer beim Verbraucher den Eindruck erweckt, es bestünde auch im Wohnsitzland des Verbrauchers ein Kundendienstangebot.

25. Nr. 25 des Anhangs

Unzulässige geschäftliche Handlungen im Sinne des § 3 Abs. 3 sind
25. das Erwecken des Eindrucks, der Verbraucher könne bestimmte Räumlichkeiten nicht ohne vorherigen Vertragsabschluss verlassen;

Mit Nr. 25 beginnen die Tatbestände der **aggressiven geschäftlichen Handlungen**. Es er- 72
klärt sich nicht bei jedem Tatbestand, weshalb dieser ausdrücklich im Gesetz erwähnt sein
muss. Die dort beschriebenen Handlungen sind durchweg offensichtlich aggressiv.
Einen Fall der Nötigung regelt Nr. 25. Bei den „Räumlichkeiten" kann es sich um Räumlichkeiten des Unternehmers oder eines Dritten handeln. Selbst im Freien kann der Tatbestand erfüllt sein.[114] Denn entscheidend ist, ob der Verbraucher den Eindruck gewinnt, dass
er sich ohne Vertragsschluss nicht ungehindert entfernen kann.

26. Nr. 26 des Anhangs

Unzulässige geschäftliche Handlungen im Sinne des § 3 Abs. 3 sind
26. bei persönlichem Aufsuchen in der Wohnung die Nichtbeachtung einer Aufforderung des Besuch-
ten, diese zu verlassen oder nicht zu ihr zurückzukehren, es sei denn, der Besuch ist zur recht-
mäßigen Durchsetzung einer vertraglichen Verpflichtung gerechtfertigt;

---

[112] *Köhler* GRUR 2012, 217 (221 ff.).
[113] Vgl. BGH GRUR 2008, 720 = NJW-RR 2008, 1136 = WRP 2008, 1104 – Internetversteigerung III.
Demnach genügen für ein Handeln im geschäftlichen Verkehr 59 Bewertungen.
[114] *Köhler/Bornkamm* Anh. zu § 3 Rn. 25.1.

73   Ebenfalls unzulässig ist es, wenn der Unternehmer den Verbraucher in der Wohnung auf-
sucht und diese nicht verlassen oder den Verbraucher dort erneut entgegen dessen erklärtem
Willen aufsuchen will. Dieses Verhalten stellt regelmäßig auch einen Verstoß gegen § 4 Nr. 1
UWG dar und kann als Hausfriedensbruch nach § 123 StGB oder Nötigung nach § 240
StGB strafbar sein. Es kommt – wie bei Nr. 25 – nicht darauf an, ob die Schwelle zur Straf-
barkeit erreicht wird.

74   Eine Ausnahme von diesem Verbotstatbestand gilt für Besuche, die der Durchsetzung vertraglicher Rechte des Unternehmers dienen und deshalb rechtlich nicht zu beanstanden sind.
Dies kommt zum Beispiel in Betracht, wenn den Verbraucher eine vertragliche Mitwir-
kungspflicht trifft, die das Aufsuchen seiner Wohnung erforderlich macht – wie etwa Über-
prüfungen des Kaminkehrers, Wasser- oder Stromablesungen.

27. Nr. 27 des Anhangs

Unzulässige geschäftliche Handlungen im Sinne des § 3 Abs. 3 sind
27. Maßnahmen, durch die der Verbraucher von der Durchsetzung seiner vertraglichen Rechte aus
einem Versicherungsverhältnis dadurch abgehalten werden soll, dass von ihm bei der Geltendmachung seines Anspruchs die Vorlage von Unterlagen verlangt wird, die zum Nachweis dieses
Anspruchs nicht erforderlich sind, oder dass Schreiben zur Geltendmachung eines solchen Anspruchs systematisch nicht beantwortet werden;

Nach Nr. 27 ist es unzulässig, den Verbraucher von der Geltendmachung seiner Rechte
aus einem Versicherungsverhältnis in unlauterer Weise abzuhalten.

75   Das Verhalten der Versicherungsgesellschaft muss in der Absicht geschehen, den Verbraucher von der Geltendmachung seiner Ansprüche abzuhalten. Wen hier die Beweislast trifft,
ist bislang ungeklärt.[115] Eine Übertragung des Rechtsgedankens aus Nr. 27 auf andere Branchen ist grundsätzlich im Rahmen von § 4 Nr. 1 oder § 3 Abs. 1 UWG möglich – dann aber
nicht im Sinne eines Per-se-Verbots. Wie der Verbraucher damit umgehen soll, dass er zwar
eine Nachricht der Versicherungsgesellschaft erhält, in der jedoch routinemäßig mit Text-
bausteinen zunächst eine Eintrittspflicht abgelehnt wird, klärt Nr. 27 nicht.

28. Nr. 28 des Anhangs

Unzulässige geschäftliche Handlungen im Sinne des § 3 Abs. 3 sind
28. die in eine Werbung einbezogene unmittelbare Aufforderung an Kinder, selbst die beworbene
Ware zu erwerben oder die beworbene Dienstleistung in Anspruch zu nehmen oder ihre Eltern
oder andere Erwachsene dazu zu veranlassen;

76   Nach Nr. 28 sind Werbeangebote unzulässig, mit denen Kinder unmittelbar zum Erwerb
von Waren oder zur Inanspruchnahme von Dienstleistungen aufgefordert werden. Gleiches
gilt für die Aufforderung, Kinder mögen ihre Eltern oder andere Erwachsene dazu veranlassen, die Leistung für die Kinder zu beziehen. Der Begriff „Kind" ist gemeinschaftsrechtlich
auszulegen. Ob Kind also „Minderjähriger" oder Kind im Sinne von § 1 Abs. 1 Nr. 2
JuSchG meint (bis unter 14 Jahren), ist unklar.[116] Die Werbung muss sich gezielt und persönlich an Kinder richten. Auch hier ist „Werbung" wieder im Sinne der Irreführungs-
Richtlinie zu verstehen.[117] Eine Produktpräsentation, die kindgerecht gestaltet ist („Quen-
gelware" an der Kasse) reicht nicht aus. Es geht also um einen Kaufappell gerade an Kinder,
der sich auch auf eine konkrete Ware oder Dienstleistung beziehen muss. Schließlich muss es
darum gehen, das Produkt zu *kaufen* und nicht darum, das Produkt lediglich anzusehen
oder auszuprobieren. Die Aufforderung auf der Webseite eines Computer-Rollenspiels
„Schnapp Dir die günstige Gelegenheit und verpasse Deiner Rüstung & Waffen das gewisse

---

[115] Über die gesetzliche Regelung hinaus gehend vertreten *Köhler/Bornkamm* (Anh. zu § 3 Rn. 27.4) die
Auffassung, dass die Versicherungsgesellschaft darlegen und beweisen muss, dass ihr Verhalten auf einem Versehen beruht.
[116] Die überwiegende Literaturmeinung nimmt an, dass die Altersgrenze bei 14 Jahren liegt: Harte-Baven-
damm/Henning-Bodewig/*Stuckel* Anh. § 3 Abs. 3 Nr. 28 Rn. 6 und *Köhler/Bornkamm* Anh. zu § 3 Rn. 28.5.
[117] → Rn. 491.

Etwas" sah der BGH als unzulässige Aufforderung iSv Nr. 28 an.[118] Die von Nr. 28 erfassten Handlungen können auch nach § 4 Nr. 2 UWG unlauter sein. Allerdings kommt es bei Nr. 28 nicht darauf an, ob der Unternehmer die geschäftliche Unerfahrenheit der Kinder ausnutzt.

29. Nr. 29 des Anhangs

Unzulässige geschäftliche Handlungen im Sinne des § 3 Abs. 3 sind
29. die Aufforderung zur Bezahlung nicht bestellter Waren oder Dienstleistungen oder eine Aufforderung zur Rücksendung oder Aufbewahrung nicht bestellter Sachen.

UWG 2014

Die bislang enthaltene Ausnahme für Fernabsatzgeschäfte ist entfallen.[119]

Nach Nr. 29 ist die Aufforderung zur sofortigen oder späteren Bezahlung, Rücksendung   77
oder Verwahrung unbestellter Waren als aggressive geschäftliche Handlung unzulässig. Die
Unlauterkeit ergibt sich zum einen daraus, dass der Eindruck erweckt wird, es bestünden
bereits vertragliche Beziehungen. Dazu gehört auch die Ankündigung einer fortlaufenden
Lieferung von Waren, bei der eine unbestellte, aber als bestellt dargestellte Ware zugesandt
und, falls der Verbraucher nicht binnen einer Frist widerspricht, deren Zusendung gegen
Entgelt fortgesetzt wird.[120]

UGP-RL konform?

Die unbestellte Ware muss nach dem Wortlaut von Nr. 29 Anhang I UGP-RL bereits
geliefert sein. Eine analoge Anwendung von Nr. 29 des Anhangs zu § 3 Abs. 3 UWG
kommt nicht in Frage. Eine Regelungslücke besteht nicht.[121]

Zum anderen wird der Umstand ausgenutzt, dass es einem Verbraucher unangenehm
oder lästig sein kann, einmal erhaltene Sachen zurückzugeben, obwohl er hierzu nicht verpflichtet ist (§ 241a BGB). Die Aufforderung zur Bezahlung kann ausdrücklich oder konkludent (zum Beispiel durch die Beifügung eines Überweisungsformulars) erfolgen. Gleiches
gilt für die Aufforderung zur Rücksendung oder Verwahrung. Es kommt nicht darauf an, ob
der Verbraucher der Aufforderung nachkommt. Die Zusendung nicht bestellter Gegenstände ist ausnahmsweise rechtmäßig, wenn es sich um Ersatzleistungen nach den Vorschriften
über Vertragsabschlüsse im Fernabsatz handelt. Da allerdings Ersatzlieferungsklauseln zu
Lasten von Verbrauchern in Allgemeinen Geschäftsbedingungen in der Regel unwirksam
sind (vgl. §§ 309 Nr. 8b bb, 475, 651 BGB), hat die Ausnahme kaum praktische Bedeutung.
Die Kundenwerbung durch das Vortäuschen einer vertraglichen Beziehung wird als Verschleierung des Werbecharakters der geschäftlichen Handlung auch durch § 4 Nr. 3 UWG
erfasst. Ebenso stellt die Handlung eine unangemessene unsachliche Beeinflussung im Sinne
von § 4 Nr. 1 UWG dar. Nr. 29 betrifft zudem einen Fall der Belästigung, der auch von § 7
Abs. 1 UWG erfasst ist.

30. Nr. 30 des Anhangs

Unzulässige geschäftliche Handlungen im Sinne des § 3 Abs. 3 sind
30. die ausdrückliche Angabe, dass der Arbeitsplatz oder Lebensunterhalt des Unternehmers gefährdet sei, wenn der Verbraucher die Ware oder Dienstleistung nicht abnehme.

---

[118] BGH I ZR 34/12 = GRUR 2014, 298 = WRP 2014, 164 = NJW 2014, 1014. – Runs of Magic.
[119] Das führt zu einer geringfügigen Erweiterung des Anwendungsbereichs von Nr. 28, *Alexander* WRP 2014, 501 (503).
[120] BGH I ZR 134/10 = GRUR – Auftragsbestätigung.
[121] *Köhler* GRUR 2012, 217 (219 f.) und *ders.* GRUR 2013, 403 (411).

78   Ein Verhalten nach Nr. 30 war auch schon bislang nach § 4 Nr. 1 UWG wegen der unzulässigen Ausübung moralischen Drucks unlauter. Denn der Verbraucher sieht sich unter Umständen mit dem moralischen Vorwurf mangelnder Hilfsbereitschaft oder fehlender Solidarität konfrontiert. Die Behauptung, der Arbeitsplatz oder Lebensunterhalt sei gefährdet, muss ausdrücklich erfolgen. Es genügt nicht, wenn der Verbraucher lediglich den Eindruck gewinnt, eine solche Gefährdung liege vor. Der Hinweis auf sonstige Notlagen reicht nicht aus. Auch kommt es nicht darauf an, ob sich der Verbraucher aufgrund der Behauptung zum Kauf entschließt. „Unternehmer" im Sinne von Nr. 30 sind auch Mitarbeiter und Beauftragte (§ 2 Abs. 1 Nr. 6 UWG).

§ 3 Die Beispieltatbestände in § 4 UWG

Übersicht

A. Unlautere Beeinflussung der Marktpartner (§ 4 Nr. 1 UWG)

§ 4 Nr. 1 UWG:

Unlauter handelt insbesondere, wer
geschäftliche Handlungen vornimmt, die geeignet sind, die Entscheidungsfreiheit der Verbraucher oder sonstiger Marktteilnehmer durch Ausübung von Druck, in menschenverachtender Weise oder durch sonstigen unangemessenen unsachlichen Einfluss zu beeinträchtigen.

79   Unternehmen möchten Kunden – etwa durch Werbung, durch preisgünstige Angebote, durch Versprechungen, Sonderaktionen und Vieles mehr – beeinflussen, ihre Waren zu erwerben oder Leistungen in Anspruch zu nehmen. Maßnahmen zur Verkaufsförderung gehören zum Wesen eines freien Wettbewerbs.[122] Aus der wettbewerbsrechtlich zulässigen Kundenbeeinflussung kann allerdings wettbewerbswidriger Kundenfang werden.[123] Das ist vor allem bei einer Täuschung des Kunden durch irreführende Werbung der Fall.[124] Unlautere Kundenbeeinflussung ist auch eine Lockvogelwerbung.[125] Setzt etwa ein Händler für eine bekannte Markenware einen besonders günstigen Preis fest und erweckt er damit den Eindruck allgemein günstiger Angebote, ist das unlauter.

80   An erster Stelle steht der Schutz der Marktteilnehmer vor Beeinträchtigung ihrer Entscheidungsfreiheit „durch Ausübung von Druck oder durch sonstigen unangemessenen unsachlichen Einfluss". Marktteilnehmer sind hier die (potentiellen) Nachfrager (Käufer, Auftraggeber) oder Anbieter (Verkäufer, Auftragnehmer). Die Mitbewerber sind nicht durch diese Regelung geschützt, sondern durch § 4 Nr. 7–10 UWG. Die Regelung hat auch kartellrechtsnahen Charakter. So kann zum Beispiel die Androhung, einem Lieferanten seinen Hauptauftrag zu entziehen, wenn er keine Skonti gewährt, von § 4 Nr. 1 UWG erfasst sein. Der Tatbestand in § 4 Nr. 1 UWG überschneidet sich mit anderen Tatbeständen, zum Beispiel § 4 Nr. 2 UWG (Ausnutzung einer Zwangslage), § 4 Nr. 3 UWG und § 5 UWG (Irreführung) oder § 7 UWG (Belästigung).

81   § 4 Nr. 1 UWG hat der Gesetzgeber mit der UWG-Novelle 2008 weitgehend unverändert gelassen. Statt „Wettbewerbshandlungen" heißt es „geschäftliche Handlungen". Vorrangig sind die Per-se-Verbote in **Nr. 17 und Nrn. 25–30 des Anhangs zu § 3 Abs. 3 UWG.**

---

[122] Siehe hierzu auch *Köhler/Bornkamm* § 4 Rn. 1.92 ff.
[123] Vgl. *Köhler/Bornkamm* § 4 Rn. 1.104.
[124] Vgl. *Köhler/Bornkamm* § 4 Rn. 1.105 ff.
[125] Vgl. zum Lockvogelangebot *Köhler/Bornkamm* § 4 Rn. 10.196 und § 5 Rn. 7.22 ff.

Entsprechend der weiten Definition der „geschäftlichen Handlung" (§ 2 Abs. 1 Nr. 1 **82** UWG) kann der Versuch, den Käufer von der Geltendmachung von Mängelansprüchen abzuhalten oder der Versuch, den Kunden mit der Drohung rechtlich unzulässiger Handlungen zur Zahlung anzuhalten, unlauter sein.[126]

Da der Gesetzgeber den Begriff und die Regelung zu aggressiven Geschäftspraktiken in Art. 8 und 9 der UGP-RL nicht in das UWG übernommen hat, ist § 4 Nr. 1 UWG richtlinienkonform entsprechend diesen Regelungen auszulegen.

Art. 8 UGP-Richtlinie (aggressive Geschäftspraktiken):

Eine Geschäftspraxis gilt als aggressiv, wenn sie im konkreten Fall unter Berücksichtigung aller tatsächlichen Umstände die Entscheidungs- oder Verhaltensfreiheit des Durchschnittsverbrauchers in Bezug auf das Produkt durch Belästigung, Nötigung, einschließlich der Anwendung körperlicher Gewalt, oder durch unzulässige Beeinflussung tatsächlich oder voraussichtlich erheblich beeinträchtigt und dieser dadurch tatsächlich oder voraussichtlich dazu veranlasst wird, eine geschäftliche Entscheidung zu treffen, die er andernfalls nicht getroffen hätte.

Art. 9 UGP-Richtlinie (Belästigung, Nötigung und unzulässige Beeinflussung):

Bei der Feststellung, ob im Rahmen einer Geschäftspraxis die Mittel der Belästigung, der Nötigung, einschließlich der Anwendung körperlicher Gewalt, oder der unzulässigen Beeinflussung eingesetzt werden, ist abzustellen auf:
a) Zeitpunkt, Ort, Art oder Dauer des Einsatzes;
b) die Verwendung drohender oder beleidigender Formulierungen oder Verhaltensweisen;
c) die Ausnutzung durch den Gewerbetreibenden von konkreten Unglückssituationen oder Umständen von solcher Schwere, dass sie das Urteilsvermögen des Verbrauchers beeinträchtigen, worüber sich der Gewerbetreibende bewusst ist, um die Entscheidung des Verbrauchers in Bezug auf das Produkt zu beeinflussen;
d) belastende oder unverhältnismäßige Hindernisse nicht-vertraglicher Art, mit denen der Gewerbetreibende den Verbraucher an der Ausübung seiner vertraglichen Rechte zu hindern versucht, wozu auch das Recht gehört, den Vertrag zu kündigen oder zu einem anderen Produkt oder einem anderen Gewerbetreibenden zu wechseln;
e) Drohungen mit rechtlich unzulässigen Handlungen.

Voraussetzung für die Anwendbarkeit von § 4 Nr. 1 UWG ist nicht mehr – wie unter der **83** Geltung des UWG 2004 – die Ausschaltung der Rationalität der Nachfrageentscheidung.[127] Voraussetzung ist nunmehr, dass die Fähigkeit zu einer informierten Entscheidung durch die Ausübung von Druck in Ausnutzung einer Machtposition wesentlich eingeschränkt wird.[128] Druckmittel können physischer und psychischer Zwang, also Nötigung iSv Art. 8 UGP-RL, sein.[129] Es muss zu befürchten sein, dass sich der Kunde dem Druck beugt.[130]

Zum „sonstigen unangemessenen unsachlichen Einfluss" gehören Verkaufsförderungs- **84** maßnahmen („Wertreklame") wie Zugaben, Preisnachlässe, Geschenke, Preisausschreiben, Gewinnspiele oder gefühlsbezogene Werbung.

I. Ausübung von Druck

Es widerspricht dem Leistungswettbewerb, wenn der Marktteilnehmer seine Entschei- **85** dung zum Vertragsschluss nicht aufgrund seiner freien Entschließung, sondern wegen des vom Wettbewerber ausgeübten physischen oder psychischen Drucks trifft. Zur „Ausübung von Druck" gehört vor allem die Anwendung oder Androhung körperlicher Gewalt oder psychischer Zwang. Das ist etwa die Drohung eines Kaffeefahrten-Veranstalters, die längst versprochene Mahlzeit werde erst ausgereicht, wenn jeder Teilnehmer etwas gekauft habe. Es liegt auf der Hand, dass ein solches Verhalten offensichtlich rechtswidrig und damit auch unlauter ist. Diese enge Auslegung der UGP-RL ist allerdings nur in Bezug auf von der Handlung betroffene Verbraucher erforderlich. Zur Vermeidung von Wertungswidersprü-

---

[126] Vgl. *Köhler* GRUR 2008, 841 (844).
[127] *Köhler* WRP 2012, 638; 641.
[128] Art. 2j UGP-RL; vgl. *Köhler/Bornkamm* § 4 Rn. 1.59.
[129] *Köhler/Bornkamm* § 4 Rn. 1.26.
[130] *Köhler/Bornkamm* § 4 Rn. 1.26 mit Hinweis auf OLG Stuttgart GRUR-RR 2008, 429 (434).

chen wird vertreten, dass diese Fallgruppe einheitlich auch auf Handlungen gegenüber sonstigen Marktteilnehmern angewandt werden sollte.[131]

Fall „Rubbelaktion":[132]

Die Beklagte ist eine Mineralölgesellschaft, die Tankstellen betreibt. Sie veranstaltete zwischen Mai und Oktober 1994 ein Gewinnspiel, die große „Formel M Rubbelaktion", bei dem die Teilnehmer „Rubbellose" aus Boxen entnehmen konnten. Diese Boxen befanden sich bei den Tankstellen sowohl im Verkaufsraum als auch im Bereich der Fahrbahn. Monatlich kamen drei VW Golf, zwanzig Traumreisen und wöchentlich 111 Mountainbikes zur Verlosung.

---

1. Psychischer Kaufzwang

86   Unlauterer psychischer Kaufzwang[133] kann darin bestehen, dass der Wettbewerber dem Marktteilnehmer unentgeltliche Zuwendungen macht oder Vergünstigungen gewährt, zum Beispiel durch Werbegeschenke oder durch Preiswettbewerbe und Gratisverlosungen. „Psychischer Zwang" im Sinne einer „Nötigung" gemäß Art. 8 UGP-RL ist das jedoch nicht. Der „psychische Kaufzwang" ist von dem „psychischen Zwang" iSv Art. 8 UGP-RL zu unterscheiden. „Psychischer Kaufzwang" gehört deshalb nunmehr zur Fallgruppe des unangemessenen unsachlichen Einflusses.

87   Preiswettbewerbe wie **Preisausschreiben** und Gratisverlosungen sind wettbewerbsrechtlich grundsätzlich erlaubt, wie sich im Umkehrschluss aus § 4 Nr. 5 und Nr. 6 UWG ergibt.[134] Meist geht es nicht um Preisausschreiben gemäß § 661 BGB, da in der Regel der Zufall und nicht – wie bei § 661 BGB vorgesehen – ein Preisrichter entscheidet. Es sind vielmehr **Gewinnspiele** gemäß § 762 BGB. Der Unterschied zum (erlaubnispflichtigen) Glücksspiel besteht darin, dass Glücksspiele einen Einsatz erfordern. Das kann schon dann der Fall sein, wenn die Teilnahme ausschließlich über eine teure kostenpflichtige Telefonnummer (zB 0900) möglich ist.[135]

88   Unabhängig von der zivil-, verwaltungs- und strafrechtlichen Qualifizierung sind Gewinnaktionen nicht wettbewerbswidrig, so lange keine besonderen unlauteren Umstände hinzukommen oder ein Verstoß gegen § 4 Nr. 6 UWG vorliegt.[136] Auch das Transparenzgebot in § 6 Abs. 1 Nr. 4 TMG ist zu beachten. Unlauter sind zum Beispiel Preiswettbewerbe, die die Marktteilnehmer über die Gewinnerwartung täuschen,[137] die Marktteilnehmer – etwa aufgrund der ausgelobten übermäßig wertvollen Preise – übertrieben anlocken[138] oder gezielt Mitbewerber behindern (§ 4 Nr. 10 UWG).[139]

Praxistipp: Preiswettbewerbe

Wenn die Veranstaltung eines Preiswettbewerbs unlauter ist, kann nicht nur die Ankündigung, sondern auch die Durchführung – also etwa die Ausreichung der Gewinne – als wettbewerbswidrig verboten werden.[140] Es empfiehlt sich deshalb besondere Sorgfalt bei der Prüfung, ob eine geplante Gewinnaktion zulässig ist.

---

[131] *Köhler/Bornkamm* § 4 Rn. 1.27.

[132] BGH GRUR 1998, 735 = NJW-RR 1998, 1199 = WRP 1998, 724.

[133] Vgl. *Köhler/Bornkamm* § 4 Rn. 1.32.

[134] → Rn. 138 ff.

[135] Beachte hierzu etwa § 284 StGB (Unerlaubte Veranstaltung eines Glücksspiels) sowie den Glücksspielstaatsvertrag idF vom 15.12.2011; *Köhler/Bornkamm* § 4 Rn. 11.137b ff.

[136] → Rn. 140 ff.

[137] Vgl. *Köhler/Bornkamm* § 4 Rn. 1.162 f.

[138] Vgl. *Köhler/Bornkamm* § 4 Rn. 1.161.

[139] Vgl. *Köhler/Bornkamm* § 4 Rn. 1.170.

[140] Sofern die Durchführung ebenfalls wettbewerbswidrig ist, etwa weil sie den Verbraucher unlauter beeinflusst; vgl. *Köhler/Bornkamm* § 4 Rn. 1.172. *Köhler/Bornkamm*, aaO, meinen aber auch, dass ein Durchführungsverbot nicht besteht, wenn nach § 661a BGB (wie meist!) ein Rechtsanspruch auf die ausgesetzten Preise besteht. Es ist auch nicht in allen Fällen die Abwicklung wettbewerbswidrig erlangter Vorteile – etwa ein Vertrag – selbst wettbewerbswidrig. Dies ist nur dann der Fall, wenn auch die Abwicklung unlauter ist, vgl. BGH WRP 2001, 1073 – Gewinn-Zertifikat. Zu sonstigen Kopplungsangeboten siehe *Köhler/Bornkamm* § 4 Rn. 1.117.

Es ist ohnehin fraglich, ob die Fallgruppe des „psychischen Kaufzwangs" heute noch zeit- 89
gerecht ist. Zutreffend verweist *Köhler* darauf, dass „angesichts der massenhaften Verbreitung von kostenlosen Zuwendungen und der Gewöhnung der Verbraucher an diese Werbemethoden heutiger Zeit ein psychischer Kaufzwang praktisch nicht mehr vorkomme,
jedenfalls empirisch nicht feststellbar sei".[141] Fraglich ist auch, ob durch besondere Verkaufsförderungsmaßnahmen die Entscheidung eines durchschnittlichen Verbrauchers *erheblich* beeinträchtigt werden kann.[142]

Zum Fall „Rubbelaktion":

Bei der Rubbellose-Aktion konnte man die Lose auch Ständern entnehmen, die auf dem 90
Außengelände der Tankstelle standen. Damit kam es bei denjenigen Mitspielern, die ein Los
aus einem solchen Ständer entnahmen, nicht zu einem Kontakt mit dem Verkaufspersonal
der Tankstelle. Auch wenn das gesamte Tankstellengelände vom Verkaufsraum aus unmittelbar oder mit technischen Mitteln überblickt werden konnte, blieb doch die Anonymität
des Tankstellenbesuchers gewahrt. Deshalb sei – so der BGH bereits zu § 1 UWG 1909 – ein
Gefühl der persönlichen Verpflichtung gegenüber dem Verkaufspersonal, das zu einem Umsatzgeschäft des Teilnehmers führe, ausgeschlossen.

2. Übertriebenes Anlocken

Schon unter dem UWG 2004 hat die früher entwickelte Fallgruppe des unlauteren über- 91
trieben Anlockens an Bedeutung verloren: Der BGH entwickelte die Formel, eine Handlung
müsse die Rationalität der Nachfrageentscheidung vollständig in den Hintergrund treten
lassen. Das war praktisch nie der Fall.[143]

Zum Fall „Rubbelaktion":

Das Gewinnspiel wäre wettbewerbswidrig gewesen, wenn der von dem Gewinnspiel aus- 92
gehende Anlockeffekt so stark war, dass das Publikum von einer sachgerechten Prüfung des
Angebots abgelenkt und seine Entschließung maßgeblich von der Erwägung bestimmt wurde, den in Aussicht gestellten Gewinn zu erlangen. Die Anlockwirkung eines attraktiven
Angebots ist jedoch nicht wettbewerbswidrig, sondern gewollte Folge des Leistungswettbewerbs.[144] Deshalb konnte auch die Attraktivität der ausgelobten Preise die Wettbewerbswidrigkeit des Tankstellen-Gewinnspiels nicht begründen. Denn, so der BGH: Es kann – schon
wegen der Häufigkeit derartiger Gewinnspiele und des damit einhergehenden Gewöhnungs-
effekts – nicht angenommen werden, dass sich die Verbraucher aufgrund des aus ihrer Sicht
attraktiven Gewinnspiels dazu verleiten ließen, vom Angebot der Mineralölgesellschaft unkritisch Gebrauch zu machen. Dafür spricht auch nach Auffassung des BGH nicht, dass viele Kunden gerade wegen des Gewinnspiels ihren Bedarf bei der Beklagten decken würden,
weil der Wettbewerb im Mineralölbereich weder über die Qualität der normierten Kraft-
stoffe noch über den regional kaum unterschiedlichen Preis geführt werde. Denn stimmt das
Angebot der Beklagten im Wesentlichen in Qualität und Preis mit dem Angebot ihrer Wettbewerber überein, besteht kein Anlass zur Annahme, die Verbraucher ließen sich im Hinblick auf das attraktive Gewinnspiel unkritisch auf einen Kauf bei der Beklagten ein. Auch
wenn die Beklagte aufgrund des Gewinnspiels die Nachfrage nach den von ihr angebotenen
Waren und Leistungen deutlich hätte steigern können, könnte demnach nicht von einem
übertriebenen Anlocken ausgegangen werden.

Kurz: Wer auf seine Produkte, die in Qualität und Preis den Produkten von Mitbewerbern entsprechen, durch ein Gewinnspiel aufmerksam macht, handelt nicht wettbewerbswidrig.[145]

---

[141] *Köhler/Bornkamm* § 4 Rn. 1.77.
[142] *Köhler/Bornkamm* § 4 Rn. 1.77.
[143] *Köhler/Bornkamm* § 4 Rn. 1.49.
[144] BGH GRUR 1994, 743 = NJW 1994, 2152 = WRP 1994, 610 – Zinsgünstige Kfz-Finanzierung durch
Herstellerbank; BGH GRUR 1998, 500 = NJW-RR 1998, 1201 = WRP 1998, 388 – Skibindungsmontage;
BGHZ 139, 368 = GRUR 1999, 264 = NJW 1999, 214 = WRP 1999, 90 – Handy für 0,00 DM.
[145] Das KG hatte in diesem Fall noch die Wettbewerbswidrigkeit des Gewinnspiels bejaht, WRP 1994, 915.

93   Die Rechtsprechung zu § 4 Nr. 1 UWG 2004 ging entsprechend der Rationalitätsformel noch deutlich weiter: Nach der „Foto-Aktion"-Entscheidung des BGH ist es zulässig, wenn ein Einzelhandel für Unterhaltungselektronik mit Foto-Abzügen einschließlich Entwicklung für DM 0,01 wirbt. Denn, so der BGH: Es ist nicht unlauter, Kunden durch das Angebot zum Betreten der Geschäftsräume zu veranlassen, die dann auch das übrige, nicht im Preis reduzierte Angebot des Geschäftes zur Kenntnis nehmen.[146] Da es heute bei der Auslegung von § 4 Nr. 1 UWG als Tatbestand der aggressiven Geschäftspraxis[147] auf die Ausübung unlauteren Drucks ankommt, dürfte die Fallgruppe des übertriebenen Anlockens in § 4 Nr. 1 UWG kaum mehr Bedeutung erlangen.

3. Ausnutzung einer Machtposition

Fall „Schulfotoaktion":[148]

Die Beklagte betreibt einen „Digitalen Schulfoto Vertrieb". Sie vereinbart mit einer Realschule ein „PC-Sponsoring": Die Beklagte überlässt der Schule kostenfrei einen PC mit Drucker und Software. Dafür bewirbt und vermittelt die Schule bei Schülern und Eltern eine einmalige Fotoaktion. Die Beklagte erstellt in der Schule die Klassenfotos. Eine Abnahmeverpflichtung für die Fotos besteht nicht. Die Schule macht die Fotos den Schülern/Eltern zugänglich, nimmt das Geld ein und gibt dieses dann – zusammen mit den nicht abgenommenen Fotos – an die Beklagte weiter.

93a   Die „Ausnutzung einer Machtposition" kann in der Ausnutzung moralischer Macht, wirtschaftlicher oder rechtlicher Macht oder in der Ausnutzung von Autorität bestehen. Es kommt bei der Frage der Unlauterkeit auf die Umstände des Einzelfalls an. Dabei ist gem. Art. 9 UGP-RL insbesondere auf Zeitpunkt, Ort, Art oder Dauer der Beeinflussung abzustellen (Art. 9 Buchst. a UGP-RL), die Verwendung drohender oder beleidigender Formulierungen oder Verhaltensweisen (Art. 9 Buchst. b UGP-RL) und Drohungen mit rechtlich unzulässigen Handlungen (Art. 9 Buchst. e UGP-RL). Wenn es um die Ausnutzung wirtschaftlicher oder rechtlicher Macht geht, haben kartellrechtliche Wertungen Vorrang.[149] Bei der Ausnutzung von Autorität genügt es nicht, zB bekannte Personen als Werbeträger einzubinden.[150] Es muss die Ausübung von Druck hinzukommen – etwa, wenn die „angesprochenen Personen davon ausgehen müssen, dass die Ablehnung der erwünschten geschäftlichen Entscheidung möglicherweise rechtliche, wirtschaftliche, berufliche, gesundheitliche, schulische, gesellschaftliche oder sonstige Nachteile mit sich bringen kann".[151]

Zum Fall „Schulfotoaktion":

Der BGH sieht in dem PC einen erheblichen Anreiz für die Schule, gerade die Beklagte auszuwählen. Auch habe die Schule eine Schlüsselstellung. Denn die Fotoaktion kann nur durchgeführt werden, wenn es die Schule gestattet. Die Schule erbringe aber geldwerte Leistungen, indem sie etwa Raum zur Verfügung stelle und die Bestellungen abwickle. Es sei deshalb nicht unsachlich, wenn die Schule für ihre Mitwirkung ein Unterrichtsmittel als Gegenleistung erhält – und zwar unabhängig vom Erfolg der Aktion. Die Schule übe deshalb auch auf Schüler und Eltern keinen unsachlichen Einfluss aus, Fotos abzunehmen. Die Spende des PC sei auch nicht unangemessen im Hinblick auf §§ 331 Abs. 1, 333 Abs. 1 StGB. Ebenso scheide ein Verstoß gegen § 4 Nr. 11 UWG selbst dann aus, wenn die Schule beim Schulträger keine Ausnahmegenehmigung für diese Aktion eingeholt habe.

Gänzlich unkritisch sind derartige Aktionen jedoch nicht, wie eine strafrechtliche Entscheidung des BGH zeigt.[152] Hier gewährten die Schulfotografen Geld- oder Sachleistungen

---

[146] BGH GRUR 2003, 804 = NJW 2003, 2988 = WRP 2003, 1101 – Foto-Aktion.
[147] Zum Erfordernis der einheitlichen Auslegung gegenüber Verbrauchern und gegenüber sonstigen Marktteilnehmern siehe *Köhler/Bornkamm* § 4 Rn. 1.52 f.
[148] BGH I ZR 112/03 = NJW 2006, 225 = GRUR 2006, 77 = WRP 2006, 72.
[149] *Köhler/Bornkamm* § 4 Rn. 1.65.
[150] *Köhler/Bornkamm* § 4 Rn. 1.61.
[151] *Köhler/Bornkamm* § 4 Rn. 1.61.
[152] BGH 3 StR 492/10 = BeckRS 2011, 19181 = WRP 2011, 1203.

als „Rabatt", „Sponsoring" oder „Aufwandsentschädigung". Im Übrigen war die Aktion ganz ähnlich gestaltet: Die Fotoaufnahmen fanden in der Schule statt. Die Lehrer nahmen die Bestellungen entgegen und wickelten diese ab. Der BGH sah darin eine strafbare Handlung. Einen Widerspruch zu der wettbewerbsrechtlichen Entscheidung „Schulfotoaktion" schloss der Strafsenat allerdings ohne nähere Begründung ausdrücklich aus.[153]

II. Unangemessener unsachlicher Einfluss

Fall „Tony Taler":[154]

„Kellogg's" lobte auf seinen Verpackungen Wert-Taler aus, die an Schulen gegen Geräte für den Schulsport eingetauscht werden können. Die „Tony Taler" befanden sich in „ausgewählten Aktionspackungen" der Produkte „Kellogg's Frosties" und „Kellogg's Chocos"; sie konnten aber auch durch einen Anruf bei einer kostenpflichtigen Telefonverbindung (0,49 EUR je Anruf und Taler) oder durch Teilnahme an einem einfachen Geschicklichkeitsspiel auf der Internetseite der Beklagten erworben werden.

Den Begriff des „unangemessenen unsachlichen Einflusses" kennt die UGP-RL nicht.   **94** Art. 8 UGP-RL enthält hingegen die Begriffe Nötigung, Belästigung und unzulässige Beeinflussung. Da die Ausübung von Druck der Nötigung entspricht, erfasst der „unangemessene unsachliche Einfluss" jedenfalls im B2C-Bereich die Fälle der „Belästigung" oder „unzulässigen Beeinflussung". Insoweit ist § 4 Nr. 1 UWG auch abschließend: Für Fälle, die weder eine Belästigung noch einen unangemessenen unsachlichen Einfluss darstellen, bleibt lediglich § 3 Abs. 2 Satz 1 UWG als Auffangnorm.[155] Bei den sonstigen Marktteilnehmern ist § 4 Nr. 1 UWG nicht auf aggressive Geschäftspraktiken beschränkt, da die UGP-RL auf diese keine Anwendung findet. Ob eine derartige Aufspaltung von § 4 Nr. 1 UWG sinnvoll ist, ist fraglich – zumal § 3 Abs. 1 UWG insoweit als Auffangnorm dient.[156]

„Belästigung" im Sinne des UWG 2008 ist nicht als „Belästigung" im Sinne von § 7   **94a** UWG 2004 zu verstehen. Belästigung gem. Art. 8 UGP-RL ist eine Geschäftspraktik, „die aufgrund ihrer Form oder ihres Inhalts in die Privatsphäre des Verbrauchers eingreift und seine Aufmerksamkeit ohne oder gegen seinen Willen auf das Anliegen des Unternehmers lenkt".[157] Es muss also die Gefahr bestehen, dass der Verbraucher eine geschäftliche Entscheidung nur deshalb trifft, um sich der Belästigung zu entziehen.[158]

„Unzulässige Beeinflussung" definiert Art. 2 Buchst. j UGP-RL als „Ausnutzung einer   **94b** Machtposition gegenüber dem Verbraucher zur Ausübung von Druck, auch ohne die Anwendung oder Androhung von körperlicher Gewalt, in einer Weise, die die Fähigkeit des Verbrauchers zu einer informierten Entscheidung wesentlich einschränkt". Der Begriff der „Machtposition" erfasst jede Form der Überlegenheit des Unternehmers gegenüber dem Verbraucher.[159] Die „Ausnutzung zur Ausübung von Druck" soll beim Verbraucher den Eindruck erwecken, er habe irgendwelche Nachteile, wenn er die geschäftliche Entscheidung nicht trifft.[160] „Wesentlich eingeschränkt" ist die Entscheidungsfreiheit, wenn die Geschäftspraktik das Urteilsvermögen des Verbrauchers beeinträchtigt.[161]

Richtet sich eine Werbemaßnahme an Kinder und Jugendliche und zielt sie darauf ab, dass die umworbenen Kinder und Jugendliche ihre Eltern zum Erwerb eines bestimmten Produktes veranlassen sollen, ist die Werbung an § 4 Nr. 1 UWG (und nicht an § 4 Nr. 2 UWG) zu messen. Denn es geht in solchen Fällen um die Entschließungsfreiheit der Eltern. Eine Wer-

---

[153] BGH BeckRS 2011, 19181 Rn. 35.
[154] BGH GRUR 2008, 183 = WRP 2008, 214.
[155] *Köhler/Bornkamm* § 4 Rn. 1.52.
[156] *Köhler/Bornkamm* § 4 Rn. 1.53.
[157] *Köhler/Bornkamm* § 4 Rn. 1.10.
[158] *Köhler/Bornkamm* § 4 Rn. 1.10.
[159] *Köhler/Bornkamm* § 4 Rn. 1.13.
[160] *Köhler/Bornkamm* § 4 Rn. 1.14.
[161] *Köhler/Bornkamm* § 4 Rn. 1.15.

bung ist aber nicht schon unlauter, weil sie geeignet ist und darauf abzielt, bei Kindern und Jugendlichen Kaufwünsche zu wecken, die diese anschließend bei ihren Eltern anmelden.

Zum Fall „Tony Taler":

95   Entsteht durch eine Werbeaktion aber ein erheblicher Gruppendruck, ist die Werbemaß-nahme unlauter. Der BGH sah bei der „Tony Taler"-Aktion die Gefahr eines Gruppen-drucks auf die Schüler, sich dem Sammeln der Taler innerhalb der Klassen- und Schulge-meinschaft anzuschließen. Schließlich konnten die attraktiven Preise nur erreicht werden, wenn der Klassenverband „zusammenhält".[162]

96   Die Neufassung des UWG und die UGP-RL unterstützen dieses Ergebnis. Denn die An-sprache von Kindern kann wegen Nr. 28 der „Schwarzen Liste" verboten sein.[163] Der BGH stellt zwar fest: „Eine Werbung ist insbesondere nicht bereits deshalb unlauter, weil sie ge-eignet ist und darauf abzielt, bei Kindern und Jugendlichen Kaufwünsche zu wecken, die diese anschließend bei ihren Eltern anmelden." Sieht man in der „Tony Taler"-Werbung nur eine *mittelbare* Aufforderung, ist die Argumentation des BGH nicht überholt: Nr. 28 greift nicht ein. Dann sind aber wohl Art. 8, Art. 2 Buchst. j UGP-RL erfüllt: Die Aktion stellt eine aggressive Geschäftspraxis in Form einer „unzulässigen Beeinflussung" dar.

III. Unlautere Kundenbeeinflussung durch Rabatte und Zugaben

97   Die EG-Richtlinie über den elektronischen Geschäftsverkehr[164] war Anlass für den Ge-setzgeber, im Jahr 2001 nach fast 70 Jahren das Rabattgesetz und die Zugabeverordnung abzuschaffen. Gemäß Art. 3 der Richtlinie gilt das Herkunftslandsprinzip. Das heißt, dass ausländische Unternehmen, die in Deutschland ihre Waren oder Dienstleistungen anbieten, grundsätzlich nur den rechtlichen Anforderungen ihres Sitzlandes unterliegen.[165] Auslän-dische Anbieter hätten damit ggf. großzügige Rabatte und Zugaben gewähren dürfen, wäh-rend inländische Anbieter in das enge Korsett des Rabattgesetzes und der Zugabeverord-nung gepresst gewesen wären. Zur Vermeidung einer Inländerdiskriminierung hob der Gesetzgeber deshalb die beiden wettbewerbsrechtlichen Nebengesetze auf.[166] Der Gesetz-geber sah die Gesetze auch wegen des gestiegenen Bildungs- und Informationsniveaus und wegen der erhöhten Sensibilität der Verbraucher als entbehrlich an.[167] Außerdem seien die berechtigten Interessen der Verbraucher durch die lauterkeitsrechtlichen Vorschriften des UWG und durch die PAngV in ausreichendem Maß sichergestellt. In der Tat bieten die be-stehenden wettbewerbsrechtlichen Regelungen eine durchaus tragfähige Grundlage, über-mäßige Rabatte oder Zugaben (Beigaben) zu sanktionieren.

98   Nach dem Willen des Gesetzgebers sollten nach Abschaffung der ZugabeVO und des Ra-battG Missbrauchsfälle vor allem über die Fallgruppen des „sittenwidrigen Kundenfangs" (§ 1 UWG 1909) und über das „Verbot der irreführenden Preisverschleierung" (§ 3 UWG 1909) geahndet werden.[168] Auch das GWB setzt dem missbräuchlichen Einsatz von Zuga-ben und Rabatten Grenzen. Denn gemäß §§ 19, 20 GWB[169] dürfen marktbeherrschende Un-ternehmen keine Rabatte und Zugaben einsetzen, die Wettbewerber und andere Marktteil-nehmer behindern oder diskriminieren.[170] Für die Bewertung der Zulässigkeit von Rabatt-aktionen und Zugaben sind nun § 4 Nr. 1 UWG und die Transparenzgebote in § 4 Nr. 4 UWG und § 6 Abs. 1 Nr. 3 TMG maßgeblich.

---

[162] Wie man es „richtig" macht, zeigt die BGH-Entscheidung „Sammelaktion für Schoko-Riegel" GRUR 2009, 71 = WRP 2009, 45.

[163] → Rn. 76.

[164] Richtlinie 2000/31/EG vom 8.6.2000, im Internet auffindbar zum Beispiel unter http://eur-lex.europa.eu/de/index.htm.

[165] Neu ist diese Idee nicht: Im europäischen Rundfunkrecht gilt das Sendestaatsprinzip.

[166] Allerdings gibt es auch im europäischen Ausland vergleichbare Regelungen, die teilweise sogar strenger sind; vgl. *Köhler* BB 2001, 265 (269) und *Bodewig/Henning-Bodewig* WRP 2000, 1341 ff.

[167] BT-Drs. 14/5441, 7.

[168] Vgl. BT-Drs. 14/5441, 8.

[169] → Rn. 181 und 216 ff.

[170] BT-Drs. 14/5441, 8.

1. Preisnachlässe, Rabattaktionen

Rabattaktionen[171] („Wertreklame") können wettbewerbswidrig sein, wenn sie eine unan-   **99**
gemessene unsachliche Beeinflussung darstellen.

Fall „Fußball-Europameisterschaft":[172]

Der Antragsteller, ein Verband im Sinne von § 8 Abs. 2 Nr. 3 UWG, beanstandet die Werbung eines Möbelhauses: „8 Tage lang alle Möbel und Küchen gratis, wenn wir Europameister werden! Wir garantieren: Für alle Einkäufe an diesen 8 Tagen zahlen wir den Kaufpreis komplett zurück, wenn die deutsche Herren-Fußball-Nationalmannschaft bei der EM 2008 Europameister wird".

  100

Die Festlegung unzulässiger Preisnachlässe ist gegenüber den sehr restriktiven Regelungen im ehemaligen RabattG und in der ehemaligen ZugabeVO erschwert. Sie ist nur im Einzelfall möglich: Ist es eine unangemessene unsachliche Beeinflussung, wenn ein Einzelhändler damit wirbt, er gewähre auf den vom Hersteller empfohlenen Verkaufspreis einen Nachlass von zehn Prozent? Oder könnte der Händler auch 15 Prozent gewähren?[173] Es kann auch darauf ankommen, welchen Nachlass Wettbewerber üblicherweise gewähren, ob der empfohlene Verkaufspreis von einer relevanten Anzahl (welche ist das?) der Einzelhändler überhaupt gefordert wird und um welche Art von Wirtschaftsgut es sich handelt (Ware des täglichen Bedarfs, schnelllebiges Produkt oder langlebiges Produkt mit einem besonderen Wert, wie zum Beispiel ein Fertighaus). Wettbewerbswidrig kann eine sehr kurze zeitliche Befristung der Rabattaktion sein.[174] Zulässig ist aber die Werbeaktion „Nur heute Haushaltsgroßgeräte ohne 19 % Mehrwertsteuer", da der mündige Verbraucher allein aufgrund der Werbung keine unüberlegten Kaufentschlüsse treffen wird. [175]

Ein Rabattverbot enthält § 3 Satz 1 BuchpreisbindungsG: Wer als Unternehmer Bücher   **100a**
an Verbraucher verkauft, muss den nach § 5 BuchpreisbindungsG festgesetzten Preis einhalten.[176] Selbst ein Barzahlungsrabatt beim Bücherkauf ist wettbewerbswidrig.[177] Weitere Rabattverbote ergeben sich aus § 7 Nr. 2 HWG[178] und aus § 78 AMG iVm der Arzneimittel-Preisverordnung.[179]

UGP-RL konform?

Bei richtlinienkonformer Auslegung erfasst § 4 Nr. 1 UWG – für Verbraucher und sonstige Marktteilnehmer gleichermaßen[180] – nur die Fälle der Nötigung, Belästigung und unangemessenen unsachlichen Beeinflussung.[181] Auf Preisnachlässe ist § 4 Nr. 1 somit nicht anwendbar, da hiervon lediglich eine Anlockwirkung ausgeht.[182]

---

[171] → Rn. 135 ff. und 279a.

[172] OLG Hamm GRUR-RR 2009, 313 = BeckRS 2009, 11749.

[173] *Heermann* WRP 2001, 855 (862) hält unter Bezugnahme auf die Entscheidung des BGH GRUR 1995, 363 = NJW 1995, 1755 = WRP 1995, 485 (486) – Super-Spar-Fahrkarten einen Nachlass von 25 bis 30 Prozent und mehr für noch zulässig.

[174] So der BGH für Sonderangebote, die nur an einem verkaufsoffenen Sonntag gelten (Az. I ZR 300/01 – siehe Hinweis in WRP 2002, 1105).

[175] BGH I ZR 75/08 = NJW 2010, 3306 = GRUR 2010, 1022 – „Ohne 19 % Mehrwertsteuer".

[176] Vgl. zu Verkäufen über ebay OLG Frankfurt a. M. GRUR 2004, 708 = NJW 2004, 2098.

[177] Vgl. BGH GRUR 2003, 807 = NJW 2003, 2525 = WRP 2003, 1118 – Buchpreisbindung.

[178] OLG Hamburg GRUR-RR 2004, 219 = WRP 2004, 790; → Rn. 438.

[179] OLG Köln GRUR 2006, 88 = WRP 2006, 130 = BeckRS 2005, 11620.

[180] → Rn. 94.

[181] → Rn. 94.

[182] *Köhler/Bornkamm* § 4 Rn. 1.126. Allerdings können andere Tatbestände des UWG erfüllt sein, *Köhler/Bornkamm* § 4 Rn. 1.127 ff.

Zum Fall „Fußball-Europameisterschaft":

101 Das OLG sieht in der Werbung eine unangemessene unsachliche Beeinflussung der Entscheidungsfreiheit des Verbrauchers. Zwar reiche allein der aleatorische Charakter des Preiserlasses nicht aus, um die Unlauterkeit zu begründen. Eine Unlauterkeit ergebe sich jedoch dann, wenn besondere Umstände hinzutreten, um eine unzulässige Anlockwirkung annehmen zu können. Da hochwertige Waren von der Aktion nicht ausgenommen waren, gehe die Antragsgegnerin selbst von einer erheblichen Anlockwirkung aus, so „dass an die weiteren Anforderungen, um zu einer unangemessenen Beeinflussung der Entscheidungsfreiheit des Kunden zu kommen, geringere Maßstäbe angelegt werden können". Der Käufer lasse sich durch die Aktion zum Kauf einer höherwertigen Ware motivieren und ziehe möglicherweise Käufe vor, die er sonst erst später beabsichtigt hätte. Vor allem aber komme der Zeitdruck hinzu, unter den der Kunde gesetzt werde, da die Aktion auf eine gute Woche befristet gewesen sei. Diese Zeitspanne sei „recht knapp bemessen", um sich „einen zuverlässigen Angebotsüberblick zu verschaffen". Dies reiche aus, „um ein durchschlagendes irrationales Moment iSd § 4 Nr. 1 UWG bei der Kaufentscheidung des Käufers zugunsten der Antragsgegnerin anzunehmen".

101a Weniger streng hatten die Instanzgerichte – im Berufungsverfahren auch das OLG Hamm – und der BGH nur etwa zwei Monate zuvor entschieden, als es ebenfalls um eine Rabattaktion ging. Die Beklagte warb unter der Überschrift „JEDER 100. EINKAUF GRATIS" damit, dass in der kommenden Woche jeder 100. Kunde seinen Einkauf als Geschenk erhalte. Der BGH bestätigte die Klageabweisung, weil er ebenso wenig eine unangemessene unsachliche Beeinflussung in der Werbeaktion sah. Wegen der „für den Verbraucher erkennbar geringen Chance, dass gerade er den 100. Einkauf tätigen werde" sei nicht von einer wettbewerbswidrigen Werbung auszugehen. Wettbewerbswidrig sei eine Werbung nämlich erst dann, „wenn die freie Entscheidung der angesprochenen Verkehrskreise durch den Einsatz aleatorischer Reize so nachhaltig beeinflusst wird, dass ein Kaufentschluss nicht mehr von sachlichen Gesichtspunkten, sondern maßgeblich durch das Streben nach der in Aussicht gestellten Gewinnchance bestimmt wird".[183]

2. Kopplungsangebote

102 Die Kopplung unterschiedlicher Waren zu einem „Gesamtpaket" sah die Rechtsprechung lange Zeit grundsätzlich als wettbewerbswidrig an.

> **Fall „Kopplungsangebot II":**[184]
>
> Ein Einzelhändler für Elektrogeräte bietet ein Fernsehgerät für 1 DM an. Ein Stern bei der blickfangmäßig herausgestellten Preisangabe verweist auf einen kleinen, senkrecht gestellten Kasten. Dort wird darauf hingewiesen, dass der Preis nur bei Abschluss eines Stromvertrages mit einer Mindestlaufzeit von 24 Monaten gilt. Weitere Vertragsdetails enthält ein zweiter Kasten.

103 Nach Aufhebung von RabattG und ZugabeVO gestattet der BGH nun grundsätzlich alle Kopplungsangebote, sofern keine spezialgesetzlichen Verbote bestehen.[185] Das ist zum Beispiel § 7 HWG.[186] Es findet lediglich eine Missbrauchskontrolle statt. Auch Güter- und Dienstleistungen können miteinander gekoppelt werden.[187] Kopplungsangebote sind demnach nur unzulässig, wenn

• das Kopplungsangebot eine unangemessene unsachliche Beeinflussung darstellt,
• das Kopplungsangebot irreführend ist, weil der Marktteilnehmer unrichtige oder unzureichende Informationen über die Kopplung erhält oder

---

[183] BGH I ZR 31/06 = NJW 2009, 2749 = GRUR 2009, 875.
[184] BGH GRUR 2002, 979 = NJW 2002, 3405 = WRP 2002, 1259.
[185] BGHZ 151, 84 = GRUR 2002, 976 = NJW 2002, 3403 = WRP 2002, 1256 – Kopplungsangebot I.
[186] → Rn. 438 f. zu § 7 HWG.
[187] BGH NJW 2003, 1671 = GRUR 2003, 538 = WRP 2003, 743 – Gesamtpreisangebot.

- die Kopplung eine gezielte Behinderung von Mitbewerbern oder eine allgemeine Markt-behinderung darstellt.[188]

Ob Kopplungsangebote zulässig sind, ist deshalb an § 4 Nr. 1 UWG nur dann zu messen, **104** wenn die Beispieltatbestände des UWG zur unlauteren Irreführung (§ 5 Abs. 1 UWG)[189], zur unlauteren Irreführung durch Unterlassen (§ 5a UWG)[190] und gezielten Behinderung (§§ 3, 4 Nr. 10 UWG, §§ 19–21 GWB) keine spezielle Regelung vorsehen. Zu beachten ist außerdem die PAngV.[191]

Das Kopplungsangebot muss als solches erkennbar sein. Die Einzelpreise[192] oder den Ge-samtwert[193] der gekoppelten Waren oder Dienstleistungen muss der Wettbewerber nicht an-geben. In der Werbung kann die Beigabe als „gratis", „kostenlos" oder „umsonst" ange-kündigt werden[194] – vorausgesetzt, die Angabe verstößt nicht gegen Nr. 21 des Anhangs zu § 3 Abs. 3 UWG.[195]

Zum Fall „Kopplungsangebot II":

In der Entscheidung „Kopplungsangebot I"[196] hat der BGH festgestellt, dass nach Aufhe- **105** bung der ZugabeVO Kopplungsangebote grundsätzlich zulässig sind. Das Angebot des Fernsehers für 1 DM sah der BGH allerdings im konkreten Fall als wettbewerbswidrig an (§§ 1, 3 UWG 1909). Denn der Kasten mit der Information zur Mindestlaufzeit sei senk-recht gedruckt und enthalte nicht alle für den Vertragsschluss erforderlichen Angaben. Diese wiederum waren nur dem zweiten Kasten zu entnehmen, auf den das Sternchen bei dem hervorgehobenen Preis von 1 DM gerade nicht verwiesen hatte.

3. Zugaben

Auch wenn Preisnachlässe und Kopplungsangebote weitgehend zulässig sind, stellt sich **106** die Frage, ob es für Zugaben – bezogen auf die Hauptware – Wertgrenzen gibt. Oder ist „al-les" erlaubt? Zu beachten sind jedenfalls spezialgesetzliche Kopplungsverbote wie in § 7 HWG.[197] Ähnliche Regelungen enthalten § 24 Abs. 1 TabaksteuerG für Beigaben zu Ziga-rettenpackungen, § 31 (Muster-)Berufsordnung Ärzte und Art. 10 § 3 Mietrechtsverbesse-rungsG für die Kopplung von Grundstückskaufverträgen mit Ingenieur- und Architekten-leistungen.[198] Ein Verstoß gegen gesetzliche Kopplungsverbote ist auch gem. § 4 Nr. 11 UWG unlauter.[199]

Fall „Zeitschrift mit Sonnenbrille":[200]

Einer Zeitschrift, die sich vor allem an Mädchen und junge Frauen richtet, ist eine Sonnenbrille beigefügt. Der gebundene Verlagspreis der Zeitschrift beträgt 4,50 DM. Der Wert der Sonnenbrille beträgt etwa 30 DM. Die Brille ist der Auflage in zwei Farben beigefügt.

Es ist Unternehmen gestattet, zwei Produkte, die keine Funktionseinheit bilden, so zu ver- **107** binden, dass bei Erwerb des einen Produkts das andere ohne Berechnung abgegeben wird.

---

[188] Vgl. *Köhler/Bornkamm* § 4 Rn. 1.114 f.
[189] → Rn. 225 ff.
[190] → Rn. 223 ff.
[191] → Rn. 459 ff.
[192] BGH BGHZ 154, 105 = NJW 2003, 1671 = GRUR 2003, 538 = WRP 2003, 743 – Gesamtpreisangebot; siehe auch *Köhler/Bornkamm* § 4 Rn. 1.108.
[193] *Köhler/Bornkamm* § 4 Rn. 1.107 aE.
[194] So auch *Berneke* WRP 2001, 615 (621) und *Cordes* WRP 2001, 867 (871). Das war durch § 1 Abs. 3 ZugabeVO früher verboten.
[195] → Rn. 68.
[196] BGH GRUR 2002, 979 = NJW 2002, 3405 = WRP 2002, 1259.
[197] → Rn. 438 f.
[198] *Köhler/Bornkamm* § 4 Rn. 1.116.
[199] *Köhler/Bornkamm* § 4 Rn. 1.116; → Rn. 204 ff.
[200] BGH GRUR 2006, 161 = NJW-RR 2006, 409 = WRP 2006, 69.

Ein Missbrauch kann dann vorliegen, wenn die Anlockwirkung so groß ist, dass bei einem verständigen Verbraucher die Fähigkeit zu einer informierten Entscheidung durch die Ausübung von Druck in Ausnutzung einer Machtposition wesentlich eingeschränkt wird.[201] Derartige Fälle sind kaum denkbar.

Zum Fall „Zeitschrift mit Sonnenbrille":

108   Der BGH legt einen sehr großzügigen Maßstab an die Zulässigkeit von Zugaben an. Danach brauchen selbst wertvolle Zugaben nicht zu einer irrationalen Nachfrageentscheidung führen. Denn: Die mit der (wertvollen) Zugabe verbundene Anlockwirkung sei gerade eine „gewollte Folge des Wettbewerbs". Der Wert der Zugabe muss nicht mitgeteilt werden.

4. Preisgestaltung und Irreführungsverbot

109   Es sind Mehrfachrabatte – zum Beispiel ein Mengenrabatt und ein Treuerabatt – möglich.[202] Die Preisgestaltung kann dann wettbewerbswidrig sein, wenn ein Wettbewerber „feste" Preise nur noch zum Schein verlangt, obwohl sie jederzeit und ohne Bemühen des Kunden zur Disposition stehen. Denn dann ist derjenige Kunde, der nicht um Nachlässe feilscht oder sich nur danach erkundigt, gegenüber denjenigen Kunden, die die Preisauszeichnung als unverbindlich erkennen, erheblich im Nachteil.[203] Das kann auch ein Verstoß gegen § 5 UWG (Irreführung) sein.

5. Laienwerbung

110   Mit dem Wegfall des RabattG und der ZugabeVO hat auch die Abwicklung von Verträgen über die so genannte „Laienwerbung" einen Bedeutungswandel erfahren.[204] Laienwerbung ist zum Beispiel, wenn jemand für die Vermittlung eines Zeitschriftenabonnements eine (wertvolle) Prämie – einen Kaffeekocher, einen Tretroller etc – erhält. Wenn die Prämie keine unangemessene unsachliche Beeinflussung darstellt, kann sie auch dem Käufer unmittelbar angeboten werden.[205]

6. Kundenbindungssysteme

111   Eine Mischung aus unangemessener unsachlicher Beeinflussung und Koppelungsgeschäft können **Bonussysteme** sein:[206] Wer eine Ware erwirbt oder Dienstleistung in Anspruch nimmt, erhält geldwerte Bonuspunkte, die er dann später wieder einlösen oder sich auszahlen lassen kann. Die Gewährung eines Nachlasses ist grundsätzlich zulässig und auch an – in den Grenzen des GWB – geschlossene Verbrauchergruppen möglich.[207] Die Einführung von Bonussystemen hat der Gesetzgeber ausdrücklich in seiner Begründung zur Abschaffung von ZugabeVO und RabattG erwähnt.[208] Demnach ist es vor allem auch zulässig, dass sich Beteiligte unterschiedlicher Branchen zusammenschließen und individuell festlegen, wie viele Bonuspunkte ein Kunde erhält.[209] Möglich sind auch „One for Two"-Angebote („Zwei essen, nur einer zahlt"), die der BGH früher als Verstoß gegen die ZugabeVO eingestuft hatte.[210]

---

[201] → Rn. 83.

[202] Vgl. auch *Berlit* WRP 2001, 349 (354).

[203] Im Übrigen kann das auch ein Verstoß gegen die PAngV sein, vgl. Rn. 464 ff. Vgl. auch *Köhler* BB 2001, 265 (266) mit dem kartellrechtlich nicht unbedenklichen Vorschlag, das kartellrechtliche Diskriminierungsverbot auf den Schutz der Verbraucher auszudehnen.

[204] Siehe hierzu *Köhler/Bornkamm* UWG § 4 Rn. 1.192 ff.

[205] Vgl. zur Laienwerbung auch BGH GRUR 2006, 949 = BeckRS 2006, 10588 – „Kunden werben Kunden" und *Berlit* WRP 2001, 349 (353).

[206] Vgl. *Köhler/Bornkamm* § 4 Rn. 1.135 ff.

[207] Vgl. *Heermann* WRP 2001, 855 (861). Zulässig war es aber schon, einen „Umweltbonus" von 1.000 Mark für die Umstellung einer Heizungsanlage von Heizöl auf Erdgas zu gewähren, BGH GRUR 1999, 256 = NJW-RR 1998, 1497 = WRP 1998, 857–1.000,– DM Umweltbonus.

[208] BT-Drs. 14/5441, 8 f.

[209] Überholt sind damit die Entscheidungen des BGH WRP 1999, 424 – Bonusmeilen (zulässig) und des LG Köln Az. 31 O 438/00 (nv – „Miles & More"-Programm ist teilweise rechtswidrig). Kritisch *Köhler* BB 2001, 265 (267), der einen Nachteil bei den „Nichtorganisierten" sieht.

[210] BGH GRUR 1991, 933 = NJW-RR 1991, 1324 = WRP 1991, 648 – One for Two.

Zulässig ist es, Gutscheine – zum Beispiel als Beilagen in Zeitschriften oder als Wert- 112 Coupon in einer Anzeige – auszugeben. Die Höhe des Nachlasses ist nicht mehr – wie früher im RabattG – reglementiert.[211] Zulässig sind auch – in den Grenzen der §§ 4 Nr. 1 und 5 UWG – langjährige **Garantieversprechen** der Anbieter,[212] die der BGH noch 1999 als Verstoß gegen die ZugabeVO angesehen hatte.[213] Das gilt auch für „Geld-zurück-Garantien", wenn der Käufer ein günstigeres Angebot eines Wettbewerbers nachweist.[214] Auch eine langfristige Abgabe von **Geschenken** ist grundsätzlich zulässig.[215] **Kaufpreisstundung** ist erlaubt. Eine Stundung über zwei bis drei Monate hinaus war früher nach Auffassung des BGH ein Verstoß gegen das RabattG.[216]

Neben § 4 Nr. 1 UWG ist auch das Transparenzgebot des § 4 Nr. 4 UWG zu beachten, 113 der unzureichende Informationen bei Verkaufsförderungsmaßnahmen sanktioniert.[217]

7. Powershopping und Versteigerungen

„Powershopping" sind Internet-Verkäufe, bei denen der Anbieter mehrere Preisstufen an- 114 gibt. Je mehr Produkte mit einer Bestellung abgenommen werden, um so günstiger wird das Produkt angeboten. Derartige Angebote sind heute lauterkeitsrechtlich grundsätzlich unbedenklich.[218] Das OLG Köln sah 2001 „Powershopping" wegen übertriebenen Anlockens als unlauter an, wenn der Verbraucher (mit anderen Verbrauchern zusammen) eine Kaufpreisreduzierung von bis zu 50 Prozent erreichen kann.[219] So hat sich auch zwischenzeitlich die Rechtsprechung zur umgekehrten Versteigerung[220] gewandelt: Noch 1986 entschied der BGH, dass ein solches Angebot Kunden anlocke, die sich allein wegen des Gewinnanreizes des „Spiels" zum Kauf entschließen.[221] Die neuere Rechtsprechung geht davon aus, dass sich der Marktteilnehmer trotz des Gewinnanreizes mit dem Angebot auseinandersetzt und auch mit anderen Angeboten vergleicht – und die umgekehrte Versteigerung damit nicht unlauter ist.[222]

---

[211] Vgl. auch *Heermann* WRP 2001, 855 (861).

[212] BGH NJW 2008, 2995 = GRUR 2008, 915 = WRP 2008, 1326 – 40 Jahre Garantie.

[213] Hier ging es darum, dass die Textilfirma *Lands' End* ihren Kunden eine zeitlich unbegrenzte Rückgabegarantie gewährt hat. Dies wurde vom OLG Saarbrücken GRUR 2000, 92 = WRP 1999, 224 verboten. Der BGH hat die Revision nicht zugelassen. Zulässig war dagegen ein dreimonatiges Umtauschrecht für unbenutzte und für den Kunden nicht individuell angefertigte Möbel, BGH GRUR 2000, 1106 = NJW 2001, 153 = WRP 2000, 1278 – Möbel-Umtauschrecht. Vgl. auch BGH GRUR 1999, 270 = NJW 1999, 217 = WRP 1999, 181 – Umtauschrecht II (fünftägiges Rückgaberecht eines Gebrauchtwagens unabhängig von der gefahrenen Kilometerzahl); BGH GRUR 2001, 358 = NJW-RR 2001, 624 = WRP 2001, 258 – Rückgaberecht (14-tägiges Rückgaberecht beim Kauf von Fotoartikeln, Geräten der Unterhaltungselektronik und elektrischer Haushaltsgeräte).

[214] Und sich die Werbung des Anbieters nicht auf *exklusiv* bei ihm erhältliche Waren bezieht, BGH GRUR 1994, 57 = NJW 1993, 3060 = WRP 1993, 749 – Geld-zurück-Garantie und BGH GRUR 2006, 596 = WRP 2006, 888 – 10 % billiger.

[215] Vgl. *Köhler/Bornkamm* § 4 Rn. 1.145 ff.; → Rn. 220 zur unlauteren Behinderung durch die massenhafte Verteilung von Geschenken.

[216] BGH NJW-RR 1993, 423 = WRP 1993, 243 – Versandhandelspreis I; BGH GRUR 1994, 389 = NJW-RR 1994, 501 = WRP 1994, 311 – Versandhandelspreis II.

[217] → Rn. 135 ff.

[218] Vgl. *Köhler/Bornkamm* § 4 Rn. 1.266 und Harte-Bavendamm/Henning-Bodewig/*Stuckel* § 4 Nr. 1 Rn. 129. Kritisch noch *Lange* WRP 2001, 888 ff. Das OLG Hamburg hatte 1999 „Powershopping" als Verstoß gegen das RabattG gewertet. Denn: Wer im Internet im Rahmen eines zeitlich begrenzten Angebots mehrere Preisstufen nenne und dem Käufer abhängig von der Gesamtabnahme aller Käufer einen niedrigeren Preis als von ihm angegeben gewähre, verstieß gegen §§ 1 Abs. 1, 7 RabattG; OLG Hamburg GRUR 2000, 549 = NJW 2000, 2033.

[219] OLG Köln WRP 2001, 1095.

[220] Rechtlich gesehen handelt es sich bei diesen Veranstaltungen zumeist nicht um gemäß 34b GewO erlaubnispflichtige Versteigerungen, sondern um Käufe. Bei der umgekehrten Versteigerung wird ein Startpreis festgesetzt, der sich immer weiter reduziert. Die Ware erhält der erste Teilnehmer, der zuschlägt, zum dann gültigen Preis.

[221] BGH GRUR 1986, 622 = WRP 1986, 381 – Umgekehrte Versteigerung.

[222] BGH GRUR 2003, 626 = NJW 2003, 2096 = WRP 2003, 742 – Umgekehrte Versteigerung II und *Köhler/Bornkamm* § 4 Rn. 1.263 ff.

IV. Beeinträchtigung in menschenverachtender Weise
und gefühlsbezogene Werbung

115 Der Gesetzgeber hat in das UWG 2004 eine menschenverachtende Werbung als typische Unlauterkeitshandlung aufgenommen. Danach sind geschäftliche Handlungen im Sinne des UWG 2008 menschenverachtend, „wenn sie dem Betroffenen durch Erniedrigung, Brandmarkung, Verfolgung, Ächtung oder andere Verhaltensweisen seinen Achtungsanspruch als Mensch absprechen".[223] Derart krasse geschäftliche Handlungen haben die Gerichte bislang nicht beschäftigt.[224] Die UGP-RL enthält keine vergleichbare Bestimmung. Wenn es um eine geschäftliche Handlung gegenüber Verbrauchern geht, muss diese entweder aggressiv gem. Art. 8 und 9 UGP-RL sein oder von der Generalklausel des Art. 5 Abs. 2 UGP-RL erfasst sein:

Art. 5 UGP-Richtlinie (Verbot unlauterer Geschäftspraktiken):
(1) (...)
(2) Eine Geschäftspraxis ist unlauter, wenn
a) sie den Erfordernissen der beruflichen Sorgfaltspflicht widerspricht und
b) sie in Bezug auf das jeweilige Produkt das wirtschaftliche Verhalten des Durchschnittsverbrauchers, den sie erreicht oder an den sie sich richtet oder des durchschnittlichen Mitglieds einer Gruppe von Verbrauchern, wenn sich eine Geschäftspraxis an eine bestimmte Gruppe von Verbrauchern wendet, wesentlich beeinflusst oder dazu geeignet ist, es wesentlich zu beeinflussen.

Eine Beeinträchtigung in menschenverachtender Weise im Sinne von § 4 Nr. 1 UWG stellt eine Verletzung der „beruflichen Sorgfaltspflicht" dar, wenn sie das Verhalten des Verbrauchers wesentlich beeinflusst.[225]

115a Zur unlauteren Beeinflussung der Marktteilnehmer kann schließlich noch emotionale Werbung gehören, die sog **„gefühlsbetonte"** bzw. „gefühlsbezogene" Werbung.[226]

Fall „Artenschutz":[227]

Ein Augenoptikergeschäft wirbt in einer Zeitung unter der Überschrift „Echt tierisch" für Sonnengläser. Unter der Abbildung eines Papageis ist das Emblem der „Aktionsgemeinschaft Artenschutz e. V." mit dem umlaufenden Text „B. Optik unterstützt die Aktionsgemeinschaft Artenschutz e. V." abgedruckt. Die Aktionsgemeinschaft setzt sich für den Schutz bedrohter Tierarten ein.

---

116 Besonderes Aufsehen hatte in den 90er Jahren die sehr emotionale Werbung des Textilherstellers *Benetton* erregt. Der BGH hatte drei Motive der Imagewerbung als wettbewerbswidrig verboten, nämlich die Werbung mit einer ölverschmutzten Ente,[228] die Werbung mit schwer arbeitenden Kleinkindern aus der Dritten Welt[229] und die Werbung mit der Abbildung eines menschlichen Gesäßes mit Stempelaufdruck „H. I. V. POSITIVE".[230] Begründet hat der BGH die Entscheidung „Ölverschmierte Ente" damit, dass die Werbung beim Verbraucher über dessen Gefühle des Mitleids und der Ohnmacht eine Solidarisierung mit dem werbenden Unternehmen bewirken solle, um dessen Bekanntheit, Ansehen und Geschäftstätigkeit zu steigern. Die „Kinderarbeit"-Entscheidung beruht auf der Erwägung des BGH, dass diese Werbung Gefühle des Mitleids ohne sachliche Veranlassung zur Steigerung des eigenen Ansehens kommerziell ausnutze. Schließlich verstoße die „H. I. V.

---

[223] BT-Drs. 15/2795, 21.
[224] *Köhler/Bornkamm* § 4 Rn. 1.37.
[225] *Köhler/Bornkamm* § 4 Rn. 1.42.
[226] Vgl. zu den Begrifflichkeiten *Köhler/Bornkamm* § 4 Rn. 1.217.
[227] BGH GRUR 2006, 75 = NJW 2006, 149 = WRP 2006, 67.
[228] BGHZ 130, 196 = GRUR 1995, 598 = NJW 1995, 2488 = WRP 1995, 679 – Ölverschmutzte Ente.
[229] BGH GRUR 1995, 595 = NJW 1995, 2490 = WRP 1995, 682 – Kinderarbeit.
[230] BGH GRUR 1995, 600 = NJW 1995, 2492 = WRP 1995, 686 – H. I. V.-POSITIVE.

POSITIVE"-Werbung gegen die Menschenwürde und nutze in grober Weise das Gefühl des Mitleids und Schreckens in starkem Maße zu kommerziellen Zwecken aus. Aus heutiger Sicht würde diese Entscheidung nicht auf § 4 Nr. 1 UWG, sondern auf § 3 UWG als Auffangtatbestand für unlautere Werbung beruhen.[231] „Menschenverachtend" im Sinne von § 4 Nr. 1 UWG ist nämlich eine Werbung nicht bereits dann, wenn sie die Menschenwürde gemäß Art. 1 GG verletzt. Vielmehr muss die Werbung *gerade wegen* ihres menschenverachtenden Charakters geeignet sein, die Entscheidungsfreiheit der Marktteilnehmer zu beeinträchtigen.[232]

Das BVerfG ist in seiner Einschätzung allerdings großzügiger als der BGH.[233] Es sieht in **117** der Werbung „sprechende Bilder mit meinungsbildendem Inhalt". Die Auffassung des BGH, *Benetton* gehe es nicht um einen Beitrag zur Meinungsbildung, sei „nicht die einzig mögliche, ja nicht einmal besonders nahe liegend". Letztlich greife damit das Verbot in die verfassungsrechtlich in Art. 5 Abs. 1 S. 1 GG geschützte Meinungsfreiheit ein.

Bei der gefühlsbetonten Werbung kam es bis dahin darauf an, ob ein sachlicher Zu- **118** sammenhang zwischen der Ware und dem beworbenen sozialen Engagement bestand. Nach der Rechtsprechung zu § 4 Nr. 1 UWG 2004 war zu prüfen, ob die Werbung emotional so stark auf den Marktteilnehmer einwirkt, dass dieser die Rationalität seiner Entscheidung vollkommen in den Hintergrund drängt.[234] Voraussetzung ist nunmehr, dass die Fähigkeit zu einer informierten Entscheidung durch die Ausübung von Druck in Ausnutzung einer Machtposition wesentlich eingeschränkt wird.[235] Die Werbung kann aber bei fehlender Transparenz (was genau wird von wem wodurch gefördert?) irreführend sein (§ 5 UWG). Deshalb muss der Werbende aufklären, wie er den sozialen Zweck erreichen will.

Zum Fall „Artenschutz":

Der BGH hat entschieden: Es ist grundsätzlich unbedenklich, wenn Werbung Gefühle an- **119** spricht. Die Werbung darf aber keinen unangemessenen unsachlichen Einfluss ausüben und dadurch die freie Entscheidung der Verbraucher beinträchtigen. Eine Werbeaussage ist nicht schon dann unlauter, wenn – ohne sachlichen Zusammenhang zur beworbenen Ware – das Kaufinteresse durch Ansprechen des sozialen Verantwortungsgefühls, der Hilfsbereitschaft, des Mitleids oder des Umweltbewusstseins geweckt werden soll. Es hat eine **Abwägung im Einzelfall** stattzufinden. Der Hinweis auf die Unterstützung der Aktionsgemeinschaft erfolgte im Sinne einer zulässigen und nicht anstößigen **Imagewerbung**.

Mit dieser Entscheidung wird deutlich, dass die früher häufig als unlauter angesehene emo- **120** tionale Werbung weitgehend zulässig ist.[236] Die Verknüpfung zwischen Spende und Geschäft ist – auch wenn kein sachlicher Zusammenhang besteht – zulässig.[237] Auch an die Aufklärung des Marktteilnehmers über konkrete Einzelheiten des beworbenen sozialen Engagements stellt der BGH keine sonderlich hohen Anforderungen. Es genügt, so der BGH, dass das Unternehmen „zeitnah" eine Sponsoringleistung erbringe und diese „nicht so geringfügig" sei, dass sie die werbliche Herausstellung nicht rechtfertige.[238] In der Literatur wird diese Rechtsprechung im Hinblick auf die in § 5a UWG eingeführten Informationspflichten nicht weiter

---

[231] Vgl. *Köhler/Bornkamm* § 4 Rn. 1.224 f.

[232] *Köhler/Bornkamm* § 4 Rn. 1.38.

[233] Verfassungsbeschwerde hatte der Gruner + Jahr Verlag, Herausgeber des *Stern*, erhoben, da er zur Unterlassung verurteilt worden war; BVerfG WRP 2001, 129. Da das BVerfG die Sache zurückverwiesen hatte, musste der BGH erneut entscheiden – allerdings nur über die „H. I. V.-POSITIVE"-Werbung. Die klagende Wettbewerbszentrale hatte im Übrigen auf eine erneute Überprüfung verzichtet. Wiederum hat der BGH die „H. I. V.-POSITIVE"-Werbung untersagt (Urteil vom 6.12.2001, Az. I ZR 284/00; vgl. WRP 2002, 269). Das BVerfG hob die Entscheidung erneut auf, WRP 2003, 633 – Benetton II.

[234] Vgl. *Köhler/Bornkamm* § 4 Rn. 1.157.

[235] → Rn. 83.

[236] Vgl. *Köhler/Bornkamm* § 4 Rn. 1.220 ff.

[237] BGH GRUR 2007, 247 = NJW 2007, 919 = WRP 2007, 303 – Regenwaldprojekt I zur Aufforderung, durch den Kauf eines Produktes *(Krombacher)* aktiv ein soziales Projekt zu unterstützen, vgl. auch *Köhler/Bornkamm* § 4 Rn. 1.239 ff.

[238] BGH GRUR 2007, 251 = NJW 2007, 922 = WRP 2007, 308 – Regenwaldprojekt II.

thematisiert.[239] Ob die vom werbenden Unternehmen möglichst vage gehaltene Information über den Umfang der sozialen Leistungen mit dem in das UWG 2008 eingeführten § 5a UWG vereinbar ist, ist zweifelhaft. Denn nach § 5a Abs. 1 UWG stellt sich die Frage, in welchem Umfang die angesprochenen Verkehrskreise Informationen erwarten dürfen.[240]

B. Ausnutzung besonderer Umstände (§ 4 Nr. 2 UWG)

§ 4 Nr. 2 UWG:
Unlauter handelt insbesondere, wer
geschäftliche Handlungen vornimmt, die geeignet sind, geistige oder körperliche Gebrechen, das Alter, die geschäftliche Unerfahrenheit, die Leichtgläubigkeit, die Angst oder die Zwangslage von Verbrauchern auszunutzen;

121   § 4 Nr. 2 UWG schützt nur Verbraucher. Für die Anwendbarkeit von § 4 Nr. 2 UWG kommt es nicht darauf an, ob tatsächlich ein Vertrag zustande kommt. Die Regelung ist nicht abschließend. Sie kann auch entsprechend für die Ausnutzung einer erheblichen Willensschwäche (§ 138 Abs. 2 BGB) – zum Beispiel bei pflegebedürftigen Personen, Alkohol- und Drogenabhängigen oder krankhaften Spielern – gelten.[241]

122   Der Gesetzgeber hat mit der Neufassung im UWG 2008 die in Art. 5 Abs. 3 Satz 1 UGP-RL genannten Begriffe aufgenommen. Die Streichung der Wörter „insbesondere von Kindern und Jugendlichen" bedeutet keine inhaltliche Änderung von § 4 Nr. 2 UWG. Der Gesetzgeber wollte mit der Streichung verhindern, dass der Begriff des Kindes an zwei Stellen des Gesetzes – hier und in Nr. 28 im Anhang zu § 3 Abs. 3 UWG – unterschiedliche Bedeutung haben kann: Nr. 28 ist gemeinschaftsrechtlich auszulegen, während die Nennung in § 4 Nr. 2 UWG eine Auslegung nach deutschem Recht hätte bedeuten können. Im Übrigen gilt das zu § 4 Nr. 1 UWG Gesagte:[242] § 4 Nr. 2 UWG ist ebenfalls richtlinienkonform auszulegen.

122a   Für eine richtlinienkonforme Auslegung ist allerdings zunächst zu klären, welchem Unlauterkeitstatbestand der Richtlinie § 4 Nr. 2 UWG zuzuordnen ist. Die in Art. 5 Abs. Satz 1 UGP-RL genannten Begriffe sind bereits in § 3 Abs. 2 Satz 3 UWG enthalten. Die Begriffe der „geschäftlichen Unerfahrenheit", „Angst" und „Zwangslage von Verbrauchern" enthält die UGP-RL wiederum nicht. Es spricht deshalb Vieles dafür, § 4 Nr. 2 UWG als einen Ergänzungstatbestand zu § 4 Nr. 1 UWG anzusehen,[243] so dass § 4 Nr. 2 UWG aggressive geschäftliche Handlungen im Sinne von Art. 8 und 9 UGP-RL betrifft.[244] Es geht also um eine unzulässige Beeinflussung von Verbrauchern unter „Ausnutzung einer Machtposition gegenüber dem Verbraucher zur Ausübung von Druck (...), die die Fähigkeit des Verbrauchers zu einer informierten Entscheidung wesentlich einschränkt".[245]

UGP-RL konform?

§ 4 Nr. 2 UWG enthält weder die Maßgabe, dass die Fähigkeit des Verbrauchers zu einer informierten Entscheidung wesentlich eingeschränkt sein muss (Art. 2 Buchst. j UGP-RL) noch das Erfordernis der erheblichen Beeinträchtigung der Entscheidungs- oder Verhaltensfreiheit gem. Art. 8 UGP-RL. Dies ist bei der Auslegung von § 4 Nr. 2 UWG zu berücksichtigen.[246]

---

[239] Vgl. *Köhler/Bornkamm* § 4 Rn. 1.241 und Harte-Bavendamm/Henning-Bodewig/*Stuckel* § 4 Rn. 160 f.
[240] → Rn. 323 ff.
[241] Vgl. *Köhler/Bornkamm* § 4 Rn. 2.10.
[242] → Rn. 82.
[243] Vgl. *Köhler* WRP 2012, 638 (641).
[244] So auch *Timm-Wagner* GRUR 2013, 245 (247).
[245] → Rn. 93a.
[246] Vgl. *Köhler* WRP 2012, 638 (642), *Köhler* WRP 2013, 403 (406) und *Böhler* WRP 2011, 1028 (1029 ff.).

I. Schutz aufgrund des Alters

Fall „Werbung für Klingeltöne":[247]
Die Beklagte bietet Klingeltöne an, die sich der Kunde über eine 0190-Telefonnummer auf sein Handy laden kann. Die Minute kostet 1,86 Euro. Insgesamt fallen jedenfalls ca. 3,40 Euro an. Das Angebot wird vor allem in Jugendzeitschriften beworben. Welche Kosten insgesamt entstehen können, wird in der Werbung nicht mitgeteilt.

Geschützt sind durch § 4 Nr. 2 UWG unter anderem Kinder und Jugendliche. Nicht jede **123** Werbemaßnahme, die sich – zum Beispiel im Kinderprogramm deutscher Fernsehanbieter – an Kinder und Jugendliche wendet, ist unlauter. Unlauter ist Werbung vor allem dann, wenn sie die geschäftliche Unerfahrenheit der jüngeren Zielgruppe ausnutzt. Die geschäftliche Unerfahrenheit wird bei Kindern und Jugendlichen stets vermutet.[248] Es kommt aus wettbewerbsrechtlicher Sicht nicht darauf an, dass Minderjährige durch § 107 ff. BGB zivilrechtlich geschützt sind. Eine ähnliche Regelung enthält § 6 Abs. 2 JMStV. § 22 Vorläufiges Tabakgesetz enthält Tabakwerbeverbote.[249] Ein Verstoß gegen diese Bestimmungen erfüllt zugleich den Rechtsbruchtatbestand in § 4 Nr. 11 UWG.[250] Daneben gibt es noch Regeln der Werbewirtschaft für Werbung mit und vor Kindern.[251]

Zum Fall „Werbung für Klingeltöne"

Die Werbung richtet sich hauptsächlich an Kinder und Jugendliche – das Verbot der Wer- **124** bung soll sich auf eine Werbung in Jugendzeitschriften beziehen (= mehr als 50 % der Leser sind Kinder und Jugendliche). § 4 Nr. 2 UWG stellt, so der BGH, eine Abweichung vom Leitbild des erwachsenen Durchschnittsverbrauchers dar. Der für die Bewertung einer Wettbewerbshandlung anzulegende Maßstab verschiebe sich daher zu Lasten des Unternehmers. Richtet sich eine Werbung gezielt an eine bestimmte Bevölkerungsgruppe, muss sich der Werbende an einem durchschnittlich informierten, aufmerksamen und verständigen Angehörigen *dieser* Gruppe orientieren (vgl. § 3 Abs. 2 UWG). Jugendliche sind aufgrund ihrer geringeren Lebenserfahrung weniger in der Lage, die angepriesene Leistung in Bezug auf Bedarf, Preiswürdigkeit und finanzielle Folgen zu bewerten. An die Transparenz einer Werbung, die sich vor allem an Jugendliche richtet, sind deshalb höhere Anforderungen zu stellen. Welche Kosten tatsächlich entstehen, ist bei der beanstandeten Werbung nicht übersehbar. Es kommt deshalb nicht darauf an, ob die durchschnittlich entstehenden Kosten – hier: 4,50 Euro – die Kinder und Jugendlichen nicht überfordern.

II. Schutz der Unerfahrenheit und Leichtgläubigkeit

Eine Werbung darf auch nicht geeignet sein, die Unerfahrenheit von erwachsenen Ver- **125** brauchern auszunutzen. Eine Verkaufsveranstaltung in einem Übergangswohnheim für Aussiedler kann deshalb unlauter sein.[252] Ob ein Verstoß gegen § 4 Nr. 2 UWG vorliegt, wenn der Unternehmer die Rechtsunkenntnis von Verbrauchern ausnutzt, ist fraglich. So ist insbesondere streitig, ob die Verwendung unwirksamer Vertragsklauseln in Allgemeinen Geschäftsbedingungen unter § 4 Nr. 2 UWG fällt.[253] Das kann jedoch ein Verstoß gegen § 4 Nr. 11 UWG sein.[254]

---

[247] BGH GRUR 2006, 776 = NJW 2006, 2479 = WRP 2006, 885.
[248] Vgl. OLG München WRP 1984, 46 und WRP 2000, 1321.
[249] → Rn. 451 f.
[250] → Rn. 211.
[251] → Rn. 476.
[252] BGH GRUR 1998, 1041 = NJW 1998, 3350 = WRP 1998, 1068 – Verkaufsveranstaltung in Aussiedlerwohnheim.
[253] Vgl. *Köhler/Bornkamm* § 4 Rn. 2.42 ff. und Harte-Bavendamm/Henning-Bodewig/*Stuckel* § 4 Nr. 2 Rn. 39 mwH.
[254] → Rn. 211, Stichwort „Bürgerliches Gesetzbuch".

III. Ausnutzen der Angst

Fall „Sichere Fotoarbeiten":[255]

Die Parteien sind Wettbewerber auf dem Endverbrauchermarkt für Fotoartikel. Die Beklagte wirbt für die Durchführung von Fotoarbeiten unter der Überschrift: „Wir meinen: Ihre Fotoarbeiten sind bei photo d. in den besten und sichersten Händen". Unter „Verbraucher-Info" ist dann zu lesen: „Verlangen Sie persönliche Aushändigung Ihrer wertvollen Fotoarbeiten. Wir meinen, dass Fotoarbeiten mit Namen und Adresse nicht für jedermann zugänglich sein dürften. Gehen Sie kein Sicherheitsrisiko ein. Negative Vorfälle bei SB-Ausgaben häufen sich. Unser Fachpersonal garantiert Sicherheit und persönliche Bedienung". Daneben befindet sich – durch Abbildungen entsprechend illustriert – ein Textauszug aus der Zeitschrift „Funk Uhr": „Bildertheke im Billigmarkt: Fundgrube für Gauner. Hier können Sie ungestört Opfer aussuchen …, dann folgt der 2. Teil. Nachdem der Einbrecher Name, Adresse und Wertgegenstände über die Fototüte erfahren hat, bohrt er das Türschloss auf und zapft die ausgespähte Goldader an."

126   Eine Werbung mit der Angst muss nicht ohne weiteres unzulässig sein. Sie ist es dann, wenn die sachliche Unterrichtung zurücktritt und die Suggestivkraft von Angstgefühlen die Sach- und Bedarfsprüfung in den Hintergrund treten lässt. Dabei sind Form und Inhalt der Aussage, die Situation, vor der gewarnt wird, und die Funktion der Ware (zB bei Sicherheitsvorkehrungen) einzubeziehen. Bei dem durchschnittlich informierten, aufmerksamen und verständigen Verbraucher wird diese Fallgruppe kaum von Bedeutung sein. Etwas anderes kann gelten, wenn die Werbung eine emotional besonders empfängliche Zielgruppe anspricht. Das könnte der Fall sein, wenn älteren Leuten eine Lebensversicherung mit 30-jähriger Laufzeit angedient wird, um Versorgungslücken im Alter zu schließen – wobei die Verbraucher mit hoher Wahrscheinlichkeit die Auszahlung der Versicherungssumme wegen der langen Laufzeit ohnehin nicht erleben.

Zum Fall „Sichere Fotoarbeiten":

127   Hier ging es nicht um eine sachfremde Beeinflussung der Interessenten. Denn das von der Beklagten erwähnte Sicherheitsrisiko (Gauner spähen Anschrift und Wertsachen aus) hängt unmittelbar mit der Leistung der Beklagten, einer persönlichen und gesicherten Fotoausgabe, zusammen. Das Angebot hatte damit eine sicherheitsrelevante Komponente, auf die die Beklagte hinweisen durfte.[256]

C. Verschleierung des Werbecharakters von geschäftlichen Handlungen (§ 4 Nr. 3 UWG)

§ 4 Nr. 3 UWG:

Unlauter handelt insbesondere, wer
den Werbecharakter von geschäftlichen Handlungen verschleiert;

128   Dieser Tatbestand beschreibt die so genannte Schleichwerbung. Der Marktteilnehmer soll eine Werbemaßnahme auch als solche erkennen können. Das ist bei der Schleichwerbung nicht möglich.[257] Das geschieht zum Beispiel typischerweise bei Verkaufs- und Kaffeefahrten.[258] Spezielle Regelungen gibt es für die Presse in den Pressegesetzen,[259] für den Rundfunk in § 7 Abs. 3 Satz 1, Abs. 7 Satz 1 RStV und für Telemedien in § 58 Abs. 1 RStV.[260] § 6

---

[255] OLG Hamburg WRP 1999, 349.

[256] Daneben hat das OLG Hamburg auch entschieden, dass die Werbung keine unlautere vergleichende Werbung darstellt. Insbesondere sei die Werbung keine unlautere Herabsetzung des klagenden Mitbewerbers. Auch sei die Formulierung, die Fotoarbeiten seien bei der Beklagten „in den besten und sichersten Händen" keine unzulässige Alleinstellungswerbung. Der Superlativ werde hier lediglich als Bekräftigung verstanden.

[257] Vgl. *Köhler/Bornkamm* § 4 Rn. 3.11.

[258] *Köhler/Bornkamm* § 4 Rn. 3.14.

[259] ZB in Art. 9 BayPresseG; siehe dazu auch EuGH C-391/12, → Rn. 204a.

[260] Zur Schleichwerbung in den Medien vgl. *Himmelsbach* GRUR-Prax 2013, 78.

Abs. 1 Nr. 1 TMG fordert, dass kommerzielle Kommunikationen klar als solche erkennbar sind. E-Mail-Werbung darf den werblichen Charakter nicht verschleiern (§ 6 Abs. 2 TMG)[261] Einen Verstoß gegen diese Bestimmungen sanktioniert die Rechtsbruchklausel in § 4 Nr. 11 UWG.[262] Außerdem fällt Schleichwerbung auch unter die irreführende Werbung nach §§ 5, 5a UWG. Zu beachten sind schließlich auch die Per-se-Verbote in **Nrn. 11, 21 und 23 des Anhangs zu § 3 Abs. 3 UWG.** Zur Schleichwerbung gehören

- Vortäuschung einer objektiven wissenschaftlichen oder gutachterlichen Aussage,
- Product Placement und
- redaktionelle Werbung.

Eine unmittelbare Entsprechung in der UGP-RL hat § 4 Nr. 3 UWG nicht. Um eine ag-   128a
gressive Geschäftspraktik handelt es sich bei der Verschleierung des Werbecharakters geschäftlicher Handlungen nicht. Es entsteht hier keine Drucksituation. Am ehesten lässt sich
die Regelung unter Art. 7 Abs. 2 und 3 UGP-RL fassen:[263]

Art. 7 UGP-Richtlinie (Irreführende Unterlassungen):

(1) (...)

(2) Als irreführende Unterlassung gilt es auch, wenn ein Gewerbetreibender wesentliche Informationen gemäß Absatz 1 unter Berücksichtigung der darin beschriebenen Einzelheiten verheimlicht
oder auf unklare, unverständliche, zweideutige Weise oder nicht rechtzeitig bereitstellt oder wenn er
den kommerziellen Zweck der Geschäftspraxis nicht kenntlich macht, sofern er sich nicht unmittelbar aus den Umständen ergibt, und dies jeweils einen Durchschnittsverbraucher zu einer geschäftlichen Entscheidung veranlasst oder zu veranlassen geeignet ist, die er ansonsten nicht getroffen hätte.

(3) Werden durch das für die Geschäftspraxis verwendete Kommunikationsmedium räumliche
oder zeitliche Beschränkungen auferlegt, so werden diese Beschränkungen und alle Maßnahmen, die
der Gewerbetreibende getroffen hat, um den Verbrauchern die Informationen anderweitig zur Verfügung zu stellen, bei der Entscheidung darüber, ob Informationen vorenthalten wurden, berücksichtigt.
(...)

Im Sinne dieser Bestimmung ist § 4 Nr. 3 UWG daher auszulegen.

UGP-RL konform?

Art. 7 Abs. 2 UGP-RL ist allerdings nicht wie § 4 Nr. 3 UWG auf eine Verschleierung des Werbecharakters geschäftlicher Handlungen beschränkt, sondern betrifft ganz allgemein die Verschleierung des geschäftlichen Zwecks einer Handlung. Art. 7 Abs. 2 UGP-RL umfasst auch Handlungen bei und nach Vertragsschluss. Schließlich sieht Art. 7 Abs. 2 UGP-RL eine aktive Aufklärungspflicht des Unternehmers vor.[264]

Fall „Azubi '94":[265]

Die Parteien verlegen Anzeigenblätter, die kostenlos im Bereich S. verteilt werden. Einer Ausgabe des Anzeigenblattes „W." der Beklagten war die Beilage „Azubi '94" beigefügt. Im redaktionellen Teil wurden einzelne Firmen aus dem Verteilungsgebiet des Anzeigenblattes der Beklagten in der Überschrift namentlich bezeichnet und die in den Betrieben gegebenen Ausbildungsmöglichkeiten (durch Zitat von Äußerungen der Repräsentanten der Unternehmen) näher beschrieben. Eine Anzahl der genannten Betriebe hatte in der Beilage Anzeigen geschaltet, in denen sie für die gebotenen Ausbildungsmöglichkeiten warben. Ein Teil der Anzeigen befindet sich auf derselben Seite oder Doppelseite der Beilage, auf der auch der redaktionelle Text zu dem jeweiligen Betrieb enthalten ist.

---

[261] Wobei der Internetnutzer wohl eine weitaus unschärfere Trennung von Werbung und redaktionellen Inhalten erwartet als der Leser von Zeitungen, vgl. auch *Boehme-Neßler* ZUM 2001, 547 (554).
[262] Vgl. *Köhler/Bornkamm* § 4 Rn. 3.7.
[263] *Köhler* GRUR 2012, 1073 (1076) und *Köhler* WRP 2012, 638 (642).
[264] Vgl. *Köhler* WRP 2012, 639 (642) und *Köhler* GRUR 2012, 1073 (1076).
[265] BGH GRUR 1998, 947 = NJW-RR 1998, 831 = WRP 1998, 595.

I. Hinweispflicht auf Auftragsverhältnis

129 Wettbewerbswidrig handelt, wer sich auf wissenschaftliche Aussagen, Gutachten und dergleichen – etwa Meinungsumfragen – beruft, die im Auftrag des Unternehmens erstellt sind, und auf das Auftragsverhältnis nicht hinweist.[266]

II. Product Placement

130 Produktplatzierung („Product Placement") bedeutet, dass – in der Regel gegen Entgelt – Waren in Fernsehsendungen oder Filme prominent eingebunden sind.[267] Unlauter kann dies etwa bei einem bezahlten Hinweis auf eine Buchveröffentlichung sein, wenn der Zuseher diesen Hinweis als objektive Empfehlung der TV-Redaktion ansieht. Zulässig ist hingegen ein publizistischer, vom öffentlich-rechtlichen Rundfunkauftrag gedeckter Programmhinweis auf ein Buch.[268]

130a Die Richtlinie über audiovisuelle Mediendienste (AVMD-RL)[269] sieht ausdrücklich vor, dass Produktplatzierungen zulässig sein können. Der deutsche Gesetzgeber hat dies in § 7 Abs. 7 RStV umgesetzt. Nach der deutschen Gesetzesformulierung bleibt Produktplatzierung zwar grundsätzlich unzulässig. Der Gesetzgeber lässt jedoch Ausnahmen zu, die insbesondere die in § 7 Abs. 7 RStV beschriebenen Voraussetzungen zur Unabhängigkeit des Programms und zur Kennzeichnung erfüllen müssen.[270] „Produktplatzierung" definiert § 2 Abs. 2 Nr. 11 RStV als „die gekennzeichnete Erwähnung oder Darstellung von Waren, Dienstleistungen, Namen, Marken, Tätigkeiten eines Herstellers von Waren oder eines Erbringers von Dienstleistungen in Sendungen gegen Entgelt oder eine ähnliche Gegenleistung mit dem Ziel der Absatzförderung. Die kostenlose Bereitstellung von Waren oder Dienstleistungen ist Produktplatzierung, sofern die betreffende Ware oder Dienstleistung von bedeutendem Wert ist". Der wesentliche Unterschied zwischen Schleichwerbung und Produktplatzierung besteht darin, dass Produktplatzierung gekennzeichnet ist, während Schleichwerbung bewusst den werblichen Charakter einer Erwähnung oder Darstellung verschleiert.[271]

III. Redaktionelle Werbung

1. Kennzeichnungspflicht

131 Es ist – unabhängig von den medienrechtlichen Regelungen[272] – wettbewerbswidrig, Werbung nicht als solche zu kennzeichnen, sofern sie nicht ohne weiteres als Werbung erkennbar ist. Mag die Erkennbarkeit bei der üblichen Produktwerbung noch gegeben sein, gilt

---

[266] Vgl. *Köhler/Bornkamm* § 4 Rn. 3.18.

[267] Vgl. *Köhler/Bornkamm* § 4 Rn. 3.43 ff. und BGHZ 130, 205 = GRUR 1995, 744, = NJW 1995, 3177 = WRP 1995, 923 – Feuer, Eis & Dynamit I sowie BGH GRUR 1995, 750 = NJW 1995, 3182 = WRP 1995, 930 – Feuer, Eis und Dynamit II. Vgl. auch die medienrechtlichen Regelungen in §§ 7, 7a und 8 Rundfunkstaatsvertrag oder die „Gemeinsamen Richtlinien der Landesmedienanstalten für die Werbung, zur Durchführung der Trennung von Werbung und Programm und für das Sponsoring" im Hörfunk und Fernsehen, www.alm.de.

[268] BGHZ 110, 278 = GRUR 1990, 611 = NJW 1990, 3199 = WRP 1990, 626 – Werbung im Programm.

[269] Richtlinie 2007/65/EG. Die Regelungen in Artikel 1 wurden ersetzt durch die Richtlinie 2010/13/EU des Europäischen Parlaments und des Rates vom 10.3.2010 zur Koordinierung bestimmter Rechts- und Verwaltungsvorschriften der Mitgliedstaaten über die Bereitstellung audiovisueller Mediendienste (Richtlinie über audiovisuelle Mediendienste), ABl. L 95, 1, ber. ABl. 2010 L 263, 15.

[270] Siehe im Einzelnen Bornemann/von Coelln/Hepach/Himmelsbach/Lörz Vorb. Artt. 8 und 9 BayMG Rn. 28 sowie BayMG Art. 8 Rn. 110 ff.

[271] Siehe im Einzelnen Bornemann/von Coelln/Hepach/Himmelsbach/Lörz Vorb. Artt. 8 und 9 BayMG Rn. 29.

[272] → Rn. 128. Vgl. etwa Art. 9 Bayerisches Pressegesetz. Entsprechende Regelungen zur presserechtlichen Kennzeichnungspflicht finden sich auch in den übrigen Pressegesetzen sowie in den Medien- bzw. Rundfunkgesetzen der Länder.

dies häufig nicht für redaktionelle Werbung.[273] Das sind vor allem redaktionell gestaltete Anzeigen, die so in die optische Gestaltung des Mediums eingebunden sind, dass sie als Werbung nicht oder nur schwer erkennbar sind. Der EuGH hält die strikte Regelung in den Pressegesetzen, wonach die Kennzeichnung zwingend mit dem Wort „Anzeige" erfolgen muss, für richtlinienkonform.[274]

2. Werbebeitrag

Unlautere redaktionelle Werbung kann aber auch im redaktionellen Teil eines Mediums – etwa in Form eines journalistischen Beitrags – stattfinden. Nicht jeder positive Beitrag über ein Unternehmen ist jedoch – selbst wenn er für das Unternehmen eine werbliche Wirkung hat – wettbewerbswidrig.[275] So lange die Erwähnung von Unternehmen und deren Waren oder Dienstleistungen von der publizistischen Informationspflicht der Medien gedeckt ist, liegt auch kein Verstoß gegen § 4 Nr. 3 UWG vor. Gibt es jedoch für die Berichterstattung als solche oder für deren Umfang keinen publizistischen Anlass, ist die Berichterstattung unsachlich – etwa weil sie ein Unternehmen übermäßig herausstellt – oder erfolgt die Berichterstattung sogar gegen Entgelt, handelt es sich um unlautere redaktionelle Werbung. **132**

Mit Schleichwerbung hatte sich der BGH mehrfach im Zusammenhang mit der Auslobung von Preisrätsel-Gewinnen in Printmedien zu befassen. Dazu gibt es unter dem Stichwort „Preisrätselgewinnauslobung" mehrere Entscheidungen, die der Presse bislang weitgehend Freiheiten in der Darstellung einräumen. So darf eine Zeitschrift positive Eigenschaften des Gewinns erwähnen, auch wenn dadurch eine Werbewirkung für das Produkt entsteht.[276] Wird der Preis vom Hersteller dem Verlag unentgeltlich zur Verfügung gestellt, muss allerdings darauf hingewiesen werden.[277] Die aktuellste Entscheidung zur Preisrätselgewinnauslobung zeigt allerdings, dass der BGH durchaus auch einen strengen Maßstab anlegt. Danach liegt eine unzulässige Vermengung redaktioneller und werblicher Inhalte vor, wenn für den Leser nicht „auf den ersten Blick und ohne jeden Zweifel" der werbliche Charakter des Beitrags erkennbar ist.[278] **132a**

Zum Fall „Azubi '94":

Bei Medien-Veröffentlichungen kam es bis zur UWG-Novelle 2008 darauf an, ob die Wettbewerbsförderungsabsicht positiv festgestellt werden konnte. Es bedurfte daher der Feststellung konkreter Umstände, wonach neben der publizistischen Aufgabe die Absicht des Presseorgans, fremden oder eigenen Wettbewerb zu fördern, eine größere als nur eine notwendigerweise begleitende Rolle gespielt hat. Materiell hat sich durch das UWG 2008 letztlich nichts geändert: Heute kommt es darauf an, ob ein „objektiver Zusammenhang" zwischen Handlung und Absatzförderung besteht.[279] Dafür spricht in der Regel, wenn in redaktionellen Beiträgen Produkte oder Dienstleistungen von Inserenten namentlich genannt und angepriesen werden. Die Aktion in der Beilage der Beklagten diente jedoch vorrangig dazu, über die Ausbildungskapazität der Wirtschaft der Region zu informieren und damit zu einer Minderung der Arbeitslosigkeit unter Jugendlichen ohne Ausbildung beizutragen. Die redaktionelle Berichterstattung befasste sich allein mit diesem Gegenstand. In Anbetracht des Informationsinteresses der Allgemeinheit an Ausbildungsstellen in der Region und unter Berücksichtigung der Art und des Inhalts der auf die Befriedigung dieses Informationsbedürfnisses gerichteten Berichterstattung hat der BGH eine wettbewerbsrechtliche Haftung der Beklagten verneint. **133**

---

[273] Vgl. *Köhler/Bornkamm* § 4 Rn. 3.21.

[274] → Rn. 204a.

[275] Vgl. *Köhler/Bornkamm* § 4 Rn. 3.27 ff. und OLG Hamburg AfP 1997, 813. Besondere Schwierigkeiten bietet hier vor allem auch die Formulierung des Unterlassungsantrags, vgl. *Köhler* WRP 1998, 349 (356); vgl. auch BGH GRUR 1997, 139 = NJW-RR 1997, 235 = WRP 1997, 24 – Orangenhaut.

[276] BGH GRUR 1994, 821 – Preisrätselgewinnauslobung I.

[277] BGH GRUR 1994, 823 – Preisrätselgewinnauslobung II; BGH GRUR 1996, 804 – Preisrätselgewinnauslobung III und BGH GRUR 1997, 145 – Preisrätselgewinnauslobung IV.

[278] BGH I ZR 205/11 = GRUR-Prax 2013, 346155 mAnm *Maaßen* = WRP 2013, 764.

[279] → Rn. 32 ff.

Denn die mit dem Werbeeffekt für die besprochenen und zugleich inserierenden Unternehmen einhergehende Wettbewerbsförderungsabsicht des Beklagten ist lediglich eine notwendige Nebenfolge der nach Art. 5 Abs. 1 S. 2 GG geschützten Presseberichterstattung.

134   Die Beurteilung des BGH kann jedoch auch anders ausfallen: So hatte der BGH über die Zulässigkeit der wörtlichen Übernahme von **Hersteller-Presseinformationen** in einer Tageszeitung zu befinden.[280] Dort stellte der BGH fest, dass zwar die wortgleiche Übernahme von Produktinformationen in den redaktionellen Teil ohne Hinweis auf den Urheber nicht ohne weiteres wettbewerbswidrig ist. Eine irrige Vorstellung über den Verfasser der Information kann aber dann rechtlich relevant sein, wenn die Darstellung des Produkts sachlich unzutreffend oder – wie im Streitfall – der Beitrag eine übermäßig werbende Herausstellung enthält. Dann können auch das Medium und der Presse-Informant haften.[281]

Fazit: Die redaktionelle, für ein Unternehmen werbliche Erwähnung ist dann zulässig, wenn sie sachlich zutreffend, nicht übermäßig werbend ist und zudem das Informationsinteresse der Öffentlichkeit an den Informationen befriedigt – also auch ein sachlicher Anlass für die Berichterstattung gegeben ist.

3. Exkurs: Werbliche Inhalte im Internet

134a   Das Internet bietet eine Plattform für unlautere Werbemaßnahmen. Mit **Schleichwerbung** auf Wikipedia hat sich das OLG München befasst.[282] Hier ging es um Einträge auf Artikelseiten durch einen Wettbewerber, die für den Nutzer nicht als „gesteuerte" Einträge erkennbar waren. Auf der Diskussionsseite wurde darüber zwar offen diskutiert. Das sah das OLG München aber nicht als ausreichend an, da „ein relevanter Teil der angesprochenen Verkehrskreise nur den Wikipedia-Eintrag und nicht auch den Diskussionsbeitrag zur Kenntnis nimmt". Gerade in den besonders negativen Äußerungen zum Konkurrenzprodukt bei klarer Hervorhebung des eigenen Produkts sah das OLG München eine unlautere Handlung. Das LG Hamburg verbot einem Rechtschutzversicherer Kommentare zu einem Blog, die unter dem Pseudonym „Ralf" eingestellt waren.[283] Die Überprüfung der IP-Adresse von „Ralf" führte zum Rechtschutzversicherer. Dies ließ das LG Hamburg ausreichen, um dem Rechtschutzversicherer den für ihn sehr positiven Beitrag zu untersagen. Mit geschönten Kundenbewertungen für Medizinprodukte im Internet hat sich das OLG Düsseldorf befasst und diese für unlauter gehalten. Dort konnten über eine Verlinkung auf einen anderen Internetauftritt Äußerungen von Kunden über Zahnersatzprodukte des Unternehmens aufgerufen werden. Die Äußerungen waren über ein Bewertungsportal erreichbar, das allerdings negative Kundenbewertungen ausfilterte bzw. eine Rücknahme der schlechten Bewertung erreichen wollte.[284] Eine Verpflichtung für ein Bewertungsportal allerdings auf der Internetseite von Nutzern eingestellte Hotelbewertungen vor deren Veröffentlichung zu überprüfen, besteht jedoch grundsätzlich nicht.[285]

134b   Das **Trennungsprinzip** gilt auch im Internet:[286] Werbung muss auch im Internet deutlich als solche gekennzeichnet werden. Ein Werbelink, der den Eindruck erweckt, auf einen redaktionellen Beitrag zu führen, ist unzulässig.[287] Veröffentlicht ein Onlineportal von Unternehmen zugelieferte Pressemitteilungen, müssen diese schon im Anleser (Teaser) deutlich als Werbung gekennzeichnet sein.[288] Zur Frage, ob und wann Werbung vom redaktionellen Teil einer Internetseite ausreichend getrennt ist, hat das Kammergericht – aus der Sicht des Anbieters großzügig – festgestellt:[289] Jeder Internetnutzer, auch im Kindesalter, werde ganz von

---

[280] BGH GRUR 1998, 481 = NJW-RR 1998, 833 = WRP 1998, 169 – Auto '94.
[281] Vgl. ua BGHZ 81, 247 = GRUR 1981, 835 = NJW 1981, 2573 = WRP 1981, 642 – Getarnte Werbung I und BGH GRUR 1993, 561 = NJW-RR 1993, 686 = WRP 1993, 476 – Produktinformation.
[282] 29 U 515/12 = BeckRS 2012, 16871.
[283] 312 O 715/11 = GRUR-Prax 2012, 309 = BeckRS 2012, 11414.
[284] OLG Düsseldorf I-20 U 55/12 = BeckRS 2013, 03992. Zu § 11 HWG → Rn. 442.
[285] KG 5 U 193/10 = NJW-RR 2011, 1543 = BeckRS 2011, 23735.
[286] Vgl. auch § 58 Abs. 1 RStV.
[287] KG 5 U 127/05 = GRUR 2007, 254 = NJW-RR 2006, 1633 – Getarnte Link-Werbung.
[288] LG Düsseldorf 12 O 329/11 = BeckRS 2011, 27078.
[289] 5 W 10/12 = BeckRS 2012, 09835.

Anfang der ersten Nutzung an sofort daran gewöhnt, „dass es solche Trennungen von ‚ei-
gentlichen' Inhalten im optischen Zentrum eines Internetauftritts und Bannerwerbung in
dessen Randbereichen gibt". Auch Gemeinsamkeiten zwischen Werbeteil und inhaltlichem
Teil (hier etwa: Animation und interaktives Spiel) sei den wirschaftlichen Prinzipien von
kostenfreien Internetangeboten immanent und gehöre „spätestens seit Einführung des Such-
maschinenmarketings (Keyword-Advertising) zum Alltag, den Kinder natürlich erst kennenlernen müssen, aber eben auch – davon geht der Senat aus – sehr schnell kennenlernen und
sich daran gewöhnen".[290]

Für **„Werbemaßnahmen auf Internetseiten für Kinder"** hat der Zentralverband der deut-   **134c**
schen Werbewirtschaft (ZAW) eine Checkliste erstellt. Als Negativ-Kriterium gilt danach ua
die Einbindung interaktiver Elemente in das Werbemittel, „insbesondere die Gestaltung des
Werbemittels als Spiel mit Interaktionsmöglichkeiten". Rechtlich verbindlich ist die „Checkliste" jedoch nicht.[291]

Zum **„Keyword-Advertising"** wiederum hat der EuGH entschieden, dass „Google" das   **134d**
Markenrecht nicht verletzt, indem Werbenden die Möglichkeit geboten wird, Schlüsselwörter zu kaufen, die Marken von Mitbewerbern entsprechen.[292] Allerdings dürfen die Werbenden anhand solcher Schlüsselwörter von „Google" nicht Anzeigen einblenden lassen, aus
denen die Internetnutzer nicht leicht erkennen können, von welchem Unternehmen die beworbenen Waren oder Dienstleistungen stammen. Dies führt dann zu einer Täuschung über
den Ursprung der betroffenen Ware oder Dienstleistung.

Unlauter handelt, wer wissentlich rechtswidrige Internetinhalte finanziell durch Anzeigen-   **134e**
schaltungen unterstützt.[293]

D. Informationspflichten bei Verkaufsförderungsmaßnahmen,
Kopplungsgeschäfte (§ 4 Nr. 4, 5 und 6 UWG)

I. Transparenzgebot für Verkaufsförderungsmaßnahmen

§ 4 Nr. 4 UWG:
Unlauter handelt insbesondere, wer
bei Verkaufsförderungsmaßnahmen wie Preisnachlässen, Zugaben oder Geschenken die Bedingungen
für ihre Inanspruchnahme nicht klar und eindeutig angibt;

Fall „Unsere Polstermöbel-Bestseller":[294]

Ein Möbeleinzelhändler wirbt mit dem Slogan „Eröffnungsrabatt – 30 % – auf alle unsere Polstermöbel-Bestseller". Letztlich wird der Preisnachlass nur auf 15 Polstermöbeltypen eines bestimmten
Herstellers gewährt.

Den Begriff „Verkaufsförderungsmaßnahmen" definiert das UWG nicht. Es nennt le-   **135**
diglich beispielhaft Preisnachlässe (**Rabattaktionen**), Zugaben oder Geschenke. Auch
Gutscheine,[295] Kopplungsangebote[296] oder Geld-Zurück-Garantien[297] fallen hierunter. Das
Transparenzgebot ist ähnlich wie die gesetzliche Regelung für Telemedien (§ 6 Abs. 1

---

[290] → aber Rn. 76.
[291] Vgl. BGH – FSA-Kodex, → Rn. 215a.
[292] C-236/08 bis C-238/06 = GRUR 2010, 445 = NJW 2010, 2029.
[293] OLG Stuttgart 2 U 161/12 = JMS-Report 2013, 84.
[294] OLG München GRUR-RR 2005, 356 = BeckRS 2005, 05925.
[295] OLG Naumburg GRUR-RR 2007, 159 – Kaffeezuckertütchen.
[296] LG Bonn MMR 2006, 634 = BeckRS 2006, 06094; *Köhler/Bornkamm* § 4 Rn. 4.7.
[297] OLG Frankfurt a.M. GRUR-RR 2007, 156 = BeckRS 2006, 13026; OLG München BeckRS 2006,
14615; OLG Hamburg BeckRS 2005, 08386.

Nr. 3 TMG) gestaltet. Die Norm schützt alle Marktteilnehmer vor unzureichenden Informationen. Daneben können auch § 4 Nrn. 1, 2 und 6 UWG sowie §§ 5, 5a UWG anwendbar sein:[298] Der Marktteilnehmer muss erkennen können, welche Verpflichtung er eingeht, wenn er zum Beispiel ein Geschenk erhalten will (Bezahlung von Porto, Preisgabe von Daten, Verpflichtung zum Bezug von Ware etc).

135a   „**Bedingungen**" definiert der BGH richtlinienkonform iSv Art. 7 Abs. 1 UGP-RL. Danach umfassen die „Bedingungen" gemäß § 4 Nr. 4 UWG die wesentlichen Informationen, die der Verbraucher benötigt, um eine „informierte geschäftliche Entscheidung" zu treffen.[299] Hierzu gehören zeitliche Befristungen der Aktion, eventuelle Beschränkungen des Teilnehmerkreises, Mindest- oder Maximalabnahmemengen sowie mögliche weitere Voraussetzungen für die Inanspruchnahme der Verkaufsförderungsmaßnahme. Die Bedingungen für die Inanspruchnahme einer Verkaufsförderungsmaßnahme müssen bereits zum Zeitpunkt der Werbung mitgeteilt werden. Kann der Verbraucher nach dem Inhalt der Werbung noch nicht ohne Weiteres die beworbene Preisvergünstigung in Anspruch nehmen, besteht die umfassende Informationsverpflichtung nach § 4 Nr. UWG jedoch nicht.[300] Zu den Bedingungen der Inanspruchnahme gehören nicht: Angaben über Eigenschaften der Ware oder über die Höhe der in Aussicht gestellten Vergünstigung oder deren wertbildende Faktoren.[301]

135b   Die Bedingungen sind „**klar und eindeutig**" anzugeben. Damit will der Gesetzgeber der Missbrauchsgefahr begegnen, die aus der hohen Attraktivität von Verkaufsförderungsmaßnahmen für den Kunden folgt, wenn andererseits hohe Hürden für die Inanspruchnahme des ausgelobten Vorteils aufgestellt werden.[302] Eine Angabe der Bedingungen auf der Innenseite der Verpackung genügt nicht.[303] Auch ein Hinweis auf der Verpackung auf eine Internetseite genügt nicht.[304] Bei Fernsehwerbung kann ausnahmsweise ein Hinweis auf eine Internetseite genügen, da das Werbemedium Fernsehen für „ausführliche Informationen über Teilnahmebedingungen für Verkaufsförderungsmaßnahmen aus medienimmanenten Gründen nicht geeignet" ist.[305] Das genügt allerdings nur dann, wenn die Werbung den Kunden „nicht unmittelbar zur Inanspruchnahme der Verkaufsförderungsmaßnahme" auffordert, sondern diese lediglich ankündigt.[306] Die Zulässigkeit eines Hinweises auf eine Internetseite hängt aber auch von der Art des beworbenen Produkts ab oder davon, wie komplex die Teilnahmebedingungen sind. Unerwartete Beschränkungen oder sonstige überraschende Teilnahmebedingungen müssen in der Werbung jedoch immer unmittelbar offenbart werden.[307] Dabei muss der Hinweis so gestaltet sein, dass er vom Verbraucher ohne Schwierigkeiten erfasst werden kann.[308]

136   Bewirbt aber ein Unternehmen Waren, auf die ein Preisnachlass gewährt wird und wird der Nachlass nur auf vorrätige Waren gewährt, muss das deutlich gemacht werden. Anderenfalls kann die Werbung auch so zu verstehen sein, dass der Preisnachlass für an diesem Tag verbindlich bestellte Waren gewährt wird.[309] Auch die Angabe, eine Zugabe werde gewährt „solange Vorrat reicht", kann den Anforderungen von § 4 Nr. 4 UWG nicht genügen.[310]

Gewährt der Werbende einen Preisnachlass nur für eine bestimmte Dauer, muss er den kalendermäßig bestimmten Zeitraum mitteilen, während dessen die Vergünstigung gewährt

---

[298] → Rn. 99 ff. und 279a.

[299] BGH I ZR 194/06 Rn. 15, 16 = GRUR 2009, 1064 = BeckRS 2009, 24399 – Geld-zurück-Garantie II.

[300] BGH I ZR 192/09 Rn. 16, 18 = WRP 2012, 450 (451) – Treppenlift.

[301] Vgl. *Köhler/Bornkamm* § 4 Rn. 4.15.

[302] BGH I ZR 194/06 – Geld-zurück-Garantie II mHa Begründung des Regierungsentwurfs, BT-Drs. 15/1487, 17.

[303] Ebenda, Rn. 30 mHa BT-Drs. 15/1487, 27.

[304] Ebenda, Rn. 31.

[305] Ebenda, Rn. 37.

[306] Ebenda.

[307] Ebenda, Rn. 39.

[308] Ebenda, Rn. 42.

[309] BGH I ZR 195/07 = GRUR 2010, 649.

[310] So OLG Köln, da nicht konkret mitgeteilt wurde, welche Menge der als Zugabe beworbenen Produkte vorhanden ist GRUR-RR 2006, 57 = BeckRS 2005 11312 – Zugabe „solange der Vorrat reicht". Anders BGH (zu § 5 UWG) I ZR 224/06 = GRUR 2010, 247 = NJW 2010, 618 – Solange der Vorrat reicht.

wird. Damit besteht aber lediglich die Verpflichtung, auf *tatsächlich bestehende* zeitliche Beschränkungen für die Inanspruchnahme der Preisvergünstigungen hinzuweisen.[311] Es genügt nicht, wenn sich der Endtermin – etwa bei einer Umbaumaßnahme – nur „einigermaßen genau abschätzen lässt".[312] Eine Verpflichtung, die Aktion zeitlich zu begrenzen, lässt sich aus der Regelung des § 4 Nr. 4 UWG dagegen nicht herleiten.[313] Der Kaufmann, der sein Lager – aus welchen Gründen auch immer – leeren will, muss sich daher weder im Hinblick auf das Transparenzgebot des § 4 Nr. 4 UWG noch im Hinblick auf das Irreführungsverbot gemäß §§ 5, 5a UWG von vornherein auf einen zeitlichen Rahmen festlegen. Bei einer Werbung mit Einführungspreisen unter Gegenüberstellung höherer durchgestrichener regulärer Preise muss der Werbende allerdings angeben, wie lange die Einführungspreise gelten und ab wann die regulären Preise verlangt werden.[314] Der Beginn einer Verkaufsförderungsmaßnahme muss in der Werbung angegeben werden, wenn die Maßnahme mit Veröffentlichung der Werbung noch nicht beginnt.[315] Unerheblich ist, ob ein Teil der angesprochenen Verkehrskreise die Ankündigung „Räumungsfinale/Saisonschlussverkauf" als zeitlich begrenzt im Sinne der längst abgeschafften Regelungen über Schlussverkäufe interpretiert.[316]

UGP-RL konform?

Für den elektronischen Geschäftsverkehr ist die Umsetzung der Transparenzgebote in § 6 Abs. 1 Nr. 3 und 4 TMG erfolgt. § 4 Nrn. 4 und 5 UWG finden auf Handlungen im elektronischen Geschäftsverkehr deshalb keine Anwendung.[317]

Zum Fall „Unsere Polstermöbel-Bestseller":

Nach § 4 Nr. 4 UWG sind die Waren klar und eindeutig anzugeben, auf die sich ein 137 Nachlass bezieht. Unlauter war die Werbemaßnahme, weil nur 15 Postermöbeltypen eines bestimmten Herstellers an der Rabattaktion teilgenommen haben. Das konnte man der Werbung jedoch nicht entnehmen.

II. Transparenzgebot für Preisausschreiben und Gewinnspiele

§ 4 Nr. 5 UWG:
Unlauter handelt insbesondere, wer
bei Preisausschreiben oder Gewinnspielen mit Werbecharakter die Teilnahmebedingungen nicht klar und eindeutig angibt;

Fall „Einwilligungserklärung für Werbeanrufe":[318]
Die Beklagte akquiriert Zeitungs- und Zeitschriftenabonnements und veräußert diese an Verlage weiter. In einer Zeitschrift veranstaltet die Beklagte ein Gewinnspiel. Auf der dazugehörigen Teilnahmekarte befindet sich eine Zeile, in die der Teilnehmer seine Telefonnummer eintragen kann. Unterhalb dieser Zeile befindet sich der Hinweis: „(zur Gewinnbenachrichtigung und für weitere interessante telefonische Angebote der ... GmbH aus dem Abonnementbereich, freiwillige Angabe, das Einverständnis kann jederzeit widerrufen werden)".

---

311 BGH I ZR 148/07.
312 BGH I ZR 66/07 Rn. 11 – Räumungsverkauf wegen Umbau.
313 BGH I ZR 120/06 = GRUR 2008, 114 = WRP 2008, 1508- Räumungsfinale.
314 BGH I ZR 81/09 = GRUR 2011, 1151 = BeckRS 2011, 21854 – Original Kanchipur.
315 BGH I ZR 68/07 = GRUR 2009, 1185 = BeckRS 2009, 27220 – Totalausverkauf.
316 BGH I ZR 120/06 = GRUR 2008, 114 = WRP 2008, 1508- Räumungsfinale.
317 Vgl. *Köhler* WRP 2012, 638 (642).
318 BGH I ZR 50/09.

138   Eine gesonderte Regelung gibt es für Preisausschreiben und Gewinnspiele.[319] Für diese gilt ebenfalls ein Transparenzgebot – nämlich die Verpflichtung des Veranstalters, die Teilnahmebedingungen „klar und eindeutig" anzugeben. „Teilnahmebedingungen" sind die Voraussetzungen, die der Interessent erfüllen muss, um an dem beworbenen Gewinnspiel teilnehmen zu können. Der Begriff der Teilnahmebedingungen ist weit zu verstehen und bezieht sich nicht nur auf die Teilnahmeberechtigung, sondern auch auf die Modalitäten der Teilnahme. Zu den Modalitäten der Teilnahme zählen alle Angaben, die der Interessent benötigt, um eine „informierte geschäftliche Entscheidung" über die Teilnahme treffen zu können. Dementsprechend muss der Werbende auch darüber informieren, wie die Gewinner ermittelt und benachrichtigt werden (schriftlich, telefonisch, öffentlicher Aushang).[320] Zu den Teilnahmebedingungen gehört zum Beispiel auch bei auf längere Zeit angelegten Gewinnspielen die deutliche Angabe des Teilnahmeschlusses.

Kann der Verbraucher aufgrund einer Anzeigenwerbung nicht ohne weiteres – etwa mittels einer angegebenen Rufnummer oder einer beigefügten Teilnahmekarte – an dem Gewinnspiel teilnehmen, benötigt er noch keine umfassenden Informationen über die Teilnahmebedingungen. Es reicht dann aus, dem Verbraucher diejenigen Informationen zu geben, für die bei ihm nach den Besonderheiten des Einzelfalls schon zum Zeitpunkt der Werbung ein aktuelles Aufklärungsbedürfnis besteht.[321] Diese Voraussetzungen erfüllt zum Beispiel eine Werbeanzeige, die auf ein Gewinnspiel hinweist, wenn aber die Teilnahmekarten vor dem Geschäftslokal abgeholt werden müssen. Der BGH führt aus: „Die Verbraucher konnten noch nicht ohne weiteres aufgrund der Werbung an dem Gewinnspiel teilnehmen, sondern benötigten dafür noch eine Gewinnspielkarte, die vor dem Möbelhaus oder auf Anforderung unter einer angegebenen Telefonnummer erhältlich war. Weist die Teilnahme am Gewinnspiel aus der Sicht des mündigen Verbrauchers keine unerwarteten Beschränkungen auf, so reicht es bei einer solchen Ankündigung grundsätzlich aus, wenn dem Verbraucher mitgeteilt wird, bis wann er wie teilnehmen kann und wie die Gewinner ermittelt werden. Gegebenenfalls ist auf besondere Beschränkungen des Teilnehmerkreises hinzuweisen, etwa darauf, dass Minderjährige ausgeschlossen sind."

139   Neben § 4 Nr. 5 UWG können auch § 4 Nrn. 1 und 2 UWG sowie §§ 5, 5a UWG anwendbar sein. Außerdem sind die Per-se-Verbote der „Schwarzen Liste" (Anhang zu § 3 Abs. 3 UWG), insbesondere **Nrn. 16, 17 und 20**, zu beachten.

Zum Fall „Einwilligungserklärung für Werbeanrufe":

139a   Der BGH hält den Hinweis auf der Teilnahmekarte nicht für klar und eindeutig im Sinne von § 4 Nr. 5 UWG. „Teilnahmebedingungen" umfasse alle Modalitäten der Teilnahme. Dazu gehört auch die Angabe der Telefonnummer, die nach dem Inhalt des auf der Teilnahmekarte enthaltenen Hinweises erfolgen soll. Für den Teilnehmer am Gewinnspiel wird jedoch nicht hinreichend klar, ob für eine Teilnahme tatsächlich die Angabe der Telefonnummer erforderlich ist. Der Hinweis, die Angabe sei freiwillig, macht nicht hinreichend klar, ob sich die Freiwilligkeit auf die Angabe der Telefonnummer oder auf das Einverständnis zu telefonischen Angeboten der Beklagten aus dem Abonnementbereich bezieht. Auch bleibe unklar, ob eine Teilnahmeberechtigung entfalle, wenn in dem beanstandeten Hinweis Streichungen vorgenommen werden – etwa dergestalt, dass die Telefonnummer angegeben und das Einverständnis zu telefonischen Angeboten gestrichen wird. Schließlich sei auch die Formulierung, es gehe um Angebote aus dem „Abonnementbereich" „viel zu undeutlich".

Eine Belästigung im Sinne von § 7 Abs. 2 Nr. 2 UWG hat der BGH nicht geprüft.[322] Denn in dem Verfahren ging es nicht darum, der Beklagten die Werbung mit einem Telefonanruf ohne vorherige ausdrückliche Einwilligung zu untersagen, sondern die Werbung mit Teilnahmekarten für ein Gewinnspiel mit der beanstandeten Klausel.

---

[319] → Rn. 87 f.

[320] BGH I ZR 50/09 Rn. 18 = GRUR 2011, 629 = BeckRS 2011, 13870 – Einwilligungserklärung für Werbeanrufe.

[321] BGH GRUR 2008, 724 = NJW 2008, 2509 = WRP 2008, 1069 – Urlaubsgewinnspiel.

[322] → Rn. 398 ff.

III. Kopplungsverbot bei Preisausschreiben und Gewinnspielen

§ 4 Nr. 6 UWG:
Unlauter handelt insbesondere, wer
die Teilnahme von Verbrauchern an einem Preisausschreiben oder Gewinnspiel von dem Erwerb einer Ware oder der Inanspruchnahme einer Dienstleistung abhängig macht, es sei denn, das Preisausschreiben oder Gewinnspiel ist naturgemäß mit der Ware oder Dienstleistung verbunden;

Fall „Millionen-Chance":[323]
Die Beklagte wirbt unter dem Hinweis „Einkaufen, Punkte sammeln, gratis Lotto spielen" für die Teilnahme an der Bonusaktion „Ihre Millionenchance". Kunden sammeln „Bonuspunkte", wobei sie bei jedem Einkauf für fünf Euro Einkaufswert je einen Bonuspunkt erhalten. Ab 20 Bonuspunkten kann der Kunde kostenlos an den Ziehungen des Deutschen Lottoblocks teilnehmen.

Die Kopplung unterschiedlicher Waren und Dienstleistungen ist zwischenzeitlich durchweg zulässig.[324] § 4 Nr. 6 UWG verbietet jedoch, ein Preisausschreiben oder Gewinnspiel an den Erwerb einer Ware oder die Inanspruchnahme einer Dienstleistung zu knüpfen, wenn das Preisausschreiben bzw. Gewinnspiel nicht „naturgemäß" mit der Ware oder Dienstleistung verbunden ist. Geschützt sind – im Gegensatz zu § 4 Nr. 1 und Nr. 5 UWG – ausschließlich Verbraucher. § 4 Nrn. 1 und 2 UWG – und auch §§ 5, 5a UWG, wenn der Verbraucher die Kopplung nicht erkennt – sind neben § 4 Nr. 6 UWG anwendbar. Außerdem sind die Per-se-Verbote der „Schwarzen Liste" (Anhang zu § 3 Abs. 3 UWG), insbesondere **Nr. 16, 17 und 20,** zu beachten. **140**

§ 4 Nr. 6 setzt ein vom Umsatzgeschäft getrenntes Spiel voraus, wobei das Umsatzgeschäft dem Gewinnspiel vorausgehen muss.[325] Eine tatsächliche Abhängigkeit der Teilnahme von dem Erwerb der Ware oder der Inanspruchnahme der Dienstleistung genügt. Es muss nicht unbedingt eine rechtliche Abhängigkeit sein.[326] Eine tatsächliche Abhängigkeit liegt etwa vor, wenn ein Buch beworben wird, dessen Inhalt bei der Lösung des ebenfalls beworbenen Rätsels hilfreich ist.[327] Wirkt sich dagegen der mögliche Gewinn auf die vertragliche Leistung oder Gegenleistung aus, handelt es sich nicht um ein an ein Absatzgeschäft gekoppeltes Gewinnspiel, sondern um ein besonderes Verfahren der Preisgestaltung.[328] Allein die Notwendigkeit, für die Teilnahme an einem Gewinnspiel ein Geschäft zu betreten, ist jedoch nicht unlauter.[329] **141**

Es gibt eine gesetzliche Ausnahme von dem strikten – und insoweit EU-rechtswidrigen – Kopplungsverbot, nämlich wenn das Preisausschreiben oder Gewinnspiel **„naturgemäß"** mit der Ware oder Dienstleistung verbunden ist. „Naturgemäß" verbunden sind Gewinnspiele und Preisrätsel zum Beispiel mit Zeitschriften, die diese in ihrem redaktionellen Teil enthalten.[330] **142**

Auf Vorlage des BGH[331] stellte der EuGH fest, dass § 4 Nr. 6 UWG nicht richtlinienkonform ist.[332] Denn die Regelung in § 4 Nr. 6 UWG laufe auf ein unzulässiges Per-se-Verbot hinaus. Diese sind jedoch abschließend in der „Schwarzen Liste" des Anhangs I der Richtlinien aufgeführt. Damit geht die Regelung in § 4 Nr. 6 UWG über den Schutz der UGP-RL **143**

---

[323] BGH I ZR 4/06 = GRUR 2008, 807 = BeckRS 2008 13000 = WRP 2008, 1175 – Millionen-Chance I.
[324] → Rn. 102 ff.
[325] BGH GRUR 2007, 981 = NJW 2008, 231 = WRP 2007, 1337 – 150 % Zinsbonus.
[326] *Köhler/Bornkamm* § 4 Rn. 6.10 ff.
[327] BGH GRUR 1990, 611 – Werbung im Programm.
[328] BGH GRUR 2007, 981 = NJW 2008, 231 = WRP 2007, 1337 – 150 % Zinsbonus.
[329] → Rn. 93.
[330] *Köhler/Bornkamm* § 4 Rn. 6.28 ff.
[331] BGH I ZR 50/09 = GRUR 2011, 629 = BeckRS 2011, 13870 – Einwilligungserklärung für Werbeanrufe.
[332] EuGH C-304/08 = GRUR 2010, 244 = NJW 2010, 1867 = WRP 2010, 232 – Plus Warenhandelsgesellschaft.

hinaus. Dies lässt die Richtlinie im Sinne einer Vollharmonisierung des Verbraucherschutzes jedoch gerade nicht zu.[333]

UGP-RL konform?

Bei § 4 Nr. 6 UWG steht fest, dass das strikte Kopplungsverbot nicht mit den Vorgaben der UGP-RL zu vereinbaren ist. Es spricht daher Vieles dafür, diese Vorschrift gar nicht mehr anzuwenden – auch nicht richtlinienkonform.[334]

Zum Fall „Millionen-Chance":[335]

144   Es liegt nach Auffassung des BGH ein Gewinnspiel vor, auch wenn die Beklagte das Gewinnspiel nicht selbst auslobt. Denn es werde gerade der mögliche Gewinn („Millionen-Chance") in der Werbung herausgestellt und nicht die Ersparnis des Lotto-Einsatzes. Die Teilnahme sei auch vom Erwerb von Waren abhängig. Die erhebliche Anlockwirkung (ua wegen der breit gestreuten Werbung in 2700 Filialen) führe zu einer nicht unerheblichen Beeinträchtigung nach § 3 UWG. [336]

145   Nachdem der EuGH festgestellt hatte, dass § 4 Nr. 6 UWG mit der UGP-RL nicht zu vereinbaren ist, befasste sich der BGH erneut in der „Millionen-Chance II"-Entscheidung mit dem Gewinnspiel. Danach sei § 4 Nr. 6 UWG richtlinienkonform in der Weise auszulegen, dass eine solche Kopplung nur dann unlauter ist, wenn sie im Einzelfall eine unlautere Geschäftspraxis im Sinne der Richtlinie darstellt. Gemäß Art. 5 Abs. 2 UGP-RL ist eine Geschäftspraxis unlauter, wenn sie den Erfordernissen der beruflichen Sorgfaltspflicht widerspricht und in Bezug auf das jeweilige Produkt das wirtschaftliche Verhalten des Durchschnittsverbrauchers wesentlich beeinflusst oder dazu geeignet ist, es wesentlich zu beeinflussen.[337] Nach Art. 5 Abs. 4 UGP-RL sind insbesondere „irreführende Praktiken" und „aggressive Praktiken" unlauter:

> Art. 5 UGP-Richtlinie (Verbot unlauterer Geschäftspraktiken):
> (...)
> (4) Unlautere Geschäftspraktiken sind insbesondere solche, die
> a) irreführend im Sinne der Artikel 6 und 7
> oder
> b) aggressiv im Sinne der Artikel 8 und 9 sind,

Die Kopplung von Gewinnspielen an ein Umsatzgeschäft widerspricht nicht generell der beruflichen Sorgfalt.[338] Eine verbotene Kopplung liege bei richtlinienkonformer Auslegung von § 4 Nr. 6 UWG nur dann vor, wenn eine solche Kopplung im Einzelfall eine unlautere Geschäftspraxis darstellt. Eine aggressive Geschäftspraxis komme nicht in Betracht. Danach bleibe lediglich zu prüfen, ob das beanstandete Verhalten im Einzelfall als irreführende Geschäftspraxis oder als Verstoß gegen die berufliche Sorgfalt einzuordnen sei.[339] Beides verneint der BGH in seiner Entscheidung. Denn der Verbraucher werde nicht über die Gewinnchancen getäuscht. Ein Verstoß gegen die berufliche Sorgfalt scheide schon deshalb aus, weil von dem gekoppelten Gewinnspielangebot keine unlautere Anlockwirkung ausgehe. Glücksspielrechtliche Regelungen gemäß GlüStV hat der BGH nicht geprüft.[340] Spricht ein Ge-

---

[333] Ebenda, Rn. 41, 47.
[334] Vgl. *Köhler* GRUR 2012, 1073 (1076) und WRP 2012, 638 (643 f.). Zur „Zukunft des Preisausschreibens im Lichte der Entscheidung ‚Millionen-Chance II'" siehe *Berlit* WRP 2011, 1225.
[335] BGH I ZR 4/06 = GRUR 2008, 807 = BeckRS 2008 13000 = WRP 2008, 1175 – Millionen-Chance I und BGH I ZR 4/06 = GRUR Int 2011, 537 – Millionen-Chance II.
[336] BGH I ZR 4/06 = GRUR 2008, 807 = BeckRS 2008 13000 = WRP 2008, 1175 – Millionen-Chance I, Rn. 12–15.
[337] → Rn. 115.
[338] BGH I ZR 4/06 Rn. 23 = GRUR 2008, 807 = BeckRS 2008, 13000 = WRP 2008, 1175 – Millionen-Chance I und BGH I ZR 4/06 = GRUR Int 2011, 537 – Millionen-Chance II.
[339] Ebenda, Rn. 25.
[340] Vgl. *Hecker* WRP 2011, 560 (561).

winnspiel ganz bewusst auch Kinder und Jugendliche an, kann dies eine unlautere Anlock-wirkung und damit einen Verstoß gegen die fachliche Sorgfalt gemäß § 2 Abs. 1 Nr. 7 UWG darstellen.[341]

E. Herabsetzung von Mitbewerbern und Anschwärzung (§ 4 Nr. 7 und Nr. 8 UWG)

Die Tatbestände des § 4 Nr. 7 und Nr. 8 UWG schützen nur die Mitbewerber vor ge- **146** schäftsschädigenden Aussagen. § 4 Nr. 7 UWG verbietet wahre und unwahre Tatsachenbe-hauptungen sowie Werturteile (Meinungsäußerungen), wenn sie den Mitbewerber zugleich herabsetzen oder verunglimpfen. Es kommt dann nicht mehr darauf an, ob eine (wahre oder unwahre) Tatsachenbehauptung oder eine Meinungsäußerung vorliegt. § 4 Nr. 8 UWG schützt den Mitbewerber dagegen nur vor der Behauptung und Verbreitung von kreditge-fährdenden Tatsachen, die nicht erweislich wahr sind. Eine Meinungsäußerung kann daher nie den Tatbestand der Anschwärzung in § 4 Nr. 8 UWG erfüllen.

Da die Tatbestände von § 4 Nr. 7 und Nr. 8 UWG – wie auch diejenigen von § 4 Nrn. 9 **146a** und 10 UWG – lediglich geschäftliche Handlungen gegenüber Mitbewerbern betreffen, sind sie nicht gemäß der UGP-RL auszulegen.[342] Das schließt aber nicht aus, dass die in § 4 Nrn. 7–10 UWG enthaltenen Regelungen auch geschäftliche Praktiken betreffen können, die Verbraucherbezug haben und insoweit an der UGP-RL zu messen sind. Das kann bei sogenannten „doppelrelevanten Handlungen" der Fall sein.[343] Danach sind neben § 4 Nrn. 7–10 UWG die Unlauterkeitstatbestände der UGP-RL anzuwenden.[344] So kann etwa die wahre Behauptung über einen Mitbewerber gegenüber einem Verbraucher, der Mitbe-werber stehe kurz vor der Insolvenz, einerseits den Mitbewerber gemäß § 4 Nr. 7 UWG her-absetzen. Trifft diese Behauptung nicht zu, kann sie gleichzeitig den verbraucherschützenden Irreführungstatbestand des § 5 Abs. 1 UWG erfüllen. Das hat unmittelbare prozessuale Auswirkungen: Denn gegen doppelrelevante Handlungen können auch sonstige Mitbewer-ber und Wirtschafts- oder Verbraucherverbände im Sinne des § 8 Abs. 3 UWG vorgehen.[345] Ob die Richtlinie bei doppelrelevanten Handlungen bei der Auslegung der Tatbestände von § 4 Nrn. 7–10 UWG zu berücksichtigen ist, ist streitig. Der BGH sieht die UGP-RL nicht berührt.[346]

UGP-RL konform?

§ 4 Nrn. 7 und 8 UWG gelten zwar ihrem Wortlaut nach – eben so wie § 4 Nr. 9 und 10 UWG – ausschließlich für den unmittelbar betroffenen Mitbewerber. Aber auch die mitbewerberbezogenen Tatbestände dürfen nicht so ausgelegt werden, dass sie zu einem höheren als dem in der UGP-RL vorgegebenen Verbraucherschutz führen.[347] Hat die geschäftliche Handlung demnach Verbraucherbezug, ist sie (wohl) nur dann wett-bewerbswidrig, wenn sie im Sinne der UGP-RL unlauter ist (Art. 5 Abs. 2 und 4 UGP-RL).[348]

---

[341] OLG Köln 6 U 43/12 = GRUR-RR 2013, 168. Die vom Senat zugelassene Revision ist unter dem Az.: I ZR 192/12 beim BGH anhängig.
[342] *Timm-Wagner* GRUR 2013, 245 (248).
[343] *Köhler* WRP 2012, 638 (644).
[344] Ebenda.
[345] Ebenda, Seite 645.
[346] BGH I ZR 147/09 Rn. 28 = GRUR 2012, 74 = WRP 2012, 77 – Coaching-Newsletter. Vgl. dazu aber *Köhler* WRP 2012, 638 (645).
[347] *Köhler* WRP 2012, 638 (645).
[348] → Rn. 115 und 145.

I. Tatsachenbehauptung oder Werturteil?

147   Die Schwierigkeit liegt oft in der Abgrenzung zwischen (unzulässiger) unwahrer Tatsachenbehauptung und (noch zulässigem) Werturteil. Zu „Meinungen" gehören jedenfalls Werturteile, also wertende Betrachtungen von Tatsachen, Verhaltensweisen oder Verhältnissen. Sie sind durch Elemente der Stellungnahme, des Dafürhaltens und des Meinens geprägt.[349] Vorwürfe wie „illegal" oder „Plagiat" sind in aller Regel Meinungsäußerungen,[350] wenn sie nicht auf konkreten, ebenfalls mitgeteilten Tatsachen beruhen. Die Tatsachenbehauptung ist einer Überprüfung mit Mitteln des Beweises zugänglich.[351] Es kommt allerdings für die Bewertung als Tatsachenbehauptung nicht darauf an, ob ihre Richtig- oder Unrichtigkeit tatsächlich bewiesen werden kann. Das spielt ggf. bei der Beweislast eine Rolle, wobei bei ehrkränkenden Behauptungen die Beweislast grundsätzlich den Behauptenden trifft, der die Wahrheit auch beweisen muss. Auch Werturteile können wettbewerbswidrig sein. Zwar genießen Werturteile (Meinungen) gemäß Art. 5 Abs. 1 S. 1 GG einen hohen Schutz.[352] Nur die Schmähkritik ist von Art. 5 Abs. 1 S. 1 GG nicht geschützt. Eine Schmähkritik liegt erst dann vor, wenn nicht mehr die Auseinandersetzung in der Sache, sondern die Diffamierung der Person im Vordergrund steht. Die Diffamierung muss jenseits auch polemischer und überspitzter Kritik gerade in der Herabsetzung der Person bestehen. Eine überzogene und selbst eine ausfällige Kritik machen eine Äußerung noch nicht zur Schmähung. Eine Meinung ist nicht schon wegen ihrer herabsetzenden Wirkung für Dritte Schmähung. Der Begriff der Schmähkritik ist eng auszulegen.[353] Im Wettbewerbsrecht stößt die Meinungsäußerungsfreiheit jedoch früher an ihre Grenzen. Das kann sich aufgrund einer Interessenabwägung ergeben. Besteht ein berechtigtes Informationsinteresse oder hinreichender Anlass für die Kritik, die zudem sachlich gehalten ist, spricht Vieles für deren Zulässigkeit. Unzulässig ist es hingegen, einen Wettbewerber pauschal abzuwerten, ohne konkrete Umstände zu nennen.[354]

II. Geschäftliche Handlung

148   Voraussetzung für eine wettbewerbsrechtlich unzulässige Äußerung ist, dass die Äußerung eine geschäftliche Handlung darstellt.[355] Es muss also ein *konkretes* Wettbewerbsverhältnis vorliegen. Zwischen der Äußerung und der Förderung des eigenen oder eines fremden Unternehmens muss ein objektiver Zusammenhang bestehen. Diesen muss das Gericht vor allem dann positiv feststellen, wenn es sich um Äußerungen in den Medien handelt.[356]

III. Herabsetzung von Mitbewerbern (§ 4 Nr. 7 UWG)

§ 4 Nr. 7 UWG:
Unlauter handelt insbesondere, wer
die Kennzeichen, Waren, Dienstleistungen, Tätigkeiten oder persönlichen oder geschäftlichen Verhältnisse eines Mitbewerbers herabsetzt oder verunglimpft;

---

[349] BVerfGE 61, 1 = NJW 1983, 1415 – Wahlkampfäußerung (NPD Europas).
[350] Vgl. BGH NJW 2002, 1192 = WRP 2002, 447 = AfP 2002, 169.
[351] Vgl. etwa BVerfGE 61, 1 (Fn. 169) oder BGH AfP 1992, 75 = NJW 1992, 1314 – Kassenarzt.
[352] Siehe hierzu ausführlich etwa *Soehring/Hoene*, Presserecht, § 14 Rn. 8 ff. und *Wenzel* 4. Kap. Rn. 41 ff.
[353] Vgl. zum Beispiel BVerfGE 82, 272 = BVerfG NJW 1991, 95 – Zwangsdemokrat oder BGHZ 39, 124 – Fernsehansagerin.
[354] BGH I ZR 147/09 Rn. 33, 37 = GRUR 2012, 74 = WRP 2012, 77 – Coaching-Newsletter.
[355] → Rn. 28 ff.
[356] Sehr instruktiv hierzu OLG München ZUM 1995, 42 zu Äußerungen in der *Wirtschaftswoche* über die Medienkonzentration im Bereich des Privatfernsehens. Die Entscheidung des OLG München zum Verfügungsverfahren in derselben Sache ist veröffentlicht in NJW-RR 1993, 750 = WRP 1993, 414. Vgl. auch BGH GRUR 1998, 167 = NJW 1998, 1078 = WRP 1998, 48 – Restaurantführer oder OLG Hamm GRUR 1980, 311 – Pressebericht in eigener Sache.

> **Fall „Sparberaterin II":**[357]
>
> Die Beklagte gibt Telefonbücher heraus (ua „Das Telefonbuch", „Das Örtliche", „Gelbe Seiten"). Die Beklagte weigert sich, von der Klägerin – einer Werbeagentur – akquirierte Anzeigen aufzunehmen. Begründung: Die Klägerin wirbt im Internet ua mit dem Text: „Beratung zur Kostenoptimierung von Telefonbucheinträgen. Diese Dienstleistung bieten wir allen Kunden, welche sich bisher schlecht, einseitig oder gar nicht beraten fühlen …"

1. Herabsetzung und Verunglimpfung

Sachliche Kritik verbietet auch das Wettbewerbsrecht nicht. Erlaubt sind pointierte Werbeaussagen, die sich mit Mitbewerbern humoristisch oder satirisch auseinandersetzen.[358] Unlauter ist es aber, die Wertschätzung des Mitbewerbers zu verringern (Herabsetzung), indem er etwa lächerlich gemacht wird. Die Verunglimpfung ist die gesteigerte Form der Herabsetzung. Sie liegt in der Verächtlichmachung des Mitbewerbers durch ein abträgliches Werturteil ohne sachliche Grundlage.[359] Für die Praxis ist es letztlich ohne Bedeutung, um welche Variante des § 4 Nr. 7 UWG es geht. Ob § 4 Nr. 7 UWG erfüllt ist, hängt vor allem von dem Inhalt und der Form der Aussage, dem Anlass und dem Sachzusammenhang ab.[360] Es kommt nicht auf das Verständnis des Mitbewerbers, sondern darauf an, wie die angesprochenen Verkehrskreise die Aussage verstehen.[361] Ob sich der Äußernde der Herabsetzung bewusst ist, ist unbeachtlich. Es genügt, wenn objektiv gesehen eine Herabsetzung vorliegt. Auch Handlungen können herabsetzend sein. So zum Beispiel, wenn ein Händler Ausschussware, die der Hersteller weggeworfen hat, unter der Bezeichnung des Herstellers vertreibt.[362]

149

Unwahre Tatsachenbehauptungen, die – wie meist – einen Mitbewerber herabsetzen, sind nach § 4 Nr. 7 UWG (und ggf. nach § 4 Nr. 8 UWG)[363] unlauter. Auch wahre Tatsachenbehauptungen können unlauter sein: Das wäre etwa die Behauptung, man habe dem Mitbewerber eine Werbeaussage verbieten lassen, wenn der Hinweis unterbleibt, dass das Verbot lediglich im vorläufigen Rechtsschutz bewirkt wurde und damit noch nicht endgültig ist. Auch die Mitteilung von Zahlungsunregelmäßigkeiten eines Mitbewerbers kann unlauter sein, wenn damit ein Umleiten von Kundenströmen bezweckt wird. Man kann auch über Mängel der Konkurrenzware oder über Produktfälschungen berichten. Besteht ein sachlich berechtigtes Informationsbedürfnis der Öffentlichkeit, ein hinreichender Anlass für die Mitteilung oder Handlung und bleiben diese im Rahmen des Erforderlichen, ist § 4 Nr. 7 UWG nicht verletzt. Geht es um eine Meinungsäußerung, die keine Schmähkritik ist, kommt es letztlich auf die Abwägung der widerstreitenden Interessen an. Häufig gibt daher die Formulierung einer Aussage den Ausschlag und nicht deren Inhalt.

150

2. Gegenstand der Herabsetzung oder Verunglimpfung

§ 4 Nr. 7 UWG ist ein wettbewerbsrechtlicher Schutz des unternehmerischen Persönlichkeitsrechts. Es ist anerkannt, dass das aus Art. 1 Abs. 1, 2 Abs. 1 GG entwickelte Persönlichkeitsrecht natürliche und juristische Personen schützt.[364] „Kennzeichen" gemäß § 4 Nr. 7 UWG sind Marken, geschäftliche Bezeichnungen und geografische Herkunftsangaben nach § 1 MarkenG. Darüber hinaus soll § 4 Nr. 7 UWG gegenüber dem MarkenG einen ergänzenden Kennzeichenschutz vorsehen.[365] Das heißt, dass auch vom MarkenG nicht erfasste Kennzeichen geschützt sind, sofern sie der Verbraucher als Hinweis auf ein Unternehmen ansieht. Denkbar wäre durchaus, dass hierzu auch eingetragene Design- und Gebrauchs-

151

---

[357] BGH NJW 2005, 2014 = GRUR 2005, 609 = WRP 2005, 747.
[358] Vgl. BGH GRUR 2002, 982 = NJW 2002, 3399 = WRP 2002, 1138 – DIE „STEINZEIT" IST VORBEI!.
[359] So *Köhler/Bornkamm* § 4 Rn. 7.12.
[360] Vgl. *Köhler/Bornkamm* § 4 Rn. 7.13.
[361] BGHZ 139, 378 = GRUR 1999, 501 = NJW 1999, 948 = WRP 1999, 414 – Vergleichen Sie.
[362] Vgl. *Köhler/Bornkamm* § 4 Rn. 7.13 mit Hinweis auf ÖOGH ÖBl 1983, 13.
[363] → Rn. 155 ff.
[364] Vgl. Palandt/*Thomas* § 823 Rn. 87, 92.
[365] So *Köhler/Bornkamm* § 4 Rn. 7.23.

muster sowie besondere Verpackungs- oder Gestaltungsformen zählen. So könnte eine Werbung zum Beispiel die markanten Silhouetten eines Ferrari und eines Audi TT zeigen, ohne die Marken zu benennen, und dazu den Text: „Schnell und teuer". Dem wäre dann die beworbene Automarke mit einem besonders günstigen Leasingangebot und dem Text „Schnell und günstig" gegenüber gestellt.

152 § 4 Nr. 7 UWG schützt weiter Waren, Dienstleistungen, Tätigkeiten sowie persönliche und geschäftliche Verhältnisse – kurz: die gesamte unternehmerische Tätigkeit. Die wettbewerbswidrigen Aussagen oder Handlungen können sich zum Beispiel auf die Qualität von Produkten,[366] auf Vorgänge aus dem Vor- oder Privatleben des Mitbewerbers oder auf die fehlende Zahlungsfähigkeit[367] beziehen. Als zulässig wurde dagegen zum Beispiel angesehen, dem Mitbewerber (tatsächlich gegebene) „Schwarzarbeit" vorzuwerfen[368] oder mit dem Slogan „Die M. M. Tiefpreisgarantie hält, was andere versprechen" zu werben.[369]

3. Verhältnis zu anderen UWG-Normen und zu §§ 823 ff. BGB

153 Neben § 4 Nr. 7 UWG kann eine Herabsetzung oder Verunglimpfung auch eine unsachliche Beeinflussung nach § 4 Nr. 1 UWG oder eine Anschwärzung (§ 4 Nr. 8 UWG) sein. Zu § 4 Nr. 10 ist § 4 Nr. 7 lex specialis.[370] Geschieht die verletzende Äußerung im Rahmen eines Vergleiches, gehen § 6 Abs. 2 Nr. 4 und Nr. 5 UWG vor. §§ 823, 824, 826 BGB sind unabhängig davon, ob eine geschäftliche Handlung vorliegt, neben § 4 Nr. 7 UWG anwendbar.[371] Lediglich der Unternehmensschutz aus § 823 Abs. 1 BGB (Recht am eingerichteten und ausgeübten Gewerbebetrieb) ist zu den UWG-Normen subsidiär,[372] nicht jedoch der Schutz des allgemeinen Persönlichkeitsrechts nach § 823 Abs. 1 BGB.

153a Bis zur Umsetzung der UGP-RL im UWG 2008 war § 4 Nr. 7 UWG nur auf nicht bereits vom Markenrecht erfasste Rechtsverletzungen (§§ 14 Abs. 2 Nr. 3, 15 Abs. 3 MarkenG) anwendbar.[373] Ob diese strikte Trennung mit dem UWG 2008 noch Bestand haben kann, ist fraglich. *Köhler* ist der Auffassung, dass an einem Vorrang des Markenrechts nicht mehr festzuhalten ist.[374] Denn die Parallelregelung des § 6 Abs. 2 Nr. 4 UWG[375] zum Kennzeichenschutz bei vergleichender Werbung ist neben § 14 Abs. 2 Nr. 3 MarkenG anwendbar.[376] Wenn ein lauterkeitsrechtlicher Kennzeichenschutz nach § 6 Abs. 2 Nr. 4 UWG neben dem MarkenG möglich ist, muss dies, so *Köhler*, auch für den Kennzeichenschutz der vergleichenden Werbung gelten.[377] Demnach sei § 4 Nr. 7 UWG uneingeschränkt neben §§ 14 Abs. 2 Nr. 3, 15 Abs. 3 MarkenG anwendbar, wobei die Wertungen des MarkenG zu berücksichtigen seien.[378] Schon zuvor (UWG 1909) gehörte die Markenverunglimpfung zur Fallgruppe der Rufausbeutung.[379] Wer etwa eine bekannte Süßwarenmarke („Mars") auf einem Scherzpäckchen mit Kondom nutzte, handelte wettbewerbswidrig, wenn nicht unerhebliche Teile des Verkehrs hierin eine Werbung des Süßwarenherstellers sahen.[380] Denn hierdurch werde, so der BGH, der Werbewert der Marke beeinträchtigt.[381] Allerdings entschied ein anderer Senat des BGH, dass eine parodierende Verfremdung auch zulässig sein

---

[366] OLG München NJW-RR 1997, 105 = WRP 1996, 925 – Scheiß des Monats.
[367] BGHZ 36, 18 – Unbegründeter Konkursantrag.
[368] OLG Hamm MDR 1952, 428.
[369] OLG Hamburg GRUR-RR 2003, 50.
[370] *Köhler/Bornkamm* § 4 Rn. 7.6.
[371] Vgl. *Köhler/Bornkamm* § 4 Rn. 7.8.
[372] *Köhler/Bornkamm* § 4 Rn. 7.8.
[373] → Rn. 177 f. und 314.
[374] *Köhler/Bornkamm* § 4 Rn. 7.9b.
[375] → Rn. 369 f.
[376] *Köhler/Bornkamm* § 4 Rn. 7.9b.
[377] *Köhler/Bornkamm* § 4 Rn. 7.9b.
[378] Ebenfalls kritisch Harte-Bavendamm/Henning-Bodewig/*Sambuc* Einl. G Rn. 204 ff.
[379] Vgl. *Baumbach/Hefermehl*, 22. Auflage, § 1 Rn. 567.
[380] BGHZ 125, 91 = GRUR 1994, 808 = NJW 1994, 1954 = WRP 1994, 495 – Markenverunglimpfung I. Das BVerfG NJW 1994, 3342 hat die hiergegen gerichtete Verfassungsbeschwerde nicht angenommen.
[381] Vgl. auch BGH GRUR 1995, 57 = NJW 1995, 871 = WRP 1995, 92 – Markenverunglimpfung II (Nivea-Kondome).

kann.[382] Eine von § 4 Nr. 7 UWG erfasste Kennzeichenherabsetzung könnte zum Beispiel eine Werbung sein, die durchgestrichene Logos von Mitbewerbern und den Text enthält: „Wir sind die Besten – Alle Anderen können Sie vergessen".

Zum Fall „Sparberaterin II":

Der BGH entschied: Es geht in der Werbung um den *strukturellen Unterschied* zwischen 154
der Beratung der Parteien. Die Vertreter des Telefonbuchverlages streben vor allem die Einwerbung möglichst gewinnbringender Anzeigen an. Es ist daher zulässig, dass sich die Agentur als kompetente und dem Interesse ihrer Kunden verpflichtete Beraterin empfiehlt.

IV. Anschwärzung (§ 4 Nr. 8 UWG)

§ 4 Nr. 8 UWG:

Unlauter handelt insbesondere, wer
über die Waren, Dienstleistungen oder das Unternehmen eines Mitbewerbers oder über den Unternehmer oder ein Mitglied der Unternehmensleitung Tatsachen behauptet oder verbreitet, die geeignet sind, den Betrieb des Unternehmens oder den Kredit des Unternehmens zu schädigen, sofern die Tatsachen nicht erweislich wahr sind; handelt es sich um vertrauliche Mitteilungen und hat der Mitteilende oder der Empfänger der Mitteilung ein berechtigtes Interesse, so ist die Handlung nur dann unlauter, wenn die Tatsachen der Wahrheit zuwider behauptet oder verbreitet wurden;

§ 4 Nr. 8 UWG schützt die Mitbewerber vor **unwahren** betriebsschädigenden oder kre- 155
ditgefährdenden Tatsachenbehauptungen. Wahre Tatsachenbehauptungen und Werturteile können nur nach § 4 Nr. 7 UWG unlauter sein.

1. Behauptung oder Verbreitung einer unwahren Tatsache

„Behaupten" ist eine Mitteilung aus eigener Kenntnis. „Verbreiten" heißt, etwas Erfahre- 156
nes an Dritte weitergeben. Ob der Empfänger von der Mitteilung Kenntnis erlangt (etwa, indem er einen Brief öffnet), ist unbeachtlich. Der Mitteilende kann sich auch nicht dadurch schützen, indem er die Quelle seiner Information mitteilt, wenn die Information selbst unrichtig ist. Anders kann der Fall liegen, wenn sich der Mitteilende ausdrücklich vom Inhalt der (weitergegebenen) Mitteilung distanziert. Teilt er zwar mit, dass er die verbreitete Behauptung nicht verifiziert habe bzw. habe verifizieren können, ist die Verbreitung trotzdem unzulässig, wenn der Verbreiter kein berechtigtes Interesse hieran hat. Ein berechtigtes Interesse besteht zum Beispiel als „Recht zum Gegenschlag", wenn ein Mitbewerber unwahr behauptet, ein Dritter verkaufe Hehlerware, und der Dritte darauf zutreffend kontert, der Behauptende sei seinerseits wegen Hehlerei bereits vorbestraft.

2. Erweislichkeit der Wahrheit und Eignung zur Schädigung

Bei § 4 Nr. 8 UWG kommt es nicht allein auf die Wahrheit, sondern auch auf deren „Er- 157
weislichkeit" an.[383] Stellt ein Mitbewerber eine an sich richtige Behauptung auf und kann er deren Richtigkeit nicht beweisen, ist § 4 Nr. 8 UWG bei Vorliegen aller anderen Voraussetzungen erfüllt.

Praxistipp: Beweisbarkeit der Behauptung

Bevor der Mitteilende darüber entscheidet, ob er sich gegen geltend gemachte Ansprüche verteidigen will, muss er erst seine Erfolgsaussichten in Bezug auf die Beweisbarkeit der von ihm behaupteten oder verbreiteten Tatsache beurteilen.

---

[382] Vgl. etwa BGHZ 98, 94 = GRUR 1986, 759 = NJW 1986, 2951 = WRP 1986, 669 – BMW (Bumms Mal Wieder). Siehe auch Anmerkungen von *Deutsch* GRUR 1995, 319 ff. zu den Entscheidungen Markenverunglimpfung I und II.
[383] Vgl. *Köhler/Bornkamm* § 4 Rn. 8.20.

Die Behauptung muss geeignet sein, den Betrieb oder den Kredit des Unternehmers zu schädigen. Eine Verletzung der persönlichen Ehre zum Beispiel des Unternehmers ist nicht erforderlich. „Schädigung" im Sinne von § 4 Nr. 8 UWG heißt nicht, dass ein bezifferbarer Schaden entstehen kann, sondern bedeutet „beeinträchtigen".[384]

3. Gegenstand der Anschwärzung

158   § 4 Nr. 8 UWG schützt wie § 4 Nr. 7 UWG die Geschäftsehre. Dazu gehören auch Behauptungen über Mitarbeiter oder Vertragspartner des Unternehmens, wenn die Behauptung gerade darauf abzielt, das Unternehmen zu beeinträchtigen.

4. Vertrauliche Mitteilungen in berechtigtem Interesse

159   Eine unlautere Anschwärzung liegt nicht vor, wenn die Mitteilung vertraulich und in Wahrung berechtigter Interessen erfolgt ist. Dann sind Abwehransprüche nur gegeben, wenn die Tatsache der Wahrheit zuwider behauptet oder verbreitet wurde.[385]
Vertraulich ist die Mitteilung nicht schon dann, wenn sie als „vertraulich" gekennzeichnet ist, zumal eine besonders deutliche Form der Kennzeichnung (etwa auf einem Umschlag, der in einem großen Unternehmen zur Hauspost gegeben wird) bei Dritten erst recht einen Anreiz schaffen dürfte, die Vertraulichkeit zu brechen. Vertraulich ist eine Mitteilung nur dann, wenn sich aus allen Umständen eindeutig ergibt, dass sie vertraulich gemacht wurde – entweder, weil der Empfänger vertraglich ausdrücklich auf Vertraulichkeit verpflichtet ist oder zwischen dem Mitteilenden und dem Empfänger ein besonderes Vertrauensverhältnis besteht (zum Beispiel: ein freier Handelsvertreter informiert seinen wichtigsten Auftraggeber in einem persönlichen Gespräch darüber, dass bei einem guten Kunden des Auftraggebers Pfändungen durchgeführt werden). Die Mitteilung muss im berechtigten Interesse des Mitteilenden oder des Empfängers liegen.
160   § 4 Nr. 8 Hs. 2 UWG gibt dem Mitteilenden die Einreden der Vertraulichkeit und des berechtigten Interesses. § 4 Nr. 8 Hs. 2 UWG eröffnet auch nur Ansprüche gegen den Mitteilenden und nicht gegen den Empfänger, da letzterer nicht behauptet oder verbreitet hat.

5. Verhältnis zu anderen UWG-Normen und zu §§ 823 ff. BGB

161   Eine Anschwärzung kann zugleich nach § 4 Nr. 1 und Nr. 7 UWG oder nach §§ 5 und 6 UWG unlauter sein. Die Regelungen des BGB sind – wie auch bei § 4 Nr. 7 UWG – grundsätzlich neben § 4 Nr. 8 UWG anwendbar.[386]

F. Schutz vor Nachahmung und Rufausbeutung
(§ 4 Nr. 9 UWG)

§ 4 Nr. 9 UWG:
Unlauter handelt insbesondere, wer
Waren oder Dienstleistungen anbietet, die eine Nachahmung der Waren oder Dienstleistungen eines Mitbewerbers sind, wenn er
a) eine vermeidbare Täuschung der Abnehmer über die betriebliche Herkunft herbeiführt;
b) die Wertschätzung der nachgeahmten Ware oder Dienstleistung unangemessen ausnutzt oder beeinträchtigt oder
c) die für die Nachahmung erforderlichen Kenntnisse oder Unterlagen unredlich erlangt hat;

---

[384] Vgl. *Köhler/Bornkamm* § 4 Rn. 8.19.
[385] Vgl. *Köhler/Bornkamm* § 4 Rn. 8.21.
[386] → Rn. 153 und *Köhler/Bornkamm* § 4 Rn. 8.9.

I. Schutzzweck

Es gehört zum Wesen des Wettbewerbs, dass Wettbewerber auf dem Markt besonders er- **162** folgreiche Leistungen eines Mitbewerbers adaptieren. Die Leistungen anderer Wettbewerber nachzuahmen, ist grundsätzlich erlaubt, sofern nicht andere Schutzrechte des Wettbewerbers (etwa Urheber- oder Patentrechte) berührt sind. Setzt sich zum Beispiel die Idee durch, kleine gelbe Klebezettel („Post-it"-Klebezettel) auf dem Markt erfolgreich zu etablieren, bleibt es anderen Wettbewerbern unbenommen, diese Idee zu übernehmen und eigene solche Klebezettel auf den Markt zu bringen.

Es gibt allerdings Grenzen wettbewerbsrechtlich erlaubter Nachahmung. § 4 Nr. 9 UWG **163** hat die frühere Rechtsprechung zur Nachahmung umgesetzt. Die Regelung zum „ergänzenden wettbewerbsrechtlichen Leistungsschutz"[387] schützt die Mitbewerber vor einer Ausbeutung der von ihnen geschaffenen Leistungen. Das ist grundsätzlich nur der Hersteller des Originals.[388] § 4 Nr. 9 UWG schützt aber auch die anderen Marktteilnehmer vor einer Irreführung über die Herkunft des Plagiats. Verbände sind nach § 8 Abs. 3 Nr. 2–4 UWG nur aktivlegitimiert, wenn zugleich schützenswerte Interessen zB der Verbraucher betroffen sind. Das ist positiv festzustellen.[389] Verbraucherinteressen sind immer berührt, wenn das Per-Se-Verbot in Nr. 13 des Anhangs zu § 3 Abs. 3 UWG verletzt oder der Tatbestand des ebenfalls 2008 neu eingefügten § 5 Abs. 2 UWG erfüllt ist.[390]

§ 4 Nr. 9 UWG trifft eine Abwägung zwischen dem Interesse des Unternehmens an **164** dem Schutz seiner Arbeitsergebnisse und dem Interesse der Allgemeinheit, Monopole an Leistungsergebnissen zu vermeiden. So reicht es etwa nicht aus, dass der Nachahmer Entwicklungskosten erspart hat. Es gibt also neben den Sonderschutzrechten – Patent-, Gebrauchsmuster-, Design-, Urheber- und Markenrecht – keinen weiteren wettbewerbsrechtlichen Sonderschutz. Vielmehr gilt der Grundsatz der Nachahmungsfreiheit.[391] Verboten ist ausschließlich, fremde Leistungen in *unlauterer* Weise auszunutzen und derart nachgeahmte Waren oder Dienstleistungen anzubieten. Die *Herstellung* von Waren – auch wenn es geschieht, um sie später anzubieten – erfüllt den Tatbestand noch nicht.[392] Kannte der vermeintliche „Nachahmer" das Originalprodukt nicht und handelt es sich deshalb um eine „selbstständige Zweitschöpfung", liegt schon begrifflich keine Nachahmung vor.[393] Die Beweislast trägt derjenige, der sich auf die Zweitschöpfung beruft.[394]

Ob es nunmehr wegen Art. 6 Abs. 2a UGP-RL bei § 4 Nr. 9 UWG wie bei Nr. 13 des An- **165** hangs zu § 3 Abs. 3 UWG auf die (subjektive) Absicht der Nachahmung ankommt[395] oder ob es hier genügt, dass objektiv ein „nachgeahmtes" Produkt entsteht, ist bislang ungeklärt. Art. 6 Abs. 2 UGP-RL will den Verbraucher ganz allgemein vor einer Geschäftspraxis schützen, wenn sie „eine Verwechslungsgefahr mit einem anderen Produkt, Warenzeichen, Warennamen oder einem anderen Kennzeichen eines Mitbewerbers begründet". Allerdings wurde diese Regelung in § 5 Abs. 2 UWG 2008 umgesetzt.[396] Danach kommt es bei § 4 Nr. 9 UWG wohl nur darauf an, wie die Waren vermarktet werden und ob dadurch (objektiv) eine Verwechslungsgefahr mit dem „Original"-Produkt entsteht.

---

[387] *Köhler* spricht sich gegen diese allgemein gebräuchliche Formulierung aus, GRUR 2009, 445 (447); → Rn. 177a.

[388] Vgl. OLG München GRUR-RR 2004, 85.

[389] Vgl. *Köhler/Bornkamm* § 4 Rn. 9.86.

[390] → Rn. 314.

[391] Vgl. *Köhler/Bornkamm* § 4 Rn. 9.3, BGH GRUR 1967, 315 = NJW 1967, 723 = WRP 1967, 212 – scaicubana.

[392] Allerdings besteht natürlich insoweit ein vorbeugender Unterlassungsanspruch (→ Rn. 531) dahingehend, dass die hergestellten Waren nicht auch angeboten werden; vgl. auch *Köhler/Bornkamm* § 4 Rn. 9.80.

[393] BGH NJW-RR 2008, 1726 = GRUR 2008, 1115 = WRP 2008, 1510 – ICON.

[394] Vgl. zur Doppelschöpfung im Urheberrecht Wandtke/*Bullinger* § 23 Rn. 21.

[395] → Rn. 59 f.

[396] → Rn. 314.

> **UGP-RL konform?**
>
> § 4 Nr. 9 UWG gilt ausschließlich für den unmittelbar betroffenen Mitbewerber. Aber auch die mitbewerberbezogenen Tatbestände dürfen nicht so ausgelegt werden, dass sie zu einem höheren als dem in der UGP-RL vorgegebenen Verbraucherschutz führen.[397] Hat die geschäftliche Handlung demnach Verbraucherbezug, ist sie (wohl) nur dann wettbewerbswidrig, wenn sie im Sinne der UGP-RL unlauter ist (Art. 5 Abs. 2 und 4 UGP-RL).[398]

II. Voraussetzungen für den Schutz

166   Voraussetzungen für einen Schutz nach § 4 Nr. 9 UWG sind ein konkretes Wettbewerbsverhältnis und eine im Sinne von § 3 UWG wettbewerbsrechtlich relevante Nachahmung. Aktivlegitimiert sind aus § 4 Nr. 9 UWG ausschließlich der Hersteller und der Alleinvertriebsberechtigte. Ist Nr. 13 des Anhangs zu § 3 Abs. 3 UWG verletzt, können auch Verbände nach § 8 Abs. 3 Nrn. 2–4 UWG tätig werden. Denn Nr. 13 der „Schwarzen Liste" bestimmt, dass eine „Werbung für eine Ware oder Dienstleistung, die der Ware oder Dienstleistung eines Mitbewerbers ähnlich ist", unzulässig ist, „wenn dies in der Absicht geschieht, über die betriebliche Herkunft der beworbenen Ware oder Dienstleistung zu täuschen".[399] Geschützt sind Waren und Dienstleistungen, wobei diese Begriffe weit auszulegen sind und § 4 Nr. 9 UWG ggf. analog anzuwenden ist. Darunter fallen auch Werbeslogans.[400] So genießt etwa der Werbeslogan „Schönheit von innen" wettbewerbsrechtlichen Schutz.[401] Ideen sind allerdings nicht geschützt, wohl aber deren konkrete Umsetzung. Die Idee, einen Hund für Katzenfutter werben zu lassen, wäre daher nicht geschützt. Die konkrete filmische Umsetzung, die ein Mitbewerber nachstellt, dagegen möglicherweise schon.

167   Nur Leistungsergebnisse mit **wettbewerblicher Eigenart** sind geschützt. Dies entsprach schon der Rechtsprechung zum früheren UWG und gilt auch weiterhin, obwohl dieses Kriterium in § 4 Nr. 9 UWG nicht genannt ist.[402] Eine wettbewerbliche Eigenart liegt vor, wenn gerade die vom Mitbewerber übernommenen Leistungsergebnisse auf dessen betriebliche Herkunft oder Besonderheiten hinweisen und deshalb besonders schutzwürdig sind.[403] Das können ästhetische oder technische Merkmale, eine konkrete Ausgestaltung oder die besondere Kombination sein.[404] Es muss sich nicht um eine Neuheit oder um Originalität handeln. Auch kommt es nicht darauf an, ob die verwendeten Einzelmerkmale originell sind: Ein puristisches Design kann ebenfalls ein Hinweis auf die betriebliche Herkunft des Produkts sein.[405] Anderes gilt, wenn es um eine technisch zwingend notwendige Gestaltung geht.[406] Die wettbewerbliche Eigenart entfällt, wenn sie Allgemeingut geworden ist. Es gibt deshalb auch keine festen Fristen für die Dauer des ergänzenden Leistungsschutzes.

Beispiel für wettbewerbliche Eigenart: Die bekannten Wind- und Wetterjacken der Firma Barbour weisen bestimmte typische Elemente auf – zB die grüne Farbe, den Cordkragen, die Rückentasche, das karierte Innenfutter. Ist der Grad der wettbewerblichen Eigenart besonders hoch, werden an die besonderen Umstände, die eine Wettbewerbswidrigkeit begründen, keine so hohen Anforderungen gestellt und umgekehrt. Es besteht insoweit eine Wechselwirkung. Ob eine wettbewerbliche Eigenart vorliegt, ist Rechts- und nicht Tatfrage.[407]

---

[397] → Rn. 146a; *Köhler* WRP 2012, 638 (645).
[398] → Rn. 115 und 145.
[399] → Rn. 59 f.
[400] Vgl. BGH GRUR 1997, 308 = NJW-RR 1997, 741 = WRP 1997, 306 – Ware fürs Leben.
[401] OLG Frankfurt a. M. 6 W 54/11 = GRUR-Prax 2011, 430.
[402] *Köhler/Bornkamm* § 4 Rn. 9.24 ff.
[403] Vgl. etwa BGH GRUR 2003, 973 = NJW-RR 2003, 1551 = WRP 2003, 1338 – Tupperwareparty.
[404] BGH I ZR 21/11 = GRUR 2012, 1155 = WRP 2012, 1379 – Sandmalkasten.
[405] BGH I ZR 21/11 = GRUR 2012, 1155 = WRP 2012, 1379 – Sandmalkasten.
[406] BGH I ZR 199/06 = GRUR 2009, 1073 = WRP 2009, 1372 – Ausbeinmesser.
[407] *Köhler/Bornkamm* § 4 Rn. 9.33.

III. Unlautere Nachahmung

Fall „Handtaschen":[408]

Die Klägerin gehört zum HERMÈS-Konzern. Sie vertreibt unter anderem die Handtaschen-Serie „Les Kellys". Die Beklagten vertreiben ebenfalls Handtaschen. Die Klägerin sieht in den Handtaschen der Beklagten wettbewerblich unlautere Nachahmungen.

Original-Produkt „Kellys":

LES "KELLYS"

Wettbewerber:

Die Rechtsprechung unterscheidet zwischen der Nachahmung im technischen und im 168 nichttechnischen Bereich.[409] Von Bedeutung sind hier insbesondere die „sklavische Nachahmung" im nichttechnischen Bereich und der „sklavische Nachbau" im technischen Bereich, da hierdurch die (nahezu vollständige) Identität zwischen nachgeahmter und nachahmender Leistung evident ist. Die unveränderte Übernahme einer Leistung (Nachschöpfung) stellt die gravierendste Art der Nachahmung dar. Liegt eine (fast) identische Leistungsübernahme vor, sind die Anforderungen an die Feststellung der wettbewerblichen Eigenart und der in § 4 Nr. 9 UWG genannten besonderen Umstände gering.

Die Gefahr der Warenverwechslung reicht für eine Unlauterkeit der Nachahmung nicht 169 aus.[410] Vermutet der Verkehr jedoch aufgrund der Ähnlichkeit der Waren, dass diese dem-

---

[408] BGH NJW-RR 2008, 124 = GRUR 2007, 795 = WRP 2007, 1076.
[409] Vgl. *Köhler/Bornkamm* § 4 Rn. 9.22.
[410] Vgl. *Köhler/Bornkamm* § 4 Rn. 9.40.

selben Unternehmen entstammen, kommt es zu einer wettbewerbsrechtlich relevanten Irreführung des Verkehrs, die gleichwohl noch nicht unlauter sein muss. Unlauter ist das Anbieten nachgeahmter Waren oder Dienstleistungen nur, wenn alternativ

- eine vermeidbare Täuschung der Abnehmer über deren betriebliche Herkunft herbeigeführt wird,
- die Wertschätzung der nachgeahmten Waren oder Dienstleistungen unangemessen ausgenutzt oder beeinträchtigt wird oder
- die für die Nachahmung erforderlichen Kenntnisse oder Unterlagen unredlich erlangt wurden.

Diese Aufzählung ist nur beispielhaft und damit nicht abschließend.[411] Ob § 4 Nr. 9 UWG erfüllt ist, ist letztlich auch unter Abwägung der Gesamtumstände und der widerstreitenden Interessen zu entscheiden.[412] Unlauter wäre es demnach, Barbour-Wachsjacken in der zuvor beschriebenen Machart unter der Bezeichnung „Barbor" anzubieten (§ 4 Nr. 9a) oder diese Jacken mit dem Slogan „So gut wie Barbour, nur günstiger" (§ 4 Nr. 9b) zu bewerben. Gerade im technischen Bereich ist die Grenze zwischen erlaubtem Nachbau – zum Beispiel für mit dem Original kompatiblen Erzeugnisse – und unlauterer Nachahmung fließend. Da der Stand der Technik frei ist, kann grundsätzlich jeder Mitbewerber – sofern kein Sonderrechtsschutz wie etwa Patentrechte entgegen stehen – kompatible Produkte anbieten. Wirbt er mit der Kompatibilität seiner Produkte, müssen sie in Qualität und Sicherheit mit dem Original vergleichbar sein.[413] Der Vertrieb von kompatiblem Steckspielzeug („LEGO") wurde hingegen als wettbewerbswidrige Rufausbeutung gewertet.[414] Die Begründung: Dieses Spielzeug sei gerade auf den Ergänzungsbedarf ausgelegt, den der Nachahmer unlauter ausnutze. Diese strenge Rechtsprechung dürfte inzwischen überholt sein.[415] Der BGH hat den LEGO-Klemmbausteinen jedenfalls im Jahr 2005 den *wettbewerbsrechtlichen* Leistungsschutz versagt.[416] Die Begründung: Nach rund 50 Jahren unbehinderter Marktpräsenz sei der mit der Fallgruppe „Einschieben in eine fremde Serie" verbundene Innovationsschutz nicht mehr gerechtfertigt. Inzwischen stellt der BGH auf den Abnehmer ab, der wegen eines Ersatz- und Erweiterungsbedarfs ein Interesse an mit dem Originalprodukt (auch optisch) kompatiblen Produkten habe.[417]

Zum Fall „Handtaschen":

170 Der BGH hat zunächst festgestellt, dass die Original-Taschen eine wettbewerbliche Eigenart besitzen. Diese ergebe sich vor allem aus der Gestaltung des Taschenkörpers, der den oberen Rand des Taschenkörpers überlappenden Klappe und aus dem Taschengürtel. Trotzdem hat der BGH eine unlautere identische oder fast identische Nachahmung verneint: Es liege keine vermeidbare Herkunftstäuschung (§ 4 Nr. 9a UWG) vor, da das Vorhandensein von Nachahmungen dem Verkehr ebenso bekannt sei wie das selektive Vertriebssystem des HERMÈS-Konzerns. Der BGH meint also, dass der Käufer, der eine Tasche nicht im HERMÈS-Shop, sondern am Strand oder über das Internet billigst kauft, nicht getäuscht werden kann.

Auch die Alternative des § 4 Nr. 9b UWG schloss der BGH großzügig aus: Es liege keine unangemessene Ausnutzung oder Beeinträchtigung der Wertschätzung der Original-Taschen vor. Es sei zwar grundsätzlich möglich, dass eine Täuschung (nur) beim Publikum eintritt, das den Käufer mit den nachgeahmten Taschen sieht. Aber auch beim Publikum komme es wegen des ausreichenden Abstands zwischen Original und Nachahmung nicht zu einer Herkunftstäuschung. Mit der gleichen Begründung verneinte der BGH auch eine unlautere Behinderung nach § 3 UWG.

---

[411] BT-Drs. 15/1487, 18.
[412] *Köhler/Bornkamm* § 4 Rn. 9.69.
[413] BGH GRUR 2000, 521 = NJW-RR 2001, 614 = WRP 2000, 493 – Modulgerüst.
[414] Vgl. BGHZ 41, 55 = GRUR 1964, 621 = NJW 1964, 920 = WRP 1964, 208 – Klemmbausteine I und BGH GRUR 1992, 619 = NJW-RR 1992, 1067 = WRP 1992, 642 – Klemmbausteine II.
[415] Vgl. *Köhler/Bornkamm* § 4 Rn. 9.58.
[416] BGH GRUR 2005, 349 = WRP 2005, 476 – Klemmbausteine III.
[417] BGH I ZR 136/11 = GRUR 2013, 951 = WRP 2013, 1188 – Regalsystem und BGH I ZR 21/12 = GRUR 2013, 1052 = WRP 2013, 1339 – Einkaufswagen III.

Deutlich weniger großzügig hat das OLG Frankfurt a.M. zu den sogenannten „CABAT"-Taschen geurteilt. Zwar sah der Senat aufgrund der erheblichen Preisdifferenz zwischen Original und Nachahmung keine Täuschungsgefahr bei den angesprochenen Verkehrskreisen, die eine Tasche erwerben. Eine Ausnutzung der Wertschätzung sah das Gericht aber darin, dass das Publikum, das bei den Käufern die Nachahmungen sieht, zu der irrigen Annahme über die Echtheit verleitet wird. Anders als der BGH zu den Hermès-Taschen sah das OLG Frankfurt a.M. keinen hinreichenden Abstand zwischen Original und Nachahmung.[418] Dieser Auffassung schloss sich auch der BGH an: Die Nichtzulassungsbeschwerde wies der BGH zurück.[419]

IV. Leistungsübernahme

Fall „Kelly-Interviews":[420]

Die Jugendzeitschrift „BRAVO" berichtete über Jahre hinweg umfangreich über die Popgruppe „Kelly Family". Hierbei ist es der Zeitschrift „BRAVO" gelungen, zahlreiche Interviews mit den Mitgliedern der „Kelly Family" zu führen, die in der Zeitschrift „BRAVO" veröffentlicht wurden. Die Mitglieder der „Kelly Family" haben sich nahezu ausschließlich exklusiv gegenüber der „BRAVO" geäußert. Die in „BRAVO" enthaltenen Interviewäußerungen konnten Dritte deshalb durchweg nicht aus erster Hand erlangen. In dem beklagten Verlag erscheint ein Taschenbuch über die „Kelly Family", das zu einem ganz wesentlichen Teil die in „BRAVO" enthaltenen Interviews ausgewertet und übernommen hat. Ein Hinweis darauf, dass die Äußerungen der Zeitschrift „BRAVO" entnommen wurden, findet sich nur bei einzelnen, wenigen Zitaten.

Ein Unterfall der Nachahmung ist die Leistungsübernahme.[421] Auch die Leistungsübernahme ist nur dann unlauter, wenn besondere Umstände nach § 4 Nr. 9 UWG hinzutreten. Hier kommt es ebenfalls auf die Wechselwirkung zwischen dem Grad der wettbewerblichen Eigenart und der Unlauterkeit an. 171

Zum Fall „Kelly-Interviews":

Das OLG München hat die Auffassung vertreten, dass eine wesentliche Leistung bei der Anfertigung der Interviews von der *Kelly Family* erbracht worden sei. Es sei deshalb fraglich, ob der beklagte Verlag eine Leistung des „Bravo"-Verlages übernommen habe. Zudem müssten besondere Umstände hinzutreten, die das Verhalten der Beklagten als Verstoß gegen die guten Sitten erscheinen lasse. Denkbar wäre demnach ein Sittenverstoß unter dem Gesichtspunkt der Behinderung. Eine Behinderung der Klägerin sei jedoch nicht ersichtlich. Eine neue Veröffentlichung der übernommenen Aussagen beabsichtige die Klägerin – zum Beispiel ebenfalls in Buchform – nicht. Auch eine Rufausbeutung verneinte das Gericht: Das Buch erwecke nicht den Eindruck, als stamme es aus dem Hause der Klägerin. Auch läge keine (nach altem Recht) „sittenwidrige" Rufübertragung vor. Alleine der Hinweis auf „BRAVO" als Quelle der Äußerungen sei keine wettbewerblich zu beanstandende Anknüpfung an den Ruf von „BRAVO". Denn das Buch sei wegen der (zwar aus „BRAVO" entnommenen) Äußerungen attraktiv, nicht aber wegen ihrer Herkunft aus „BRAVO". Dieser Fall zeigt, dass selbst die systematische Übernahme fremder Leistungen – also die Gestaltung eines Buches nahezu ausschließlich mit nicht selbst geführten, sondern vor allem bereits veröffentlichten Interviews – wettbewerbsrechtlich zulässig sein kann.[422] 172

---

[418] OLG Frankfurt a.M. 6 U 251/10 = GRUR-RR 2012, 213 – CABAT-Tasche.
[419] I ZR 235/11.
[420] OLG München 29 W 1510/96 (nv).
[421] So *Köhler/Bornkamm* § 4 Rn. 9.35 ff.
[422] Das sagt allerdings noch nichts darüber aus, ob die Übernahme auch urheberrechtlich zulässig ist. Im vorliegenden Fall hat der *Senat* keinen Urheberrechtsverstoß gesehen, da er die jeweils übernommenen Textpassagen als nicht urheberrechtsfähig angesehen hat.

V. Rufausbeutung und Rufbeeinträchtigung

Fall „Aluminiumräder":[423]

Die Beklagte wirbt mit dem Text „So wie Mode Menschen macht, so verändern Räder Autos. Wir von R. A. machen Mode für Autos." Dazu ist dieses Foto veröffentlicht:

173   Rufausbeutung geschieht insbesondere durch Täuschung und durch Anlehnung. Rufausbeutung durch Täuschung ist etwa die Verwendung verwechslungsfähiger Bezeichnungen oder die Nachahmung äußerer Gestaltung.[424] Der gute Ruf eines Dritten kann aber auch zur Herausstellung der eigenen Leistung genutzt werden, ohne eine Herkunfts- oder Warenverwechslung herbeizuführen.[425] Eine Rufausbeutung kann daher auch in einem Ruftransfer für die eigene Ware oder Dienstleistung liegen. Es geht also um den Schutz des Herstellers des Originals bei der Produktvermarktung.[426]

Die Unangemessenheit im Sinne von § 4 Nr. 9b UWG ist durch eine Gesamtwürdigung aller Umstände des Einzelfalls festzustellen. Von Bedeutung können sein: die Höhe der wettbewerblichen Eigenart des nachgeahmten Produkts und Grad seiner Bekanntheit, die Intensität der Nachahmung,[427] Aufwand für die Herstellungskosten für das Original und Kostenersparnis für den Nachahmer,[428] Art und Umfang der Bewerbung des Nachahmungsprodukts,[429] Üblichkeit einer Lizenzvergütung.[430]

174   Eine anlehnende Bezugnahme auf ein fremdes Produkt ist wettbewerbsrechtlich nicht zu beanstanden, wenn hierfür im Einzelfall ein hinreichender Anlass besteht und Art und Maß der Angaben im Rahmen einer zutreffenden Darstellung liegen. Zulässig ist es zum Beispiel, wenn der Verleger eines Briefmarkenkatalogs neben seinem eigenen Nummernsystem das als Standard akzeptierte Nummernsystem eines anderen Verlegers als Referenzgröße verwendet, um den Sammlern die Kommunikation zu erleichtern.[431]

Zum Fall „Aluminiumräder":

175   Der BGH hält die Abbildung des kompletten Fahrzeugs für zulässig: Die ästhetische Wirkung des Aluminiumrades zeige sich gerade im Gesamteindruck des Fahrzeugs, das mit solchen Rädern ausgerüstet ist. Es entstehe auch nicht der Eindruck, dass es sich um original „Porsche"-Räder handele. Ohnehin dürfe in der Werbung für Ersatzteile oder Zubehör auf die Hauptware Bezug genommen werden, wenn dies zur Aufklärung des Publikums über die bestimmungsgemäße Verwendung des Ersatzteils oder Zubehörs sachlich geboten sei. Deshalb bestand auch für diese Werbung ein hinreichender Anlass.

---

[423] BGH NJW-RR 2005, 548 = GRUR 2005, 163 = WRP 2005, 219.
[424] Das kann ebenso auch eine wettbewerbswidrige Nachahmung sein; → Rn. 162 ff.
[425] Vgl. *Köhler/Bornkamm* § 4 Rn. 9.53, 9.55.
[426] *Köhler/Bornkamm*, § 4 Rn. 9.51.
[427] OLG Köln GRUR-RR 2006, 278 (279).
[428] Vgl. BGH GRUR 1999, 923 (927) – Tele-Info-CD.
[429] Vgl. BGHZ 126, 208 = GRUR 1994, 732 = WRP 1994, 599 – McLaren.
[430] Vgl. BGH GRUR 1983, 247 (248) – Rolls-Royce.
[431] BGH I ZR 158/08 Rn. 36 = GRUR 2011, 79 – Markenheftchen.

VI. Verhältnis zu anderen gesetzlichen Regelungen

1. Andere Tatbestände des UWG

Neben § 4 Nr. 9 UWG sind §§ 17, 18 UWG iVm § 4 Nr. 11 UWG anwendbar. Systematisches Nachahmen kann eine Behinderung nach § 4 Nr. 10 UWG sein. Eine Herkunftstäuschung kann auch eine Irreführung nach § 5 UWG oder eine Behinderung nach § 4 Nr. 10 UWG sein. Allerdings sind dort dann auch die in § 4 Nr. 9 UWG enthaltenen Wertungen zu berücksichtigen, wonach eben nicht jede Nachahmung sogleich wettbewerbswidrig ist.[432] Kommt ein Anspruch aus § 6 UWG (unlautere vergleichende Werbung) in Frage, scheidet eine Anwendung von § 4 Nr. 9 UWG (und auch anderer Tatbestände des § 4 UWG) aus.[433]

2. Verhältnis von UWG und Markenrecht

Bis zur Umsetzung der UGP-RL im UWG 2008 war einhellige Auffassung, dass der Markenschutz in seinem Anwendungsbereich den lauterkeitsrechtlichen Schutz verdrängt. § 4 Nr. 9 UWG war ebenso wie § 4 Nr. 7 UWG nur dann anwendbar, wenn eine Anwendung markenrechtlicher Vorschriften vor allem gemäß § 14 Abs. 2 Nr. 3, § 24 Abs. 2 MarkenG ausschied. Voraussetzung für die Anwendung von Markenrecht (§ 14 Abs. 2 Nrn. 1, 2 oder 3, § 15 MarkenG) und den Ausschluss des UWG ist ein **markenmäßiger Gebrauch**. Die Benutzung des Zeichens muss die Funktionen der Marke – das sind vor allem die Unterscheidungsfunktion, die Identifizierungsfunktion und die Kommunikationsfunktion[434] – beeinträchtigen oder beeinträchtigen können. Es genügt, wenn das Zeichen wegen einer hochgradigen Ähnlichkeit gedanklich mit der bekannten Marke in Verbindung gebracht wird, auch wenn es in den Verkehrskreisen als „Verzierung" aufgefasst wird.[435] Der BGH fasst den „markenmäßigen Gebrauch" sehr weit.[436]

Inwieweit diese strikte Trennung zwischen UWG und Markenrecht noch berechtigt ist, ist fraglich.[437] Bereits im Jahr 2009 hat der EuGH in einem Verfahren die EU-Markenrichtlinie (89/104/EWG) und die Richtlinie über irreführende und über vergleichende Werbung (84/450/EWG) gleichermaßen geprüft:[438] Der EuGH entschied, dass eine Vergleichsliste, die die Ware als Imitation eines Markenparfüms darstellt, den Ruf einer Parfümmarke unlauter ausnutzt. Dies sei eine nach der EU-Markenrichtlinie unzulässige vergleichende Werbung und stelle außerdem eine unlautere Ausnutzung des Rufs der Marke dar, die gegen die Richtlinie über irreführende und über vergleichende Werbung verstoße. Damit steht jedenfalls fest, dass Markenrecht und Regelungen zur irreführenden und vergleichenden Werbung (§§ 5, 5a, 6 UWG) grundsätzlich nebeneinander anwendbar sein können. Der lauterkeitsrechtliche Schutz ist danach kein das Markenrecht „ergänzender" Schutz mehr, sondern ein selbständiger, seinen eigenen Regeln folgender Schutz vor unlauteren Handlungen.[439] *Köhler* spricht sich deshalb auch dafür aus, den Begriff des „ergänzenden wettbewerbsrechtlichen Leistungsschutzes" aufzugeben.[440]

Ein nicht eingetragenes **Gemeinschaftsgeschmacksmuster** schließt einen Anspruch aus ergänzendem wettbewerbsrechtlichen Leistungsschutz nach §§ 3, 4 Nr. 9a UWG von vornherein nicht aus.[441] Auch nach Ablauf dessen Schutzfrist (3 Jahre) kann ein Anspruch nach UWG bestehen.[442]

---

[432] *Köhler/Bornkamm* § 4 Rn. 9.5.
[433] BGH I ZR 48/10 Rn. 26 = GRUR 2011, 1158 = NJW-RR 2012, 39.
[434] *Fezer;* Markenrecht, Einl. D Rn. 1 ff.
[435] EuGH GRUR 2004, 58 = BeckRS 2004; 77081 – Adidas/Fitnessworld.
[436] BGH GRUR 2005, 583 = NJW 2005, 2856 = WRP 2005, 896 – Lila-Postkarte.
[437] → Rn. 153a und 314.
[438] C-487/07 = GRUR 2009, 756 = BeckRS 2009, 70671.
[439] *Köhler* GRUR 2009, 445 (447).
[440] Ebenda.
[441] BGH GRUR 2006, 79 = NJW 2006, 45 = WRP 2006, 75 – Jeans I.
[442] BGH GRUR 2006, 346 = NJW 2006, 1978 = WRP 2006, 467 – Jeans II.

Zum Fall „Aluminiumräder":

179   Der BGH hat in der Abbildung des „Porsche"-Logos keine Markenverletzung wegen § 23 Nr. 3 MarkenG gesehen. Es werde deutlich, dass es sich nicht um ein Angebot der Porsche AG handelt und die Benutzung der bekannten Marke erfolge nicht ohne rechtfertigenden Grund in unlauterer Weise.[443]

3. Verhältnis von UWG und weiteren sonderschutzrechtlichen Regelungen

180   Zu weiteren sonderschutzrechtlichen Regelungen – dazu gehören auch internationale Übereinkommen[444] – ist § 4 Nr. 9 UWG grundsätzlich subsidiär. Eine Urheberrechtsverletzung verstößt also nicht zwangsläufig gegen § 4 Nr. 9 UWG, sondern nur, wenn die hier genannten besonderen Umstände hinzutreten. Die Rechtsfolgen der sonderschutzrechtlichen Regelungen gehen ohnehin sogar über diejenigen des UWG hinaus (mit Ausnahme der Gewinnabschöpfung nach § 10 UWG). So gibt etwa § 101a UrhG einen Auskunftsanspruch, der sogar im Verfügungsverfahren durchsetzbar ist. Neben § 4 Nr. 9 UWG können auch bürgerlichrechtliche Tatbestände, vor allem § 826 BGB, erfüllt sein.

G. Behinderung (§ 4 Nr. 10 UWG)

§ 4 Nr. 10 UWG:
Unlauter handelt insbesondere, wer
Mitbewerber gezielt behindert;

I. Vorbemerkung

Fall „Testfotos III":[445]

Die Klägerin hat von beanstandeten Werbemaßnahmen der Beklagten in deren Geschäftsräumen Fotografien angefertigt und mit der Klage vorgelegt. Die Beklagte erhebt Widerklage mit der Begründung, die Anfertigung von Fotografien in den Geschäftsräumen der Beklagten verstoße gegen §§ 3, 4 Nr. 10 UWG.

181   Im Prinzip kann jede geschäftliche Handlung geeignet sein, einen Mitbewerber in seiner Geschäftstätigkeit zu behindern.

UGP-RL konform?

§ 4 Nr. 10 UWG gilt ausschließlich für den unmittelbar betroffenen Mitbewerber. Aber auch die mitbewerberbezogenen Tatbestände dürfen nicht so ausgelegt werden, dass sie zu einem höheren als dem in der UGP-RL vorgegebenen Verbraucherschutz führen.[446] Hat die geschäftliche Handlung demnach Verbraucherbezug, ist sie (wohl) nur dann wettbewerbswidrig, wenn sie im Sinne der UGP-RL unlauter ist (Art. 5 Abs. 2 und 4 UGP-RL).[447]

---

[443] Vgl. dazu auch BGH GRUR 2006, 329 = NJW-RR 2006, 691 = WRP 2006, 470 – Gewinnfahrzeug mit Fremdemblem.

[444] Das sind die Pariser Verbandsübereinkunft zum Schutze des gewerblichen Eigentums (Markenrecht) und das TRIPS-Abkommen zum Schutz des geistigen Eigentums.

[445] BGH GRUR 2007, 802 = NJW 2007, 1335 = WRP 2007, 1082 – Testfotos III.

[446] → Rn. 146a; *Köhler* WRP 2012, 638 (645).

[447] → Rn. 115 und 145.

Behinderung ist die Beeinträchtigung der wettbewerblichen Entfaltungsmöglichkeiten eines Mitbewerbers.[448] Bietet ein Wettbewerber etwa besonders günstige oder qualitativ besonders hochwertige Leistungen an, kann dadurch die Nachfrage nach Leistungen eines Mitbewerbers in demselben Marktsegment nachlassen. § 4 Nr. 10 UWG sanktioniert daher nicht jedwede Behinderung eines Wettbewerbers, sondern nur die *unlautere* Behinderung eines einzelnen Mitbewerbers im Sinne einer **Individualbehinderung**.[449] Es genügt, dass die geschäftliche Handlung zur Behinderung **geeignet** ist.[450] Die Behinderung muss nicht bereits erfolgt sein.[451] Die Gefährdung des Bestands des Wettbewerbs in Form einer **allgemeinen Marktbehinderung** ist von der Generalklausel des § 3 UWG umfasst.[452] Neben den Bestimmungen des UWG schützen auch die kartellrechtlichen Bestimmungen des GWB – vor allem §§ 19–21 GWB – vor einer unzulässigen Behinderung – vor allem dann, wenn zwischen den Unternehmen kein Wettbewerbsverhältnis besteht.[453]

Die Behinderung muss **gezielt** erfolgen. Die Behinderung darf nicht bloße Folge des Wettbewerbs sein.[454] Das ist positiv festzustellen.[455] Es müssen also besondere Umstände gegeben sein, die die Unlauterkeit der Handlung begründen. Dabei kommt es darauf an, dass sich die Handlung gerade gegen den Mitbewerber richtet. Auf eine Behinderungsabsicht kommt es nicht an.[456] **182**

Zur Behinderung, die nach § 4 Nr. 10 UWG verboten ist, gehören: **183**
• Gewaltanwendung,
• Druckausübung,
• Betriebsspionage.

Auch **unberechtigte Abmahnungen** oder **Schutzrechtsverwarnungen** können eine gezielte **184** Behinderung darstellen.[457] Schließlich umfasst § 4 Nr. 10 UWG auch
• unlautere Preiskampfmethoden,
• den Boykott,
• die unlautere Nutzung von Internet-Domains und
• das Ausspannen von Kunden oder Beschäftigten.

Neben § 4 Nr. 10 UWG können auch §§ 823 ff. BGB eingreifen, wobei das Recht am einge- **185** richteten und ausgeübten Gewerbebetrieb jedoch zu den UWG-Tatbeständen subsidiär ist.[458]

Zum Fall „Testfotos III":

Die Anfertigung der Fotoaufnahmen stellt nach Auffassung des BGH keine unlautere Be- **186** hinderung dar. Der Wettbewerbsverstoß hätte ohne die Fotoaufnahmen nicht hinreichend dargelegt werden können. Auch stelle die Anfertigung der Aufnahmen keine konkrete Gefahr einer Belästigung dar: „Aufgrund der geänderten Lebensverhältnisse" könne nicht mehr davon ausgegangen werden, dass mit ungenehmigtem Fotografieren in Geschäftsräumen generell die Gefahr einer erheblichen Störung des Betriebs des Geschäftsinhabers verbunden sei. Die technische Entwicklung ermögliche es inzwischen, mit Digitalkameras auch kleineren Formats, Kameras in Mobiltelefonen und sogar in Armbanduhren ohne größeren Aufwand jederzeit, an allen Orten und bei jeder Gelegenheit mehr oder weniger brauchbare Fotoaufnahmen herzustellen.

---

[448] Vgl. BGHZ 148, 1 = GRUR 2001, 1061 – Mitwohnzentrale.de und BGH GRUR 2002, 902 – Vanity-Nummer.
[449] Vgl. *Köhler/Bornkamm* § 4 Rn. 10.2.
[450] BGH GRUR 2007, 802 = NJW 2007, 1335 = WRP 2007, 1082 – Testfotos III.
[451] Vgl. *Köhler/Bornkamm* § 4 R. 10.6.
[452] Vgl. *Köhler/Bornkamm* § 4 Rn. 10.2; → Rn. 216.
[453] Vgl. *Köhler/Bornkamm* § 4 Rn. 10.18.
[454] BGH GRUR 2007, 800 = NJW 2007, 2999 = WRP 2007, 951 – Außendienstmitarbeiter.
[455] Vgl. OLG München GRUR 2000, 518 = NJWE-WettbR 2000, 70.
[456] BGH NJW 2007, 2999 = GRUR 2007, 800 = WRP 2007, 951 – Außendienstmitarbeiter.
[457] Vgl. *Köhler/Bornkamm* § 4 Rn. 10.167 und 10.169 ff.
[458] Vgl. *Köhler/Bornkamm* § 4 Rn. 10.23.

II. Preiswettbewerb

Fall „10 % billiger":[459]

Die Beklagte – ein Baumarkt – bewirbt einen Rabatt von 10 Prozent, der gewährt wird wenn der Kunde einen Artikel bei einem Wettbewerber günstiger findet.

187   Soweit keine staatlichen oder privaten Preisbindungen bestehen – wie etwa die freiwillige Preisbindung für Zeitungen und Zeitschriften nach § 30 GWB oder die gesetzlich vorgeschriebene Preisbindung für Bücher aufgrund des Buchpreisbindungsgesetzes –, kann jeder Wettbewerber den Preis seiner Waren oder Dienstleistungen grundsätzlich selbst bestimmen.[460] Unbenommen ist dem Wettbewerber damit grundsätzlich auch, seine Ware zu verschenken.[461] Unlauter ist jedoch ein Preiswettbewerb, wenn er zur Verdrängung oder Vernichtung von Wettbewerbern führen soll.[462] Um dies beurteilen zu können, ist auf die Marktstruktur und die Bedeutung der Maßnahme für den Markt abzustellen. Besteht der Markt etwa aus mehreren Anbietern und verschieben sich die Marktanteile durch eine Preiswerbeaktion nur geringfügig, stellt die Maßnahme keinen Verdrängungs- oder Vernichtungswettbewerb dar. Geschieht die Preisunterbietung nur zeitlich begrenzt, um etwa das Interesse neuer Kunden an dem Produkt zu fördern, ist dies grundsätzlich nicht wettbewerbswidrig.[463]

Zum Fall „10 % billiger":

188   Grundsätzlich steht es einem Unternehmen frei, seine Preise frei zu gestalten und die Preise von Konkurrenten zu unterbieten. Auch das Angebot unter Einstandspreis ist nur bei Vorliegen besonderer Umstände wettbewerbswidrig (vgl. § 20 Abs. 3 S. 2 GWB). Unlauter ist es, wenn dies geeignet ist, einen oder mehrere Wettbewerber vom Markt zu verdrängen und die Maßnahme zu diesem Zweck eingesetzt ist. Aber: Es muss tatsächlich ein Angebot unter Einstandspreis vorliegen. Es genügt nicht die lediglich abstrakte Gefahr einer Abgabe unter Einstandspreis. Ob ein Angebot unter Einstandspreis erfolgt, ist Sachverhaltsfrage. Wird Ware in Einzelfällen unter Einstandspreis abgegeben, ist die Werbeaktion nicht wettbewerbswidrig. Es kommt auch darauf an, inwieweit sich die Sortimente der Wettbewerber überschneiden. Ist die Überschneidung gering, sind auch die Wirkungen für die Wettbewerber gering. Die Werbemaßnahme ist auch zulässig, weil nur der günstigere Preis „belohnt" wird, nicht jedoch der identische Preis des Mitbewerbers. Selbst der gezielte Einsatz dieser Maßnahme gegen Mitbewerber ist wettbewerbsrechtlich nicht zu beanstanden.

III. Boykott

189   Ein Boykott setzt das Bestehen eines Dreiecksverhältnisses voraus, nämlich denjenigen, der zum Boykott aufruft, einen Adressaten des Boykotts, der dem Aufruf Folge leisten soll und den, der boykottiert werden soll.[464]

Wettbewerbswidrig ist ein Boykottaufruf etwa dann, wenn er nicht mehr von der Meinungsäußerungsfreiheit des Art. 5 Abs. 1 GG geschützt ist.[465] Wettbewerbswidrig kann auch der Aufruf sein, Dritte nicht mehr zu beliefern,[466] oder der Ausschluss Dritter von der Beliefe-

---

[459] BGH GRUR 2006, 596 = WRP 2006, 888.
[460] Vgl. *Köhler/Bornkamm* § 4 Rn. 10.184.
[461] Vgl. *Köhler/Bornkamm* § 4 Rn. 10.187.
[462] Vgl. *Köhler/Bornkamm* § 4 Rn. 10.189.
[463] Vgl. zum zeitweisen Verkauf einer Fernsehzeitschrift zu einem „Kampfpreis" OLG München NJW-RR 1997, 935 = WRP 1996, 1216; OLG Hamburg WRP 1997, 212 und OLG Naumburg WRP 1997, 222.
[464] Vgl. *Köhler/Bornkamm* § 4 Rn. 10.116.
[465] Vgl. hierzu grundlegend BVerfGE 7, 198 – Lüth und BVerfGE 25, 256 – Blinkfüer.
[466] BGH NJW 1954, 147 – Innungsboykott.

rung, wenn kein zulässiges geschlossenes Vertriebsbindungssystem besteht.[467] Geschlossene Vertriebsbindungssysteme bestehen zum Beispiel häufig bei hochpreisigen Markenartikeln.

IV. Unlautere Registrierung und Nutzung von Marken oder Internet-Domains

Unlauter kann es sein, eine Bezeichnung als Marke eintragen zu lassen, die ein anderer nutzt – jedoch nicht auch als Marke geschützt hat. Das Markenrecht gibt ein starkes formelles Recht, vor allem, wenn der Mitbewerber nicht zumindest einen Schutz als Unternehmenskennzeichen nach § 5 MarkenG besitzt. Trägt der Mitbewerber eine Marke ein, die gerade der Störung des Besitzstandes des Vorbenutzers dienen soll, handelt er unlauter.[468] Die Nutzung des Zeichens durch den Eintragenden kann zulässig sein. Der Vorbenutzer kann deshalb nur dann eigene Ansprüche durchsetzen, wenn gerade auch die Nutzung des Zeichens unlauter ist – zum Beispiel bei einem massenhaften Vertrieb von Waren im gleichen Warensegment, in dem auch der Vorbenutzer seine Waren vertreibt.[469] **190**

Unlauter kann auch die Registrierung von Internet-Domains sein.[470] In wettbewerbsrechtlicher Hinsicht sind insbesondere drei Arten von Domains interessant: **191**
- die generische Domain, die aus einem allgemein bekannten Begriff besteht (etwa mitwohnzentrale.de),
- die Domain, die den Namen oder die Kennzeichnung eines Dritten beinhaltet (etwa rollsroyce-boerse.de oder shell.de) sowie „Vertipperdomains" oder
- die Domain, die Bezeichnungen eines Dritten beinhaltet, die keinen Sonderrechtsschutz – etwa aufgrund Markenrechts – genießt (etwa weideglueck.de)

1. Generische Domains

Fall „mitwohnzentrale.de":[471]

Die Beklagte ist ein Verband, in dem unter anderem 25 deutsche Mitwohnzentralen organisiert sind. Sie hat sich die Domain „mitwohnzentrale.de" registrieren lassen. Auf der Homepage sind die Mitglieder nach Städten geordnet mit Telefon- und Faxnummern sowie E-Mail-Adressen aufgeführt. Dagegen wandte sich ein konkurrierender Verband, in dem 40 Mitwohnzentralen organisiert sind.

Gattungsbegriffe oder Branchenbezeichnungen haben für den Anbieter den Vorteil, dass der Nutzer schon mit wenigen Versuchen das Angebot findet, ohne sich durch zahlreiche Angebote „klicken" zu müssen. Allerdings kann das zu einer Kanalisierung der Kundenströme führen: Wer den leichtesten Weg wählt, landet dann beim Anbieter mit der generischen Domain und nimmt möglicherweise Abstand davon, weitere Angebote aufzusuchen. Eine im Sinne von § 4 Nr. 10 UWG unlautere Kanalisierung von Kundenströmen wäre das Abfangen von Kunden vor dem Geschäftslokal eines Wettbewerbers. Wer jedoch – etwa weil der Laden in der Innenstadt ist – die bessere Geschäftslage hat, handelt damit noch nicht wettbewerbswidrig. Irreführend könnte die Nutzung der Domain aber sein, wenn der angebotene Inhalt nicht mit dem Domainnamen korrespondiert: Lautet die Domain etwa „freizeittipps.de" und würde sich dahinter ein Anbieter von Finanzdienstleistungen verbergen, wäre dies ein Verstoß gegen §§ 5, 5a UWG. **192**

Zum Fall „mitwohnzentrale.de":

Der BGH hat zu § 1 UWG 1909 entschieden, dass nicht bereits die Registrierung und Nutzung einer Gattungsdomain wettbewerbswidrig ist. § 1 UWG 1909 sei nicht berührt, da **193**

---

[467] Vgl. hierzu auch *Köhler/Bornkamm* § 4 Rn. 10.55 ff.
[468] BGH GRUR 2001, 242 = NJW-RR 2001, 975 = WRP 2001, 160 – Classe E.
[469] Vgl. *Köhler/Bornkamm* § 4 Rn. 10.85.
[470] Zusammenfassend zum Thema etwa *Weidert* AnwBl 2000, 390 ff.
[471] BGH GRUR 2001, 1061 = NJW 2001, 3262 = WRP 2001, 1286.

es nicht zu einer (nach altem Recht) „sittenwidrigen" Kanalisierung von Kundenströmen komme. Trotz der Registrierung der Domain durch die Beklagte bliebe es der Klägerin unbenommen, ebenfalls in ihrer Werbung oder ihrem Namen das Wort „Mitwohnzentrale" zu verwenden. Eine Irreführung wäre nur dann zu bejahen, wenn der Inhalt des Angebots den Eindruck einer unzutreffenden Alleinstellungsbehauptung erwecke. Werde jedoch auf der Homepage darauf hingewiesen, dass es auch andere Mitwohnzentralen gibt, scheide eine Irreführung aus.[472]

2. Domains mit Kennzeichen Dritter

Fall „rolls-royce.de":[473]

Die Klägerin stellt ua Fahrzeuge der Marke „Rolls Royce" her und ist Inhaberin der entsprechenden deutschen Wortmarke. Die Beklagte befasst sich ua mit EDV- und Online-Dienstleistungen aller Art und hat zahlreiche Domain-Namen für sich registrieren lassen. Hierzu gehören die Domains „rolls-royce.de", „rolls-royce-boerse.de" und „rollsroyceboerse.de".

194   Wenn ein Wettbewerber eine Domain registrieren lässt, die (auch) den Namen oder einen Namensbestandteil eines Dritten enthält, verletzt er damit zunächst dessen Namensrecht[474] aus § 12 BGB sowie dessen Rechte an der Bezeichnung gemäß §§ 4, 5 MarkenG. Das hat der BGH auch zu der Domain shell.de entschieden.[475] Maßgebend war dort vor allem die überragende Bekanntheit der Firma Shell gegenüber einem Übersetzer gleichen Namens, der die Domain genutzt hatte.

Außerdem stellt die Registrierung einer solchen Domain eine unlautere Behinderung des Namens- oder Markeninhabers dar, da jede Domain nur einmal vergeben wird und für den Berechtigten damit nicht mehr zugänglich ist. Schließlich kann auch durch die Benutzung einer solchen Domain der Eindruck entstehen, dass Inhalte des Namen- oder Markeninhabers angeboten werden, so dass auch eine Irreführung gemäß §§ 5, 5a UWG in Betracht kommt. Vorrangig ist das Per-se-Verbot in Nr. 13 des Anhangs zu § 3 Abs. 3 UWG. Sofern markenrechtliche Ansprüche in Frage kommen, sind diese nicht zwingend vorrangig zu § 4 Nr. 10 UWG.[476]

194a   Sogenannte „Vertipperdomains" können ebenfalls eine unlautere Behinderung darstellen. Wer sich zahlreiche „Tippfehler-Domains" sichert, will Internetnutzer auf seine eigenen Internetangebote umleiten. Auch wenn der Betroffene rasch merken wird, dass er zB nicht die gewünschte Seite „wetteronline.de" aufgerufen hat, sondern das Angebot eines Versicherungsanbieters, besteht die Gefahr, dass der Nutzer einen anderen Wetterdienst aufsucht. Neben einer wettbewerbswidrigen Behinderung gemäß § 4 Nr. 10 UWG liegt darin auch eine Verletzung des Namensrechts.[477]

Zum Fall „rolls-royce.de":

195   Das OLG München hat in der Registrierung der Domains eine Verletzung der Namens- und Markenrechte gesehen und auch einen Verstoß gegen § 1 UWG 1909 bejaht. Ob die Rechtsprechung auch greift, wenn nicht – wie hier – so genannte *second level domains* betroffen sind, sondern *third level domains (Subdomains)* wie etwa „rolls-royce.autohaus.de", ist fraglich. Bei diesem Angebot handelt es sich dann um ein Unterangebot zu „autohaus.de". Registriert werden muss hierfür nur die Domain „autohaus.de". Die unteren

---

[472] Der BGH verwies den Rechtsstreit deshalb wieder an das OLG Hamburg zurück, da hierzu Feststellungen fehlten. Zuvor hatte ua das LG München I die Domain www.rechtsanwaelte.de untersagt. Das OLG Hamburg hatte die Domain www.lastminute.com wiederum als zulässig angesehen.
[473] OLG München GRUR 2000, 519.
[474] Siehe hierzu die erste Entscheidung zum Domainrecht des LG Mannheim NJW 1996, 2736 = GRUR 1997, 377 zur Domain heidelberg.de.
[475] BGHZ 149, 191 = GRUR 2002, 622 = NJW 2002, 2031 = WRP 2002, 694 – shell.de.
[476] → Rn. 177; vgl. auch OLG Köln 6 U 187/11 Rn. 8 = WRP 2012, 989 – „Tippfehlerdomain".
[477] OLG Köln 6 U 187/11 = WRP 2012, 989 – Tippfehlerdomain.

Ebenen legt dann der Domaininhaber fest. Verkauft oder repariert er tatsächlich Autos der Marke *Rolls Royce*, gibt er keine unzutreffende Information. Eine Behinderung des Unternehmens *Rolls Royce* stellt dies auch nicht dar, weil das Unternehmen jede *second level domain* für sich beanspruchen kann.[478]

3. Sonstige unlautere Behinderung

Fall „weideglueck.de":[479]

Die Klägerin ist eine Molkerei und Inhaberin von Wort-/Bildmarken mit dem Wortbestandteil „Weideglück". Sie vertreibt unter dieser Bezeichnung Milchprodukte. Die Beklagte hat sich die Domain „weideglueck.de"[480] registrieren lassen.

Problematisch kann die Verteidigung von Rechten jedoch sein, wenn die registrierte Do- **196** main weder ein Name im Sinne von § 12 BGB ist noch mangels eines „Handelns im geschäftlichen Verkehr" Ansprüche aus dem MarkenG eröffnet sind. Gleiches gilt dann aber auch für wettbewerbsrechtliche Ansprüche, da diese eine geschäftliche Handlung voraussetzen. Bietet derjenige, der eine Domain registriert hat, darunter (noch) keine Inhalte an und ist das Kriterium der geschäftlichen Handlung nicht bereits dadurch erfüllt, dass der Inhaber die Domain zum Verkauf anbietet, hilft § 4 Nr. 10 UWG nicht weiter.

Zum Fall „weideglueck.de":

Das OLG Frankfurt a. M. hat in der Registrierung allerdings eine vorsätzliche sittenwid- **197** rige Schädigung gemäß §§ 826, 226, 1004 BGB gesehen. Von einer sittenwidrigen und in Schädigungsabsicht vorgenommenen Behinderung sei dann auszugehen, wenn die Domain-Registrierung mit dem Ziel erfolge, dem Zeicheninhaber die Nutzung dieser Bezeichnung für eigene geschäftliche Zwecke unmöglich zu machen.

Künftig wird sich die Rechtsprechung noch vermehrt mit der Problematik auseinander zu **198** setzen haben, inwieweit es rechtwidrige Kollisionen zwischen identischen Domain-Namen mit unterschiedlichen *top level domains* (etwa „de" für Deutschland oder „com" für kommerziell genutzte Domains) geben kann. Derzeit herrscht noch die Auffassung vor, dass eine prioritätsjüngere com-Domain, die mit einer prioritätsälteren de-Domain – oder mit einer de-Domain, die sonst Schutz genießt – identisch ist, aufzugeben ist.[481] Mit der Einführung neuer *top level domains* – zum Beispiel *info* oder *biz*[482] – wird stärker zu berücksichtigen sein, inwieweit die Rechte bereits bestehender Domains oder von schutzwürdigen Bezeichnungen tatsächlich nachhaltig beeinträchtigt werden. Unlauter ist es auch, unter der *top level domain*.ag des Landes Antigua aufzutreten, wenn das Angebot nicht von einer Aktiengesellschaft stammt.[483]

V. Ausspannen von Kunden und Beschäftigten

Fall „Direktansprache am Arbeitsplatz I":[484]

Die Klägerin begehrt ua Unterlassung von Telefonanrufen durch Headhunter am Arbeitsplatz ihrer Mitarbeiter, um diese für Auftraggeber der Headhunter abzuwerben.

---

[478] Vgl. auch EuGH GRUR Int. 1999, 438.
[479] OLG Frankfurt a. M. NJWE-WettbR 2000, 160 = WRP 2000, 645.
[480] Deutsche Umlaute waren zu diesem Zeitpunkt noch nicht registrierbar, so dass „weideglück" in einer Domain zu „weideglueck" werden musste.
[481] Vgl. etwa LG München I CR 1997, 545 = NJW-RR 1998, 978 – sat-shop.com.
[482] Vgl. www.icann.org.
[483] So OLG Hamburg ZUM-RD 2004, 485. Der BGH hat die Nichtzulassungsbeschwerde nicht angenommen, Az. I ZR 105/04.
[484] BGH NJW 2004, 2080 = GRUR 2004, 696 = WRP 2004, 1017.

199   Die Abwerbung von Kunden und Beschäftigten ist grundsätzlich nicht wettbewerbswidrig.[485] Wettbewerbswidrig ist jedoch das gezielte Ausspannen von Kunden, etwa indem ein Unternehmer Kunden eines Wettbewerbers vor dessen Geschäft abfängt, um sie für sein Geschäft zu interessieren. Das Ausspannen ist also dann unzulässig, wenn besondere Umstände hinzutreten, die den Wettbewerb verfälschen.[486] Das hat der BGH zum Beispiel bei dem Abschiedsschreiben des Mitarbeiters eines Lohnsteuerhilfe-Vereins bejaht. Dieser hatte vor seinem Ausscheiden die Kunden auf dem Briefkopf seines Arbeitgebers angeschrieben und seine Privatanschrift zur Kontaktaufnahme angegeben.[487] Zulässig ist es dagegen, die Kunden eines Mitbewerbers anzuschreiben und ein vorgefertigtes Schreiben zur Kündigung des mit dem Mitbewerber bestehenden Vertrages beizufügen.[488]

200   Auch die Abwerbung von Beschäftigten ist grundsätzlich zulässig.[489] Denn zur freien Wirtschaftsordnung gehört die Mobilität von Arbeitnehmern und das Bemühen, den Leistungsstand eines Unternehmens zu sichern oder zu erhöhen, indem neue Arbeitskräfte gewonnen werden können. Liegen allerdings besondere Umstände vor, kann die Abwerbung von Mitarbeitern wettbewerbswidrig sein. Das ist vor allem dann der Fall, wenn der Abwerbende

- den Arbeitnehmer zum Vertragsbruch verleitet,
- einen Vertragsbruch oder ein Vertrauensverhältnis ausnutzt,
- mit verwerflichen Mitteln abwirbt oder dies versucht,
- planmäßig zur Behinderung des Wettbewerbers ausspannt oder
- einen Wettbewerber durch planmäßiges Ausspannen ausbeutet.[490]

201   Ein Vertragsbruch besteht etwa darin, dass der Arbeitnehmer seine Tätigkeit für den Mitbewerber einstellt. Nutzt ein Wettbewerber lediglich einen von ihm nicht veranlassten Vertragsbruch aus, handelt er nur dann wettbewerbswidrig, wenn besondere Umstände hinzutreten. Das kann der Fall sein, wenn der Wettbewerber

- den Arbeitnehmer anwirbt, um über ihn Geschäftsgeheimnisse seines Mitbewerbers zu erfahren oder
- durch die Anwerbung bezweckt, dass der Arbeitnehmer Kunden oder weitere Beschäftigte des Mitbewerbers herüberzieht.

202   Dagegen handelt nicht unlauter, wer den Vertragsbruch eines Mitarbeiters lediglich ausnutzt, ohne ihn zum Vertragsbruch zu verleiten – und zwar auch dann nicht, wenn der Unternehmer ein bestehendes Wettbewerbsverbot kennt oder kennen muss.[491] Die Verleitung zur Vertragsauflösung ist in der Regel zulässig. Ködert der Wettbewerber einen Arbeitnehmer allerdings mit falschen Informationen über den Mitbewerber oder mit falschen Versprechungen, handelt er wettbewerbswidrig. Geht es dem Wettbewerber vor allem darum, dem Mitbewerber qualifizierte Arbeitskräfte auszuspannen, um so den Mitbewerber zu behindern, ist das wettbewerbswidrig. Wer schließlich planmäßig gerade besonders qualifizierte Mitarbeiter eines Mitbewerbers anwirbt, um deren Know-how und Kontakte zu nutzen, verstößt ebenfalls gegen § 4 Nr. 10 UWG. Abwerbeversuche von Mitarbeitern sind jedoch keine unlautere Telefonwerbung gemäß § 7 Abs. 2 Nr. 2 UWG.[492]

Zum Fall „Direktansprache am Arbeitsplatz I":

203   „Eigentlich" geht es hier darum, ob der Tatbestand des § 3 Abs. 1 UWG erfüllt ist. Denn § 4 Nr. 10 UWG enthält – so der BGH – lediglich „Richtlinien für die Abwägung". Der BGH hält den Anruf eines Personalberaters für zulässig, wenn es (nur) um eine erste Kontaktaufnahme geht. Demnach darf der Personalberater den Kandidaten nach seinem Interesse für eine neue Stelle fragen, diese kurz beschreiben und eine Kontaktmöglichkeit außerhalb des Unterneh-

---

[485] Vgl. *Köhler/Bornkamm* § 4 Rn. 10.24. und 10.32.
[486] Vgl. *Köhler/Bornkamm* § 4 Rn. 10.104.
[487] BGH GRUR 2004, 704 = NJW 2004, 2385 = WRP 2004, 1021 – Verabschiedungsschreiben.
[488] BGH GRUR 2005, 603 = NJW 2005, 2012 = WRP 2005, 874 – Kündigungshilfe.
[489] Vgl. *Köhler/Bornkamm* § 4 Rn. 10.103 ff.
[490] Vgl. *Köhler/Bornkamm* § 4 Rn. 10.107 ff.
[491] BGH GRUR 2007, 800 = NJW 2007, 2999 = WRP 2007, 951 – Außendienstmitarbeiter.
[492] Vgl. *Köhler/Bornkamm* § 7 Rn. 146.

mens abklären[493] Über eine „erste Kontaktaufnahme" geht es hinaus, wenn der Personalberater dem Angerufenen Daten zu dessen Lebenslauf und bisherigen Tätigkeiten vorhält.[494] Zulässig ist dagegen auch eine Kontaktaufnahme über das (betriebliche) Mobiltelefon des Arbeitnehmers.[495] Unzulässig bleibt es aber, einen fremden Betrieb zum Zwecke der Abwerbung dort beschäftigter Mitarbeiter aufzusuchen.[496]

H. Vorsprung durch Rechtsbruch (§ 4 Nr. 11 UWG)

§ 4 Nr. 11 UWG:
Unlauter handelt insbesondere, wer
einer gesetzlichen Vorschrift zuwiderhandelt, die auch dazu bestimmt ist, im Interesse der Marktteilnehmer das Marktverhalten zu regeln.

I. Vorbemerkung

Das Gesetz verbietet jeden Verstoß gegen eine Vorschrift, die *auch* dazu bestimmt ist, „im **204** Interesse der Marktteilnehmer das Marktverhalten zu regeln". Nicht jeder Gesetzesverstoß ist damit sanktioniert, sondern allein derjenige, der gegen Marktverhaltensregelungen verstößt. § 4 Nr. 11 UWG greift auch ein, wenn der Unternehmer nicht selbst gegen gesetzliche Regelungen verstößt, sondern einen Dritten dazu anstiftet oder ihm hilft.[497]

Einen mit § 4 Nr. 11 UWG vergleichbaren Unlauterkeitstatbestand enthält die UGP-RL **204a** nicht. Nach Auffassung des BGH ist § 4 Nr. 11 UWG mit der Richtlinie vereinbar.[498] § 4 Nr. 11 UWG erfasst ausschließlich Marktverhaltensregelungen außerhalb des UWG.[499] Soweit Marktverhaltensregelungen aus der UGP-RL in das UWG übernommen wurden, ist § 4 Nr. 11 UWG also nicht anwendbar. Das sind vor allem die in §§ 4 Nrn. 3–5, 5a Abs. 2 und 3 UWG umgesetzten Informationspflichten.[500] Geht es jedoch um die Verletzung von Informationspflichten im Sinne von Art. 7 Abs. 5 UGP-RL außerhalb der Richtlinie, dürfte § 4 Nr. 11 UWG neben § 5a Abs. 2 und 4 UWG anwendbar sein.[501]

Die Anwendung von § 4 Nr. 11 UWG im B2C-Bereich bezogen auf Informationspflichten ist auch nicht auf diejenigen Informationspflichten beschränkt, die ihre Grundlage im Unionsrecht haben. In einem Vorabentscheidungsverfahren zur Frage, ob die Verpflichtung gemäß § 10 Landespressegesetz Baden-Württemberg, eine entgeltliche Veröffentlichung ausschließlich mit dem Wort „Anzeige" zu kennzeichnen, richtlinienkonform ist,[502] stellte der EuGH fest:[503] Unionsrechtliche Vorgaben für Printmedien gebe es derzeit nicht, deshalb seien die Mitgliedsstaaten zu entsprechenden Regelungen befugt. Konkret ging es um bezahlte Veröffentlichungen, die mit „Sponsored by" gekennzeichnet waren. Regelungen zum Sponsoring gebe es bislang ausschließlich für Anbieter audiovisueller Medien in der AVMD-RL, meinte der EuGH.[504]

Die Verletzung sonstiger – etwa vertraglicher – Informationspflichten gestattet im B2C-Bereich auch eine Anwendung von § 4 Nr. 11 UWG, da derartige Verstöße nicht von der

[493] BGH GRUR 2004, 696 = NJW 2004, 2080 = WRP 2004, 1017 – Direktansprache am Arbeitsplatz.

[494] BGH GRUR 2008, 262 = NJW 2008, 855 = WRP 2008, 219 – Direktansprache am Arbeitsplatz III.

[495] BGH GRUR 2006, 426 = NJW 2006, 1665 = WRP 2006, 577 – Direktansprache am Arbeitsplatz II.

[496] BGH Az. I ZR 137/07 = BeckRS 2008, 00647 – Abwerbung vor Ort.

[497] Vgl. *Köhler/Bornkamm* § 4 Rn. 11.22.

[498] I ZR 216/06 = GRUR 2009, 845 = WRP 2009, 1001, Rn. 38 – Internet-Videorekorder.

[499] *Köhler* WRP 2012, 638 (646).

[500] *Köhler* WRP 2012, 638 (646).

[501] *Köhler* WRP 2012, 638 (646).

[502] BGH I ZR 2/11, Rn. 10 = GRUR 2012, 1056 = BeckRS 2012, 17544 = WRP 2012, 1219 – GOOD NEWS.

[503] EuGH C-391/12.

[504] Anders noch der BGH zu den Informationspflichten nach der PAngV: I ZR 14/07 = GRUR 2009, 1180 – 0,00 Grundgebühr.

UGP-RL erfasst sind. Einschlägig ist insoweit die Unterlassungsklagenrichtlinie[505], die die Anwendung des UWG und damit des § 4 Nr. 11 UWG nicht ausschließt.[506] Marktverhaltensregelungen außerhalb von Informationspflichten dürften ganz überwiegend ebenfalls nicht in den Anwendungsbereich der Richtlinie fallen. Das trifft etwa auf Marktverhaltensregelungen zu, die auch dem Schutz der Gesundheit und Sicherheit von Verbrauchern dienen, wie etwa das HWG, das Pflanzenschutzgesetz und das Jugendschutzgesetz.[507]

UGP-RL konform?

Soweit die UGP-RL Informationspflichten enthält, die in deutsches Recht umzusetzen waren, stellen Regelungen der UGP-RL keine Marktverhaltensregelungen iSd § 4 Nr. 11 UWG dar. § 4 Nr. 11 UWG ist im B2C-Bereich wohl ausschließlich auf unionsrechtliche Informationspflichten außerhalb der UGP-RL anwendbar. Soweit es um Marktverhaltensregelungen außerhalb von Informationspflichten geht, gilt § 4 Nr. 11 im B2C-Bereich wohl uneingeschränkt.

II. Voraussetzungen

Fall „Kraftfahrzeuganhänger mit Werbeschildern":[508]
Die Beklagte stellt im öffentlichen Verkehrsraum Anhänger mit Werbung für einen Gaststättenbetrieb ab. Eine verwaltungsrechtliche Erlaubnis hat sie nicht.

1. Gesetzliche Vorschrift

205   Gesetzliche Vorschrift iSd § 4 Nr. 11 UWG ist jede Rechtsnorm, die in Deutschland Anwendung findet. Dazu gehören also Rechtsverordnungen, Gemeinschaftsrecht[509] und sogar nicht gesetztes Recht, zum Beispiel Gewohnheitsrecht. Verkehrssitten, Handelsbräuche, (vom Bundeskartellamt genehmigte) Wettbewerbsregeln[510] und Standesregeln[511] sind hingegen nicht von § 4 Nr. 11 UWG umfasst. Wettbewerbs- und Standesregeln können aber eine indizielle Wirkung für die Qualifizierung einer Handlung als wettbewerbswidrig haben.[512] Verwaltungsrichtlinien[513] und technische Regeln[514] gehören auch nicht zu den Gesetzen iSv § 4 Nr. 11 UWG.

2. Marktbezug der Vorschrift

206   Die Regelung muss auch – aber nicht ausschließlich – einen Marktbezug haben. Das ist jeweils durch verfassungskonforme Auslegung zu ermitteln.[515] Der Gesetzgeber stellt darauf ab, ob die Vorschrift (auch) das Marktverhalten regelt. Marktverhalten ist jede Tätig-

---

[505] Richtlinie 2009/22/EG.
[506] *Köhler* WRP 2012, 638 (647).
[507] *Köhler* WRP 2012, 638 (647 f.).
[508] BGH GRUR 2006, 872 = NJW 2006, 3358 = WRP 2006, 1117.
[509] Nicht allerdings Richtlinien vor deren Umsetzung bzw. vor Ablauf deren Umsetzungsfrist: OLG Köln 6 U 4/09 = BeckRS 2009, 20202.
[510] *Köhler/Bornkamm* § 4 Rn. 11.29 f.
[511] *Köhler/Bornkamm* § 4 Rn. 11.32.
[512] Ein „Automatismus", wonach ein Verstoß gegen Standesregeln zugleich wettbewerbswidrig ist, besteht jedoch nicht: BGH I ZR 157/08 = GRUR 2011, 431 – FSA-Kodex.
[513] Vgl. BGH GRUR 1984, 665 = NJW 1985, 1623 = WRP 1984, 399 – Werbung in Schulen.
[514] *Köhler/Bornkamm* § 4 Rn. 11.31.
[515] Vgl. BVerfG GRUR 2003, 966 = NJW 2003, 3470 = WRP 2003, 1209 – Internetwerbung von Zahnärzten.

keit auf dem Markt, also auch zum Beispiel Imagewerbung. Unternehmerische Maßnahmen, die nicht auf dem Markt stattfinden – zum Beispiel die Entlassung von Mitarbeitern, die Produktion oder Forschung und Entwicklung – gehören nicht dazu. Die Vorschrift muss im Interesse der Marktteilnehmer – Mitbewerber, Verbraucher, Nachfrager und Anbieter – das Marktverhalten regeln. Deshalb gehört etwa das früher als „wertneutral" angesehene Ladenschlussgesetz heute zu den von § 4 Nr. 11 UWG geschützten Normen. Denn es schützt jedenfalls auch die Interessen der Mitbewerber. Marktzutrittsregelungen gehören nicht zum Schutzbereich des § 4 Nr. 11 UWG und sind auch nicht von § 3 UWG erfasst.[516] Solche Regelungen sind etwa handels- und gesellschaftsrechtliche Wettbewerbsverbote (zB §§ 60, 86 Abs. 1, 112 HGB)[517] oder kommunalrechtliche Vorschriften zur Begrenzung der erwerbswirtschaftlichen Betätigung von Gemeinden und kommunalen Unternehmen.[518]

Vorschriften ohne Marktbezug sind

- Vorschriften über den Umweltschutz,[519]
- über den Tierschutz,[520]
- Arbeitnehmerschutzvorschriften, soweit es nicht um Tariflohnvereinbarungen geht,[521]
- steuerrechtliche Regelungen,[522]
- Regelungen zum Schutz des geistigen Eigentums (zB Urheber-, Marken- oder Patentrecht),[523]
- Straßen- und Wegerecht sowie Verkehrsvorschriften.[524]

Keine Marktverhaltensregeln sind ua das Bäckerei-Arbeitszeitgesetz[525], die BOKraft[526], § 12 BORA (unmittelbare Kontaktaktaufnahme mit der gegnerischen Partei)[527], § 15 FernmeldeanlagenG[528], die presserechtliche Impressumspflicht[529] oder §§ 130, 131 StGB.[530] Auch datenschutzrechtliche Regelungen[531] – mit Ausnahme von § 28 Abs. 4 BDSG – gehören wohl ebenso wenig dazu. Das ist allerdings umstritten.[532] Erfasst etwa ein Internetanbieter Daten personenbezogen und ohne Zustimmung des Nutzers, verletzt er zwar das Persönlichkeitsrecht des Nutzers[533] und die datenschutzrechtlichen Bestimmungen. Trotzdem greift § 4 Nr. 11 UWG nicht ein.[534] Inwieweit die datenschutzrechtliche Regelung in § 13 TMG das Marktverhalten regelt, ist ebenfalls umstritten.[535]

---

[516] Vgl. BGH GRUR 2002, 269 – Sportwetten-Genehmigung.

[517] *Köhler/Bornkamm* § 4 Rn. 11.46.

[518] *Köhler/Bornkamm* § 4 Rn. 11.47.

[519] BGHZ 144, 255 = GRUR 2000, 1076 = NJW 2000, 3352 = WRP 2000, 1116 – Abgasemissionen.

[520] BGHZ 130, 182 = GRUR 1995, 817 = NJW 1996, 122 = WRP 1996, 6 – Legehennenhaltung.

[521] *Köhler/Bornkamm* § 4 Rn. 11.38; BGHZ 120, 320 = NJW 1993, 1010 = WRP 1993, 314 – Tariflohnunterschreitung.

[522] *Köhler/Bornkamm* § 4 Rn. 11.39.

[523] Vgl. zum Urheberrecht etwa BGHZ 140, 183 = GRUR 1999, 325 = NJW 1999, 1654 = WRP 1999, 417 – Elektronische Pressearchive und BGH GRUR 2003, 958 = NJW 2003, 3406 = WRP 2003, 1341 – Paperboy.

[524] *Köhler/Bornkamm* § 4 Rn. 11.41.

[525] *Köhler/Bornkamm* § 4 Rn. 11.145 und 11.161.

[526] Verordnung über den Betrieb von Kraftfahrunternehmen im Personenverkehr; vgl. zu § 10 BOKraft BGH GRUR 1986, 621 = NJW-RR 1986, 840 = WRP 1986, 380 – Taxen-Farbanstrich.

[527] OLG Nürnberg NJW 2005, 158 (159).

[528] *Köhler/Bornkamm* § 4 Rn. 11.179.

[529] BGH GRUR 1989, 830 = NJW 1990, 1991 = WRP 1990, 250 – Impressumpflicht.

[530] BGH I ZR 18/04 = GRUR 2007, 890 NJW 2008, 258 – Jugendgefährdende Medien bei eBay.

[531] *Köhler/Bornkamm* § 4 Rn. 11.42 und OLG Stuttgart GRUR-RR 2007, 330 – Weitergabe von Kundendaten. AA OLG München 29 U 3926/11 = GRUR-RR 2012, 395 = BeckRS 2012, 04407 = WRP 2012, 756.

[532] OLG Oldenburg WRP 2007, 685 = BeckRS 2007, 07952 – Knabberohren. Zu § 13 Abs. 1 TMG siehe KG 5 W 88/11 = GRUR-RR 2012, 19 – Gefällt-mir-Button.

[533] Siehe zum Recht auf informationelle Selbstbestimmung nur die Entscheidung des BVerfG NJW 1984, 419 – Volkszählung.

[534] Vgl. *Köhler/Bornkamm* § 4 Rn. 11.42.

[535] Bejahend OLG Hamburg 3 U 26/12 = BeckRS 2013, 11804 = WRP 2013, 1203. Ablehnend KG 5 W 88/11 = GRUR-RR 2012, 19 – Gefällt-mir-Button.

Zum Fall „Kraftfahrzeuganhänger mit Werbeschildern":

208   Zweck und Schutzgut der Bestimmung des HessStrG ist ausschließlich der Bereich des öffentlichen Straßenrechts. Danach sollen, so der BGH, Gefahren für den Verkehr ausgeschlossen oder jedenfalls gemindert werden. Die Vorschrift diene daher dem Schutz der im Rahmen des Gemeingebrauchs liegenden Nutzungsmöglichkeit der öffentlichen Straße. Bei der Entscheidung über einen Antrag auf Sondernutzung geht es nicht um den Wettbewerb bei der Außenwerbung, sondern um die örtlichen Gegebenheiten. Daher diene die Regelung im HessStrG weder dem Schutz der Mitbewerber noch der Verbraucher oder dem Schutz der übrigen Marktteilnehmer. Eine Wettbewerbswidrigkeit nach §§ 3, 4 Nr. 11 UWG scheidet also aus.[536]

3. Verstoß gegen eine Vorschrift

209   Die Anforderungen an die Erfüllung des Tatbestandes von § 4 Nr. 11 UWG sind gering. Zwar muss der Tatbestand der *verletzten Vorschrift* – einschließlich etwaiger subjektiver Elemente wie Verschulden – vollständig erfüllt sein.[537] Es kommt jedoch nicht darauf an, ob der Verstoß bewusst erfolgt. Es genügt der objektive Verstoß.[538] Unbeachtlich soll auch ein entschuldbarer Rechtsirrtum sein,[539] da es, so *Köhler*, bei § 4 Nr. 11 UWG auf ein Verschulden nicht ankomme.[540] Es könne lediglich die für einen Unterlassungsanspruch erforderliche Wiederholungsgefahr[541] entfallen, wobei es dann dem Handelnden trotzdem zuzumuten sei, eine strafbewehrte Unterlassungserklärung abzugeben.[542] Dieser Vorschlag ist nicht recht nachvollziehbar, da ein Anspruch auf eine *strafbewehrte* Unterlassungserklärung gerade nicht besteht, wenn die Wiederholungsgefahr zu verneinen ist. Es besteht dann gegebenenfalls Erstbegehungsgefahr, dass der Handelnde nun in Kenntnis des Wettbewerbsverstoßes erneut wettbewerbswidrig handelt. Die Erstbegehungsgefahr kann jedoch durch eine einfache und ernsthafte nicht strafbewehrte Erklärung ausgeschlossen werden.[543] *Köhler* bietet ein Korrektiv über die Bagatellklausel in § 3 UWG an. Demnach soll ein entschuldbarer Verstoß in der Regel nicht geeignet sein, zu einer nicht nur unerheblichen Verfälschung des Wettbewerbs zum Nachteil der übrigen Marktteilnehmer zu führen. Wie aber ist dann der Fall zu lösen, dass etwa eine große Handelskette – vorausgesetzt: entschuldbar – gegen das Ladenschlussgesetz verstößt und durch den Verstoß bundesweit einen Mehrumsatz in Millionenhöhe erzielt? Dann würde auch die Bagatellklausel in § 3 UWG kaum weiterhelfen. Richtig wird also wohl sein, den Verstoß gegen § 4 Nr. 11 UWG zu bejahen und dann beim Unterlassungsanspruch das Bestehen einer Wiederholungsgefahr zu prüfen. Eine **Ausnahme, wonach kein Verstoß gegen** § 4 Nr. 11 UWG vorliegt, gilt jedenfalls dann, wenn ein Verhalten durch einen Verwaltungsakt *ausdrücklich* erlaubt wurde und dieser Verwaltungsakt nicht nichtig ist.[544]Der Schadensersatzanspruch wiederum setzt ohnehin Verschulden voraus, das bei einem entschuldbaren Rechtsirrtum zu verneinen ist.

4. Übersicht über marktbezogene Vorschriften

210   Die Judikatur zur Wettbewerbswidrigkeit von Gesetzesverstößen nach § 1 UWG 1909 war schon unübersichtlich genug. Die nachstehende Übersicht kann deshalb nur den *status quo* zum Zeitpunkt der Manuskripterstellung (Januar 2014) wiedergeben – unter Einbezie-

---

[536] Ebenso OLG Köln BeckRS 2006, 11767 = WRP 2007, 102 zu den Vorschriften des Landesrettungsgesetzes Nordrhein-Westfalen.
[537] *Köhler/Bornkamm* § 4 Rn. 11.50.
[538] BGH GRUR 2005, 778 = NJW 2005, 2705 = WRP 2005, 1161 – Atemtest; *Köhler/Bornkamm* § 4 Rn. 11.52.
[539] So zu § 1 UWG 1909 etwa BGH GRUR 1997, 313 = NJW 1997, 2180 = WRP 1997, 325 – Architektenwettbewerb.
[540] *Köhler/Bornkamm* § 4 Rn. 11.54.
[541] → Rn. 532.
[542] *Köhler/Bornkamm* § 4 Rn. 11.54.
[543] → Rn. 594.
[544] BGH BGHZ 163, 265 = GRUR 2005, 778 = NJW 2005, 2705 = WRP 2005, 1161 – Atemtest und BGH GRUR 2008, 1014 = WRP 2008, 1335 – Amlodipin.

hung der Literaturmeinung, vor allem der Autoren des *Köhler/Bornkamm*.[545] Wenn eine Norm als marktbezogen angesehen wird, bedeutet das noch nicht, dass alle Normen dieses Gesetzes oder der Verordnung marktbezogen sind. Berufsrechtliche Werbebeschränkungen oder Werbeverbote sind in aller Regel von § 4 Nr. 11 UWG umfasst.[546] In der Übersicht sind spezielle Regelungen, die dem UWG vorgehen, nicht genannt. Das sind vor allem das GWB, das MarkenG, das Buchpreisbindungsgesetz[547] und die wettbewerbsrechtlichen Nebenregelungen. Letztere werden an anderer Stelle ohnehin gesondert abgehandelt.[548]

Marktbezogene Vorschriften sind demnach: 211

Aktiengesetz	§ 80[549]
Allgemeines Gleichbehandlungsgesetz	§§ 19, 20[550]
Altölverordnung	§ 8 Abs. 1 S. 2[551]
Apothekenbetriebsordnung	§ 25[552]
Apothekengesetz	§ 1 Abs. 2[553] § 1 Abs. 3, §§ 6, 7 iVm Apothekenbetriebsordnung[554]
Architekten: Eintragung in Architektenliste	§ 2 NWBauKG[555]
Arzneimittelgesetz	§ 2 Abs. 2, 3[556] § 10[557] § 21[558] § 43 Abs. 1 S. 1[559] § 73[560] § 78[561]
Arzneimittelpreisverordnung[562]	
BauO (Niedersachsen)	§ 28[563]
Berufsordnung der Rechtsanwältinnen und Rechtsanwälte[564]	§ 6[565] § 9[566]

---

[545] *Köhler/Bornkamm* § 4 Rn. 11.59 ff.
[546] Vgl. etwa zu den Regelungen für Ärzte *Köhler/Bornkamm* § 4 Rn. 11.106.
[547] *Köhler/Bornkamm* § 4 Rn. 11.141.
[548] → Rn. 435 ff.
[549] Allerdings in der Regel von der Bagatellklausel des § 3 UWG erfasst; vgl. *Köhler/Bornkamm* § 4 Rn. 11.159 und 11.164.
[550] *Köhler/Bornkamm* § 4 Rn. 11.157.
[551] OLG Hamburg 5 W 59/10 = GRUR-RR 2010, 479 = BeckRS 2010, 15748 – Altölrücknahme im Versandhandel und OLG Bamberg 3 U 113/11 = BeckRS 2011, 23518 = WRP 2012, 223.
[552] LG Oldenburg WRP 2007, 1123. Zu § 25 Nr. 2 ApoBetrO → BGH GRUR 2001, 352 = NJW 2001, 3411 = WRP 2001, 394 – Kompressionsstrümpfe.
[553] Vgl. BGH GRUR 1983, 249 = NJW 1983, 2085 = WRP 1983, 328 – Apothekenwerbung.
[554] Vgl. BGH GRUR 1981, 280 = WRP 1981, 205 – Apothekenbegünstigung und BGH GRUR 1981, 282 = WRP 1981, 203 – Apothekenbotin.
[555] BGH I ZR 68/09 Rn. 19 = GRUR 2010, 1115 = BeckRS 2010, 25399 – Freier Architekt.
[556] BGH I ZR 90/08 = GRUR 2010, 1140 = NJW-RR 2011, 49 – Mundspüllösung.
[557] Vgl. BGH GRUR 2003, 447 = NJW-RR 2003, 1038 = WRP 2003, 503 – Bricanyl II und *Köhler/Bornkamm* § 4 Rn. 11.119 und 11.160.
[558] Vgl. BGH GRUR 2002, 910 = NJW 2002, 3469 = WRP 2002, 1141 – Muskelaufbaupräparate und BGH GRUR 2005, 778 = NJW 2005, 2705 = WRP 2005, 1161 – Atemtest.
[559] *Köhler/Bornkamm* § 4 Rn. 11.153.
[560] Vgl. BGH GRUR 2002, 910 = NJW 2002, 3469 = WRP 2002, 1141 – Muskelaufbaupräparate.
[561] OLG Frankfurt a. M. WRP 1999, 674.
[562] Siehe *Köhler/Bornkamm* § 4 Rn. 11.138.
[563] BGH I ZR 10/03 = GRUR 2006, 82 = BeckRS 2005, 13394 – Betonstahl.
[564] *Köhler/Bornkamm* § 4 Rn. 11.59 ff.
[565] BGH GRUR 2005, 520 = NJW 2005, 1644 = WRP 2005, 738 – Optimale Interessenvertretung.
[566] Vgl. BGH GRUR 2004, 346 = NJW 2004, 1099 = WRP 2004, 485 – Rechtsanwaltsgesellschaft.

(Muster-)Berufsordnung für Ärzte[567]	§ 2[568] § 3 Abs. 2[569] §§ 17–35[570] § 27 Abs. 2[571] § 31[572] § 32[573] § 34 Abs. 1 und 5[574]
Berufsordnung für Ärzte (Bayern)	§§ 32, 33[575]
Bundesnotarordnung	§ 29 Abs. 1[576]
Bundesrechtsanwaltsordnung	§ 6 Abs. 4[577] § 7[578] § 10[579] § 27[580] § 28[581] § 43a Abs. 2[582] § 43a Abs. 4[583] § 43b[584] § 45 Abs. 1 Nr. 4[585] § 49b Abs. 2[586] § 49b Abs. 3 Satz 1[587] § 49b Abs. 4[588] § 59i[589] § 59k[590]

---

[567] Die Muster-Berufsordnung wurde mehrfach überarbeitet, zuletzt 2011.

[568] *Köhler/Bornkamm* § 4 Rn. 11.73 und 11.105 ff.

[569] BGH GRUR 2005, 875 (876) – Diabetesstreifen.

[570] Die Entscheidungen hierzu beziehen sich noch vielfach auf die Fassung vor 2004. Vgl. BGH GRUR 2003, 798 = NJW-RR 2003, 1288 = WRP 2003, 1107 – Sanfte Schönheitschirurgie und *Köhler/Bornkamm* § 4 Rn. 11.74.

[571] Vgl. BVerfG NJW 2002, 1331 und zur Berufsordnung für Ärzte Bayerns BVerfG GRUR 2006, 425 = NJW 2006, 282.

[572] BGH NJW 2005, 3718 = GRUR 2005, 1059 – Quersubventionierung von Laborgemeinschaften; OLG Stuttgart WRP 2007, 823 = BeckRS 2007, 08769 – Beteiligung eines Arztes an GbR.

[573] Vgl. OLG Schleswig GRUR 2004, 171 = NJW 2004, 1745.

[574] Vgl. BGH GRUR 2000, 1080 = NJW 2000, 2745 = WRP 2000, 1121 – Verkürzter Versorgungsweg.

[575] OLG München 29 U 2026/08 = GRUR-RR 2012, 260 = BeckRS 2012, 00657 – Arzt-Seminare 2007.

[576] BVerfG GRUR 1998, 71 = NJW 1997, 2510 = WRP 1997, 1046 – Notarwerbung.

[577] BGH GRUR 1997, 473 (475) – Versierter Ansprechpartner und BVerfG NJW 1994, 123.

[578] *Köhler/Bornkamm* § 4 Rn. 11.99 f.

[579] OLG Jena 2 U 569/10 = GRUR-RR 2012, 29 = WRP 2011, 784.

[580] BVerfGE 72, 26 = NJW 1986, 1801 und BGH NJW-RR 1999, 496 – Residenzpflicht I.

[581] BGH GRUR 1998, 835 = NJW 1998, 2553 = WRP 1998, 729 – Zweigstellenverbot.

[582] So *Köhler/Bornkamm* § 4 Rn. 11.60; aA OLG Köln GRUR-RR 2006, 166 (167) und Harte-Bavendamm/Henning-Bodewig/*v. Jagow* § 4 Rn. 65.

[583] BVerfG NJW 2003, 2520 und BGH GRUR 2003, 349 = NJW 2003, 819 = WRP 2003, 374 – Anwaltshotline.

[584] *Köhler/Bornkamm* § 4 Rn. 11.85 ff.; BGHZ 147, 71 = GRUR 2002, 84 = NJW 2001, 2087 = WRP 2001, 923 – Anwaltswerbung II und BGH GRUR 2005, 520 = NJW 2005, 1644 = WRP 2005, 738 – Optimale Interessenvertretung.

[585] So *Köhler/Bornkamm* § 4 Rn. 11.60; aA BGH GRUR 2001, 354 = NJW 2001, 1089 = WRP 2001, 255 – Verbandsklage gegen Vielfachabmahner.

[586] So *Köhler/Bornkamm* § 4 Rn. 11.60.

[587] BVerfG GRUR 2008, 618 Rn. 24. – Anwaltsdienste bei eBay.

[588] So *Köhler/Bornkamm* § 4 Rn. 11.60; aA OLG Köln GRUR-RR 2006, 166 (167) und Harte-Bavendamm/Henning-Bodewig/*v. Jagow* § 4 Rn. 65.

[589] BGH GRUR 1998, 835 = NJW 1998, 2553 = WRP 1998, 729 – Zweigstellenverbot.

[590] Vgl. BGH GRUR 2004, 346 = NJW 2004, 1099 = WRP 2004, 485 – Rechtsanwaltsgesellschaft.

Bürgerliches Gesetzbuch	§§ 307 ff.[591] § 312c Abs. 1 Nr. 1 iVm § 1 Abs. 1 Nr. 1 und 2 BGB-InfoV[592] §§ 312, 312d[593] § 312g Abs. 1 Nr. 2[594] § 355 Abs. 2 S. 1[595] § 475 Abs. 1 Satz 1[596] § 477 Abs. 1[597] § 651a Abs. 4[598] § 651k Abs. 4, 5[599] Nicht dagegen: §§ 305 ff.[600]
BGB-Informationspflichten-Verordnung	§ 2 Abs. 1 Nr. 1[601] §§ 4, 6 Abs. 2, 3[602]
DL-InfoV	§ 2 Abs. 1 Nr. 11[603]
EGBGB	Art. 248 §§ 1–19[604]
Europa: AEUV	Art. 108 Abs. 3 S. 3[605]
Chemikaliengesetz	§ 15a[606]
Datenschutzrecht[607]	
Diätverordnung	§ 1 Abs. 4a[608]
Dienstleistungs-InfoVO[609]	
Eichgesetz	§ 7 Abs. 2[610]

---

[591] *Köhler/Bornkamm* § 4 Rn. 11.156a ff. Vgl. BGH I ZR 34/08 Rn. 27 f. = GRUR 2010, 1117 = NJW 2011, 76 – Gewährleistungsausschluss im Internet.

[592] BGH GRUR 2002, 720 = NJW 2002, 2391 = WRP 2002, 832 – Postfachanschrift; BGH I ZR 66/08 Rn. 12 = GRUR 2010, 1142 = BeckRS 2010, 25398 – Holzhocker. AA KG 5 W 204/12 = GRUR-RR 2013, 123 hinsichtlich der Verpflichtung, bei juristischen Personen zusätzlich den Vertretungsberechtigten im Internet anzugeben.

[593] Vgl. BGH GRUR 1990, 46 = NJW 1990, 181 = WRP 1990, 278 – Heizgeräte-Vertrieb und *Köhler/Bornkamm* § 4 Rn. 11.170; ggf. auch Verstoß gegen § 4 Nr. 2 UWG, vgl. BGH GRUR 2003, 252 = NJW-RR 2003, 1481 = WRP 2003, 266 – Widerrufsbelehrung IV; kein Verstoß aber bei einer Werbung im Hörfunk: BGH GRUR 2003, 971 = NJW 2003, 3343 = WRP 2003, 1347 – Telefonischer Auskunftsdienst; siehe auch BGH I ZR 66/08 Rn. 12 = GRUR 2010, 1142 = BeckRS 2010, 25398 – Holzhocker.

[594] OLG Hamm I-4 U 134/12; *Köhler/Bornkamm* § 4 Rn. 11.163.

[595] Vgl. BGH GRUR 2002, 1085 = NJW 2002, 3396 = WRP 2002, 1263 – Belehrungszusatz; BGH I ZR 66/08 Rn. 12 = GRUR 2010, 1142 = BeckRS 2010, 25398 – Holzhocker.

[596] BGH I ZR 34/08 Rn. 27 f. = GRUR 2010, 1117 = NJW 2011, 76 – Gewährleistungsausschluss im Internet.

[597] BGH I ZR 133/09 Rn. 22 = GRUR 2011, 638 = BeckRS 2011, 13864 – Werbung mit Garantie, allerdings im konkreten Fall einen Wettbewerbsverstoß verneinend.

[598] Vgl. OLG Frankfurt a. M. GRUR 2002, 727 = NJW-RR 2002, 1264.

[599] Vgl. BGH GRUR 2000, 731 = NJW 2000, 1639 = WRP 2000, 633 – Sicherungsschein.

[600] OLG Köln GRUR-RR 2007, 285 = NJW 2007, 3647 = WRP 2007, 1111.

[601] Siehe *Köhler/Bornkamm* § 4 Rn. 11.163.

[602] OLG Celle 11U 82/12 = BeckRS 2013, 02821; *Köhler/Bornkamm* § 4 Rn. 11.142 und 11.163.

[603] OLG Hamm 4 U 159/12 = GRUR-RR 2013, 339 = NJW-RR 2013, 1054.

[604] *Köhler/Bornkamm* § 4 Rn. 11.172d.

[605] BGH I ZR 136/09 = GRUR 2011, 444 = BeckRS 2011, 05635 – Flughafen Frankfurt-Hahn und BGH I ZR 209/09 = GRUR-RR 2012, 157 BeckRS 2012, 02660 – Flughafen Berlin-Schönefeld.

[606] OLG Hamburg GRUR 2008, 94.

[607] → Rn. 207. *Köhler/Bornkamm* § 4 Rn. 11.42 und OLG Stuttgart GRUR-RR 2007, 330 – Weitergabe von Kundendaten. AA OLG München 29 U 3926/11 = GRUR-RR 2012, 395 = BeckRS 2012, 04407 = WRP 2012, 756. §§ 28 ff. BDSG sind Marktverhaltensregelungen: *Linsenbarth/Schiller* WRP 2013, 576 (579).

[608] BGH I ZR 8/11 = GRUR 2012, 734 = BeckRS 2012, 10918 – Glucosamin Naturell.

[609] *Köhler/Bornkamm* § 4 Rn. 11.142, 11.157 f., 11.163a und 11.172b.

[610] Vgl. BGH GRUR 1982, 118 = NJW 1982, 236 = WRP 1982, 88 – Kippdeckeldose.

Elektrogesetz	§ 6 Abs. 2 S. 5[611]
Energiewirtschaftsgesetz	§ 42 Abs. 1, 2[612]
Fahrlehrergesetz	§ 1 Abs. 1 S. 1[613] § 19[614]
Fertigpackungsverordnung[615]	
Gasverbrauchseinrichtungs-Verordnung[616]	
Gebührenordnung für Ärzte	§ 5[617]
Gefahrstoffverordnung	§ 10 Abs. 3[618] § 12 Abs. 7[619]
Geflügelfleisch-Vermarktungsverordnung (VO (EWG) Nr. 1538/91)	Art. 10 Abs. 1[620]
Gen-Nahrungsmittelverordnung (VO (EG) Nr. 1829/2003)	Art. 3 Abs. 1[621] Art. 4 Abs. 2[622]
Genossenschaftsgesetz	§ 25a[623]
Gesetz gegen unlauteren Wettbewerb[624]	§ 16 § 17
Gesetz gegen Wettbewerbsbeschränkungen[625]	
Gesetz über technische Arbeitsmittel und Verbraucherprodukte	§ 4[626]
Gewerbeordnung	§ 15[627] § 30 § 33a § 33c[628] § 33d[629] § 33i § 34 § 34a § 34b § 34c[630] § 34d[631]

[611] *Köhler/Bornkamm* § 4 Rn. 11.155b.

[612] *Köhler/Bornkamm* § 4 Rn. 11.131d. Im Verhältnis zum Verbraucher handelt es sich jedoch nicht um eine Marktverhaltensregelung OLG Frankfurt a. M. 11 U 5/11 (Kart) = GRUR-Prax 2012, 17.

[613] Vgl. BGH GRUR 1991, 768 = NJW-RR 1991, 1139 = WRP 1991, 581 – Fahrschulunterricht.

[614] BGH I ZR 187/02 = GRUR 2004, 960 = NJW-RR 2004, 1557 – 500 DM-Gutschein für Autokauf (zulässig); LG Stade WRP 2007, 691 – 15 % Rabatt.

[615] Vgl. BGH GRUR 1995, 760 = NJW 1995, 2988 = WRP 1995, 824 – Frischkäsezubereitung.

[616] BGH I ZR 26/08 = GRUR 2010, 1122 = BeckRS 2010, 26826 – Gas-Heizkessel.

[617] *Köhler/Bornkamm* § 4 Rn. 11.139.

[618] OLG Zweibrücken GRUR-RR 2003, 13.

[619] Ebenda.

[620] BGH I ZR 119/03 = BeckRS 2004, 00047 – Tiergerechte Aufzucht; OLG Oldenburg GRUR-RR 2003, 283.

[621] → *Köhler/Bornkamm* § 4 Rn. 11.149.

[622] → *Köhler/Bornkamm* § 4 Rn. 11.149.

[623] *Köhler/Bornkamm* § 4 Rn. 11.163b.

[624] *Köhler/Bornkamm* § 4 Rn. 11.173.

[625] BGH GRUR 2005, 960 = NJW-RR 2005, 1562 = WRP 2005, 1412 – Friedhofsruhe; *Köhler/Bornkamm* § 4 Rn. 11.180a.

[626] *Köhler/Bornkamm* § 4 Rn. 11.155a.

[627] *Köhler/Bornkamm* § 4 Rn. 11.163b.

[628] OLG Saarbrücken WRP 2003, 777.

[629] Ebenda.

[630] BGH GRUR 1976, 635 = NJW 1976, 1635 = WRP 1976, 546 – Sonderberater in Bausachen.

[631] *Köhler/Bornkamm* § 4 Rn. 11.82.

Glücksspielstaatsvertrag[632]	§ 4 Abs. 4[633] § 5 Abs. 1, 2 S. 1[634]
GmbH-Gesetz	§ 35a[635]
Handelsgesetzbuch[636]	§§ 37a, 125a[637] § 161 § 177a §§ 29, 31, 53, 106
Handwerksordnung	§ 1[638]
Health-Claims-VO[639] (VO (EG) Nr. 1924/2006)	
Heilmittelwerbegesetz[640]	
Heilpraktikergesetz	§ 1 Abs. 1[641]
Honorarordnung für Architekten und Ingenieure	§ 7[642]
Jugendmedienschutzstaatsvertrag[643]	§ 4 Abs. 2[644] § 5[645]
Jugendschutzgesetz[646]	
Kommunale Satzungen bei erwerbswirtschaftlicher Tätigkeit der Gemeinde[647]	
Kosmetikverordnung	§ 4 Abs. 1[648] § 5 Abs. 1 Nr. 1[649]
Ladenschlussgesetz[650]	
Lebensmittel- und Bedarfsgegenständegesetz[651]	§ 17 Abs. 1 Nr. 5[652]

---

[632] *Köhler/Bornkamm* § 4 Rn. 11.137b ff. und 11.172e.

[633] BGH I ZR 93/10 Rn. 23 f. = GRUR 2012, 201 = BeckRS 2011, 27467 – Poker im Internet.

[634] OLG München GRUR-RR 2008, 310 = WRP 2008, 972 – Jackpot-Werbung und OLG München 29 U 5351/08 = BeckRS 2009, 16644 (rk, siehe BGH I ZR 88/09); *Köhler/Bornkamm* § 4 Rn. 11.137b.

[635] Allerdings in der Regel von der Bagatellklausel des § 3 UWG erfasst; vgl. OLG Düsseldorf NJW-RR 2004, 41 und *Köhler/Bornkamm* § 4 Rn. 11.164.

[636] *Köhler/Bornkamm* § 4 Rn. 11.165.

[637] → § 35a GmbHG.

[638] Vgl. BGH GRUR 1993, 397 = NJW 1993, 363 = WRP 1993, 178 – Trockenbau; nach *Köhler/Bornkamm* § 4 Rn. 11.79 heute fraglich. Aber als Verstoß gegen § 4 Nr. 11 UWG wertend OLG Frankfurt a. M. GRUR 2005, 695 und BGH I ZR 222/11 = GRUR 2013, 1056 = WRP 2013, 1336 – Meisterpräsenz.

[639] *Köhler/Bornkamm* § 4 Rn. 11.137a.

[640] → Rn. 436 ff.; *Köhler/Bornkamm* § 4 Rn. 11.133 ff.

[641] BGH GRUR 1992, 175 = NJW-RR 1992, 430 = WRP 1992, 307 – Ausübung der Heilkunde zu § 4 HOAI aF sowie *Köhler/Bornkamm* § 4 Rn. 11.78.

[642] Vgl. BGH GRUR 2003, 969 = NJW-RR 2003, 1685 = WRP 2003, 1350 – Ausschreibung von Vermessungsleistungen, BGH GRUR 1997, 313 = NJW 197, 2180 = WRP 1997, 325 – Architektenwettbewerb und *Köhler/Bornkamm* § 4 Rn. 11.139.

[643] Siehe *Köhler/Bornkamm* § 4 Rn. 11.180.

[644] LG Duisburg ZUM 2004, 933, OLG Stuttgart 2 U 161/12 = JMS-Report 2013, 84.

[645] LG Leipzig GRUR-RR 2007, 143 – virtueller Videorekorder.

[646] Siehe *Köhler/Bornkamm* § 4 Rn. 11.180; BGHZ 173, 188 = GRUR 2007, 890 = NJW 2008, 758 = WRP 2007, 1173 – Jugendgefährdende Medien bei eBay; OLG Koblenz GRUR 2005, 266.

[647] BGH GRUR 2005, 960 = NJW-RR 2005, 1562 = WRP 2005, 1412 – Friedhofsruhe.

[648] Vgl. BGH GRUR 1994, 642 = NJW-RR 1994, 1067 = WRP 1994, 527 – Chargennummer.

[649] Vgl. BGHZ 142, 192 = GRUR 1999, 1109 = NJW 1999, 3034 = WRP 1999, 1026 – Entfernung der Herstellungsnummer I und BGHZ 148, 26 = GRUR 2001, 841 = WRP 2001, 918 – Entfernung der Herstellungsnummer II.

[650] Vgl. BGH GRUR 1996, 786 = NJW 1996, 2577 = WRP 1996, 1020 – Blumenverkauf an Tankstellen und *Köhler/Bornkamm* § 4 Rn. 11.144.

[651] Aufgehoben zum 6.9.2005 und ersetzt durch das Lebensmittel- und Futtermittelgesetzbuch.

[652] Vgl. BGH GRUR 1997, 306 = NJW-RR 1997, 680 = WRP 1997, 302 – Naturkind.

	§ 18[653]
	§ 22[654]
	§ 27[655]
Lebensmittel- und Futtermittelgesetzbuch	§§ 5 ff.[656]
	§ 11 Abs. 1[657]
	§ 12[658]
	§ 17[659]
	§ 26[660]
	§ 27[661]
	§ 30[662]
Neuartige Lebensmittel-VO (VO (EG) Nr. 258/97)[663]	
Lebensmittelkennzeichnungsverordnung	§ 3 Abs. 1 Nr. 4[664]
	§ 6[665]
Loskennzeichnungsverordnung[666]	
Luftverkehrsdienste-VO (VO (EG) Nr. 1008/2008)	Art. 23[667]
Medizinproduktegesetz	§§ 3, 6, 7[668]
Messeinheitengesetz	§ 1 Abs. 1 iVm Einheiten-verordnung[669]
Mineral- und Tafelwasserverordnung	§ 15[670]
Nährwert-Kennzeichnungsverordnung[671]	
OrdnungswidrigkeitenG	§§ 119, 120[672]
Personenbeförderungsgesetz	§§ 2 Abs. 1, 13 Abs. 1[673]
	§ 47 Abs. 2 Satz 1 und 2[674]
	49 IV[675]

[653] Vgl. BGH GRUR 1999, 1007 = NJW-RR 1999, 1565 = WRP 1999, 915 – Vitalkost.

[654] Sofern zusätzliche, die Wettbewerbswidrigkeit begründende Umstände vorliegen: BGH NJW-RR 1988, 677 = WRP 1988, 237 – In unserem Haus muss alles schmecken.

[655] Vgl. BGH GRUR 1997, 537 = NJW-RR 1997, 931 = WRP 1997, 721 – Lifting-Creme.

[656] BGH GRUR 2004, 1037 = WRP 2004, 1481 – Johanniskraut.

[657] OLG München GRUR-RR 2006, 139.

[658] BGH GRUR 2008, 1118 = NJW-RR 2009, 50 = WRP 2008, 1513 – Mobil Plus-Kapseln.

[659] *Köhler/Bornkamm* § 4 Rn. 11.152.

[660] *Köhler/Bornkamm* § 4 Rn. 11.152.

[661] BGH GRUR 1997, 537 = NJW-RR 1997, 931 = WRP 1997, 721 – Lifting-Creme (zu § 27 LMBG); BGH I ZR 23/07 = GRUR 2010, 359 = NJW-RR 2010, 610 – Vorbeugen mit Coffein!.

[662] *Köhler/Bornkamm* § 4 Rn. 11.152.

[663] *Köhler/Bornkamm* § 4 Rn. 11.149b.

[664] OLG Köln GRUR 1999, 1023.

[665] Ebenda.

[666] Siehe *Köhler/Bornkamm* § 4 Rn. 11.128.

[667] LG Leipzig 2 HKO 1900/09 = BeckRS 2010, 280429 = WRP 2010, 959; OLG Dresden 14 U 551/10 = GRUR 2011, 248 – fluege.de.

[668] Vgl. BGH GRUR 2008, 922 = NJW-RR 2008, 1623 = WRP 2008, 1333 – In-vitro-Diagnostika und OLG Hamburg GRUR-RR 2003, 251 = NJW-RR 1999, 1565 = WRP 1999, 915.

[669] *Köhler/Bornkamm* § 4 Rn. 11.121. Ggf. aber lediglich nach heutigem Recht Bagatellverstoß, vgl. BGH GRUR 1995, 427 = NJW 1995, 1756 = WRP 1997, 495- Zollangaben, BGH GRUR 1994, 220 = NJW 1994, 456 = WRP 1994, 104 – PS-Werbung II.

[670] Vgl. BGH GRUR 2002, 1091 = NJW-RR 2002, 1615 = WRP 2002, 1267 – Bodenseetafelwasser.

[671] Siehe *Köhler/Bornkamm* § 4 Rn. 11.129.

[672] BGH I ZR 241/03 = GRUR 2006, 1042 = NJW 2006, 3490 – Kontaktanzeigen.

[673] KG GRUR 2007, 515 (516).

[674] BGH I ZR 191/11 = GRUR 2013, 412 = WRP 2013, 486 – Personenbeförderung.

[675] BVerfGE 81, 70 = GRUR 1990, 199 = NJW 1990, 1349 – Rückkehrgebot und BGH GRUR 1990, 49 = NJW-RR 1989, 1437 – Rückkehrpflicht II. Zu § 49 Abs. 4 Satz 5 PBefG BGH I ZR 154/10 Rn. 12 = GRUR 2012, 645 – Mietwagenwerbung. § 49 Abs. 4 Satz 4 PBefG ist hingegen keine Marktverhaltensregelung *Köhler/Bornkamm* § 4 Rn. 11.83.

Pflanzenschutzgesetz	§§ 11, 20[676] § 16c[677]
Pkw-Energieverbrauchskennzeichnungsverordnung[678]	
Postgesetz	§ 5 Abs. 1[679]
Preisangabenverordnung[680]	§ 5 Abs. 2[681]
(Landes-)Pressegesetze (Kennzeichnung entgeltlicher Veröffentlichungen)[682]	
Rechtsanwaltsvergütungsgesetz[683]	
Rechtsberatungsgesetz	Art. 1 § 1[684]
Rechtsdienstleistungsgesetz[685]	
Rettungsgesetz Nordrhein-Westfalen	§ 18[686]
Rundfunkstaatsvertrag	§ 7 Abs. 10[687] § 9b Abs. 2[688] § 55[689]
Brandenburg (Schulgesetz)	§ 47 Abs. 3[690]
Steuerberatungsgesetz	§ 5[691] § 34 Abs. 2 S. 2[692] § 57 Abs. 1[693] § 57a[694]
Strafgesetzbuch	§ 132a Abs. 1 Nr. 2 und 3[695] § 184 Abs. 2[696] § 259[697] § 263[698]

[676] Vgl. BGH GRUR 2003, 254 = NJW-RR 2003, 327 =WRP 2003, 268 – Zulassungsnummer III.

[677] BGH I ZR 81/10 = GRUR 2012, 945 = BeckRS 2012, 18239 – Tribenuronmethyl.

[678] BGH I ZR 190/10 = GRUR 2012, 842 = NJW 2012, 2276 – Neue Personenkraftwagen.

[679] Vgl. BGH GRUR 2003, 250 = NJW-RR 2003, 1622 – Massenbriefsendungen aus dem Ausland und *Köhler/Bornkamm* § 4 Rn. 11.150.

[680] BGH GRUR 2003, 971 = NJW 2003, 3343 = WRP 2003, 1347 – Telefonischer Auskunftsdienst; weitere Nachweise bei *Köhler* GRUR-RR 2007, 337; siehe auch Rn. 459 ff.

[681] BGH I ZR 111/11 Rn. 9 – Preisverzeichnis bei Mietwagenangebot.

[682] → Rn. 204a.

[683] OLG Stuttgart NJW 2007, 924 = GRUR-RR 2007, 211 – Pauschalgebühr von 20 Euro (als zulässig angesehen); *Köhler/Bornkamm* § 4 Rn. 11.139.

[684] BGH GRUR 2003, 886 = NJW 2003, 3046 = WRP 2003, 1103 – Erbenermittler, BGH GRUR 2002, 987 = NJW 2002, 2882 = WRP 2002, 956 – Wir Schuldenmacher oder BGH GRUR 2004, 253 = NJW 2004, 847 = WRP 2004, 487 – Rechtsberatung durch Automobilclub; kein Verstoß gegen Art. 1 § 1 RBerG: BGH GRUR 1998, 956 = NJW 1998, 3563 = WRP 1998, 976 – Titelschutzanzeigen für Dritte oder BGH GRUR 2002, 993 = NJW 2002, 2879 = WRP 2002, 970 – Wie bitte?!.

[685] *Köhler/Bornkamm* § 4 Rn. 11.63.

[686] BGH I ZR 141/06 Rn. 14 = GRUR 2009, 881; → Rn. 37.

[687] *Köhler/Bornkamm* § 4 Rn. 11.137i.

[688] *Köhler/Bornkamm* § 4 Rn. 11.168.

[689] *Köhler/Bornkamm* § 4 Rn. 11.168.

[690] BGH I ZR 112/03 = NJW 2006, 225 = GRUR 2006, 77 = WRP 2006, 72 – Schulfotoaktion.

[691] BGHZ 98, 330 = GRUR 1987, 172 = NJW 1987, 1323 = WRP 1987, 446 – Unternehmensberatungsgesellschaft I.

[692] BGH GRUR 2001, 348 = NJW-RR 2001, 851 = WRP 2001, 397 – Beratungsstelle im Nahbereich.

[693] BGHZ 98, 337 = GRUR 1987, 176 = NJW 1987, 1326 = WRP 1987, 450 – Unternehmensberatungsgesellschaft II.

[694] Vgl. zu § 43b BRAO und *Köhler/Bornkamm* § 4 Rn. 11.104.

[695] OLG Düsseldorf I-20 U 177/08 = GRUR-RR 2011, 10 = BeckRS 2010, 18099 – Griechischer Wirtschaftsprüfer; OLG Köln 6 U 218/11 = BeckRS 2012, 18157 = WRP 2012, 1449.

[696] LG Duisburg ZUM 2004, 933.

[697] → *Köhler/Bornkamm* § 4 Rn. 11.179.

[698] Ebenda.

	§ 284[699]
	§ 287[700]
	§ 298[701]
	§ 299[702]
	§§ 331, 333[703]
	§ 352[704]
Vorläufiges Tabakgesetz	§ 17 Abs. 1 Nr. 5[705]
	§§ 21a, 22[706]
Tabaksteuergesetz	§ 24[707]
Tabakprodukt-Verordnung[708]	
Telemediengesetz	§§ 5, 6[709]
	§ 13[710]
Telekommunikationsgesetz	§ 29[711]
	§§ 66a–c[712]
	§ 66d[713]
Textilkennzeichnungsgesetz[714]	
Verbrauchsgüterkaufrichtlinie[715]	
Verpackungs-Verordnung[716]	
Weingesetz	§ 25[717]
WeinbezeichnungsVO (VO (EWG) Nr. 2392/89)[718]	
Weinmarktordnung (VO (EWG) Nr. 882/87)[719]	
Wertpapier-Handelsgesetz	§ 31[720]
Wirtschaftsprüferordnung	§ 52[721]

---

[699] Vgl. BGH GRUR 2002, 636 = NJW 2002, 2175 = WRP 2002, 688 – Sportwetten und BGHSt 34, 171 = NJW 1987, 851.

[700] Vgl. *Köhler/Bornkamm* § 4 Rn. 11.178.

[701] → *Köhler/Bornkamm* § 4 Rn. 11.174.

[702] Ebenda, Rn. 11.175.

[703] BGH 3 StR 492/10 = BeckRS 2011, 19181 = WRP 2011, 1203 und BGH I ZR 112/03 = NJW 2006, 225 = GRUR 2006, 77 = WRP 2006, 72 – Schulfotoaktion. AA *Köhler/Bornkamm* § 4 Rn. 11.179 (auch zu §§ 332, 334 StGB).

[704] Vgl. BGH GRUR 2003, 349 = NJW 2003, 819 = WRP 2003, 374 – Anwaltshotline.

[705] *Köhler/Bornkamm* § 4 Rn. 11.136.

[706] BGH I ZR 137/09 = GRUR 2011, 631 = NJW-RR 2011, 1130 = WRP 2011, 870 – Unser wichtigstes Cigarettenpapier. OLG Hamburg GRUR-RR 2008, 318.

[707] OLG Frankfurt a. M. GRUR-RR 2004, 255.

[708] Siehe *Köhler/Bornkamm* § 4 Rn. 11.131.

[709] Vgl. OLG Hamburg GRUR-RR 2003, 92 zu § 6 Teledienstegesetz; weitere Nachweise bei *Köhler* GRUR-RR 2007, 337. AA KG 5 W 204/12 = GRUR-RR 2013, 123 hinsichtlich der Verpflichtung, bei juristischen Personen zusätzlich den Vertretungsberechtigten im Internet anzugeben, → Rn. 453. *Köhler/Bornkamm* § 4 Rn. 11.169.

[710] Bejahend OLG Hamburg 3 U 26/12 = BeckRS 2013, 11804 = WRP 2013, 1203. Ablehnend KG 5 W 88/11 = GRUR-RR 2012, 19 – Gefällt-mir-Button.

[711] Siehe *Köhler/Bornkamm* § 4 Rn. 11.138.

[712] *Köhler/Bornkamm* § 4 Rn. 11.142.

[713] *Köhler/Bornkamm* § 4 Rn. 11.140.

[714] Vgl. BGH GRUR 1980, 302 = WRP 1980, 483 – Rohstoffgehaltsangabe in Versandhandelsanzeige.

[715] Richtlinie 1999/44/EG, → BGH zu § 475 BGB und EuGH C-453/10 und C-472/10.

[716] Siehe *Köhler/Bornkamm* § 4 Rn. 11.154.

[717] Siehe *Köhler/Bornkamm* § 5 Rn. 4.41.

[718] BGH I ZR 45/07 = GRUR 2009, 972 = BeckRS 2009, 23978 – Lorch Premium II.

[719] BGH I ZR 45/07 = GRUR 2009, 972 = BeckRS 2009, 23978 – Lorch Premium II.

[720] *Köhler/Bornkamm* § 4 Rn. 11.131b; siehe dort auch zur Verordnung zur Konkretisierung der Verhaltensregeln und Organisationsanforderungen für Wertpapierdienstleistungsunternehmen.

[721] Vgl. zu § 43b BRAO und *Köhler/Bornkamm* § 4 Rn. 11.104.

Gesetz über die Ausübung der Zahnheilkunde	§ 15[722]
Zivilprozessordnung	§ 79 Abs. 2[723]
Zugangskontrolldiensteschutzgesetz[724]	

III. Konkurrenzen

Wettbewerbsrechtliche Ansprüche bestehen auch dann, wenn das verletzte Gesetz selbst **212** Sanktionsmöglichkeiten vorsieht – es sei denn, diese Sanktionen sind abschließend.[725] Abschließend sind zum Beispiel sozialrechtliche Regelungen wegen § 69 SGB V.[726] Ob die kartellrechtlichen Regelungen abschließend sind, ist umstritten.[727] Ein Verstoß gegen kartellrechtliche Regelungen kann jedoch auch einen Verstoß gegen § 3 UWG iVm mit anderen Regelungen des § 4 UWG darstellen.[728] Abschließend sind auch das Buchpreisbindungsgesetz[729] und das Markengesetz.[730] Nicht abschließend ist das Unterlassungsklagengesetz. Demnach können auch die in § 3 UKlaG nicht genannten Mitbewerber gegen Verstöße gegen AGB-Recht und Verbraucherschutzgesetze vorgehen.[731]

Zu Konkurrenzen können auch unterschiedliche Auslegungen der Fachgerichte zu der **213** verletzten Vorschrift führen. Die Wettbewerbsgerichte sind an die Auslegung anderer Gerichte nicht gebunden. Allerdings gibt es einen Vertrauensschutz zugunsten des Unternehmers, wenn etwa eine Behörde sein Handeln gebilligt hat. Denn dann fehlt es an der Unlauterkeit der Handlung.[732] Wird der Verstoß lediglich geduldet, kann das keinen wettbewerblichen Vertrauensschutz begründen.[733]

Neben § 4 Nr. 11 UWG können auch § 823 Abs. 2 BGB iVm einem Schutzgesetz (nicht **214** § 4 Nr. 11 UWG!),[734] § 1004 BGB und § 134 BGB anwendbar sein.

I. § 3 UWG als Auffangtatbestand: Allgemeine Marktbehinderung

Fall „FSA-Kodex":[735]

Die Freiwillige Selbstkontrolle für die Arzneimittelindustrie beanstandet kostenlose Veranstaltungen der Beklagten zu gebührenrechtlichen Fragen, die sich ua an Ärzte wenden. Die Beklagte ist nicht Mitglied der Freiwilligen Selbstkontrolle (FS). Die Klägerin sieht in den Veranstaltungen einen Verstoß gegen den von ihr beschlossenen „FS Arzneimittelindustrie-Kodex" (FSA-Kodex).

---

[722] *Köhler/Bornkamm* § 4 Rn. 11.139.
[723] BGH I ZR 122/09 = GRUR 2011, 352 – Makler als Vertreter im Zwangsversteigerungsverfahren.
[724] Vgl. OLG Frankfurt a. M. GRUR-RR 2003, 287.
[725] Vgl. *Köhler/Bornkamm* § 4 Rn. 11.8 f.
[726] Vgl. zu § 126 SGB V BGH GRUR 2004, 247 = NJW-RR 2004, 547 = WRP 2004, 337 – Krankenkassenzulassung.
[727] Uneinheitlich *Köhler/Bornkamm*: GWB ist mit Ausnahme des Vergaberechts (§§ 97–129 UWB) abschließend (§ 4 Rn. 11.12) bzw. die Normen von GWB und UWG sind nebeneinander anzuwenden (§ 4 Rn. 12.2); aA zu § 1 UWG 1909 BGH GRUR 1978, 445 = NJW 1978, 2095 = WRP 1978, 371 – „4 zum Preis von 3" und BGH GRUR 1993, 137 = NJW-RR 1993, 550 – Zinssubvention; → Rn. 216 ff.
[728] Vgl. etwa zu § 4 Nr. 10 UWG Rn. 181.
[729] BGH GRUR 2003, 807 = NJW 2003, 2525 = WRP 2003, 1118 – Buchpreisbindung.
[730] Vgl. dazu aber → Rn. 177 ff.
[731] BGH I ZR 34/08 Rn. 31 = GRUR 2010, 1117 = NJW 2011, 76 – Gewährleistungsausschluss im Internet; *Köhler/Bornkamm* § 4 Rn. 11.17.
[732] Vgl. hierzu *Köhler/Bornkamm* § 4 Rn. 11.18, der allerdings zwischen den jeweiligen Ansprüchen unterscheidet: Demnach entfällt dann zwar der verschuldensabhängige Schadensersatzanspruch (§ 9 UWG), nicht jedoch der verschuldensunabhängige Unterlassungsanspruch (§ 8 UWG).
[733] *Köhler/Bornkamm* § 4 Rn. 11.19.
[734] Vgl. *Köhler/Bornkamm* § 4 Rn. 11.182.
[735] BGH I ZR 157/08 = GRUR 2011, 431.

215   Nicht alle Fallgruppen, die die Rechtsprechung zu § 1 UWG 1909 entwickelt hatte, sind in § 4 UWG einzeln genannt. Es gibt unlautere geschäftliche Handlungen, die nicht oder nur bedingt unter § 4 UWG zu subsumieren sind. Dazu gehört etwa die *allgemeine* Marktbehinderung. Dann greift jedoch § 3 UWG als Auffangtatbestand ein.

Eine allgemeine Behinderung des Marktes oder der Marktteilnehmer („Marktstörung") liegt vor, wenn ein nicht unbedingt unlauteres, jedoch zumindest wettbewerbsrechtlich bedenkliches Handeln die ernstliche Gefahr begründet, dass der Wettbewerb hinsichtlich der betroffenen Waren- oder Dienstleistungsart „nicht unerheblich" eingeschränkt wird.[736] Eine nur kurzfristige Wettbewerbsverzerrung genügt nicht. Es genügt allerdings die konkrete, ernsthafte Gefahr, dass kleinere oder mittlere Wettbewerber aus dem Markt ausscheiden.[737]

Zum Fall „FSA-Kodex":

215a   Der BGH meint, dass sich die Generalklausel des § 3 Abs. 1 UWG nicht ohne weiteres als Auffangtatbestand von den Beispielstatbeständen der §§ 4–6 UWG heranziehen lässt. Ein Rückgriff auf die Generalklausel komme nur in Betracht, „wenn das betreffende Verhalten von seinem Unlauterkeitsgehalt her den in den Beispielsfällen der §§ 4 ff. UWG geregelten Verhaltensweisen entspricht". Dabei haben Berufsregeln „allenfalls eine indizielle Bedeutung für die Frage der Unlauterkeit (BGH KZR 33/04 – Probeabonnement)". Dies gilt auch unverändert nach Umsetzung der UGP-RL. Es ist daher zu prüfen, „ob der Verstoß von seinem Unlauterkeitsgehalt her den gesetzlichen Unlauterkeitstatbeständen entspricht".[738] Das OLG München entschied nach Rückverweisung, dass das Seminarangebot nicht wettbewerbswidrig gewesen sei und verneinte insbesondere auch einen Verstoß gegen § 4 Nr. 1 UWG.[739]

I. Kartellrecht und UWG

216   Störungen des Marktes sanktionieren – neben dem UWG – vor allem die kartellrechtlichen Missbrauchs-, Verbots- und Untersagungstatbestände der §§ 19–21 GWB.[740] § 19 Abs. 1 GWB verbietet die missbräuchliche Ausnutzung einer marktbeherrschenden Stellung. Beeinträchtigt ein Unternehmen gemäß § 19 Abs. 4 Nr. 1 GWB die Wettbewerbsmöglichkeiten anderer Unternehmen

- in einer für den Wettbewerb
- auf dem relevanten Markt (zum Beispiel dem Markt der Energielieferanten)
- erheblichen Weise
- ohne sachlich gerechtfertigten Grund,

wird darin in der Regel auch eine wettbewerbswidrige Behinderung gemäß § 3 UWG liegen. Nicht jede unlautere Behinderung nach § 3 UWG muss allerdings zugleich kartellrechtswidrig sein.

217   § 20 Abs. 1 GWB verbietet marktbeherrschenden Unternehmen, Unternehmensvereinigungen und preisbindenden Unternehmen (zum Beispiel Verlagen, § 30 GWB), andere Unternehmen in einem Geschäftsverkehr, der gleichartigen Unternehmen üblicherweise zugänglich ist, ohne sachlich gerechtfertigten Grund

- entweder unmittelbar oder mittelbar unbillig zu behindern
- oder gegenüber gleichartigen Unternehmen ohne sachlich gerechtfertigten Grund unmittelbar oder mittelbar unterschiedlich zu behandeln.

218   So besitzt etwa ein Hersteller von Originalersatzteilen für Geräte der Feuerwehrtechnik eine marktbeherrschende Stellung, wenn die Ersatzteile nur über den Hersteller oder seine Vertriebsorganisation zu beziehen sind. Der Hersteller behindert einen an ihn nicht gebun-

---

[736] Vgl. BGH WRP 2004, 746 – Zeitung zum Sonntag und *Köhler/Bornkamm* § 4 Rn. 12.3.
[737] Vgl. BGH GRUR 1991, 616 = NJW 1991, 2151 = WRP 1991, 484 – Motorboot-Fachzeitschrift.
[738] BGH I ZR 157/08 Rn. 16 = GRUR 2011, 431.
[739] 29 U 2026/08 = GRUR-RR 2012, 260 = BeckRS 2012, 00657 – Arzt-Seminare 2007.
[740] Vom Abdruck wurde wegen des Umfangs der Bestimmungen abgesehen. Sie sind jedoch ohne weiteres im Internet zum Beispiel über http://bundesrecht.juris.de/ recherchierbar.

denen Reparaturbetrieb unbillig, wenn er diesen nicht mit Originalersatzteilen beliefert.[741] Wenn eine geschäftliche Handlung eines marktmächtigen Unternehmens negative Auswirkungen auf den Markt haben kann, kann § 3 UWG neben § 20 Abs. 1 GWB erfüllt sein.[742] Zudem ist eine nach § 3 UWG wettbewerbswidrige Behinderung grundsätzlich auch eine unbillige Behinderung gemäß § 20 Abs. 1 GWB.[743] § 20 Abs. 1 GWB und § 3 UWG sind damit eng verzahnt. Gleiches gilt auch für § 20 Abs. 3 GWB und § 3 UWG: § 20 Abs. 3 GWB verbietet die Behinderung kleinerer und mittlerer Unternehmen. Liegt außerhalb von § 20 Abs. 3 GWB auch eine unlautere Behinderung vor, ist daneben § 3 UWG erfüllt. Die Normen des GWB und des UWG sind also vielfach nebeneinander anwendbar.[744] Abschließend sind aber §§ 33, 34a GWB.[745] Die Wertungen des GWB sind durchaus auch für das UWG von Bedeutung, da die Begriffe unbillig und unlauter weitgehend inhaltsgleich sind.[746]

Fallgruppen der unlauteren Behinderung sind insbesondere 219
- die massenweise kostenlose Verteilung von Originalware,
- die Gratisverteilung von Presseerzeugnissen und
- Preiskampfmethoden.

II. Massenverteilung von Originalware

Grundsätzlich zulässig ist die kostenlose Abgabe von Warenproben. Das gilt selbst für die 220 massenweise Verteilung von Warenproben.[747] Auch ist es durchaus gestattet, Originalware zu verschenken.[748] Zu einer unlauteren Marktstörung kann es allerdings kommen, wenn ein Unternehmen Originalware massenweise verschenkt, da es dadurch zu einer Aufhebung des Bestandes des Wettbewerbs kommen kann.[749] Das hat der BGH etwa bei der Gratisverteilung von 4,5 Millionen Gutscheinen für den kostenlosen Bezug von $1/4$-Liter Flaschen eines Weines bejaht.[750] Als zulässig hat der BGH hingegen die Verteilung von Gutscheinen für den kostenlosen Bezug einer 100 Stück-Packung *Kleenex*-Tücher an jeden vierten Haushalt Wiesbadens angesehen. Maßgeblich für die Zulässigkeit war nicht die räumliche Begrenzung der Aktion,[751] sondern dass diese Tücher (damals) noch wenig bei den Verbrauchern verbreitet waren und eine Marktverstopfung deshalb nicht zu befürchten war.[752]

III. Gratis-Verteilung von Presseerzeugnissen

Inwieweit die Gratis-Verteilung von Presseprodukten wettbewerbsrechtlich zulässig ist, 221 hatten die Gerichte seit 1998 mehrfach zu entscheiden. Es ging hier unter anderem um die Zulässigkeit der Gratisverteilung der „*Zeitung zum Sonntag*".[753] Die vor allem für die Verlegerverbände überraschenden obergerichtlichen Urteile haben – teilweise heftig umstritten[754] – allesamt die Gratisverteilung als rechtmäßig angesehen. Der BGH hat dies bestätigt.[755] Begründet haben dies die Gerichte vor allem damit, dass gratis verteilte Presseer-

---

[741] BGH GRUR 2000, 95 = NJW-RR 2000, 773 = WRP 1999, 1175 – Feuerwehrgeräte.
[742] Vgl. *Köhler/Bornkamm* § 4 Rn. 12.10.
[743] Vgl. *Köhler/Bornkamm* § 4 Rn. 12.2.
[744] Vgl. *Köhler/Bornkamm* § 4 Rn. 12.2.
[745] BGH GRUR 2006, 773 = NJW 2006, 2627 = WRP 2006, 1113 – Probeabonnement.
[746] *Köhler/Bornkamm* § 4 Rn. 12.2.
[747] Vgl. zu den Grenzen: BGH GRUR 1975, 26 = NJW 1974, 1559 = WRP 1974, 547 – Colgate; *Köhler/Bornkamm* § 4 Rn. 12.18.
[748] Vgl. BGH GRUR 1969, 295 = NJW 1969, 690 = WRP 1969, 154 – Goldener Oktober und *Köhler/Bornkamm* § 4 Rn. 12.18.
[749] Vgl. *Köhler/Bornkamm* § 4 Rn. 12.19.
[750] BGH GRUR 1969, 295 = NJW 1969, 690 = WRP 1969, 154 – Goldener Oktober.
[751] Vgl. dazu BGHZ 23, 365 = GRUR 1957, 365 = NJW 1957, 748 = WRP 1957, 134 – SUWA.
[752] BGHZ 43, 278 = GRUR 1965, 489 = NJW 1965, 1325 = WRP 1965, 223 – Kleenex.
[753] BGH BeckRS 2004, 04905 = WRP 2004, 746 – Zeitung zum Sonntag und OLG Karlsruhe AfP 1998, 235 = NJW-RR 1998, 912 = WRP 1998, 525 (Zeitung zum Sonntag).
[754] Vgl. zum Thema *Köhler* WRP 1998, 455 ff.; *Gounalakis/Rhode* AfP 2000, 21 ff.
[755] BGH BeckRS 2004, 04905 = WRP 2004, 746 – Zeitung zum Sonntag.

zeugnisse gerade kein Substitut für die Kaufpresse seien. Die Gerichte mögen recht behalten haben: Im Juli 2001 stellte der norwegische Schibsted-Verlag, der offensiv in den deutschen Markt gedrängt war, sein Gratisblatt „20 Minuten Köln" bereits wieder ein.[756]

222   In früherer Zeit hatte sich der BGH vor allem mit der Gratisverteilung von Fachzeitschriften und Anzeigenblättern zu beschäftigen.[757] Ob eine ständige Gratislieferung zulässig ist, richtet sich nach der jeweils konkreten Wettbewerbslage. Demnach ist zum Beispiel die Gratisverteilung eines Anzeigenblattes mit redaktionellem Teil zulässig, so lange nicht die ernstliche Gefahr besteht, dass die kostenpflichtige Tagespresse als nach Art. 5 Abs. 1 GG verfassungsrechtlich geschützte Institution in ihrem Bestand gefährdet ist.[758] Das kann auch dann der Fall sein, wenn ein Unternehmen an sich kostenpflichtige Sonntagszeitungen in ungesicherten Verkaufshilfen anbietet und die massenweise kostenlose Entnahme duldet.[759]

223   Von der dauerhaften Verteilung von Gratis-Printprodukten ist die (zeitweise) Gratisverteilung von Kaufzeitungen oder -zeitschriften zu unterscheiden. Zulässig sind demnach kostenfreie Probeabonnements, wenn sie der Verlag für eine angemessene Dauer gewährt. Bei Tageszeitungen geht man in der Regel von zwei Wochen aus.[760] Der Zeitschriftenverlegerverband[761] hat für den Probebezug von Publikumszeitschriften Wettbewerbsregeln aufgestellt.[762]

IV. Preiskampfmethoden

224   Unter dem Aspekt der Marktstörung können schließlich auch Preiskampfmethoden unlauter sein. Preiswettbewerb ist im Rahmen des Leistungswettbewerbs durchaus erwünscht.[763] Wenn ein Unternehmen jedoch versucht, durch Preisdumping bestimmte Mitbewerber gezielt zu verdrängen, ist der Preiswettbewerb wegen individueller Behinderung unlauter.[764] Allerdings muss hierfür eine Verdrängungsabsicht vorliegen, die regelwidrig nur schwer nachzuweisen sein wird. Durch eine Preisunterbietung kann jedoch auch die Gesamtheit der Wettbewerber und die Allgemeinheit beeinträchtigt sein, so dass es zu einer Störung des Marktes kommen kann. So ist es zwar sogar auf Dauer zulässig, seine Waren unter dem Selbstkosten- oder Einstandspreis anzubieten,[765] so lange das nicht gezielt zur Verdrängung bestimmter Mitbewerber geschieht. Das gilt jedoch dann nicht mehr, wenn hierdurch die Gefahr besteht,

- dass Mitbewerber von einem Markt verdrängt werden,
- der Wettbewerb auf dem Markt (nahezu) völlig aufgehoben wird oder
- zu befürchten ist, dass Mitbewerber den Preiswettbewerb nachahmen und es so zu einer gemeinschaftlichen Störung des Wettbewerbs kommen kann.[766]

---

[756] Bundesverband Deutscher Zeitungsverleger (BDZV) intern Nr. 19/2001 vom 13.7.2001, S. 3.
[757] BGHZ 81, 291 = GRUR 1982, 53 = NJW 1982, 335 = WRP 1982, 17 – Bäckerfachzeitschrift, BGH GRUR 1992, 191 = WRP 1992, 237- Amtsanzeiger; vgl. *Köhler/Bornkamm* § 4 Rn. 12.25 und 12.22.
[758] Vgl. *Köhler/Bornkamm* § 4 Rn. 12.22.
[759] BGH GRUR 1996, 778 = NJW-RR 1996, 1188 = WRP 1996, 889 – Stumme Verkäufer.
[760] Vgl. *Köhler/Bornkamm* § 4 Rn. 12.29.
[761] www.vdz.de.
[762] Diese sind allerdings nicht verbindlich, BGH GRUR 2006, 773 = NJW 2006, 2627 = WRP 2006, 1113 – Probeabonnement.
[763] BGH GRUR 1990, 687 = NJW 1990, 2469 = WRP 1991, 16 – Anzeigenpreis II und *Köhler/Bornkamm* § 4 Rn. 12.14.
[764] → Rn. 107 f.; vgl. auch *Köhler/Bornkamm* § 4 Rn. 10.188 ff. und 12.14.
[765] Vgl. *Köhler/Bornkamm* § 4 Rn. 12.14 f.
[766] Vgl. *Köhler/Bornkamm* § 4 Rn. 12.11 und 12.14.

§ 4 Irreführende geschäftliche Handlungen gemäß §§ 5, 5a UWG

Übersicht

A. Vorbemerkung

225 Die Regelungen im UWG 2004 zur irreführenden Werbung wurden zur Umsetzung der UGP-RL weitgehend neu formuliert. Schon mit der Novellierung 2004 waren die Vorschriften über den Insolvenzwarenverkauf (§ 6 UWG 1909), über die Hersteller- und Großhändlerwerbung (§ 6a UWG 1909), über den Kaufscheinhandel (§ 6b UWG 1909), über Sonderveranstaltungen (§ 7 UWG 1909) und über Räumungsverkäufe (§ 8 UWG 1909) entfallen. Dies alles ist seitdem anhand der Kriterien des § 5 UWG zu beurteilen. Das heißt aber nicht, dass § 5 UWG die abgeschafften Tatbestände ersetzt. Vielmehr sind nun allein die Kriterien des § 5 UWG maßgeblich. Es muss also etwa von der Werbung mit einem Insolvenzwarenverkauf eine konkrete Irreführung ausgehen. Das ist zB der Fall, wenn dort Ware angeboten wird, die gar nicht aus der Insolvenzmasse stammt. Ergänzt wird § 5 UWG durch die Strafnorm in § 16 Abs. 1 UWG.[767] § 5 UWG schützt alle Marktteilnehmer.[768]

226 Da § 5 UWG nicht nur im Verhältnis zum Verbraucher gilt, stellt der Tatbestand gegenüber dem UWG 2004 für die übrigen Marktteilnehmer eine erhebliche Ausweitung des Anwendungsbereichs dar. Der Gesetzgeber hätte den weiten Tatbestand auf geschäftliche Handlungen gegenüber Verbrauchern beschränken können, da die UGP-RL ausschließlich Handlungen von Unternehmern gegenüber Verbrauchern regelt. Der deutsche Gesetzgeber hat sich jedoch entschieden, die Regelung für alle Marktteilnehmer in das Gesetz aufzunehmen.

226a § 5 UWG betrifft Angaben über geschäftliche Verhältnisse. § 5 UWG verbietet solche Angaben jedoch nur dann, wenn sie geeignet sind, die angesprochenen Verkehrskreise über das Angebot irrezuführen.

227 Gab es bislang in § 5 Abs. 2 S. 2 UWG 2004 nur einen Satz zur Irreführung durch Unterlassen, hat der Gesetzgeber – zur Umsetzung der UGP-RL – in § 5a UWG 2008 eine ausführliche Regelung aufgenommen.[769]

228 Ob § 5 Abs. 1 Satz 2 Nr. 1–7 UWG nur Beispiele enthält und deshalb nicht abschließend ist, ist umstritten.[770] Richtiger Auffassung nach sind wohl die von § 5 Abs. 1 S. 2 Nr. 1–7 UWG jeweils beschriebenen Fall*gruppen* abschließend, während die einzelnen Tatbestände in § 5 Abs. 1 S. 2 Nr. 1, 2, 3 und 7 UWG aufgrund der Formulierung („wie" bzw. „insbesondere") innerhalb dieser Fallgruppen nur Beispiele enthalten. Letztlich wird es darauf nicht ankommen, da § 3 Abs. 1, 2 UWG als Auffangtatbestände konzipiert sind. Dort dürften dann jedenfalls die Wertungen von § 5 UWG zu berücksichtigen sein. Neben § 5 UWG

---

[767] → Rn. 418 ff.

[768] Vgl. Harte-Bavendamm/Henning-Bodewig/*Dreyer* § 5 A Rn. 5.

[769] → Rn. 323 ff.

[770] § 5 Abs. 1 UWG abschließend: Harte-Bavendamm/Henning-Bodewig/*Dreyer* § 5 A Rn. 8; § 5 Abs. 1 nicht abschließend: *Köhler/Bornkamm* § 5 Rn. 1.25b und *Sosnitza* WRP 2008, 1014 (1028).

können auch §§ 4 und 6 UWG anwendbar sein, da § 5 UWG keine Spezialvorschrift zu §§ 3, 4 UWG ist.[771] Allerdings ist nicht jede Angabe, die gemäß § 5 UWG irreführend ist, auch zugleich eine unlautere geschäftliche Handlung gemäß §§ 3, 4 UWG. Handelt es sich um eine geschäftliche Handlung gegenüber Verbrauchern, sind auch die Per-se-Verbote im **Anhang zu § 3 Abs. 3 UWG (Nr. 1–24)** zu beachten.

UGP-RL konform?

Der Katalog in § 5 Abs. 1 Satz 2 UWG vermischt die Vorgaben von Art. 6 UGP-RL und Art. 3 Richtlinie über irreführende und vergleichende Werbung 2006/114/EG, die mit dem UWG 2004 umgesetzt wurde. Letztere sieht allerdings nur eine Mindestharmonisierung vor. Im B2C-Bereich sind demnach die strengen Anforderungen der UGP-RL zu beachten, im Verhältnis zu den übrigen Marktteilnehmern ist das nicht erforderlich.[772]

B. Voraussetzungen

§ 5 UWG:

(1) Unlauter handelt, wer eine irreführende geschäftliche Handlung vornimmt. Eine geschäftliche Handlung ist irreführend, wenn sie unwahre Angaben enthält oder sonstige zur Täuschung geeignete Angaben (…)

(2) …

(3) Angaben im Sinne von Absatz 1 Satz 2 sind auch Angaben im Rahmen vergleichender Werbung sowie bildliche Darstellungen und sonstige Veranstaltungen, die darauf zielen und geeignet sind, solche Angaben zu ersetzen.

(4) …

Neben einem der in §§ 5, 5a UWG beschriebenen Tatbestände müssen eine geschäftliche **229** Handlung vorliegen und die wettbewerbliche Relevanz der Handlung gegeben sein. §§ 5, 5a UWG beruhen ganz überwiegend auf europäischem Recht. Die Bestimmungen sind deshalb richtlinienkonform auszulegen. Diese Auslegung hat Vorrang vor der verfassungskonformen Auslegung anhand der Grundrechte des GG.[773]

I. „Angaben" gemäß § 5 UWG

„Angaben" sind alle Aussagen des Werbenden, unabhängig von deren Form. „Angaben" **230** sind gemäß § 5 Abs. 3 UWG auch Angaben im Rahmen vergleichender Werbung[774] sowie bildliche Darstellungen und „sonstige Veranstaltungen" – zum Beispiel die grafische Hervorhebung einzelner Wörter oder Sätze. Sind Angaben mehrdeutig oder unklar, müssen alle in Betracht kommenden Bedeutungen der Aussage zutreffen.[775]

Bei den Angaben muss es sich nicht um reine Tatsachenbehauptungen handeln. Auch **230a** Meinungsäußerungen (Werturteile) können irreführende Angaben gemäß § 5 UWG sein, wenn sie Tatsachenbehauptungen enthalten. Geht im Medien-Äußerungsrecht das BVerfG

---

771 Vgl. Harte-Bavendamm/Henning-Bodewig/*Dreyer* § 5 A Rn. 55 ff.

772 Allerdings schlägt *Köhler* vor, im „Interesse einer Vereinheitlichung der Beurteilungsmaßstäbe (…) die strengeren Maßstäbe der UGP-RL auch auf die Irreführung sonstiger Marktteilnehmer zu erstrecken" WRP 2013, 403 (407).

773 Harte-Bavendamm/Henning-Bodewig/*Dreyer* § 5 A Rn. 26 ff.

774 Dies ist vergleichende Werbung im Sinne von § 6 Abs. 1 UWG, vgl. Harte-Bavendamm/Henning-Bodewig/*Dreyer* § 5 K Rn. 3.

775 OLG Hamm 4 U 186/12 = GRUR-RR 2013, 261 = BeckRS 2013, 06550 (irreführende Werbung mit durchgestrichenen „Statt"-Preisen); OLG Hamm I-4 U 101/10 = GRUR-RR 2011, 189 = BeckRS 2010, 20610 zur Angabe „1 Vorbesitzer", wenn das Fahrzeug als Mietwagen genutzt wurde.

davon aus, dass gerade bei Mischformen im Zweifel von einem – in der Regel äußerungs-rechtlichen Ansprüchen[776] nicht zugänglichen – Werturteil auszugehen ist, ist dies im Wett-bewerbsrecht gerade nicht der Fall: Hier ist herrschende Auffassung, dass nur eine weite Auslegung von § 5 UWG dessen Schutzzweck gerecht wird.[777] So wurde etwa die Äußerung in einem Fernsehspot „Für mich ist er Deutschlands frischester Kaffee" als Tatsachenbe-hauptung des Werbenden gewertet.[778]

UGP-RL konform?

Systematisch gehört die Regelung in § 5 Abs. 3 Alt. 1 UWG zur vergleichenden Wer-bung (§ 6 UWG). „Bildliche Darstellungen und sonstige Veranstaltungen" gemäß § 5 Abs. 3 2. und Alt. 3 UWG ist gegenüber Art. 6 Abs. 1 UGP-RL – „sämtliche Umstände ihrer Präsentation" – zu eng formuliert.[779]

231　　„Angaben" sind auch **Unternehmensbezeichnungen**.[780] Diese können ebenfalls irrefüh-rend sein. So weist der Namensbestandteil „Euro" in der Regel darauf hin, dass das Unter-nehmen nicht lediglich regional tätig ist. Die Bezeichnung als „Institut" erweckt den Ein-druck, dass es sich um eine öffentliche oder unter öffentlicher Aufsicht stehende Einrichtung handelt. Führt ein Unternehmen den Zusatz „deutsch" oder „Deutschland" in seiner Firma, erwartet der Markt auch eine deutschlandweite Tätigkeit. Maßgeblich für die lauterkeits-rechtliche Beurteilung ist die Gesamtbetrachtung der unternehmerischen Tätigkeit.[781]

232　　**Nichtssagende Anpreisungen** fallen hingegen nicht unter § 5 UWG. Das sind häufig bloße Kaufappelle, die sich nicht auf geschäftliche Verhältnisse des Werbenden beziehen, wie etwa der Werbespruch „R.-Uhren kaufen Sie am besten bei W. – oder kennen Sie eine bessere Ad-resse?".[782]

II. Verkehrsauffassung

Fall „Direkt ab Werk":[783]

Die Parteien sind Fahrradeinzelhändler. Die Beklagte bewirbt Fahrradmodelle in einem Faltblatt mit der Aussage: „Direkt ab Werk! kein Zwischenhandel! garantierter Tief-Preis" Die Beklagte er-wirbt die so beworbenen Fahrräder vom Hersteller und veräußert sie in eigenem Namen zu Prei-sen, in denen ihre Handelsspanne enthalten ist, an Endverbraucher.

233　　Die Frage, ob Angaben gemäß §§ 5, 5a UWG irreführend sind, richtet sich nach der Ver-kehrsauffassung.[784] Es kommt nicht darauf an, was der Werbende zum Ausdruck bringen wollte. Maßgeblich ist allein, wie die Werbeaussage vom Verkehr verstanden wird. Hierbei geht es nicht darum, die Auffassung der gesamten am Wirtschaftsleben beteiligten Personen festzustellen. Vielmehr kommt es auf die Verkehrsauffassung der *beteiligten Verkehrskreise* an. Es kann daher einen Unterschied machen, ob sich die Werbung an Fachkreise oder an das breite Publikum wendet.[785]

---

[776] Etwa auf Gegendarstellung, Widerruf, Unterlassung oder Schadensersatz.
[777] Vgl. BGH GRUR 1973, 594 = WRP 1973, 407 – Ski-Sicherheitsbindung.
[778] OLG Hamburg WRP 1973, 648 – Mr. Tchibo.
[779] *Köhler* WRP 2013, 403 (407).
[780] Vgl. *Köhler/Bornkamm* § 5 Rn. 2.55.
[781] BGH GRUR 2000, 1084 = NJW-RR 2001, 32 = WRP 2000, 1253 – Unternehmenskennzeichnung.
[782] KG WRP 1982, 220; vgl. auch *Köhler/Bornkamm* UWG § 5 Rn. 2.43.
[783] BGH GRUR 2005, 442 = NJW-RR 2005, 684 = WRP 2005, 474.
[784] Vgl. Harte-Bavendamm/Henning-Bodewig/*Weidert* § 5 C Rn. 31 ff.
[785] → § 3 Abs. 2 Satz UWG, → Rn. 26. Vgl. BGH GRUR 1990, 377 – Ring Deutscher Makler.

1. Objektiv falsche Angaben

Die Irreführung durch objektiv[786] unwahre Angaben ist in § 5 Abs. 1 S. 2 Alt. 1 UWG **234** ausdrücklich geregelt. Wird in einer Werbung ein Produkt samt Verkaufspreis abgebildet, während sich der Verkaufspreis jedoch auf ein anderes – minderwertigeres – Produkt bezieht, ist diese Form der Werbung irreführend. Gleiches gilt, wenn mit einer Garantiezusage geworben wird, die rechtlich gar nicht wirksam vereinbart werden kann.[787] Kann hingegen eine zum Beispiel 40-jährige Garantie wirksam versprochen werden und bezieht sich die Aussage auf eine Sache mit entsprechend langer Lebensdauer, ist die Aussage nicht irreführend.[788]

Ist eine Angabe falsch, ist – nach dem Wortlaut von § 5 Abs. 1 S. 2 Alt. 1 UWG – eine Irre- **235** führung zu bejahen. Das ist allerdings streitig.[789] Es muss allerdings die Erheblichkeitsschwelle des § 3 Abs. 1 UWG erreicht sein.[790]

2. Objektiv richtige Angaben

Irreführend kann eine Angabe allerdings auch sein, wenn sie objektiv richtig ist. Eine Irre- **236** führung entsteht dann, wenn die beteiligten Verkehrskreise die richtige Angabe mit unrichtigen Vorstellungen verbinden. Die Angabe ist dann – wie § 5 Abs. 1 S. 2 Alt. 2 UWG bestimmt – eine „sonst zur Täuschung geeignete" Angabe. Wird etwa für einen Kindertee damit geworben, dieser enthalte keinen Zucker in Form von Saccharose, kann diese Angabe irreführend sein: Erweckt der Hinweis den Eindruck, der Tee enthalte keinerlei süße, die Zähne schädigenden Bestandteile, ist er irreführend, wenn der Tee andere Bestandteile enthält, die gesundheitsschädlich sein können.[791] Irreführend kann auch die Werbung mit Selbstverständlichkeiten sein, weil hierdurch der Eindruck eines besonderen Vorteils erweckt werden kann.[792]

3. Wesentliches Kriterium: Durchschnittsmaßstab

Es kommt bei der Frage der Täuschung nach § 5 Abs. 1 S. 2 Alt. 2, Abs. 2, 4 und 5a UWG **237** auf die Verkehrsauffassung an. Das gilt auch für unwahre Angaben nach § 5 Abs. 1 S. 2 Alt. 1 UWG, wenn man mit *Bornkamm*[793] auch hier prüft, ob eine Irreführungsgefahr besteht. Die Rechtsprechung des BGH, an welchem Durchschnitt die Irreführung zu messen ist, hat sich in den vergangenen Jahren stark gewandelt. Bei der Ermittlung des Verkehrsverständnisses kommt es auf den Durchschnittsmaßstab an. Maßgeblich ist der durchschnittlich informierte, verständige und – in der Situation, in der er mit der Angabe konfrontiert wird – entsprechend aufmerksame Umworbene.[794] Je nach dem Kreis der Umworbenen kann die Entscheidung, ob eine Irreführung vorliegt, unterschiedlich ausfallen. So kann die gleiche Werbemaßnahme gegenüber Fachhändlern anders als gegenüber der breiten Bevölkerung zu bewerten sein. Auch wenn das moderne Verbraucherleitbild von dem verständigen Verbraucher (hier besser: Marktteilnehmer) ausgeht, kann es durchaus auch auf den flüchtigen Marktteilnehmer ankommen. Das ist eben dann der Fall, wenn die Werbung von dem ver-

---

[786] Vgl. BGH BGHSt 52, 227 = GRUR 2008, 818 = WRP 2008, 1071 – Strafbare Werbung im Versandhandel.

[787] BGH GRUR 1994, 830 = NJW-RR 1994, 1327 = WRP 1994, 732 – Zielfernrohr.

[788] BGH GRUR 2008, 915 = NJW 2008, 2995 = WRP 2008, 1326 – 40 Jahre Garantie.

[789] Harte-Bavendamm/Henning-Bodewig/*Dreyer* § 5 B Rn. 144. Anders *Köhler/Bornkamm* § 5 Rn. 2.70, wonach auch eine objektiv unrichtige Angabe nicht gegen § 5 UWG verstoßen muss; ebenso *Sosnitza* WRP 2008, 1014 (1028) → Rn. 245 ff.

[790] BT-Drs. 16/10145, 23.

[791] Vgl. KG GRUR 1986, 258 – Ohne Zuckerzusatz.

[792] Vgl. Harte-Bavendamm/Henning-Bodewig/*Dreyer* § 5 B Rn. 72 ff. → Rn. 260.

[793] *Köhler/Bornkamm* § 5 Rn. 2.70.

[794] Vgl. BGH GRUR 2002, 550 = NJW 2002, 1718 = WRP 2002, 527 – Elternbriefe und (zu § 1 UWG 1909) BGH GRUR 2003, 626 = NJW 2003, 2096 = WRP 2003, 742 – Umgekehrte Versteigerung II.

ständigen Marktteilnehmer eben nur flüchtig wahrgenommen wird – zum Beispiel bei einer Anzeige für eine geringwertige Ware des täglichen Bedarfs.[795]

238   Anknüpfungstatsachen für die Verkehrsauffassung können ein Sachverständigengutachten oder eine Umfrage bieten. Meinungsumfragen sind allerdings sehr teuer: Sie kosten durchweg zwischen 15.000 und 30.000 Euro. Es ist auch ausgesprochen fraglich, ob das Gericht ein Gutachten überhaupt berücksichtigt. Die Tendenz geht nämlich – jedenfalls im Wettbewerbsrecht – deutlich hin zu einem **„normativen Verbraucherleitbild"** – also der Beurteilung der Irreführung als Rechts- und nicht als Sachfrage. Denn die Ermittlung des Verkehrsverständnisses ist – so der BGH – keine Tatsachenfeststellung, sondern „Anwendung eines speziellen Erfahrungswissens".[796]

239   Selbst bei Angaben, die sich nur an Einzelpersonen richten, ist die Verkehrsauffassung von Bedeutung. Es kommt also nicht darauf an, ob der unmittelbar Angesprochene tatsächlich irregeführt wird, sondern dass eine Irreführung grundsätzlich möglich ist. Deshalb bezeichnet *Dreyer* den „Durchschnittsumworbenen" auch als „eine Kunstfigur des Rechts".[797]

240   Die Irreführung muss nicht bei der Gesamtheit der Verkehrskreise oder auch nur bei einem überwiegenden Teil erfolgen. Es kommt vielmehr darauf an, dass ein beachtlicher Teil der angesprochenen Verkehrkreise irregeführt wird. Eine absolute Zahl, wann es bei einem *beachtlichen Teil* zu einer Irreführung kommt, gibt es nicht. Deshalb kommt es darauf an, welcher Anteil der Verbraucher irregeführt wird. Wie so häufig im Wettbewerbsrecht, kommt es auf den Einzelfall an und insbesondere auf

- die Art und Bedeutung der angepriesenen Ware oder Leistung für die angesprochenen Verkehrskreise,
- die Art der Angabe,
- die berührten Interessen der Mitbewerber, der Verbraucher und der Allgemeinheit,
- das Ausmaß der Beeinträchtigung dieser Interessen,
- eine Abwägung der widerstreitenden Interessen (zum Beispiel auch der Auswirkungen eines Verbots).

241   Die Rechtsprechung sah teilweise bereits eine Quote von zehn Prozent als beachtlich an.[798] Aufgrund des gewandelten Verbraucherleitbildes ist diese Quote heute nicht mehr angemessen. Auch eine Quote von 15 bis 20 Prozent kann zu gering sein.[799] Der EuGH verlangt eine *erhebliche Zahl* von Verbrauchern.[800] Dieser Auffassung hat sich der BGH angeschlossen.[801] Das kann möglicherweise eine Irreführungs-Quote von einem Viertel bis einem Drittel bedeuten.[802] Vermutlich ist ein Prozentsatz heute – erst recht im Hinblick auf das normative Verbraucherleitbild – gar nicht mehr ausschlaggebend.[803] In jüngeren Entscheidungen hat der BGH auch vermieden, Prozentzahlen neu zu definieren. Stattdessen spricht er vom „Durchschnittsverbraucher"[804] oder dem „interessierten Leser".[805]

242   Im Prozess entscheidet das Gericht unter Berücksichtigung der gemäß § 286 ZPO statuierten freien Beweiswürdigung, ob eine Irreführung gemäß §§ 5, 5a UWG vorliegt.[806] Maßgeblich ist der Zeitpunkt der letzten mündlichen Verhandlung.[807] Das Gericht muss nicht zu den angesprochenen Verkehrskreisen gehören.[808] Es benötigt nur dann sachverständige Hil-

---

[795] BGH I ZR 157/10 = GRUR 2012, 184 = NJW 2012, 1449 – Branchenbuch Berg.

[796] BGH GRUR 2007, 1079 = WRP 2007, 1346 – Bundesdruckerei. Im Markenrecht mag das noch nicht gelten, vgl. BGH BGHZ 169, 295 = GRUR 2007, 235 = WRP 2007, 186 – Goldhase und BGH GRUR 2008, 798 = NJW 2008, 2653 = WRP 2008, 1202 – POST.

[797] Harte-Bavendamm/Henning-Bodewig/*Dreyer* § 5 B Rn. 13.

[798] BGH GRUR 1979, 716 = WRP 1979, 639 – Kontinent-Möbel.

[799] BGH GRUR 2004, 162 = NJW 2004, 439 = WRP 2004, 225 – Mindestverzinsung.

[800] Vgl. hierzu auch *Sack* GRUR 1998, 263 (264).

[801] BGH GRUR 2007, 1079 = WRP 2007, 1346 – Bundesdruckerei.

[802] Vgl. *Köhler/Bornkamm* § 5 Rn. 2.106.

[803] Vgl. Harte-Bavendamm/Henning-Bodewig/*Dreyer* § 5 B Rn. 197.

[804] Vgl. BGH GRUR 2003, 36 = NJW-RR 2003, 1039 = WRP 2003, 1224 – Sparvorwahl.

[805] Vgl. BGH GRUR 2003, 540 = NJW 2003, 1814 = WRP 2003, 745 – Stellenanzeige.

[806] Vgl. *Köhler/Bornkamm* § 5 Rn. 3.10 ff.

[807] Vgl. Harte-Bavendamm/Henning-Bodewig/*Weidert* § 5 C Rn. 147.

[808] BGH GRUR 2006, 79 = NJW 2006, 45 = WRP 2006, 75 – Jeans I.

fe, wenn es selbst nicht sachkundig ist. Es kommt auch nicht darauf an, ob das Gericht die Irreführung bejahen oder verneinen möchte.[809] Da die Frage der Irreführung Rechts- und nicht Tatsachenfrage ist, ist die Entscheidung auch grundsätzlich revisibel.[810]

Zum Fall „Direkt ab Werk":

Der BGH hat eine Irreführung bejaht: Es sei ohne Bedeutung, ob die angesprochenen **243** Verkehrskreise die Werbeaussage „Direkt ab Werk! kein Zwischenhandel! garantierter Tief-Preis" dahin verstehen, die so beworbenen Fahrräder könnten unmittelbar vom Hersteller erworben werden, oder ihr lediglich entnehmen, dass zwischen dem Hersteller und der Beklagten kein Zwischenhändler eingeschaltet ist. Selbst wenn von letzterem Verkehrsverständnis auszugehen wäre, verstünden die angesprochenen Verkehrskreise die Werbung der Beklagten dahin, sie biete die von ihr so beworbenen Fahrräder zu den Abgabepreisen der Hersteller ohne weitere Aufschläge an. Die Irreführung über die Günstigkeit des Preises der beworbenen Fahrräder sei für die Kaufentscheidung der angesprochenen Verbraucher von maßgeblicher Bedeutung und somit wettbewerbsrechtlich relevant.

III. Irreführungsgefahr

Nach der Rechtsprechung des BGH genügt für die Anwendbarkeit von §§ 5, 5a UWG be- **244** reits eine Irreführungsgefahr. Es kommt also nicht darauf an, ob die Irreführung erfolgt ist und auch letztlich zum Vertragsschluss (mit) beigetragen hat. Dies galt schon für das UWG 2004 und UWG 2008. „Irreführung" und „Irreführungsgefahr" werden in der einschlägigen Kommentarliteratur zwischenzeitlich gar nicht mehr unterschieden, sondern synonym verwendet.[811] Es kommt für die Frage einer Irreführungsgefahr nicht darauf an, ob real existierende Verbraucher irregeführt werden oder nicht.[812] Die Gefahr einer Irreführung lässt sich durch eine Korrektur beseitigen – zB durch einen deutlichen Sternchenhinweis.[813] Eine dann noch ggf. bestehende „Restirreführungsgefahr" ist hinzunehmen.[814]

IV. Relevanz der Irreführung

Fall „Aquavit":[815]

Die Beklagte vertreibt einen Aquavit unter der Bezeichnung „Linie-Aquavit". Sie wirbt damit, dass ihr Produkt eine „Äquator-Reife" erfahren habe, da es in Sherry-Fässern in monatelanger Schiffsfahrt zweimal den Äquator passiert habe. Während des Transportes weist der Aquavit eine Alkoholkonzentration von 60 bis 70 Prozent auf. Er wird dann nach der Reise durch die Beigabe von destilliertem Wasser auf 41,5 Prozent reduziert. Die Klägerin meint, die Werbeaussage sei irreführend, da ihr der Verkehr entnehme, der Inhalt der Flasche und nicht das Destillat habe den Äquator zweimal passiert.

Die Irreführung muss außerdem wettbewerbsrechtlich relevant sein.[816]   **245**

---

[809] Vgl. BGH GRUR 2004, 244 – Marktführerschaft und BGH NJW 2002, 1718 = GRUR 2002, 550 = WRP 2002, 527 – Elternbriefe.

[810] Vgl. *Köhler/Bornkamm* § 5 Rn. 3.15.

[811] Vgl. Harte-Bavendamm/Henning-Bodewig/*Dreyer* § 5 B Rn. 7, 8, 14, 106 und *Köhler/Bornkamm* § 5 Rn. 8.5 und § 12 Rn. 2.72 ff.

[812] Harte-Bavendamm/Henning-Bodewig/*Dreyer* § 5 B Rn. 14.

[813] Vgl. BGH GRUR 2003, 249 = NJW-RR 2003, 404 = WRP 2003, 379 – Preis ohne Monitor; BGH GRUR 2002, 976 – Kopplungsangebot I und BGH GRUR 2002, 979 – Kopplungsangebot II (→ Fn. 120 und 119), *Himmelsbach* K & R 2006, 423.

[814] Vgl. Harte-Bavendamm/Henning-Bodewig/*Dreyer* § 5 B Rn. 28.

[815] BGH GRUR 1991, 852.

[816] BGH GRUR 2008, 186 = WRP 2008, 220 – Telefonaktion; vgl. auch Harte-Bavendamm/Henning-Bodewig/*Dreyer* § 5 B Rn. 152 ff.

Die Angaben über geschäftliche Verhältnisse müssen demnach objektiv geeignet sein, die Marktteilnehmer irgendwie zu beeinflussen. Ob es tatsächlich zu einem Kaufentschluss kommt, ist unbeachtlich. Es genügt bereits, wenn die Verkehrskreise durch irreführende Angaben angelockt werden.[817] Eine Irreführung hat der BGH etwa bei der Bewerbung eines „D-Netz-Handys" verneint, wenn die vorrätig gehaltenen Artikel zwar den beworbenen Artikeln entsprachen, jedoch auf den Geräten die Marken- und Typenbezeichnung der Telekom angebracht waren.[818]

246   Das Zusammenspiel von wettbewerblicher Relevanz der Irreführung und der Relevanzklausel („Spürbarkeit") in § 3 Abs. 1, Abs. 2 UWG wird in der Kommentarliteratur unterschiedlich dargestellt. *Bornkamm* verneint eine relevante geschäftliche Irreführung, wenn es an einer spürbaren Beeinträchtigung iSd § 3 UWG fehlt.[819] Andererseits gilt aber auch: Die Spürbarkeitsschwelle des § 3 UWG ist regelmäßig dann überschritten, wenn die Relevanz der Irreführung bejaht wird.[820] *Dreyer* spricht sich gegen ein „zusätzliches" Spürbarkeitserfordernis aus, stellt aber auf die Relevanz der Irreführung bei allen Angaben – auch bei unwahren Angaben und „dreisten Lügen" – ab.[821] Einigkeit besteht damit wohl darin, dass nach wie vor das Erfordernis wettbewerblicher Relevanz der Irreführung in die Regelungen der §§ 5, 5a UWG hineinzulesen ist. Das lässt sich aus § 5a UWG entnehmen, wonach „insbesondere die Bedeutung (der verschwiegenen Tatsache) für die geschäftliche Entscheidung … sowie die Eignung des Verschweigens zur Beeinflussung der Entscheidung zu berücksichtigen" seien.[822] Schon wegen des Wortlauts von Art. 6 Abs. 1 UGP-RL wird immer auch die Relevanz der Irreführung festzustellen sein: „…und ihn in jedem Fall tatsächlich oder voraussichtlich zu einer geschäftlichen Entscheidung veranlasst, die er ansonsten nicht getroffen hätte."

247   Dementsprechend kommt es nach Auffassung des BGH auch bei unwahren Angaben auf die wettbewerbliche Relevanz im Sinne von §§ 5, 5a UWG an: So sei zwar die Einstellung eines Gebrauchtfahrzeuges auf einer Internethandelsplattform in eine Suchrubrik mit einer geringeren als der tatsächlichen Laufleistung des Pkws eine unwahre Angabe. Der Beklagte hatte in der Rubrik „bis 5.000 km" ein Kraftfahrzeug inseriert, obwohl das Fahrzeug einen Austauschmotor hatte – allerdings mit einer Fahrleistung von erst 1260 km. Darauf wurde in der Überschrift zu der Kleinanzeige deutlich ebenso hingewiesen wie auf die „Gesamt-KM 112.970". Ein situationsadäquat aufmerksamer Durchschnittsverbraucher erkenne den Widerspruch zwischen der Einordnung in der Suchrubrik „bis 5.000 km" und dem angebotenen Fahrzeug mit einer Gesamtlaufleistung von 112.970 km sofort.[823] Damit sei die unrichtige Einordnung in die falsche Suchrubrik nicht geeignet, die vom Verbraucher zu treffende Kaufentscheidung zulasten der Wettbewerber relevant zu beeinflussen. Auf die Frage einer unzumutbaren Belästigung der Internetnutzer wegen der Einstellung des Gebrauchtfahrzeugs in eine günstigere Rubrik kam es in dem Verfahren nicht an.[824]

Zum Fall „Aquavit":

248   Der BGH hat die Werbung nicht als irreführend beanstandet: „Aquavit" bezeichne das Destillat und die trinkfertige Spirituose. Eine höhere Qualität sei (aufgrund Sachverständigengutachtens) auch allein bei der Lagerung des hochprozentigen Destillats und nicht bei einer Lagerung des Endprodukts gewährleistet. Demnach führe eine mögliche Fehlvorstellung des Verbrauchers, nicht das Destillat, sondern das Endprodukt habe während der langen Seereise in den Fässern gelagert, nicht zu einem falschen Bild über die durch Reifung gewonnene Qualität des Erzeugnisses. Allerdings darf mit irreführenden Angaben auch

---

[817] Vgl. Harte-Bavendamm/Henning-Bodewig/*Dreyer* § 5 B Rn. 165 f. Die EG-Irreführungs-Richtlinie (siehe Rn. 491) lässt allerdings das bloße Anlocken nicht genügen. Dort muss vielmehr auch noch eine Beeinflussung der Kaufentscheidung hinzutreten.

[818] BGH GRUR 1998, 949 = NJW 1998, 1953 = WRP 1998, 598 – D-Netz-Handtelefon.

[819] *Köhler/Bornkamm* § 5 Rn. 2.20 f.

[820] BGH GRUR 2008, 186 = WRP 2008, 220 – Telefonaktion.

[821] Harte-Bavendamm/Henning-Bodewig/*Dreyer* § 5 B Rn. 158 und 163.

[822] Vgl. *Köhler/Bornkamm* § 5 Rn. 2.170.

[823] BGH I ZR 42/10 Rn. 20 = GRUR 2012, 286 = NJW-RR 2012, 499 – Falsche Suchrubrik.

[824] Ebenda, Rn. 24.

dann nicht geworben werden, wenn die beworbene Ware den vom Verbraucher wegen der Werbung erwarteten Vorteil tatsächlich aufweist. Vorliegend fehle es jedoch an der rechtlichen Relevanz der (durch Meinungsumfrage) festgestellten Fehlvorstellung der Verbraucher, da hierdurch keine schützenswerten Interessen der Mitbewerber und Verbraucher verletzt werden. Da Endprodukt und Destillat gleichermaßen als „Aquavit" bezeichnet würden, müsse die Beklagte keine Unterscheidung treffen. Sie halte sich damit an die Bezeichnungsgewohnheiten ihrer Mitbewerber. Schutzwürdige Interessen der Verbraucher seien nicht verletzt, da der Verbraucher mit seiner Fehlvorstellung (das Endprodukt und nicht das Destillat habe zwei Mal den Äquator überquert) lediglich eine unrichtige Vorstellung über den tatsächlichen Geschehensablauf und nicht über die Qualität des Endprodukts verbinde. Hierdurch werde der Kaufentschluss des Verbrauchers nicht beeinflusst. Denn letztlich führt die „Äquator-Reife" (wenn auch des Destillats) zu einer besseren Qualität.

V. Interessenabwägung, Verhältnismäßigkeit

Im Einzelfall kann eine irreführende Angabe wegen eines überwiegenden Interesses des **249** Werbenden ausnahmsweise zulässig sein. Bislang erfolgte eine **Abwägung der Interessen** des Werbenden mit den Allgemeininteressen, irreführende Werbung grundsätzlich zu verbieten. So hat der BGH etwa in der „Klosterbrauerei"-Entscheidung festgestellt, dass eine irreführende Aussage ua durch erheblichen Zeitablauf zwischen erstmaliger Werbung und Beanstandung hinzunehmen ist.[825] Ob das UWG 2008 eine Interessenabwägung zulässt, wird nicht einheitlich beurteilt. *Bornkamm* geht davon nach wie vor aus.[826] *Dreyer* sieht im Verhältnis zum Verbraucher in der Umsetzung der UGP-RL (vor allem im Anhang zu § 3 Abs. 3 UWG, §§ 5, 5a UWG) eine „grundsätzlich abschließende Regelung".[827] In der Tat scheidet bei einer irreführenden geschäftlichen Handlung im Sinne von Nrn. 1–24 des Anhangs zu § 3 Abs. 3 UWG jede Abwägung aus. War früher eine Interessenabwägung bei zwar objektiv zutreffenden oder mehrdeutigen Angaben, die die angesprochenen Verkehrskreise aber falsch verstehen, möglich, besteht dafür keine Notwendigkeit mehr: Schließlich kann schon beim angenommenen Verständnis der angesprochenen – durchschnittlich informierten, aufmerksamen und verständigen – Verkehrskreise und der Prüfung der Relevanz ein Korrektiv erfolgen. Das bedeutet aber auch, dass es dann bei besonderen Schutzgütern keine strengeren Anforderungen geben kann, die durch eine Interessenabwägung zulasten des Unternehmers geschaffen werden.[828] Der Verbraucher hat dadurch keine Nachteile, weil genau diese Fallgruppen ohnehin unter die Per-se-Verbote fallen – zum Beispiel:
- Nr. 12 der „Schwarzen Liste" für sachlich falsche Behauptungen über die Art und das Ausmaß von Gefahren für die persönliche Sicherheit von Verbrauchern oder ihrer Familien für den Fall, dass sie das Produkt nicht erwerben,
- Nr. 18 für die falsche Behauptung, ein Produkt könne Krankheiten, Funktionsstörungen oder Missbildungen heilen.

Unverzichtbar ist dagegen die Prüfung der **Verhältnismäßigkeit.** Damit lassen sich auch **250** diejenigen Fallgruppen zufriedenstellend lösen, die den Unternehmer – ginge man von einer unzulässigen Irreführung aus – in erheblichem Maße unangemessen benachteiligen würden. Hier geht es vor allem um die Erhaltung eines wertvollen Besitzstandes oder die Benutzung des eigenen Namens.[829] Die Frage nach der Verhältnismäßigkeit eines Verbotes – die abschließend zu prüfen ist – dient außerdem der Berücksichtigung
- verfassungsrechtlicher Normen (zB Meinungs- und Informationsfreiheit),
- der europarechtlichen Waren- und Dienstleistungsfreiheit und

---

[825] BGH GRUR 2003, 628 = WRP 2003, 747 – Klosterbrauerei.
[826] *Köhler/Bornkamm* § 5 Rn. 2.200 ff.
[827] Harte-Bavendamm/Henning-Bodewig/*Dreyer* § 5 B Rn. 200.
[828] Harte-Bavendamm/Henning-Bodewig/*Dreyer* § 5 B Rn. 198 f.
[829] Harte-Bavendamm/Henning-Bodewig/*Dreyer* § 5 B Rn. 202 ff.

- der Prüfung der Verwirkung wettbewerbsrechtlicher Ansprüche, wenn alle Anspruchsberechtigten die beanstandete Irreführung über lange Zeit hingenommen haben.[830]

Praxistipp: Prüfung der Irreführung

Die Irreführung ist nach folgendem Schema zu prüfen:
- An welche Verkehrskreise richtet sich die geschäftliche Handlung?
- Welches Verständnis haben die angesprochenen Verkehrskreise von der Angabe?
- Stimmt das Verständnis mit den wirklichen Verhältnissen überein?

Falls nein:
- Sind es Verbraucher: Greift ein Per-se-Verbot gemäß Nrn. 1–24 des Anhangs zu § 3 Abs. 3 UWG ein?

Falls nein (keine Verbraucher und/oder kein Per-se-Verbot):
- Ist es eine unwahre Angabe? Ist die Spürbarkeitsgrenze des § 3 UWG überschritten?
- Ist es eine sonstige (verschwiegene) Angabe: Ist die Fehlvorstellung der angesprochenen Verkehrskreise für deren Entschließung relevant?
- Ist nach einer Verhältnismäßigkeitsprüfung die Irreführung hinzunehmen?

C. Irreführende geschäftliche Handlung gemäß § 5 Abs. 1 S. 2 Nr. 1 UWG

§ 5 Abs. 1 S. 2 Nr. 1 UWG:

(1) (…) Eine geschäftliche Handlung ist irreführend, wenn sie unwahre Angaben enthält oder sonstige zur Täuschung geeignete Angaben über folgende Umstände enthält:
1. die wesentlichen Merkmale der Ware oder Dienstleistung wie Verfügbarkeit, Art, Ausführung, Vorteile, Risiken, Zusammensetzung, Zubehör, Verfahren oder Zeitpunkt der Herstellung, Lieferung oder Erbringung, Zwecktauglichkeit, Verwendungsmöglichkeit, Menge, Beschaffenheit, Kundendienst und Beschwerdeverfahren, geographische oder betriebliche Herkunft, von der Verwendung zu erwartende Ergebnisse oder die Ergebnisse oder wesentlichen Bestandteile von Tests der Waren oder Dienstleistungen;

I. Begriffserläuterungen

251   Nr. 1 regelt Angaben, die die angebotene Ware oder Dienstleistung selbst betreffen. Die Aufzählung ist nicht abschließend. Aufgenommen wurde im UWG 2008 der klarstellende Hinweis, dass nur eine Irreführung über *wesentliche* Merkmale der Ware oder Dienstleistung in Betracht kommen. Erstmals im UWG 2008 genannt sind die Merkmale „Vorteile", „Risiken", „Zubehör", „Kundendienst" und „Beschwerdeverfahren". „Kundendienst" und „Beschwerdeverfahren" erfassen neben den Angaben des Unternehmers über den klassischen Kundendienst – wie etwa einen Vorortservice – auch alle anderen nachvertraglichen Serviceleistungen. Dazu gehört zum Beispiel die Kundenbetreuung über eine „Hotline".

Zu der ersten Fallgruppe gehören auch die Irreführung über die Verfügbarkeit und über die Menge von Waren oder Dienstleistungen.

UGP-RL konform?

Gemäß § 5 Abs. 1 Satz 1 Nr. 1 UWG sind zwar die für das Produkt wesentlichen Informationen mitzuteilen. Dieser Katalog ist aber einerseits nicht abschließend und reicht andererseits viel zu weit.[831] Demnach ist das deutsche Recht nicht so auszulegen, als müsste der Verbraucher über alle Merkmale informiert werden.[832]

---

[830] Vgl. *Köhler/Bornkamm* § 5 Rn. 2.211 ff.
[831] *Bornkamm* WRP 2012, 1 (3).
[832] Ebenda.

Zuvor war in § 5 Abs. 5 UWG 2004 geregelt, dass beworbene Ware „im Regelfall" zwei **252** Tage vorrätig sein muss. Diese Bestimmung befindet sich nun in Nr. 5 des Anhangs zu § 3 Abs. 3 UWG und wurde deshalb aus § 5 UWG gestrichen.[833]

„Menge" meint nicht nur die Anzahl von Produktexemplaren, sondern etwa auch Men- **253** genangaben wie Gewicht oder Anzahl von Produktstücken in einer Verpackung. Eine Irreführung nach § 5 Abs. 1 S. 2 Nr. 1 UWG kann auch eine Mogelpackung sein. „Vorratsmenge" ist die Anzahl der aktuell verfügbaren Produkte. Es kann durchaus sein, dass ein großes Möbelhaus mit einer großen Möbelauswahl („Menge") wirbt. Trotzdem weiß der Kunde, dass nicht alle in einem Katalog beworbenen Möbel mitnahmefertig verfügbar sind. Wird jedoch der Eindruck erweckt, alle beworbenen Möbel seien aktuell auch vorrätig und trifft dies nicht zu, kann Nr. 5 des Anhangs zu § 3 Abs. 3 UWG eingreifen. Auf einen knappen Vorrat darf man hinweisen. Erlaubt ist auch der Hinweis „Solange Vorrat reicht".[834] Die „Verfügbarkeit" kann sich auch darauf beziehen, dass die Ware zumindest innerhalb angemessener Frist lieferbar ist, wenn dies die Verkehrskreise bei der betreffenden Ware (zB Möbel) erwarten.

II. Einzelne Werbeaussagen

Fall „Innerhalb 24 Stunden":[835]

Die Parteien vertreiben Druckerzubehör über das Internet. Die Beklagte wirbt in einer „Adwords-Anzeige" in „Google" unter dem Suchwort „Druckerpatronen" mit der Aussage: „Original-Druckerpatronen innerhalb 24 Stunden günstig – schnell – zuverlässig". Die Anzeige enthält die Internetadresse der Beklagten und verlinkt auf deren Internetauftritt. Die Startseite enthält folgende Angaben:

Die Klägerin hält die Werbung für irreführend, weil die Anzeige bei Google den Eindruck vermittle, dass die Beklagte binnen 24 Stunden ohne Einschränkung liefere. Die tatsächlich bestehende erhebliche Einschränkung sei erst auf der Startseite des Internetauftritts ersichtlich.

Vielfach ergibt sich die Wettbewerbswidrigkeit einer Werbemaßnahme bereits aus deren **254** konkreter Formulierung.[836] Dabei ist auch zu berücksichtigen, dass es – zB im Lebensmittelrecht – zahlreiche Regelungen gibt, die für bestimmte Produkte bestimmte Begriffe vorschreiben und die Verbraucher deshalb mit diesen Begriffen auch bestimmte Beschaffen-

---

[833] → Rn. 48 ff.
[834] BGH GRUR 2004, 343 = NJW-RR 2004, 615 = WRP 2004, 483 – Playstation.
[835] BGH I ZR 119/10 = GRUR 2012, 81 = BeckRS 2011, 25515.
[836] Vgl. Harte-Bavendamm/Henning-Bodewig/*Weidert* § 5 C Rn. 192 ff.

heits- oder Gütevorstellungen verbinden (etwa bei der Unterscheidung zwischen Fruchtsaft und Fruchtnektar).[837]

1. Wirkungsaussagen

255   § 5 Abs. 1 S. 2 Nr. 1 UWG verbietet irreführende Angaben über die **Zwecktauglichkeit** oder Verwendungsmöglichkeit. Werden einer Ware oder einer Leistung besondere Wirkungsweisen zugesprochen, müssen diese auch tatsächlich vorhanden sein. Bei einer „Antifalten-Creme" erwartet der Verkehr etwa, dass die Creme zwar nicht Falten vollständig verhindern oder beseitigen kann, jedoch vorhandene Falten deutlich zurückbildet.[838] Zu Aussagen, eine Ware oder Dienstleistung könne Krankheiten, Funktionsstörungen oder Missbildungen heilen, enthält Nr. 18 im Anhang zu § 3 Abs. 3 UWG ein gesondertes Verbot.

2. Qualitätsaussagen

256   Wird eine bestimmte Güte der Ware oder Leistung versprochen, sind solche Angaben dann irreführend, wenn die Ware oder Leistung besondere Qualitätsmerkmale nicht erfüllt.[839] So setzt die Bezeichnung „fabrikneu" voraus, dass die Ware noch nicht benutzt wurde und sich auch sonst in einem einwandfreien Zustand befindet.[840] Die Bezeichnung als „Luxusklasse" erweckt den Eindruck erhöhter Qualität. Dies gilt für die Bezeichnung „Sonderklasse" hingegen nicht in gleichem Maße.[841]

3. „Spezial"

257   Das Wort „Spezial" – allein stehend oder als Wortbestandteil – sagt noch nichts über die Qualität einer Ware aus. Allerdings entsteht durch die Bezeichnung „Spezial" der Eindruck, dass sich die so bezeichnete Ware von den anderen Waren abhebt.[842]

4. „Bio" und sonstige Naturangaben

258   Mit dem zunehmenden Umweltbewusstsein der Bevölkerung haben auch Umweltaspekte verstärkt Eingang in die Werbung gefunden.[843] Umweltbezogene Werbung ist nicht zu beanstanden, wenn sie wahr ist.[844] Irreführend ist es hingegen, wenn mit dem Argument „umweltfreundlich" geworben wird, obwohl das beworbene Produkt gegenüber anderen vergleichbaren Produkten wegen dessen schädlicher Auswirkungen auf die Umwelt keine besseren Werte erzielt. Die Bezeichnungen „Bio" oder „Öko" setzen damit strengere Anforderungen für die Umweltverträglichkeit des Produkts oder dessen rein biologische Zusammensetzung voraus. So hat etwa das KG die Bezeichnung „BIOGold" für ein Waschmittel verboten, da durch diese Bezeichnung der Eindruck erweckt werde, es handele sich – entgegen den tatsächlichen Gegebenheiten – um ein natürliches Produkt ohne chemische Zusätze.[845] Für landwirtschaftliche Erzeugnisse und Lebensmittel gilt die EG-Öko-Basis-VO.[846] So dürfen nach Art. 23 Abs. 1 EG-Öko-Basis-VO Bezeichnungen wie „biologisch" oder „ökologisch" nur dann verwendet werden, wenn diese Erzeugnisse den Anforderungen der EG-Öko-BasisVO genügen.[847]

---

[837] Vgl. dazu auch ausführlich Harte-Bavendamm/Henning-Bodewig/*Weidert* § 5 C Rn. 98 ff.
[838] Vgl. OLG Hamburg WRP 1988, 411.
[839] Vgl. Harte-Bavendamm/Henning-Bodewig/*Weidert* § 5 C Rn. 260 ff.
[840] Vgl. Harte-Bavendamm/Henning-Bodewig/*Weidert* § 5 C Rn. 142.
[841] Vgl. *Köhler/Bornkamm* § 5 Rn. 4.47.
[842] Vgl. Harte-Bavendamm/Henning-Bodewig/*Weidert* § 5 C Rn. 42 und 50.
[843] Vgl. zur umweltbezogenen Werbung – insbesondere zur Werbung mit den Umweltzeichen „Blauer Engel" und „Europäische Blume" – *Klindt* BB 1998, 545 ff.
[844] Vgl. Harte-Bavendamm/Henning-Bodewig/*Weidert* § 5 C Rn. 183 ff.
[845] KG GRUR 1993, 766; vgl. auch *Klindt* BB 1998, 545 ff.
[846] Verordnung (EG) Nr. 834/2007.
[847] Vgl. Harte-Bavendamm/Henning-Bodewig/*Weidert* § 5 C Rn. 188.

5. „Neu"

Wer behauptet, etwas „Neues" anzubieten, behauptet eine Tatsache, die wahr sein muss. 259
Wie lange mit einer Neuheit geworben werden kann, lässt sich nur am Einzelfall bestimmen
und hängt von der Ware und der Branche ab.[848]

6. Werbung mit Selbstverständlichkeiten

Schließlich kann auch eine Werbung mit objektiv richtigen Angaben irreführend sein, 260
wenn sie beim Publikum einen unrichtigen Eindruck erweckt.[849] Das gilt vor allem dann,
wenn Selbstverständlichkeiten in einer Art angepriesen werden, die beim Publikum – das die
Selbstverständlichkeit nicht (er-)kennt – den irrigen Eindruck entstehen lassen, es handle
sich um einen Vorzug. Wirbt etwa ein PKW-Händler mit dem Hinweis „Sie haben 4 Monate
Preisschutz", ist das irreführend, da dies gesetzlich vorgeschrieben ist (§ 1 Abs. 5 PAngV[850])
und damit keinen Vorteil gegenüber der Konkurrenz bietet.[851] Irreführend ist auch die Werbung eines „Call by Call"-Telekommunikationsanbieters, es werde keine „Wechslungsge-
bühr" verlangt, wenn *kein* Anbieter eine solche Gebühr fordert.[852]

Zum Fall „Innerhalb 24 Stunden":

Der BGH hält die Adwords-Anzeige nicht für irreführend. Denn es handele sich bei der 260a
Werbeaussage „Originalpatronen innerhalb 24 Stunden" um eine „erkennbar unvollständige Kurzangabe, die – ähnlich einer Überschrift – dazu einlädt, die ausführliche und präzise
Information zur Kenntnis zu nehmen, auf die der Link verweist".[853] Der durchschnittliche
aufmerksame und interessierte Verbraucher wisse ohnehin, dass am Sonntag regelmäßig
nicht geliefert wird. „Ein überwiegender Großteil der Verbraucher" erwarte auch nicht
„gänzlich einschränkungslose Auslieferungen auch zu Abend- und Nachtzeiten" und sei
auch damit vertraut, „dass ein 24-Stunden-Lieferservice im Allgemeinen nicht einschrän-
kungslos gewährleistet wird". Der Durchschnittsverbraucher werde durch die Werbung „allenfalls dazu veranlasst, sich auf die Startseite des Internetauftritts der Bekl. zu begeben".
Die Entscheidung ist – im Vergleich zur sonst rigiden Rechtsprechungspraxis des BGH zur
Irreführung – außergewöhnlich liberal. Dass der Verbraucher möglicherweise aufgrund der
klaren Ankündigung „innerhalb 24 Stunden" erst recht erwartet, dass diese vollmundige
Ansage – zumindest überwiegend – eingehalten wird, entsprach nach Auffassung des BGH
nicht der Lebenserfahrung.

III. Werbung mit Herkunftsbezeichnungen

Fall „Steinhäger":[854]

Die Parteien stellen „Steinhäger"-Trinkbranntwein her. Die Klägerin ist im westfälischen Dorf
Steinhagen ansässig, von dem die Bezeichnung „Steinhäger" abgeleitet wird. Die Beklagte ist in
der westfälischen Stadt Herford ansässig. Die Beklagte verwendet Flaschenetiketten ua mit den
Angaben „Echter westfälischer Steinhäger".

1. Vorbemerkung

Herkunftsangaben können ein geografischer Begriff sein oder sich auf einen bestimmten 261
Betrieb beziehen. Daneben gibt es auch die Irreführung über das Herstellungsverfahren, das

---

[848] Vgl. Harte-Bavendamm/Henning-Bodewig/*Weidert* § 5 C Rn. 139.
[849] Vgl. *Köhler/Bornkamm* § 5 Rn. 2.71.
[850] → Rn. 459 zur PAngV.
[851] BGH GRUR 1981, 206 = WRP 1981, 93 – 4 Monate Preisschutz. Vgl. auch die Entscheidungen BGH
GRUR 1990, 1027 = NJW-RR 1990, 1254 = WRP 1990, 818 – Inklusive Mehrwertsteuer I und BGH GRUR
1990, 1028 = NJW-RR 1990, 1255 = WRP 1990, 819 – Inklusive Mehrwertsteuer II.
[852] OLG Köln NJWE-WettbR 1999, 101.
[853] BGH I ZR 119/10 Rn. 14 = GRUR 2012, 81 = BeckRS 2011, 25515.
[854] BGH GRUR 1957, 128 = NJW 1957, 182 = WRP 1957, 74.

§ 5 Abs. 1 S. 2 Nr. 1 UWG ebenfalls benennt. Irreführend ist demnach eine Werbung mit handwerklichen Bezeichnungen, wenn es sich tatsächlich um fabrikmäßig hergestellte Waren handelt. Selbst wenn sich die Unwahrheit aus dem Preis schließen lässt, kann eine Irreführung gegeben sein. Unzulässig ist etwa auch die Behauptung „aus eigener Fabrikation", wenn 15 bis 20 Prozent des Gesamtabsatzes dazugekauft sind.[855] Die Daten der zu dieser Fallgruppe in der Kommentarliteratur erwähnten wettbewerbsrechtlichen Entscheidungen zeigen allerdings, dass sie bislang kaum wettbewerbsrechtliche Relevanz hatte oder eine entsprechende Werbung schon aus anderen Gesichtspunkten – zum Beispiel wegen § 3, 4 UWG[856] – unzulässig war.

262   Maßgeblich ist aber vor allem, dass bislang §§ 126 ff. MarkenG als leges speciales vorgingen.[857] Mit den markenrechtlichen Regelungen zu geografischen Herkunftsangaben beschäftigen sich die Gerichte häufiger, da mit diesen Herkunftsangaben oftmals besondere Qualitätsvorstellungen verbunden werden. Das betrifft vor allem den Lebensmittelbereich.[858] Einen weiteren Schutz geografischer Herkunftsbezeichnungen bietet neben dem MarkenG auch das TRIPS-Abkommen über handelsbezogene Aspekte der Rechte des geistigen Eigentums.[859] Auch spielt das EU-Recht im internationalen Warenverkehr eine besondere Rolle. Hier gibt es zum Beispiel eine Verordnung des Rates vom 14.7.1992 zum Schutz von geografischen Angaben und Ursprungsbezeichnungen für Agrarerzeugnisse und Lebensmittel.[860]

263   Die UGP-RL verbietet in Art. 6 Abs. 1b eine Irreführung über die „geografische oder kommerzielle Herkunft". Damit enthält das Verbot eine verbraucherschützende Bedeutung und bleibt nicht – wie bisher – ein unbedeutender Auffangtatbestand, wenn §§ 126 ff. MarkenG nicht anwendbar sind. Das ist allerdings streitig: *Bornkamm* vertritt die Auffassung, dass sich an der bisherigen Rechtslage – strikter Vorrang des Markenrechts – jedenfalls hinsichtlich geografischer Herkunftsangaben nichts geändert habe.[861] *Dreyer* dagegen sieht nach der UWG-Reform für einen Vorrang des Markenrechts keinen Raum mehr.[862]

Praxistipp „Vorrang des Markenrechts?":

Die dogmatische Frage muss der Praktiker nicht entscheiden. Maßgeblich ist alleine, dass der geltend gemachte Unterlassungsanspruch auf Wettbewerbs- und Markenrecht gestützt wird. Wer seinen Anspruch – in Anbetracht der früheren Auffassungen – nur auf Markenrecht stützt, vergibt die Chance auf ein wettbewerbsrechtliches Verbot.[863]

264   Von Bedeutung ist die Frage allerdings bei der Aktivlegitimation nach § 8 Abs. 3 UWG. Für den unmittelbar Verletzten ist dies unproblematisch. Er kann seine Ansprüche in jedem Fall zugleich auf MarkenG und UWG stützen. Eine Aktivlegitimation für Verbraucherverbände (§ 8 Abs. 3 Nr. 3 UWG) setzt allerdings voraus, dass es bei einer Irreführung über die Herkunft zumindest auch um den Schutz des Verbrauchers geht.

---

[855] RG GRUR 1940, 586.
[856] Vgl. zu § 1 UWG 1909 OLG Stuttgart WRP 1977, 433 (435) – Dr. Oetker Eiskonditor (unzulässig als Bezeichnung für industriell hergestellte Eiscreme wegen unlauterer Anlehnung an die Gütevorstellung, die das Publikum mit Konditorenerzeugnissen verbindet; es dürfte aber zweifelhaft sein, ob diese Frage im Ergebnis auch heute noch so entschieden würde).
[857] Diese strikte Trennung ist aufgehoben → Rn. 153a und 177 f. Vgl. hierzu Harte-Bavendamm/Henning-Bodewig/*Dreyer* § 5 C Rn. 203 sowie die einschlägigen MarkenG-Kommentare wie zum Beispiel *Fezer*, Markenrecht, und *Ingerl/Rohnke*, Markengesetz.
[858] Vgl. hierzu etwa zu § 3 UWG 1909 die Entscheidung „Dresdner Stollen", BGHZ 106, 101 = GRUR 1989, 440 = NJW 1989, 1804 = WRP 1989, 377.
[859] BGBl. 1994 II 1730.
[860] Vgl. GRUR Int. 1992, 750 und § 130 MarkenG.
[861] *Köhler/Bornkamm* § 5 Rn. 4.203a f.; allerdings weichen *Köhler/Bornkamm* von dieser Auffassung wieder ab, wenn es um die *betriebliche* Herkunft geht, § 5 Rn. 4.212.
[862] Harte-Bavendamm/Henning-Bodewig/*Dreyer* § 5 C Rn. 203.
[863] BGH GRUR 2001, 755 = ZUM-RD 2001, 322 = WRP 2001, 804 – Telefonkarte.

2. Anwendungsbereich

Geht man von einem Vorrang des Markenrechts aus, ist der Anwendungsbereich von § 5 **265**
Abs. 1 S. 2 Nr. 1 UWG bezogen auf die geografische oder betriebliche Herkunft wegen
§§ 126 ff. MarkenG stark eingeschränkt. Geht es um geographische Angaben, würde das
UWG – wie bisher – nur bei scheingeographischen Angaben (das Getränk „Capri-Sonne"
kommt nicht von der Insel Capri) Anwendung[864] finden und wenn die Herkunftsbezeichnung als Unternehmenskennzeichen benutzt wird.[865] Hier ist nämlich § 127 MarkenG nicht
anwendbar.[866] Das UWG ist – bei einschränkender Sichtweise – weiter dann anwendbar,
wenn ein Kennzeichen über den Hinweis der betrieblichen Herkunft hinaus weitere Informationen transportiert. Das ist vor allem der Fall, wenn der Verkehr mit dem Kennzeichen
eine besondere Gütevorstellung verbindet. Dabei genügen allgemeine Qualitätsvorstellungen
zu einem Markenprodukt nicht.[867]

Sieht man mit *Dreyer* in § 5 Abs. 1 S. 2 Nr. 1 UWG hingegen eine vom Markenrecht un- **266**
abhängige Regelung, ist der Anwendungsbereich weitaus größer. Dann gehört hierzu jede
Information, in der die angesprochenen Verkehrskreise einen Hinweis auf die **geografische
Herkunft** der Ware bzw. Dienstleistung sehen. Ob eine ausländische Herkunftsangabe in ihrem Heimatland geschützt ist, spielt keine Rolle. Eine besondere Bekanntheit der Bezeichnung, etwa eines Städtenamens, ist nicht erforderlich. Es muss sich nicht einmal um einen
tatsächlich existierenden Ort handeln.[868] Ausreichend ist, dass der Verkehr mit der Angabe
nur die Vorstellung einer bestimmten geografischen Herkunft verbindet. Angabe über die
betriebliche Herkunft kann zB die Angabe einer fremden Marke oder eines ihr ähnlichen
Zeichens sein.

Neben § 5 Abs. 1 S. 2 Nr. 1 UWG ist auch § 5 Abs. 2 UWG anwendbar. **267**

3. Geografische Herkunftsangaben

a) **Wahre Angaben.** Geografische Herkunftsangaben zu einer Ware sind dann nicht zu be- **268**
anstanden, wenn die Ware aus dem Ort stammt, der nach Auffassung der beteiligten Verkehrskreise für die Wertschätzung der Ware maßgeblich ist.

b) **Unbeachtliche geografische Angaben.** Keine Herkunftsangaben sind reine Gattungsbe- **269**
zeichnungen, die auch etwas über die Beschaffenheit aussagen können („Ungarische Sala-
mi"). Das gleiche gilt für Sortenbezeichnungen wie „Wiener Mischung" oder „Wiener Art".
So gehen die angesprochenen Verkehrskreise etwa bei Wurstartikeln mit der Bezeichnung
„Wiener Würstchen" nicht davon aus, dass diese Wurstwaren allesamt in Wien hergestellt
sind.[869] Wird allerdings eine Ware mit der Bezeichnung „Made in Germany" versehen, obwohl diese im Ausland hergestellt ist, ist die Angabe irreführend gemäß § 5 Abs. 1 S. 2 Nr. 1
UWG.[870]

c) **Bestimmung des Herstellungsorts.** Schwierigkeiten können sich bei der Bestimmung **270**
des Herstellungsorts ergeben – vor allem dann, wenn das Produkt nicht an einem Ort gefer-
tigt wird oder die für die Herkunftsbezeichnung relevanten Rohstoffe aus unterschiedlichen
Orten stammen. Demnach weisen Bierbezeichnungen in der Regel auf den Brauort
und nicht auf den Abfüllungsort hin („Dortmunder Actien Brauerei", „Bitburger Pils",
„Münchner Hell").[871]

---

[864] Vgl. BGH GRUR 1983, 768 – Capri-Sonne und *Köhler/Bornkamm* § 5 Rn. 4.207.
[865] Vgl. *Köhler/Bornkamm* § 5 Rn. 4.208.
[866] BGH GRUR 2001, 73 = NJW-RR 2000, 1640 = WRP 2000, 1284 – Stich den Buben.
[867] Vgl. BGH GRUR 1997, 754 = NJW 1997, 2739 = WRP 1997, 748 – grau/magenta.
[868] Harte-Bavendamm/Henning-Bodewig/*Dreyer* § 5 C Rn. 209.
[869] Vgl. *Fezer*: Markenrecht, § 126 Rn. 13.
[870] Vgl. BGH GRUR 1974, 665 = NJW 1974, 1559 = WRP 1974, 487 – Germany und *Köhler/Bornkamm*
§ 5 Rn. 4.84.
[871] Vgl. Harte-Bavendamm/Henning-Bodewig/*Dreyer* § 5 C Rn. 213.

> **Praxistipp: Prüfungsreihenfolge „geografische Herkunftsangaben"**
> - Weist die Angabe nach Auffassung des Verkehrs auf die geografische Herkunft der Ware hin?
> - Entsteht durch die Angabe beim Verkehr die unrichtige Vorstellung über die geografische Herkunft?
> - Sind die Angaben geeignet, den Verkehr in wettbewerbsrechtlich relevanter Weise irrezuführen?

4. Relevante Irreführung

271   § 5 UWG setzt voraus, dass der Verkehr in wettbewerbsrechtlich relevanter Weise irregeführt wird. Hierfür ist wiederum Voraussetzung, dass eine irreführende Herkunftsbezeichnung für den Kaufentschluss des Publikums von Bedeutung ist – etwa weil mit der geografischen Herkunftsbezeichnung eine besondere Güte („Champagner") oder Tradition („Meißener Porzellan") verbunden wird. Eine relevante Irreführung kann dann ausgeschlossen sein, wenn die Bezeichnung der Ware einen „entlokalisierenden Zusatz" enthält, etwa „nach italienischer Art". Andererseits können Zusätze erst recht eine Irreführung hervorrufen, zum Beispiel „Das echte Eau de Cologne", wenn es nicht in Köln hergestellt ist.

Zum Fall „Steinhäger":

272   Der BGH vertrat die Auffassung, dass die Bezeichnung „Steinhäger" eine Beschaffenheitsangabe sei und keine Herkunftsangabe. Denn zahlreiche Brennereien in Westfalen würden einen solchen Branntwein herstellen und vertreiben, obwohl sie nicht in Steinhagen ansässig seien. Durch den Zusatz „echter" westfälischer Steinhäger erhalte die Bezeichnung aber wieder die Bedeutung einer Herkunftsangabe, die der Beklagten – die ihren Sitz in Herford habe – nicht zustehe. Die Bezeichnung allein als „westfälischer Steinhäger" sei hingegen zulässig, da „Steinhäger" eine Beschaffenheitsangabe, „westfälisch" eine rein geografische Kennzeichnung und die Beklagte in Westfalen ansässig sei.[872]

IV. Irreführung über Testergebnisse

1. Zulässigkeit von Werbung mit Testberichten

273   Eine Werbung mit Testergebnissen ist zulässig, wenn sie den Verbraucher zutreffend informiert. Das ist nur mit Angaben möglich, die sachlich und wahr sind und sich im Rahmen des Erforderlichen halten.[873] Hierzu gehört allerdings auch, dass der Werbende den Verbraucher umfassend über den Test informiert und sich nicht lediglich die Teilaspekte herausgreift, die seine Ware oder Dienstleistung in einem günstigen Licht erscheinen lassen.[874] Verschweigt der Werbende etwa, dass es aktuellere Tests gibt, in denen er weniger günstig abschneidet, oder dass der Test eine andere Produktserie betraf, liegt eine Irreführung vor.[875]

274   Zulässig ist die Werbung nur mit dem Testergebnis unter Angabe von Jahr und Monat der Veröffentlichung. Die Stiftung Warentest hat zur Werbung mit den von ihr erarbeiteten Testergebnissen „Bedingungen" erstellt.[876] Diese sind aber weder Marktverhaltensregelungen im Sinne von § 4 Nr. 11 UWG noch Verhaltenskodizes im Sinne von § 2 Abs. 1 Nr. 5 UWG.[877] Letztlich handelt es sich bei den „Bedingungen" um eine Lizenzvereinbarung zur Nutzung der „test"-Wort-/Bildmarke. Eine Werbung mit test-Ergebnissen ohne das „test"-Logo ist – unter Beachtung der UWG-Vorschriften – jederzeit möglich.[878]

---

[872] BGH GRUR 1957, 128 = NJW 1957, 182 = WRP 1957, 74.
[873] Vgl. *Köhler/Bornkamm* § 5 Rn. 4.258 ff.
[874] Vgl. auch *Köhler/Bornkamm* § 5 Rn. 258.
[875] Vgl. *Köhler/Bornkamm* § 5 Rn. 260 und 262.
[876] Vgl. abgedruckt bei *Köhler/Bornkamm* § 6 Rn. 213 und im Internet abrufbar unter http://www.test.de/unternehmen/werbung/nutzungsbedingungen/ (11.8.2013).
[877] *Koppe/Zagouras* WRP 2008, 1035; *Köhler/Bornkamm* § 6 Rn. 213.
[878] *Himmelsbach* K & R 2008, 335.

Zulässig ist eine Werbung mit Testergebnissen aber nur, wenn die Veranstaltung des Tests den Anforderungen von §§ 3, 4 UWG genügt.[879]

Eine Werbung mit Testberichten kann zudem vergleichende Werbung (§ 6 UWG) sein, 275 wenn der Unternehmer den Waren- oder Leistungsvergleich eines Mitbewerbers in die eigene Werbung einbezieht.[880] Ob es sich um einen allgemeinen Werbevergleich im Sinne von §§ 3, 4 UWG oder um eine vergleichende Werbung nach § 6 UWG handelt, hängt von der Formulierung der Werbung ab: Stellt der Wettbewerber ausschließlich den Erfolg *seiner* Ware heraus und gibt es nicht nur einen engen Kreis von Mitbewerbern, ist die Werbung an §§ 3, 4 UWG zu messen. Stellt er sein Ergebnis dem Abschneiden von Wettbewerbern gegenüber, ist § 6 UWG anzuwenden.

2. Zulässigkeit von Testberichten

Zwischen der Durchführung des Tests (Handlung) und dem Testergebnis (Absatzförde- 276 rung oder Absatzbehinderung) besteht in der Regel kein „objektiver Zusammenhang".[881] Der Veranstalter von Waren- oder Leistungstests steht in der Regel mit den bewerteten Unternehmen in keiner Verbindung – vorausgesetzt, die wettbewerbsrechtlichen Anforderungen an einen Test sind erfüllt. Warentests, die lediglich der unternehmensinternen Qualitätskontrolle dienen, sind nicht von § 5 Abs. 1 S. 2 Nr. 1 UWG erfasst. Die häufigste Form von Warentests sind Testreihen von Zeitschriften – Autotest, Computertest, Spieletest etc – und hier insbesondere die Tests der unabhängigen Stiftung Warentest,[882] die monatlich in deren Zeitschrift „test" veröffentlicht werden.

Die Veranstaltung und öffentliche Information über Warentests sind dann zulässig, wenn 277 folgende Kriterien erfüllt sind:
- **Neutralität:** Die Veranstaltung des Tests muss unabhängig von Produktion und Handel erfolgen. Selbst nur die Möglichkeit testfremder Einflussnahme kann die Neutralität beseitigen.[883] Das könnte etwa der Fall sein, wenn die Leistungsfähigkeit von Automotoren getestet wird und eine Automarke besonders gut abschneidet, wobei die Tests in einem Testlabor gerade dieses Autoherstellers durchgeführt werden. Wenn der Veranstalter den Test im (bezahlten) Auftrag eines Herstellers oder Händlers durchführt, muss er darauf hinweisen.[884]
- **Objektivität:** Die Untersuchung muss von dem Bemühen um Richtigkeit getragen und sachkundig durchgeführt werden.[885] Hierzu gehört die Auswahl vergleichbarer Waren. Das Testergebnis muss also nicht objektiv richtig sein. Der Testveranstalter muss aber die erforderliche Eignung und Zuverlässigkeit besitzen.
- **Sachkunde** ist daher das dritte wesentliche Element eines zulässigen Warentests. Demnach müssen zum Beispiel die Prüfungsmethoden von den Verwendungsbedingungen des Herstellers ausgehen, da sich daran der Verbraucher orientiert. Die Prüfung muss auch im Hinblick auf die wesentlichen Faktoren, die für den Kaufentschluss maßgeblich sind, vollständig sein.
- **Zutreffende Darstellung der Testergebnisse:** Schließlich bedarf es noch der richtigen Darstellung des Tests, wobei auf das Verständnis des Durchschnittsverbrauchers abzustellen ist.

---

[879] → Rn. 277.

[880] Vgl. *Köhler/Bornkamm* § 5 Rn. 4.258 und § 6 Rn. 211.

[881] Zur Medienberichterstattung → Rn. 33 ff.

[882] Sie ist eine von der Bundesrepublik 1964 errichtete Stiftung privaten Rechts mit dem Ziel der objektiven Verbraucherinformation insbesondere durch Waren- und Leistungstest. Wegen des großen Vertrauens, das die Öffentlichkeit den Tests entgegenbringt, sind an die Sorgfaltspflichten bei der Erstellung der Tests besonders hohe Anforderungen zu stellen; vgl. BGHZ 65, 325 = GRUR 1976, 268 = NJW 1976, 620 = WRP 1976, 166 – Warentest II und BGH GRUR 1986, 330 = NJW 1986, 981 – Warentest III.

[883] Vgl. *Köhler/Bornkamm* § 6 Rn. 198.

[884] Vgl. BGH GRUR 1961, 189 = NJW 1961, 508 = WRP 1961, 79 – Rippenstreckmetall I.

[885] BGHZ 65, 325 = GRUR 1976, 268 = NJW 1976, 620 = WRP 1976, 166 – Warentest II.

D. Irreführende geschäftliche Handlung gemäß § 5 Abs. 1 S. 2 Nr. 2, Abs. 4 UWG

§ 5 Abs. 1 S. 2 Nr. 2, Abs. 4 UWG:

(1) (…) Eine geschäftliche Handlung ist irreführend, wenn sie unwahre Angaben enthält oder sonstige zur Täuschung geeignete Angaben über folgende Umstände enthält:

2. den Anlass des Verkaufs wie das Vorhandensein eines besonderen Preisvorteils, den Preis oder die Art und Weise, in der er berechnet wird, oder die Bedingungen, unter denen die Ware geliefert oder die Dienstleistung erbracht wird;

…

(4) Es wird vermutet, dass es irreführend ist, mit der Herabsetzung eines Preises zu werben, sofern der Preis nur für eine unangemessen kurze Zeit gefordert worden ist. Ist streitig, ob und in welchem Zeitraum der Preis gefordert worden ist, so trifft die Beweislast denjenigen, der mit der Preisherabsetzung geworben hat.

I. Räumungsverkäufe, Sonderveranstaltungen und Rabattaktionen

278   Die Reglementierung der Sonderverkäufe war bereits im UWG 2004 völlig entfallen. Die Regelung über Räumungsverkäufe wurde auf die Worte „Anlass des Verkaufs" in § 5 Abs. 2 Nr. 2 UWG 2004 reduziert und findet sich wortgleich in § 5 Abs. 1 S. 2 Nr. 1 UWG 2008. Danach dürfen Angaben über „den Anlass des Verkaufs" nicht unrichtig sein. Wer also mit einer Zwangslage (zum Beispiel Räumung wegen Geschäftsaufgabe) wirbt, obwohl die Zwangslage nicht gegeben ist, verstößt gegen § 5 UWG.[886] Beworbene Jubiläen müssen den Tatsachen entsprechen. Bei Geschäftsjubiläen kommt es auf die Gründung an.[887] Da allerdings alle Jubiläen – auch zwei- oder 7-jährige Jubiläen – gefeiert und beworben werden dürfen, wirkt sich die Berechnung nicht aus.

UGP-RL konform?

Die Formulierung in § 5 Abs. 1 Satz 2 Nr. 2 „Anlass des Verkaufs" soll zu eng formuliert sein, da Art. 6 Abs. 1c UGP-RL umfassender von „Beweggründe für die Geschäftspraxis" spricht.[888] Geschäftspraxis meint „geschäftliche Handlung". Die „Beweggründe für die geschäftliche Handlung" enthält jedoch § 5 Abs. 1 Satz 2 Nr. 3 UWG.[889] Die Formulierung „Anlass des Verkaufs" ist damit überflüssig.

---

279   In Umsetzung der UGP-RL hat der Gesetzgeber eine Irreführung über das „Vorhandensein eines besonderen Preisvorteils" aufgenommen. Eine materielle Erweiterung des Tatbestands ist damit jedoch nicht verbunden. Das Merkmal stellt klar, dass jede Irreführung über einen Preisvorteil – auch unabhängig vom angeblichen Anlass des Verkaufs – verboten ist.

279a   Rabattaktionen können nicht nur wegen des Transparenzgebots in § 4 Nr. 4 UWG oder als unlautere Kundenbeeinflussung (§ 4 Nr. 1 UWG) problematisch sein.[890] Rabattaktionen können auch den Tatbestand der Irreführung erfüllen. Kritisch ist es insbesondere, wenn eine Rabattaktion verlängert wird. Hat der Unternehmer bereits bei Erscheinen der Werbung eine Verlängerung der Aktion geplant und verschweigt er das dem Verbraucher, ist das irreführend.[891] Eine Irreführung tritt nur dann nicht ein, wenn die Umstände für die Verlängerung nach dem Erscheinen der Werbung eingetreten sind und für den Unternehmer unter Berücksichtigung wirtschaftlicher Sorgfalt nicht voraussehbar waren. Der wirtschaftliche

---

[886] Vgl. *Köhler/Bornkamm* § 5 Rn. 6.5 ff.

[887] Vgl. *Köhler/Bornkamm* § 5 Rn. 6.7a.

[888] Vgl. *Köhler* WRP 2013, 403 (407).

[889] → Rn. 303.

[890] → Rn. 99 ff. und 135 ff.

[891] BGH I ZR 173/09 = GRUR 2012, 208 = BeckRS 2012, 00061 – 10 % Geburtstags-Rabatt.

Erfolg der Aktion gehört nicht hierzu, da dieser gerade das Ziel der Aktion ist. Kann eine Rabattaktion verlängert werden, weil der Unternehmer – für ihn nicht vorhersehbar – längere Zeit als erwartet von einem besonders günstigen Einkaufspreis profitiert, liegt kein Verstoß gegen die fachliche Sorgfalt vor.[892] Gleiches kann bei einer überraschend schleppenden Nachfrage gelten oder bei einer unvorhersehbaren vorübergehenden Schließung des Ladenlokals.[893] Der Unternehmer benötigt also gleichsam hellseherische Fähigkeiten über die Entwicklung der Aktion. Denn der BGH hält es auch „in der Regel" für unlauter, eine Rabattaktion wegen zu hoher Nachfrage vorzeitig zu beenden.[894]

Praxistipp „Dauer einer Rabattaktion":

Einer zu hohen Nachfrage lässt sich durch einen Sternchenhinweis „so lange Vorrat reicht" vorbeugen. Denkbar ist auch, dass der Verbraucher auf eine mögliche Verlängerung hingewiesen wird – etwa mit dem Sternchenhinweis „Verlängerung möglich" oder „mindestens bis ...". Der Unternehmer kann auch ganz auf die Angabe eines Enddatums verzichten[895] oder die Aktion beenden und nach einer angemessenen Pause eine andersartige Rabattaktion durchführen.[896]

II. Bezugsart und Bezugsquelle

Werbung mit der Bezugsart („direkt vom Hersteller") oder der Bezugsquelle („aus dem Nachlass von ...") ist irreführend, wenn sie unzutreffend ist, da sie beim Marktteilnehmer besonders günstige oder qualitativ hochwertige Angebote suggeriert. Deshalb darf der Einzelhändler nicht behaupten, er sei Hersteller[897] oder Großhändler.[898] Wer Ersatzteile und Zubehör herstellt, darf die Ware nicht unter der Marke des Hauptherstellers vertreiben (vgl. auch § 14 Abs. 2 Nr. 1 MarkenG). Die Marke darf aber als Hinweis auf die Bestimmung der Ware (Ersatzteil oder Zubehör) genannt werden (vgl. auch § 23 Nr. 3 MarkenG). Das sind dann aber keine „Original-Ersatzteile".[899] Wer kein Vertragshändler ist, darf sich so auch nicht bezeichnen.[900]

III. Preiswerbung, Preisgegenüberstellungen

Fall „20 % auf alles":[901]

Die Beklagte betreibt an vielen Standorten in Deutschland Bau- und Heimwerkermärkte. Sie führte eine Rabattaktion durch, für die sie mit dem Slogan „20 % auf alles, ausgenommen Tiernahrung" warb. Für jedenfalls vier Artikel – das Sortiment der Beklagten umfasst etwa 70.000 Artikel – hatte unmittelbar vor der Aktion ein niedrigerer Preis gegolten, der zum Aktionsbeginn erhöht worden war.

Der aktuelle Verkaufspreis kann dem bisher geltenden Verkaufspreis gegenübergestellt werden.[902] Es handelt sich hier nicht um vergleichende Werbung gemäß § 6 UWG, da der

---

[892] BGH I ZR 181/10 = GRUR 2012, 213 = BeckRS 2012, 00062 – Frühlings-Special.
[893] BGH I ZR 173/09 Rn. 22 = GRUR 2012, 208 = BeckRS 2012, 00061 – 10 % Geburtstags-Rabatt.
[894] BGH I ZR 175/12 = GRUR-Prax 2013, 526 (Besprechung von *Alexander*) – Treuepunkte-Aktion.
[895] → Rn. 136.
[896] Siehe BGH I ZR 173/09 = GRUR 2012, 208 = BeckRS 2012, 00061 – 10 % Geburtstags-Rabatt und BGH I ZR 181/10 = GRUR 2012, 213 = BeckRS 2012, 00062 – Frühlings-Special sowie *Schirmbacher* K&R 2012, 87.
[897] Vgl. BGH GRUR 1955, 409 = NJW 1955, 379 – Vampyrette.
[898] Vgl. *Köhler/Bornkamm* § 5 Rn. 6.29.
[899] Vgl. *Köhler/Bornkamm* § 5 Rn. 6.26.
[900] Vgl. *Köhler/Bornkamm* § 5 Rn. 6.31 ff.
[901] BGH GRUR 2009, 788 = NJW 2009, 2541 = WRP 2009, 951 – 20 % auf alles.
[902] Vgl. *Köhler/Bornkamm* § 5 Rn. 7.67 ff.

Werbende eigene Preise gegenübergestellt.[903] Die Preisgegenüberstellung ist zulässig, wenn der ursprüngliche Preis einige Zeit ernsthaft verlangt und die Ware nicht etwa nur kurze Zeit zu einem höheren Preis angeboten wurde, um dann mit einem nunmehr niedrigeren Preis werben zu können. Zulässig ist es auch, einen wesentlich günstigeren Gesamtpreis bezogen auf ebenfalls mitgeteilte Einzelpreise anzukündigen, wenn diese Einzelpreise regelmäßig gefordert und auch bezahlt werden.

282 Die Werbung mit einem **unverbindlich empfohlenen Preis**[904] ist gestattet, wenn ihm keine verbotene Preisabsprache zugrunde liegt. Einzelhändler können damit werben, dass sie den unverbindlich empfohlenen Preis unterschreiten.[905] Allerdings müssen sie den Umworbenen darüber aufklären, welche Ware beworben wird, damit dieser ggf. Vergleiche anstellen kann. Die Bezugnahme auf den empfohlenen Preis muss klar und bestimmt sein.[906] Handelt es sich bei einem Preis nicht um einen unverbindlich empfohlenen Verkaufspreis, sondern um einen **gebundenen Preis** gemäß § 30 GWB (bei Verlagserzeugnissen), ist die Ankündigung, man verkaufe die Ware unterhalb des gebundenen Preises, wettbewerbswidrig. Denn der Verkauf einer Ware unterhalb des gebundenen Preises ist gemäß Buchpreisbindungsgesetz vertrags- oder gesetzwidrig.[907] Nach einer Entscheidung des OLG Stuttgart soll allerdings die Ausgabe eines Preisnachlass-Coupons selbst dann nicht gegen das Buchpreisbindungsrecht verstoßen, wenn der Coupon beim späteren Kauf eines preisgebundenen Buches eingesetzt wird.[908]

283 Zulässig ist es, mit einem **Einführungspreis** zu werben, wenn sich dieser von einem späteren Preis tatsächlich abhebt.[909] Allerdings muss der Werbende angeben, wie lange die Einführungspreise gelten und ab wann die regulären Preise verlangt werden.[910]

284 § 5 Abs. 4 UWG stellt klar, dass eine Preisherabsetzung irreführend ist, „sofern der Preis nur für eine unangemessen kurze Zeit gefordert worden ist". Die Beweislast trägt der Unternehmer. Hilft die Beweislastumkehr nicht weiter, da der Anspruchsteller einen Verstoß gegen § 5 Abs. 4 UWG nicht beweisen kann, trifft den Unternehmer eine erweiterte Darlegungslast. Es soll demnach genügen, wenn der Anspruchsteller „wahrheitsgemäß lediglich den Verdacht äußert, dass der frühere Preis nicht oder nicht für eine angemessene Zeit gefordert worden ist".[911] Einen Auskunftsanspruch gibt es jedoch nicht.[912]

Zum Fall „20 % auf alles":

285 Der BGH hält die Werbung für wettbewerbswidrig: Die Preisgestaltung der Beklagten sei mindestens ebenso irreführend wie die Werbung mit einem früheren Preis, der nur für kurze Zeit verlangt worden ist. Der Verkehr verstehe die Werbung so, dass er beim Kauf eines beliebigen Artikels aus dem Sortiment gegenüber vorher eine Preisersparnis in der angekündigten Höhe erzielt.

IV. Irreführung über die Vertragsbedingungen

286 Mit dem Verbot, über die Bedingungen irrezuführen, unter denen die „Ware geliefert ... wird" sind nicht lediglich Lieferbedingungen gemeint. Es geht vielmehr ganz allgemein um die

---

[903] Vergleichende Werbung gemäß § 6 UWG liegt hingegen vor, wenn der Unternehmer die Preise seiner Hausmarke mit den Preisen ebenfalls von ihm vertriebenen Markenprodukte vergleicht, BGH GRUR 2007, 897 = BeckRS 2007, 13338 = WRP 2007, 1181 – Eigenpreisvergleich.
[904] Vgl. *Köhler/Bornkamm* § 5 Rn. 7.44 ff.
[905] Vgl. *Köhler/Bornkamm* § 5 Rn. 7.47.
[906] Vgl. *Köhler/Bornkamm* § 5 Rn. 7.57.
[907] Vgl. BGH GRUR 2003, 807 = NJW 2003, 2525 = WRP 2003, 1118 – Buchpreisbindung und *Köhler/Bornkamm* § 4 Rn. 11.141, wonach die Regelungen im Buchpreisbindungsgesetz abschließend sind.
[908] OLG Stuttgart 2 U 31/10 = ZUM-RD 2011, 225 = BeckRS 2010, 30335 = WRP 2011, 366 – „Preisnachlass-Coupon".
[909] Vgl. *Köhler/Bornkamm* § 5 Rn. 7.112 ff.
[910] BGH I ZR 81/09 = GRUR 2011, 1151 = BeckRS 2011, 21854 – Original Kanchipur.
[911] *Köhler/Bornkamm* § 5 Rn. 7.80.
[912] Vgl. *Köhler/Bornkamm* § 5 Rn. 7.78.

Vertragsbedingungen.[913] Irreführend sind Angebote, die ihren gewerblichen Charakter verschleiern.[914] Denn der Interessent rechnet bei Privatangeboten mit anderen vertraglichen Bedingungen als bei gewerblichen Angeboten. So gelten etwa beim Kauf gebrauchter Sachen unterschiedliche Gewährleistungsregeln (§§ 474 ff. BGB). Wer mit Gutscheinen wirbt, die im klein gedruckten Text bei Einlösung zum Kauf verpflichten, wirbt ebenfalls irreführend.[915] Auch Garantiezusagen müssen klar und verständlich sein. Eine „Vollgarantie" ist irreführend, wenn etwa Reparaturarbeiten berechnet werden.[916] Eine Irreführung über Vertragsbedingungen ist es auch, wenn ein Wettbewerber besonders attraktive branchen- oder betriebsfremde Waren anbietet, die man jedoch nur mit einer regulären Hauptware erwerben kann.[917]

E. Irreführende geschäftliche Handlung gemäß § 5 Abs. 1 S. 2 Nr. 3 UWG

§ 5 Abs. 1 S. 2 Nr. 3 UWG:

(1) (…) Eine geschäftliche Handlung ist irreführend, wenn sie unwahre Angaben enthält oder sonstige zur Täuschung geeignete Angaben über folgende Umstände enthält:

3. die Person, Eigenschaften oder Rechte des Unternehmers wie Identität, Vermögen einschließlich der Rechte des geistigen Eigentums, den Umfang von Verpflichtungen, Befähigung, Status, Zulassung, Mitgliedschaften oder Beziehungen, Auszeichnungen oder Ehrungen, Beweggründe für die geschäftliche Handlung oder die Art des Vertriebs;

§ 5 Abs. 1 S. 2 Nr. 3 UWG nimmt Bezug auf den handelnden Unternehmer. Es geht also   287 um das hinter der geschäftlichen Handlung stehende Rechtssubjekt. Maßgeblich ist der Unternehmerbegriff gemäß § 2 Abs. 1 Nr. 6 UWG. Die Aufzählung in Nr. 3 ist nicht abschließend.[918]

I. Unternehmensbezeichnungen

Unternehmensbezeichnungen dürfen nicht irreführend sein – also etwa eine unzutreffende   288 Größe („Bekleidungsfabrik" für einen Einzelhandel), einen größeren Wirkungskreis (Euro-Spedition für rein deutschlandweit tätiges Unternehmen), eine falsche Unternehmensform (system ag für Einzelfirma) oder besondere Kompetenz (Institut für Physikalische Therapie für einen von Masseuren und Bademeistern geführten Betrieb) vorgaukeln.[919] Das gilt auch für Altersangaben („seit 1910"),[920] wobei hier die wettbewerbsrechtliche Relevanz recht unterschiedlich bewertet wird.[921] Den Sinngehalt der Angabe „Königl.-Bayerische Weisse" fasse der Verkehr etwa laut BGH so auf, dass eine engere Beziehung zwischen der Brauerei und dem früheren bayerischen Königshaus bestehe. Tatsächlich wurde die Brauerei erst nach dem 2. Weltkrieg von einem Mitglied der Familie Wittelsbacher übernommen und wies abgesehen davon keinerlei Beziehung zum früheren bayerischen Königshaus auf.[922]

II. Vermögen, Rechte des geistigen Eigentums

Irreführende Angaben über das **Vermögen** des Unternehmers sind Angaben über dessen   289 Vermögenssituation oder finanzielle Leistungsfähigkeit.[923] Dazu können Angaben über den

---

[913] Vgl. *Köhler/Bornkamm* § 5 Rn. 7.137 ff. und Harte-Bavendamm/Henning-Bodewig/*Weidert* § 5 D Rn. 98.

[914] Vgl. *Köhler/Bornkamm* § 5 Rn. 7.141.

[915] BGH GRUR 1990, 282 = NJW-RR 1990, 480 = WRP 1990, 102 – Wettbewerbsverein IV.

[916] Vgl. *Köhler/Bornkamm* § 5 Rn. 7.145.

[917] Harte-Bavendamm/Henning-Bodewig/*Weidert* § 5 D Rn. 104.

[918] BGH I ZR 73/07 Rn. 10 = GRUR 2010, 352 = NJW-RR 2010, 921 – Hier spiegelt sich die Erfahrung.

[919] Vgl. *Köhler/Bornkamm* § 5 Rn. 5.3 ff.

[920] OLG Hamburg GRUR 1984, 290 = WRP 1984, 286.

[921] Relevanz für Brauereierzeugnisse etwa bejaht: OLG Dresden GRUR 1998, 171 = NJWE-WettbR 1998, 194.

[922] BGH GRUR 1991, 66 = WRP 1991, 473 – Königl.-Bayerische Weisse.

[923] Harte-Bavendamm/Henning-Bodewig/*Dreyer* § 5 E Rn. 30.

Umsatz oder die wirtschaftliche Entwicklung des Unternehmens gehören[924] – aber auch die Werbung mit der Abbildung eines repräsentativen Gebäudes, das jedoch nur ein Symbolfoto darstellt und nicht das Firmengebäude zeigt.[925]

290   Die „**Rechte des geistigen Eigentums**" sind vor allem eingetragene Schutzrechte wie Marken, Patente, Design- oder Gebrauchsmuster- und Urheberrechte, deren Inhaber der Unternehmer ist.[926] Wer behauptet, dass seine Ware – etwa durch einen Sonderrechtsschutz wie Patentrecht – geschützt sei, benutzt eine Beschaffenheitsangabe.[927] Wahrheitsgemäße Hinweise auf bestehende Schutzrechte sind grundsätzlich zulässig. Besteht das Schutzrecht nicht, ist die Angabe irreführend. Zulässig ist ein Hinweis auf Schutzrechte dann, wenn sie räumlich, zeitlich und inhaltlich Bestand haben – und zwar in dem Gebiet, in dem die angesprochenen Verkehrskreise die Bestandskraft annehmen. Wirbt ein Unternehmer in Deutschland mit Schutzrechten, geht der Werbeadressat davon aus, dass ein Schutz jedenfalls auch in Deutschland besteht.[928] Kritisch können Hinweise auf Schutzrechte sein, wenn die Eintragung nur eine eingeschränkte Prüfung der Schutzfähigkeit voraussetzt. So wird etwa bei Gebrauchsmustern mit der Eintragung nicht geprüft, ob sie neuartig sind. Wer der Bezeichnung seiner Ware ein ® anfügt, erweckt den Eindruck einer *eingetragenen* Marke.[929]

III. Umfang der Verpflichtungen

291   Hier geht es um vertragliche Verpflichtungen des Unternehmers gegenüber dem Abnehmer. Eine Abgrenzung zu den in § 5 Abs. 1 S. 2 Nr. 2 UWG genannten „Bedingungen" wird im Einzelfall schwierig sein. Letztlich kommt es aber darauf nicht an, weil die Regelungen in § 5 Abs. 1 S. 2 UWG nebeneinander anwendbar sind. Der „Umfang der Verpflichtungen" meint jede Information über die vom Unternehmer geschuldete Leistung.[930] Die irreführende Angabe kann Hauptleistungspflichten, aber auch vertragliche oder gesetzliche Nebenleistungspflichten betreffen. Die irreführende Angabe kann ausdrücklich oder konkludent erfolgen.[931] Das kann auch Angaben in Allgemeinen Geschäftsbedingungen betreffen, die der Inhaltskontrolle nicht Stand halten und deshalb unwirksam sind (§§ 307–309 BGB). Soweit es um Gewährleistungsrechte geht, enthält § 5 Abs. 1 S. 2 Nr. 7 UWG eine gesonderte Regelung.

IV. Befähigung, Status, Zulassung, Mitgliedschaften, Beziehungen, Auszeichnungen, Ehrungen

292   Auch diese Regelung überschneidet sich mit anderen UWG-Normen. Wer unzutreffend mit akademischen Titeln wirbt, verstößt gegen § 4 Nr. 11 UWG iVm § 132a StGB.[932] Wirbt jemand mit einer handwerklichen Ausbildung, die er nicht hat, liegt nicht nur ein Verstoß gegen § 5 Abs. 1 S. 2 Nr. 3 UWG, sondern auch gegen § 5 Abs. 1 S. 2 Nr. 1 UWG vor, wenn die Ware nicht in handwerklicher Art, sondern fabrikmäßig hergestellt wird.[933]

293   Maßgeblich für die Anwendbarkeit von § 5 Abs. 1 S. 2 Nr. 3 UWG ist, dass eine „Angabe" im Sinne von § 5 vorliegt. Das ist bei originellen Slogans oder rein reklamehaften Übertreibungen nicht der Fall.[934] Reine Werturteile sind auch nicht irreführend – etwa die Dar-

---

[924] Harte-Bavendamm/Henning-Bodewig/*Dreyer* § 5 E Rn. 40 f.

[925] Harte-Bavendamm/Henning-Bodewig/*Dreyer* § 5 E Rn. 42.

[926] Harte-Bavendamm/Henning-Bodewig/*Weidert* § 5 E Rn. 20.

[927] Vgl. *Köhler/Bornkamm* § 5 Rn. 5.115.

[928] Harte-Bavendamm/Henning-Bodewig/*Weidert* § 5 E Rn. 24.

[929] Vgl. OLG Hamburg WRP 1986, 290 und OLG Stuttgart WRP 1994, 126; *Köhler/Bornkamm* § 5 Rn. 5.122.

[930] Harte-Bavendamm/Henning-Bodewig/*Dreyer* § 5 E Rn. 53.

[931] Harte-Bavendamm/Henning-Bodewig/*Dreyer* § 5 E Rn. 54.

[932] → Rn. 211.

[933] Harte-Bavendamm/Henning-Bodewig/*Weidert* § 5 E Rn. 75 ff.

[934] OLG Karlsruhe WRP 1997, 865 – „Ich bin doch nicht blöd".

stellung der Zeitschrift „BUNTE" als „profiliertestes People-Magazin Europas"[935] oder der Slogan „Das Beste jeden Morgen" für Frühstücks-Cerealien.[936]

1. Übertreibung und Alleinstellungswerbung

Fall „Meistverkaufter Mini-Van":[937]

Die Beklagte vertreibt Autos der Marke „Chrysler Voyager", die in Europa hergestellt werden und sich von den in Übersee von Chrysler vertriebenen Mini-Vans „Dodge Caravan", „Playmo Voyager" und „Chrysler Town & Country" optisch und in technischen Details unterscheiden. Die Beklagte wirbt für das europäische Modell „Chrysler Voyager" ua mit dem Text: „Meistverkaufter Mini-Van: Weltweit über 6 Millionen Fahrzeuge."

Die Klägerin – eine KFZ-Importeurin ua von „Chrysler"-Fahrzeugen aus den USA und Kanada – wendet sich gegen die Werbung, da diese den Verkehr über die angeblich „weltweite" Verbreitung des lediglich in Europa vertriebenen „Chrysler Voyager" täusche und mit verkauften Stückzahlen werbe, die die tatsächlichen Stückzahlen des „Chrysler Voyager" über das Zehnfache überträfen. Die Beklagte verteidigt sich damit, dass mit der beanstandeten Aussage sämtliche „Chrysler"-Mini-Van-Modelle gemeint seien, die dem „Chrysler-Voyager" entsprächen.

Zu irreführenden Angaben über den Status eines Unternehmers gehört die Alleinstellungs- und Spitzenstellungswerbung.[938] Diese kann auch als vergleichende Werbung unlauter sein. Das ist dann der Fall, wenn ein oder mehrere bestimmte Mitbewerber oder von ihnen angebotene Waren oder Dienstleistungen unmittelbar oder mittelbar erkennbar gemacht werden.[939] Übertreibungen und Alleinstellungswerbung sind nicht von vornherein verboten. Ob solche Werbemaßnahmen zulässig sind, hängt insbesondere davon ab, welchen Sinngehalt die Werbung für den Verkehr hat. Erst dann lässt sich beurteilen, ob die Angaben irreführend gemäß § 5 Abs. 1 S. 2 Nr. 3 UWG sind. **294**

a) Übertreibung. Die Übertreibung ist ein in der Werbung häufig benutztes Stilmittel, um seine eigene Leistung herauszustellen. Besitzt eine Werbeangabe keinen objektiv nachprüfbaren tatsächlichen Inhalt – wie etwa die Anpreisung „die schönsten Blumen der Welt" –, liegt keine Angabe gemäß § 5 UWG und damit auch keine wettbewerbsrechtlich relevante Übertreibung vor. Erkennt der Verkehr eine Übertreibung als reklamehafte Übertreibung, die eben nicht bestimmte Tatsachen behauptet, fehlt es an einer Irreführung und § 5 UWG ist nicht anwendbar. Allerdings gilt dies nur bei Angaben, die eindeutig nicht ernst gemeint oder nicht wörtlich zu nehmen sind.[940] Das ist etwa der Fall, wenn etwas als „unschlagbar günstig" angepriesen wird. Gerade Werbeanpreisungen, die sich tagtäglich in den Medien finden – wie „Riesenlager" oder „Riesenauswahl" – sind nicht irreführend gemäß § 5 UWG.[941] Wer allerdings damit wirbt, die Preise „radikal" gesenkt zu haben, muss tatsächlich einen außergewöhnlichen Preisnachlass bieten.[942] Behauptet ein Unternehmen, es sei „schon heute eines der weltweit größten Internet Unternehmen", muss es jedenfalls auch in den USA und in Asien eine Präsenz vorweisen können.[943] **295**

b) Alleinstellungswerbung, Spitzenstellung. Alleinstellungswerbung liegt vor, wenn nicht unerhebliche Teile der angesprochenen Verkehrskreise davon ausgehen, dass der Werbende eine Spitzenstellung auf dem Markt einnimmt – also etwa das „größte", „älteste" oder „beliebteste" Unternehmen ist. Wird dieser Sinngehalt einer Angabe zugesprochen, ist diese je- **296**

---

[935] OLG Hamburg GRUR-RR 2006, 170 = NJW-RR 2006, 476 = AfP 2006, 174.
[936] BGH GRUR 2002, 182 0 NJW-RR 2002, 329 = WRP 2002, 74 – Das Beste jeden Morgen.
[937] OLG Köln GRUR 1999, 360.
[938] Harte-Bavendamm/Henning-Bodewig/*Weidert* § 5 E Rn. 99 ff.
[939] Harte-Bavendamm/Henning-Bodewig/*Weidert* § 5 E Rn. 104.
[940] Vgl. *Köhler/Bornkamm* § 5 Rn. 2.125 ff.
[941] Vgl. *Köhler/Bornkamm* § 5 Rn. 2.133.
[942] BGH GRUR 1979, 781 = NJW 1979, 2245 = WRP 1979, 715 – Radikal gesenkte Preise.
[943] BGH GRUR 2004, 786 = NJW-RR 2004, 1487 = MDR 2004, 1165 – Größter Online-Dienst.

denfalls schon dann irreführend, wenn die behauptete Alleinstellung objektiv unwahr ist. Das wiederum setzt allerdings voraus, dass der Verkehr die Alleinstellungswerbung – die oft mit Superlativen ausgedrückt wird – auch als faktische Alleinstellung versteht. So bedeutet der Slogan „Das beste Persil, das es je gab" einen Vergleich mit eigenen Erzeugnissen und nicht die Herausstellung einer Alleinstellung gegenüber Mitbewerbern.

296a   Die angesprochenen Verkehrskreise müssen eine Berühmung zB als „Marktführer" so verstehen, dass das werbende Unternehmen unter allen Marktteilnehmern den größten Marktanteil einnimmt. Die verständigen Verkehrsteilnehmer werden die Unternehmen, die tatsächlich als vergleichbar erscheinen, in Betracht ziehen. Einen solchen Vergleich der angesprochenen Verkehrskreise zwischen der Beklagten Karstadt Warenhaus GmbH und der klagenden INTERSPORT-Gruppe schloss der BGH aus. Die in der INTERSPORT-Gruppe zusammengefassten Sportfachhändler würden nicht als einheitliche Marktteilnehmer angesehen.[944]

297   Selbst wenn die behauptete Alleinstellung wahr ist, genügt kein lediglich geringfügiger Vorsprung vor den Mitbewerbern. Eine temporäre Spitzenstellung genügt nicht. Vielmehr bedarf es einer nach Umfang und Dauer gefestigten Sonderstellung.[945] Der Unternehmer muss einen deutlichen Vorsprung vor seinen Mitbewerber haben und die Aussicht auf eine gewisse Stetigkeit bieten.[946] Wirbt etwa eine Zeitschrift damit, sie besitze die höchste Auflage, genügt es hierfür nicht, lediglich die höchste Auflage gegenüber Wettbewerbern beim Verkauf der aktuellen Ausgabe erzielt zu haben. Vielmehr bedarf es hier eines deutlichen Abstands über mehrere Ausgaben.[947]

Zum Fall „Meistverkaufter Mini-Van":

298   Das OLG Köln hat die Werbeaussage „Meistverkaufter Mini-Van: Weltweit über 6 Millionen Fahrzeuge" für den „Voyager" als irreführend untersagt. Denn: Der „Chrysler Voyager" werde nicht weltweit, sondern nur in Europa vertrieben. Deshalb sei schon der Hinweis auf „weltweite" Verkaufszahlen nicht zulässig. Zudem seien die Verkaufszahlen für Europa wesentlich geringer. Es sei auch von einer Relevanz der Irreführung des Verkehrs auszugehen. Denn der Verbraucher folgere aus der Anzeige, dass der „Chrysler Voyager" weltweit große Wertschätzung genieße. Dies könne ihn veranlassen, sich näher mit dem Kauf eines derart geschätzten und offensichtlich bewährten Fahrzeugs zu befassen.

2. Internet: Suchmaschineneinträge und Counter

299   Eine Irreführung des Internet-Nutzers kann darin liegen, dass ein Web-Anbieter durch inhaltliche oder technische Tricks versucht, die Häufigkeit der Nennungen seines Angebots oder dessen Platzierung zu beeinflussen.[948] Eine **„Suchmaschinenoptimierung"** (Search Engine Optimization – SEO) geschieht zum Beispiel durch
- Schlüsselwörter (Keywords), die der Anbieter in seinen Text lesbar oder in „Blindschrift"[949] integriert oder durch
- Metatags,[950] die in dem – für den Nutzer zunächst nicht erkennbaren – HTML-Text einer Seite versteckt werden.

Häufige Treffer an prominenter Stelle erwecken beim Nutzer den irrigen Eindruck, dass es sich um ein ganz besonders umfangreiches und inhaltlich ergiebiges Angebot handelt. Erzielt der Veranstalter der Internet-Seite somit eine hohe Trefferquote durch irreführende

---

[944] I ZR 202/10 = GRUR 2012, 1053 = BeckRS 2012, 18503.

[945] Vgl. *Köhler/Bornkamm* § 5 Rn. 2.150.

[946] Vgl. BGH GRUR 2004, 786 = NJW-RR 2004, 1487 = MDR 2004, 1165 – Größter Online-Dienst.

[947] Vgl. *Köhler/Bornkamm* § 5 Rn. 2.150.

[948] → Rn. 321 f.; OLG Köln 6 U 178/10 = BeckRS 2011, 14258 (hier allerdings die Irreführung verneint).

[949] Also in der Hintergrundfarbe der Seite, wodurch der Text nicht mehr lesbar ist *(Word-Stuffing)*, vgl. auch *Viefhues* MMR 1999, 336 (341) sowie LG Mannheim CR 1998, 306 (Arwis).

[950] Das sind Inhaltsangaben zu HTML-Dokumenten (zum Beispiel Internetseiten), die am Anfang eines HTML-Dokuments in die Kopfzeile eingefügt werden. Vgl. hierzu auch *Viefhues* MMR 1999, 336 (339 f.), *Kur* CR 2000, 448 (451 ff.) mwN und BGH GRUR 2007, 784 = NJW-RR 2007, 1262 = WRP 2007, 1095 – AIDOL.

Schlüsselwörter oder Meta-Tags, liegt ein Verstoß gegen § 5 Abs. 1 S. 2 Nr. 3 UWG vor. Gleichzeitig kann dies auch eine unlautere Beeinflussung nach § 4 Nr. 1 UWG oder eine unlautere Behinderung nach § 4 Nr. 10 UWG sein.[951] Das gleiche gilt, wenn der Anbieter auf seiner Homepage einen Counter installiert, der jedoch die Zugriffszahlen manipuliert und weitaus häufigere Zugriffe anzeigt, als tatsächlich stattfinden.

3. Zulassung, Mitgliedschaften, Beziehungen, Auszeichnungen, Ehrungen

Schließlich ist es irreführend, mit (gesetzlich geschützten) Berufsbezeichnungen, Titeln **300** oder Qualifikationen zu werben, die nicht zutreffen oder in Deutschland mit einem inländischen Abschluss nicht als gleichwertig anerkannt sind.[952] Jeder Hinweis auf gesetzlich geschützte Berufsbezeichnungen ist irreführend, wenn der Unternehmer die Zulassung nicht besitzt. Dazu gehören Berufsbezeichnungen wie Apothekerassistent, Hebamme oder Masseur.[953] Gleiches gilt für die Werbung mit Abschlüssen wie zum Beispiel „Diplom". Darunter versteht der Verkehr einen akademischen Grad und damit auch das Erfordernis einer wissenschaftlichen Ausbildung.[954] Ausländische akademische Grade sind so zu führen, wie sie verliehen sind.[955]

Eine irreführende Angabe über eine **Mitgliedschaft** in einem Branchen- oder Berufsver- **301** band, kann darin bestehen, dass auf der Webseite in engem räumlichen und sachlichen Zusammenhang mit konkreten Dienstleistungen oder Eigenschaften des Unternehmens ein Link auf den Verband gesetzt wird.[956]

„**Beziehungen**" sind die geschäftlichen Verbindungen des Unternehmers.[957] „Ambush- **302** Marketing" kann eine unzutreffende Sponsor-Beziehung vorgaukeln.[958] Hier geht es darum, dass der Unternehmer sich an den guten Ruf einer (Sport-)Veranstaltung anlehnt, aber nicht als offizieller Sponsor fungiert. Als irreführend verbot das LG Berlin etwa die Bezeichnung „Koordinierungsbüro Public Viewing zur FIFA WM 2006".[959]

V. Beweggründe für die geschäftliche Handlung

Diese Fallgruppe ist eng mit der Regelung in § 5 Abs. 1 S. 2 Nr. 2 UWG verknüpft. „Be- **303** weggrund" für eine geschäftliche Handlung kann ein Räumungsverkauf sein. Wird das Geschäft jedoch gar nicht geräumt, stellt die Ankündigung eines Schein-Räumungsverkaufs eine irreführende Angabe gemäß § 5 Abs. 1 S. 2 Nr. 2 und Nr. 3 UWG dar. Geht es um Handlungen gegenüber Verbrauchern sind zudem die Per-se-Verbote in Nrn. 6, 15, 22 und 23 der „Schwarzen Liste" einschlägig.

Eine Täuschung über Beweggründe besteht etwa darin, wenn der Unternehmer als privater Anbieter auftritt.[960] Auch die Verwendung rechnungsähnlicher Formulare, die den Eindruck einer bestehenden Zahlungspflicht erwecken, fällt hierunter.

VI. Art des Vertriebs

Eine irreführende Angabe über die „Art des Vertriebs" täuscht über den Unternehmer. **304** Stellt sich etwa ein Einzelhändler als Großhändler dar, erweckt er bei den angespro-

---

[951] *Köhler/Bornkamm* § 4 Rn. 10.31 handeln dieses Thema als Variante des „Abfangens von Kunden" (Stichwort „Behinderung") ab. OLG Hamm 4 U 53/09 = BeckRS 2009, 21915.

[952] Vgl. BGH GRUR 1992, 525 = NJW 1992, 2358 = WRP 1992, 561 – Professorenbezeichnung in der Arztwerbung II.

[953] Harte-Bavendamm/Henning-Bodewig/*Weidert* § 5 E Rn. 97.

[954] Harte-Bavendamm/Henning-Bodewig/*Dreyer* § 5 E Rn. 168 – „Diplom".

[955] Harte-Bavendamm/Henning-Bodewig/*Weidert* § 5 E Rn. 70.

[956] Harte-Bavendamm/Henning-Bodewig/*Weidert* § 5 E Rn. 86a.

[957] Harte-Bavendamm/Henning-Bodewig/*Dreyer* § 5 E Rn. 172.

[958] → Rn. 308.

[959] LG Berlin, Beschluss vom 14.9.2005, AZ: 103 O 146/05, vgl. auch *Heermann* GRUR 2006, 359.

[960] → Rn. 286; Harte-Bavendamm/Henning-Bodewig/*Weidert* § 5 E Rn. 201.

nen Verkehrskreisen den Eindruck, diese würden die Waren auch zu Großhandelspreisen erhalten.[961]

F. Irreführende geschäftliche Handlung gemäß § 5 Abs. 1 S. 2 Nr. 4 UWG

§ 5 Abs. 1 S. 2 Nr. 4 UWG:

(1) (…) Eine geschäftliche Handlung ist irreführend, wenn sie unwahre Angaben enthält oder sonstige zur Täuschung geeignete Angaben über folgende Umstände enthält:

4. Aussagen oder Symbole, die im Zusammenhang mit direktem oder indirektem Sponsoring stehen oder sich auf eine Zulassung des Unternehmers oder der Waren oder Dienstleistungen beziehen;

305   Diese Regelung hat der Gesetzgeber reichlich zusammengewürfelt. Einerseits geht es um Aussagen oder Symbole im Zusammenhang mit Sponsoring und andererseits um Aussagen und Symbole, die sich auf eine Zulassung des Unternehmers oder der Waren oder Dienstleistungen beziehen.

306   Angaben zur Zulassung regelt ebenso Nr. 3 und auch mit Nr. 1 gibt es Überschneidungen: Die Behauptung, Waren oder Dienstleistungen seien behördlich zugelassen, stellt Vorteile im Sinne von Nr. 1 dar. Außerdem sind die Pers-se-Verbote gemäß Nr. 4 und Nr. 9 im Anhang zu § 3 Abs. 3 UWG zu beachten. Nr. 4 verbietet die unwahre Aussage, ein Unternehmer oder seine Waren oder Dienstleistungen seien gebilligt oder genehmigt. Nr. 9 verbietet die unwahre Behauptung, eine Ware oder Dienstleistung sei verkehrsfähig. „Unternehmer" im Sinne von § 5 Abs. 1 S. 2 Nr. 4 Alt. 2 UWG ist nicht der Unternehmer gemäß § 2 Abs. 1 Nr. 6 UWG. Die Frage der Zulassung betrifft ausschließlich das Unternehmen selbst bzw. den Unternehmensinhaber, nicht aber auch dessen Vertreter und Beauftragte.[962]

307   „**Sponsoring**" ist nach den Verhaltensrichtlinien der Internationalen Handelskammer (ICC) zur „Praxis der Werbe- und Marketing-Kommunikation" „jede geschäftliche Vereinbarung, durch welche ein Sponsor – zum beiderseitigen Nutzen für den Sponsor und die gesponserte Seite – vertraglich fixiert finanzielle oder andere Unterstützung gibt, um eine Verbindung zwischen Image, Marken oder Produkten des Sponsors und einem Sponsoring-Objekt herzustellen gegen das Recht, diese Verbindung zu bewerben und/oder gegen Gewähr bestimmter vereinbarter direkter oder indirekter Vorteile".[963]

308   „**Aussagen oder Symbole**" sind alle Hinweise auf ein Sponsoring. Die Aussage muss nur in irgendeinem Zusammenhang mit Sponsoring stehen, da Nr. 4 „direktes oder indirektes" Sponsoring umfasst. Erlaubt sind damit grundsätzlich Hinweise auf eine tatsächliche Unterstützung durch den Unternehmer. Erweckt der Unternehmer allerdings den unzutreffenden Eindruck, dass er als Sponsor auftritt, obwohl er gar kein Sponsor ist, liegt eine irreführende Handlung gemäß § 5 Abs. 1 S. 2 Nr. 4 UWG vor. Es können deshalb auch unter Nr. 4 **Ambush-Marketing-Aktionen** fallen, mit deren wettbewerbsrechtlicher Einordnung sich die Rechtsprechung bislang schwer getan hat.[964] Wirbt ein Unternehmen mit einem Gewinnspiel zur EURO 2012, stellt das keine irreführende geschäftliche Handlung gemäß § 5 Abs. 1 Satz 2 Nr. 4 UWG dar, wenn nicht zugleich über eine – nicht vorhandene – Sponsorenstellung getäuscht wird. Die Auslobung des Gewinnspiels erweckt noch nicht den Eindruck, das Unternehmen sei Sponsor. Dem Verbraucher sei nämlich nach Auffassung des LG Stuttgart nicht bewusst, dass nur Sponsoren solche Gewinnspiele veranstalten können.[965]

---

[961] Harte-Bavendamm/Henning-Bodewig/*Weidert* § 5 E Rn. 209 und 213 – „Großhandel".
[962] *Köhler/Bornkamm* § 2 Rn. 121.
[963] Http://www.icc-deutschland.de/fileadmin/ICC_Dokumente/ICC_Marketing_Werbe_Kodex_final.pdf (11.8.2013).
[964] → Rn. 302.
[965] LG Stuttgart, 31 O 26/12 KfH = GRUR-RR 2012, 358 = BeckRS 2012, 16270; aA LG Stuttgart, 35 O 95/11 KfH = BeckRS 2012, 12338. Siehe auch *Heermann* WRP 2012, 1035.

G. Irreführende geschäftliche Handlung gemäß § 5 Abs. 1 S. 2 Nr. 5 UWG

§ 5 Abs. 1 S. 2 Nr. 5 UWG:

(1) (…) Eine geschäftliche Handlung ist irreführend, wenn sie unwahre Angaben enthält oder sonstige zur Täuschung geeignete Angaben über folgende Umstände enthält:

5. die Notwendigkeit einer Leistung, eines Ersatzteils, eines Austauschs oder einer Reparatur;

Die Regelung zielt nicht darauf ab, den Kunden davor zu schützen, dass ihm die Not- 309 wendigkeit einer Leistung, eines Ersatzteiles, eines Austausches oder einer Reparatur *verschwiegen* wird. Genau das Gegenteil ist gemeint – nämlich, dass dem Kunden vorgespiegelt wird, er müsse eine Leistung in Anspruch nehmen, ein Ersatzteil beschaffen oder eine Reparatur durchführen.[966] Eine Irreführung nach Nr. 5 liegt etwa vor, wenn der Unternehmer dem Kunden vorspiegelt, es müsse eine umfangreiche Reparatur stattfinden, obwohl nur ein kleines Ersatzteil benötigt wird. M.E. sind von Nr. 5 auch Fälle erfasst, bei denen eine vertragliche Garantiezusage – wie beim Autoverkauf heute üblich – von Wartungen innerhalb bestimmter Intervalle abhängig gemacht wird, wenn die Erbringung der Wartungsleistungen objektiv zu den vorgeschriebenen Zeiträumen gar nicht erforderlich ist.

H. Irreführende geschäftliche Handlung gemäß § 5 Abs. 1 S. 2 Nr. 6 UWG

§ 5 Abs. 1 S. 2 Nr. 6 UWG:

(1) (…) Eine geschäftliche Handlung ist irreführend, wenn sie unwahre Angaben enthält oder sonstige zur Täuschung geeignete Angaben über folgende Umstände enthält:

6. die Einhaltung eines Verhaltenskodexes, auf den sich der Unternehmer verbindlich verpflichtet hat, wenn er auf diese Bindung hinweist;

§ 5 Abs. 1 Satz 2 Nr. 6 schützt das Vertrauen des Verkehrs in die Einhaltung der Ver- 310 pflichtungen aus Verhaltenskodizes, auf die der Unternehmer hingewiesen hat.[967] Die Per-se-Verbote in Nr. 1 und Nr. 3 des Anhangs zu § 3 Abs. 3 UWG gehen im B2C-Bereich vor.

„Verhaltenskodex" meint die in § 2 Abs. 1 Nr. 5 UWG beschriebenen Vereinbarungen 311 oder Vorschriften. Der Unternehmer muss sich auf die Einhaltung des Verhaltenskodexes verpflichtet haben. Auf eine solche Verpflichtung darf der Unternehmer nur hinweisen, wenn er sie rechtsverbindlich eingegangen ist. Außerdem muss der Unternehmer den Verhaltenskodex auch einhalten.

UGP-RL konform?

Nach den Vorgaben in Art. 6 Abs. 2b UGP-RL genügt die objektive Nichteinhaltung eines Verhaltenskodex. Eine Täuschung über dessen Einhaltung ist ebenso wenig erforderlich wie eine unwahre Angabe dazu. Die UGP-RL ist also weiter formuliert als § 5 Abs. 1 Satz 2 Nr. 6 UWG.[968]

Unternehmer im Sinne von Nr. 6 ist nach Auffassung von *Köhler* der Unternehmensinha- 311a ber bzw. das Unternehmen, nicht aber Vertreter und Beauftragte.[969] Man wird aber unterscheiden müssen: Das *Unternehmen* muss sich zur Einhaltung des Verhaltenskodexes verpflichtet haben, während der unzulässige Hinweis auf eine nicht bestehende Bindung auch durch Beauftragte oder Vertreter erfolgen kann. Wer behauptet, an einen Verhaltenskodex gebunden zu sein, den es nicht gibt oder der unwirksam ist, verstößt zwar nicht gegen Nr. 6.

---

[966] BT-Drs. 16/10145, 24.
[967] Harte-Bavendamm/Henning-Bodewig/*Dreyer* § 5 H Rn. 2.
[968] Vgl. *Köhler* WRP 2013, 403 (407).
[969] *Köhler/Bornkamm* § 2 Rn. 121.

Denkbar ist aber ein Verstoß gegen § 5 Abs. 1 S. 2 Nrn. 1–5, 7 UWG und gegen Nr. 1 des Anhangs zu § 3 Abs. 3 UWG.[970]

I. Irreführende geschäftliche Handlung gemäß § 5 Abs. 1 S. 2 Nr. 7 UWG

§ 5 Abs. 1 S. 2 Nr. 7 UWG:

(1) (…) Eine geschäftliche Handlung ist irreführend, wenn sie unwahre Angaben enthält oder sonstige zur Täuschung geeignete Angaben über folgende Umstände enthält:

7. Rechte des Verbrauchers, insbesondere solche auf Grund von Garantieversprechen oder Gewährleistungsrechte bei Leistungsstörungen.

312   Nr. 7 betrifft irreführende Angaben zu Rechten des Verbrauchers. Es geht bei Nr. 7 nicht darum, ob die Rechte auch tatsächlich gewährt werden. Nr. 7 betrifft ausschließlich **Angaben** gegenüber einem **Verbraucher** – und zwar ausschließlich gegenüber demjenigen Verbraucher, an den sich ein bestimmtes Angebot richtet.[971] Richtet sich die Angabe an sonstige Marktteilnehmer, kann diese nach § 5 Abs. 1 S. 2 Nr. 2 UWG irreführend sein. Erfasst ist geschäftliches Verhalten vor, während und nach Vertragsschluss.

313   Nr. 7 betrifft sämtliche Rechte des Verbrauchers – also nicht nur die exemplarisch genannten Garantieversprechen und Gewährleistungsrechte, sondern zum Beispiel auch Widerrufsrechte, Kündigungsrechte oder Ansprüche auf Schadensersatz. Verboten sind nicht nur irreführende Angaben über das Bestehen bestimmter Rechte, sondern auch über deren Inhalt, Umfang und Dauer sowie etwaige Voraussetzungen für die Geltendmachung.[972] Diese Regelung geht deshalb ausgesprochen weit – insbesondere, wenn man berücksichtigt, dass auch nachvertragliches Verhalten unter den Begriff der „geschäftlichen Handlung" fällt.

UGP-RL konform?

Art. 6 Abs. 1g UGP-RL regelt auch die Irreführung des Verbrauchers durch unwahre Angaben oder die Täuschung über „Risiken, denen er sich möglicherweise aussetzt". Damit sind nicht die Risiken des Produkts gemäß § 5 Abs. 1 Satz 2 Nr. 1 UWG gemeint, sondern Risiken, die sich im Zusammenhang mit dem Produkt ergeben geben können – etwa finanzielle Risiken für den Verbraucher. Eine entsprechende Bestimmung enthält § 5 Abs. 1 UWG nicht.[973]

J. Irreführende geschäftliche Handlung gemäß § 5 Abs. 2 UWG

§ 5 Abs. 2 UWG:

(2) Eine geschäftliche Handlung ist auch irreführend, wenn sie im Zusammenhang mit der Vermarktung von Waren oder Dienstleistungen einschließlich vergleichender Werbung eine Verwechslungsgefahr mit einer anderen Ware oder Dienstleistung oder mit der Marke oder einem anderen Kennzeichen eines Mitbewerbers hervorruft.

I. Wegfall des Vorrangs markenrechtlicher Ansprüche

314   § 5 Abs. 2 UWG führt einen kennzeichenrechtlichen Tatbestand in das UWG ein und steht damit neben § 4 Nr. 9 UWG und § 5 Abs. 1 S. 2 Nrn. 1 und 3 UWG.[974] Die Einfüh-

---

[970] Harte-Bavendamm/Henning-Bodewig/*Dreyer* § 5 H Rn. 6.
[971] Harte-Bavendamm/Henning-Bodewig/*Weidert* § 5 I Rn. 12.
[972] Harte-Bavendamm/Henning-Bodewig/*Weidert* § 5 I Rn. 16.
[973] Vgl. *Köhler* WRP 2013, 403 (407).
[974] Siehe *Goldmann* GRUR 2012, 857; § 4 Nr. 9 UWG → Rn. 177 ff.

rung verbraucherschützender kennzeichenrechtlicher Vorschriften gehört zu den nachhaltigsten Eingriffen in das UWG durch die Umsetzung der UGP-RL. Bislang ging die Rechtsprechung davon aus, dass mit dem Markengesetz eine in sich geschlossene kennzeichenrechtliche Regelung geschaffen wurde, die wettbewerbsrechtliche Ansprüche verdrängt.[975] Ein Rückgriff auf wettbewerbsrechtliche Regelungen kam nur ausnahmsweise in Betracht, wenn das Allgemeininteresse verletzt war – insbesondere, weil das fragliche Zeichen kennzeichenrechtlich geschützt war und der Verkehr mit ihm besondere Gütevorstellungen verband.[976] Aktiv legitimiert war nach § 4 Nr. 9a UWG ausschließlich der Hersteller des Originals oder der zum Alleinvertrieb Berechtigte. Diesen oblag es allein, darüber zu entscheiden, ob sie gegen die unbefugte Benutzung vorgehen wollten.[977]

Mit Inkrafttreten des UWG 2008 ist der Vorrang markenrechtlicher Vorschriften jedenfalls dann, wenn sich der Anspruch auch auf verbraucherschützende Regelungen wie in § 5 Abs. 2 UWG stützt, entfallen.[978]   315

II. Konkurrenzen

Das Per-se-Verbot in Nr. 13 des Anhangs zu § 3 Abs. 3 UWG geht § 5 Abs. 2 UWG vor.   316
§ 4 Nr. 9a UWG ist nicht lex specialis zu §§ 5, 5a UWG, wenn auch der Schutz des Verbrauchers betroffen ist.[979] Allerdings ist zu berücksichtigen, dass § 4 Nr. 9 UWG außerhalb des Anwendungsbereiches der Richtlinie liegt.[980] Das bedeutet: Geht es um den Schutz des Verbrauchers, kann man irreführenden Angaben mithilfe von §§ 5, 5a UWG begegnen. Geht es um den Schutz des Unternehmers, der das Original herstellt oder vertreibt, ist § 4 Nr. 9 UWG lex specialis zu §§ 5, 5a UWG.[981] Auf die Differenzierung wird es in der Praxis jedoch kaum ankommen: Transportiert etwa das nachgeahmte Produkt die Gütevorstellungen, die der Verkehr mit dem Original verbindet, beeinträchtigt dies die Rechte des Unternehmers und stellt zugleich eine Täuschung des Verbrauchers dar.

Maßgeblich ist die Unterscheidung letztlich nur bei der Frage der **Aktivlegitimation**. Sieht   317
man im Verhältnis zum Unternehmer § 4 Nr. 9 UWG als lex specialis zu §§ 5, 5a UWG an, kann ein Mitbewerber ausschließlich auf der Grundlage der von der Rechtsprechung zu § 4 Nr. 9 UWG entwickelten Kriterien gegen Nachahmungen vorgehen. Eine Aktivlegitimation des Mitbewerbers aus § 5 Abs. 1 S. 2 Nr. 1 UWG (geographische und betriebliche Herkunft) bzw. § 5 Abs. 2 UWG scheidet dann aus. Ansprüche aus § 5 Abs. 2 UWG (wenn es um den Schutz des Verbrauchers geht) können jedoch alle in § 8 Abs. 3 UWG genannten Anspruchsberechtigten geltend machen – die Mitbewerber darüber hinaus auch Schadensersatzansprüche gemäß § 9 Abs. 1 UWG.[982]

Schließlich enthält auch § 6 Abs. 2 Nr. 3 UWG[983] eine Regelung zur Herbeiführung von   318
Verwechslungen durch die Verwendung von Kennzeichen, während § 5 Abs. 2 UWG ausdrücklich auch die vergleichende Werbung einbezieht. § 5 Abs. 2 UWG betrifft aufgrund seiner Formulierung jede geschäftliche Handlung und damit auch Handlungen gegenüber Unternehmern.[984]

---

[975] → Rn. 153a und 177f. Vgl. BGH GRUR 2002, 622 = NJW 2002, 2031 = WRP 2002, 694 – Shell.de; BGH GRUR 2002, 703 = NJW 2002, 2093 = WRP 2002, 700 – VOSSIUS & PARTNER; BGH GRUR 2002, 160 = NJW 2002, 600 = WRP 2001, 1450 – Warsteiner III.
[976] Harte-Bavendamm/Henning-Bodewig/*Dreyer* § 5 A Rn. 44 und J Rn. 2 ff.
[977] *Köhler/Bornkamm* § 5 Rn. 1.77.
[978] BGH I ZR 188/11 (Rn. 60) = GRUR 2013, 1161 = WRP 2013, 1465 – Hard Rock Café; *Köhler/Bornkamm* § 5 Rn. 1.86 und Harte-Bavendamm/Henning-Bodewig/*Dreyer* § 5 J Rn. 10.
[979] Harte-Bavendamm/Henning-Bodewig/*Dreyer* § 5 J Rn. 15.
[980] → Rn. 165. BT-Drs. 16/10145, 17.
[981] Vgl. Harte-Bavendamm/Henning-Bodewig/*Dreyer* § 5 J Rn. 17.
[982] Vgl. *Köhler* WRP 2009, 109 (115).
[983] → Rn. 368 ff.
[984] Im Wege einer richtlinienkonformen Auslegung könnte sich § 5 Abs. 2 UWG jedoch auf das Verhältnis zu Verbrauchern beschränken, während § 6 Abs. 2 Nr. 3 UWG das Verhältnis zu Unternehmern betrifft, *Köhler* WRP 2009, 109 (115).

III. Vermarktung und Verwechslungsgefahr

319 „Vermarktung" geht weiter als „Werbung". „Werbung" ist nach der Definition in der Ir-reführungs-Richtlinie „jede Äußerung bei der Ausübung eines Handels, Gewerbes, Hand-werks oder freien Berufs mit dem Ziel, den Absatz von Waren oder die Erbringung von Dienstleistungen, einschließlich unbeweglicher Sachen, Rechte und Verpflichtungen, zu för-dern". Der Begriff „Vermarktung" umfasst Werbung sowie die Produktgestaltung, Pro-duktplatzierung oder Produktbeschreibung.[985]

320 Für eine Irreführung genügt die Gefahr einer Verwechslung. Die Verwechslungsgefahr ist im Marken- und Wettbewerbsrecht einheitlich zu bestimmen.[986] Maßgeblich ist die Sicht der angesprochenen Verkehrskreise. Die Verwechslungsgefahr kann Waren, Dienstleistungen, Marken oder „andere Kennzeichen" betreffen. Unter „Kennzeichen" fallen Namen, ge-schäftliche Bezeichnungen, geographische Herkunftsangaben und auch andere, marken-rechtlich nicht geschützte Zeichen. Maßgeblich ist lediglich, dass der Verkehr die Zeichen so versteht, dass sie einem Unternehmen zuzuordnen sind.[987]

IV. Metatags und Keywords

321 In diese Fallgruppe können bislang sehr umstrittene Internet-Werbeformen fallen. So war die Frage ausgesprochen umstritten, ob die Nutzung eines fremden Kennzeichens als ver-stecktes Suchwort (**Metatag**) zulässig ist. Das ist zwar in erster Linie eine markenrechtliche Fragestellung, die hier aber schon wegen der Aufhebung des strikten Vorrangs von Marken-recht gegenüber den Regelungen des UWG nicht unerwähnt bleiben soll.[988] Der BGH hat entschieden, dass sich daraus – je nach Branchennähe – eine Verwechslungsgefahr ergeben kann.[989]

322 Ähnlich problematisch ist die Nutzung von Kennzeichen in sog **Keywords**. Das sind Be-griffe, die der Werbende einem Suchmaschinenbetreiber gegenüber als Schlüsselwort angibt. Verbindet das der Internetanbieter mit einer Anzeigenschaltung, erscheint bei der Eingabe dieser Bezeichnung durch einen Nutzer als Suchwort in die Suchmaschine in einem von der Trefferliste räumlich getrennten Werbeblock eine gekennzeichnete Anzeige des Dritten mit einem Link auf dessen Website (**Adword**). In den vom BGH Anfang 2009 entschiedenen Fällen enthielt die jeweilige Anzeige weder das als Suchwort verwendete fremde Kennzei-chen noch sonst einen Hinweis auf den Kennzeicheninhaber oder auf die von diesem ange-botenen Produkte. Der BGH entschied: Der Markeninhaber kann in der Regel die Verwen-dung einer beschreibenden Angabe auch dann nicht untersagen, wenn sie markenmäßig benutzt und dadurch die Gefahr einer Verwechslung mit der geschützten Marke begründet wird.[990] In einem anderen Fall nahm der BGH an, dass es an der für die Verletzung der Un-ternehmensbezeichnung erforderlichen Verwechslungsgefahr fehle. Der Internetnutzer neh-me nicht an, dass die in dem gesonderten Anzeigenblock neben der Trefferliste erscheinende Anzeige vom Markeninhaber stamme.[991]

322a Auf Vorlage des BGH[992] hat der EuGH festgestellt, „dass der Inhaber einer Marke es ei-nem Werbenden verbieten darf, auf ein mit dieser Marke identisches Schlüsselwort, das von diesem Werbenden ohne seine Zustimmung im Rahmen eines Internetreferenzierungs-dienstes ausgewählt wurde, für Waren oder Dienstleistungen, die mit den von der Marke er-fassten identisch sind, zu werben, wenn aus dieser Werbung für einen Durchschnittsinter-

---

985 Harte-Bavendamm/Henning-Bodewig/*Dreyer* § 5 J Rn. 19.
986 EuGH GRUR 2008, 698 = BeckRS 2008, 70641 – O2.
987 Vgl. EuGH GRUR 2002, 354 = NJW 2002, 425 = WRP 2001, 1432 – Toshiba.
988 → Rn. 177a.
989 BGH GRUR 2007, 65 = NJW 2007, 153 = WRP 2006, 1513 – Impuls.
990 BGH BeckRS 2009, 07503 = WRP 2009, 441 – pcb.
991 BGH BeckRS 2009, 07504 = WRP 2009, 435 – Beta Layout.
992 BGH GRUR 2009, 498 = BeckRS 2009, 06395 = WRP 2009, 451 – Bananabay.

netnutzer nicht oder nur schwer zu erkennen ist, ob die in der Anzeige beworbenen Waren oder Dienstleistungen von dem Inhaber der Marke oder einem mit ihm wirtschaftlich verbundenen Unternehmen oder doch von einem Dritten stammen".[993] Der BGH wies daraufhin die Klage ab und stellte zu § 5 Abs. 2 UWG fest:[994] „Die Benutzung des Schlüsselworts stellt schließlich auch keine irreführende geschäftliche Handlung i.S. des § 5 Abs. 2 UWG dar. Die bei Eingabe des dem Schlüsselwort entsprechenden Suchworts erscheinende Anzeige ruft keine Verwechslungsgefahr mit der Klagemarke hervor. Wie dargelegt, lässt sie bei einem normal informierten und angemessen aufmerksamen Internetnutzer nicht den Eindruck entstehen, dass die dort beworbenen Produkte von der Kl. oder einem mit ihr wirtschaftlich verbundenen Unternehmen stammen."

K. Irreführung durch Unterlassen gemäß § 5a UWG

I. Grundtatbestand

§ 5a UWG:

(1) Bei der Beurteilung, ob das Verschweigen einer Tatsache irreführend ist, sind insbesondere deren Bedeutung für die geschäftliche Entscheidung nach der Verkehrsauffassung sowie die Eignung des Verschweigens zur Beeinflussung der Entscheidung zu berücksichtigen.

1. Vorbemerkung

§ 5a UWG enthält zwei unterschiedliche Regelungsbereiche: § 5a Abs. 2–4 UWG betrifft **323** ausschließlich den Schutz der Verbraucher. Sonstige Marktteilnehmer können ggf. Ansprüche nach §§ 3, 4 Nr. 11 UWG geltend machen.[995] Die Ausführungen zur Verkehrsauffassung, Irreführungsgefahr, Relevanz der Irreführung und zur Interessenabwägung bzw. Verhältnismäßigkeit zu § 5 UWG gelten auch für § 5a UWG.[996]

Im UWG 2004 war die Irreführung durch Unterlassen lediglich in § 5 Abs. 2 S. 2 UWG **323a** 2004 geregelt. Diese Bestimmung hat der Gesetzgeber weitgehend in § 5a Abs. 1 UWG 2008 übernommen und im Übrigen – in Umsetzung von Art. 7 UGP-RL – § 5a Abs. 2–4 UWG formuliert. Der „Grundtatbestand" in § 5a Abs. 1 UWG hat keine Entsprechung in der UGP-RL. Die Vorgaben aus Art. 7 Abs. 2 UGP-RL[997] hat der deutsche Gesetzgeber bewusst nicht umgesetzt, da er der Auffassung war, die in Art. 7 Abs. 2 UGP-RL genannten Merkmale „seien bereits vom Begriff des Vorenthaltens i.S.v. Art. 7 Abs. 1 UGP-RL erfasst".[998] Nicht umgesetzt ist damit, dass ein Vorenthalten wesentlicher Informationen etwa durch das Verheimlichen von Informationen verwirklicht werden kann, aber auch durch unklare, unverständliche oder zweideutige Informationen oder auch durch nicht rechtzeitige Informationen.[999] Auch Art. 7 Abs. 3 UGP-RL[1000] hat der deutsche Gesetzgeber bewusst nicht umgesetzt. Das ist vor allem für Unternehmer nachteilig, wie aktuelle Entscheidungen zu § 5a Abs. 3 Nr. 2 UWG zeigen.[1001] Insgesamt stellt § 5a UWG daher eine „bunte" Zusammenstellung der europarechtlichen Vorgaben dar:[1002]

[993] EuGH C-91/09 Rn. 28 = GRUR 2010, 641 = BeckRS 2010, 90537 – Eis.de.
[994] BGH I ZR 125/07 Rn. 30 = GRUR 2011, 8282 = NJW 2011, 3032 – Bananabay II.
[995] *Bornkamm* WRP 2012, 1 (3).
[996] → Rn. 233 ff.
[997] → Rn. 128a.
[998] BT-Drs. 16/10145, 17.
[999] *Alexander* WRP 2013, 716 (721).
[1000] → Rn. 128a.
[1001] → vor Rn. 333, → Rn. 333a ff.; *Alexander* WRP 2013, 716.
[1002] Vgl. *Alexander* WRP 2013, 716.

UWG	UGP-Richtlinie
§ 5a Abs. 1	keine Entsprechung
5a Abs. 2	Art. 7 Abs. 1
Keine Entsprechung	Art. 7 Abs. 2 und 3
5a Abs. 3	Art. 7 Abs. 4
5a Abs. 4	Art. 7 Abs. 5

UGP-RL konform?

§ 5a Abs. 1 UWG hat im B2C-Bereich neben § 5a Abs. 2–4 UWG wohl keinen eigenständigen Regelungsgehalt. Denn § 5a Abs. 1 UWG muss bei geschäftlichen Handlungen gegenüber Verbrauchern ebenso wie § 5a Abs. 2–4 UWG iSv Art. 7 UGP-RL ausgelegt werden.[1003]

2. Regelungsgegenstand

324 § 5a Abs. 1 UWG gilt für alle Marktteilnehmer und übernimmt weitgehend den Wortlaut des bisherigen § 5 Abs. 2 S. 2 UWG. Allerdings heißt es in § 5a Abs. 1 UWG nun, dass die verschwiegene Tatsache „Bedeutung für die geschäftliche Entscheidung" haben muss. In § 5 Abs. 2 S. 2 UWG 2004 war noch von der „Bedeutung für die Entscheidung zum Vertragsschluss" die Rede. Weil die Regelung im UWG 2008 auch nachvertragliche geschäftliche Handlungen umfasst, erfolgte eine Anpassung des Wortlautes. Damit betrifft § 5a Abs. 1 UWG nicht nur – wie zuvor – irreführende Werbung, sondern irreführende Handlungen ganz allgemein. Schweigen kann deshalb auch irreführend sein, wenn es um die Vertragsabwicklung oder die Beendigung des Vertrages geht.[1004]

325 Der Tatbestand ist nicht abschließend. Welche Fallgestaltungen sich allerdings neben den in § 5a Abs. 1 UWG genannten – Bedeutung für die geschäftliche Entscheidung und Eignung des Verschweigens zur Beeinflussung der Entscheidung – ergeben können, ist bislang nicht geklärt. Typische Fälle, die unter § 5a Abs. 1 UWG fallen, sind: Hinweis auf eine Ware als Auslaufmodell, vor allem bei Waren mit Ergänzungsbedarf (wie etwa teures Geschirr oder teure Bestecke), Verwendungsbeschränkungen (zB für Fernmeldeanlagen, deren Betrieb in Deutschland verboten ist) oder Verschweigen von Kosten, die mit dem Erwerb der Ware verbunden sind (zB bei Telefonanschlüssen).[1005]

326 Bislang vertrat der BGH die Auffassung, dass es keine Pflicht zu einer umfassenden Aufklärung gibt.[1006] Die bisherige Rechtsprechung ist damit jedenfalls bei geschäftlichen Handlungen **gegenüber Verbrauchern überholt**, soweit § 5a Abs. 2–4 UWG ausdrücklich Informationspflichten vorsehen.[1007] Geht es um geschäftliche Handlungen gegenüber anderen Marktteilnehmern, kann die bisherige Rechtsprechung noch Bestand haben.

327 § 5a UWG unterscheidet zwischen dem **Verschweigen** (§ 5a Abs. 1) und dem **Vorenthalten** (§ 5a Abs. 2–4) von Informationen. Wer Informationen nicht mitteilt, obwohl nach Auffassung der angesprochenen Verkehrskreise eine Aufklärung erforderlich ist, „verschweigt" Informationen. Hier geht es also um Informationen, die *aus der Sicht der Marktteilnehmer* bedeutsam sind. § 5a Abs. 2–4 UWG finden hingegen nur bei geschäftlichen Handlungen **gegenüber Verbrauchern** Anwendung. „Vorenthalten" iSv § 5a Abs. 2–4 UWG bedeutet demnach, dass der Verbraucher Informationen nicht erhält, die der *(EU)-Gesetzgeber für wesentlich* ansieht. In § 5a Abs. 2–4 UWG geht es also um Informationspflichten, die der

---

[1003] *Alexander* WRP 2013, 716 (719).
[1004] Harte-Bavendamm/Henning-Bodewig/*Dreyer* § 5a Rn. 15.
[1005] Harte-Bavendamm/Henning-Bodewig/*Dreyer* § 5a Rn. 31 ff.
[1006] BGH GRUR 2006, 161 = NJW-RR 2006, 409 = WRP 2006, 69 – Zeitschrift mit Sonnenbrille; BGH GRUR 2007, 247 = NJW 2007, 919 = WRP 2007, 303 – Regenwaldprojekt I; BGH GRUR 2007, 251 = NJW 2007, 922 = WRP 2007, 308 – Regenwaldprojekt II.
[1007] Harte-Bavendamm/Henning-Bodewig/*Dreyer* § 5a Rn. 11.

Unternehmer beachten muss. Damit soll der Verbraucher geschützt werden, der sich gar keine Gedanken darüber macht, welche Informationen er benötigt und deshalb auch nicht nach § 5a Abs. 1 UWG getäuscht werden kann. Das Gesetz soll den Unternehmer zwingen, alle für den Verbraucher wesentlichen Informationen zu geben. Es geht also darum, dem Verbraucher bestimmte **Basisinformationen** zu geben, die er benötigt, um eine informierte geschäftliche Entscheidung zu treffen.[1008]

§ 5a Abs. 3 UWG benennt derartige wesentliche Informationen. § 5a Abs. 4 UWG bezieht 328 Informationen nach gemeinschaftsrechtlichen Vorschriften mit ein. § 5a Abs. 2 UWG schließlich überlässt es der Rechtsprechung, welche Informationen „im konkreten Fall unter Berücksichtigung aller Umstände, einschließlich der Beschränkung des Kommunikationsmittels" als wesentlich anzusehen sind.

3. Konkurrenzen

Da entweder eine irreführende Angabe *oder* das Verschweigen und Vorenthalten einer In- 329 formation vorliegen kann, sind § 5 UWG und § 5a UWG nicht nebeneinander anwendbar.[1009] Nur dann, wenn eine Information mitgeteilt wird, wesentliche Informationen jedoch verschwiegen werden, kann dieselbe Angabe einen Verstoß gegen §§ 5 UWG und 5a UWG darstellen.[1010] Wird etwa ein Produkt – zutreffend – damit beworben, es habe eine „Zulassung in Österreich", aber verschwiegen, dass eine Zulassung für Deutschland nicht vorliegt, sind §§ 5, 5a UWG gleichermaßen erfüllt: Die Angabe zur Zulassung in Österreich trifft zwar zu, täuscht aber über die Verwendungsmöglichkeit iSv § 5 Abs. 1 S. 2 Nr. 1 UWG. Das Verschweigen der für Deutschland nicht vorhandenen Zulassung stellt eine Irreführung durch Unterlassen gem. § 5a Abs. 1 UWG dar.

> **Praxistipp: Prüfungsreihenfolge „Irreführung durch Unterlassen"**
> - Richtet sich die geschäftliche Handlung an einen Verbraucher: Ist ein Tatbestand von Nr. 5, 6, 17, 18, 21, 22, 23, 24 oder 29 des Anhangs zu § 3 Abs. 3 UWG erfüllt?
> - Kumulativ: Richtet sich das **Angebot** an einen Verbraucher: Wird eine wesentliche Information nach § 5a Abs. 3 UWG vorenthalten?
> - Kumulativ: Wird dem Verbraucher durch eine **geschäftliche Handlung** eine wesentliche Information nach § 5a Abs. 4 UWG vorenthalten?
> - Alternativ zu § 5a Abs. 3 oder 4 UWG: Wird dem Verbraucher sonst eine wesentliche Information iSv § 5a Abs. 2 UWG vorenthalten?
> - Alternativ zu § 5a Abs. 2–4 UWG: Liegt ein unlauteres Verschweigen wesentlicher Informationen gemäß § 5 Abs. 1 UWG gegenüber einem Marktteilnehmer vor?

II. Wesentliche Informationen gemäß § 5a Abs. 3 UWG

§ 5a Abs. 3 UWG:

(3) Werden Waren oder Dienstleistungen unter Hinweis auf deren Merkmale und Preis in einer dem verwendeten Kommunikationsmittel angemessenen Weise so angeboten, dass ein durchschnittlicher Verbraucher das Geschäft abschließen kann, gelten folgende Informationen als wesentlich im Sinne des Absatzes 2, sofern sie sich nicht unmittelbar aus den Umständen ergeben: (...)

§ 5a Abs. 2–4 UWG bestimmen, wann eine Information unlauter vorenthalten wird. § 5a 330 Abs. 3 UWG setzt Art. 7 Abs. 4 UGP-RL um:

Art. 7 UGP-Richtlinie (Irreführende Unterlassungen): (...)

[1008] Harte-Bavendamm/Henning-Bodewig/*Dreyer* § 5a Rn. 18.
[1009] Vgl. Harte-Bavendamm/Henning-Bodewig/*Dreyer* § 5a Rn. 26.
[1010] Harte-Bavendamm/Henning-Bodewig/*Dreyer* § 5a Rn. 26.

(4) Im Falle der Aufforderung zum Kauf gelten folgende Informationen als wesentlich, sofern sie sich nicht unmittelbar aus den Umständen ergeben:

a) die wesentlichen Merkmale des Produkts in dem für das Medium und das Produkt angemessenen Umfang;

b) Anschrift und Identität des Gewerbetreibenden, wie sein Handelsname und gegebenenfalls Anschrift und Identität des Gewerbetreibenden, für den er handelt;

c) der Preis einschließlich aller Steuern und Abgaben oder in den Fällen, in denen der Preis aufgrund der Beschaffenheit des Produkts vernünftigerweise nicht im Voraus berechnet werden kann, die Art der Preisberechnung sowie gegebenenfalls alle zusätzlichen Fracht-, Liefer- oder Zustellkosten oder in den Fällen, in denen diese Kosten vernünftigerweise nicht im Voraus berechnet werden können, die Tatsache, dass solche zusätzliche Kosten anfallen können;

d) die Zahlungs-, Liefer- und Leistungsbedingungen sowie das Verfahren zum Umgang mit Beschwerden, falls sie von den Erfordernissen der beruflichen Sorgfalt abweichen;

e) für Produkte und Rechtsgeschäfte, die ein Rücktritts- oder Widerrufsrecht beinhalten, das Bestehen eines solchen Rechts.

§ 5a Abs. 3 UWG konkretisiert, welche Informationen beim **Angebot von Waren oder Dienstleistungen** wesentlich sind. Vorrangig sind die Per-se-Verbote in Nr. 5 und 6 des Anhangs zu § 3 Abs. 3 UWG. Die Liste in § 5a Abs. 3 UWG ist nicht abschließend. § 5a Abs. 3 UWG greift **nicht** ein bei

• Angeboten an Unternehmer,
• Aufmerksamkeitswerbung, die nicht zu einem Geschäftsabschluss führen soll,
• geschäftlichen Handlungen **nach** Abschluss des Geschäfts.

UGP-RL konform?

Art. 7 Abs. 4 UGP-RL benennt wesentliche Informationen bei einer „Aufforderung zum Kauf".[1011] Art. 2j definiert, dass hierunter zu verstehen ist „jede kommerzielle Kommunikation, die die Merkmale des Produkts und den Preis in einer Weise angibt, die den Mitteln der verwendeten kommerziellen Kommunikation angemessen ist und den Verbraucher dadurch in die Lage versetzt, einen Kauf zu tätigen". § 5a Abs. 3 UWG umschreibt dieses Tatbestandsmerkmal mit eigenen Worten und weicht damit von den europarechtlichen Vorgaben ab.[1012]

---

1. Wesentliche Merkmale der Ware oder Dienstleistung (§ 5a Abs. 3 Nr. 1 UWG)

§ 5a Abs. 3 Nr. 1 UWG:

(...)

1. alle wesentlichen Merkmale der Ware oder Dienstleistung in dem dieser und dem verwendeten Kommunikationsmittel angemessenen Umfang;

331   Nr. 1 bestimmt, dass „wesentlich" alle Informationen über „alle wesentlichen Merkmale der Ware oder Dienstleistung sind". Es bedarf also einer zweifachen Wesentlichkeitsprüfung: Zunächst ist festzulegen, ob die unterlassene Information ein *wesentliches* Merkmal der Ware oder Dienstleistung betrifft. Nur dann handelt es sich auch um eine *wesentliche* Information iSv § 5a Abs. 3 UWG. Das – an den Verbraucher gerichtete – Angebot soll alle Informationen bieten, damit der Verbraucher das Geschäft abschließen kann. Dazu gehört jede Erklärung eines Unternehmers, aufgrund derer sich der Verbraucher zum Erwerb einer bestimmten Ware oder zur Inanspruchnahme einer bestimmten Dienstleistung entschließen kann. Eine *invitatio ad offerendum* hat demnach bereits alle wesentlichen Informationen zu enthalten.

332   Anzugeben sind gemäß Nr. 1 die wesentlichen Merkmale „in dem für das Mittel der kommerziellen Kommunikation und die Ware oder Dienstleistung angemessenen Umfang". Vor allem bei geringwertigen Gegenständen des täglichen Bedarfs sind die Anforderungen

---

[1011] Siehe dazu EuGH C-122/10 (Rn. 30 ff.) = GRUR 2011, 930 = WRP 2012, 189 – Ving Sverige.
[1012] *Alexander* WRP 2013, 716 (721).

an die *wesentlichen* Informationen deshalb nicht so hoch anzusetzen.[1013] Der Unternehmer wird aber auch zu bedenken haben, ob er ggf. einen anderen Kommunikationsweg – zB das Internet – wählt, um die Information zur Verfügung zu stellen.[1014]

2. Identität und Anschrift des Unternehmers (§ 5a Abs. 3 Nr. 2 UWG)

§ 5a Abs. 3 Nr. 2 UWG:

(...)

2. die Identität und Anschrift des Unternehmers, gegebenenfalls die Identität und Anschrift des Unternehmers, für den er handelt;

> **Fall „Identitätsangabe in Werbeprospekt":**[1015]
> Der Textil-Discounter „kik" wirbt in einem Werbeprospekt für Kleidung und Wäsche mit herabgesetzten Preisen und gibt dabei weder seine genaue Identität noch Anschrift an. Hingewiesen wird allerdings auf die Bezeichnung „kik" als Marke und Unternehmenskennzeichen und auf die Internetanschrift www.kik.de. Ferner sind auf der letzten Seite des Prospektes die Namen der Städte angegeben, in denen die Warenangebote des Prospekts zu finden sind, teilweise mit weiteren Hinweisen auf die örtlichen Filialen.

Wesentlich sind auch die Identität und Anschrift des Unternehmers, der das Angebot unterbreitet und ggf. auch die Identität und Anschrift des Unternehmers, für den er handelt. Dies entspricht im Wesentlichen den Vorgaben in § 312c Abs. 1 S. 1 und Abs. 2 S. 1 BGB iVm § 1 Abs. 1 Nrn. 1 und 2, Abs. 4 S. 1 Nr. 1 BGB-InfoV. 333

Zum Fall „Identitätsangabe in Werbeprospekt":

Der Senat des OLG Hamm ist der Auffassung, dass § 5a Abs. 3 Nr. 2 UWG die Angabe der exakten Identität und Anschrift des Werbenden erfordere. Diese Regelung gelte für konkrete Warenangebote, die den Verbraucher in die Lage versetzen, einen Kauf zu tätigen. Hierzu genüge eine invitatio ad offerendum. Anzugeben seien deshalb die Anschrift der werbenden Muttergesellschaft und der Filialen vor Ort. Ein Hinweis auf eine Übersicht im Internet genüge nicht. Denn es sei „die Identität des hier Textilien anbietenden Unternehmens in Form der genauen Angabe der Rechtsform und Anschrift für den Durchschnittsverbraucher zum Zwecke der vorherigen Kontaktaufnahme in der heutigen Zeit von erheblicher Bedeutung".[1016] 333a

Gerade diese Annahme des OLG Hamm liegt aus meiner Sicht schlicht fern und ist geprägt durch die Beurteilung der europarechtlichen Vorgaben zur Anbieterkennzeichnung von Internet-Angeboten. Der wesentliche Unterschied besteht darin, dass sich der Internetnutzer bei Fernabsatzgeschäften in aller Regel kein „Bild" von dem Verkäufer machen kann. Der Verbraucher kann jedoch die beworbene „kik"-Filiale aufsuchen und feststellen, dass es dort tatsächlich ein Geschäftslokal gibt, das auch betrieben wird. Er wird die Ware nur bezahlen, wenn er sie sogleich ausgehändigt erhält. Er muss keine Vorkasse leisten oder sonst persönliche Daten – wie Bankverbindung oder Kreditkartendaten – angeben. Er kann völlig anonym ein Bargeschäft tätigen. Wenn er dann – etwa im Falle einer Gewährleistung – nähere Angaben zum Unternehmen benötigt, kann er diese auf einfachem Wege über die im Werbeprospekt angegebene Internetseite – oder durch Eingabe der Bezeichnung „kik" in eine der gängigen Suchmaschinen – recherchieren. 333b

Zudem gestattet § 5a Abs. 2 UWG entsprechend der europarechtlichen Vorgabe in Art. 7 Abs. 3 UGP-RL, bei der Beurteilung auf die „Beschränkungen des Kommunikationsmittels"

[1013] Vgl. BT-Drs. 16/10145, 26.
[1014] Vgl. *Sosnitza* WRP 2008, 1014 (1031).
[1015] OLG Hamm I-4 U 168/11 = BeckRS 2012, 09719 = WRP 2012, 985. Ebenso OLG Schleswig 6 U 28/12 = BeckRS 2013, 15044.
[1016] OLG Hamm I-4 U 168/11 = BeckRS 2012, 09719.

abzustellen. Dazu gehört auch, dass ein Werbeprospekt nicht deshalb deutlich umfangreicher sein muss, weil sämtliche Filialen und Geschäftsdaten dort im Einzelnen aufgeführt sind. Der BGH hat auch eine Veröffentlichung von Informationen im Internet genügen lassen, wenn die Werbung den Kunden „nicht unmittelbar zur Inanspruchnahme der Verkaufsförderungsmaßnahme" auffordert, sondern diese lediglich ankündigt.[1017] Art. 7 Abs. 3 UGP-RL sieht schließlich vor: Bei der Entscheidung darüber, ob Informationen vorenthalten wurden, ist zu berücksichtigen ist, ob der Gewerbetreibende Maßnahmen getroffen hat, um den Verbrauchern die Informationen anderweitig zur Verfügung zu stellen. Diese Vorgabe hat der deutsche Gesetzgeber weder umgesetzt noch hat sie das OLG Hamm in seiner Entscheidung thematisiert.

333c   Nach Auffassung des OLG Hamm genügt es schließlich nicht einmal, die jeweiligen Betreiber von Filialen mit Adresse, E-Mail-Adresse und Telefonnummer anzugeben. Es sei, so das OLG, auch ein Hinweis auf den im Handelsregister eingetragenen Namen und die Adresse der Verwaltung des Unternehmers (an der kein Publikumsverkehr stattfindet) erforderlich.[1018]

3. Preisangaben (§ 5a Abs. 3 Nr. 3 UWG)

§ 5a Abs. 3 Nr. 3 UWG:

(…)

3. der Gesamtpreis oder in Fällen, in denen ein solcher Preis auf Grund der Beschaffenheit der Ware oder Dienstleistung nicht im Voraus berechnet werden kann, die Art der Preisberechnung sowie gegebenenfalls alle zusätzlichen Fracht-, Liefer- und Zustellkosten oder in Fällen, in denen diese Kosten nicht im Voraus berechnet werden können, die Tatsache, dass solche zusätzlichen Kosten anfallen können;

UWG 2014

§ 5a Abs. 3 Nr. 3 wurde den Vorgaben der EU-Verbraucherrechte-Richtlinie angepasst.

---

334   Nr. 3 fordert klare Preisangaben, ggf. mit zusätzlichen Fracht-, Liefer- oder Zustellkosten. Können Preise nicht im Voraus berechnet werden, ist die Art der Preisberechnung anzugeben. Das bezieht sich auf Angebote mit Preisbestandteilen, die Änderungen unterliegen – wie zum Beispiel Flugpreise, auf die Flughafengebühren oder Zuschläge für Kerosin aufgeschlagen werden. Dies alles ist nicht neu und durch die Preisangabenverordnung bereits vorgegeben. Der Gesetzgeber sah sich allerdings gezwungen, Nr. 3 aufzunehmen, um die Bedeutung hervorzuheben, die vorenthaltenen Preisangaben für das Lauterkeitsrecht zukommt.[1019]

4. Weitere Vertragsbedingungen (§ 5a Abs. 3 Nr. 4 UWG)

§ 5a Abs. 3 Nr. 4 UWG:

(…)

4. Zahlungs-, Liefer- und Leistungsbedingungen sowie Verfahren zum Umgang mit Beschwerden, soweit sie von Erfordernissen der fachlichen Sorgfalt abweichen,

335   Nr. 4 sieht als wesentliche Informationen Zahlungs-, Liefer- und Leistungsbedingungen an. „Wesentlich" sind diese Bedingungen jedoch nur, wenn sie „von Erfordernissen der

---

[1017] → Rn. 135a.

[1018] OLG Hamm I-4 U 61/12 = GRUR-RR 2013, 121 = BeckRS 2013, 01023 – Unternehmensschlagwort. Dagegen: *Walter, von/Kluge* WRP 2013, 866 (872) und „Gutachten des Gutachterausschusses für Wettbewerbsfragen" WRP 2012, 924, differenziert *Köhler* WRP 2014, 1419 (1424).

[1019] BT-Drs. 16/10145, 26.

fachlichen Sorgfalt abweichen". Die „fachliche Sorgfalt" ist in § 2 Abs. 1 Nr. 7 UWG beschrieben. Von der „fachlichen Sorgfalt" weichen die Bedingungen ab, wenn die angesprochenen Verkehrskreise einen bestimmten Standard erwarten können. Wie die Bedingungen gestaltet sein können, damit sie von Nr. 4 erfasst sind, ist bislang ungeklärt. Auch die Fantasie der Kommentatoren stößt hier offenbar an ihre Grenzen, weil auch dort keine Beispielsfälle genannt sind.[1020] Gleiches gilt für den in Nr. 4 beschriebenen Umgang mit Beschwerden, der von den Erfordernissen der fachlichen Sorgfalt abweicht.

5. Rücktritt und Widerruf (§ 5a Abs. 3 Nr. 5 UWG)

§ 5a Abs. 3 Nr. 5 UWG:
(...)
5. das Bestehen eines Rechts zum Rücktritt oder Widerruf.

Zu den wesentlichen Informationen gehört auch das Bestehen eines Rechts zum Rücktritt **336** oder Widerruf. Angaben zum Bestehen eines Rechts zum Rücktritt oder Widerruf sind immer erforderlich – unabhängig von den Erfordernissen der fachlichen Sorgfalt, wie dies in Nr. 4 geregelt ist. Die Regelung dient der Klarstellung, da der Verbraucher schon nach § 355 BGB über ein bestehendes Widerrufsrecht zu belehren ist. Außerdem ist eine unterbliebene oder falsche oder unvollständige Belehrung nach § 4 Nr. 11 UWG unlauter.[1021]

III. Wesentliche Informationen gemäß § 5a Abs. 4 UWG

§ 5a Abs. 4 UWG:
(4) Als wesentlich im Sinne des Absatzes 2 gelten auch Informationen, die dem Verbraucher auf Grund gemeinschaftsrechtlicher Verordnungen oder nach Rechtsvorschriften zur Umsetzung gemeinschaftsrechtlicher Richtlinien für kommerzielle Kommunikation einschließlich Werbung und Marketing nicht vorenthalten werden dürfen.

§ 5a Abs. 4 UWG setzt Art. 7 Abs. 5 UGP-RL um. **337**

Art. 7 UGP-Richtlinie (Irreführende Unterlassungen):
(...)
(5) Die im Gemeinschaftsrecht festgelegten Informationsanforderungen in Bezug auf kommerzielle Kommunikation einschließlich Werbung oder Marketing, auf die in der nicht erschöpfenden Liste des Anhangs II verwiesen wird, gelten als wesentlich.

Nach § 5a Abs. 4 UWG sind auch Informationen wesentlich, die **dem Verbraucher** aufgrund gemeinschaftsrechtlicher Regelungen zur Verfügung zu stellen sind. Das sind zunächst die Informationsanforderungen, die sich aus Rechtsvorschriften zur Umsetzung der im Anhang II der UGP-RL genannten 14 weiteren Richtlinien ergeben. Es handelt sich hierbei um einen nicht abschließenden Beispielkatalog. Deshalb sind diese Regelungen auch nicht in das UWG gesondert aufgenommen worden. Der Gesetzgeber wollte es stattdessen der Rechtsprechung überlassen, die Informationspflichten näher zu bestimmen, die sich im Einzelfall aus den gemeinschaftsrechtlichen Rechtsakten und ggf. deren Umsetzung oder Ausführung ergeben.[1022]

§ 5a Abs. 4 UWG ist anders als § 5a Abs. 3 UWG nicht auf **Angebote** von Waren und Dienst- **338** leistungen beschränkt, sondern gilt für **alle geschäftlichen Handlungen** gegenüber Verbrauchern. Verstöße gegen Informationspflichten, die auch das Marktverhalten regeln sollen, stellen zudem einen Rechtsbruch nach § 4 Nr. 11 UWG dar. Etwaige Überschneidungen von § 5a Abs. 4 und § 4 Nr. 11 UWG sind nach Auffassung des Gesetzgebers unschädlich.[1023]

[1020] Vgl. *Köhler/Bornkamm* § 5a Rn. 35 und Harte-Bavendamm/Henning-Bodewig/*Dreyer* § 5a Rn. 118 ff.
[1021] BT-Drs. 16/10145, 26.
[1022] BT-Drs. 16/10145, 27.
[1023] BT-Drs. 16/10145, 27; vgl. dazu *Köhler/Bornkamm* § 5a Rn. 38 ff. und Harte-Bavendamm/Henning-Bodewig/*Dreyer* § 5a Rn. 135.

UGP-RL konform?

Art. 7 Abs. 5 UGP enthält einen eigenen Rechtsbruchtatbestand iSv § 4 Nr. 11 UWG. Demnach könnte ein Verstoß gegen Art. 7 Abs. 5 UGP-RL nach § 4 Nr. 11 UWG verfolgt werden. Daneben besteht – in Umsetzung von Art. 7 Abs. 5 UGP-RL – § 5 Abs. 4 UWG. Die Maßstäbe bei der Anwendung beider Normen müssen jeweils einheitlich sein. Sie dürfen nicht strenger oder milder als die europarechtliche Vorgabe in Art. 7 Abs. 5 UWG sein.[1024]

IV. Vorenthalten wesentlicher Informationen gemäß § 5a Abs. 2 UWG

§ 5a Abs. 2 UWG:

(2) Unlauter handelt, wer die Entscheidungsfähigkeit von Verbrauchern im Sinne des § 3 Abs. 2 dadurch beeinflusst, dass er eine Information vorenthält, die im konkreten Fall unter Berücksichtigung aller Umstände einschließlich der Beschränkungen des Kommunikationsmittels wesentlich ist.

Fall „Ausschluss von Call-by-Call und Preselection":[1025]

Die Beklagte bietet Telefondienstleistungen an. Dazu gehören ein Minutentarif und auch ein Pauschaltarif (Flatrate). Bei den von der Beklagten angebotenen Telefondienstleistungen sind in beiden Tarifen weder Call-by-Call noch Preselection möglich. In ihrer Werbung weist die Beklagte nicht darauf hin, dass ihre Leistungen weder Call-by-Call noch Preselection umfassen.

---

339   § 5a Abs. 2 UWG soll Art. 7 Abs. 1 UGP-RL umsetzen.

Art. 7 UGP-Richtlinie (Irreführende Unterlassungen):

(1) Eine Geschäftspraxis gilt als irreführend, wenn sie im konkreten Fall unter Berücksichtigung aller tatsächlichen Umstände und der Beschränkungen des Kommunikationsmediums wesentliche Informationen vorenthält, die der durchschnittliche Verbraucher je nach den Umständen benötigt, um eine informierte geschäftliche Entscheidung zu treffen, und die somit einen Durchschnittsverbraucher zu einer geschäftlichen Entscheidung veranlasst oder zu veranlassen geeignet ist, die er sonst nicht getroffen hätte.

Soweit die besonderen Regelungen in § 5a Abs. 3 und 4 UWG nicht eingreifen, verbleibt es beim Tatbestand des § 5a Abs. 2 UWG. Hier kommt es darauf an, ob die vorenthaltene Information *wesentlich* ist. Dabei ist auch zu berücksichtigen, dass ein Informations-Overkill die Entscheidungsfindung des Verbrauchers nicht unbedingt fördert.[1026] Umstände, die den angesprochenen Verkehrskreisen im Allgemeinen bekannt sind oder die für die Entscheidung keine wesentliche Bedeutung haben, sind nicht „wesentlich" iSv § 5a Abs. 2 UWG. Je nach Tragweite der geschäftlichen Entscheidung wird die Frage, ob eine Information wesentlich ist, unterschiedlich zu beantworten sein.[1027] Maßgeblich kann auch sein, ob der Verbraucher ausreichend Zeit hatte, Informationen einzuholen. Denn es kann nicht Aufgabe des Unternehmers sein, dem Verbraucher alle nur denkbaren, für seine Entscheidung erforderlichen Informationen zu überlassen.

[1024] *Köhler* WRP 2013, 403m 408.
[1025] OLG München 29 U 1589/10 = BeckRS 2010, 24028 = WRP 2010, 1557.
[1026] Vgl. Harte-Bavendamm/Henning-Bodewig/*Dreyer* § 5a Rn. 59.
[1027] Vgl. Harte-Bavendamm/Henning-Bodewig/*Dreyer* § 5a Rn. 37.

UGP-RL konform?

§ 5a Abs. 2 UWG weicht in mehrfacher Hinsicht von Art. 7 UGP-RL ab. So enthält § 5 Abs. 2 UWG die Regelungen in Art. 7 Abs. 2 UGP-RL überhaupt nicht und diejenigen des Art. 7 Abs. 3 UGP-RL nicht vollständig.[1028] Außerdem steht der in § 5a Abs. 2 UWG enthaltene Verweis auf § 3 Abs. 2 UWG im Widerspruch zur Richtlinie: Liegt nämlich eine irreführende (oder aggressive) geschäftliche Handlung vor, kommt es nicht mehr darauf an, ob (kumulativ) ein Verstoß gegen die fachliche Sorgfalt gegeben ist.[1029] Außerdem erfordert § 3 Abs. 2 UWG wegen Art. 5 Abs. 2b UGP-RL eine „wesentliche" Beeinflussung. Gem. Art. 7 Abs. 1 UGP-RL genügt es für die Irreführung, dass der Verbraucher durch die geschäftliche Handlung zu einer geschäftlichen Entscheidung veranlasst werden kann, die er sonst nicht getroffen hätte.[1030]

Ob eine Information iSv § 5 Abs. 2 UWG vorenthalten wird, die der Unternehmer gar **340** nicht hat, wird die Rechtsprechung klären müssen.[1031] *Köhler* vertritt die Auffassung, dass der Unternehmer im Besitz der entsprechenden Information sein muss, da er sie sonst nicht vorenthalten kann. Es ist aber fraglich, ob es bei § 5 Abs. 2–4 UWG auf ein subjektives Element in der Sphäre des Unternehmers ankommt. Die in § 5 Abs. 3 und Abs. 4 UWG benannten wesentlichen Informationen sind *immer* mitzuteilen. Verfügt der Unternehmer über *diese* Informationen nicht, muss er sie beschaffen. Ob eine Information wesentlich ist, ist demnach auch bei § 5 Abs. 2 UWG ausschließlich nach *objektiven* Kriterien zu beantworten und kann nicht von dem subjektiven (Un-)Vermögen des Unternehmers abhängen. Lediglich dann, wenn eine möglicherweise wesentliche Information nur mit einem erheblichen Aufwand dem Verbraucher mitgeteilt werden kann, kann durch eine Prüfung der Verhältnismäßigkeit im Einzelfall eine Informationspflicht entfallen.[1032] So kann der Unternehmer nicht verpflichtet sein, bei einer Rückrufaktion aus den bei ihm vorhandenen Unterlagen (zB Zahlungsbelege) Kommunikationsdaten der Verbraucher einzeln festzustellen. Es würde genügen, eine mediale Rückrufaktion zu starten und damit dem Verbraucher die Entscheidungsmöglichkeit zu geben, die Ware zurückzubringen oder zu behalten.

Praxistipp: Prüfungsreihenfolge zu § 5 Abs. 2 UWG[1033]

- Handelt es sich bei der nicht mitgeteilten Information um eine *wesentliche* Information? Welche Informationen zB als wesentlich gelten, beschreiben § 7 Abs. 4 und UGP-RL.
- Wurde die Information im Sinne von § 5 Abs. 2 und 3 UWG *vorenthalten* – und zwar unter Berücksichtigung der Umstände und der Beschränkungen des Kommunikationsmediums?
- Benötigt der Verbraucher die vorenthaltene wesentliche Information unter Berücksichtigung des Einzelfalls?
- Kann das Vorenthalten der wesentlichen und benötigten Information dazu führen, dass der Verbraucher eine geschäftliche Entscheidung trifft, die er sonst nicht getroffen hätte (geschäftliche Relevanz des Vorenthaltens)?

Zum Fall *„Ausschluss von Call-by-Call und Preselection":*

Nach Auffassung des OLG München ist zu unterscheiden, welche Dienstleistung die Be- **340a** klagte konkret bewirbt. Bei Festnetz-Telefondienstleistungen ohne Flatrate-Tarif gehe der

---

[1028] *Köhler* GRUR 2012, 1073 (1076) und WRP 2013, 403 (408). Unklar ist allerdings, weshalb *Köhler* meint, die Weglassung des Tatbestandsmerkmales aus Art. 7 Abs. 1 UGP-RL „je nach den Umständen" sei in § 5 Abs. 2 UWG nicht enthalten. Dort wird doch die „Berücksichtigung aller Umstände" erwähnt. Siehe auch im Einzelnen *Alexander* WRP 2013, 716 (719 ff.).
[1029] *Alexander* WRP 2013, 716 (719).
[1030] *Alexander* WRP 2013, 716 (719).
[1031] *Köhler* WRP 2009, 109 (116).
[1032] Harte-Bavendamm/Henning-Bodewig/*Dreyer* § 5a Rn. 78.
[1033] Entsprechend der Regelung in Art. 7 Abs. 1 UGP-RL; vgl. *Köhler* GRUR 2012, 1073 (1077).

Verkehr davon aus, dass die Möglichkeiten des Call-by-Call und der Preselection zur Verfügung stünden. Die Werbung sei deshalb insoweit nach § 5 Abs. 2 UWG unlauter. Dieses Verständnis treffe jedoch nicht auf Festnetz-Telefondienstleistungen mit Flatrate-Tarif und auf die beworbenen Mobilfunk-Telefonleistungen zu.[1034]

[1034] OLG München 29 U 1589/10 = BeckRS 2010, 24028 = WRP 2010, 1557. Ebenso BGH I ZR 28/09 = NJW 2001, 2972 = GRUR 2011, 846 = WRP 2011, 1149 – Kein Telekom-Anschluss nötig.

§ 5 Vergleichende Werbung

Übersicht

A. Vorbemerkung

341 Der Gesetzgeber hat zur Umsetzung der EG-Richtlinie zur irreführenden und vergleichenden Werbung[1035] (Werbe-RL) mit Gesetz vom 1.9.2000[1036] in § 2 UWG 1909 die prinzipielle Zulässigkeit vergleichender Werbung geregelt. Vergleichende Werbung liegt dann vor, wenn ein Wettbewerber die Ware oder Leistung eines anderen Marktteilnehmers mit der eigenen Ware oder Leistung vergleicht. Macht der Werbende den Mitbewerber oder dessen Waren erkennbar, liegt ein Fall des § 6 UWG vor und der Vergleich muss einer Überprüfung nach § 6 Abs. 2 UWG standhalten. Die Werbemaßnahme als solche unterliegt der Wertung der §§ 3, 4 UWG. Hat die vergleichende Werbung keinen erkennbaren Bezug auf einen Mitbewerber, ist die Zulässigkeit der Werbung an § 3 UWG zu messen.

> **Fall „Testpreis-Angebot":**[1037]
>
> Der Beklagte ist Hersteller hochwertiger Tennisschläger. Er behauptete unter anderem, er mute seinen Kunden im Gegensatz zur Konkurrenz keine „billigen Composite Rackets" zu.

342 Obwohl die Frist zur Umsetzung der Richtlinie noch nicht abgelaufen und eine Umsetzung durch den deutschen Gesetzgeber noch erfolgen musste,[1038] wartete der BGH nicht ab. Die Rechtsprechung – auf der Grundlage der EG-Richtlinie – führte dazu, dass das nach damaliger Rechtsprechung erforderliche Kriterium eines hinreichenden Anlasses für verglei-

---

[1035] Richtlinie 97/55/EG in der Fassung der Richtlinie 2006/114/EG vom 12.12.2006, ABl. 2006 L 376, im Internet auffindbar zum Beispiel unter http://europa.eu/legislation_summaries/consumers/consumer_information/l32010_de.htm (14.8.2013).

[1036] BGBl. 2000 I 1374.

[1037] BGHZ 138, 55 = GRUR 1998, 824 = NJW 1998, 2208 = WRP 1998, 718.

[1038] Erst nach Ablauf der Umsetzungsfrist müssen die Gerichte die Richtlinien als unmittelbar geltendes Recht beachten, wenn der nationale Gesetzgeber die Richtlinie noch nicht umgesetzt hat, BGH NJW 1998, 2208, mit Hinweis auf BGH GRUR 1993, 825 = NJW 1993, 3139 – Dos.

chende Werbung entfiel. Nunmehr war für die Zulässigkeit der vergleichenden Werbung nur noch Voraussetzung, dass
• der Vergleich sachbezogen ist und die Angaben wahrheitsgemäß sind und
• der Mitbewerber nicht herabgesetzt oder verunglimpft wird.

Zum Fall „Testpreis-Angebot":

343   Der BGH beurteilte die vergleichende Werbung durch richtlinienkonforme Auslegung des § 1 UWG 1909 unmittelbar am Maßstab der (damals) neuen EG-Richtlinie. Denn gemäß § 1 UWG 1909 sei die Fortbildung des Begriffs der guten Sitten dem Richterrecht überlassen worden und nun an die europäische Rechtsentwicklung anzupassen.[1039] Im Ergebnis beanstandete der BGH die Anpreisung, man mute seinen Kunden im Gegensatz zur Konkurrenz keine „billigen Composite Rackets" zu, jedoch als wettbewerbswidrig, da sie die Wettbewerber herabsetze.

B. Vergleichende Werbung gemäß §§ 3, 4 UWG

Fall „Generika-Werbung":[1040]

Die Parteien stellen Generika[1041] her. Die Beklagte warb in der Ärzte-Zeitung unter der Überschrift „B.-Generika helfen forschen" neben der Abbildung von drei Arzneimittelpackungen mit dem Text: „… Jedes verordnete B.-Generikum unterstützt langfristig die innovative Arzneimittel-Forschung, weil zukünftig ein Teil des Gewinns in diesen Bereich zurückfließt. …"

344   Auf allgemein gehaltene Werbevergleiche, die sich nicht auf einen bestimmten Wettbewerber beziehen, ist § 6 UWG nicht anwendbar.[1042] Deren wettbewerbsrechtliche Beurteilung richtet sich nach §§ 3, 4 Nrn. 1, 7, 8 und 10 UWG.[1043] Die Bewertungsmaßstäbe des § 6 Abs. 2 UWG sind allerdings zu berücksichtigen.[1044] Demnach dürfen an die vergleichende Werbung im Rahmen von §§ 3, 4 UWG keine strengeren Maßstäbe angelegt werden als an die gemäß § 6 UWG zulässige Werbung.[1045]

I. Vergleichsarten

1. Warenarten-, Leistungs- und Preisvergleich

345   Hier erfolgt kein Vergleich mit einem konkreten Wettbewerber, sondern zum Beispiel von zwei *unterschiedlichen* Produktgruppen. Wirbt etwa ein Zeitungsverlag mit dem Slogan „Lieber dreimal ‚BRAVO' statt einmal Kino", stellt dies keinen Vergleich der Zeitschrift „BRAVO" mit einem individuellen Mitbewerber (Kinoinhaber) dar, sondern soll lediglich zeigen, welche (unterschiedlichen) Leistungen die Verbraucher bei gleichem Geldeinsatz erlangen kann. Kein Warenartenvergleich im vorbeschriebenen Sinne ist der Vergleich eines Wettbewerbers mit *eigenen* Produkten. In die Fallgruppe der vergleichenden Werbung gehört damit auch nicht die **Alleinstellungswerbung**. Denn wer zum Beispiel damit wirbt „das

---

[1039] Vgl. hierzu auch BGHZ 139, 378 = GRUR 1999, 501 = NJW 1999, 948 = WRP 1999, 414 – Vergleichen Sie (mit zahlreichen Nachweisen).

[1040] BGH GRUR 1999, 1100 = NJW-RR 2000, 631 = WRP 1999, 1141.

[1041] Pharmazeutisches Präparat mit der gleichen Zusammensetzung wie ein Markenarzneimittel (Beispiel: ASS Ratiopharm ist ein Generikum zu Aspirin®).

[1042] Vgl. auch EuGH GRUR 2007, 511 = BeckRS 2007, 70262 – de Landtsheer.

[1043] Vgl. zu § 1 UWG 1909 BGH GRUR 1999, 1100 (1101) – Generika-Werbung; *Köhler/Bornkamm* § 4 Rn. 10.137.

[1044] Vgl. *Köhler/Bornkamm* § 4 Rn. 10.146.

[1045] Ebenda und § 6 Rn. 13.

größte Einzelhandels-Unternehmen im Telekommunikationsmarkt" zu sein, preist seine eigene Ware oder Leistung an.[1046]

2. Systemvergleich

Beim Systemvergleich geht es um die Gegenüberstellung allgemeiner Systeme – zum Beispiel Vertriebs-, Produktionssysteme oder Produkteigenschaften.[1047] **346**

II. Zulässigkeit

Ist der allgemein gehaltene Vergleich sachlich und wahr und entsteht hierdurch beim Publikum insbesondere kein unrichtiger oder irreführender Gesamteindruck, ist die Werbung zulässig.[1048] Ein wesentliches Kriterium der Sachlichkeit ist die Nachprüfbarkeit des Vergleichs. Aus den mitgeteilten Informationen muss dem Verbraucher eine Gesamtabwägung der Vor- und Nachteile möglich sein. Verschweigt der Werbende wesentliche – für ihn nachteilige – Elemente, entsteht beim Verkehr ein unrichtiger Eindruck. Das wäre zudem unlauter gemäß § 5a UWG. Es kann aus wettbewerbsrechtlichen Gründen möglicherweise sogar geboten sein, auf die jeweiligen Mitbewerber hinzuweisen, wobei es sich dann um einen Vergleich nach § 6 UWG handelt. **347**

Unzulässig ist eine pauschale Abwertung, die den Vergleich in unangemessener Weise abfällig, abwertend oder unsachlich erscheinen lässt. Eine pauschale Abwertung liegt zum Beispiel vor, wenn Konkurrenzprodukte allgemein als minderwertig[1049] oder überteuert[1050] dargestellt werden. Unzulässig abwertend kann auch humoristisch gestaltete Werbung sein,[1051] sofern sie der Verkehr ernst nimmt.[1052] **348**

Eine allgemein vergleichende Werbung kann schließlich auch irreführend sein. Sie verstößt dann zugleich gegen § 5 UWG.[1053] Als irreführend sah etwa das OLG Oldenburg die Werbung an, dass man generell bei einer Umstellung von einer Ölheizung auf eine Erdgasheizung spare oder „günstiger" heize.[1054] Das OLG Oldenburg fand die pauschale Aussage irreführend. Eine Irreführung sei insbesondere anzunehmen, wenn die generelle Aussage „Wer auf Erdgas umstellt, spart (stets)" in einigen Fallgestaltungen nicht zutrifft und die Beantwortung der Frage, ob überhaupt, von welchem Zeitpunkt an und ggf. in welcher Höhe eine Einsparung erzielt werden kann, von den jeweiligen individuellen Verhältnissen des Verbrauchers abhängt. **349**

Zum Fall „Generika-Werbung":

Der BGH hat festgestellt, dass es sich hier nicht um eine vergleichende Werbung im Sinne der EG-Richtlinie handele, da die Werbung keinen Mitbewerber – auch nicht durch eine nur mittelbare Bezugnahme – erkennbar mache. Es sei verfehlt, aus einer Werbung für das eigene Angebot künstlich einen Vergleich mit Waren oder Leistungen der Mitbewerber herauszulesen. Die Werbung müsse so deutlich auf einen oder mehrere bestimmte Mitbewerber gerichtet sein, dass ein nicht ganz unerheblicher Teil der angesprochenen Verkehrskreise sie als vom Vergleich Betroffene ansieht. Die streitgegenständliche Werbung sei allgemein gefasst und sachlich gehalten. Der Bezug zu den Generikaherstellern, die die Arzneimittelforschung nicht in der von der Beklagten angekündigten Art fördern, werde unausgesprochen zum Ausdruck gebracht und sei – wie bei jeder Werbeaussage, die eigene Vorzüge herausstelle – ein reflexar- **350**

[1046] Vgl. *Köhler/Bornkamm* § 6 Rn. 18.

[1047] Vgl. *Köhler/Bornkamm* § 4 Rn. 10.142.

[1048] Vgl. *Köhler/Bornkamm* § 4 Rn. 10.147.

[1049] BGH GRUR 1973, 270 (271) – Der sanfte Bitter.

[1050] BGH GRUR 1985, 982 = NJW 1986, 319 = WRP 1985, 704 – Großer Werbeaufwand.

[1051] BGH GRUR 1997, 227 = NJW-RR 1997, 423 = WRP 1997, 182 – Aussehen mit Brille.

[1052] Vgl. BGH GRUR 2002, 982 = NJW 2002, 3399 = WRP 2002, 1138 – DIE „STEINZEIT" IST VORBEI!

[1053] Vgl. *Köhler/Bornkamm* § 6 Rn. 23.

[1054] OLG Oldenburg BeckRS 2007, 12390.

tiger Effekt. Der BGH sah in der Werbung auch keine sittenwidrige Werbung gemäß § 1 UWG 1909. Denn sie setze den (ungenannten) Mitbewerber nicht pauschal herab.

C. Vergleichende Werbung gemäß § 6 UWG

§ 6 UWG:

(1) Vergleichende Werbung ist jede Werbung, die unmittelbar oder mittelbar einen Mitbewerber oder die von einem Mitbewerber angebotenen Waren oder Dienstleistungen erkennbar macht.

(2) Unlauter handelt, wer vergleichend wirbt, wenn der Vergleich
1. sich nicht auf Waren oder Dienstleistungen für den gleichen Bedarf oder dieselbe Zweckbestimmung bezieht;
2. nicht objektiv auf eine oder mehrere wesentliche, relevante, nachprüfbare und typische Eigenschaften oder den Preis dieser Waren oder Dienstleistungen bezogen ist;
3. im geschäftlichen Verkehr zu einer Gefahr von Verwechslungen zwischen dem Werbenden und einem Mitbewerber oder zwischen den von diesen angebotenen Waren oder Dienstleistungen oder den von ihnen verwendeten Kennzeichen führt;
4. der Ruf des von einem Mitbewerber verwendeten Kennzeichens in unlauterer Weise ausnutzt oder beeinträchtigt;
5. die Waren, Dienstleistungen, Tätigkeiten oder persönlichen oder geschäftlichen Verhältnisse eines Mitbewerbers herabsetzt oder verunglimpft oder
6. eine Ware oder Dienstleistung als Imitation oder Nachahmung einer unter einem geschützten Kennzeichen vertriebenen Ware oder Dienstleistung darstellt.

351   § 6 setzt die Richtlinie über irreführende und vergleichende Werbung (Werbe-RL) um.[1055] Dort ist die vergleichende Werbung (die, soweit sie nicht auch irreführend ist, nicht Gegenstand der UGP-RL ist) abschließend geregelt.[1056] Die Umsetzung ist allerdings nicht vollständig geglückt. So ist § 6 teilweise zu weit gefasst – zum Beispiel in § 6 Abs. 2 Nr. 4 UWG –, teilweise sind Regelungen der Werbe-RL nicht in das UWG übernommen worden.[1057] In § 6 Abs. 3 UWG 2004 enthaltene Hinweispflichten enthalten Nr. 5 des Anhangs zu § 3 Abs. 3 UWG (Lockangebote und ausreichende Bevorratung), Nr. 7 des Anhangs zu § 3 Abs. 3 UWG (Zeitdruck-Angebote), § 5 Abs. 1 S. 2 Nr. 1 UWG und § 5a UWG.

> **Fall „ISDN-Vergleich":**[1058]
>
> Ein Anbieter von Internet-Standleitungen vergleicht seine Leitungen mit den ISDN-Leitungen der Deutschen Telekom. Die Werbung lautete: „… Speedway beschleunigt Ihren Datenverkehr um ein Vielfaches – genau dort, wo ISDN an Geschwindigkeit verliert. …"

352   Nach der „Testpreis-Angebot"-Entscheidung stand fest, dass das bis dahin geltende grundsätzliche Verbot identifizierender – also den Wettbewerber benennender – Werbevergleiche keinen Bestand haben konnte.[1059] Im Jahr 2000 schließlich wurde die Richtlinie in nationales Recht umgesetzt[1060] und als § 2 in das UWG 1909 eingefügt. Der Gesetzgeber übernahm diese Regelung 2004 wortgleich in § 6 UWG 2004 und hat sie im UWG 2008 nur marginal angepasst, ohne dass sich daraus materielle Änderungen ergeben haben: In § 6 Abs. 2 Nr. 3 UWG heißt es statt „Verwechslungen" nun „Gefahr von Verwechslungen" und in Nr. 4 hat der Gesetzgeber den Begriff der „Wertschätzung" durch den „Ruf" ersetzt.

353   Der Wortlaut von § 6 UWG zeigt, dass keineswegs jede vergleichende Werbung zulässig ist. § 6 UWG sagt – wie schon § 2 UWG 1909 – im Gegensatz zur früheren Rechtsprechung

---

[1055] Richtlinie 2006/114/EG vom 12.12.2006, ABl. 2006 L 376.
[1056] BGH I ZR 48/10 Rn. 21 = GRUR 2011, 1158 = NJW-RR 2012, 39 – Teddybär.
[1057] *Köhler* WRP 2013, 403 (408 f.).
[1058] OLG Hamburg GRUR-RR 2002, 169.
[1059] Vgl. hierzu auch *Sack* GRUR 1998, 263 ff. und *Kotthoff* BB 1998, 2217 ff.
[1060] BGBl. 2000 I 1374.

nur, dass vergleichende Werbung grundsätzlich zulässig ist, sofern sie nicht unlauter (§ 6 Abs. 2 UWG) oder sonst verboten ist.[1061]

I. Definition

Gemäß der Legaldefinition in § 6 Abs. 1 UWG ist vergleichende Werbung „jede Werbung, **354** die unmittelbar oder mittelbar einen Mitbewerber oder die von einem Mitbewerber angebotenen Waren oder Dienstleistungen erkennbar macht". Zu den Waren gehören auch Grundstücke, Rechte und Immaterialgüter.[1062] Werbung ist nach Art. 2a der Irreführungs-Richtlinie[1063] „jede Äußerung bei der Ausübung eines Handels, Gewerbes, Handwerks oder freien Berufs mit dem Ziel, den Absatz von Waren oder die Erbringung von Dienstleistungen, einschließlich unbeweglicher Sachen, Rechte und Verpflichtungen zu fördern". Die Äußerung kann verbal oder nonverbal (zB durch Bildvergleich) erfolgen. Bei der Beurteilung einer Werbung als unzulässig oder zulässig sind die an die vergleichende Werbung gestellten Anforderungen in dem für sie günstigsten Sinn auszulegen.[1064]

1. Begriff des „Vergleichs"

Voraussetzung ist zunächst, dass überhaupt ein Vergleich erfolgt. Ein Vergleich liegt nur **355** vor, wenn der Durchschnittsverbraucher eine Substitution der beworbenen Leistungen ernsthaft in Betracht zieht.[1065] Der Werbende muss also mindestens zwei konkurrierende Unternehmen bzw. deren Produkte oder Dienstleistungen gegenüberstellen.[1066] Gegenstand des Vergleiches muss nicht die eigene Leistung sein.[1067] Die Werbung kann auch die Leistung eines Dritten mit dem Mitbewerber vergleichen. Demnach liegt ein Vergleich im Sinne von § 6 UWG jedenfalls dann *nicht* vor, wenn
- ein Wettbewerber lediglich Kritik an einem Mitbewerber äußert, ohne einen Vergleich vorzunehmen,[1068]
- sich ein Wettbewerber an den guten Ruf eines Mitbewerbers anlehnt,[1069]
- ein Wettbewerber ausschließlich die positiven Eigenschaften seines Produktes hervorhebt oder eigene Produkte vergleicht,[1070]
- ein Wettbewerber die Verbraucher auffordert, selbst einen Vergleich anzustellen.[1071]

Eine vergleichende Werbung kann auch die Übernahme eines Bildmotivs des Wettbewer- **355a** bers auf der Verpackung eines Produktes sein. So hatte sich der BGH mit der Frage zu befassen, ob der Aufdruck von Teddybär-Motiven auf der Verpackung von Druckerpatronen eine unlautere vergleichende Werbung darstellt.[1072] Die Klägerin verwandte diese Verpackung:

[1061] Wie zum Beispiel gemäß § 11 Abs. 2 HWG, wonach außerhalb der Fachkreise für Arzneimittel zur Anwendung bei Menschen nicht mit Angaben geworben werden darf, die nahe legen, dass die Wirkung des Arzneimittels einem anderen Arzneimittel oder einer anderen Behandlung entspricht oder überlegen ist → Rn. 442; siehe auch *Köhler/Bornkamm* § 6 Rn. 12.

[1062] *Köhler/Bornkamm* § 6 Rn. 93.

[1063] → Rn. 491.

[1064] EuGH GRUR 2007, 511 = BeckRS 2007, 70262 – de Landtsheer.

[1065] Vgl. BGH GRUR 2002, 828 = NJW 2002, 2781 = WRP 2002, 973 – Lottoschein.

[1066] Vgl. auch OLG Stuttgart NJW-RR 1999, 266 (267); vgl. *Köhler/Bornkamm* § 6 Rn. 51 und 74 ff.

[1067] Vgl. *Köhler/Bornkamm* § 6 Rn. 52.

[1068] Das kann aber eine Rufschädigung (§ 4 Nr. 7) oder Anschwärzung (§ 4 Nr. 8) sein; vgl. auch *Köhler/Bornkamm* § 6 Rn. 53.

[1069] Das kann allerdings wettbewerbswidrige Rufausbeutung sein, siehe Rn. 173; vgl. auch *Köhler/Bornkamm* § 6 Rn. 54.

[1070] Vgl. *Köhler/Bornkamm* § 6 Rn. 55 und 58.

[1071] Vgl. BGH GRUR 1987, 49 = NJW 1987, 437 = WRP 1987, 166 – Cola-Test und BGHZ 139, 378 = GRUR 1999, 501 = NJW 1999, 948 = WRP 1999, 414 – Vergleichen Sie ; vgl. *Köhler/Bornkamm* § 6 Rn. 56.

[1072] BGH I ZR 48/10 = GRUR 2011, 1158 = NJW-RR 2012, 39 – Teddybär.

Die Beklagte bot ihre Druckerpatronen so an:

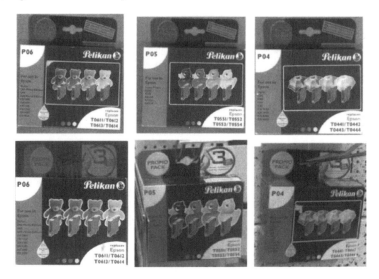

Der BGH sah hierin zwar eine vergleichende Werbung. Auch seien die Bildmotive der Klägerin Kennzeichen im Sinne von § 6 Abs. 2 Nr. 4 UWG. Allerdings verneinte der BGH eine unlautere Ausnutzung oder Beeinträchtigung der Motive der Klägerin. Eine Herabsetzung oder Verunglimpfung des Rufs sei nicht ersichtlich. Die vorzunehmende Abwägung der widerstreitenden Interessen falle zugunsten der Beklagten aus. Entsprechend der Rechtsprechung zur Bestellnummernübernahme sei die Übernahme des Teddymotivs nicht unlauter. Eine Verwechslungsgefahr iSv § 6 Abs. 2 Nr. 3 UWG scheide ebenso aus wie ein Verbot nach § 4 Nrn. 9a oder b UWG oder § 4 Nr. 10 UWG. Denn § 6 UWG ist vorrangig zu § 4 Nr. 9 und 10. [1073]

355b   Ein Vergleich iSv § 6 Abs. 1 UWG setzt jedoch voraus, dass der Verkehr erkennt, was Gegenstand des Vergleichs ist – nämlich verschiedene, aber hinreichend austauschbare Produkte des Werbenden und des Mitbewerbers. Ist etwa eine Werbeaussage so allgemein gehalten, dass sich den angesprochenen Verkehrskreisen keine Bezugnahme auf den Werbenden aufdrängt, liegen die Voraussetzungen für einen Werbevergleich nicht vor.[1074]

2. Erkennbarkeit des Mitbewerbers

356   Die Werbung muss auf einen oder mehrere Mitbewerber (vgl. § 2 Abs. 1 Nr. 3 UWG) so gerichtet sein, dass sie ein nicht ganz unerheblicher Teil der angesprochenen Verkehrskreise als vom Vergleich Betroffene ansieht.[1075] Eine namentliche Nennung ist nicht erforderlich. Es genügt mittelbare Erkennbarkeit, sofern eine *eindeutige* Identifizierung des Mitbewerbers

---

[1073] BGH I ZR 48/10 Rn. 19, 21, 25 f. = GRUR 2011, 1158 = NJW-RR 2012, 39 – Teddybär.
[1074] BGH I ZR 147/09, Rn. 18 f. = GRUR 2012, 74 = BeckRS 2011, 26451 – Coaching-Newsletter; siehe auch *Scheerer* GRUR 2012, 545.
[1075] BGH GRUR 1999, 1100 (1101) – Generika-Werbung.

möglich ist.[1076] Das kann auch durch eine Bezugnahme auf eine Warengattung (etwa „Champagner") der Fall sein, wenn der Mitbewerber erkennbar ist.[1077] Vergleichende Werbung liegt auch dann vor, wenn alle Mitbewerber mittelbar oder unmittelbar betroffen sind, sofern es sich um einen überschaubaren Kreis handelt.[1078] Anderenfalls finden §§ 3, 4 UWG Anwendung.[1079] § 6 UWG greift auch ein, wenn die Werbung nur den Mitbewerber, nicht aber dessen Produkte erkennbar macht.[1080]

3. Wettbewerbsverhältnis

Der Begriff der vergleichenden Werbung erfordert zudem ein Wettbewerbsverhältnis zwi- **357** schen dem Werbenden und dem erkennbaren *Mitbewerber*. Die Waren oder Dienstleistungen des Werbenden müssen mit den Waren oder Dienstleistungen des Mitbewerbers grundsätzlich substituierbar sein. Es muss also festgestellt werden, ob zwischen den Waren oder Dienstleistungen ein „gewisser Grad der Substitution" besteht.[1081] Dabei genügt auch ein Wettbewerbsverhältnis zwischen einem Teil der jeweiligen Produktpalette. Ob ein Wettbewerbsverhältnis besteht, richtet sich gemäß dem EuGH nach

- dem augenblicklichen Zustand des Markts und den Verbrauchsgewohnheiten und ihren Entwicklungsmöglichkeiten,
- dem Teil des Gemeinschaftsgebiets, in dem die Werbung verbreitet wird, ohne jedoch gegebenenfalls die Auswirkungen auszuschließen, die die Entwicklung der in anderen Mitgliedstaaten festgestellten Verbrauchergewohnheiten auf den in Frage stehenden innerstaatlichen Markt haben kann,
- den besonderen Merkmalen der Ware, für die geworben werden soll, und dem Image, das der Werbende ihr geben will.

II. Unzulässigkeitskriterien des § 6 Abs. 2 UWG

Der deutsche Gesetzgeber hat in § 6 Abs. 2 UWG abschließend festgelegt, wann eine ver- **358** gleichende Werbung im Sinne des § 3 UWG unlauter ist. Ob für eine vergleichende Werbung gemäß § 6 UWG auch die wettbewerbliche Relevanz gem. § 3 Abs. 1 UWG gegeben sein muss, ist fraglich.[1082] Die Spürbarkeitsprüfung entfällt dann aber nicht, sondern ist bereits bei der Prüfung des § 6 Abs. 2 UWG vorzunehmen.[1083] Die irreführende vergleichende Werbung ist in § 5 Abs. 2 UWG geregelt. Weitere Regelungen zu Werbevergleichen enthalten § 11 Abs. 2 HWG,[1084] §§ 11 und 12 LFGB[1085] und Art. 9 Health-Claims-VO.

§ 6 Abs. 2 UWG bezieht sich auf den Vergleich als solchen, nicht etwa auch auf die Werbemaßnahme im Übrigen. Bei der Beurteilung der Zulässigkeit kommt es auf die Sicht der angesprochenen Verkehrskreise an.[1086]

1. Kein Vergleich von Waren oder Dienstleistungen für den gleichen Bedarf oder dieselbe Zweckbestimmung (§ 6 Abs. 2 Nr. 1)

Ein Waren- oder Dienstleistungsvergleich liegt auch vor, wenn Waren (zum Beispiel Au- **359** tos) mit Dienstleistungen (zum Beispiel Personenbeförderung im öffentlichen Nahverkehr)

[1076] BGH GRUR 1999, 1100 = NJW-RR 2000, 631 = WRP 1999, 1141 – Generika-Werbung; KG WRP 1999, 339; *Köhler/Bornkamm* § 6 Rn. 85.
[1077] EuGH GRUR 2007, 511 = BeckRS 2007, 70262 – de Landtsheer.
[1078] KG WRP 1999, 339 (340); *Köhler/Bornkamm* § 6 Rn. 80.
[1079] Vgl. *Köhler/Bornkamm* § 6 Rn. 29 ff.
[1080] So auch *Köhler/Bornkamm* § 6 Rn. 79.
[1081] EuGH GRUR 2007, 511 = BeckRS 2007, 70262 de Landtsheer mit Hinweis auf EuGH Sammlung 1980, 417 Rn. 14 – Kommission/Vereinigtes Königreich.
[1082] Vgl. *Köhler/Bornkamm* § 6 Rn. 20 ff. und Harte-Bavendamm/Henning-Bodewig/*Sack* § 6 Rn. 237 ff.
[1083] *Köhler/Bornkamm* § 6 Rn. 21 und *Köhler* WRP 2013, 403 (409).
[1084] → Rn. 442.
[1085] → Rn. 448.
[1086] BGH BGHZ 158, 26 = GRUR 2004, 607 = NJW 2004, 1951 = WRP 2004, 739 – Genealogie der Düfte.

verglichen werden. Betrifft der Vergleich hingegen die persönlichen oder geschäftlichen Verhältnisse eines Mitbewerbers (zum Beispiel: „Unser Kaufhaus ist moderner"), gelten die zu §§ 3, 4 UWG entwickelten Grundsätze.[1087]

360 Der Vergleich muss Waren oder Dienstleistungen für den gleichen Bedarf (zum Beispiel Vergleich von Automarken) oder dieselbe Zweckbestimmung (Vergleich von Kosten für Ölheizung oder für Gasheizung) betreffen. Der konkrete Vergleich einzelner Waren oder Dienstleistungen ist nicht Voraussetzung. Auch Warengruppen (zum Beispiel Modeschmuck und „echter" Schmuck) können verglichen werden. Die Begriffe „gleich" und „dieselbe" sind weit zu fassen, um den Anwendungsbereich der vergleichenden Werbung nicht allzu sehr einzuschränken.[1088] Die Waren oder Dienstleistungen müssen zumindest funktionell austauschbar sein.

2. Kein objektiver Vergleich (§ 6 Abs. 2 Nr. 2)

361 Der Vergleich muss objektiv sein und darf nur bestimmte – vor allem keine unwesentlichen – Eigenschaften einer Ware oder Dienstleistung sowie deren Preis vergleichen. Dem Werbenden bleibt es jedoch unbenommen, außerhalb eines Vergleichs unwesentliche Eigenschaften *seines Produktes* (in den von §§ 3, 4, 5, 5a UWG gezogenen Grenzen) herauszustellen. Der Begriff der „Eigenschaft" ist weit auszulegen und umfasst nicht nur die

- physischen Beschaffenheitsmerkmale einer Ware oder Dienstleistung, sondern auch deren
- tatsächlichen (etwa rasche Verfügbarkeit der Ware oder von Ersatzteilen),
- wirtschaftlichen (etwa Energieeinsparung durch bestimmte Dämmstoffe),
- sozialen (etwa Auswirkungen auf Gesundheit oder Umwelt) oder
- rechtlichen (etwa besondere Garantieversprechen)

Beziehungen zur Umwelt, soweit sie nach der Verkehrsauffassung für ihre Brauchbarkeit und ihren Wert von Bedeutung sind.[1089]

361a Zu den Eigenschaften gehören insbesondere auch die „wesentlichen Merkmale" der Ware oder Dienstleistung gemäß Art. 6 Abs. 1b UGP-RL.

Art. 6 Abs. 1 UGP-Richtlinie (Irreführende Handlungen)

(...)

b) (...) Verfügbarkeit, Vorteile, Risiken, Ausführung, Zusammensetzung, Zubehör, Kundendienst und Beschwerdeverfahren, Verfahren und Zeitpunkt der Herstellung oder Erbringung, Lieferung, Zwecktauglichkeit, Verwendung, Menge, Beschaffenheit;

362 Auf imagebezogene und geschmacksabhängige Produktmerkmale bezieht sich diese Regelung allerdings wohl nicht. Denn nach § 6 Abs. 2 Nr. 2 UWG müssen die Vergleichseigenschaften nachprüfbar sein. Deshalb sind reine **Geschmacksvergleiche** hiervon nicht umfasst und nach §§ 3, 4 UWG zu bewerten. Entsprechend verbot das OLG München die Werbung mit einem Diagramm, wonach 62 Prozent der Testpersonen einer Infratest-Umfrage den „Whopper" des Werbenden besser als den „Big Mac" des Konkurrenten fanden.[1090] Beschreibungen sinnlicher Wahrnehmungen können hingegen schon von § 6 Abs. 2 Nr. 2 UWG erfasst sein.[1091]

363 Erlaubt ist der **Preisvergleich** einschließlich der einzelnen Preisbestandteile wie zum Beispiel Nachlässe. Dazu können auch Liefer- und Zahlungsbedingungen gehören.[1092] Der Preisvergleich muss sich nicht auf identische, aber zumindest auf vergleichbare Waren oder Dienstleistungen im Sinne von § 6 Abs. 2 UWG beziehen.

364 Außerdem muss der Vergleich **objektiv** und **nachprüfbar**[1093] sein. Für einen zulässigen Vergleich genügt es, wenn der Werbende einige Eigenschaften auswählt, die er zum Gegenstand des Vergleichs macht. „Nachprüfbar" ist ein Werbevergleich nur, wenn er sich auf Tat-

---

[1087] *Köhler/Bornkamm* § 6 Rn. 14 ff.
[1088] Vgl. *Köhler/Bornkamm* § 6 Rn. 98.
[1089] *Köhler/Bornkamm* § 6 Rn. 104; BGH GRUR 2007, 605 = WRP 2007, 772 – Umsatzzuwachs.
[1090] OLG München NJW-RR 1999, 1423 = WRP 1999, 692.
[1091] *Köhler/Bornkamm* § 6 Rn. 109.
[1092] Vgl. *Köhler/Bornkamm* § 6 Rn. 111 f.
[1093] Vgl. *Köhler/Bornkamm* § 6 Rn. 116.

sachen[1094] beschränkt, die beweisbar sind.[1095] Rein subjektive Werturteile sind damit unzulässig („Unser Produkt ist besser als das von X").[1096] Nachprüfbar heißt die Möglichkeit für den Verbraucher, mit zumutbarem Aufwand (zum Beispiel Durchsicht eines Kataloges, Lesen von Testberichten) die Richtigkeit der Behauptung feststellen zu können.[1097] Nach neuerer Rechtsprechung genügt jedoch auch die Möglichkeit der Nachprüfung durch Sachverständige.[1098] Beim Preisvergleich müssen die Angaben wahr und durch den Verbraucher ohne größeren Aufwand nachprüfbar sein.[1099] Die Darlegungs- und Beweislast für die fehlende Nachprüfbarkeit trägt der Anspruchsteller. Der Anspruchsgegner muss allerdings mitteilen, auf welche Art sich der Anspruchsteller über die dem Vergleich zu Grunde liegenden Einzelheiten leicht informieren kann, um dessen Richtigkeit beurteilen zu können.[1100]

Schließlich müssen die verglichenen Eigenschaften **„wesentlich"**, **„relevant"** und **„typisch"** sein. Es müssen alle diese Voraussetzungen vorliegen.[1101] Ob diese Kriterien erfüllt sind, entscheidet die Sicht der Verbraucher. Wesentlich ist eine Eigenschaft bereits dann, wenn sie für den Verbraucher im Hinblick auf die Verwendung des Produkts oder den Nutzen der Dienstleistung nicht völlig unerheblich ist.[1102] Das sind bei einem Auto etwa dessen Grundausstattung, Benzinverbrauch, Reparaturanfälligkeit, Inspektionsintervalle – nicht aber das Durchschnitts-Einkommen der Käufer. Relevant ist eine Eigenschaft, wenn ihr Vorliegen für den Kaufentschluss nicht völlig unerheblich ist. · 365

Das letzte Kriterium ist, dass die Eigenschaft typisch sein muss. Sie muss also die Ware oder Dienstleistung im Hinblick auf ihre Zweckbestimmung prägen. Es handelt sich hier nicht um ein zwingend objektives Kriterium. Typisch für ein Produkt könnte die Verpackung sein („quadratisch, praktisch, gut"). · 366

Zum Fall „ISDN-Vergleich":

Das OLG Hamburg sah die vergleichende Werbung „… Speedway beschleunigt Ihren Datenverkehr um ein Vielfaches – genau dort, wo ISDN an Geschwindigkeit verliert. …" als unzulässig und irreführend an. Denn der Werbende hatte verschwiegen, dass die Deutsche Telekom mit „TDSL" über einen gleich schnellen Internetzugang verfügt. Zudem waren beide Technologien auch nicht ohne weiteres vergleichbar: ISDN ist kein reiner Internetzugang wie die beworbene SDSL-Technologie. Darauf hätte der Werbende nach Auffassung des OLG Hamburg jedoch hinweisen müssen.[1103] · 367

3. Herbeiführen von Verwechslungen (§ 6 Abs. 2 Nr. 3)

Der Vergleich darf nicht zu Verwechslungen zwischen den Wettbewerbern, ihren Waren oder Dienstleistungen oder auch ihrer Kennzeichen führen. Soweit Kennzeichen (Marken, Handelsnamen und andere Unterscheidungszeichen[1104]) der Wettbewerber betroffen sind, sind auch §§ 14, 15 MarkenG anwendbar. Früher war umstritten, ob ein Vergleich nach § 6 UWG zu einer Verwechslung führen muss oder eine Verwechslungsgefahr genügt. Diese Streitfrage hat der Gesetzgeber durch die Aufnahme der Formulierung in Nr. 3 „Gefahr von Verwechslungen" entschieden. Eine Verwechslungsgefahr besteht, wenn die angesprochenen · 368

[1094] → Rn. 147.
[1095] Harte-Bavendamm/Henning-Bodewig/*Sack* § 6 Rn. 147.
[1096] *Köhler/Bornkamm* § 6 Rn. 60.
[1097] Vgl. BGH GRUR 1999, 69 – Preisvergleichsliste II; *Köhler/Bornkamm* § 6 Rn. 135.
[1098] EuGH GRUR 2007, 69 = WRP 2006, 1348 – LIDL Belgium/Colruyt; BGH BGHZ 158, 26 = GRUR 2004, 607 = NJW 2004, 1951 = WRP 2004, 739 – Genealogie der Düfte; BGH GRUR 2005, 172 = NJW-RR 2005, 342 = WRP 2005, 207 – Stresstest; BGH GRUR 2007, 605 = NJW-RR 2007, 1522 = WRP 2007, 772 – Umsatzzuwachs.
[1099] BGH GRUR 1996, 983 = WRP 1997, 549 – Dauertiefpreise.
[1100] BGH GRUR 2007, 605 = NJW-RR 2007, 1522 = WRP 2007, 772 – Umsatzzuwachs; *Köhler/Bornkamm* § 6 Rn. 135.
[1101] Vgl. *Köhler/Bornkamm* § 6 Rn. 126 ff.
[1102] BGHZ 158, 26 (35) = GRUR 2004, 607 = NJW 2004, 1951 = WRP 2004, 739 – Genealogie der Düfte; vgl. auch *Köhler/Bornkamm* § 6 Rn. 129.
[1103] OLG Hamburg GRUR-RR 2002, 169.
[1104] Harte-Bavendamm/Henning-Bodewig/*Sack* § 6 Rn. 167.

Verkehrskreise glauben könnten, dass die in Frage stehenden Waren oder Dienstleistungen aus demselben Unternehmen oder gegebenenfalls aus wirtschaftlich miteinander verbundenen Unternehmen stammen.[1105] Diese vom EuGH ursprünglich zum Markenrecht entwickelte Definition gilt nach der EuGH-Entscheidung „O2" auch für die vergleichende Werbung.[1106] Die Formel ist jedoch dahingehend zu präzisieren, dass die Gefahr einer Herkunftstäuschung bei einem *beachtlichen* Teil der angesprochenen Verkehrskreise verursacht wird.[1107] Die Nennung einer Marke in einer Werbung muss aber noch keine unzulässige Markenbenutzung darstellen.[1108] Wird die Marke jedoch gerade als (unzutreffender) Hinweis auf die betriebliche Herkunft des *eigenen* Angebots des Werbenden genutzt, liegt ein Fall des § 6 Abs. 2 Nr. 3 UWG vor.

4. Ausnutzung eines Kennzeichens (§ 6 Abs. 2 Nr. 4)

Fall „Eigenpreisvergleich":[1109]

Die Beklagte betreibt Drogeriemärkte und bewirbt Ihre Hausmarken mit Preisgegenüberstellungen. Kläger ist der Markenverband e. V.

Ausschnitt aus der Werbung:

[1105] Harte-Bavendamm/Henning-Bodewig/*Sack* § 6 Rn. 177.
[1106] GRUR 2008, 698 = BeckRS 2008, 70641.
[1107] Vgl. *Köhler/Bornkamm* § 6 Rn. 145 und *Henning-Bodewig* GRUR Int. 2007, 986 (990).
[1108] *Ingerl/Rohnke,* Markenrecht, § 14 Rn. 154 ff.
[1109] BGH GRUR 2007, 897 = BeckRS 2007, 13338 = WRP 2007, 1181 – Eigenpreisvergleich.

Auch bei der Regelung in § 6 Abs. 2 Nr. 4 UWG handelt es sich im Kern um eine marken- 369
rechtliche Frage (vgl. §§ 9 Abs. 1 Nr. 3 Fall 2, 14 Abs. 2 Nr. 3 Fall 2, 15 Abs. 3 MarkenG).
Auf die Bekanntheit des Kennzeichens kommt es nicht an. Eine unlautere Ausnutzung eines
Kennzeichens liegt beispielsweise nicht schon dann vor, wenn ein Wettbewerber ein Kennzeichen eines anderen Wettbewerbers verwendet. Anders wird ein Vergleich häufig nicht
möglich sein. Es müssen demnach besondere Umstände hinzukommen.[1110] Für die Beurteilung der Lauterkeit des Vergleichs bedarf es einer Interessenabwägung, wobei die grundsätzliche Zulässigkeit vergleichender Werbung und der Grundsatz der Verhältnismäßigkeit der
Mittel zu berücksichtigen sind.[1111]

Zum Fall „Eigenpreisvergleich":

Der BGH sah keine Ausnutzung der Wertschätzung von Kennzeichen Dritter. Denn die 370
Nennung der Marke sei für den Vergleich erforderlich und es gebe keine weiteren besonde-
ren Umstände für eine wettbewerbswidrige Rufausnutzung. Auch sei der Preisvergleich kein
Qualitätsvergleich trotz des Hinweises auf „namhafte Markenprodukte". Die Begründung
des BGH hierzu fällt reichlich kurz aus: Die Behauptung einer qualitativen Gleichwertigkeit
sei „erfahrungswidrig".
Der Vergleich verstößt auch nicht gegen § 6 Abs. 2 Nr. 2 UWG, nur weil die Beklagte die
Preise für beide Kategorien selbst festsetze. Eine Preismanipulation – die nach §§ 3, 5 Abs. 2
Nr. 2, Abs. 3 UWG 2004 rechtswidrig gewesen wäre – lag nicht vor.

5. Herabsetzung und Verunglimpfung (§ 6 Abs. 2 Nr. 5)

Fall „Saugeinlagen":[1112]

Die Parteien vertreiben Saugeinlagen für die Verpackungen von frischem Fleisch, Fisch und Geflü-
gel. Die Lebensmittel werden zum Verkauf in Kunststoffschalen angeboten, die eine Saugeinlage
enthalten. Diese nimmt die aus den frischen Produkten austretende Flüssigkeit auf. In einem
Schreiben der Beklagten an einen Kunden der Klägerin heißt es auszugsweise: „Die so genannten
Polymer-Saugeinlagen haben aber gerade in der Diskussion um QS-Fleisch Eigenschaften, die die
durch Auflagen in der Aufzucht von Schlachtvieh erzielten Verbesserungen in den Fleischqualitä-
ten QS- und Biofleisch ad absurdum führen. … Die weiße Saugeinlage hat dazu noch eine Perfo-
ration an beiden Seiten, durch die sich mit Polymer kontaminierter Fleischsaft an das Packgut
drückt. … Es macht also keinen Sinn, weitestgehend unbelastetes Fleisch vom Erzeuger zu verlangen, um es dann mit der Verpackung zu kontaminieren."

Enthält der Vergleich eine Herabsetzung oder Verunglimpfung, ist er ebenfalls unzulässig. 371
Diese Regelung ergänzt § 4 Nr. 8 UWG (Anschwärzung) und ist lex specialis zu § 4 Nr. 7
UWG. Sie ersetzt die zu § 1 UWG 1909 entwickelte Fallgruppe der „persönlich vergleichenden Werbung".[1113] „Herabsetzung" liegt erst vor, wenn der Werbende seine Geringschät-
zung des Mitwerbers oder von dessen Waren oder Dienstleistungen zum Ausdruck bringt,
also der Vergleich in unangemessener Weise abfällig, abwertend oder unsachlich ist („Billige
Composite Rackets (Graphitefiberglas) muten wir Ihnen nicht zu").[1114] Verunglimpfung ist
eine gesteigerte Form der Herabsetzung. Sie besteht in der Verächtlichmachung in Form eines abträglichen Werturteils ohne sachliche Grundlage.[1115]
„Persönliche oder geschäftliche Verhältnisse" betreffen entweder persönliche Eigenschaf- 372
ten des Mitbewerbers (Rasse, Konfession, Ehe, Kinderlosigkeit, Krankheit, Unzuverlässig-
keit, Vorstrafen etc)[1116] oder geschäftliche Angelegenheiten (etwa bevorstehende Insolvenz,

---

[1110] → Zur Rufausbeutung Rn. 173.
[1111] Vgl. *Köhler/Bornkamm* § 6 Rn. 95.
[1112] BGH GRUR 2008, 443 = NJW-RR 2008, 851 = WRP 2008, 666.
[1113] Vgl. *Köhler/Bornkamm* § 6 Rn. 14 ff. und 165.
[1114] BGHZ 138, 55 = GRUR 1998, 824 = NJW 1998, 2208 = WRP 1998, 718 – Testpreis-Angebot.
[1115] *Köhler/Bornkamm* § 6 Rn. 166.
[1116] Vgl. auch *Köhler/Bornkamm* § 6 Rn. 180.

schwebende Gerichtsverfahren). Derartige Vergleiche sind unzulässig. Eine Information des Verbrauchers über solche Verhältnisse kann – ohne, dass ein Vergleich vorliegt – bei Hinzutreten besonderer Umstände gerechtfertigt sein, etwa aufgrund eines besonderen Aufklärungsinteresses der Öffentlichkeit.[1117]

Zum Fall „Saugeinlagen":

373   Der BGH bejaht zwar vergleichende Werbung gemäß § 6 UWG, kommt aber zu dem Ergebnis: Eine Herabsetzung oder Verunglimpfung nach § 6 Abs. 2 Nr. 5 UWG setze mehr voraus als die „einem kritischen Werbevergleich immanente Gegenüberstellung der Vorteile und Nachteile der verglichenen Produkte". Maßgeblich sei, ob die angegriffene Werbeaussage sich noch in den Grenzen einer sachlich gebotenen Erörterung hält oder bereits eine pauschale Abwertung der fremden Erzeugnisse darstellt. Herabsetzend iS von § 6 Abs. 2 Nr. 5 UWG sei ein Vergleich daher nur, wenn zu den mit jedem Werbevergleich verbundenen (negativen) Wirkungen für die Konkurrenz besondere Umstände hinzutreten, die ihn als unangemessen abfällig, abwertend oder unsachlich erscheinen lassen. Auf Grund des Gesamtzusammenhangs des angegriffenen Schreibens, in dem die Beklagte die aus ihrer Sicht bestehenden Bedenken gegen die unter Verwendung von Polyacrylat-Polymeren gefertigten Saugeinlagen der Klägerin angeführt habe, sei nicht von einem herabsetzenden oder verunglimpfenden Vergleich der Waren der Klägerin auszugehen.
Trotzdem war mit dieser Entscheidung das Verfahren noch nicht beendet: Der BGH sah nämlich die Möglichkeit, dass mit der streitgegenständlichen Behauptung unzutreffend ausgesagt werde, dass von den Saugeinlagen gesundheitliche Gefahren ausgingen. Sollten die Saugeinlagen jedoch nicht gegen lebensmittelrechtliche Vorschriften verstoßen und gesundheitlich unbedenklich sein, liege ein Verstoß gegen das Irreführungsverbot nach §§ 3, 5 UWG vor. Der BGH verwies den Rechtsstreit deshalb an das Berufungsgericht zurück.

6. Imitation und Nachahmung (§ 6 Abs. 2 Nr. 6)

> **Fall „Imitationswerbung":**[1118]
>
> Die Klägerin stellt Markenparfüms her und vertreibt diese. Dazu gehören die Marken „JOOP!", „Davidoff" und „Jil Sander". Die Beklagte zu 1 vertreibt unter der Dachmarke „Creation Lamis" niedrigpreisige Duftwässer. Die Klägerin hat den Gebrauch von Produktbezeichnungen, die nach ihrer Behauptung in Verbindung mit der Dachmarke „Creation Lamis" einen Hinweis auf einen jeweils nachgeahmten Markenduft geben, als unzulässige vergleichende Werbung beanstandet. So sei die Bezeichnung „Icy Cold" als Hinweis auf das Originalprodukt „Cool Water" von Davidoff und „Sunset Boulevard" als Hinweis auf das Originalprodukt „Sun" von Jil Sander zu verstehen. Die Verwendung des Anfangsbuchstabens „J" bei einem Parfümprodukt der Dachmarke „Creation Lamis" sei dahingehend zu deuten, dass es sich um eine Nachahmung eines Originalparfüms der Marke „JOOP!" handele.

374   § 6 Abs. 2 Nr. 6 UWG ist verwirklicht, wenn ein Wettbewerber sein eigenes Produkt als Imitation oder Nachahmung eines fremden Produkts bezeichnet.[1119] Das könnte auch ein Fall des § 6 Abs. 2 Nr. 4 UWG sein. Allerdings setzt die Nr. 6 voraus, dass die Ware oder Dienstleistung unter einem geschützten Kennzeichen vertrieben wird, was sich wiederum nach den Vorschriften des MarkenG richtet. Stellt ein Wettbewerber das Produkt eines Mitbewerbers als Imitation oder Nachahmung des eigenen Produkts dar, ist diese Werbung anhand von § 6 Abs. 2 Nr. 5 UWG zu beurteilen.

Zum Fall „Imitationswerbung":

375   Der BGH verneint einen Anspruch der Klägerin. Zwar sei die Verwendung bestimmter Produktbezeichnungen Werbung im Sinne von § 6 Abs. 1 UWG, weil sie zum Zwecke des

---

[1117] Vgl. *Köhler/Bornkamm* § 6 Rn. 176, 181.
[1118] BGH GRUR 2008, 628 = BeckRS 2008, 10386 = WRP 2008, 930.
[1119] *Köhler/Bornkamm* § 6 Rn. 186.

Absatzes der betreffenden Produkte erfolge. Die Klägerin habe aber nicht nachgewiesen, dass die angesprochenen Verkehrsteilnehmer die Bezeichnungen der Beklagten als Darstellung einer Imitation oder Nachahmung der *Markenprodukte* der Klägerin verstünden. Den Endverbrauchern sei der „Code" nicht bekannt, mit dem sie die Bezeichnungen übersetzen könnten. Selbst wenn Groß- oder Zwischenhändler die Anspielung auf die Originalprodukte verstünden, fehle es an der nach § 6 Abs. 2 Nr. 6 UWG zu fordernden Deutlichkeit der Imitationsbehauptung.[1120]

[1120] Ebenso auch BGH I ZR 157/09 = GRUR 2011, 1153 = BeckRS 2011, 24832 in Abgrenzung zu EuGH C-487/07 = GRUR 2009, 756 = BeckRS 70671 – L'Oréal/Bellure.

§ 6 Unzumutbare Belästigungen gemäß § 7 UWG

Übersicht

A. Der Grundtatbestand des § 7 Abs. 1 UWG

§ 7 Abs. 1 UWG:

(1) Eine geschäftliche Handlung, durch die ein Marktteilnehmer in unzumutbarer Weise belästigt wird, ist unzulässig. Dies gilt insbesondere für Werbung, obwohl erkennbar ist, dass der angesprochene Marktteilnehmer diese Werbung nicht wünscht.

Fall „Kreditkartenübersendung":[1121]

Die Postbank übersendet an Kunden einmalig einen Briefumschlag, der nicht als Werbung erkennbar ist. Darin sind eine mit Namen vorgeprägte Kreditkarte, ein vorausgefülltes Antragsformular zur erforderlichen „Freischaltung" und Informationen zu den damit verbundenen Kosten beigefügt. Der Verbraucherzentrale Bundesverband sieht darin eine unzumutbare Belästigung gemäß § 7 Abs. 1 UWG.

I. Vorbemerkung

376 Das UWG verbietet Werbemethoden und andere geschäftliche Handlungen, die aufgrund ihres Unwertgehaltes unlauter sind. Die UGP-RL enthält keinen entsprechenden Tatbestand.

[1121] BGH I ZR 167/09 = GRUR 2011, 747 = NJW 2011, 3159.

Ob § 7 UWG mit der UGP-RL in Einklang steht, ist allerdings umstritten: § 7 UWG soll richtlinienkonform sein, da sich die UGP-RL nur auf Geschäftspraktiken beziehe, die „in unmittelbarem Zusammenhang mit der Beeinflussung der geschäftlichen Entscheidungen von Verbrauchern in Bezug auf Produkte stehen". Dies sei jedoch nicht die Zielrichtung des § 7 UWG. Dessen Schutzgut sei nicht die Entscheidungsfreiheit des Verbrauchers, sondern seine Privatsphäre.[1122] *Köhler* sieht dies hingegen bezogen auf die einzelnen Regelungen in § 7 UWG differenziert.[1123] Danach sehe die Kommission in § 7 Abs. 1 UWG ein unzulässigen Per-se-Verbot, „weil diese Vorschrift nicht danach frage, ob die Belästigung die Wahl- und damit die Entscheidungsfreiheit der Verbraucher beeinträchtige und ob sie sich auf geschäftliche Entscheidungen der Verbraucher auswirken könne".[1124] Der BGH wiederum geht davon aus, dass § 7 Abs. 1 UWG nicht in den Anwendungsbereich der UGP-RL fällt.[1125]

UGP-RL konform?

§ 7 Abs. 1 UWG ist richtlinienkonform auszulegen: Ein Verstoß kommt nur in Betracht, wenn nicht die – von der UGP-RL abschließend geschützte – Entscheidungsfreiheit des Verbrauchers beeinträchtigt wird.[1126]

---

§ 7 Abs. 1 S. 1 UWG enthält die Bestimmung, dass eine unzumutbare Belästigung *unzulässig* ist. Damit ist zugleich klargestellt, dass die Bagatellklausel des § 3 Abs. 1 UWG neben § 7 UWG keine Anwendung findet.[1127] Das entspricht der früheren Rechtsprechung zu § 7 UWG 2004: Danach enthält diese Regelung gerade Tatbestände, die immer eine nicht nur unerhebliche Beeinträchtigung der Interessen des Betroffenen darstellen.[1128] Denn die Unzumutbarkeit in § 7 Abs. 1 S. 1 UWG ist eine spezielle Bagatellschwelle, die bereits eine umfassende Wertung ermöglicht und erfordert. Bei der Prüfung, ob § 7 Abs. 1 UWG gegeben ist, ist immer eine „umfassende Wertung des Einzelfalls" vorzunehmen.[1129] § 7 Abs. 2 und Abs. 3 UWG konkretisieren § 7 Abs. 1 UWG. Die Beispiele stets unlauterer Belästigungen in **§ 7 Abs. 2 UWG** sind **abschließend**.

Praxistipp: Prüfungsreihenfolge „unzumutbare Belästigung":
- Ist ein Tatbestand der „Schwarzen Liste" (Anhang zu § 3 Abs. 3 UWG) erfüllt?
- Kumulativ: Ist ein Tatbestand von § 7 Abs. 2 UWG erfüllt?
- Alternativ: Liegt eine unzumutbare Belästigung nach § 7 Abs. 1 UWG vor?

Auch Mitbewerber und Verbraucher können Verstöße gegen § 7 Abs. 2 Nrn. 2–4 und **377a** Abs. 3 verfolgen.[1130]

§ 7 Abs. 1 UWG umfasst – der einheitlichen Konzeption des UWG entsprechend – alle **378** Handlungen vor, bei und nach Vertragsschluss. Es genügt, dass nur ein einziger Marktteilnehmer (§ 2 Abs. 1 Nr. 2 UWG) von der Handlung betroffen ist.[1131] „Marktteilnehmer" sind also keine Personen, die sich durch Werbemaßnahmen – etwa an Passanten verteilte und von diesen dann auf öffentlichem Grund weggeworfene Flugblätter – gestört fühlen.

[1122] *Timm-Wagner* GRUR 2013, 245 (248). Die Autorin ist im Bundesministerium der Justiz seit April 2012 Leiterin des Referats für das Gesetz gegen den unlauteren Wettbewerb.
[1123] GRUR 2012, 1073 (1078 ff.).
[1124] Ebenda, S. 1081.
[1125] I ZR 29/09 Rn. 13 = GRUR 2010, 1113 = BeckRS 2010, 25879 – Grabmahlwerbung.
[1126] → Rn. 398; *Köhler* GRUR 2012, 1073 (1082).
[1127] BT-Drs. 16/10145, 28.
[1128] BGH GRUR 2007, 607 = BeckRS 2007, 08697 = WRP 2007, 775 – Telefonwerbung für „Individualverträge".
[1129] BT-Drs. 16/10145, 29.
[1130] BGH I ZR 209/11 = GRUR 2013, 1170 = WRP 2013, 1461 – Telefonwerbung für DSL-Produkte.
[1131] Vgl. *Köhler/Bornkamm* § 7 Rn. 29.

II. Belästigung gemäß § 7 Abs. 1 UWG

379 Werbung, mag sie auch als belästigend empfunden werden, gehört zum Wirtschaftsleben. Deshalb schützt § 7 UWG auch nicht ganz allgemein vor jeder unerwünschten Werbung, sondern vor Belästigungen
- in der Privat- und Berufssphäre
- in unzumutbarer Weise.

380 § 7 Abs. 1 UWG schützt nicht allein vor unlauterer Werbung, sondern vor jeder geschäftlichen Handlung, die eine unzumutbare Belästigung darstellt.[1132] Dabei ist auch zu berücksichtigen, ob es durch eine Nachahmung von Mitbewerbern zu einer Summierung der Belästigung kommen kann.[1133]

Zur Belästigung gehört, dass sich die Maßnahme aufdrängt und sich der Adressat der Maßnahme nicht entziehen kann. § 7 UWG verbietet damit auch ausschließlich bestimmte *Formen* der Werbung und nicht die Werbeinhalte (zB sexistische oder frauenfeindliche Werbung).[1134] Ob die geschäftliche Handlung eine *unzumutbare* Belästigung darstellt, richtet sich nach der Auffassung der durchschnittlich empfindlichen Marktteilnehmer, die Adressaten der Maßnahme sind.[1135]

III. Beispiele belästigender geschäftlicher Handlungen

381 Sofern keine Sonderregelung von § 7 Abs. 2 UWG eingreift, ist die Zulässigkeit einer geschäftlichen Handlung an § 7 Abs. 1 UWG zu messen.

1. Straßen- und Haustürwerbung, Zusendung unbestellter Waren, Scheibenwischerwerbung

382 Straßenwerbung kann unter § 7 Abs. 1 UWG fallen, wenn besondere Umstände hinzutreten. Das ist vor allem der Fall, wenn der Werbende als solcher nicht erkennbar ist.[1136] Ausdrücklich unerbetene Haustürwerbung ist schon nach § 7 Abs. 1 S. 2 UWG unzulässig. Ob sie im Übrigen zulässig ist, ist umstritten.[1137] Die Zusendung unbestellter Waren ist durchweg unzulässig, sofern es sich nicht um ein Werbegeschenk handelt, an dessen Inanspruchnahme keinerlei Verpflichtung gebunden ist.[1138] Nr. 29 des Anhangs zu § 3 Abs. 3 UWG enthält zudem eine Regelung zur unzulässigen Aufforderung zur Bezahlung, Rücksendung oder Aufbewahrung nicht bestellter Waren. Zulässig ist hingegen die Lautsprecherwerbung durch ein fahrendes Auto für einen gastierenden Zirkus, weil sie flüchtig ist.[1139] Auch die (Un-)Zulässigkeit zum Beispiel von „Scheibenwischerwerbung" ist anhand der Kriterien von § 7 Abs. 1 S. 1 UWG zu bewerten.[1140]

[1132] Zum Beispiel Faxumfragen zu aktuellen politischen Themen, die zu einer Abstimmung über kostenpflichtige Telefonnummern aufrufen; vgl. schon BT-Drs. 15/1487, 20.

[1133] Vgl. etwa BGH GRUR 2000, 235 = NJW 2000, 586 = WRP 2000, 168 – Werbung am Unfallort IV.

[1134] Vgl. *Köhler/Bornkamm* § 7 Rn. 19.

[1135] Als für den Angerufenen zumutbar hat der BGH etwa werbefinanzierte Telefongespräche angesehen; GRUR 2002, 637 = NJW 2002, 2038 = WRP 2002, 676 – Werbefinanzierte Telefongespräche.

[1136] BGH GRUR 2004, 699 = NJW 2004, 2593 = WRP 2004, 1160 – Ansprechen in der Öffentlichkeit I und BGH WRP 2005, 485 – Ansprechen in der Öffentlichkeit II; siehe auch *Köhler/Bornkamm* § 7 Rn. 63 ff.

[1137] Vgl. BGH GRUR 1994, 818 = NJW 1994, 2028 = WRP 1994, 592 – Schriftliche Voranmeldung (Vertreterbesuche grds. zulässig), ebenso BGH GRUR 2004, 699 = NJW 2004, 2593 = WRP 2004, 1160 – Ansprechen in der Öffentlichkeit, wonach Hausvertreterbesuche „seit jeher als zulässig erachtet worden" seien; kritisch *Köhler/Bornkamm* § 7 Rn. 51.

[1138] Vgl. BGH GRUR 1992, 855 = NJW 1992, 3040 = WRP 1992, 692 – Gutscheinübersendung und *Köhler/Bornkamm* § 7 Rn. 82 ff.

[1139] Vgl. *Köhler/Bornkamm* § 7 Rn. 26.

[1140] Vgl. BT-Drs. 16/10145, 29; *Köhler/Bornkamm* § 7 Rn. 117 sehen hierin allerdings einen Verstoß gegen § 7 Abs. 1 S. 2 UWG; vgl. auch *Wasse* WRP 2010, 191. Das passt mE nicht, da ohne einen entsprechenden Hinweis auf dem Auto – ähnlich einem Aufkleber auf dem Briefkasten – nicht erkennbar ist, ob diese Form der Werbung erwünscht ist oder nicht. Ein Verstoß gegen § 7 Abs. 2 Nr. 1 UWG scheitert zumindest bei einer ersten Rechtsverletzung an der erforderlichen Hartnäckigkeit (→ Rn. 386).

2. Internet-Werbeformen

In Online-Angeboten gibt es eine Vielzahl neuer Werbeformen.[1141] Dazu gehört ua Pop- **383**
up-Werbung. Das sind Werbefenster, die sich beim Aufrufen einer Website öffnen. Diese
Werbung kann unzulässig sein. Wird es dem Nutzer dadurch unmöglich gemacht oder erschwert, die Seite zu verlassen, ist das wettbewerbswidrig.[1142] Nach Auffassung des LG Berlin stellt es zumindest noch keine unzumutbare Belästigung dar, wenn sich der Nutzer der
Werbung nach fünf Sekunden durch Wegklicken entziehen kann. Besteht keine Beseiti-
gungsmöglichkeit, ist dies allerdings eine unzumutbare Belästigung gem. § 7 Abs. 1 Satz 1
UWG.[1143] Das Gleiche gilt für Pop-under-Anzeigen. Diese öffnen sich unbemerkt hinter allen anderen offenen Fenstern in einem eigenen Browser-Fenster. Erst wenn alle anderen
Fenster geschlossen sind, landet der Nutzer unweigerlich auf den Pop-under-Seiten und
muss auch diese erst schließen, bevor er seine Internet-Sitzung beenden kann.

Auch Werbe-Cursors können von § 7 Abs. 1 UWG erfasst sein. Dieser wandelt den Cur- **384**
sor-Pfeil in einen Schriftzug, ein Logo oder einen sonstigen werblichen Inhalt um. Hält die
Umwandlung nur kurze Zeit – wenige Sekunden – an, wird der Nutzer diese Belästigung
hinnehmen müssen. Das gilt auch dann, wenn der Nutzer die Normalfunktion des Cursors
wieder herstellen kann. Ist dies jedoch nicht möglich und bleibt dem Nutzer gar nichts anderes übrig, als den „Werbeschwanz" hinter sich herzuziehen, stellt der Werbe-Cursor eine
unlautere Belästigung des Verbrauchers dar: Er kann sich der aufdringlichen Werbung nur
entziehen, wenn er die Seite verlässt.

3. Erkennbar unerwünschte Werbung (§ 7 Abs. 1 S. 2 UWG)

§ 7 Abs. 1 S. 2 UWG bezieht sich nur auf Werbung gegenüber einer bestimmten Person, **385**
nämlich dem „angesprochenen Marktteilnehmer".[1144] Dieser muss *erkennbar* die Werbung
ablehnen, etwa durch einen Aufkleber am Briefkasten „Keine Werbung einwerfen". Solche
Sperrvermerke müssen allerdings hinreichend klar sein.[1145] Das heißt aber nicht, dass jede
Werbemaßnahme zulässig ist, solange der Betroffene nicht erkennbar macht, dass er die Werbung nicht wünscht. Es gilt dann jedenfalls § 7 Abs. 1 Satz 1 UWG. Auch kommt es nicht darauf an, ob die Werbung von Anfang an erkennbar unerwünscht war. Der Angesprochene kann
auch zu einem späteren Zeitpunkt – zum Beispiel während eines Werbegesprächs – deutlich
machen, dass er eine weitere Ansprache nicht wünscht.[1146] § 7 Abs. 1 S. 2 UWG ist nicht nur
auf werbliche *Angebote*, sondern auch auf *Nachfrage*handlungen anwendbar.[1147]

Zum Fall „Kreditkartenübersendung":

Der BGH sieht in der unaufgeforderten Übersendung vorgeprägter Kreditkarten zwar **385a**
eine Belästigung im Sinne von § 7 Abs. 1 UWG. Diese sei jedoch nicht unzumutbar. Denn
der Grad der Belästigung sei bei Briefwerbung vernachlässigbar. Dies gelte jedenfalls dann,
wenn der Werbecharakter nach dem Öffnen des Briefes sofort und unmissverständlich erkennbar sei. Erkennt der Verbraucher bereits aufgrund des Werbeschreibens, dass die Karte
an sich ohne jeden funktionellen Wert ist, wird er sich mit dem Inhalt des Briefes nicht näher befassen, sondern diesen entsorgen. Eine Belästigung, die über den mit der Zerstörung
der Kreditkarte vor der Entsorgung verbundenen Aufwand hinausgehe, ergebe sich aus der
Werbung der Beklagten damit nicht.[1148]

[1141] → Rn. 134a ff. Vgl. *Pierson* JurPC Web-Dok. 139/2006.
[1142] Vgl. OLG Düsseldorf MMR 2003, 486.
[1143] 103 O 43/10 = GRUR-RR 2011, 332 = BeckRS 2011, 17880 – Interstitials.
[1144] Vgl. *Köhler/Bornkamm* § 7 Rn. 33.
[1145] Vgl. OLG Stuttgart NJW-RR 1994, 502 = AfP 1994, 226 (Hinweis „Keine Werbung" umfasst Anzeigenblätter nicht) und OLG Karlsruhe GRUR 1991, 940 – Anzeigenblatt im Briefkasten (auch ein Anzeigenblatt mit redaktionellem Anteil fällt unter den Begriff „Werbung").
[1146] Vgl. *Köhler/Bornkamm* § 7 Rn. 35.
[1147] BGH GRUR 2008, 923 = NJW 2008, 2997 = WRP 2008, 1328 – Faxanfrage im Autohandel (zu § 7
Abs. 2 UWG 2004).
[1148] BGH I ZR 167/09 Rn. 18 ff. = GRUR 2011, 747 = NJW 2011, 3159.

B. Unzumutbare Belästigung gemäß § 7 Abs. 2 Nr. 1 UWG

§ 7 Abs. 2 Nr. 1 UWG:

(2) Eine unzumutbare Belästigung ist stets anzunehmen

1. bei Werbung unter Verwendung eines in den Nummern 2 und 3 nicht aufgeführten, für den Fernabsatz geeigneten Mittels der kommerziellen Kommunikation, durch die ein Verbraucher hartnäckig angesprochen wird, obwohl er dies erkennbar nicht wünscht;

I. Vorbemerkung

386   § 7 Abs. 2 UWG nimmt bei der Umsetzung des Anhangs I der UGP-RL zu den in jedem Fall verbotenen Geschäftspraktiken eine Sonderstellung ein: Anstatt Nr. 26 des Anhangs I in den Anhang zu § 3 Abs. 3 UWG aufzunehmen, hat der deutsche Gesetzgeber die Regelungen in Nr. 26 Anhang I UGP-RL in § 7 Abs. 2 Nr. 1 UWG umgesetzt.

Anhang I UGP-Richtlinie (Geschäftspraktiken, die unter allen Umständen als unlauter gelten)
Irreführende Geschäftspraktiken
(...)
26. Kunden werden durch hartnäckiges und unerwünschtes Ansprechen über Telefon, Fax, E-Mail oder sonstige für den Fernabsatz geeignete Medien geworben, außer in Fällen und in den Grenzen, in denen ein solches Verhalten nach den nationalen Rechtsvorschriften gerechtfertigt ist, um eine vertragliche Verpflichtung durchzusetzen. Dies gilt unbeschadet des Artikels 10 der Richtlinie 97/7/EG sowie der Richtlinien 95/46/EG (1) und 2002/58/EG.[1149]

UGP-RL konform?

Die Beschränkung von § 7 Abs. 2 Nr. 1 UWG auf „Werbung" entspricht wohl nicht der UGP-RL, die umfassend das „Ansprechen" von Verbrauchern meinen dürfte. Der Begriff „hartnäckig" entstammt der deutschen Übersetzung – gemeint ist wohl „wiederholt".[1150] Das Tatbestandsmerkmal „erkennbar" ist in Nr. 26 Anhang I UGP-RL nicht enthalten. Die Auslegung von § 7 Abs. 2 Nr. 1 UWG muss sich an der „Schwarzen Liste" (Anhang zu § 3 Abs. 3 UWG) orientieren. Es besteht also ein Analogieverbot.[1151]

386a   § 7 Abs. 2 Nr. 1 UWG ist der Auffangtatbestand in § 7 Abs. 2 UWG. Nur dann, wenn es um eine in § 7 Abs. 2 Nrn. 2 oder 3 nicht aufgeführte Werbeform geht, ist § 7 Abs. 2 Nr. 1 UWG anwendbar. Die Vorschrift findet ausschließlich bei **Werbung gegenüber Verbrauchern** Anwendung. Voraussetzung ist, dass ein Verbraucher „hartnäckig angesprochen wird", obwohl er dies „erkennbar nicht wünscht". Eine solche Werbung ist – wie § 7 Abs. 2 UWG klarstellt – „stets" unzulässig. Die in § 7 Abs. 1 S. 1 UWG enthaltene Bagatellschwelle der Unzumutbarkeit ist hier also nicht zu prüfen. Ist ein Tatbestand von § 7 Abs. 2 UWG erfüllt, ist *immer* von einer unzumutbaren Belästigung und damit von einer Unzulässigkeit der geschäftlichen Handlung auszugehen.

387   Die Formulierung „**ansprechen**" bedeutet nicht, dass eine mündliche Kontaktaufnahme zum Verbraucher erfolgen muss. Es geht ganz allgemein darum, dass dem Verbraucher Werbung durch ein *Fernkommunikationsmittel* zur Kenntnis gebracht wird. **Fernkommunikationsmittel** sind alle Kommunikationsmittel, die zum Abschluss eines Vertrages führen können, während die Vertragspartner nicht gleichzeitig körperlich anwesend sind. Wegen der in § 7 Abs. 2 Nr. 2 UWG genannten Fernkommunikationsmittel Telefon (§ 7 Abs. 2 Nr. 2

[1149] Dies sind die zwischenzeitlich durch die Verbraucherrechte-Richtlinie aufgehobene (→ Rn. 453) Fernabsatz-RL sowie die Datenschutz-RL und die Datenschutz-RL für elektronische Kommunikation.
[1150] → Rn. 388.
[1151] *Köhler* GRUR 2012, 1073 (1978).

UWG) und automatische Anrufmaschinen, Fax oder elektronische Post (§ 7 Abs. 2 Nr. 3 UWG) kommen hier insbesondere Briefe, Prospekte und Kataloge in Betracht (vgl. § 312c Abs. 2 BGB 2014).

„Hartnäckig" bedeutet ein wiederholtes Ansprechen, so dass ein zweimaliges Ansprechen 388 bereits genügt.[1152] Bei einer nur einmaligen Belästigung verbleibt es bei dem Auffangtatbestand in § 7 Abs. 1 UWG. Es gilt jedoch eine Ausnahme für das **Telefonmarketing**.[1153] „**Erkennbar**" ist der Wunsch des Verbrauchers, nicht angesprochen zu werden, wenn er dies ausreichend deutlich macht – zB durch einen Aufkleber, einen mündlichen Hinweis oder eine abwehrende Geste.

II. Briefkasten- und Brief-Werbung

1. Anwendungsbereich

Briefkasten- und Briefwerbung gegenüber **Verbrauchern** fällt unter § 7 Abs. 2 Nr. 1 389 UWG. Entsprechende Werbemaßnahmen gegenüber einem **Unternehmer** beurteilen sich nach § 7 Abs. 1 UWG. Für die Unzulässigkeit dieser Werbemaßnahmen gegenüber Unternehmern dürfen jedoch keine strengeren Anforderungen gelten als gegenüber Verbrauchern.[1154] Demnach sind ebenfalls ein hartnäckiges, also *wiederholtes* Handeln und eine erkennbare Ablehnung durch den Empfänger erforderlich.

2. Umfang des Verbots

Brief- und Briefkasten-Werbung – sei es in Form kostenloser Anzeigenblätter, Werbebro- 390 schüren oder auch Postbriefe – ist grundsätzlich zulässig.[1155] Allerdings gibt es Grenzen der zulässigen Werbung:

Fordert der Empfänger den Werbenden auf, künftig keine Briefwerbung (persönlich an den Empfänger adressierte Briefe) mehr zuzusenden, stellt eine Missachtung dieses Wunsches einen Eingriff in das allgemeine Persönlichkeitsrecht des Umworbenen dar. Damit hat der Einzelne einen Anspruch gegen den Werbenden – allerdings nicht gemäß § 7 Abs. 2 Nr. 1 UWG, da es hierfür schon an dem Wettbewerbsverhältnis fehlt. Vielmehr richtet sich der (Unterlassungs-)Anspruch nach den allgemeinen Regelungen der §§ 1004, 823 Abs. 1 BGB iVm Art. 1 Abs. 1, 2 Abs. 1 GG.[1156] Die frühere „Ausreißer"-Rechtsprechung zur Missachtung des Wunsches, von Werbung verschont zu werden, ist nunmehr überholt.[1157] Denn es ist ohnehin nur noch die zweimalige Missachtung unzulässig.[1158] Allerdings ist nicht jede Beeinträchtigung des Einzelnen durch eine Werbemaßnahme zugleich wettbewerbswidrig, insbesondere dann nicht, wenn der Aufwand, Einzelne von dem Werbebezug auszunehmen, unverhältnismäßig hoch ist. Das ist etwa bei Zeitungen mit Werbebeilagen der Fall.[1159]

Gleiches gilt, wenn der Empfänger auf seinem Briefkasten einen Aufkleber „Keine Wer- 391 bung" oÄ angebracht hat. Auch dies ist von den Werbenden zu berücksichtigen.[1160] Auch hier kommt es auf einen „hartnäckigen" und damit *wiederholten* Verstoß des Werbenden an: Da § 7 Abs. 2 Nr. 1 UWG bezüglich der Briefwerbung gegenüber Verbrauchern abschließend ist, ist ein Rückgriff auf § 7 Abs. 1 S. 2 UWG nicht möglich. Auch die Gesetzesbegründung geht davon aus, dass § 7 Abs. 2 Nr. 1 UWG ein *hartnäckiges* Ansprechen vor-

---

[1152] *Köhler/Bornkamm* § 7 Rn. 102a.

[1153] → Rn. 398 ff.

[1154] *Köhler/Bornkamm* § 7 Rn. 106.

[1155] Vgl. *Köhler/Bornkamm* § 7 Rn. 104.

[1156] Vgl. *Köhler/Bornkamm* § 7 Rn. 111.

[1157] Vgl. BGH GRUR 1992, 617 = NJW 1992, 1958 = WRP 1992, 638 – Briefkastenwerbung, BGH GRUR 1992, 316 = NJW 1992, 1109 = WRP 1992, 309 – Postwurfsendung.

[1158] *Köhler/Bornkamm* § 7 Rn. 105.

[1159] Vgl. *Köhler/Bornkamm* § 7 Rn. 110.

[1160] Dies gilt nicht nur für Wirtschaftswerbung, sondern auch für das Werbematerial politischer Parteien; vgl. BVerfG NJW 1991, 910.

aussetzt und Ausnahmen lediglich für Telefon, Telefax und elektronische Post (wie in § 7 Abs. 2 Nrn. 2 und 3 UWG geregelt) möglich sind. Während der Gesetzgeber zudem in § 7 Abs. 2 Nrn. 2–4 UWG die Singularform gewählt hat – zB Werbung mit *einem* Telefonanruf –, um deutlich zu machen, dass schon eine einzige Handlung eine unzumutbare Belästigung darstellt und zur Unzulässigkeit der Werbung führen kann, enthält § 7 Abs. 2 Nr. 1 UWG eine entsprechende Formulierung nicht.

Die Nichtbeachtung von Sperrvermerken durch den Verteiler ist dem Unternehmer gem. § 8 Abs. 2 UWG zuzurechnen.

3. Datenschutzrechtliche Besonderheiten

392 Mit der im Juli 2009 beschlossenen Datenschutznovelle hat der Gesetzgeber die Bestimmungen zum Direktmarketing erneut verschärft, um den Handel mit persönlichen Daten wie Anschriften einzudämmen.[1161] Die Verarbeitung oder Nutzung personenbezogener Daten für Werbezwecke setzt seitdem grundsätzlich die Einwilligung des Betroffenen voraus.

§ 28 BDSG:

(...)

(3) Die Verarbeitung oder Nutzung personenbezogener Daten für Zwecke des Adresshandels oder der Werbung ist zulässig, soweit der Betroffene eingewilligt hat und im Falle einer nicht schriftlich erteilten Einwilligung die verantwortliche Stelle nach Absatz 3a verfährt. Darüber hinaus ist die Verarbeitung oder Nutzung personenbezogener Daten zulässig, soweit es sich um listenmäßig oder sonst zusammengefasste Daten über Angehörige einer Personengruppe handelt, die sich auf die Zugehörigkeit des Betroffenen zu dieser Personengruppe, seine Berufs-, Branchen- oder Geschäftsbezeichnung, seinen Namen, Titel, akademischen Grad, seine Anschrift und sein Geburtsjahr beschränken, und die Verarbeitung oder Nutzung erforderlich ist
1. für Zwecke der Werbung für eigene Angebote der verantwortlichen Stelle, die diese Daten mit Ausnahme der Angaben zur Gruppenzugehörigkeit beim Betroffenen nach Absatz 1 Satz 1 Nummer 1 oder aus allgemein zugänglichen Adress-, Rufnummern-, Branchen- oder vergleichbaren Verzeichnissen erhoben hat,
2. für Zwecke der Werbung im Hinblick auf die berufliche Tätigkeit des Betroffenen und unter seiner beruflichen Anschrift oder
3. für Zwecke der Werbung für Spenden (...).
(...) Unabhängig vom Vorliegen der Voraussetzungen des Satzes 2 dürfen personenbezogene Daten für Zwecke der Werbung für fremde Angebote genutzt werden, wenn für den Betroffenen bei der Ansprache zum Zwecke der Werbung die für die Nutzung der Daten verantwortliche Stelle eindeutig erkennbar ist. Eine Verarbeitung oder Nutzung nach den Sätzen 2 bis 4 ist nur zulässig, soweit schutzwürdige Interessen des Betroffenen nicht entgegenstehen. Nach den Sätzen 1, 2 und 4 übermittelte Daten dürfen nur für den Zweck verarbeitet oder genutzt werden, für den sie übermittelt worden sind.

(3a) Wird die Einwilligung nach § 4a Absatz 1 Satz 3 in anderer Form als der Schriftform erteilt, hat die verantwortliche Stelle dem Betroffenen den Inhalt der Einwilligung schriftlich zu bestätigen, es sei denn, dass die Einwilligung elektronisch erklärt wird und die verantwortliche Stelle sicherstellt, dass die Einwilligung protokolliert wird und der Betroffene deren Inhalt jederzeit abrufen und die Einwilligung jederzeit mit Wirkung für die Zukunft widerrufen kann. Soll die Einwilligung zusammen mit anderen Erklärungen schriftlich erteilt werden, ist sie in drucktechnisch deutlicher Gestaltung besonders hervorzuheben.

(3b) Die verantwortliche Stelle darf den Abschluss eines Vertrages nicht von einer Einwilligung des Betroffenen nach Absatz 3 Satz 1 abhängig machen, wenn dem Betroffenen ein anderer Zugang zu gleichwertigen vertraglichen Leistungen ohne die Einwilligung nicht oder nicht in zumutbarer Weise möglich ist. Eine unter solchen Umständen erteilte Einwilligung ist unwirksam.

393 Die Verarbeitung und Nutzung von Daten ist ohne vorherige Einwilligung zulässig, wenn es sich um *listenmäßig* zusammengefasste Daten über Angehörige einer Personengruppe handelt, die sich auf Beruf, Name, Titel, akademischen Grad, Anschrift, Geburtsjahr und Angabe über die Zugehörigkeit des Betroffenen zu dieser bestimmten Personengruppe be-

---

[1161] BT-Drs. 16/12011 iVm BT-Drs. 16/13657; in Kraft seit 1.9.2009.

schränken („Listenprivileg"). So können Daten zu Werbe- und Marktforschungszwecken verarbeitet und genutzt werden, ohne dass der Kunde zustimmen muss. Ausnahme: Es dürfen keine schützwürdigen Interessen des Betroffenen entgegenstehen (§ 28 Abs. 3 S. 6 BDSG). Für Werbung gegenüber
- eigenen Kunden oder gegenüber
- Fremdadressen aus öffentlichen Verzeichnissen oder
- mit ausschließlich beruflichem Bezug (§ 28 Abs. 3 Nr. 2 BDSG)
ist keine Kennzeichnung der Datenquelle erforderlich.

Der Kunde kann der Verwendung jedoch – wie schon zuvor – gemäß § 28 Abs. 4 BDSG **394** widersprechen.

Ob eine Einwilligung nach BDSG oder UWG vorliegt, ist jeweils nach den dort festgeleg- **395** ten Kriterien zu prüfen. Bedarf es keiner datenschutzrechtlichen Einwilligung – wie etwa bei der Werbung gegenüber Verbraucher-Kunden –, muss trotzdem die nach § 7 Abs. 2 Nr. 2 UWG erforderliche vorherige ausdrückliche Einwilligung vorliegen. Wurde diese Einwilligung – wie es das UWG erlaubt – nur mündlich erteilt, ist die in § 28 Abs. 3 S. 1, 3a BDSG vorgesehene schriftliche Bestätigung nicht erforderlich.

Mit der Datenschutznovelle hat der Gesetzgeber die Bußgelder bei Verstößen gegen Be- **396** stimmungen des BDSG erhöht. Das Bußgeld beträgt bei formalen Verstoßen bis zu 50.000 Euro und bei materiellen Verstößen bis zu 300.000 Euro (§ 43 BDSG).

Für bis zum 1.9.2009 erhobene und gespeicherte Daten gab es eine Übergangsregelung: **397** Diese Daten konnten für Werbezwecke bis 31.8.2012 nach den früheren datenschutzrechtlichen Bestimmungen verarbeitet und genutzt werden (§ 47 BDSG 2009).

C. Telefonmarketing (§ 7 Abs. 2 Nr. 2 UWG)

§ 7 Abs. 2 Nr. 2 UWG:
(2) Eine unzumutbare Belästigung ist stets anzunehmen,
2. bei Werbung mit einem Telefonanruf gegenüber einem Verbraucher ohne dessen vorherige ausdrückliche Einwilligung oder gegenüber einem sonstigen Marktteilnehmer ohne dessen zumindest mutmaßliche Einwilligung;

§ 7 Abs. 2 Nr. 2 UWG bezieht sich allein auf Werbemaßnahmen und hier nur auf Sprach- **398** telefonie.[1162] Dazu gehören auch Anrufe von Marktforschungsunternehmen, wenn sie der Absatzförderung eines Unternehmens dienen.[1163] Im Übrigen greift § 7 Abs. 1 UWG ein.

Bei der wettbewerbsrechtlichen Zulässigkeit von Telefon-Marketingmaßnahmen unter- **399** scheidet der deutsche Gesetzgeber zwischen Telefonwerbung gegenüber Verbrauchern und Telefonwerbung gegenüber sonstigen Marktteilnehmern. Unstreitig wettbewerbswidrig ist danach die Werbung mit unerbetenen telefonischen Anrufen zur Anbahnung von Geschäftsabschlüssen bei Privatpersonen.[1164] Die Wettbewerbswidrigkeit wird damit begründet, dass sie stark in das Persönlichkeitsrecht des Einzelnen eingreift.[1165] Denn der Angerufene kann sich einem Telefonanruf, den er entgegengenommen hat, nicht mehr ohne weiteres entziehen.

§ 7 Abs. 2 Nr. 2 UWG ist allerdings europarechtlich recht kompliziert. § 7 Abs. 2 Nr. 2 **399a** UWG dient der Umsetzung der Datenschutz-RL. Die Regelung in Nr. 26 Anhang I UGP-RL gilt „unbeschadet" der europarechtlichen Datenschutz-Vorgaben. Maßgeblich ist Art. 13 Datenschutz-RL. Eine Umsetzung der Neufassung von Art. 13 Abs. 4 durch die Richtlinie 2009/136/EG[1166] ist durch das „Gesetz gegen unseriöse Geschäftspraktiken" erfolgt.[1167]

[1162] SMS- und MMS-Dienste fallen unter § 7 Abs. 2 Nr. 3 UWG, BT-Drs. 16/10145, 30.
[1163] OLG Köln 6 U 191/11 = BeckRS 2012, 09543 = WRP 2012, 725; *Köhler/Bornkamm* § 7 Rn. 131.
[1164] Vgl. *Köhler/Bornkamm* § 7 Rn. 142 ff.
[1165] Vgl. BGH GRUR 2002, 637 – Werbefinanzierte Telefongespräche (zulässig), BGH GRUR 1995, 220 = NJW-RR 1995, 613 – Telefonwerbung V und BGH GRUR 2000, 818 = NJW 2000, 2677 = WRP 2000, 722 – Telefonwerbung VI.
[1166] Änderung von Art. 13 Abs. 4 und 6.
[1167] → Rn. 415.

Art. 13 Datenschutz-Richtlinie (Unerbetene Nachrichten)[1168]

(1) Die Verwendung von automatischen Anruf- und Kommunikationssystemen ohne menschlichen Eingriff (automatische Anrufmaschinen), Faxgeräten oder elektronischer Post für die Zwecke der Direktwerbung darf nur bei vorheriger Einwilligung der Teilnehmer oder Nutzer gestattet werden.

(2) Ungeachtet des Absatzes 1 kann eine natürliche oder juristische Person, wenn sie von ihren Kunden im Zusammenhang mit dem Verkauf eines Produkts oder einer Dienstleistung gemäß der Richtlinie 95/46/EG deren elektronische Kontaktinformationen für elektronische Post erhalten hat, diese zur Direktwerbung für eigene ähnliche Produkte oder Dienstleistungen verwenden, sofern die Kunden klar und deutlich die Möglichkeit erhalten, eine solche Nutzung ihrer elektronischen Kontaktinformationen zum Zeitpunkt ihrer Erhebung und bei jeder Übertragung gebührenfrei und problemlos abzulehnen, wenn der Kunde diese Nutzung nicht von vornherein abgelehnt hat.

(3) Die Mitgliedstaaten ergreifen geeignete Maßnahmen, um sicherzustellen, dass außer in den in den Absätzen 1 und 2 genannten Fällen unerbetene Nachrichten zum Zwecke der Direktwerbung, die entweder ohne die Einwilligung der betreffenden Teilnehmer oder Nutzer erfolgen oder an Teilnehmer oder Nutzer gerichtet sind, die keine solchen Nachrichten erhalten möchten, nicht gestattet sind; welche dieser Optionen gewählt wird, wird im innerstaatlichen Recht geregelt, wobei berücksichtigt wird, dass beide Optionen für den Teilnehmer oder Nutzer gebührenfrei sein müssen.

(4) Auf jeden Fall verboten ist die Praxis des Versendens elektronischer Nachrichten zu Zwecken der Direktwerbung, bei der die Identität des Absenders, in dessen Auftrag die Nachricht übermittelt wird, verschleiert oder verheimlicht wird, bei der gegen Artikel 6 der Richtlinie 2000/31/EG verstoßen wird oder bei der keine gültige Adresse vorhanden ist, an die der Empfänger eine Aufforderung zur Einstellung solcher Nachrichten richten kann, oder in denen der Empfänger aufgefordert wird, Websites zu besuchen, die gegen den genannten Artikel verstoßen.

(5) Die Absätze 1 und 3 gelten für Teilnehmer, die natürliche Personen sind. Die Mitgliedstaaten stellen im Rahmen des Gemeinschaftsrechts und der geltenden nationalen Rechtsvorschriften außerdem sicher, dass die berechtigten Interessen anderer Teilnehmer als natürlicher Personen in Bezug auf unerbetene Nachrichten ausreichend geschützt werden.

(6) Unbeschadet etwaiger Verwaltungsvorschriften, die unter anderem gemäß Artikel 15a Absatz 2 erlassen werden können, stellen die Mitgliedstaaten sicher, dass natürliche oder juristische Personen, die durch Verstöße gegen die aufgrund dieses Artikels erlassenen nationalen Vorschriften beeinträchtigt werden und ein berechtigtes Interesse an der Einstellung oder dem Verbot solcher Verstöße haben, einschließlich der Anbieter elektronischer Kommunikationsdienste, die ihre berechtigten Geschäftsinteressen schützen wollen, gegen solche Verstöße gerichtlich vorgehen können. Die Mitgliedstaaten können auch spezifische Vorschriften über Sanktionen festlegen, die gegen Betreiber elektronischer Kommunikationsdienste zu verhängen sind, die durch Fahrlässigkeit zu Verstößen gegen die aufgrund dieses Artikels erlassenen nationalen Vorschriften beitragen.

399b   Art. 13 Datenschutz-RL ist neben der UGP-RL anwendbar.[1169] In § 7 Abs. 2 Nr. 2 UWG hat der Gesetzgeber gemäß Art. 13 Abs. 3 Datenschutz-RL die „Opt-in"-Lösung gewählt. Damit sieht § 7 Abs. 2 Nr. 2 UWG eine strengere Regelung als Nr. 26 Satz 1 Anhang I UGP-RL vor, so dass diese Bestimmung nicht mehr umzusetzen war. Die beiden Regelungen haben jedoch jeweils eine unterschiedliche Schutzrichtung: Nr. 26 Anhang I UGP-RL dient dem Schutz der Entscheidungsfreiheit und damit dem Schutz der wirtschaftlichen Interessen der Verbraucher. Art. 13 Datenschutz-RL schützt die Privatsphäre natürlicher Personen.[1170] Art. 13 Datenschutz-RL betrifft ausschließlich die Direktwerbung, während Nr. 26 Anhang I UGP-RL ganz allgemein geschäftliche Handlungen betrifft. Wettbewerbsrechtliche Verstöße können auch Mitbewerber und Verbände verfolgen. Auf Verstöße gegen das Datenschutzrecht trifft dies nicht zu. Art. 13 Abs. 3 und 5 Datenschutz-RL unterscheiden schließlich auch nicht zwischen Verbrauchern und sonstigen Marktteilnehmern, sondern zwischen natürlichen und juristischen Personen. Bei natürlichen Personen sehen Art. 13 Abs. 3 und 5 Datenschutz-RL nur die Wahl zwischen „Opt-in" und „Opt-out" vor. Die Unterscheidung zwischen „ausdrücklicher" und „mutmaßlicher" Einwilligung ist in der Datenschutz-RL nicht enthalten.[1171] Nach Art. 13 Abs. 3 und 5 Datenschutz-RL spielt es keine Rolle, ob die

---

[1168] Richtlinie 2002/58/EG idF der Richtlinie 2009/136/EG.
[1169] BGH I ZR 164/09 Rn. 26–28 = GRUR 2011, 936 = WRP 2011, 1153 – Double-opt-in-Verfahren.
[1170] *Köhler* GRUR 2012, 1073 (1080).
[1171] Vgl. *Köhler* WRP 2013, 1329 (1333).

natürliche Person Verbraucher oder Marktteilnehmer ist. Ob demnach die vorherige ausdrückliche Einwilligung eines jeden Marktteilnehmers, der natürliche Person ist, erforderlich ist – wodurch die Regelung in § 7 Abs. 2 Nr. 2 UWG erheblich verschärft würde – ist bislang ungeklärt.[1172]

Für die **Telefonwerbung** heißt das: Der Gesetzgeber hat sich nach Art. 13 Abs. 3 Daten-   **399c** schutz-RL für die strenge „Opt-in"-Lösung entschieden. Das widerspricht nicht der weniger strengen Regelung in Nr. 26 Anhang I UGP-RL. Allerdings kann die deutsche Lösung ausschließlich bei Telefonmarketing-Maßnahmen gegenüber *natürlichen* Personen Anwendung finden. Die strenge „Opt-in"-Lösung gilt auch für juristische Personen, die Verbraucher sind, da § 7 Abs. 2 Nr. 2 UWG insoweit keinen Unterschied macht. Nach Art. 13 Abs. 5 Satz 2 Datenschutz-RL gibt es jedoch keine konkreten Vorgaben für juristische Personen. Hier ist ausschließlich geregelt, dass deren „berechtigten Interessen" „in Bezug auf unerbetene Nachrichten ausreichend geschützt werden". Es hätte demnach ohne weiteres ausgereicht, bezogen auf juristische Personen eine „Opt-out"-Lösung zu normieren.

Datenschutz-RL konform?

Die Unterscheidung in § 7 Abs. 2 Nr. 2 UWG zwischen Verbrauchern und sonstigen Marktteilnehmern ist verfehlt. Bei Telefondirektmarketing-Maßnahmen gegenüber juristischen Personen ist jedenfalls eine umfassende Würdigung der Umstände des Einzelfalls vorzunehmen.[1173]

UGP-RL konform?

Es ist fraglich, ob Mitbewerber und Verbände Verstöße (nur) gegen § 7 Abs. 2 Nr. 2 UWG geltend machen können. Klagebefugnis sei jedoch gegeben, wenn die unerbetene Telefonwerbung (auch) gegen §§ 3, 4 Nr. 1 oder 3 UWG verstößt.[1174]

I. Anrufe bei Verbrauchern

1. Erfordernis der vorherigen ausdrücklichen Einwilligung

Fall „Telefonaktion II":[1175]

Die AOK Plus führt ein Online-Gewinnspiel durch, bei dem der Teilnehmer seine Telefonnummer angibt und durch Markieren eines Feldes sein Einverständnis mit Telefonwerbung erklärt. Der Teilnehmer erhält dann eine Bestätigungsmail mit der Registrierung für das Gewinnspiel, die der Teilnehmer seinerseits durch Anklicken des in der Mail enthaltenen Links bestätigt („Double-Opt-In"). Die AOK Plus lässt über ein Call-Center zwei Verbraucher anrufen. Sie beruft sich darauf, dass diese die Einwilligung erteilt hätten und beruft sich dazu allgemein auf die Einhaltung des Double-Opt-In-Verfahrens.

Mit Inkrafttreten des „Gesetzes zur Bekämpfung unerlaubter Telefonwerbung und zur   **400** Verbesserung des Verbraucherschutzes bei besonderen Vertriebsformen" am 4.8.2009 ist die vorherige ausdrückliche Einwilligung bei Anrufen gegenüber **Verbrauchern** vorgeschrieben[1176]. Der Begriff der „Einwilligung" ist gem. Art. 13 Datenschutz-RL auszulegen. Danach ist Einwilligung „jede Willensbekundung, die ohne Zwang, für den konkreten Fall und in

---

[1172] *Köhler* WRP 2012, 1329 (1333).
[1173] *Fezer* WRP 2010, 1075 (1092). Zur Umsetzung von Art. 13 Abs. 4 Datenschutz-RL → Rn. 415.
[1174] → Rn. 502.
[1175] BGH I ZR 164/09 = GRUR 2011, 936 = NJW 2011, 2657 = WRP 2011, 1153.
[1176] BT-Drs. 16/12406.

Kenntnis der Sachlage erfolgt".[1177] Eine Einwilligung wird „in Kenntnis der Sachlage" erteilt, wenn der Verbraucher weiß, dass seine Erklärung ein Einverständnis darstellt und worauf sie sich bezieht.[1178] Eine Einwilligung kann auch nicht durch sog „Vorschalt-Anrufe" eingeholt werden, mit denen beim Verbraucher abgefragt wird, ob er mit einem Werbeanruf einverstanden ist.[1179]

400a   Eine bestimmte Form – etwa Schriftform – sieht das Gesetz nicht vor. Auf eine möglicherweise konkludente Einwilligung des Verbrauchers kommt es nicht an. Vorformulierte Einwilligungserklärungen unterliegen der AGB-Kontrolle gemäß §§ 305 ff. BGB. Betrifft eine solche Erklärung auch Telefonanrufe, ist sie – entgegen der früheren Rechtsprechung des BGH – *nicht* von vornherein unwirksam.[1180]

Zum Fall „Telefonaktion II":

400b   Der BGH sieht in der Telefonaktion einen Verstoß gegen § 7 Abs. 2 Nr. 2 UWG, da die dort geforderte vorherige ausdrückliche Einwilligung nicht vorliege. Als Nachweis der vorherigen ausdrücklichen Einwilligung genüge nicht der Hinweis auf die allgemeine Einhaltung des Double-opt-in-Verfahrens. Hierfür kommt vielmehr „insbesondere der Ausdruck einer E-Mail des angerufenen Verbrauchers in Betracht". Die Speicherung einer solchen E-Mail sei dem Werbenden auch ohne weiteres möglich und zumutbar. Ohnehin sei das elektronische Double-opt-in-Verfahren „von vornherein ungeeignet, um ein Einverständnis (…) zu belegen". Es sei nämlich nicht sicher gestellt, dass es sich bei der anlässlich des Gewinnspiels angegebenen Telefonnummer „tatsächlich um den Anschluss des Absenders der Bestätigungs-E-Mail handelt".

400c   Mit dieser Entscheidung bleibt völlig offen, auf welche Weise eine Einwilligung denn überhaupt erlangt werden kann. Selbst eine handschriftlich auf einem Vertrag eingetragene Telefonnummer besagt noch nicht, dass es sich um den Anschluss desjenigen handelt, der die Telefonnummer angibt. Lässt man dann – wie das OLG München[1181] – auch bei E-Mail-Werbung nicht mehr das Double-opt-in-Verfahren zu, werden Werbemaßnahmen mit Fernkommunikationsmitteln in für Gewerbetreibende nicht hinnehmbarem Maße beschränkt. Etwas anderes würde nur dann gelten, wenn man § 7 Abs. 2 Nr. 2 UWG so verstehen wollte, dass zumindest zum Zwecke der Verifizierung der Telefonnummer ein Telefonanruf erfolgen darf.[1182] Gänzlich ungeklärt sind noch diejenigen Fälle, bei denen zum Beispiel Familienangehörige, die nicht Anschlussinhaber sind, die Telefonnummer weitergeben. Das OLG Köln sah es jedenfalls als wettbewerbswidrig an, Werbe-SMS an einen Mobiltelefonanschluss zu schicken, wenn sie für einen Familienangehörigen des Anschlussinhabers bestimmt sind, der Anschlussinhaber in die Zusendung von Werbe-SMS jedoch nicht vorher ausdrücklich eingewilligt hat.[1183] Inwieweit es bei der vollständigen Überlassung des Mobiltelefonanschlusses an Dritte anders liegen kann, hat der Senat ausdrücklich offen gelassen.

2. Weitere Regelungen

401   Mit dem „Gesetz zur Bekämpfung unlauterer Telefonwerbung" hat der Gesetzgeber zudem die **Widerrufsmöglichkeiten** bei telefonisch abgeschlossenen Verträgen erweitert: Seitdem besteht etwa auch ein Widerrufsrecht für den Verbraucher beim Abschluss von Zeitungs- und Zeitschriftenabonnements (§ 312d Abs. 4 Nr. 3 BGB). Dabei kommt es nicht darauf an, ob der Anruf rechtswidrig oder rechtmäßig erfolgt ist und ob der Unternehmer den Verbraucher oder der Verbraucher den Unternehmer angerufen hat. Die Widerrufsfrist beträgt einen Monat, da die Widerrufsbelehrung erst nach dem telefonischen Vertragsschluss mitgeteilt wird.

[1177] BGH I ZR 169/10 Rn. 23 = GRUR 2013, 531 = BeckRS 2013, 06427 – Einwilligung in Werbeanrufe II.

[1178] Ebenda, Rn. 24.

[1179] LG Ulm 3 O 299/09 = GRUR-Prax 2012, 175 = BeckRS 2012, 05353.

[1180] BGH I ZR 169/10 Rn. 21 = GRUR 2013, 531 = BeckRS 2013, 06427 – Einwilligung in Werbeanrufe II.

[1181] → Rn. 407b und 411a.

[1182] So *Köhler/Bornkamm* § 7 Rn. 154a und offenbar auch *Leible* Anmerkung zu BGH I ZR 164/09 – Double-opt-in-Verfahren, → Rn. 399b.

[1183] OLG Köln 6 W 99/11 = BeckRS 2011, 16412 – Nicht ohne meine Tochter.

Ein Verstoß gegen die Vorgaben von § 7 Abs. 2 Nr. 2 und Nr. 3 UWG kann mit einem　402
Bußgeld von bis zu 300.000 Euro geahndet werden.

UWG 2013:

Die mit der Gesetzesänderung 2009 eingeführte Regelung wurde 2013 erneut verschärft.[1184] Nunmehr bezieht § 20 Abs. 1 UWG ausdrücklich auch Werbeanrufe mit automatischen Anrufmaschinen (§ 7 Abs. 2 Nr. 3 UWG) ein. Die Geldbuße wurde von
50.000 Euro auf 300.000 Euro angehoben. Die bisherige Höchstgrenze sah der Gesetzgeber als nicht ausreichend an, „da wegen einer einzigen Handlung (...) nicht mehrere Geldbußen verhängt werden können". Eine Handlung sei etwa ein Auftrag zur
Durchführung einer Vielzahl unerlaubter Werbeanrufe.

---

§ 20 UWG:

(1) Ordnungswidrig handelt, wer vorsätzlich oder fahrlässig entgegen § 7 Absatz 1

1. in Verbindung mit § 7 Absatz 2 Nummer 2 mit einem Telefonanruf oder

2. in Verbindung mit § 7 Absatz 2 Nummer 3 unter Verwendung einer automatischen Anrufmaschine
gegenüber einem Verbraucher ohne dessen vorherige ausdrückliche Einwilligung wirbt.

(2) Die Ordnungswidrigkeit kann mit einer Geldbuße bis zu dreihunderttausend Euro geahndet
werden,

(3) Verwaltungsbehörde im Sinne des § 36 Absatz 1 Nummer 1 des Gesetzes über Ordnungswidrigkeiten ist die Bundesnetzagentur für Elektrizität, Gas, Telekommunikation, Post und Eisenbahnen,

Flankierend zu diesen Regelungen hat der Gesetzgeber im TKG vorgesehen, dass eine
Rufnummerunterdrückung verboten ist (§ 102 Abs. 2 TKG). Außerdem gibt es seit 1.9.2007
in §§ 66a ff. TKG Vorschriften zur Preistransparenz.

Zu beachten sind zudem die fernabsatzrechtlichen Vorgaben in § 312d Abs. 2 BGB iVm　403
§ 246b EGBGB. Demnach ist etwa bei einem Telefonat auf die Identität des Unternehmers
hinzuweisen. Ein Verstoß gegen die Hinweispflicht ist nach § 4 Nr. 11 UWG unlauter.[1185]

II. Anrufe bei sonstigen Marktteilnehmern

Fall „Suchmaschineneintrag":[1186]

Der Betreiber einer *(beliebigen)* Suchmaschine unterbreitet anlässlich der telefonischen Überprüfung des gespeicherten Datenbestandes einem Gewerbetreibenden ein Angebot, den kostenlosen
Eintrag in einen kostenpflichtigen Eintrag umzuwandeln.

Im geschäftlichen Bereich sind telefonische Werbemaßnahmen dann zulässig, wenn sie im　404
konkreten Interesse des Angerufenen liegen. Hierfür genügt das ausdrückliche oder konkludente Einverständnis des Angerufenen oder auch, dass der Werbende ein sachliches Interesse
des Angerufenen vermuten kann und der Anruf damit dem mutmaßlichen Willen des Angerufenen entspricht.[1187] Der Anrufende muss also von einem gegenwärtigen Bedarf des Unternehmers ausgehen können. Allerdings sind hieran keine zu hohen Anforderungen zu stellen.[1188] Bei bestehenden Geschäftsbeziehungen wird ein solches Interesse in der Regel
vermutet.[1189] Das gilt auch nach einem Wechsel zu einem anderen Unternehmen für Anrufe

---

[1184] → Rn. 415 zum „Gesetz gegen unseriöse Geschäftspraktiken".
[1185] Vgl. *Köhler/Bornkamm* § 7 Rn. 119, 126a.
[1186] BGH GRUR 2008, 189 = BeckRS 2007, 19927 = WRP 2008, 224.
[1187] Vgl. BGH GRUR 2001, 1181 = NJW-RR 2002, 326 = WRP 2001, 1068 – Telefonwerbung für Blindenwaren, *Köhler/Bornkamm* § 7 Rn. 160 ff.
[1188] *Köhler/Bornkamm* § 7 Rn. 160.
[1189] Vgl. BGH GRUR 1991, 764 = NJW 1991, 2087 = WRP 1991, 470 – Telefonwerbung IV und BGH
GRUR 2004, 520 = NJW-RR 2004, 978 = WRP 2004, 603 – Telefonwerbung für Zusatzeintrag.

bei Kunden, die dem Anrufenden aus seiner früheren Tätigkeit bekannt sind.[1190] Das konkrete Interesse des Angerufenen ergibt sich jedoch nicht alleine daraus, dass er einen Geschäftsbetrieb unterhält. Bestand zuvor keinerlei Geschäftskontakt, ist nach Auffassung des OLG München jegliche telefonische Kontaktaufnahme im Zusammenhang mit einem entgeltlichen Angebot unzulässig.[1191] Ein allgemeiner Sachbezug mit den von dem angerufenen Unternehmen angebotenen Dienstleistungen reicht jedoch auch nach Auffassung des BGH nicht aus. Das entschied der BGH zu Anrufen bei Handwerkern durch ein Unternehmen, das Bauvorhaben koordiniert und Handwerker gegen ein beträchtliches „Eintrittsgeld" und Provisionszahlung vermittelt.[1192]

Zum Fall „Suchmaschineneintrag":

405   Der BGH hält das telefonische Angebot eines kostenpflichtigen Eintrags anlässlich der Überprüfung des gespeicherten Datenbestandes auch gegenüber Gewerbetreibenden für unzulässig. Denn: Der kostenlose Eintrag eines Gewerbetreibenden im Verzeichnis einer Internetsuchmaschine, die nur eine unter einer Vielzahl gleichartiger Suchmaschinen ist, rechtfertige grundsätzlich nicht die Annahme, der Gewerbetreibende werde mit einem Anruf zur Überprüfung des über ihn eingespeicherten Datenbestands einverstanden sein, um zugleich das Angebot einer entgeltlichen Leistung zu unterbreiten. Zulässig war hingegen der Anruf eines Adressbuchverlags zur Überprüfung der Daten **anlässlich eines Neudruckes**, auch wenn zugleich ein kostenpflichtiger Zusatzeintrag angeboten wird.[1193] So macht man es also „richtig".

D. Werbung durch elektronische Hilfsmittel (§ 7 Abs. 2 Nr. 3, Abs. 3 UWG)

§ 7 Abs. 2 Nr. 3 UWG:

(2) Eine unzumutbare Belästigung ist stets anzunehmen,

3. bei einer Werbung unter Verwendung einer automatischen Anrufmaschine, eines Faxgerätes oder elektronischer Post, ohne dass eine vorherige ausdrückliche Einwilligung des Adressaten vorliegt;

I. Vorbemerkung

406   Die Kriterien für die zulässige Fax- oder E-Mail-Werbung entsprachen bis zur Novellierung 2004 den Grundsätzen zur Telefonwerbung. Die Regelung in § 7 Abs. 2 Nr. 3 UWG 2004 schränkte bereits die Werbemöglichkeiten gegenüber **allen Marktteilnehmern** gleichermaßen ein. Sie setzt Art. 13 Abs. 1 Datenschutz-RL um.[1194]

407   Seit der Novellierung 2008 bedarf es einer vorherigen ausdrücklichen Einwilligung des Adressaten.

Datenschutz-RL konform?

Art. 13 Abs. 1 Datenschutz-RL verlangt lediglich eine „vorherige Einwilligung". Ein – vom nationalen Gesetzgeber festzulegendes – „Opt-in" sieht Art. 13 Abs. 3 Datenschutz-RL gerade nicht für Handlungen iSv Art. 13 Abs. 1 Datenschutz-RL vor. Die vom deutschen Gesetzgeber normierte *ausdrückliche* vorherige Einwilligung ist daher richtlinienkonform auszulegen mit der Folge, dass womöglich eine konkludente Einwilligung ausreichen kann.[1195]

[1190] BGH I ZR 27/08 = GRUR 2010, 939 = NJW 2010, 3239 – Telefonwerbung nach Unternehmenswechsel.
[1191] OLG München 6 U 458/11 = BeckRS 2011, 21257 = WRP 2011, 1216 – Beschluss nach § 522 ZPO.
[1192] BGH I ZR 191/03 Rn. 20 = GRUR 2007, 607 = BeckRS 2007, 08697 = WRP 2007, 775 – Telefonwerbung für „Individualverträge".
[1193] BGH GRUR 2004, 520 = NJW-RR 2004, 978 = WRP 2004, 603 – Telefonwerbung für Zusatzeintrag.
[1194] → Rn. 399a.
[1195] Vgl. *Köhler/Bornkamm* § 7 Rn. 185.

Die Einwilligung muss „für den konkreten Fall" erteilt sein.[1196] Eine allgemeine Einwilligung, Werbung zu erhalten, reicht nicht aus. Die Einwilligung muss sich konkret auch auf Werbung durch elektronische Hilfsmittel beziehen. Die Möglichkeit, einer Werbung lediglich zu widersprechen („Opt-out"), ist nicht ausreichend.[1197] Eine auf einer Gewinnspielkarte gedruckte Einwilligungserklärung genügt nicht, wenn sie mit anderen Erklärungen verbunden ist. Erforderlich ist eine gesonderte, nur auf die Einwilligung in eine telefonische Werbung bezogene Zustimmung des Betroffenen.[1198]

407a Bislang[1199] wurde im elektronischen Rechtsverkehr das so genannte „Double-opt-in-Verfahren" als ausreichend angesehen: Der Nutzer meldet sich durch Angabe seiner E-Mail-Adresse zum Beispiel für den Bezug eines Newsletters oder für die Teilnahme an einem Gewinnspiel an. Der Veranstalter schickt an die angegebene E-Mail-Adresse einen so genannten Bestätigungslink. Erst wenn dieser Link betätigt wird, erfolgt die Zusendung des Newsletters oder ist die Teilnahme an dem Gewinnspiel möglich. Durch dieses Verfahren kann der Veranstalter verifizieren, dass die angegebene E-Mail-Adresse tatsächlich die E-Mail-Adresse des Nutzers ist.[1200]

407b Neben wettbewerbs- und datenschutzrechtlichen Bestimmungen ist auch § 13 TMG zu beachten. Nach § 13 Abs. 2 TMG kann eine Einwilligung in die Datennutzung zwar elektronisch erklärt werden, aber nur, wenn die dort genannten Voraussetzungen erfüllt sind.

§ 13 TMG (Pflichten der Diensteanbieter)

(1) Der Diensteanbieter hat den Nutzer zu Beginn des Nutzungsvorgangs über Art, Umfang und Zwecke der Erhebung und Verwendung personenbezogener Daten sowie über die Verarbeitung seiner Daten in Staaten außerhalb des Anwendungsbereichs der Richtlinie 95/46/EG des Europäischen Parlaments und des Rates vom 24. Oktober 1995 zum Schutz natürlicher Personen bei der Verarbeitung personenbezogener Daten und zum freien Datenverkehr (ABl. EG Nr. L 281 S. 31) in allgemein verständlicher Form zu unterrichten, sofern eine solche Unterrichtung nicht bereits erfolgt ist. Bei einem automatisierten Verfahren, das eine spätere Identifizierung des Nutzers ermöglicht und eine Erhebung oder Verwendung personenbezogener Daten vorbereitet, ist der Nutzer zu Beginn dieses Verfahrens zu unterrichten. Der Inhalt der Unterrichtung muss für den Nutzer jederzeit abrufbar sein.

(2) Die Einwilligung kann elektronisch erklärt werden, wenn der Diensteanbieter sicherstellt, dass
1. der Nutzer seine Einwilligung bewusst und eindeutig erteilt hat,
2. die Einwilligung protokolliert wird,
3. der Nutzer den Inhalt der Einwilligung jederzeit abrufen kann und
4. der Nutzer die Einwilligung jederzeit mit Wirkung für die Zukunft widerrufen kann.

(3) Der Diensteanbieter hat den Nutzer vor Erklärung der Einwilligung auf das Recht nach Absatz 2 Nr. 4 hinzuweisen.

(...)

407c Für Werbung durch elektronische Post an Verbraucher und sonstige Marktteilnehmer bietet allerdings § 7 Abs. 3 UWG (nur!) ein Korrektiv.[1201]

Fall „Bestätigungsaufforderung":[1202]

Die Beklagte bietet auf ihrer Internetseite einen „Newsletter" zum kostenlosen Abonnement an. Die Klägerin hat zunächst einen Bestätigungslink mit der Mitteilung erhalten, sie habe sich für den Bezug des Newsletters angemeldet. Am darauf folgenden Tag erhält die Klägerin eine weitere E-Mail mit der Information, dass die E-Mail-Adresse nunmehr für den Newsletter hinterlegt worden sei. Die Klägerin behauptet, den Newsletter nicht angefordert zu haben und sieht in der Zusendung der E-Mails einen Wettbewerbsverstoß.

[1196] *Köhler/Bornkamm* § 7 Rn. 186.
[1197] BGH GRUR 2008, 1010 = NJW 2008, 3055 – Payback.
[1198] BGH I ZR 38/10 = GRUR-Prax 2011, 246 = BeckRS 2011, 11015 – Einwilligung in Telefonwerbung auf Gewinnspielkarte.
[1199] Siehe aber gleich nachfolgend und → Rn. 411a: OLG München 29 U 1682/12 = GRUR-RR 2013, 226 = BeckRS 2012, 23383.
[1200] Vgl. *Köhler/Bornkamm* § 7 Rn. 189 und Harte-Bavendamm/Henning-Bodewig/*Schöler* § 7 Rn. 310.
[1201] → Rn. 413.
[1202] OLG München 29 U 1682/12 = GRUR-RR 2013, 226 = BeckRS 2012, 23383.

II. Automatische Anrufmaschinen

408   „Automatische Anrufmaschinen" sind elektronische Geräte, die computergesteuert Anrufe tätigen und keine persönliche Ansprache – zB durch ein Call-Center – darstellen. Bislang gibt es hierzu keine Rechtsprechung.

III. Telefax-Werbung

409   Telefaxwerbung ist ohne vorherige Einwilligung im geschäftlichen Bereich ebenso wettbewerbswidrig wie im privaten Bereich. Veröffentlicht ein Unternehmen seine Telefaxnummer, kann die Veröffentlichung als konkludentes Einverständnis für gewerbliche Kaufanfragen zu werten sein.[1203]

IV. Werbung mit elektronischer Post

410   Elektronische Post ist jede über ein öffentliches Kommunikationsnetz verschickte Text-, Sprach-, Ton- oder Bildnachricht, die im Netz oder im Endgerät des Empfängers bis zu dessen Abruf gespeichert wird. Elektronische Post eignet sich für den kostengünstigen Massenversand von Werbung. Die Regelung in § 7 Abs. 2 Nr. 3 UWG beruht maßgeblich auf den Vorgaben ua der EG-Richtlinie über den elektronischen Geschäftsverkehr.[1204] Danach gilt das **Herkunftslandprinzip nicht** für die Frage der Zulässigkeit nicht angeforderter kommerzieller Kommunikation durch elektronische Post. Es kommt also ausschließlich bei einer in oder nach Deutschland so verbreiteten Werbung auf die Rechtslage in Deutschland an.[1205] Die Angabe einer E-Mail-Adresse auf der Webseite eines Vereins stellt keine Einwilligung – nicht einmal eine konkludente Einwilligung – für gewerbliche Anfragen nach Dienstleistungen des Vereins dar.[1206]

1. E-Mail-Werbung

411   *Spamming* – also die Zusendung nicht verlangter Werbe-E-Mails – ist wettbewerbsrechtlich unzulässig. Das hat der BGH schon vor Inkrafttreten der UWG-Novelle 2004 entschieden.[1207] Dies ist seit 2004 gesetzlich normiert. Unzulässig ist demnach auch der Versand von Werbe-Mails, die in der Betreffzeile eindeutig als Werbung gekennzeichnet sind.[1208] Auch sog. Empfehlungs-E-Mails sind wettbewerbswidrig.[1209]

Zum Fall „Bestätigungsaufforderung":

411a   Das OLG München ist der Auffassung, dass die Klägerin die Zusendung der Bestätigungsmail nicht hinnehmen muss. Allerdings sieht sie keinen Anspruch aus wettbewerbsrechtlichen Normen gegeben, da zwischen den Parteien kein Wettbewerbsverhältnis bestünde. Bereits in der Zusendung der Bestätigungsmail sieht der Senat aber einen Eingriff in den eingerichteten und ausgeübten Gewerbebetrieb nach §§ 823 Abs. 1, 1004 BGB. Hier sei die gesetzgeberische Wertung aus § 7 Abs. 2 Nr. 3 UWG zu berücksichtigen. Den Beweis, dass die Klägerin vorher ausdrücklich in die Zusendung der Bestätigungsmail eingewilligt habe, habe die Beklagte nicht führen können. Werbung im Sinne von § 7 Abs. 2 Nr. 3 UWG sei

---

[1203] BGH GRUR 2008, 923 = NJW 2008, 2997 = WRP 2008, 1328 – Faxanfrage im Autohandel.
[1204] Richtlinie 2000/31/EG.
[1205] Vgl. auch *Köhler/Bornkamm* § 7 Rn. 184.
[1206] BGH GRUR 2008, 1010 – FC Troschenreuth. Interessanterweise geht der BGH nicht darauf ein, dass die E-Mail-Adresse nach den Bestimmungen des § 6 Abs. 1 Nr. 2 TMG vorgeschrieben ist. Auch soll der Hinweis auf der Webseite, Werbe-Mails seien unerwünscht, für die Frage der Einwilligung unerheblich sein.
[1207] BGH GRUR 2004, 517 = NJW 2004, 1655 = WRP 2004, 731 – E-Mail-Werbung.
[1208] Vgl. *Köhler/Bornkamm* § 7 Rn. 200.
[1209] BGH I ZR 208/12 = GRUR 2013, 1259 = WRP 2013, 1579 – Empfehlungs-E-Mail.

auch die Bestätigungsmail. Der Begriff der Werbung sei weit zu verstehen.[1210] Die Zusendung einer Werbeemail ohne vorherige ausdrückliche Einwilligung sei grundsätzlich rechtswidrig.

Diese Entscheidung hat zu erheblicher Kritik in der Literatur geführt.[1211] Die weitere Rechtsentwicklung bleibt abzuwarten.

2. SMS- und MMS-Werbung

Gleiches gilt für die Werbung per SMS *(Short Message Service)* und MMS *(Multi Media* **412** *Service)*.[1212] Hier ist die Belästigung wegen der geringen Speicherkapazitäten der Mobiltelefone sogar noch wesentlich stärker als beim Versand von E-Mail-Werbung.[1213]

3. Ausnahmeregelung des § 7 Abs. 3 UWG

§ 7 Abs. 3 UWG:

(3) Abweichend von Absatz 2 Nr. 3 ist eine unzumutbare Belästigung bei einer Werbung unter Verwendung elektronischer Post nicht anzunehmen, wenn
1. ein Unternehmer im Zusammenhang mit dem Verkauf einer Ware oder Dienstleistung von dem Kunden dessen elektronische Postadresse erhalten hat,
2. der Unternehmer die Adresse zur Direktwerbung für eigene ähnliche Waren oder Dienstleistungen verwendet,
3. der Kunde der Verwendung nicht widersprochen hat und
4. der Kunde bei Erhebung der Adresse und bei jeder Verwendung klar und deutlich darauf hingewiesen wird, dass er der Verwendung jederzeit widersprechen kann, ohne dass hierfür andere als die Übermittlungskosten nach den Basistarifen anfallen.

Es handelt sich bei der Regelung in 7 Abs. 3 UWG um ein sog „Opt-Out-Modell": Da- **413** nach ist unter den Voraussetzungen des § 7 Abs. 3 UWG, die kumulativ vorliegen müssen, eine Werbung an Verbraucher und sonstige Marktteilnehmer so lange gestattet, bis der Empfänger eine Austragung aus der Versandliste wünscht. Allerdings ist die Ausnahmeregelung eng auszulegen.[1214] Zu berücksichtigen ist zudem, dass die erstmalige Erfassung der E-Mail-Adresse und deren Nutzung für Werbezwecke den Vorgaben von § 7 Abs. 2 Nr. 3 UWG entsprechen müssen. Dafür ist wiederum – nach der Payback-Entscheidung des VIII. Zivilsenats des BGH, die dieser mit dem Wettbewerbssenat abgestimmt hat – auf der Grundlage von AGB eine aktive Einwilligung („Opt-in") erforderlich.[1215] Auf die Werbung mit SMS bezieht sich die Ausnahme nicht, da das Gesetz von „Adresse" und nicht von Telefonnummer spricht.[1216]

Der Unternehmer muss die Adresse unmittelbar durch den Kunden erhalten und darf **414** sie nicht auf sonstige Weise – zB durch die Homepage des Kunden – erlangt haben.[1217] Es muss ein Vertrag zustande gekommen sein. Das kann – trotz der engen Auslegung dieser Regelung – jede Art von Austauschvertrag (zB Werk- oder Pachtvertrag) sein.[1218] Eine Weitergabe der Adresse an andere Unternehmen ist unzulässig. Dabei kann es aber keine Rolle spielen, dass ein Unternehmen die (eigene) Werbemaßnahme lediglich über einen externen Dienstleister abwickeln lässt, der nur dafür die Adressen erhalten hat. Wann „ähnliche Waren oder Dienstleistungen" vorliegen, ist noch unklar. *Köhler/Bornkamm* vertreten die Auffassung, dass auch Werbung für Zubehör – zB Zielfernrohr für Jagdgewehr – privilegiert ist. Dagegen soll die Werbung für zB Jagdkleidung nicht mehr erlaubt

---

[1210] Hierzu verweist der Senat auf BGH I ZR 2018/07 Rn. 13 = GRUR 2009, 980 = NJW 2009, 2958 – E-Mail-Werbung II. In dieser Entscheidung ging es allerdings nicht um die Zusendung einer Bestätigungsmail, sondern um die unverlangte Zusendung eines Newsletters.
[1211] Vgl. etwa *Ernst* WRP 2013, 160.
[1212] Vgl. auch LG Berlin MMR 2003, 419 = MDR 2003, 873.
[1213] Vgl. *Köhler/Bornkamm* § 7 Rn. 198.
[1214] *Köhler/Bornkamm* § 7 Rn. 202.
[1215] BGH GRUR 2008, 1010 = NJW 2008, 3055 – Payback.
[1216] Vgl. *Köhler/Bornkamm* § 7 Rn. 203.
[1217] Vgl. *Köhler/Bornkamm* § 7 Rn. 204.
[1218] Ebenda.

sein.[1219] Das hieße aber, dass sich Unternehmen, die keine Waren des täglichen Lebens anbieten – zB Autohändler – kaum auf § 7 Abs. 3 UWG berufen könnten. Was aber spricht dagegen, dass der Autohändler per E-Mail darüber informiert, dass die Hauptuntersuchung fällig ist und hierfür zugleich sein Angebot übermittelt? Man wird deshalb fragen müssen, an welcher Ware oder Dienstleistung der Kunde gerade wegen des Erstvertrages und im Zusammenhang damit ernsthaft interessiert sein kann. Der Kunde kann der Nutzung in jeder Form – auch per E-Mail (Textform) widersprechen. Darauf muss der Versender hinweisen.[1220]

E. Anonyme elektronische Werbung (§ 7 Abs. 2 Nr. 4 UWG)

§ 7 Abs. 2 Nr. 4 UWG:

(2) Eine unzumutbare Belästigung ist stets anzunehmen,
4. bei Werbung mit einer Nachricht,
   a) bei der die Identität des Absenders, in dessen Auftrag die Nachricht übermittelt wird, verschleiert oder verheimlicht wird oder
   b) bei der gegen § 6 Absatz 1 des Telemediengesetzes verstoßen wird oder in der der Empfänger aufgefordert wird, eine Website aufzurufen, die gegen diese Vorschrift verstößt, oder
   c) bei der keine gültige Adresse vorhanden ist, an die der Empfänger eine Aufforderung zur Einstellung solcher Nachrichten richten kann, ohne dass hierfür andere als die Übermittlungskosten nach dem Basistarif entstehen.

415   Das „Gesetz gegen unseriöse Geschäftspraktiken"[1221] setzt die Neuregelung von Art. 13 Abs. 4 Datenschutz-RL[1222] in deutsches Recht um.

UWG 2013:

§ 7 Abs. 2 Nr. 4b UWG wurde in Umsetzung von § 13 Abs. 4 Datenschutz-RL geändert.[1223]

415a   „Nachrichten" sind aufgrund der Definition in § 2 Abs. 1 Nr. 4 UWG **elektronische Informationen** – also vor allem Telefonanrufe, Faxmitteilungen und E-Mail-Informationen. Liest man die Bestimmungen des § 7 Abs. 2 Nr. 4 UWG als Alternativen, ist es jedenfalls unlauter, wenn mit der Werbung keine Opt-Out-Möglichkeit verbunden ist. Das würde dann selbst eine nach § 7 Abs. 2 Nr. 2 oder 3 UWG zunächst zulässige Werbung unzulässig machen. Zu dieser Fallgruppe können auch Werbefaxe für kostenpflichtige Mehrwertdienste gehören, die der Empfänger abrufen soll – zum Beispiel, um billige Einkaufsmöglichkeiten zu erfahren oder um an Umfragen mitzuwirken.[1224] Im Übrigen geht es bei § 7 Abs. 2 Nr. 4 UWG um die Haftung des Werbenden, der mit dem Absender gerade nicht identisch ist. Für eine andere Fallgestaltung macht die Regelung zur Verschleierung oder Verheimlichung keinen Sinn: Denn jedenfalls der Inhalt der Werbung lässt den Werbenden oder dessen Produkt erkennen, so dass es regelmäßig an der Verheimlichung oder Verschleierung fehlt. Ist weder der Werbende noch das Produkt erkennbar, wäre die Werbung ohnehin nutzlos und schon begrifflich keine „Werbung". Es geht also darum, dass sich der Werbende eines anonymen Dritten bedient, der wegen der Anonymität eben nicht in Anspruch genommen werden kann. Das kann bei sog E-Cards der Fall sein – also bei elektronischen Werbebotschaften,

---

[1219] *Köhler/Bornkamm* § 7 Rn. 205; aA *Decker* GRUR 2011, 774 (780).
[1220] LG Bonn 11 O 56/09 = BeckRS 2009, 29977.
[1221] BT-Drs. 17/13057 – in Kraft seit 9.10.2013 (BGBl. I 3714).
[1222] → Rn. 399a.
[1223] → Rn. 399a.
[1224] Vgl. zu Haftung des Vermieters einer Mehrwertnummer, wenn der eigentliche Nutzer der Nummer nicht bekannt ist AG Nidda GRUR-RR 2002, 172 = NJW-RR 2002, 469 = WRP 2002, 739.

die der Werbende auf seiner Website zur Verfügung stellt und die jeder Nutzer versenden kann.[1225] Wie damit aber das Erfordernis von § 13 Abs. 6 S. 1 TMG zu vereinbaren ist, die Nutzung von Telediensten auch anonym zu ermöglichen, ist unklar.

Erfolgt eine Identitätsprüfung des Nutzers, greift § 7 Abs. 2 Nr. 4 UWG nicht ein. Das **416** wäre etwa der Fall, wenn der Werbende zunächst an den Nutzer einen Link mailt, den dieser aktiv freigeben muss, bevor die Werbemail den vom Nutzer eingegebenen Empfänger erreicht. Dann ist die Identität des Absenders feststellbar.

Diese Regelung ergänzt § 6 Abs. 2 TMG. **417**

§ 6 Abs. 2 TMG:

Werden kommerzielle Kommunikationen per elektronischer Post versandt, darf in der Kopf- und Betreffzeile weder der Absender, noch der kommerzielle Charakter der Nachricht verschleiert oder verheimlicht werden. Ein Verschleiern oder Verheimlichen liegt dann vor, wenn die Kopf- und Betreffzeile absichtlich so gestaltet sind, dass der Empfänger vor Einsichtnahme in den Inhalt der Kommunikation keine oder irreführende Informationen über die tatsächliche Identität des Absenders oder den kommerziellen Charakter der Nachricht erhält.

Ein Verstoß gegen § 6 Abs. 2 TMG stellt nicht nur eine Ordnungswidrigkeit gem. § 16 Abs. 1 TMG dar, die mit einer Geldbuße bis zu 50.000,00 EUR geahndet werden kann (§ 16 Abs. 3 TMG). Ein Verstoß gegen § 6 Abs. 2 TMG ist auch wegen §§ 3, 4 Nr. 11 UWG wettbewerbswidrig.

[1225] Vgl. etwa AG Rostock NJW-RR 2003, 1282.

§ 7 Strafbare Werbung gemäß §§ 16–19 UWG

Übersicht

417a   Die Regelungen zur strafbaren Werbung hat der Gesetzgeber mit der Novellierung 2008 unverändert gelassen.

A. Strafbare irreführende Werbung gemäß § 16 Abs. 1 UWG

§ 16 Abs. 1 UWG:

(1) Wer in der Absicht, den Anschein eines besonders günstigen Angebots hervorzurufen, in öffentlichen Bekanntmachungen oder in Mitteilungen, die für einen größeren Kreis von Personen bestimmt sind, durch unwahre Angaben irreführend wirbt, wird mit Freiheitsstrafe bis zu zwei Jahren oder mit Geldstrafe bestraft.

418   § 16 Abs. 1 UWG regelt die strafrechtlichen Folgen irreführender Werbung, während sich die zivilrechtlichen Folgen aus §§ 3, 5, 8–10 UWG ergeben. § 16 Abs. 1 UWG schützt alle Marktteilnehmer.[1226]

I. Voraussetzungen

Fall „Blindenware":[1227]

Der seit früher Jugend erblindete Angeklagte stellt in eigener Werkstatt Holzartikel her. Als deren Absatz nahezu unmöglich wird, lässt er in einer Fabrik nach seinen Rezepten Seifen herstellen und fertig verpacken. Die Verpackung jeder Seife trägt das Blindenschutzzeichen des Angeklagten und seinen Namen. In Zeitungsanzeigen wirbt er Vertreter „zum Vertrieb von Blindenerzeugnissen … Blindenwerkstatt T.". Die Vertreter erhalten einen Verkaufsausweis, der bescheinigt „die Erzeugnisse der Blindenwerkstatt T. (Holzwaren) sowie Handelswaren zu verkaufen …". Auf der Rückseite des Ausweises wird das kaufende Publikum gebeten, dem Blinden zu helfen, „indem Sie unsere Waren kaufen".

[1226] Vgl. BGH NJW 2002, 3415 = WRP 2002, 1432 – Strafbare Werbung für Kaffeefahrten.
[1227] BGHSt 4, 44.

1. Objektiver Tatbestand

Der objektive Tatbestand von § 16 Abs. 1 UWG ist erfüllt, wenn die Angabe   **419**
• über geschäftliche Verhältnisse
• in der Öffentlichkeit erfolgt ist und
• die Angaben unwahr *und* zur Irreführung geeignet sind.[1228]

2. Subjektiver Tatbestand

Der Tatbestand enthält zwei subjektive Elemente, nämlich Vorsatz und Absicht. Der Vor-   **420**
satz muss die Unwahrheit der Angaben und deren Eignung zur Irreführung umfassen. Bedingter Vorsatz genügt.[1229] Die von § 16 Abs. 1 UWG geforderte Absicht ist *dolus directus*
ersten Grades.[1230] Die Absicht muss sich nur darauf beziehen, den Anschein eines besonders
günstigen Angebots zu erwecken.[1231] Der Versuch ist nicht strafbar, da § 16 Abs. 1 UWG ein
Vergehen ist.

Zum Fall „Blindenware":

Der BGH stellte fest, dass die Angaben über den Ursprung und die Herstellungsart der   **421**
Waren wissentlich unwahr und zur Irreführung geeignet waren. Auch habe der Angeklagte
durch die Angaben den Anschein erweckt, es handele sich um ein besonders günstiges An-
gebot. Dafür genüge *irgendein* Vorteil, der nicht in der Preisbemessung liegen müsse. Die
Bereitschaft der angesprochen Verkehrskreise, einen hilfsbedürftigen Menschen durch den
Kauf zu unterstützen, sei ein auf dem Gebiet des Ideellen liegender Vorteil.

II. Rechtliche Konsequenzen des Verstoßes gegen § 16 Abs. 1 UWG

Die Tat gemäß § 16 Abs. 1 UWG wird von Amts wegen verfolgt. Daneben können auch   **422**
zivilrechtliche Ansprüche bestehen. So kann nach § 434 Abs. 1 Satz 2 BGB eine irreführende
Werbung auch Gewährleistungsansprüche auslösen und der Vertrag nach § 123 BGB anfechtbar sein. Außerdem gibt § 661a BGB den Anspruch auf Herausgabe eines versproche-
nen Gewinns. Auch der Verbraucher kann Unterlassungs- und Schadensersatzansprüche
nach §§ 1004, 823 II BGB geltend machen, da § 16 Abs. 1 UWG Schutzgesetz im Sinne des
§ 823 Abs. 2 ist.[1232]

UGP-RL konform?

Es ist allerdings fraglich, ob § 16 Abs. 1 UWG mit der UGP-RL zu vereinbaren ist.
Denn § 16 Abs. 1 UWG stellt ein „Per-se-Verbot" dar, das in der „Schwarzen Liste"
keine Entsprechung findet.[1233]

B. Progressive Kundenwerbung gemäß § 16 Abs. 2 UWG

§ 16 Abs. 2 UWG:

(2) Wer es im geschäftlichen Verkehr unternimmt, Verbraucher zur Abnahme von Waren, Dienstleistungen oder Rechten durch das Versprechen zu veranlassen, sie würden entweder von dem Veranstalter selbst oder von einem Dritten besondere Vorteile erlangen, wenn sie andere zum Abschluss
gleichartiger Geschäfte veranlassen, die ihrerseits nach der Art dieser Werbung derartige Vorteile für
eine entsprechende Werbung weiterer Abnehmer erlangen sollen, wird mit Freiheitsstrafe bis zu zwei
Jahren oder mit Geldstrafe bestraft.

[1228] Siehe allgemein zur strafbaren Werbung auch *Alexander* WRP 2004, 407.
[1229] Vgl. Harte-Bavendamm/Henning-Bodewig/*Dreyer* § 16 Rn. 29.
[1230] *Köhler/Bornkamm* § 16 Rn. 17.
[1231] Vgl. *Köhler/Bornkamm* § 16 Rn. 17.
[1232] Vgl. *Köhler/Bornkamm* § 16 Rn. 29.
[1233] *Köhler* WRP 2013, 403 (410).

423   Verboten ist gemäß § 16 Abs. 2 UWG progressive Kundenwerbung. Hierunter ist ua das
so genannte „Schneeballsystem" zu verstehen. Dieses ist dadurch gekennzeichnet, dass der
Veranstalter Laien zum Absatz von Waren einsetzt, indem er ihnen dadurch Vorteile ver-
spricht, dass sie andere Laien finden, die ebenfalls für einen Absatz der Waren sorgen. Gerade diese Kettensysteme verbietet § 16 Abs. 2 UWG. Wer gegen das Verbot vorsätzlich verstößt, macht sich strafbar. Bedingter Vorsatz genügt.[1234] Die Tat wird von Amts wegen
verfolgt. Daneben bestehen die Ansprüche gemäß §§ 8–10 UWG. Ein unter Verstoß gegen
§ 16 Abs. 2 UWG geschlossener Vertrag ist nichtig.[1235] § 16 Abs. 2 UWG ist wie § 16 Abs. 1
UWG Schutzgesetz im Sinne des § 823 Abs. 2 BGB. Schließlich ist auch Nr. 14 des Anhangs
zu § 3 Abs. 3 UWG zu beachten, der ebenfalls ein Verbot progressiver Kundenwerbung enthält.[1236]

UGP-RL konform?

Wie schon zu § 16 Abs. 1 UWG ausgeführt, ist auch fraglich, ob § 16 Abs. 2 UWG
mit der UGP-RL zu vereinbaren ist. Denn auch § 16 Abs. 2 UWG stellt ein „Per-se-
Verbot" dar, das in der „Schwarzen Liste" keine Entsprechung findet.[1237]

C. Geheimnisverrat und Vorlagenveruntreuung gemäß §§ 17, 18 UWG

I. Geheimnisverrat gemäß § 17 UWG

§ 17 UWG:

(1) Wer als eine bei einem Unternehmen beschäftigte Person ein Geschäfts- oder Betriebsgeheimnis, das ihr im Rahmen des Dienstverhältnisses anvertraut worden oder zugänglich geworden
ist, während der Geltungsdauer des Dienstverhältnisses unbefugt an jemand zu Zwecken des
Wettbewerbs, aus Eigennutz, zugunsten eines Dritten oder in der Absicht, dem Inhaber des Unternehmens Schaden zuzufügen, mitteilt, wird mit Freiheitsstrafe bis zu drei Jahren oder mit Geldstrafe
bestraft.

(2) Ebenso wird bestraft, wer zu Zwecken des Wettbewerbs, aus Eigennutz, zugunsten eines Dritten oder in der Absicht, dem Inhaber des Unternehmens Schaden zuzufügen,
1. sich ein Geschäfts- oder Betriebsgeheimnis durch
    a) Anwendung technischer Mittel,
    b) Herstellung einer verkörperten Wiedergabe des Geheimnisses oder
    c) Wegnahme einer Sache, in der das Geheimnis verkörpert ist,
    unbefugt verschafft oder sichert oder
2. ein Geschäfts- oder Betriebsgeheimnis, das er durch eine der in Absatz 1 bezeichneten Mitteilun-
    gen oder durch eine eigene oder fremde Handlung nach Nummer 1 erlangt oder sich sonst unbe-
    fugt verschafft oder gesichert hat, unbefugt verwertet oder jemandem mitteilt.

(3) Der Versuch ist strafbar.

(4) In besonders schweren Fällen ist die Strafe Freiheitsstrafe bis zu fünf Jahren oder Geldstrafe.
Ein besonders schwerer Fall liegt in der Regel vor, wenn der Täter
1. gewerbsmäßig handelt,
2. bei der Mitteilung weiß, dass das Geheimnis im Ausland verwertet werden soll, oder
3. eine Verwertung nach Absatz 2 Nr. 2 im Ausland selbst vornimmt.

(5) Die Tat wird nur auf Antrag verfolgt, es sei denn, dass die Strafverfolgungsbehörde wegen des
besonderen öffentlichen Interesses an der Strafverfolgung ein Einschreiten von Amts wegen für geboten hält.

(6) § 5 Nr. 7 des Strafgesetzbuches gilt entsprechend.

[1234] Vgl. *Köhler/Bornkamm* § 16 Rn. 45.
[1235] BGH NJW 1997, 2314 = WRP 1997, 783 – World Trading System.
[1236] → Rn. 61.
[1237] *Köhler* WRP 2013, 403 (410).

Fall „Kundendatenprogramm":[1238]
Der Geschäftsführer der Beklagten war zuvor für die Klägerin tätig und dort ua mit der Bearbeitung des Kundenverwaltungsprogramms befasst. Die Klägerin behauptet, die Geschäftsführer der Beklagten hätten sich ihre Kundendaten angeeignet und würden systematisch versuchen, die Kunden der Klägerin abzuwerben.

1. Geheimnisverrat durch Beschäftigte (§ 17 Abs. 1 UWG)

a) Objektiver Tatbestand. Der objektive Tatbestand setzt die unbefugte Mitteilung (Ver- 424
rat) einer geheimzuhaltenden Tatsache „an jemanden" voraus. „Jemand" ist jeder, auch jeder Mitarbeiter des Unternehmens, selbst Beauftragte des Inhabers – nicht jedoch der Täter selbst. Nutzt er etwa ein Geheimnis für sich selbst – indem er etwa Waren unter Ausnutzung einer geheimen Verfahrenstechnik herstellt –, ist das nicht gemäß § 17 Abs. 1 UWG strafbar.[1239] Täter kann gemäß § 17 UWG jeder Beschäftigte eines Betriebes sein, der die geheimgehaltene Information im Rahmen seines Dienstverhältnisses erlangt hat.

Typische Merkmale eines „Geheimnisses" sind, dass 425
- es nur einem eng begrenzten Personenkreis bekannt – also vor allem nicht offenkundig – ist,
- die geheimzuhaltende Tatsache zu einem bestimmten Geschäftsbetrieb in Beziehung steht,[1240]
- der Betriebsinhaber einen Geheimhaltungswillen hat, wobei es für den objektiven – wohl aber für den subjektiven – Tatbestand nicht darauf ankommt, ob der Wille des Inhabers auch erkennbar ist,
- der Inhaber ein schutzwürdiges wirtschaftliches Interesse an der Geheimhaltung hat,
- das Geheimnis anderen nicht oder nicht leicht zugänglich ist.

Es kommt allerdings nicht darauf an,
- ob an dem Geheimnis Schutzrechte, zum Beispiel Patente, bestehen,
- ob es sich bei dem Geheimnis um etwas „Neues" handelt,
- ob das Geheimnis für den Inhaber einen großen Wert darstellt oder
- ob das Geheimnis – zum Beispiel ein im Betrieb entwickeltes Verfahren – überhaupt genutzt wird.

Das Geheimnis muss dem Mitteilenden anvertraut oder zugänglich geworden sein – und 426
zwar im Rahmen des Dienstverhältnisses. Es kann deshalb der Verletzer das Geheimnis auch selbst im Rahmen seiner Dienstpflichten begründet haben – etwa weil er ein bestimmtes Verfahren entwickelt hat. Wer nur zufällig von einem Geheimnis Kenntnis erlangt, verrät nur dann kein ihm anvertrautes oder zugänglich gewordenes Geheimnis, wenn er auch ohne das Dienstverhältnis Kenntnis von dem Geheimnis erlangt hätte.[1241]

§ 17 Abs. 1 UWG betrifft nur den Geheimnisverrat während des Bestandes des Dienst- 427
verhältnisses. Hier kommt es auf die *rechtliche* und nicht auf die tatsächliche Dauer des Dienstverhältnisses an.[1242] Erfolgt der Verrat nach Beendigung des Dienstverhältnisses, ist § 17 Abs. 1 UWG nicht mehr anwendbar. Eine Strafbarkeit kann sich dann aus § 17 Abs. 2 UWG ergeben, wenn der Mitteilende die Informationen auf unredliche Weise erlangt hat. Es können aber auch zivilrechtliche Ansprüche aufgrund von Vertragsrecht bestehen – etwa wenn die Weitergabe von Betriebsgeheimnissen auch nach Vertragsbeendigung verboten ist – oder auch gemäß §§ 3, 8–10 UWG bzw. §§ 823, 824, 826 BGB.

b) Subjektiver Tatbestand. Subjektives Tatbestandsmerkmal ist, dass die Mitteilung 428
- zu Zwecken des Wettbewerbs oder

[1238] BGH GRUR 2006, 1044 = NJW 2006, 3424 = WRP 2006, 1511 – Kundendatenprogramm.
[1239] Wohl aber wegen Untreue, § 266 StGB.
[1240] Das können dann an sich bekannte Tatsachen sein, die jedoch in Bezug auf einen Geschäftsbetrieb unbekannt sind, zum Beispiel die Anwendung eines bestimmten, allgemein bekannten Verfahrens zur Herstellung von Produkten.
[1241] Vgl. *Köhler/Bornkamm* § 17 Rn. 13, 15.
[1242] Vgl. *Köhler/Bornkamm* § 17 Rn. 22.

- aus Eigennutz oder
- zugunsten eines Dritten oder
- in Schädigungsabsicht

geschieht. Der Vorsatz muss alle objektiven Tatbestandsmerkmale umfassen. Er setzt also Kenntnis voraus

- vom Bestehen eines Dienstverhältnisses,
- dass die Information geheim ist,
- dass die Information während des Dienstverhältnisses erlangt wurde und
- dass diese Information unbefugt an Dritte weitergegeben wird.

2. Ausspähen von Geschäftsgeheimnissen (§ 17 Abs. 2 Nr. 1 und 2 UWG)

429   a) **§ 17 Abs. 2 Nr. 1 UWG.** Nach § 17 Abs. 2 Nr. 1 UWG wird bestraft, wer sich unbefugt ein Geschäfts- oder Betriebsgeheimnis verschafft, auch ohne, dass das Geheimnis Dritten mitgeteilt wird.

430   b) **§ 17 Abs. 2 Nr. 2 UWG.** Nach § 17 Abs. 2 Nr. 2 UWG wird bestraft die unbefugte Verwertung oder Mitteilung erlangter Geschäfts- oder Betriebsgeheimnisse unabhängig vom Bestand eines Dienstverhältnisses.

Zum Fall „Kundendatenprogramm":

431   Ein Mitarbeiter darf die während der Beschäftigungszeit erworbenen Kenntnisse zwar grds. unbeschränkt verwenden. Das sind aber, so der BGH, nur Informationen, die der Mitarbeiter in seinem Gedächtnis bewahrt. Auf schriftliche Unterlagen, die der Mitarbeiter während der Beschäftigungszeit angefertigt hat, darf er nicht zurückgreifen. Entnimmt der frühere Mitarbeiter solchen Unterlagen Geschäftsgeheimnisse, „verschafft" er sie sich iSv § 17 Abs. 2 Nr. 2 UWG. Bei Kundendaten handelt es sich um ein Geschäftsgeheimnis, da – so der BGH – an die Manifestation des Geheimhaltungswillens keine überzogenen Anforderungen gestellt werden dürfen. Es genügt demnach, wenn sich der Geheimhaltungswille aus der Natur der geheim zu haltenden Tatsache ergibt. Adressenlisten, die jederzeit ohne großen Aufwand aus allgemein zugänglichen Quellen erstellt werden können, wären hingegen keine Geschäftsgeheimnisse.

3. Rechtsfolgen

432   a) **Strafbarkeit.** Für die Strafverfolgung ist ein Strafantrag gemäß § 17 Abs. 5 UWG erforderlich, es sei denn, dass ein besonderes öffentliches Interesse besteht. Der Versuch ist gemäß § 17 Abs. 3 UWG strafbar. Strafbar macht sich als Teilnehmer auch derjenige, der an einer Straftat nach § 17 UWG mitwirkt oder sich zur Mitwirkung anbietet (§ 19 UWG).

Für im Ausland begangene Taten gilt § 17 UWG ebenfalls. § 17 Abs. 6 UWG verweist auf § 5 Nr. 7 StGB. § 5 Nr. 7 StGB bestimmt:

§ 5 Nr. 7 StGB:

Das deutsche Strafrecht gilt, unabhängig vom Recht des Tatorts, für folgende Taten, die im Ausland begangen werden:

...

Nr. 7 Verletzung von Betriebs- oder Geschäftsgeheimnissen eines im räumlichen Geltungsbereich dieses Gesetzes liegenden Betriebs, eines Unternehmens, das dort seinen Sitz hat, oder eines Unternehmens mit Sitz im Ausland, das von einem Unternehmen mit Sitz im räumlichen Geltungsbereich dieses Gesetzes abhängig ist und mit diesem einen Konzern bildet;

...

Trotz des Wortlautes von § 5 Nr. 7 StGB ist auch ein ausländisches Unternehmen durch § 17 UWG geschützt, wenn die Tat im Inland begangen wurde. Das ergibt sich aus dem Grundsatz der Inländergleichbehandlung sowie aus § 9 Abs. 2 S. 2 StGB.[1243]

[1243] § 9 Abs. 2 S. 2 StGB lautet: „Hat der Teilnehmer an einer Auslandstat im Inland gehandelt, so gilt für die Teilnahme das deutsche Strafrecht, auch wenn die Tat nach dem Recht des Tatorts nicht mit Strafe bedroht ist."

b) Zivilrechtliche Ansprüche. Auch ohne ausdrückliche Erwähnung in § 17 UWG kann 433
der unmittelbar Verletzte Ansprüche auf Unterlassung[1244] sowie Ansprüche auf Schadensersatz[1245] geltend machen. Anspruchsgrundlagen sind §§ 1004, 823 Abs. 1, 2, 826 BGB analog
oder – bei Vorliegen einer geschäftlichen Handlung – §§ 3, 8, 9 UWG.

II. Vorlagenveruntreuung gemäß § 18 UWG

§ 18 UWG:

(1) Wer die ihm im geschäftlichen Verkehr anvertrauten Vorlagen oder Vorschriften technischer
Art, insbesondere Zeichnungen, Modelle, Schablonen, Schnitte, Rezepte, zu Zwecken des Wettbewerbs oder aus Eigennutz unbefugt verwertet oder jemandem mitteilt, wird mit Freiheitsstrafe bis zu
zwei Jahren oder mit Geldstrafe bestraft.

(2) Der Versuch ist strafbar.

(3) Die Tat wird nur auf Antrag verfolgt, es sei denn, dass die Strafverfolgungsbehörde wegen des
besonderen öffentlichen Interesses an der Strafverfolgung ein Einschreiten von Amts wegen für geboten hält.

(4) § 5 Nr. 7 des Strafgesetzbuches gilt entsprechend.

§ 18 UWG wurde auf Initiative der Stickerei- und Spitzenindustrie in das (seit 1.10.1909 434
geltende) Gesetz eingefügt, da die Schablonen ohne Genehmigung von Dritten genutzt wurden. Unter „im geschäftlichen Verkehr anvertraute Vorlagen oder Vorschriften technischer
Art" fallen ua Patentbeschreibungen, Möbelzeichnungen, Computerprogramme, wissenschaftliche Arbeiten, Drehbücher oder die treuwidrige Verwertung betrieblichen Knowhows.[1246]
Der Schutz des § 18 UWG ist nicht auf die Dauer eines Vertragsverhältnisses beschränkt.
Der Strafschutz dauert vielmehr so lange, wie das Vertrauensverhältnis besteht. Der Schutz
endet jedenfalls, sobald die Vorlagen oder Vorschriften offenkundig sind.
Gemäß § 18 Abs. 3 UWG ist ein Strafantrag erforderlich, es sei denn, es besteht ein besonderes öffentliches Interesse an der Strafverfolgung. Strafbar machen sich wegen § 19
UWG auch der Anstifter und Beihelfer.

§ 19 UWG:

(1) Wer zu Zwecken des Wettbewerbs oder aus Eigennutz jemanden zu bestimmen versucht, eine
Straftat nach § 17 oder § 18 zu begehen oder zu einer solchen Straftat anzustiften, wird mit Freiheitsstrafe bis zu zwei Jahren oder mit Geldstrafe bestraft.

(2) Ebenso wird bestraft, wer zu Zwecken des Wettbewerbs oder aus Eigennutz sich bereit erklärt
oder das Erbieten eines anderen annimmt oder mit einem anderen verabredet, eine Straftat nach § 17
oder § 18 zu begehen oder zu ihr anzustiften.

(3) § 31 des Strafgesetzbuches gilt entsprechend.

(4) Die Tat wird nur auf Antrag verfolgt, es sei denn, dass die Strafverfolgungsbehörde wegen des
besonderen öffentlichen Interesses an der Strafverfolgung ein Einschreiten von Amts wegen für geboten hält.

(5) § 5 Nummer 7 des Strafgesetzbuches gilt entsprechend.

Wie auch bei § 17 UWG kann der Verletzte Ansprüche auf Unterlassung und Schadensersatz geltend machen.[1247]

[1244] Vgl. *Köhler/Bornkamm* § 17 Rn. 64.
[1245] Vgl. *Köhler/Bornkamm* § 17 Rn. 58 ff.
[1246] Vgl. *Köhler/Bornkamm* § 18 Rn. 9 f.
[1247] → Rn. 432 f.

§ 8 Wettbewerbsrechtliche Nebenregelungen

Übersicht

435   Auch außerhalb des UWG gibt es Normen, die wettbewerbsrechtliche Regelungen beinhalten. In erster Linie beschäftigen sich diese Regelungen mit der Frage, wann für bestimmte

Berufskreise oder Produkte bzw. Dienstleistungen Werbemaßnahmen (un-)zulässig sind. Hierzu gehören die Berufsordnungen für Rechtsanwälte[1248] und für Ärzte,[1249] das Heilmittelwerbegesetz, das Lebensmittel- und Futtermittelgesetzbuch, das Vorläufige Tabakgesetz, die Pkw-Energieverbrauchskennzeichnungsverordnung oder Standesregeln der Werbewirtschaft.

Im Lebensmittelbereich ist noch die sog Health-Claims-VO vom 20.12.2006 von Bedeutung.[1250] Danach sind Nährwert- und gesundheitsbezogene Angaben („reich an Vitaminen", „wenig Fett", „ohne Zucker") in der Werbung und Kennzeichnung von Lebensmitteln, einschließlich Nahrungsergänzungsmittel, nur zulässig, wenn sie durch die Verordnung ausdrücklich zugelassen sind und den von der Europäischen Behörde für Lebensmittelsicherheit (EFSA) entwickelten Nährwertprofilen entsprechen.[1251] Es gilt: „Was nicht erlaubt ist, ist verboten." Eine Angabe, die nicht zugelassen ist, darf daher nicht verwendet werden. Erlaubt ist außerdem nur, was durch anerkannte wissenschaftliche Erkenntnisse nachgewiesen ist.

Auch sonstige allgemeine Gesetze können im Wettbewerb von Bedeutung sein: zum Beispiel die Datenschutzgesetze, das Kunsturhebergesetz wegen des Rechts am eigenen Bild oder strafrechtliche Normen. Einige Regelungen, die auch für das „alltägliche" Wettbewerbsrecht bedeutsam sind, werden nachfolgend vorgestellt.

A. Heilmittelwerbegesetz

§ 1 Heilmittelwerbegesetz[1252] (§ 1 HWG) regelt die Werbung für   **436**
- Arzneimittel iS des § 2 Arzneimittelgesetz,
- Medizinprodukte gemäß § 3 Medizinproduktegesetz,
- andere Mittel, Verfahren, Behandlungen und Gegenstände, soweit sich die Werbeaussage auf die Erkennung, Beseitigung oder Linderung von Krankheiten, Leiden, Körperschäden oder krankhaften Beschwerden bei Mensch oder Tier bezieht sowie operative plastisch-chirurgische Eingriffe, soweit sich die Werbeaussage auf die Veränderung des menschlichen Körpers ohne medizinische Notwendigkeit bezieht.

„Arzneimittel" sind ua Stoffe und Zubereitungen aus Stoffen, die dazu bestimmt sind, **437** Krankheiten zu heilen, zu lindern, zu verhüten oder zu erkennen (§ 2 AMG). „Medizinprodukte" sind ua medizinisch-technische Apparate (§ 3 MPG). Die Intention des Gesetzgebers ist es, Werbung für solche Waren und Dienstleistungen nach Möglichkeit wahr und sachlich zu halten. Der Verbraucher soll nicht durch übertriebene, emotionale Werbung beeinflusst werden. Dabei wird der Werbebegriff umfassend verstanden: So gehört auch der auf einer Verpackung befindliche Text zur Werbung im Sinne des HWG,[1253] nicht jedoch die nach §§ 10, 11 AMG vorgeschriebenen Pflichtangaben in der Packungsbeilage.

Wesentliche Inhalte des HWG werden nachfolgend erläutert.

I. Verbot von Zuwendungen und sonstigen Werbegaben (§ 7 HWG)

§ 7 HWG:
(1) Es ist unzulässig, Zuwendungen und sonstige Werbegaben (Waren oder Leistungen) anzubieten, anzukündigen oder zu gewähren oder als Angehöriger der Fachkreise anzunehmen, es sei denn, dass

---

[1248] Siehe *Köhler/Bornkamm* § 4 Rn. 11.85 ff.
[1249] Siehe *Köhler/Bornkamm* § 4 Rn. 11.105 ff.
[1250] Vgl. dazu etwa *Meisterernst/Haber* WRP 2007, 363.
[1251] http://www.efsa.europa.eu/de/topics/topic/nutrition.htm (abgerufen am 15.8.2013).
[1252] Vom 18.10.1978 (BGBl. I 1677) in der Fassung der Neubekanntmachung vom 19.10.1994 (BGBl. 3068) und der Änderungsgesetze vom 25.10.1994 (BGBl. I 3082), 30.7.2004 (BGBl. I 2031) und 29.8.2005, (BGBl. I 2570). Siehe hierzu auch die Kommentare von zum Beispiel *Doepner,* Heilmittelwerbegesetz, und *Bülow/Ring/Artz/Brixius,* Heilmittelwerbegesetz.
[1253] BGH GRUR 2008, 1014 = WRP 2008, 1335 – Amlodipin.

1. es sich bei den Zuwendungen oder Werbegaben um Gegenstände von geringem Wert, die durch eine dauerhafte und deutlich sichtbare Bezeichnung des Werbenden oder des beworbenen Produktes oder beider gekennzeichnet sind, oder um geringwertige Kleinigkeiten handelt; Zuwendungen oder Werbegaben sind für Arzneimittel unzulässig, soweit sie entgegen den Preisvorschriften gewährt werden, die auf Grund des Arzneimittelgesetzes gelten;

2. die Zuwendungen oder Werbegaben in
   a) einem bestimmten oder auf bestimmte Art zu berechnenden Geldbetrag oder
   b) einer bestimmten oder auf bestimmte Art zu berechnenden Menge gleicher Ware gewährt werden;

   Zuwendungen oder Werbegaben nach Buchstabe a sind für Arzneimittel unzulässig, soweit sie entgegen den Preisvorschriften gewährt werden, die aufgrund des Arzneimittelgesetzes gelten; Buchstabe b gilt nicht für Arzneimittel, deren Abgabe den Apotheken vorbehalten ist;

3. die Zuwendungen oder Werbegaben nur in handelsüblichem Zubehör zur Ware oder in handelsüblichen Nebenleistungen bestehen; als handelsüblich gilt insbesondere eine im Hinblick auf den Wert der Ware oder Leistung angemessene teilweise oder vollständige Erstattung oder Übernahme von Fahrtkosten für Verkehrsmittel des öffentlichen Personennahverkehrs, die im Zusammenhang mit dem Besuch des Geschäftslokals oder des Orts der Erbringung der Leistung aufgewendet werden darf;

4. die Zuwendungen oder Werbegaben in der Erteilung von Auskünften oder Ratschlägen bestehen oder

5. es sich um unentgeltlich an Verbraucherinnen und Verbraucher abzugebende Zeitschriften handelt, die nach ihrer Aufmachung und Ausgestaltung der Kundenwerbung und den Interessen der verteilenden Person dienen, durch einen entsprechenden Aufdruck auf der Titelseite diesen Zweck erkennbar machen und in ihren Herstellungskosten geringwertig sind (Kundenzeitschriften).

(...)

Fall „Barrabatt für Brillenkauf":[1254]

Die Beklagte ist ein bundesweit tätiges Augenoptik-Unternehmen mit vielen Verkaufsniederlassungen. Sie hat auf Brillen mit Kunststoffgläsern einen Rabatt in Höhe des Lebensalters des jeweiligen Kunden gewährt und hierfür ua mit den Angaben: „Bis zu 100 % Rabatt auf Fassung und Gläser!" und „Pro Lebensjahr 1 % Rabatt jetzt auf jede Brille mit A.V .... Kunststoffgläsern" geworben. Der Kläger beanstandet das als wettbewerbswidrig.

438   Nach § 7 Abs. 1 HWG ist es – von den dortigen Ausnahmen der Vorschrift abgesehen – unzulässig, Zuwendungen oder sonstige Werbegaben (Waren oder Leistungen) anzubieten, anzukündigen oder zu gewähren. Der Zweck von § 7 Abs. 1 HWG besteht vor allem darin, durch eine weitgehende Eindämmung der Wertreklame im Arzneimittelbereich der abstrakten Gefahr einer unsachlichen Beeinflussung zu begegnen, die von einer Werbung mit Geschenken ausgehen kann. Mit dem grundsätzlichen Verbot der Wertreklame sollen Verkaufsförderungspraktiken verhindert werden, die geeignet sind, bei den Angehörigen der Gesundheitsberufe ein wirtschaftliches Interesse an der Verschreibung oder Abgabe von Arzneimitteln zu wecken. Gefördert werden soll eine medizinische und pharmazeutische Praxis, die den Berufsregeln entspricht.[1255] Allerdings ist bedeutsam, ob der Zuwendungsempfänger individuell durch die Werbegabe beeinflusst werden kann. Bei der kostenlosen Überlassung von Rätselheften an Apotheker zur Kundenwerbung kommt es deshalb darauf an, ob Apotheker an derartige Werbegaben ohnehin gewöhnt sind – mit der Folge, dass eine individuelle Beeinflussbarkeit zu verneinen ist.[1256] Die Bestimmungen des HWG gelten nur für **Werbung für Heilmittel.** Gemäß § 1 Abs. 1 Nr. 1 und Nr. 1a HWG findet das HWG Anwendung auf die Werbung für Arzneimittel iS des § 2 AMG und für Medizinprodukte iSd § 3 MPG. § 7 HWG lässt letztlich nur „klassische" Werbegeschenke von geringem Wert zu – Kugelschreiber, Einkaufstaschen uÄ, deren werbliche Bedeutung sich vor allem auch durch einen entsprechenden Werbeeindruck erschließt. § 7 Abs. 1 Nr. 1 HWG wurde im

---

[1254] OLG Hamburg GRUR-RR 2005, 397 = BeckRS 2005, 08385.
[1255] BGH I ZR 105/10, Rn. 29 = GRUR 2012, 1279 = BeckRS 2012, 22158 – DAS GROSSE RÄTSELHEFT.
[1256] BGH BeckRS 2012, 22158 Rn. 30.

August 2013 dahingehend ergänzt, dass auch die Preisvorschriften des Arzneimittelgesetzes zu beachten sind. Dies hatte der BGH in mehreren Entscheidungen so nicht gesehen.[1257] Das soll die Neufassung von § 7 Abs. 1 Satz 1 Nr. 1 nun korrigieren.[1258]

Die Ausnahmevorschrift in § 7 Abs. 1 Nr. 2 HWG betrifft nur Fälle der Geld- und Natu- **438a** ralrabatte der pharmazeutischen Unternehmer, Hersteller und Großhändler. Solche Rabatte sind für **apothekenpflichtige** Arzneimittel nur an die in § 47 AMG genannten (fachlichen) Endverbraucher zulässig, also **nicht an die Apothekenkunden.**

Zum Fall „Barrabatt für Brillenkauf":

Das OLG Hamburg hat festgestellt, dass auch die Werbung für Brillen mit geschliffenen **439** Gläsern von § 7 HWG erfasst ist, da die beworbenen Brillen Medizinprodukte seien.[1259] Der in der Internetwerbung angekündigte Altersrabatt für Sehhilfe-Brillen der streitgegenständlichen Art sei ein sog **Barrabatt**. Die Gewährung eines solchen Rabatts sei nach § 7 Abs. 1 HWG **grundsätzlich unzulässig**. Eine Ausnahme greife nicht ein.

II. Werbeverbote für verschreibungspflichtige Arzneimittel, Schlafmittel und beruhigende Arzneimittel (§ 10 HWG)

§ 10 HWG:

(1) Für verschreibungspflichtige Arzneimittel darf nur bei Ärzten, Zahnärzten, Tierärzten, Apothekern und Personen, die mit diesen Arzneimitteln erlaubterweise Handel treiben, geworben werden.

(2) Für Arzneimittel, die psychotrope Wirkstoffe mit der Gefahr der Abhängigkeit enthalten und die dazu bestimmt sind, bei Menschen die Schlaflosigkeit oder psychische Störungen zu beseitigen oder die Stimmungslage zu beeinflussen, darf außerhalb der Fachkreise nicht geworben werden.

§ 10 HWG regelt, dass für verschreibungspflichtige Arzneimittel nur bei Ärzten, Zahnärz- **440** ten, Tierärzten, Apothekern und Personen, die mit diesen Arzneimitteln erlaubterweise Handel treiben, geworben werden darf. Außerhalb dieser Fachkreise darf für Schlafmittel und beruhigende Arzneimittel selbst dann nicht geworben werden, wenn diese nicht verschreibungspflichtig sind.

III. Werbeverbote für nicht verschreibungspflichtige Arzneimittel (§ 12 HWG)

§ 12 HWG:

(1) Außerhalb der Fachkreise darf sich die Werbung für Arzneimittel und Medizinprodukte nicht auf die Erkennung, Verhütung, Beseitigung oder Linderung der in Abschnitt A der Anlage zu diesem Gesetz aufgeführten Krankheiten oder Leiden bei Menschen beziehen, die Werbung für Arzneimittel außerdem nicht auf die Erkennung, Verhütung, Beseitigung oder Linderung der in Abschnitt B dieser Anlage aufgeführten Krankheiten oder Leiden beim Tier. Abschnitt A Nummer 2 der Anlage findet keine Anwendung auf die Werbung für Medizinprodukte.

(2) Die Werbung für andere Mittel, Verfahren, Behandlungen oder Gegenstände außerhalb der Fachkreise darf sich nicht auf die Erkennung, Beseitigung oder Linderung dieser Krankheiten oder Leiden beziehen. Dies gilt nicht für die Werbung für Verfahren oder Behandlungen in Heilbädern, Kurorten und Kuranstalten.

§ 12 HWG soll einer Verleitung zur Selbstbehandlung bestimmter Krankheiten und Leiden **441** entgegenwirken.[1260] Es darf deshalb gemäß § 12 HWG außerhalb der Fachkreise auch für nicht verschreibungspflichtige Arzneimittel nur dann geworben werden, wenn diese nicht der Erkennung, Verhütung, Beseitigung oder Linderung von Krankheiten oder Leiden bei

---

[1257] Etwa BGH I ZR 90/12, wonach für die Einlösung eines Rezeptes Boni im Wert von einem Euro gewährt werden dürfen – und zwar auch pro verschriebenem Medikament.
[1258] BT-Drs. 17/13770, 27 f.
[1259] Siehe dazu auch BGH GRUR 2006, 949 = NJW 2006, 3203 = WRP 2006, 1370 – Kunden werben Kunden.
[1260] Vgl. BGH GRUR 1999, 936 = NJW-RR 1999, 1418 = WRP 1999, 918 – Hypotonietee.

Mensch oder Tier dienen, die in einer Anlage zu § 12 HWG aufgeführt sind. Hierzu gehören ua organische Krankheiten der Augen und Ohren sowie des Nervensystems, Blutkrankheiten (mit Ausnahme der Eisenmangelanämie) oder Geschwüre des Magens und des Darms. Dieses Werbeverbot gilt gemäß § 12 Abs. 2 HWG auch für die in § 1 Abs. 1 Nr. 2 HWG erwähnten anderen Mittel, Verfahren etc. Verboten sind daher zum Beispiel die Aussagen „Beugt Herzinfarkt vor", „Zur Krebsprophylaxe" oder „O.-Kapseln für gesundes Blut". Erlaubt sind beispielsweise die Aussagen „Sie brauchen ein kräftiges Herz (eine gesunde Leber)", „Zur Kräftigung der Nerven" oder „Zur Anregung des Stoffwechsels".[1261] Für die Behandlung in Heilbädern, Kurorten und Kuranstalten gilt das Werbeverbot des § 12 HWG nicht.

IV. Verbotene Werbeinhalte (§ 11 HWG)

Fall „56 Pfund abgenommen":[1262]

Die Klägerin ist ein Verband von Gewerbetreibenden. Die Beklagte vertreibt Diätvorschläge und Rezepte für ein Ernährungsprogramm, das zur Linderung von Übergewicht führen soll. Sie wirbt unter anderem mit der vergleichenden Abbildung einer Frau, die 56 Pfund abgenommen haben soll. Wiedergegeben ist auch der Bericht dieser Frau, wie sie angeblich innerhalb von fünf Monaten 56 Pfund abgenommen hat.

442   Sofern kein absolutes Werbeverbot gemäß §§ 10 und 12 HWG für Werbung außerhalb der Fachkreise besteht, muss die Werbung für Heilmittel den Anforderungen von § 11 HWG genügen. Dort ist geregelt, welchen inhaltlichen Beschränkungen Heilmittelwerbung außerhalb der Fachkreise unterliegt.[1263]

442a   Der EuGH hat in seiner „Gintec"-Entscheidung festgestellt,[1264] dass mit der Richtlinie zur Schaffung eines Gemeinschaftskodexes für Humanarzneimittel[1265] eine vollständige Harmonisierung des Bereiches der Arzneimittelwerbung erfolgt ist. Fälle, in denen die Mitgliedstaaten befugt sind, Bestimmungen zu erlassen, die von der in dieser Richtlinie getroffenen Regelung abweichen, seien dort ausdrücklich aufgeführt. Demnach dürfe etwa ein Mitgliedstaat kein uneingeschränktes und unbedingtes Verbot vorsehen, in der Öffentlichkeitswerbung für Arzneimittelwerbung Äußerungen Dritter zu verwenden, obwohl deren Verwendung nach der Richtlinie nur wegen ihres konkreten Inhalts oder der Eigenschaft ihres Urhebers eingeschränkt werden dürfe. Nach der bis Oktober 2012 geltenden Fassung des HWG war es untersagt, zB Ärzte in der Berufskleidung oder bei der Ausübung Ihrer Tätigkeit dazustellen[1266] oder mit Veröffentlichungen zu werben, die dazu anleiten, bestimmte Krankheiten selbst zu erkennen und mit den in der Werbung bezeichneten Arzneimitteln zu behandeln.

442b   Darauf hat der deutsche Gesetzgeber reagiert. Verboten ist demnach nun die Werbung,[1267]
 • mit Angaben oder Darstellungen, die sich auf eine Empfehlung von Wissenschaftlern, von im Gesundheitswesen tätigen Personen, von im Bereich der Tiergesundheit tätigen Personen oder anderen Personen, die auf Grund ihrer Bekanntheit zum Arzneimittelverbrauch anregen können, beziehen (Nr. 2),
 • mit der Wiedergabe von Krankengeschichten sowie mit Hinweisen darauf, wenn dieses in missbräuchlicher, abstoßender oder irreführender Weise erfolgt oder durch eine ausführliche Beschreibung oder Darstellung zu einer falschen Selbstdiagnose verleiten kann (Nr. 3),

---

[1261] Vgl. *Doepner* HWG § 12 Rn. 20.
[1262] BGH AfP 1981, 343 = GRUR 1981, 435.
[1263] Zu geschönten Kundenbewertungen für Medizinprodukte im Internet → Rn. 134a.
[1264] C-347/05 = GRUR 2008, 267 = BeckRS 2007, 70921.
[1265] Richtlinie 2001/ 83/ EG idF der Richtlinie 2004/27/EG.
[1266] Weiter unzulässig bleibt allerdings die sog „Fremdwerbung" – also etwa die Werbung eines Zahnarztes für eine Zahnpasta: BVerfG 1 BvR 233/10 = GRUR 2011, 838 = NJW 2011, 2636.
[1267] Siehe dazu *Reese* WRP 2013, 283.

- mit einer bildlichen Darstellung, die in missbräuchlicher, abstoßender oder irreführender Weise Veränderungen des menschlichen Körpers auf Grund von Krankheiten oder Schädigungen oder die Wirkung eines Arzneimittels im menschlichen Körper oder in Körperteilen verwendet (Nr. 5),
- mit Werbeaussagen, die nahe legen, dass die Gesundheit durch die Nichtverwendung des Arzneimittels beeinträchtigt oder durch die Verwendung verbessert werden könnte (Nr. 7),
- durch Werbevorträge, mit denen ein Feilbieten oder eine Entgegennahme von Anschriften verbunden ist (Nr. 8),
- mit Veröffentlichungen, deren Werbezweck missverständlich oder nicht deutlich erkennbar ist (Nr. 9),
- mit Äußerungen Dritter, insbesondere mit Dank-, Anerkennungs- oder Empfehlungsschreiben, oder mit Hinweisen auf solche Äußerungen, wenn diese in missbräuchlicher, abstoßender oder irreführender Weise erfolgen (Nr. 11),
- ausschließlich oder überwiegend gegenüber Kindern unter 14 Jahren (Nr. 12),
- mit Preisausschreiben, Verlosungen oder anderen Verfahren, deren Ergebnis vom Zufall abhängig ist, sofern diese Maßnahmen oder Verfahren einer unzweckmäßigen oder übermäßigen Verwendung von Arzneimitteln Vorschub leisten (Nr. 13),
- durch die Abgabe von Mustern oder Proben von Arzneimitteln oder durch Gutscheine dafür (Nr. 14),
- durch die nicht verlangte Abgabe von Mustern oder Proben von anderen Mitteln oder Gegenständen oder durch Gutscheine dafür (Nr. 15).

Die Werbung mit prominenten Personen (Nr. 2) ist wohl aufgrund eines redaktionellen Fehlers des Gesetzgebers lediglich auf den „Arzneimittelverbrauch" bezogen. Da § 11 HWG bußgeldbewehrt ist und in Ordnungswidrigkeiten im Analogieverbot gilt, wird die Auffassung vertreten, dass dieses Verbot auch ausschließlich so zu verstehen ist.[1268] Ein Analogieverbot gilt auch für die in § 11 Abs. 1 Satz 1 Nr. 5 HWG verbotenen bildlichen Darstellungen von Krankheiten, Wirkungen oder Wirkungsvorgängen und für das Verbot mit der Angst (Nr. 7). Neu aufgenommen wurden bei den Tatbeständen in Nr. 3, Nr. 5 und Nr. 11, dass die Darstellung in „missbräuchlicher, abstoßender oder irreführender Weise" erfolgt. „Irreführend" meint eine Irreführung im Sinne des § 5 UWG.[1269] „Abstoßend" bedeutet nicht „ekelhaft", sondern wohl das Verbot, Angstgefühle hervorzurufen, die zu einer unsachgemäßen Selbstmedikation führen können.[1270] „Missbräuchlich" ist eine Darstellung „in übertriebener oder nicht ausgewogener Weise", wenn hierdurch „die konkrete Gefahr einer unsachgemäßen Selbstmedikation hervorgerufen wird".[1271] Da mit der Novellierung vergleichende Darstellungen (vorher – nachher) nunmehr grundsätzlich zulässig sind, hat der Gesetzgeber für operative plastisch-chirurgische Eingriffe eine Einschränkung in § 11 Satz 3 HWG aufgenommen. Demnach darf für operative plastisch-chirurgische Eingriffe nicht mit der Wirkung einer solchen Behandlung durch vergleichende Darstellung des Körperzustandes oder des Aussehens vor und nach dem Eingriff geworben werden. Dies steht mit dem Gemeinschaftsrecht in Einklang.[1272] Erlaubt ist eine sog Imagewerbung, die der Steigerung des Ansehens des Unternehmens dienen soll und von vornherein vom Anwendungsbereich des HWG ausgenommen ist.[1273]

Zum Fall „56 Pfund abgenommen":

Der BGH sah in der Werbung einen Verstoß gegen §§ 1 Abs. 1 Nr. 2, 11 Nr. 3 und 5b **443** HWG aF. Das HWG sei anwendbar, da ein erhebliches Übergewicht als Krankheit anzusehen sei. Dies sei hier gegeben: Wer in fünf Monaten 56 Pfund abnehmen könne, ohne krankhaft dürr geworden zu sein, habe erhebliches Übergewicht gehabt. Deshalb unterliege die Anzeige den Werbebeschränkungen des HWG. Nach der Novellierung von § 11 HWG

1268 *Burk* GRUR 2012, 1197 (1199).
1269 *Reese* WRP 2013, 283 (286).
1270 *Reese* WRP 2013, 283.
1271 *Reese* WRP 2013, 283 (286).
1272 *Reese* WRP 2013, 283 (289).
1273 BGH GRUR 2007, 809 = NJW-RR 2007, 1338 = WRP 2007, 1088 – Krankenhauswerbung.

im Oktober 2012 dürfte die Werbung allerdings zulässig sein: Voraussetzung für eine unzulässige Werbung nach § 11 Nr. 3 und 5 HWG ist eine missbräuchliche, abstoßende oder irreführende Darstellung. Das umfassende Verbot, mit Krankheitsgeschichten und Vorher-nachher-Darstellungen zu werben, ist entfallen.

V. Pflichtangaben (§ 4 HWG)

444   Ist eine Werbung nach dem HWG grundsätzlich zulässig, muss diese die Pflichtangaben gemäß § 4 HWG enthalten, die von den übrigen Werbeaussagen deutlich abgesetzt, abgegrenzt und gut lesbar sein müssen. Das sind bei Arzneimitteln ua
- der Name oder die Firma und der Sitz des pharmazeutischen Unternehmens,
- die Anwendungsgebiete,
- Warnhinweise, soweit sie für die Kennzeichnung der Behältnisse und äußeren Umhüllungen vorgeschrieben sind.

Gemäß § 4 Abs. 5 HWG ist nach einer Werbung in audiovisuellen Medien folgender Text einzublenden, der im Fernsehen vor neutralem Hintergrund gut lesbar wiederzugeben und gleichzeitig zu sprechen ist: „Zu Risiken und Nebenwirkungen lesen Sie die Packungsbeilage und fragen Sie Ihren Arzt oder Apotheker". Bei einer Werbung für Heilwässer tritt an die Stelle der Angabe „die Packungsbeilage" die Angabe „das Etikett" und bei einer Werbung für Tierarzneimittel an die Stelle der Angabe „Ihren Arzt" die Angabe „den Tierarzt" (§ 4 Abs. 3 HWG).

445   Nach § 4 Abs. 6 HWG gelten diese Vorschriften nicht für eine Erinnerungswerbung. Eine Erinnerungswerbung liegt vor, wenn ausschließlich mit der Bezeichnung eines Arzneimittels oder zusätzlich mit dem Namen, der Firma oder der Marke des pharmazeutischen Unternehmers geworben wird. „Erinnerungswerbung" ist Werbung, die auf das Anwendungsgebiet des Arzneimittels *nicht* hinweist.[1274]

VI. Rechtsfolgen bei Verstößen gegen das HWG

1. Ordnungswidrigkeit, Strafbarkeit

446   Verstöße gegen Vorschriften des HWG sind gemäß § 15 HWG Ordnungswidrigkeiten – es sei denn, die Werbung stellt eine irreführende Werbung gemäß § 3 HWG dar. Solche Werbung ist gemäß § 14 HWG strafbar.

§ 3 HWG:

Unzulässig ist eine irreführende Werbung. Eine Irreführung liegt insbesondere dann vor,
1. wenn Arzneimitteln, Verfahren, Behandlungen, Gegenständen oder anderen Mitteln eine therapeutische Wirksamkeit oder Wirkungen beigelegt werden, die sie nicht haben,
2. wenn fälschlich der Eindruck erweckt wird, dass
   a) ein Erfolg mit Sicherheit erwartet werden kann,
   b) bei bestimmungsgemäßem oder längerem Gebrauch keine schädlichen Wirkungen eintreten,
   c) die Werbung nicht zu Zwecken des Wettbewerbs veranstaltet wird,
3. wenn unwahre oder zur Täuschung geeignete Angaben
   a) über die Zusammensetzung oder Beschaffenheit von Arzneimitteln, Gegenständen oder anderen Mitteln oder über die Art und Weise der Verfahren oder Behandlungen oder
   b) über die Person, Vorbildung, Befähigung oder Erfolge des Herstellers, Erfinders oder der für sie tätigen oder tätig gewesenen Personen gemacht werden.

2. Zivilrechtliche Ansprüche

447   Eine nach dem HWG unzulässige Werbung löst die Ansprüche aus, die sich aus §§ 8–10 UWG ergeben, da ein Verstoß gegen das HWG zugleich ein Wettbewerbsverstoß gemäß § 4

[1274] Vgl. OLG Frankfurt a. M. NJWE-WettbR 1997, 198 = WRP 1997, 338.

Nr. 11 UWG ist.[1275] Ist die Werbung irreführend, greift § 5 UWG ein. Bei einem Verstoß gegen Vorschriften des HWG ist die wettbewerbliche Relevanz von § 3 UWG grundsätzlich gegeben.[1276]

> **Praxistipp: Formulierungshilfen**
>
> Jede Werbemaßnahme, die möglicherweise den Anwendungsbereich des HWG berührt, sollte man nach Möglichkeit daraufhin untersuchen, ob man die Anwendbarkeit des HWG durch die *Formulierung der konkreten Werbeaussage* ausschließen kann.

B. Werbung für Lebensmittel und Tabakerzeugnisse

I. Verbot der gesundheitsbezogenen Lebensmittel-Werbung (§§ 11, 12 LFBG)

Das Lebensmittel-, Bedarfsgegenstände- und Futtermittelgesetzbuch(LFBG)[1277] dient ins- **448** besondere dem Schutz vor Täuschung zum Beispiel durch unterlassene oder fehlerhafte Bezeichnungen. Das LFBG ist damit mit der Regelung in § 5 UWG eng verwandt, so dass auch die Grundsätze der §§ 5, 5a UWG entsprechend gelten. Das Gesetz enthält Werbeverbote in §§ 11, 12 LFBG (Lebensmittel), §§ 19, 20 LFBG (Futtermittel), § 27 LFBG (kosmetische Mittel) und § 33 LFBG (Bedarfsgegenstände, zB Spielwaren und Scherzartikel).

§ 11 LFBG:

(1) Es ist verboten, Lebensmittel unter irreführender Bezeichnung, Angabe oder Aufmachung in den Verkehr zu bringen oder für Lebensmittel allgemein oder im Einzelfall mit irreführenden Darstellungen oder sonstigen Aussagen zu werben. Eine Irreführung liegt insbesondere dann vor, wenn
1. bei einem Lebensmittel zur Täuschung geeignete Bezeichnungen, Angaben, Aufmachungen, Darstellungen oder sonstige Aussagen über Eigenschaften, insbesondere über Art, Beschaffenheit, Zusammensetzung, Menge, Haltbarkeit, Ursprung, Herkunft oder Art der Herstellung oder Gewinnung verwendet werden,
2. einem Lebensmittel Wirkungen beigelegt werden, die ihm nach den Erkenntnissen der Wissenschaft nicht zukommen oder die wissenschaftlich nicht hinreichend gesichert sind,
3. zu verstehen gegeben wird, dass ein Lebensmittel besondere Eigenschaften hat, obwohl alle vergleichbaren Lebensmittel dieselben Eigenschaften haben,
4. einem Lebensmittel der Anschein eines Arzneimittels gegeben wird.
(2) (…)

§ 12 LFBG:

(1) Es ist verboten, beim Verkehr mit Lebensmitteln oder in der Werbung für Lebensmittel allgemein oder im Einzelfall
1. Aussagen, die sich auf die Beseitigung, Linderung oder Verhütung von Krankheiten beziehen,
2. Hinweise auf ärztliche Empfehlungen oder ärztliche Gutachten,
3. Krankengeschichten oder Hinweise auf solche,
4. Äußerungen Dritter, insbesondere Dank-, Anerkennungs- oder Empfehlungsschreiben, soweit sie sich auf die Beseitigung oder Linderung von Krankheiten beziehen sowie Hinweise auf solche Äußerungen,
5. bildliche Darstellungen von Personen in der Berufskleidung oder bei der Ausübung der Tätigkeit von Angehörigen der Heilberufe, des Heilgewerbes oder des Arzneimittelhandels,
6. Aussagen, die geeignet sind, Angstgefühle hervorzurufen oder auszunutzen,
7. Schriften oder schriftliche Angaben, die dazu anleiten, Krankheiten mit Lebensmitteln zu behandeln,
zu verwenden.

(2) Die Verbote des Absatzes 1 gelten nicht für die Werbung gegenüber Angehörigen der Heilberufe, des Heilgewerbes oder der Heilhilfsberufe. (…)

[1275] *Köhler/Bornkamm* § 4 Rn. 11.133 ff.
[1276] BGH GRUR 2005, 1067 = NJW 2005, 3376 = WRP 2005, 1519 – Ginseng-Präparate.
[1277] Vom 1.9.2005 (Erstverkündung), BGBl. I 2618.

449   Die Regelungen von § 12 LFBG entsprechen weitgehend den Regelungen des HWG zur Werbung für Heilmittel außerhalb von Fachkreisen. Allerdings sind die für das Heilmittelwerberecht erforderlichen Anpassungen an das EU-Recht nicht auch im LFGB entsprechend geändert worden.[1278]

Fall „Nuss-Nougat-Creme":[1279]

Der Kläger beanstandet eine auf „Nutella"-Gläsern aufgedruckte Nährwerttabelle als irreführend. Im oberen Teil der Tabelle sind die Nährstoffe pro 100 g sowie pro 15 g ausgewiesen und der so genannte „GDA" ebenfalls für 15 g. Der GDA ist – worauf die Tabelle hinweist – der „Richtwert für die Tageszufuhr eines Erwachsenen basierend auf einer Ernährung mit durchschnittlich 2000 Kcal.". Unterhalb dieser Tabelle sind weitere Stoffe aufgeführt – in absoluten Zahlen ausschließlich pro 100 g. Der dazu ausgewiesene „RDA" – das ist der Prozentsatz der empfohlenen Tagesmenge – bezieht sich ebenfalls auf die Menge von 100 g. Ein Hinweis hierauf fehlt allerdings.

[1278] → Rn. 442a ff.
[1279] OLG Frankfurt a. M. 6 U 40/11 = GRUR-Prax 2012, 19 = BeckRS 2012, 26380 = WRP 2012, 228.

Eine gemäß § 11 Abs. 1 S. 1 LFBG verbotene Werbung ist strafbar (§ 59 Abs. 1 Nr. 7   450
LFBG). Verstöße gegen § 12 Abs. 1 LFBG sind gemäß § 60 Abs. 2 Nr. 1 LFBG Ordnungs-
widrigkeiten. Außerdem eröffnen Verstöße gegen § 12 Abs. 1 LFBG die Ansprüche aus § 4
Nr. 11 UWG.[1280]

Zum Fall „Nuss-Nougat-Creme":

Das OLG Frankfurt a. M. ist der Auffassung, dass die Gestaltung des Etiketts irreführend   450a
sei. Der Durchschnittsverbraucher erkenne nur dann, wenn er sich eingehend mit der
Tabelle befasse, dass sich der „RDA" auf die Menge von 100 g und nicht die in der oberen
Tabelle dargestellte „Tagesration" von 15 g bezieht. Dies führe zu einer relevanten Irreführung. Denn ein Lebensmittel, das vermeintlich nur wenig Nährstoffe wie Zucker und Fett,
dafür aber viele Vitamine und Mineralstoffe enthält, werde als besonders wertvoll angesehen.[1281]

II. Verbot der Tabakwerbung

Mit der Verabschiedung des LFBG hat das bisherige Lebensmittel- und Bedarfsgegenstän-   451
degesetz (LMBG) eine neue Funktion erhalten: War dort bislang die Tabakwerbung in § 22
LMBG reglementiert, wurde das LMBG in das „Vorläufige Tabakgesetz" umgetauft. Übrig
geblieben und angepasst sind die Regelungen zu Tabakerzeugnissen. § 22 VorlTabakG (zuvor § 22 LMBG) enthält entsprechende Werbeverbote.

§ 22 VorlTabakG:
   (1) (aufgehoben)
   (2) Es ist verboten, im Verkehr mit Tabakerzeugnissen oder in der Werbung für Tabakerzeugnisse
allgemein oder im Einzelfall
1. Bezeichnungen, Angaben, Aufmachungen, Darstellungen oder sonstige Aussagen zu verwenden,
   a) durch die der Eindruck erweckt wird, dass der Genuss oder die bestimmungsgemäße Verwen-
      dung von Tabakerzeugnissen gesundheitlich unbedenklich oder geeignet ist, die Funktion des
      Körpers, die Leistungsfähigkeit oder das Wohlbefinden günstig zu beeinflussen,
   b) die ihrer Art nach besonders dazu geeignet sind, Jugendliche oder Heranwachsende zum Rau-
      chen zu veranlassen,
   c) die das Inhalieren des Tabakrauchs als nachahmenswert erscheinen lassen;
2. Bezeichnungen oder sonstige Angaben zu verwenden, die darauf hindeuten, dass die Tabakerzeugnisse natürlich oder naturrein seien.
… (Ermächtigungen des Bundesministeriums)

Fall „Unser wichtigstes Cigarettenpapier":[1282]
Die Beklagte – British American Tobacco – vertreibt zahlreiche Tabakerzeugnisse in Deutschland
(ua Lucky Strike). Sie veröffentlicht in der SPD-Zeitung „Vorwärts" die nachfolgende Anzeige.
Der Verbraucherzentrale Bundesverband sieht darin einen Verstoß gegen das Verbot in § 21a
Abs. 3 Satz 1 VorlTabakG, für Tabakerzeugnisse in der Presse oder in einer anderen gedruckten
Veröffentlichung zu werben.

[1280] Vgl. *Köhler/Bornkamm* § 4 Rn. 11.136.
[1281] OLG Frankfurt a. M. 6 U 40/11 Rn. 8 = GRUR-Prax 2012, 19 = BeckRS 2012, 26380 = WRP 2012,
228.
[1282] BGH I ZR 137/09 = GRUR 2011, 631 = NJW-RR 2011, 1130.

452   § 22 VorlTabakG betrifft ausschließlich Werbemaßnahmen außerhalb von Presse, Hörfunk, Fernsehen und Telemedien. In diesen Medien ist nämlich Tabakwerbung gänzlich untersagt: Das Werbeverbot für Tabakerzeugnisse im Hörfunk enthält § 21a Abs. 2 VorlTabakG. Gemäß § 21a Abs. 5 VorlTabakG darf ein Unternehmen, dessen Haupttätigkeit die Herstellung oder der Verkauf von Tabakerzeugnissen ist, auch kein Hörfunkprogramm sponsern. Das Werbeverbot für Tabakerzeugnisse in der Presse oder anderen gedruckten Veröffentlichungen, soweit es sich nicht um Fachzeitschriften für den Tabakhandel handelt, enthält § 21a Abs. 3 VorlTabakG. Die AVMD-Richtlinie verbietet gemäß Art. 9 Abs. 1d „jede Form der audiovisuellen kommerziellen Kommunikation für Zigaretten und andere Tabakerzeugnisse".[1283] Dies betrifft Fernsehen und Telemedien. Die Umsetzung ist in § 21b VorlTabakG erfolgt. Verstöße gegen §§ 21a, 21b und 22 II VorlTabakG sind gemäß § 53 Abs. 2 Nr. 1 bzw. 1a VorlTabakG Ordnungswidrigkeiten. Außerdem eröffnen Verstöße gegen §§ 21a, 21b oder 22 VorlTabakG die Ansprüche aus § 4 Nr. 11 UWG.[1284]

Zum Fall „Unser wichtigstes Cigarettenpapier":

452a   Der BGH sieht in der Imagewerbung eine nach § 21a VorlTabakG unzulässige Werbung. Werbung sei auch eine kommerzielle Kommunikation, die den Verkauf eines Tabakerzeugnisses indirekt fördert.[1285] Eine Werbung, die für mehrere Tabakerzeugnisse wirbt, stelle zwangsläufig auch eine Werbung für jedes einzelne Erzeugnis dar.[1286]

C. Energiebezogene Aussagen

452b   Aufgrund europarechtlicher Vorgaben erhält die Werbung mit energiebezogenen Aussagen eine zunehmende Bedeutung. Gemeint sind hier nicht Aussagen, die irreführend oder sonst unlauter sein können. Vielmehr geht es um gesetzliche Regelungen, die auch in der Werbung bestimmte Angaben zwingend vorschreiben. So sieht die **EU-Reifenlabel-Verordnung** die Kennzeichnung von Reifen im Bezug auf die Kraftstoffeffizienz und andere

---

[1283] Richtlinie über audiovisuelle Mediendienste 2010/13/EU.
[1284] Vgl. *Köhler/Bornkamm* § 4 Rn. 11.136.
[1285] BGH I ZR 137/09 Rn. 17 = GRUR 2011, 631 = NJW-RR 2011, 1130.
[1286] Ebenda, Rn. 16.

wesentliche Parameter vor.[1287] Die Verordnung ist in Deutschland unmittelbar geltendes Recht. Allerdings sind die Hinweispflichten auf das so genannte „technische Werbematerial" beschränkt und betreffen nicht auch die Publikumsmedien. „Technisches Werbematerial" sind gemäß Art. 3 Nr. 4 Reifenlabel-VO „technische Handbücher, Broschüren, Faltblätter und Kataloge" in gedruckter oder elektronischer Form oder als Online-Version, sowie Websites, die der Vermarktung von Reifen an Endnutzer oder Händler dienen und in denen die spezifischen technischen Parameter eines Reifens beschrieben werden. Gemäß Erwägungsgrund 18 der Verordnung gehören zum technischen Werbematerial ausdrücklich nicht Anzeigen auf Plakatwänden, in Zeitungen, Zeitschriften, Radio- oder Fernsehsendungen und diesen ähnlichen Onlineformaten.

Eine für die Auto-Werbung wichtige Regelung enthält die deutsche **PKW-Energieverbrauchskennzeichnungsverordnung** (PKW-EnVKV). Diese dient der Umsetzung der EU-Richtlinie über die Bereitstellung von Verbraucherinformationen über den Kraftstoffverbrauch und CO$_2$-Emissionen beim Marketing für neue Personenkraftwagen.[1288] Gemäß § 5 PKW-EnVKV müssen in „Werbeschriften" Angaben über den offiziellen Kraftstoffverbrauch und die offiziellen spezifischen CO$_2$-Emissionen der betreffenden Modelle neuer Personenkraftwagen enthalten sein. Nicht erfasst wird Werbung im Hörfunk, Fernsehen und in Telemedien. Ein Verstoß gegen § 5 PKW-EnVKV stellt auch einen Verstoß nach §§ 3, 4 Nr. 11 UWG dar.[1289] Soweit die PKW-EnVKV auch die Angabe der Effizienzklasse fordert, ist die Verordnung wohl nichtig.[1290] „Neue" Personenkraftwagen iSd PKW-EnVKV sind PKWs mit einer Kilometerleistung von bis zu 1000 Kilometern.[1291] 452c

Bei reiner Imagewerbung besteht keine Pflicht zur Angabe der Werte.[1292]

Das Energieverbrauchskennzeichnungsgesetz (EnVKG) schließlich enthält in § 3 Anforderungen an Informationen in der Werbung und in sonstigen Werbeinformationen. Das Gesetz setzt europarechtliche Vorgaben um.[1293] Das Gesetz gilt nicht mehr nur für Haushaltsgeräte, sondern allgemein für **„energieverbrauchsrelevante Produkte"**. Das sind auch Produkte, die nicht selbst Energie verbrauchen, aber einen großen Einfluss auf den Energieverbrauch ausüben, wie etwa Fenster. Zu den von den Regelungen zur Energieverbrauchskennzeichnung umfassten Produkten gehören Fernsehgeräte, Haushaltskühl- und Gefriergeräte, Wasch- und Geschirrspülmaschinen, aber auch Lampen und Leuchten. § 3 EnVKG legt fest, dass die Anforderungen einer deutschen Rechtsverordnung oder einer EU-Verordnung an die Werbung zu berücksichtigen sind. § 6a Energieverbrauchskennzeichnungsverordnung legt dazu fest: „Lieferanten und Händler haben sicherzustellen, dass bei der Werbung für ein bestimmtes Produktmodell im Sinne der Anlagen 1 und 2 auf die Energieeffizienzklasse des Produktes hingewiesen wird, sofern in der Werbung Informationen über den Energieverbrauch oder den Preis angegeben werden." Anlagen 1 und 2 beinhalten die jeweils von der Verordnung erfassten Produktgruppen. 452d

D. Informationspflichten bei Verbraucherverträgen und bei Dienstleistungen

Mit zunehmender Entwicklung des Onlinehandels hat die EU zahlreiche Informationspflichten eingeführt. Betrafen diese über viele Jahre hinweg ausschließlich Fernabsatzgeschäfte, ändert sich das zum 13.6.2014. Dann gelten umfassende Informationspflichten aufgrund der Umsetzung der EU-Verbraucherrechterichtlinie,[1294] die ua die EU-Fernabsatz- 453

[1287] Verordnung Nr. 1222/2009 vom 25.11.2009.
[1288] Richtlinie 1999/ 94/ EG vom 13.12.1999.
[1289] → Rn. 211, Stichwort „PKW-Energieverbrauchskennzeichnungsverordnung".
[1290] *Vonoff* InTeR 2013, 21 (23).
[1291] BGH I ZR 190/10 = GRUR 2012, 842 = NJW 2012, 2276 – Neue Personenkraftwagen.
[1292] *Vonoff* InTeR 2013, 21 (25).
[1293] BT-Drs. 17/8427.
[1294] EU-Richtlinie 2011/83/EU.

richtlinie aufhob, in das deutsche Recht. Art. 246 EGBGB wurde entsprechend angepasst. Spezielle Regelungen für Dienstleister enthält die Dienstleistungs-Informationspflichten-Verordnung. Vorsicht ist allerdings bei Regelungen geboten, die vor der UGP-RL in Kraft getreten sind. Nach der Übergangsregelung in Art. 3 Abs. 5 UGP-RL sind Informationspflichten in deutschen Gesetzen daraufhin zu überprüfen, ob sie keine strengeren Vorgaben enthalten als die UGP-RL zulässt. So hat das KG etwa festgestellt, dass § 5 Abs. 1 Nr. 1 TMG vom Unionsrecht abweicht.[1295]

I. Fernabsatzgeschäfte

454   Mit Wirkung zum 1.7.2000 wurde zunächst die EU-Fernabsatzrichtlinie[1296] in deutsches Recht umgesetzt; es trat das Fernabsatzgesetz[1297] in Kraft. Mit der Schuldrechtsreform wurde das Gesetz in das BGB integriert (§§ 312b ff. BGB). Die Regelungen gelten für Fernabsatzverträge. Das sind gemäß § 312b BGB (bzw. § 312c BGB 2014) Verträge, die unter ausschließlicher Verwendung von Fernkommunikationsmitteln abgeschlossen werden. Dazu gehört nicht nur die elektronische Fernkommunikation. Auch Bestellungen per Postkarte (zB mit einem Coupon aus einer Werbeanzeige) sind Fernabsatzgeschäfte.

§ 312c BGB 2014:

(1) Fernabsatzverträge sind Verträge, bei denen der Unternehmer oder eine in seinem Namen oder Auftrag handelnde Person und der Verbraucher für die Vertragsverhandlungen und den Vertragsschluss ausschließlich Fernkommunikationsmittel verwenden, es sei denn, dass der Vertragsschluss nicht im Rahmen eines für den Fernabsatz organisierten Vertriebs- oder Dienstleistungssystems erfolgt.

(2) Fernkommunikationsmittel im Sinne dieses Gesetzes sind alle Kommunikationsmittel, die zur Anbahnung oder zum Abschluss eines Vertrags eingesetzt werden können, ohne dass die Vertragsparteien gleichzeitig körperlich anwesend sind, wie Briefe, Kataloge, Telefonanrufe, Telekopien, E-Mails, über den Mobilfunkdienst versendete Nachrichten (SMS) sowie Rundfunk und Telemedien.[1298]

II. Informationspflichten des Unternehmers bei Verbraucherverträgen

455   Bis 12.6.2014 regelt Art. 246 BGB ausschließlich die Informationspflichten bei Fernabsatzgeschäften. Ab 13.6.2014 muss der Unternehmer – sofern sich die Informationen nicht aus den Umständen ergeben und es nicht um Geschäfte des täglichen Lebens geht – dem Verbraucher vor Abgabe von dessen Vertragserklärung folgende Informationen „in klarer und verständlicher Weise" zur Verfügung stellen:
- die wesentlichen Eigenschaften der Waren oder Dienstleistungen im „angemessenen Umfang" (Nr. 1),
- seine Identität, seine Anschrift und Telefonnummer (Nr. 2),
- den Gesamtpreis der Waren oder Dienstleistungen, ggf. die Art der Preisberechnung und sonstige Kosten, wie etwa Versandkosten (Nr. 3),
- Zahlungs- und Lieferbedingungen sowie „das Verfahren des Unternehmers zum Umgang mit Beschwerden" (Nr. 4),
- Informationen zum gesetzlichen Mängelhaftungsrecht sowie zu etwaigen Bedingungen von Kundendienstleistungen und Garantien (Nr. 5),
- ggf. die Laufzeit des Vertrages und Kündigungsbedingungen (Nr. 6),

---

[1295] Az. 5 W 204/12 = GRUR-RR 2013, 123 = WRP 2013, 109.
[1296] Richtlinie 97/7/EG vom 20.5.1997, ABl. L 144, 19.
[1297] BGBl. 2000 I 897.
[1298] Zur früher relevanten Unterscheidung von Tele- und Mediendiensten siehe § 2 TDG (jetzt: Telemediengesetz) und § 2 MDStV (aufgehoben). Nunmehr gibt es einheitlich „Telemedien", die in dem Telemediengesetz geregelt sind. Ergänzende Regelungen enthält der Rundfunkstaatsvertrag in §§ 54 ff. RStV.

- ggf. die Funktionsweise digitaler Inhalte und etwaiger Schutzmechanismen (Nr. 7),
- etwaige Inkompatibilitäten von Hard- und Software, soweit dem Unternehmer derartige Beschränkungen bekannt sind oder bekannt sein müssen (Nr. 8),

sowie

- besondere Informationen, wenn ein Widerrufsrecht besteht (Art. 246 Abs. 3 EGBGB).

§ 312a BGB 2014 enthält die Pflicht des Unternehmers, bei einem Anruf zu Beginn 456
des Telefonats seine Identität offenzulegen. Gem. § 312f BGB 2014 ist der Unternehmer
verpflichtet, dem Verbraucher schriftlich den Vertrag zu bestätigen. § 312j BGB 2014
sieht vor, dass der Unternehmer auf Webseiten für den elektronischen Geschäftsverkehr
auf Lieferbeschränkungen hinweisen und angeben muss, welche Zahlungsmittel akzeptiert
werden.

Art. 246a ff. EGBGB enthalten weitere Informationspflichten für Fernabsatzverträge[1299], 457
für Verträge, die außerhalb von Geschäftsräumen geschlossen werden sowie für Darlehens-
verträge und Verträge zur Erbringung von Zahlungsdienstleitungen. Besondere Informationspflichten bei Verträgen speziell im elektronischen Geschäftsverkehr enthält schließlich
Art. 246c EGBGB.

III. Informationspflichten bei Dienstleistungen

Vergleichbare Regelungen wie in Art. 246 § 1 EGBGB enthält die Dienstleistungs- 457a
Informationspflichten-Verordnung (DL-InfoV). Diese Verordnung setzt die EU-Richtlinie
über Dienstleitungen im Binnenmarkt um.[1300] Sie gilt für in der EU niedergelassene natürliche und juristische Personen[1301], die Dienstleitungen erbringen. Entsprechend Art. 2 Abs. 2
Dienstleistungs-RL findet die deutsche DL-InfoV auf bestimmte Dienstleistungen keine Anwendung. Dazu gehören Finanz- und Gesundheitsdienstleistungen, Anbieter audiovisueller
Dienste, Glücksspiele, soziale Dienstleistungen, private Sicherheitsdienste und Notare. Welche Informationen stets zur Verfügung zu stellen sind, regelt § 2 DL-InfoV. Das sind ua
Name und Rechtsform sowie Anschrift, ggf. die Erlaubnis- oder Zulassungsbehörde, allgemeine Geschäftsbedingungen, Informationen über das anwendbare Recht und den Gerichtsstand und die wesentlichen Merkmale der Dienstleistung, „soweit sich diese nicht bereits
aus dem Zusammenhang ergeben".

Diese Informationen muss der Dienstleistungserbringer dem Dienstleistungsempfänger
entweder „von sich aus" mitteilen, dem Kunden – ggf. elektronisch – zugänglich machen
oder in „ausführlichen Informationsunterlagen über die angebotene Dienstleistung" aufnehmen.

§ 3 DL-InfoV bestimmt, dass auf Anfrage weitere Informationen zur Verfügung zu stellen
sind, zB zu berufsrechtlichen Regelungen oder anwendbaren Verhaltenskodizes. Gem. § 4
DL-InfoVO ist der Preis mitzuteilen oder – wenn er nicht im Vorhinein festgelegt werden
kann – zumindest dessen Berechnungsgrundlage oder es ist ein Kostenvoranschlag zu er-
stellen.

IV. Rechtsfolgen

Die Regelungen zum Fernabsatz sowie die DL-InfoV gehören zu den Normen mit Markt- 458
bezug gemäß § 4 Nr. 11 UWG, da sie vor allem dem Schutz des Verbrauchers dienen.[1302]
Demnach ist ein Verstoß gegen die Bestimmungen über den Fernabsatz regelmäßig unlau-

---

[1299] Siehe zur Impressumpflicht gemäß § 5 TMG auch den Leitfaden des Bundesministeriums der Justiz
www.bmj.de/musterimpressum (abgerufen am 14.9.2013).
[1300] Richtlinie 2006/123/EG.
[1301] Art. 4 Nr. 2 Dienstleistungs-RL.
[1302] Vgl. *Köhler/Bornkamm* § 4 Rn. 11.163.

ter.[1303] Das gilt auch für die DL-InfoV.[1304] § 6 DL-InfoV enthält zudem Bestimmungen, wonach Verstöße gegen die DL-InfoV eine Ordnungswidrigkeit darstellen.

E. Preisangabenverordnung

Fall „Aktivierungskosten":[1305]
Die Parteien sind Wettbewerber im Handel mit Geräten der Unterhaltungselektronik und der Telekommunikation. Die Beklagte bewirbt ein *Handy*. Ein Sternchenhinweis bei der Preisangabe klärt auf, dass dieser Preis nur in Verbindung mit der Freischaltung eines 12-monatigen Netzkartenvertrages gilt. Gegenstand der Anzeige ist auch eine Tabelle, aus der sich die monatliche Grundgebühr, die Gesprächsgebühren und weitere Einzelheiten des Tarifs entnehmen lassen – unter anderem Kosten, die bei der Aktivierung des Handys anfallen.

I. Grundtatbestand des § 1 PAngV

459   Die Preisangabenverordnung (PAngV) hat das Bundesministerium für Wirtschaft auf der Grundlage des Gesetzes zur Regelung der Preisangaben[1306] erlassen. Wesentlicher Bestandteil der PAngV ist die Verpflichtung zur Preisangabe, um Preiswahrheit und Preisklarheit zu gewährleisten.[1307] Ausnahmen enthält § 9 PAngV.

§ 1 Abs. 1 PAngV:
(1) Wer Letztverbrauchern gewerbs- oder geschäftsmäßig oder regelmäßig in sonstiger Weise Waren oder Leistungen anbietet oder als Anbieter von Waren oder Leistungen gegenüber Letztverbrauchern unter Angabe von Preisen wirbt, hat die Preise anzugeben, die einschließlich der Umsatzsteuer und sonstiger Preisbestandteile unabhängig von einer Rabattgewährung zu zahlen sind (Gesamtpreise). Soweit es der allgemeinen Verkehrsauffassung entspricht, sind auch die Verkaufs- oder Leistungseinheit und die Gütebezeichnung anzugeben, auf die sich die Preise beziehen. Auf die Bereitschaft, über den angegebenen Preis zu verhandeln, kann hingewiesen werden, soweit es der allgemeinen Verkehrsauffassung entspricht und Rechtsvorschriften nicht entgegenstehen.
(...)

UGP-RL konform?
Vorschriften der PAngV, die strenger sind als die Regelungen der UGP-RL, konnten aufgrund der Übergangsregelung in § 3 Abs. 5 Satz 1 UGP-RL nur für eine Dauer von sechs Jahren ab 12.6.2007 angewandt werden. Die Bestimmungen der PAngV sind also seit 13.6.2013 daraufhin zu prüfen, ob sie noch richtlinienkonform sind.[1308] Entsprechen sie nicht den UGP-Vorgaben, dürfen diese Regelungen nicht mehr angewandt werden – und zwar unabhängig davon, ob sie der deutsche Gesetzgeber aufhebt.[1309]

1. Anwendungsbereich

460   **a) Letztverbraucher.** Die PAngV betrifft Angebote gegenüber dem Letztverbraucher. Das sind Endverbraucher, die die Waren bzw. Leistungen selbst nutzen. Damit sind nicht nur die

---

[1303] Vgl. OLG Frankfurt a. M. MDR 2001, 744.
[1304] Zu § 2 Abs. 1 Nr. 11 DL-InfoV OLG Hamm 4 U 159/12 = GRUR-RR 2013, 339 = NJW-RR 2013, 1054.
[1305] BGH I ZR 107/97 = WRP 1999, 512.
[1306] BGBl. 1984 I 1429.
[1307] Vgl. *Köhler/Bornkamm* PAngV Vorb. Rn. 2.
[1308] *Köhler/Bornkamm* Vorb. PAngV Rn. 16a f. und *Köhler* WRP 2013, 723. Siehe auch in Erwiderung zu *Köhler: Alexander* WRP 2013, 1561.
[1309] → Rn. 8d.

privaten, sondern auch die gewerblichen Letztverbraucher gemeint – also auch diejenigen, die Waren für ihren eigenen Betrieb erwerben. Die PAngV ist nur auf den geschäftlichen Verkehr anwendbar.[1310] Rein private Handlungen sind nicht erfasst.[1311]

b) Waren und Leistungen. Die PAngV gilt für Waren und Leistungen. Waren sind beweg-   461
liche und unbewegliche Sachen.[1312] Bietet jemand geschäftsmäßig Waren oder Leistungen an, ist der Endpreis einschließlich Umsatzsteuer anzugeben.

c) Anbieter und Werbende. Verpflichtet zur Preisangabe sind Anbieter und Werbende. Die   462
Verpflichtung erstreckt sich auch auf Makler und sonstige Vermittler.[1313] Es besteht keine Verpflichtung, in der Werbung Preise anzugeben. Gibt sie der Werbende jedoch an, müssen es die Endpreise im Sinne der PAngV sein.[1314] Hersteller, Importeure und Großhandelsunternehmen sind von der Preisangabepflicht gemäß § 9 Abs. 1 Nr. 1 PAngV freigestellt, wenn sie sich auf ihre Großhandelstätigkeit beschränken. Das bedeutet auch, dass der Großhandel weder privaten Letztverbrauchern Zutritt zu den Verkaufsräumen gewähren[1315] noch diesen Werbekataloge übersenden darf.[1316] Problematisch ist das vor allem bei Internet-Angeboten, die von jedem Nutzer eingesehen werden können. Diese müssen dann nicht nur darauf hinweisen, dass kein Verkauf an den Letztverbraucher erfolgt. Es muss der Anbieter diese Ankündigung auch – etwa durch entsprechende Kontrollen – einhalten.[1317]

Praxistipp: Internet-Angebote von Großhändlern

Um einen Konflikt mit der PAngV zu vermeiden, empfiehlt es sich,
* *entweder* bei den Preisen zwischen privaten und gewerblichen Kunden zu unterscheiden[1318]
* *oder* (1) deutlich darauf hinzuweisen, dass sich das Angebot nicht an private Letztverbraucher richtet **und** – da der Hinweis allein nach bisheriger Rechtsprechung nicht genügt[1319] – (2) den Endpreis (inklusive Umsatzsteuer) *zusätzlich* auszuweisen *oder* durch eine einfache Bedienerführung die Anzeige des Endpreises (zum Beispiel einen *Button* „Endpreis anzeigen") zu ermöglichen.

---

d) Anbieten und Werben. „Angebot" gemäß § 1 Abs. 1 PAngV ist nicht nur ein Angebot   463
gemäß § 145 BGB, sondern jede Erklärung, die der Verkehr als Angebot versteht.[1320] Der Unterschied zwischen „Angebot" und „Werbung" im Sinne von § 1 PAngV besteht darin, dass die Ankündigung nach Auffassung des Verkehrs einen Vertragsschluss ohne weiteres zulässt.[1321] Auf die Unterscheidung zwischen Angebot gemäß § 145 BGB und *invitatio ad offerendum* kommt es demnach nicht an.[1322] Deshalb stellt der Katalog eines Warenversandunternehmens bereits ein Angebot gemäß § 1 Abs. 1 PAngV dar, während Werbeanzeigen für Neuwagen oder Immobilien Werbung sind, da der Vertragsschluss noch weitere Angaben und Verhandlungen erfordert.[1323]

[1310] Dieses Tatbestandsmerkmal entspricht weitgehend der geschäftlichen Handlung gemäß § 2 Abs. 1 Nr. 1 UWG; vgl. *Köhler/Bornkamm* PAngV Vorb. Rn. 13.
[1311] Vgl. *Köhler/Bornkamm* PAngV Vorb. Rn. 19.
[1312] Vgl. *Köhler/Bornkamm* PAngV § 1 Rn. 4.
[1313] Vgl. *Köhler/Bornkamm* PAngV Vorb. Rn. 17.
[1314] *Köhler/Bornkamm* PAngV § 1 Rn. 6.
[1315] Hier gibt es eine Toleranzgrenze für „Ausreißer", die bei etwa zehn Prozent des Umsatzes liegt, Piper/Ohly/*Sosnitza* PAngV § 1 Rn. 13.
[1316] Vgl. Piper/Ohly/*Sosnitza* PAngV § 9 Rn. 5.
[1317] Vgl. BGH GRUR 2006, 513 = NJW 2006, 2630 = WRP 2006, 736 = Arzneimittelwerbung im Internet.
[1318] Zulässig nach OLG Karlsruhe CR 1998, 361.
[1319] BGH GRUR 1979, 61 = WRP 1978, 877 – Schäfer Shop.
[1320] *Köhler/Bornkamm* PAngV § 1 Rn. 5.
[1321] BGH GRUR 1983, 661 (662) = NJW 1980, 2388 = WRP 1980, 328 – Sie sparen DM 4.000,–.
[1322] Vgl. Piper/Ohly/*Sosnitza* PAngV § 1 Rn. 15.
[1323] Vgl. BGH GRUR 1980, 304 = NJW 1980, 2388 = WRP 1980, 328 – Effektiver Jahreszins und BGH GRUR 1983, 661 = NJW 1983, 2703 = WRP 1983, 559 – Sie sparen DM 4.000,–; vgl. auch *Köhler/Bornkamm* PAngV § 1 Rn. 6.

UGP-RL konform?

„Anbieten" und „Werben unter Angabe von Preisen" ist – bezogen auf (Dienst-)Leistungen – als „Aufforderung zum Kauf" Art. 2i UGP-RL auszulegen.[1324]

---

2. Preisangaben

464   Es ist der Brutto-Endpreis anzugeben, der unabhängig von einer Rabattgewährung zu bezahlen ist.[1325] Das ist der Preis, der „einschließlich der Umsatzsteuer und sonstiger Preisbestandteile unabhängig von einer Rabattgewährung zu zahlen" ist (§ 1 Abs. 1 S. 1 PAngV).

Unzulässig sind nach § 1 PAngV in der Regel Zirka-Preise,[1326] Margenpreise („von ... bis"-Preise, „ab ..."-Preise). Letztere sind dann jedoch gestattet, wenn ein Angebot aus unterschiedlicher Waren – zum Beispiel Waren unterschiedlicher Größe oder unterschiedlichen Gewichts – besteht (zum Beispiel: „Fotos schon ab 9 Pfennige" bei unterschiedlichen Formaten für Fotoabzüge).[1327] Versandkosten müssen dann nicht eingerechnet werden, wenn für den Verkehr feststeht, dass diese zusätzlich anfallen. Beim Versandhandel – ausgenommen Fernabsatzgeschäfte (§ 1 Abs. 2 S. 1 Nr. 2 PAngV) – fallen die Versandkosten zudem für die Sendung und nicht für die Ware an.[1328]

Der Endpreis ist unabhängig von einer Rabattgewährung anzugeben. Allerdings kann man auf einen Nachlass verweisen oder Bereitschaft zu Verhandlungen (etwa durch den Zusatz „VB" für „Verhandlungsbasis") anzeigen (§ 1 Abs. 1 S. 3 PAngV).[1329] Zulässig wäre demnach die Angabe des Endpreises mit dem Hinweis „10 Prozent für alle Geburtstagskinder". Der Verkehr erkennt dann, dass es sich bei dem angegebenen Endpreis um den Normalpreis im Sinne von § 1 PAngV handelt, während von dem Nachlass nur eine bestimmte Käufergruppe – nämlich die, die am Tag des Kaufes Geburtstag hat – profitiert. Auch der Hinweis „10 Prozent auf alle Hemden ab Größe 52" ist nach § 9 Abs. 2 PAngV möglich, wenn es sich um einen zeitlich begrenzten Nachlass handelt, der durch Werbung (möglich sind auch Tafeln im Geschäft) bekannt gemacht ist.

UGP-RL konform?

Die Einschränkung, dass auf die Verhandlungsbereitschaft nur hingewiesen werden darf, „soweit es der allgemeinen Verkehrsauffassung entspricht", geht wohl über die Vorgaben der UGP-RL hinaus.[1330]

---

465   Die Preise sind gemäß § 1 Abs. 1 S. 2 PAngV nach Verkaufs- und Leistungseinheiten sowie mit Gütebezeichnungen anzugeben, wenn dies der „allgemeinen Verkehrsauffassung" entspricht (sog „Grundpreise"). Die Verpflichtung gilt erst recht, wenn es gesetzlich ausdrücklich vorgeschrieben ist.[1331] Verkaufseinheiten sind gemäß § 2 Abs. 3 PAngV zum Beispiel Gewichts- oder Größenangaben (kg, g, m, cm). Leistungseinheiten sind etwa Kilo-

---

[1324] *Köhler/Bornkamm* PAngV § 1 Rn. 1d.
[1325] Piper/Ohly/*Sosnitza* PAngV § 1 Rn. 23.
[1326] BGH GRUR 1991, 685 = NJW-RR 1991, 1192 = WRP 1991, 578 – Zirka-Preisangabe.
[1327] Vgl. Piper/Ohly/*Sosnitza* PAngV § 1 Rn. 30; BGH GRUR 1991, 847 = NJW-RR 1991, 1511 = WRP 1991, 759 – Kilopreise II und BGH GRUR 2001, 1166 = NJW-RR 2001, 1693 = WRP 2001, 1301 – Fernflugpreise.
[1328] Vgl. Piper/Ohly/*Sosnitza* PAngV § 1 Rn. 33.
[1329] Vgl. *Köhler/Bornkamm* PAngV § 1 Rn. 23.
[1330] Vgl. „Informationsdienste der Wettbewerbszentrale", Sommerakademie 2013, S. 17.
[1331] Das ist zum Beispiel die Nährwert-Kennzeichnungsverordnung (BGBl. 1994 I 3526) in der Fassung vom 22.2.2006 (BGBl. I 444), vgl. auch Piper/Ohly/*Sosnitza* PAngV § 1 Rn. 39.

wattstunden.[1332] Weitere Regelungen zu den Preisangaben enthalten § 2 PAngV (Grundpreis) und § 3 PAngV (Elektrizität, Gas, Fernwärme und Wasser).

Es kommt nicht darauf an, ob der Verbraucher alle Angaben mitgeteilt bekommt, um den **466** Endpreis selbst errechnen zu können.[1333] Dazu gehört zum Beispiel beim Verkauf von Brillen an Mitglieder einer gesetzlichen Krankenkasse auch der Krankenkassenanteil.[1334] Die Preise für Angebote auf dem deutschen Markt sind in Euro anzugeben.[1335]

II. Weitere Regelungen der PAngV

1. Fernabsatzgeschäfte

Bei Fernabsatzgeschäften ist ua gemäß § 1 Abs. 2 Satz 1 Nr. 1 PAngV anzugeben, dass die **467** Preise die Umsatzsteuer bereits beinhalten und (§ 1 Abs. 2 Satz 1 Nr. 2 PAngV) ob zusätzliche Liefer- und Versandkosten anfallen. Die Umsatzsteuer muss nicht direkt neben dem angegebenen Preis stehen. Es genügt ein Sternchenhinweis.[1336] Die Angaben zur Umsatzsteuer und Versandkosten können dann auch auf einer gesonderten Seite stehen.[1337]

UGP-RL konform?

Soweit nach deutschem Recht zu den Fernabsatzverträgen nicht nur der elektronische Geschäftsverkehr, sondern zB auch per Brief geschlossene Verträge gehören, ist diese Regelung wohl seit dem 13.6.2013 nicht mehr anwendbar.[1338]

Für Reiseveranstalter enthält die im Übrigen aufgehobene BGB-InfoV in §§ 4 ff. noch **467a** Vorschriften zu Prospektangaben. Dazu gehören nicht nur Einzelheiten der Reise, sondern auch der Reisepreis. Gemäß § 4 Abs. 2 Satz 1 BGB-InfoV sind die in dem Prospekt enthaltenen Angaben für den Reiseveranstalter bindend, wenn er sich nicht (Satz 2) eine Änderung vorbehalten hat. Der Vorbehalt einer Preisänderung ist allerdings auch nicht unbeschränkt zulässig, wie § 4 Abs. 2 Satz 3 BGB-InfoV zeigt. Für zulässig hielt der BGH ein „tagesaktuelles Preissystem", bei dem sich der Reiseveranstalter in einem Prospekt für die Zeit bis zur Buchung Flughafenzu- und -abschläge von bis zu 50 Euro je Flugstrecke vorbehielt. Der Vorbehalt gemäß § 4 Abs. 2 Satz 2 und 3 BGB-InfoV ermögliche dem Reiseveranstalter bei katalogbasierten Angeboten eine größere Preisflexibilität. Die vorbehaltene Preisänderung sei zudem der Höhe nach beschränkt gewesen und habe sich konkret auf Flughafenzu- und -abschläge bezogen. Für den BGH wurde damit mit ausreichender Deutlichkeit darauf hingewiesen, dass sich die endgültigen Preise in diesem Rahmen noch vor der Buchung ändern können.[1339]

[1332] Zur Zulässigkeit von „PS"-Angaben siehe BGH GRUR 1993, 679 = NJW 1993, 1993 = WRP 1994, 167 – PS-Werbung I (Werbung allein mit PS-Angaben verstößt gegen § 1 Abs. 1 MaßeinhG iVm § 3 EinhV und ist sittenwidrig gemäß § 1 UWG 1909) und BGH GRUR 1994, 220 = NJW 1994, 456 = WRP 1994, 104 – PS-Werbung II (Sind PS und kw gleichwertig genannt, sind § 1 Abs. 1 MaßeinhG iVm § 3 EinhV zwar verletzt, die eine Hervorhebung der kw-Angaben verlangen. Ein Verstoß gegen § 1 UWG 1909 liegt allerdings nicht vor).

[1333] Vgl. BGH GRUR 1983, 665 = NJW 1983, 2707 = WRP 1983, 674 – qm-Preisangaben I und BGH GRUR 2001, 1166 = NJW-RR 2001, 1693 = WRP 2001, 1301 – Fernflugpreise.

[1334] BGH NJW-RR 1989, 101 – Brillenpreise I und BGH GRUR 1997, 767 = NJW-RR 1997, 1133 = WRP 1997, 735 – Brillenpreise II.

[1335] Piper/Ohly/*Sosnitza* PAngV § 1 Rn. 38.

[1336] BGH GRUR 2008, 532 = NJW 2008, 1595 = WRP 2008, 782 – Umsatzsteuerhinweis.

[1337] BGH GRUR 2008, 84 = NJW 2008, 1384 = WRP 2008, 98 – Versandkosten.

[1338] Vgl. „Informationsdienste der Wettbewerbszentrale", Sommerakademie 2013, S. 17; aA *Köhler/Bornkamm* PAngV § 1 Rn. 24 und *Köhler* WRP 2013, 723 (726). Differenziert *Alexander* WRP 2013, 1565.

[1339] BGH I ZR 23/08 = GRUR 2010, 652 = NJW 2010, 2521 – Costa del Sol.

2. Ausstellung von Waren in Schaufenstern ua

468   Gemäß § 4 Abs. 1 PAngV sind Waren, die in Schaufenstern, Schaukästen innerhalb oder außerhalb des Verkaufsraumes auf Verkaufsständen oder in sonstiger Weise sichtbar ausgestellt werden, und Waren, die vom Verbraucher unmittelbar entnommen werden können, durch Preisschilder oder Beschriftung der Ware auszuzeichnen.

UGP-RL konform?

§ 4 PAngV ist strenger als es Art. 7 Abs. 2, 4c UGP-RL vorschreibt und ist daher seit 13.6.2013 nicht mehr anwendbar.[1340]

Für die Betreiber von Tankstellen gilt § 8 Abs. 1 PAngV.

UGP-RL konform?

§ 8 Abs. 1 PAngV fällt nicht unter Art. 3 Abs. 5 UGP-RL und ist daher weiter anwendbar.[1341]

---

3. Leistungen

469   Wer Leistungen anbietet, muss gemäß § 5 Abs. 1 PAngV ein Preisverzeichnis mit den Preisen für seine wesentlichen Leistungen aufstellen. Das Verzeichnis muss „am Ort des Leistungsangebots" gut einsehbar – zum Beispiel im Schaufenster oder Schaukasten – angebracht sein. Ort des Leistungsangebots ist auch die Bildschirmanzeige. Demnach bestimmt § 5 Abs. 1 PAngV weiter: „Wird eine Leistung über Bildschirmanzeige erbracht und nach Einheiten berechnet, ist eine gesonderte Anzeige über den Preis der fortlaufenden Nutzung unentgeltlich anzubieten."

UGP-RL konform?

§ 5 PAngV ist strenger als es Art. 7 Abs. 4c UGP-RL vorschreibt und ist daher seit 13.6.2013 nicht mehr anwendbar.[1342]

Für Gaststätten und das Beherbergungsgewerbe sieht § 7 PAngV entsprechende Regelungen vor. Für die Vermietung von Parkplätzen für eine Dauer von weniger als einem Monat, müssen die Anforderungen von § 8 Abs. 2 PAngV erfüllt sein – soweit sie mit Unionsrecht zu vereinbaren sind.[1343]

4. Kredite

470   Für Kredite enthält § 6 PAngV eine spezielle Regelung. Für Verbraucherdarlehensverträge gelten außerdem §§ 491 ff. BGB

[1340] *Köhler/Bornkamm* PAngV § 4 Rn. 4; vgl. „Informationsdienste der Wettbewerbszentrale", Sommerakademie 2013, S. 18 f.
[1341] *Köhler* WRP 2013, 723 (727).
[1342] *Köhler/Bornkamm* PAngV § 5 Rn. 2; vgl. „Informationsdienste der Wettbewerbszentrale", Sommerakademie 2013, S. 19. Differenziert *Alexander* WRP 2013, 1567.
[1343] *Köhler/Bornkamm* PAngV § 8 Rn. 1b.

III. Rechtsfolgen

Ein Verstoß gegen die PAngV kann gemäß § 10 PAngV eine Ordnungswidrigkeit sein. Die   471
PAngV ist zudem eine Marktverhaltensregelung gemäß § 4 Nr. 11 UWG.[1344] Ein Schutzgesetz im Sinne von § 823 Abs. 2 BGB ist die PAngV nicht.[1345]

Zum Fall „Aktivierungskosten":

Der BGH sah in der konkreten Gestaltung der Werbung einen Verstoß gegen § 3 UWG   472
1909 sowie § 1 UWG 1909 iVm § 1 Abs. 2, 6 PAngV. Denn die Beklagte habe die für den Verbraucher mit dem Abschluss eines Netzvertrages verbundenen Kosten nicht hinreichend deutlich gemacht. Wenn die Beklagte ein besonders günstiges Angebot blickfangmäßig herausstelle, müssten auch alle anderen Preisbestandteile eindeutig zuzuordnen, leicht erkennbar und deutlich lesbar sein. Dies sah der BGH jedenfalls bei der einmaligen Aktivierungsgebühr als nicht gegeben an, die in den Erläuterungen zu den jeweiligen Tarifen untergehe.[1346]

Diese Rechtsprechung führte der BGH nahtlos auch im Geltungsbereich des UWG 2004   473
mit seiner Entscheidung „Telefonieren für 0 Cent!" fort.[1347] Zu diesem blickfangmäßig herausgestellten Slogan gab es zwar einen Sternchenhinweis. Der klärte aber nicht darüber auf, dass für Neukunden zusätzlich die Grundgebühr und eine Einrichtungsgebühr anfallen. Der BGH führt aus: „Für diese Kunden stellt sich der ‚XXL'-Tarif nicht als eigenständige Leistung dar, da sie das Angebot nur in Verbindung mit einem Telefonanschluss der Beklagten wahrnehmen können, für den zwangsläufig Anschlussgebühren und monatliche Grundgebühren anfallen. (…) Demjenigen, der noch nicht über einen Telefonanschluss der Beklagten verfügt, sind diese Kosten in aller Regel auch nicht bekannt. Mit den Vorschriften der Preisangabenverordnung soll aber gerade verhindert werden, dass ein Wettbewerber mit der besonderen Preisgünstigkeit des einen Angebotsteils blickfangmäßig wirbt, den Preis für das obligatorische Komplementärangebot dagegen verschweigt oder in der Darstellung untergehen lässt (vgl. BGHZ 157, 84, 91; BGH GRUR 2002, 979, 981 – Kopplungsangebot I und II; BGH, Urt. v. 2.6.2005 – I ZR 252/02, GRUR 2006, 164 Tz. 20 = WRP 2006, 84 – Aktivierungskosten II, mwN)."

F. Olympiagesetz

Fall „Olympia-Rabatt":[1348]

Die Beklagte wirbt für Kontaktlinsen mit den Anpreisungen „Olympia-Rabatt" und „Olympische Preise". Der Olympische Sportbund sieht darin einen Verstoß gegen das Gesetz zum Schutz des olympischen Emblemes und der Olympischen Bezeichnungen (OlympSchG).

Das OlympSchG trat 2004 in Kraft. Ziel ist der rechtliche Schutz der Olympischen Ringe   473a
und der Olympischen Bezeichnung zugunsten der Olympischen Organisationen zur Vermeidung. Anlass für den Erlass war die Bewerbung von Leipzig und Rostock für die Ausrichtung der Olympischen Sommerspiele 2012. Das Internationale Olympische Komitee hatte zu erkennen gegeben, dass es die Olympischen Spiele künftig nur noch in ein Land vergeben

---

[1344] → Rn. 211 Stichwort „Preisangabenverordnung". Vgl. BGH GRUR 2003, 971 = NJW 2003, 3343 = WRP 2003, 1347 – Telefonischer Auskunftsdienst und OLG Köln GRUR-RR 2004, 307 = ZUM 2004, 674 – Preisangaben im Internet.

[1345] Piper/Ohly/*Sosnitza* Einf. PAngV Rn. 26.

[1346] Vgl. auch BGH WRP 1999, 505 (508) – Nur 1 Pfennig. Dort beanstandete der BGH, dass die Werbung keinen Hinweis auf die Mindestlaufzeit des Kartenvertrages enthielt als Verstoß gegen § 1 Abs. 2, 6 S. 1 PAngV.

[1347] BGH GRUR 2009, 73 = BeckRS 2008, 24481 – Telefonieren für 0 Cent!

[1348] OLG Schleswig 6 U 31/12.

werde, das den entsprechenden Schutz gewährleiste.[1349] Entsprechend untersagt das OlympSchG die unbefugte Verwendung der Olympischen Bezeichnung im geschäftlichen Verkehr, durch die eine Verwechslungsgefahr hervorgerufen wird oder durch die die Wertschätzung der Olympischen Spiele ausgenutzt oder beeinträchtigt wird. Damit dient das Gesetz einerseits dem kennzeichenrechtlichen Schutz der Bezeichnung „Olympia". Andererseits soll es aber auch dazu dienen, Ambush-Marketing-Aktionen sanktionieren zu können.[1350]

Zum Fall „Olympia-Rabatt":

473b   Das OLG Schleswig vertritt – anders als noch das LG Kiel[1351] – die Auffassung, dass die Werbung der Beklagten gegen das Verbot des Ausnutzens der Wertschätzung der Olympischen Spiele verstoße. Der Senat unterschied zwischen der erlaubten bloßen Ausnutzung des Aufmerksamkeitswertes der Olympischen Spiele und dem unzulässigen Ausnutzen der positiven Assoziationen, die mit den olympischen Spielen verbunden werden. Bei dieser – äußerst diffizilen – Grenzziehung sei die Werbung der Beklagten unzulässig. Sie nutze das positive Image und die Wertschätzung der olympischen Spiele zur Anpreisung ihrer Ware. Denn die Bezeichnungen würden das beworbene Angebot beschreiben. Dies ergebe sich vor allem aus der Blickfang-Werbung mit einem „Olympia-Rabatt" und der zugleich genannten Rabatthöhe „10 Euro Olympia-Rabatt".

G. Richtlinien von Wirtschaftsgruppen

I. ZAW und Werberat

1. Überblick über die Aufgaben

474   Der Zentralverband der deutschen Werbewirtschaft (ZAW) hieß früher „Zentralausschuss der Werbewirtschaft" und hat deshalb seine ursprüngliche Abkürzung „ZAW" beibehalten. Der ZAW vereint alle Gruppen der Werbewirtschaft, indem er Verbände zusammenfasst, deren Mitglieder Wirtschaftswerbung betreiben, vorbereiten, durchführen, gestalten und vermitteln.[1352] Derzeit sind im ZAW 41 Organisationen zusammengeschlossen, und zwar aus der Werbung treibenden Wirtschaft, den Werbeagenturen, den Werbung Durchführenden und Werbemittelherstellern sowie aus den Werbeberufen und der Marktforschung.[1353] Die Hauptaufgaben des ZAW bestehen darin, für alle am Werbegeschäft Beteiligten eine gemeinsame Politik und einen Interessenausgleich herbeizuführen und die Werbewirtschaft in allen grundsätzlichen Positionen nach außen hin zu vertreten. Hierbei ist der ZAW insbesondere bemüht, durch seine Lobbyarbeit staatliche Werberestriktionen zu verhindern. Dies hat ua dazu geführt, dass der ZAW Richtlinien erlassen hat, die die Mitglieder des ZAW als Standesregeln binden und damit für die Mitglieder des ZAW verbindlich sind.

475   Um die Einhaltung der Richtlinien und der Werbedisziplin im Übrigen zu wahren, wurde 1972 der „Deutsche Werberat" gegründet,[1354] der folgende Kernaufgaben hat:

- Konflikt-Regelung zwischen Konsumenten und gesellschaftlichen Gruppen einerseits und der werbenden Wirtschaft andererseits durch die Möglichkeit für den Einzelnen, Beschwerden beim „Deutschen Werberat" einzubringen;
- Frühwarnsystem bei Fehlentwicklungen, zum Beispiel bei umweltbezogenen Maßnahmen, bei denen der Werberat mit speziellen Informationen auf Gefahren des Missbrauchs hinweisen kann;

[1349] Vgl. OLG Schleswig 6 U 31/12.
[1350] → Rn. 302 und 308.
[1351] Az. 15 O 158/11.
[1352] *Köhler/Bornkamm* Einl. UWG Rn. 2.37.
[1353] Http://www.zaw.de/index.php?menuid=65 (29.9.2013).
[1354] Siehe unter www.werberat,de.

- Abwehr von Tendenzen staatlicher Einrichtungen, über das bestehende Rechtssystem hinaus dirigistisch in Werbemaßnahmen einzugreifen.

2. Verhaltensregeln und Richtlinien[1355]

a) **Kinder.** Der Deutsche Werberat hat Verhaltensregeln für die Werbung mit und vor Kindern im Werbefunk und Werbefernsehen aufgestellt.[1356] Gegenstand der Verhaltensregeln sind Grundsätze bei der Gestaltung und Durchführung von Werbemaßnahmen mit Kindern oder Werbung, die sich speziell an Kinder wendet. Zu den Verhaltensregeln gehört ua: **476**
- Die Werbemaßnahmen sollen keine direkten Werbemaßnahmen zu Kauf oder Konsum an Kinder enthalten.[1357]
- Aleatorische Werbemittel (zB Gratisverlosungen, Preisausschreiben und -rätsel ua) sollen die Umworbenen nicht irreführen, nicht durch übermäßige Vorteile anlocken, nicht die Spielleidenschaft ausnutzen und nicht anreißerisch belästigen.[1358]
  Ähnliche Verhaltensregeln wurden auch für Werbung im Fernsehen mit Jugendlichen und für Werbung, die sich speziell an Jugendliche wendet, verabschiedet.

b) **Alkohol.** 1992 hat der Deutsche Werberat Verhaltensregeln über die Werbung für alkoholische Getränke verabschiedet, die 2005 überarbeitet wurden.[1359] Alkoholische Getränke im Sinne dieser Verhaltensregeln sind alle alkoholischen Getränke, unabhängig von der Höhe ihres Alkoholgehalts mit Ausnahme derjenigen Getränke, die sich aufgrund von lebensmittelrechtlichen Vorschriften als alkoholfrei bezeichnen dürfen.   **477**

Die Verhaltensregeln verpflichten Hersteller und Importeure von alkoholischen Getränken ua,
- zu verhindern, dass Werbung für die Erzeugnisse als Ansprache Jugendlicher missverstanden werden kann,
- keine Aufforderungen zum Trinken an Jugendliche zu richten und keine trinkenden oder zum Trinken auffordernde oder aufgeforderte Jugendliche darzustellen,
- keine trinkenden oder zum Trinken auffordernde Leistungssportler darzustellen,
- keine Darstellungen zu wählen, die die Enthaltsamkeit in allgemeinen oder besonderen Fällen abwertet oder
- den Eindruck zu erwecken, der Genuss alkoholischer Getränke fördere sozialen oder sexuellen Erfolg.

c) **Redaktionell gestaltete Anzeigen.** Der ZAW hat im Jahr 1980 Richtlinien für redaktionell gestaltete Anzeigen ausgearbeitet, die 2003 überarbeitet wurden.[1360] Neun Ziffern regeln, welche Voraussetzungen Anzeigen in Druckschriften, die wie redaktionelle Mitteilungen gestaltet sind, erfüllen müssen. Hierbei hat der ZAW vor allem auch Aspekte aufgegriffen, die die Rechtsprechung entwickelt hat, wie etwa die Kennzeichnungspflicht als Anzeige.[1361] Geregelt ist ua: **478**
- Eine Anzeige muss als Anzeige gekennzeichnet sein und zwar in einem unmittelbaren Textzusammenhang. Ein Hinweis an anderer Stelle, dass eine Veröffentlichung entgeltlich erfolgt ist, genügt nicht (Nr. 6).
- Andere Wörter wie „PR-Anzeige", „PR-Mitteilung", „Promotion" oder „Public Relations" sind verboten (Nr. 8).[1362]
- Die Frage, ob sich aus der Gestaltung der Anzeige ohne die Kennzeichnung mit dem Wort „Anzeige" hinreichend ergibt, ob eine entgeltliche Veröffentlichung vorliegt, richtet sich nach dem flüchtigen Durchschnittsleser (Nr. 4).

[1355] Abrufbar unter www.zaw.de bzw. www.werberat.de.
[1356] Http://www.zaw.de/doc/02_Werbung_Kinder.pdf (29.9.2013).
[1357] Vgl. hierzu Nr. 28 des Anhangs zu § 3 Abs. 3 UWG.
[1358] Vgl. Nr. 16 und 20 des Anhangs zu § 3 Abs. 3 UWG.
[1359] Http://www.zaw.de/doc/03_Werbung_Alkohol.pdf (29.9.2013).
[1360] Http://www.zaw.de/index.php?menuid=130&reporeoid=210 (29.9.2013).
[1361] → Rn. 131.
[1362] Vgl. dazu auch OVG Berlin-Brandenburg K & R 2008, 770 zur unzulässigen Kennzeichnung einer Dauerwerbesendung als „Promotion". Siehe dazu auch EuGH C-391/12, → Rn. 204a.

3. Rechtsfolgen eines Verstoßes

479   Die Verhaltensregeln und -richtlinien geben einen Anhaltspunkt dafür, wann wettbewerbswidriges Verhalten vorliegt. Zwingend ist damit ein Verstoß gegen das Wettbewerbs-
gesetz nicht.[1363] Gibt die Richtlinie jedoch eine Branchenübung wieder, wird in aller Regel
auch ein Verstoß gegen §§ 3, 4 UWG zu bejahen sein.[1364] Widerspricht die Richtlinie allerdings dem geltenden Recht, kann sie nicht einschlägig sein. So kommt es nach Ziffern 4 und
5 der ZAW-Regeln für redaktionelle Anzeigen auf den flüchtigen Durchschnittsleser an,
während das aktuelle Verbraucherleitbild gerade vom informierten, aufmerksamen und verständigen Verbraucher geprägt ist.
        Schließlich können die Verhaltensregeln auch Verhaltenskodizes nach § 2 Abs. 1 Nr. 5
UWG sein. Dann sind Nr. 1 des Anhangs zu § 3 Abs. 3 UWG und § 5 Abs. 1 S. 2 Nr. 6
UWG zu beachten.

II. Werbe-Richtlinien und Kodizes

1. Richtlinien der Verlegerorganisationen für redaktionelle Hinweise in Zeitungen und Zeitschriften

480   Die Verlegerorganisationen haben in ihren seit 1952 geltenden Richtlinien für redaktionelle Hinweise in Zeitungen und Zeitschriften die ZAW-Richtlinie für redaktionell gestaltete Anzeigen präzisiert und erweitert. Die Richtlinien enthalten ua Regelungen zur Veröffentlichung von amtlichen Bekanntmachungen, Programmübersichten, Beiträgen über Mode-
schauen und Filmbesprechungen sowie Regeln zur Berichterstattung über Messen und
Ausstellungen, Neuheiten, Jubiläen und Firmenveranstaltungen.[1365]

2. Wettbewerbsregeln der Verlegerverbände für kostenfreie oder kostenpflichtige Probeabos

481   Im Jahr 2004 hat der Verband deutscher Zeitschriftenverleger Wettbewerbsregeln für
Werbeabonnements aufgestellt.[1366] Diese Regeln bestimmen ua, in welchem Umfang ein
Nachlass gewährt werden kann, wie lange Probeabonnements angeboten werden können
und welche Beigaben zu den Abonnements zulässig sind. Die Zeitungsverleger haben ähnliche Regeln aufgestellt.

3. Wettbewerbsrichtlinien der Versicherungswirtschaft

482   Die Versicherungswirtschaft hat 1977 Richtlinien erlassen.[1367] Diese beinhalten ua
Grundsätze für den Abschluss von Vertreterverträgen und für das Verhalten im Wettbewerb.

4. Kodex der Arzneimittelindustrie

483   2008 hat die „Freiwillige Selbstkontrolle für die Arzneimittelindustrie" den „Kodex für
die Zusammenarbeit der pharmazeutischen Industrie mit Ärzten, Apothekern und anderen
Angehörigen medizinischer Fachkreise" überarbeitet.[1368] Dort sind auch Werberegeln ent-

---

[1363] Vgl. BGH GRUR 1991, 462 = NJW-RR 1991, 809 – Wettbewerbsrichtlinie der Privatwirtschaft.
[1364] Vgl. OLG Hamburg AfP 1997, 806; siehe aber BGH GRUR 2006, 773 = NJW 2006, 2627 = WRP
2006, 1113 – Probeabonnement und BGH „FSA Kodex" → Rn. 215a.
[1365] Http://www.zaw.de/index.php?menuid=130&reporeid=209 (29.9.2013).
[1366] www.vdz.de/vertrieb-vdz-wettbewerbsregeln.html (29.9.2013), siehe dazu auch BGH GRUR 2006, 773
= NJW 2006, 2627 = WRP 2006, 1113 – Probeabonnement.
[1367] Vgl. *Köhler/Bornkamm* § 4 Rn. 10.45 ff.
[1368] Http://www.fs-arzneimittelindustrie.de/verhaltenskodex/fachkreise (29.9.2013); vgl. dazu BGH „FSA
Kodex" → Rn. 215a.

halten. Dazu gehört etwa – neben Regelungen, die maßgeblich auf Vorgaben des UWG beruhen – eine Vorschrift über den Einsatz von Arzneimittel-Mustern. Danach dürfen pharmazeutische Unternehmen Fachkreisen nur Muster zur Verfügung stellen, um das Arzneimittel dort bekannt zu machen – vorausgesetzt, die Empfänger dürfen das Produkt verschreiben (§ 15 FSA-Kodex).

5. Rechtsfolgen eines Verstoßes

Die Richtlinien geben – wie auch die ZAW- und Werberat-Regeln – einen Anhaltspunkt **484** dafür, wann wettbewerbswidriges Verhalten vorliegt.[1369] Wer gegen die Richtlinien verstößt, begeht damit aber noch nicht zwingend einen Verstoß gegen §§ 3, 4 UWG.[1370] Bindend für die Anwendung von § 4 UWG – etwa § 4 Nr. 10 oder 11 UWG – sind die Regeln nicht. Auch wird bei einem Verstoß zu prüfen sein, ob die häufig bereits seit Jahrzehnten bestehenden Regelungen nach wie vor dem heutigen Verständnis unlauteren Handelns entsprechen. Das gilt vor allem für die Richtlinien der Verlegerverbände, die in Teilbereichen reichlich antiquiert und noch nicht von dem Leitbild des verständigen Verbrauchers geprägt sind. So sieht etwa die Richtlinie über redaktionelle Hinweise vor, dass bei Berichten über Neuheiten nur der Hersteller, nicht jedoch der Wiederverkäufer genannt werden darf. Dabei kann die Serviceleistung einer regionalen Zeitung gerade darin bestehen, den Leser darüber zu informieren, wo er am Ort die Neuigkeit erwerben kann.[1371]
Schließlich können die Verhaltensregeln auch Verhaltenskodizes nach § 2 Abs. 1 Nr. 5 UWG sein. Dann sind Nr. 1 des Anhangs zu § 3 Abs. 3 UWG und § 5 Abs. 1 S. 2 Nr. 6 UWG zu beachten.

H. Persönlichkeitsrecht und Werbung

Fall: „Zerknitterte Zigarettenschachtel":

Der Kläger ist Repräsentant des Hauses Hannover. Er war im Jahre 1998 in eine körperliche Auseinandersetzung mit einem Kameramann vor seinem Gut C. verwickelt, bei der er den Kameramann mit einem Regenschirm schlug. Ferner wurde in der Presse im Januar 2000 über eine Auseinandersetzung des Klägers mit einem Diskothekenbesitzer berichtet. Die Beklagte – Tochterunternehmen eines international tätigen Tabakkonzerns – warb ohne Einwilligung des Klägers mit einem Werbemotiv, das unter der Textzeile „War das Ernst? Oder August?" eine allseits eingedrückte, leicht geöffnete Zigarettenschachtel zeigt.

Eine Werbung kann das Persönlichkeitsrecht ua dann verletzen, wenn   **485**
• mit dem Bildnis,
• dem Namen oder mit
• authentischen oder erfundenen Äußerungen
einer Person geworben wird.
Gerade in jüngerer Zeit wird immer wieder mit Bildnissen ohne Einverständnis der abge- **486** bildeten Personen geworben, obwohl das rechtlich durchweg problematisch ist. Allerdings sind diese Verfahren für die prominente Person nicht immer siegreich. So warb der Autovermieter „Sixt" zehn Tage, nachdem der damalige Bundesminister der Finanzen, Oskar Lafontaine, 1999 von seinen Ämtern und als Vorsitzender der SPD zurückgetreten war, mit folgender Anzeige:[1372]

[1369] Vgl. OLG Hamburg AfP 2005, 180.
[1370] BGH GRUR 2006, 773 = NJW 2006, 2627 = WRP 2006, 1113 – Probeabonnement und BGH „FSA Kodex" → Rn. 215a.
[1371] Allerdings unter Beachtung der zum werblichen Beitrag beschriebenen Grundsätze, → Rn. 132.
[1372] BGH I ZR 182/04 = GRUR 2007, 139 = NJW 2007, 689 – Rücktritt des Finanzministers.

Der BGH sah hierin eine zulässige politische Meinungsäußerung in Form der Satire.[1373] Trotz des mit der Anzeige verfolgten Werbezwecks müsse die Meinungsfreiheit von „Sixt" nicht gegenüber dem Persönlichkeitsrecht von Oskar Lafontaine zurücktreten. Vielmehr nehme „Sixt" den Rücktritt des Klägers als Finanzminister zum Anlass für ihren als Satire verfassten Werbespruch, ohne über eine bloße Aufmerksamkeitswerbung hinaus die Person des Klägers als Vorspann zur Anpreisung ihrer Dienstleistung zu vermarkten.[1374]

Die Werbungtreibenden spekulieren darauf, dass die Prominenten – vor allem Politiker – auf rechtliche Schritte verzichten, um nicht erst recht das beworbene Produkt bekannt zu machen oder als humorlos zu gelten. Erfolg mit dieser Strategie hatte der Autovermieter „Sixt", der der CDU-Vorsitzenden Angela Merkel auf zwei ganzseitigen Werbeanzeigen empfahl, sich ein Cabrio zu mieten.[1375] Schon 1958 hat der BGH in dem berühmten „Herrenreiter"-Fall entschieden,[1376] dass die Werbung mit dem Bildnis bekannter Persönlichkeiten ohne deren Einwilligung deren Persönlichkeitsrecht verletzt.

Aus § 22 KUG, der das Recht am eigenen Bild ausdrücklich schützt, ergibt sich, dass eine Fotoveröffentlichung nur mit Einwilligung des Abgebildeten erfolgen kann.[1377] Zwar enthält § 23 Abs. 1 KUG Ausnahmen für Personen der Zeitgeschichte, die jedoch dann nicht gelten, wenn berechtigte Interessen dieser Personen betroffen sind (§ 23 Abs. 2 KUG). Berechtigte Interessen sind nach ständiger Rechtsprechung ua dann verletzt, wenn das Bildnis zu Werbezwecken ohne Einwilligung der betroffenen Person genutzt wird. Unter „Bildnis" wird jede Abbildung verstanden, die eine Person erkennbar macht. Hierfür genügt es auch, wenn ein Double abgebildet wird, jedoch der Eindruck entstehen soll, die berühmte Persönlichkeit selbst habe sich für die Werbemaßnahme zur Verfügung gestellt.[1378]

Gleiche Grundsätze gelten für die ungenehmigte Werbung mit dem Namen[1379] oder mit (authentischen oder erfundenen) Äußerungen von Personen.

[1373] Ebenda, Rn. 16.
[1374] Ebenda, Rn. 21.
[1375] Vgl. zum Beispiel *Süddeutsche Zeitung* vom 7.5.2001, S. 25 und 27.
[1376] BGH NJW 1958, 827.
[1377] Siehe zum Recht am eigenen Bild ua die Kommentierung bei *Schricker/Lowenheim* Anhang zu § 60 UrhG.
[1378] Vgl. LG Köln 28 O 118/13 = BeckRS 2013, 15176 mHa die einschlägige Rechtsprechung und Literatur.
[1379] Vgl. auch *Köhler/Bornkamm* § 4 Rn. 7.8.

Bei einer Verletzung des Persönlichkeitsrechts gibt es insbesondere Unterlassungs- und   487
Schadensersatzansprüche. Ein vorsätzlicher Verstoß gegen das KUG ist auch strafbar (§ 33
KUG).

Zum Fall „Zerknitterte Zigarettenschachtel":

Der BGH entschied, dass sich das Unternehmen auf die Meinungsfreiheit gemäß Art. 5   488
Abs. 1 GG berufen könne und das Persönlichkeitsrecht des Klägers dahinter zurückzutreten
habe. Zwar habe die Beklagte den Namen des Klägers zu kommerziellen Zwecken genutzt
und damit in dessen vermögenswerte Bestandteile des Persönlichkeitsrechts eingegriffen.
Der Schutz des Art. 5 Abs. 1 GG erstrecke sich aber auch auf kommerzielle Meinungsäußerungen und auf reine Wirtschaftswerbung, die einen wertenden, meinungsbildenden Inhalt
hat. Es entstehe auch nicht der Eindruck, der Kläger identifiziere sich mit dem beworbenen
Produkt oder empfehle es.[1380]

[1380] Ebenso wenig konnte sich Dieter Bohlen gegen eine Werbung desselben Tabakherstellers durchsetzen,
der unter Bezugnahme auf Dieter Bohlen warb: „Schau mal, ... Dieter, so ... schreibt man Bücher", BGH AfP
2008, 598 = BeckRS 2008, 21297 = WRP 2008, 1527.

§ 9 Gemeinschaftsrecht, internationales Wettbewerbsrecht

A. EU-Recht

489 Das europäische Gemeinschaftsrecht hat Vorrang vor dem nationalen Recht der Mitglied-staaten.[1381] Das deutsche Recht – und vor allem die Neufassung des UWG 2008 – ist maß-geblich vom europäischen Recht geprägt. Das UWG 2004 beruht ua auf der Richtlinie über irreführende und vergleichende Werbung (§§ 5 und 6 UWG) und auch auf der Richtlinie über den elektronischen Geschäftsverkehr (§ 4 Nr. 11 UWG). Das UWG 2008 war der Notwendigkeit geschuldet, die UGP-RL umzusetzen.[1382] Das deutsche Wettbewerbsrecht wird so immer mehr „europäisiert". Dazu kommen zahlreiche Verordnungen, die ohnehin unmittelbar geltendes Recht sind und auch Richtlinien haben als Sekundärrecht Einfluss. Schließlich wirkt sich auch die Rechtsprechung des *EuGH* als europäisches Verfassungsge-richt (Art. 267 AEUV) erheblich auf das deutsche UWG-Recht aus. Da das UWG 2008 nunmehr an maßgeblichen Stellen (§§ 2, 3, 5, 5a, 6 und 7) auf europäischem Recht beruht, kommt der richtlinienkonformen Auslegung eine ganz erhebliche Bedeutung zu. Das deut-sche Wettbewerbsrecht beruht daher zunehmend auf europäischer Rechtsanwendung und -auslegung.

I. Verordnungen und Richtlinien der Europäischen Gemeinschaft

490 Verordnungen sind unmittelbar geltendes Recht (Art. 288 Abs. 2 AEUV). Richtlinien sind für jeden Mitgliedstaat hinsichtlich des zu erreichenden Zieles verbindlich (Art. 288 Abs. 3 AEUV). Das Recht der Mitgliedstaaten ist richtlinienkonform auszulegen. Der Inhalt ist in-nerhalb der jeweils gesetzten Frist in nationales Recht umzusetzen. Solange die Richtlinie nicht umgesetzt ist, verpflichtet sie nur den Mitgliedstaat und nicht auch – wie bei Verord-nungen – den Einzelnen. Erfolgt die Umsetzung nicht fristgerecht, gewinnt die Richtlinie Außenwirkung und ist auch nach der BGH-Rechsprechung ebenso innerstaatlich anwend-bar[1383] – vorausgesetzt die Richtlinie ist inhaltlich klar und es besteht eine Verpflichtung zur Umsetzung. Selbst vor Ablauf der Umsetzungsfrist kann es bei der Auslegung der General-klausel des § 3 UWG geboten sein, eine Richtlinie zu berücksichtigen.[1384]

Es gibt inzwischen zahlreiche Richtlinien der Europäischen Gemeinschaft,[1385] die auch im Wettbewerbsrecht bedeutsam sind. Die nachfolgende Darstellung soll nur einen Überblick

---

[1381] Siehe zum Gemeinschaftsrecht *Köhler/Bornkamm* Einl. Rn. 3.1 ff.

[1382] Siehe zum europäischen Lauterkeitsrecht *Köhler/Lettl* WRP 2003, 1019.

[1383] Vgl. BGH GRUR 1993, 825 = NJW 1993, 3139 – Dos.

[1384] So der BGH („Testpreis-Angebot") zu § 1 UWG 1990 zur Werbe-RL, → Rn. 342.

[1385] Die Richtlinien sind im Internet zum Beispiel unter http://eur-lex.europa.eu/de/index.htm (29.9.2013) abrufbar.

über die wichtigsten speziell wettbewerbsrechtlich bedeutsamen Richtlinien geben.[1386] Zugleich bieten diese Richtlinien die Fundstelle und Anhaltspunkte für Überlegungen zur gemeinschaftsrechtlichen Auslegung der im UWG umgesetzten Richtlinien.

1. Irreführungs-Richtlinie

Die Richtlinie aus dem Jahr 1984 (in der Fassung von 2006)[1387] verbietet Werbung, die **491** den Verbraucher irreführen kann. Was jedoch unter „Irreführung" zu verstehen ist, bleibt der Definition des nationalen Gesetzgebers überlassen. § 5 UWG und die hierzu ergangene Rechtsprechung definieren Irreführung aus deutscher Sicht.

2. Richtlinie über vergleichende Werbung

Diese Richtlinie hat die Gemeinschaft im Jahr 1997 zur Ergänzung der Richtlinie über ir- **492** reführende Werbung verabschiedet.[1388] Damit ist – im Gegensatz zur früheren deutschen Rechtsprechung – vergleichende Werbung grundsätzlich erlaubt, wenn sie der Information des Verbrauchers dient. Der deutsche Gesetzgeber hat die Richtlinie im Jahr 2000 mit der Neuformulierung von § 2 UWG 1909 (jetzt § 6 UWG) umgesetzt.[1389]

3. Fernabsatz-Richtlinie und Verbraucherrechte-Richtlinie

Die Fernabsatz-Richtlinie[1390] stammt ebenfalls aus dem Jahr 1997 und enthielt auch Re- **493** gelungen für die grenzüberschreitende, europaweite Werbung, wie zum Beispiel das Verbot unerwünschter Werbung per Telefax (Art. 10 Abs. 1). Der deutsche Gesetzgeber setzte diese Richtlinie um, indem er zunächst das FernAbsG schuf und danach entsprechende Regelungen in das BGB integrierte (§§ 312a ff. BGB).[1391] Die Fernabsatz-Richtlinie wurde mit Wirkung zum 13.6.2014 aufgehoben. Entsprechend passte der deutsche Gesetzgeber die Informationspflichten an.[1392]

4. E-Commerce-Richtlinie

Weiter gibt es noch die Richtlinie über elektronischen Geschäftsverkehr in der EG aus **494** dem Jahr 2000.[1393] Diese Richtlinie beinhaltet unter anderem in Art. 6 Transparenz- und Informationspflichten von Werbetreibenden sowie Regelungen zur nicht angeforderten E-Mail-Werbung (Art. 7).[1394] Die Richtlinie hat zur Vermeidung einer Inländerdiskriminierung vor allem zur Aufhebung des RabattG und der ZugabeVO geführt.[1395]

5. UGP-Richtlinie

Die UGP-Richtlinie schließlich dient der Vollharmonisierung des wettbewerbsrechtlichen **495** Verbraucherschutzes. Sie beschreibt und verbietet irreführende und aggressive Geschäftspraktiken und ist die Grundlage für die Novellierung des UWG im Jahr 2008.

[1386] Im Übrigen wird auf die Darstellung in der Begründung zur UWG-Novelle 2008 verwiesen: BT-Drs. 16/10145, 13 ff.

[1387] Richtlinie 84/450/EWG in der Fassung der Richtlinie 2006/114/EG vom 12.12.2006.

[1388] Richtlinie 97/55/EG in der Fassung der Richtlinie 2006/114/EG vom 12.12.2006.

[1389] Gesetz zur vergleichenden Werbung und zur Änderung wettbewerbsrechtlicher Vorschriften vom 1.9.2000, BGBl. I 1374.

[1390] Richtlinie 97/7/EG in der Fassung der Richtlinie 2002/65/EG.

[1391] → Rn. 453 ff.

[1392] → Rn. 453.

[1393] Richtlinie 2000/31/EG.

[1394] → Rn. 406 ff.

[1395] → Rn. 97 f.

II. EuGH-Rechtsprechung

496   Es kommt auch gerade im Hinblick auf die Europäisierung des Wettbewerbsrechts zunehmend auf Entscheidungen des EuGH an. Denn die Entscheidungen des EuGH sind für diejenigen verbindlich, die sie bezeichnen. Das können Mitgliedstaaten oder Einzelpersonen sein. Besondere Bedeutung haben Vorabentscheidungen (Art. 267 Abs. 1 AEUV) des EuGH zur Anwendung und Auslegung von Gemeinschaftsrecht.[1396] Diese *kann* ein innerstaatliches Gericht herbeiführen, wenn dessen Entscheidung mit Rechtsmitteln des innerstaatlichen Rechts anfechtbar ist (Art. 267 Abs. 2 AEUV). Das innerstaatliche Gericht *muss* eine Vorabentscheidung herbeiführen, wenn seine Entscheidung nach innerstaatlichem Recht nicht mehr anfechtbar ist (Art. 267 Abs. 3 AEUV) und in dem Verfahren eine Frage des Gemeinschaftsrechts von Bedeutung ist. Die Vorlagepflicht besteht allerdings nicht im Eilverfahren.[1397] Die Vorabentscheidungen sind bindend.

B. Sonstige internationale Regelungen

497   Des weiteren gibt es internationale wettbewerbsrechtliche Abkommen wie die Pariser Verbandsübereinkunft, das Madrider Herkunftsabkommen, das Madrider Markenabkommen oder das Nizzaer Klassifikationsabkommen.[1398] Aktuellere Entwicklungen gibt es hierzu insbesondere im Markenrecht.[1399] Schließlich gibt es noch Verhaltensregeln der Internationalen Handelskammer (ICC),[1400] zum Beispiel für die Werbepraxis, für Sponsoring oder für Umweltwerbung.[1401]

[1396] Vgl. *Köhler/Bornkamm* Einl. UWG Rn. 3.7 ff.

[1397] EuGH NJW 1977, 1585 – Terrapin/Terranova.

[1398] Im Internet alle auffindbar zum Beispiel unter http://www.admin.ch/opc/de/classified-compilation/ 0.23.html (29.9.2013) oder http://www.gesetze.ch/inh/inh1104.htm (29.9.2013).

[1399] Vgl. dazu die Rechtsprechung des EuGH zur Markenrichtlinie (89/104/EWG), etwa EuGH WRP 1999, 407 – BMW-Gebrauchtwagen oder den Vorlagebeschluss des BGH WRP 2009, 451 – Bananabay (zum Thema Keywords) → Rn. 322a; vgl. auch die einschlägige Kommentarliteratur wie *Fezer*, Markenrecht, und *Ingerl/ Rohnke*, Markengesetz.

[1400] www.icc-deutschland.de.

[1401] → Rn. 307; zu den Rechtsfolgen eines Verstoßes gegen die Verhaltensregeln → Rn. 484.

2. Teil. Wettbewerbsrechtliche Ansprüche, Abmahnung und Einigungsverfahren

Vorüberlegungen

1. Schon bei der Prüfung, welche Ansprüche geltend gemacht werden, sollte entschieden **498** werden, ob dies im Wege des Verfügungsverfahrens erfolgen kann. Denn im Verfügungsverfahren ist Eile geboten, da in der Regel[1402] nur wenige Wochen ab Kenntnis von der Handlung und des Verletzers Zeit bleibt, um etwaige Ansprüche im Verfügungsverfahren geltend zu machen.[1403] Selbst Vergleichsverhandlungen können die **Eilbedürftigkeit** entfallen lassen![1404]
2. Auch die **Verjährungsfrist des § 11 UWG** ist von besonderer Bedeutung, da diese lediglich sechs Monate ab Kenntnis oder – bei grob fahrlässiger Unkenntnis – ab Kennenmüssen beträgt. Die Ansprüche müssen innerhalb der sechs Monate entweder durch
   a) eine strafbewehrte Unterlassungserklärung,
   b) die Einleitung eines Verfügungsverfahrens,
   c) die Abgabe einer Abschlusserklärung oder
   d) die Einleitung eines Hauptsacheverfahrens gesichert werden.
3. Selbst die Erhebung der Hauptsacheklage bietet nicht die Gewähr, dass damit die Verjährung gemäß § 204 BGB gehemmt bleibt. Vor allem dann, wenn es zwischen den Parteien zu Vergleichsverhandlungen kommt oder der Ausgang eines anderen Rechtsstreits abgewartet werden soll, besteht das Risiko der Beendigung der Verjährungsunterbrechung wegen Verfahrensstillstands gemäß § 204 Abs. 2 S. 2 BGB. Das gilt auch, wenn die Parteien übereinstimmend gemäß § 251 Abs. 1 ZPO das Ruhen des Verfahrens beantragt haben oder um Absetzung des Termins wegen Vergleichsgesprächen bitten. Der Verletzte sollte dann immer vorsorglich einen – zumindest zeitlich befristeten – **Verzicht auf die Erhebung der Verjährungseinrede** fordern (§ 202 Abs. 2 BGB).
4. Bei jeder wettbewerbsrechtlichen Sache sollte man umgehend folgende Fristen notieren:[1405]
   a) Frist für die Einreichung des Verfügungsantrages gemäß der regionalen Rechtsprechung zur Dringlichkeitsvermutung[1406] und
   b) kurze Verjährungsfrist für alle wettbewerbsrechtlichen Ansprüche gemäß § 11 UWG.[1407]

[1402] Nach der Rechtsprechung etwa der Münchner Gerichte in der Regel nur ein Monat ab Kenntnis der Verletzungshandlung und des Verletzers. Siehe hierzu *Köhler/Bornkamm* § 12 Rn. 3.15b. Eine Übersicht über die jeweilige Rechtsprechung enthält auch *Berneke*, Einstweilige Verfügung, Rn. 77.
[1403] Eine gesetzlich festgelegte Frist gibt es nicht!
[1404] → Rn. 739.
[1405] Vgl. auch die im Anhang abgedruckte „Checkliste".
[1406] → Rn. 741.
[1407] → Rn. 567 ff.

§ 10 Zivilrechtliche Ansprüche

Übersicht

A. Vorbemerkung

Die wettbewerbsrechtlichen Hauptansprüche sind der Unterlassungs- und der Scha- **499**
densersatzanspruch, die in §§ 8 und 9 UWG geregelt sind. Daneben gibt es einen von der
Hauptleistung abhängigen Auskunftsanspruch sowie Auskunftsansprüche für Kammern
und Verbände in § 8 Abs. 5 UWG.[1408] Nicht selten gehen Wettbewerber bewusst das Risiko ein, dass eine werbliche Maßnahme wettbewerbswidrig ist, wenn ohnedies keine
Wiederholung der Werbemaßnahme geplant ist. Dann kann der Verletzer oft ohne größeren
wirtschaftlichen Nachteil eine vom Wettbewerber geforderte Unterlassungserklärung abgeben. Allerdings gibt es auch wettbewerbliche Bereiche, in denen Unterlassungsverpflichtungen ganz erhebliche Konsequenzen haben können. So ist etwa anerkannt, dass wettbewerbswidrig veranstaltete Preisrätsel – zum Beispiel Preisrätsel, bei denen die Einsendung
eines Originalcoupons gefordert wird – auch nicht ausgespielt werden dürfen. Es darf
damit der Veranstalter – selbst zum Nachteil der Teilnehmer – die Gewinne nicht aushändigen.[1409]

Für den Schadensersatzanspruch ist Verschulden erforderlich, das allerdings in der Regel zu bejahen ist.[1410] Demnach haben Verfahren zur *Feststellung* eines Schadensersatzanspruches durchweg Erfolg. Wenn es allerdings darum geht, die *Höhe* des kausal ver-
ursachten Schadens darzulegen und zu beweisen, scheitert dies häufig am Nachweis der
Kausalität. Um Wettbewerbsverstöße auch wirtschaftlich unattraktiv zu machen, hat der
Gesetzgeber 2004 in § 10 UWG die Möglichkeit einer Gewinnabschöpfung eingeführt.
Diese können allerdings nur Verbände und Kammern (§ 8 Abs. 3 Nrn. 2–4 UWG) geltend
machen. Aufgrund der Schwierigkeit, in der Praxis den konkreten Schaden nachzuweisen, ist vor allem bei einer Verletzung gewerblicher Schutzrechte anerkannt, dass der Verletzte vom Verletzer eine angemessene Lizenzgebühr oder den Verletzergewinn verlangen
kann.[1411]

Die Ansprüche nach §§ 8–10 UWG bestehen bei jedem Verstoß gegen §§ 3–7 UWG. Bei
einer strafbaren Werbung nach §§ 16–19 UWG gilt nichts anderes.[1412] Im Übrigen sind die
§§ 823, 824 und 826 BGB grundsätzlich neben den wettbewerbsrechtlichen Vorschriften
anwendbar.[1413]

[1408] → Rn. 514.
[1409] → Rn. 88.
[1410] Vgl. *Köhler/Bornkamm* § 9 Rn. 1.17 ff.
[1411] Vgl. *Köhler/Bornkamm* § 9 Rn. 1.36 ff.
[1412] Vgl. *Köhler/Bornkamm* § 16 Rn. 28 und *Köhler/Bornkamm* § 17 Rn. 52, § 18 Rn. 19, § 19 Rn. 17 f.
[1413] → Rn. 153, 161, 180, 185, 214, 422, 427.

B. Anspruchsvoraussetzungen

I. Aktivlegitimation für Abwehransprüche
(§ 8 Abs. 3 UWG)

500   Die Beschränkung der Aktivlegitimierung auf konkrete, in § 8 Abs. 3 UWG genannte Berechtigte, war das Kernstück der UWG-Novelle im Jahr 1994. Der Gesetzgeber wollte hierdurch insbesondere den sogenannten Abmahnvereinen ihre lukrative Tätigkeit entziehen und – zusammen mit der Regelung in § 14 Abs. 2 UWG – den bis zu diesem Zeitpunkt bestehenden fliegenden Gerichtsstand einschränken. Dieser konnte dazu führen, dass zum Beispiel bei einer wettbewerbswidrigen Werbeanzeige in einem Münchner Anzeigenblatt, das in einem Einzelexemplar nach Nordrhein-Westfalen gelangt war, dort ein gerichtliches Verfahren angestrengt werden konnte.

501   § 8 Abs. 3 UWG betrifft die Aktivlegitimation für die Geltendmachung von Unterlassungsansprüchen sowie von Beseitigungs- und Widerrufsansprüchen.[1414] § 8 Abs. 3 UWG ist abschließend. Verbraucher und sonstige Marktteilnehmer (§ 2 Abs. 1 Nr. 2 UWG) sind nicht anspruchsberechtigt. Bei § 8 Abs. 3 UWG handelt es sich um eine sogenannte qualifizierte Prozessführungsvoraussetzung. Das bedeutet: Steht fest, dass der geltend gemachte Anspruch materiell-rechtlich nicht besteht, bedarf es keiner Vorabentscheidung über die Prozessführungsbefugnis.[1415]

502   Die Frage der Aktivlegitimation ist vom Gericht von Amts wegen zu prüfen. Die Voraussetzungen müssen zumindest in der letzten mündlichen Verhandlung vorliegen.

UGP-RL konform?

Es ist fraglich, ob bzgl. der Regelungen in § 7 UWG Mitbewerber und Verbände Verstöße gegen § 7 Abs. 2 Nr. 2 UWG geltend machen können. Denn § 7 Abs. 2 Nr. 2 UWG dient der Umsetzung von Art. 13 Datenschutz-RL, die wiederum nur den Individualschutz betroffener Personen vor Belästigungen betreffe.[1416] Kollektive Verbraucherinteressen werden nicht geschützt, so dass Mitbewerber und Verbände nicht klagebefugt seien. Klagebefugnis sei jedoch gegeben, wenn die unerbetene Telefonwerbung (auch) gegen §§ 3, 4 Nr. 1 oder 3 UWG verstößt.[1417] *Köhler* ist der Auffassung, dass Ansprüche aus §§ 3, 4 Nrn. 7–10 UWG und wegen unzumutbarer Belästigung überhaupt ausschließlich den unmittelbar betroffenen natürlichen und juristischen Personen zustünden.[1418] Der BGH bejaht allerdings ausdrücklich eine Klagebefugnis für Mitbewerber und Verbände bei Verstößen gegen § 7 Abs. 2 Nrn 2–4, Abs. 3 UWG.[1419]

---

1. Aktivlegitimation des Mitbewerbers (§ 8 Abs. 3 Nr. 1 UWG)

§ 8 Abs. 3 Nr. 1 UWG:

Die Ansprüche aus Absatz 1 stehen zu:
1. jedem Mitbewerber;

[1414] Vgl. zu § 13 Abs. 2 UWG 1909 BGH GRUR 1998, 415 = NJWE-WettbR 1998, 241 = WRP 1998, 383 – Wirtschaftsregister.
[1415] Vgl. BGH GRUR 1999, 1119 = NJW-RR 2000, 634 = WRP 1999, 1159 – RUMMS und BGH GRUR 1999, 509 = NJW 1999, 1332 = WRP 1999, 421 – Vorratslücken.
[1416] → Rn. 398 ff.
[1417] *Köhler* WRP 2012, 1329 (1333). Siehe aber andererseits auch kritisch zu § 6 Abs. 2 Nr. 4–6 UWG (für eine Klagebefugnis von Verbänden) Harte-Bavendamm/Henning-Bodewig/*Sack* § 6 Rn. 252.
[1418] *Köhler* WRP 2013, 403 (410).
[1419] BGH I ZR 209/11 = GRUR 2013, 1170 = WRP 2013, 1461.

Anspruchsberechtigt nach § 8 Abs. 3 Nr. 1 UWG ist ausschließlich der unmittelbar ver- **503** letzte Mitbewerber. Ob sich die geschäftliche Handlung gerade gegen ihn richtet, ist unbeachtlich. Es genügt, dass der Mitbewerber durch den Wettbewerbsverstoß selbst betroffen ist. Bei einer Unternehmensumwandlung geht der wettbewerbsrechtliche Unterlassungsanspruch auf den übernehmenden Rechtsträger über.[1421]

Der Mitbewerber muss mit dem Verletzer in einem **konkreten Wettbewerbsverhältnis** ste- **504** hen.[1422] Ein konkretes Wettbewerbsverhältnis ist dann gegeben, wenn beide Parteien gleichartige Waren innerhalb desselben Endverbraucherkreises abzusetzen versuchen mit der Folge, dass das konkret beanstandete Wettbewerbsverhalten den anderen beeinträchtigen, das heißt im Absatz behindern oder stören kann.[1423] Der „Bundesdruckerei"-Entscheidung des BGH lässt sich eine „Standardformel" für das Vorliegen eines konkreten Wettbewerbsverhältnisses entnehmen:[1424]

• Die konkurrierenden Unternehmen versuchen, Waren oder Dienstleistungen innerhalb derselben Verkehrskreise abzusetzen mit der Folge, dass das konkret beanstandete Wettbewerbsverhalten den anderen beeinträchtigen kann.
• Dazu müssen sie sich auf demselben sachlich, räumlich und zeitlich relevanten Markt betätigen, wobei sich weder der Kundenkreis noch das Angebot decken müssen.

Ein konkretes Wettbewerbsverhältnis kann sich bereits aus der beanstandeten geschäftlichen Handlung ergeben, so dass auch die Zugehörigkeit zu unterschiedlichen Branchen unerheblich ist.[1425] Die Tatsache, dass zwei Internetanbieter unterschiedlicher Branchen gleichermaßen Werbung von Amazon beinhalten und für Amazon-Verkäufe eine Provision erhalten, begründet noch kein Wetbewerbsverhältnis.[1426] Ist durch eine wettbewerbswidrige Handlung jedoch nur ein bestimmter Mitbewerber betroffen, ist auch nur dieser anspruchsberechtigt.

Zum Fall „Immobilienpreisangaben":

Immobilien sind aus der Sicht von Verbrauchern nicht beliebig austauschbar. Es sind je- **505** weils Einzelstücke, die sich insbesondere nach ihrem Standort, ihrem Alter, ihren architektonischen Besonderheiten, ihrer Bausubstanz sowie ihrer Größe und Ausstattung voneinander unterscheiden. Dies gilt auch – so der BGH – für Kapitalanlagen. Der Immobilienmarkt in Deutschland ist – sowohl nach der Zahl der Anbieter als auch nach der Zahl der angebotenen Objekte – groß. Es ist deshalb unwahrscheinlich, dass sich die konkrete Art und Weise einer Werbung für ein bestimmtes Immobilienangebot dahingehend auswirken könnte, dass sich ein Käufer für *dieses* statt für ein gleichzeitig von dem beanstandenden Mitwerber angebotenes Objekt entscheidet. Der BGH hat deshalb ein konkretes Wettbewerbsverhältnis zwischen den Parteien verneint.

2. Aktivlegitimation von Verbänden und Kammern (§ 8 Abs. 3 Nr. 2 und 4 UWG)

§ 8 Abs. 3 Nr. 2 und Nr. 4 UWG:
Die Ansprüche aus Absatz 1 stehen zu:
...

[1420] BGH GRUR 2001, 258 = NJW 2001, 522 = WRP 2001, 146.
[1421] OLG Hamburg 3 U 58/09 = NJOZ 2011, 1597 = BeckRS 2010, 26123.
[1422] Vgl. *Köhler/Bornkamm* § 8 Rn. 3.27; vgl. auch *Teplitzky* GRUR 1999, 1050 (1054).
[1423] Vgl. BGH GRUR 1999, 69 = NJW 1998, 3561 = WRP 1998, 1065 – Preisvergleichsliste II mwN.
[1424] BGH GRUR 2007, 1079 = BeckRS 2007, 15104 = WRP 2007, 1364 – Bundesdruckerei.
[1425] Vgl. BGH GRUR 2007, 978 = NJW 2007, 3570 = WRP 2007, 1334 – Rechtsberatung durch Haftpflichtversicherer.
[1426] BGH I ZR 173/12 = BeckRS 2014, 06120 = WRP 2014, 552 – Werbung für Fremdprodukte.

2. rechtsfähigen Verbänden zur Förderung gewerblicher oder selbständiger beruflicher Interessen, soweit ihnen eine erhebliche Zahl von Unternehmern angehört, die Waren oder Dienstleistungen gleicher oder verwandter Art auf demselben Markt vertreiben, soweit sie insbesondere nach ihrer personellen, sachlichen und finanziellen Ausstattung imstande sind, ihre satzungsgemäßen Aufgaben der Verfolgung gewerblicher oder selbständiger beruflicher Interessen tatsächlich wahrzunehmen und soweit die Zuwiderhandlung die Interessen ihrer Mitglieder berührt;
...
4. den Industrie- und Handelskammern oder den Handwerkskammern.

506   **a) Verbandseigenschaft.** Neben den Industrie- und Handelskammern sowie Handwerkskammern sind auch Verbände – hierzu gehören auch Berufskammern wie die Landesärztekammer[1427] – unter bestimmten Voraussetzungen zur Geltendmachung von Unterlassungs- und Beseitigungsansprüchen aktivlegitimiert.[1428] Für die Aktivlegitimation von Verbänden ist zunächst Voraussetzung, dass der Verband rechtsfähig ist. Denn nur als rechtsfähiger Verband ist der Verband auch parteifähig gemäß §§ 50, 51 ZPO.

507   **b) Satzungszweck.** Weitere Voraussetzung ist, dass der Verband satzungsgemäß der Förderung gewerblicher Interessen dienen muss. Auf die wörtliche Formulierung der Satzung kommt es nicht an. Allerdings muss sich aus der Satzung zumindest ergeben, dass dies der Vereinszweck ist. Die Mitglieder des Verbandes können auch Verbraucher sein, wenn die Gefahr von Interessenkollisionen und die Beeinträchtigung der Funktionsfähigkeit des Verbandes ausgeschlossen sind.[1429] Ist der Tätigkeitsbereich des Verbandes aufgrund der Satzung nicht regional beschränkt, kann er bundesweit gegen unlautere Geschäftspraktiken vorgehen.[1430]

508   **c) Mitgliederstruktur.** Dem Verband muss eine erhebliche Zahl von Gewerbetreibenden angehören, die auf demselben Markt wie der Verletzer Waren oder Dienstleistungen gleicher oder verwandter Art vertreiben. Die erhebliche Anzahl muss der Verband belegen, ggf. durch eidesstattliche Versicherung. Die Vorlage anonymisierter Mitgliederlisten genügt nicht.[1431] Es ist grundsätzlich eine Einzelfallentscheidung, wann die von § 8 Abs. 3 Nr. 2 UWG geforderte „erhebliche Zahl" erreicht ist. Die „erhebliche Zahl" hat der BGH jedenfalls ua für einen Kfz-Händlerverband verneint, der nur einen regional bedeutsamen Wettbewerbsverstoß bekämpfen wollte und in diesem räumlichen Bereich nur über zwei Mitglieder verfügte.[1432]

509   **d) Interessenförderung.** Weiter muss der Verband seinen Zweck, gewerbliche Interessen zu fördern, auch tatsächlich erfüllen. Dies kann der Verband nur dann, wenn er die hierfür erforderlichen personellen, sachlichen und finanziellen Voraussetzungen erfüllt.[1433] Bei neu gegründeten Verbänden stellt der BGH allerdings geringere Anforderungen an die Ausstattung.[1434] Eine weitere wichtige Voraussetzung ist, dass der Verband Wettbewerbsverstöße auch tatsächlich gerichtlich verfolgt. Damit soll ausgeschlossen werden, dass die Tätigkeit nur im Versand von Abmahnschreiben besteht. Setzt der Verband die abgemahnten Ansprüche nicht durch, belegt dies, dass ihm an einer ernsten Interessensförderung seiner Mitglieder nicht gelegen ist.[1435]

510   **e) Beeinträchtigung der Mitgliederinteressen.** Schließlich müssen durch die Zuwiderhandlung Interessen der Mitglieder berührt sein. Es müssen schützenswerte Belange zumindest

---

[1427] BGH GRUR 1998, 487 = NJW 1998, 822 = WRP 1998, 172 – Professorenbezeichnung in der Arztwerbung III und *Köhler/Bornkamm* § 8 Rn. 3.64.
[1428] Vgl. *Köhler/Bornkamm* § 8 Rn. 3.30 ff.
[1429] Vgl. BGH GRUR 1983, 129 = NJW 1983, 1061 = WRP 1983, 207 – Mischverband I; *Köhler/Bornkamm* § 8 Rn. 3.44 und Harte-Bavendamm/Henning-Bodewig/Bergmann/*Goldmann* § 8 Rn. 340.
[1430] Zur Verbraucherzentrale Nordrhein-Westfalen: BGH I ZR 229/10 = NJW 2012, 1812 = GRUR 2012, 415 = WRP 2012, 467 – Überregionale Klagebefugnis.
[1431] BGHZ 131, 90 = GRUR 1996, 217 = NJW 1996, 391 = WRP 1996, 197 – Anonymisierte Mitgliederliste.
[1432] BGH GRUR 1998, 170 = NJW-RR 1998, 111 = WRP 1997, 1070 – Händlervereinigung.
[1433] Vgl. *Köhler/Bornkamm* § 8 Rn. 3.45 ff.
[1434] BGH GRUR 1998, 489 = NJW-RR 1998, 835 = WRP 1998, 42 – Unbestimmter Unterlassungsantrag III und BGH GRUR 1999, 1116 = NJW 2000, 73 = WRP 1999, 1163 – Wir dürfen nicht feiern.
[1435] Vgl. *Köhler/Bornkamm* § 8 Rn. 3.49.

eines Teils der Mitglieder berührt sein.[1436] Das ist jedenfalls immer dann der Fall, wenn Mitglieder eigene Rechte nach § 8 Abs. 3 Nr. 1 UWG geltend machen könnten. Reine Individualinteressen kann ein Verband nicht wahrnehmen.[1437] Das kann etwa unlautere vergleichende Werbung betreffen, da dadurch gerade Individualinteressen des Mitbewerbers und nicht auch Allgemeininteressen verletzt sind.[1438] Schließlich fordert § 8 Abs. 3 Nr. 2 UWG, dass die Zuwiderhandlung „die Interessen ihrer Mitglieder" und nicht lediglich eines einzelnen, von der vergleichenden Werbung betroffenen Mitglieds, berührt. Diese Einschränkung enthält § 8 Abs. 3 Nr. 4 UWG für die Kammern zwar nicht. Trotzdem ist nicht ersichtlich, weshalb die Kammern auch bei rein individuellen Verstößen, die sich gezielt (wie bei § 6 UWG gefordert) gegen einen Mitbewerber richten, anspruchsberechtigt sein sollen. Schließlich kann der betroffene Mitbewerber aus eigenem Recht Ansprüche geltend machen. Auch kann ein zur Prozessführung nicht befugter Verband nicht Ansprüche eines Mitgliedes in Prozessstandschaft verfolgen.[1439]

f) Klagebefugte Verbände, Beispiele. Wenn all diese Voraussetzungen vorliegen, sind Verbände ebenso wie Mitbewerber aktivlegitimiert. **511**

Beispiele für klagebefugte Verbände sind[1440]
- Wettbewerbszentrale,[1441]
- Deutscher Schutzverband gegen Wirtschaftskriminalität,[1442]
- Verbraucherzentrale Bundesverband.[1443]

Auch internationale Verbände sind, wenn sie die Voraussetzungen von § 8 Abs. 3 Nr. 2 **512** UWG erfüllen, aktivlegitimiert.

3. Aktivlegitimation von eingetragenen Verbraucherverbänden (§ 8 Abs. 3 Nr. 3 UWG)

§ 8 Abs. 3 Nr. 3 UWG:

Die Ansprüche aus Absatz 1 stehen zu:
...
3. qualifizierten Einrichtungen, die nachweisen, dass sie in die Liste qualifizierter Einrichtungen nach § 4 des Unterlassungsklagengesetzes[1444] oder in dem Verzeichnis der Kommission der Europäischen Gemeinschaften nach Artikel 4 der Richtlinie 98/27/EG des Europäischen Parlaments und des Rates vom 19.5.1998 über Unterlassungsklagen zum Schutz der Verbraucherinteressen (ABl. L 166, 51) eingetragen sind;

Gemäß § 8 Abs. 3 Nr. 3 UWG sind nur rechtsfähige Verbände klagebefugt, die gemäß **513** § 4 UKlaG beim Bundesamt für Justiz eingetragen sind.[1445] Eintragungsvoraussetzung gemäß § 4 Abs. 2 UKlaG ist, dass es zu den satzungsmäßigen Aufgaben des Verbandes gehört, die Interessen der Verbraucher durch Aufklärung und Beratung wahrzunehmen. Außerdem muss der Verband in dem Bereich der Verbraucheraufklärung tätige Verbände oder mindestens 75 natürliche Personen als Mitglieder haben. Verbraucherzentralen und -verbände erfüllen diese Voraussetzungen.

Der Verband muss weiter,
- satzungsgemäß Verbraucherinteressen und
- die Interessen der Verbraucher durch Aufklärung und Beratung auch tatsächlich wahrnehmen.[1446]

[1436] BGH GRUR 1991, 223 = NJW 1991, 1485 – Finnischer Schmuck.
[1437] → Rn. 502 zu § 7 Abs. 2 Nr. 2 UWG.
[1438] Kritisch Harte-Bavendamm/Henning-Bodewig/*Sack* § 6 Rn. 252.
[1439] BGH GRUR 1998, 417 = NJW 1998, 1148 = WRP 1998, 175 – Verbandsklage in Prozessstandschaft.
[1440] Vgl. *Köhler/Bornkamm* Einl. UWG Rn. 2.28 ff.
[1441] Vgl. etwa OLG Stuttgart NJW 1994, 3174.
[1442] *Köhler/Bornkamm* Einl. UWG Rn. 2.30.
[1443] *Köhler/Bornkamm* Einl. UWG Rn. 2.32.
[1444] UKlaG, Art. 3 des Gesetzes zur Modernisierung des Schuldrechts, BGBl. 2001 I 3137 (3173).
[1445] Vgl. auch die Übersicht unter https://www.bundesjustizamt.de/DE/SharedDocs/Publikationen/Verbraucherschutz/Liste_qualifizierter_Einrichtungen.pdf;jsessionid=85481A628FBA6407B0D179A365C42D F2.1_cid377?__blob=publicationFile&v=18 (21.10.2013).
[1446] Vgl. *Köhler/Bornkamm* § 8 Rn. 3.55 ff.

Sind die Voraussetzungen erfüllt, kann der Verband gegen Verstöße gegen § 3 UWG vorgehen.

4. Aktivlegitimation für besondere Auskunftsansprüche

514 Etwas verklausuliert enthält § 8 Abs. 5 UWG noch einen **Auskunftsanspruch** für die qualifizierten Einrichtungen nach § 8 Abs. 3 Nr. 3 UWG, für die Kammern nach § 8 Abs. 3 Nr. 4 sowie für Wettbewerbsverbände.

§ 8 Abs. 5 UWG:

§ 13 des Unterlassungsklagengesetzes ist entsprechend anzuwenden; in § 13 Abs. 1 und 3 Satz 2 des Unterlassungsklagengesetzes treten an die Stelle des Anspruchs gemäß § 1 oder 2 des Unterlassungsklagengesetzes die Unterlassungsansprüche nach dieser Vorschrift. Im Übrigen findet das Unterlassungsklagengesetz keine Anwendung, es sei denn, es liegt ein Fall des § 4a des Unterlassungsklagengesetz vor.

Die zur Auskunft Berechtigten können von (Mit-)Veranstaltern von Post-, Telekommunikations- oder Telemedien Auskunft über den Namen und die zustellungsfähige Anschrift von an solchen Diensten Beteiligten fordern. Voraussetzung ist ua, dass die Auskunft zur Durchsetzung eines Unterlassungsanspruchs nach § 8 Abs. 1 UWG erforderlich und anderweitig nicht zu beschaffen ist. Für Schadensersatzansprüche besteht der Auskunftsanspruch nicht.[1447] Daneben besteht ein individueller Auskunftsanspruch des Betroffenen, sofern eine Einrichtung/ein Verband/eine Kammer nicht bereits Auskunft verlangt hat.[1448]

II. Passivlegitimation

1. Haftung für eigenes und fremdes Verhalten

515 Wer eine wettbewerbswidrige Handlung selbst begeht, ist „Verletzer" und als solcher immer passivlegitimiert. Es lässt sich hier noch nach Täterschaft und Teilnahme differenzieren. Auch wenn diese Begriffe aus der verschuldensabhängigen Deliktshaftung kommen (§ 830 BGB), lassen sie sich auch auf den verschuldensunabhängigen Abwehranspruch (Unterlassung und Beseitigung nach § 8 Abs. 1 UWG) anwenden.[1449] Täter ist, wer die Zuwiderhandlung selbst oder durch einen anderen begeht (vgl. § 25 Abs. 1 StGB). Teilnehmer sind der Anstifter (vgl. § 26 StGB) und der Gehilfe[1450] (vgl. § 27 StGB). Die Stellung als Teilnehmer setzt zumindest bedingten Vorsatz voraus, der das Bewusstsein der Rechtswidrigkeit einschließen muss.[1451]

516 Der Unternehmer haftet bei **Unterlassungs- und Beseitigungsansprüchen** auch für seine Mitarbeiter und Beauftragten.[1452] Denn § 8 Abs. 2 UWG bestimmt für die Abwehransprüche:

§ 8 Abs. 2 UWG:

Werden die Zuwiderhandlungen in einem Unternehmen von einem Mitarbeiter oder Beauftragten begangen, so sind der Unterlassungsanspruch und der Beseitigungsanspruch auch gegen den Inhaber des Unternehmens begründet.

Fall „Gefälligkeit":[1453]

Der Beklagte ist ein Lohnsteuerhilfeverein. Eine Mitarbeiterin des Vereins fertigt – ohne Auftrag und Kenntnis des Vereins – für einen Geschäftsinhaber Einnahme-Überschuss-Rechnungen an. Diese enthalten den Vermerk, dass an der Erstellung die Mitarbeiterin mitgewirkt hat. Der Verein ist in diesem Vermerk genannt. Die Steuerberaterkammer sieht darin einen Wettbewerbsverstoß des Vereins.

[1447] Vgl. *Köhler/Bornkamm* § 8 Rn. 5.1.
[1448] BGH GRUR 2008, 263 = WRP 2008, 355 – SMS-Werbung.
[1449] Vgl. *Köhler/Bornkamm* § 8 Rn. 2.4.
[1450] Siehe zur Haftung eines Unternehmens, das mit Werbung rechtswidrige Internetangebote unterstützt OLG Stuttgart 2 U 161/12 = JMS-Report 2013, 84.
[1451] Vgl. BGHZ 148, 13 = GRUR 2001, 1038 = NJW 2001, 3265 = WRP 2001, 1305 – ambiente.de.
[1452] Vgl. OLG Hamburg MDR 2002, 961, wonach selbst die Entlassung eines Geschäftsführers die Wiederholungsgefahr nicht ausschließt; vgl. auch *Köhler/Bornkamm* § 8 Rn. 2.32 ff.
[1453] BGH GRUR 2007, 994 = NJW 2008, 300 = WRP 2007, 1356 – Gefälligkeit.

Die Begriffe „Mitarbeiter" und „Beauftragter" sind weit zu fassen.[1454] „Beauftragter" ist derjenige, der dergestalt in die betriebliche Organisation eingegliedert ist, „dass der Erfolg seiner Geschäftstätigkeit dem Betriebsinhaber zu Gute kommt und dieser auf das Unternehmen einen bestimmenden und durchsetzbaren Einfluss hat".[1455] Beauftragte können natürliche und juristische Personen sein. Es sind auch Erfüllungs- und Verrichtungsgehilfen. Die in § 831 BGB geregelte Möglichkeit der Exkulpation gibt es hier nicht.[1456] Wer allerdings – wenn auch im Auftrag und Interesse eines Unternehmens – als „selbstständiger Absatzmittler" im eigenen Namen und eigener Verantwortung tätig wird, für den haftet der Betriebsinhaber nicht.[1457]

„In einem Unternehmen" ist nicht örtlich, sondern funktional zu verstehen: Es genügt ein 517 innerer Zusammenhang mit dem Unternehmen. Es kommt auch nicht darauf an, ob der Unternehmer die Handlung verlangt, gefördert oder überhaupt davon gewusst hat.[1458]

Bei juristischen Personen und Personengemeinschaften können zudem ihre Organe für 518 Abwehransprüche passivlegitimiert sein.[1459] So kann etwa der gesetzliche Vertreter einer GmbH auf Unterlassung in Anspruch genommen werden, wenn er den Wettbewerbsverstoß aufgrund seines Wirkungsbereichs im Unternehmen zumindest hätte verhindern können.[1460] Fahrlässige Unkenntnis von Wettbewerbsverstößen reicht allerdings in der Regel nicht für eine Haftung des gesetzlichen Vertreters aus.[1461] Eine „automatische" Haftung des GmbH-Geschäftsführers wird man allerdings nicht annehmen können. So entschied das KG, dass der Geschäftsführer des ebenfalls in Anspruch genommenen Unternehmens nicht für Wettbewerbsverstöße freier Handelsvertreter, die im Auftrag des Unternehmens tätig wurden, haftet.[1462] Unterlässt ein Geschäftsführer jegliche Kontrolle, haftet er, weil er keinerlei Sicherung gegen wettbewerbswidriges Handeln trifft.[1463] Besonderheiten gelten dann jedoch zum Vorteil des Organs einer juristischen Person, wenn es um die Festsetzung eines Ordnungsmittels geht,[1464]

Da die Abwehransprüche höchstpersönlicher Natur sind, bleiben sie auch im Falle einer 519 Unternehmensveräußerung bestehen oder wenn der persönlich in Anspruch genommene Mitarbeiter, Beauftragte etc das Unternehmen wechselt.[1465]

Für die **Schadensersatzansprüche** nach § 9 UWG gilt die Haftungserweiterung des § 8 520 Abs. 2 UWG nicht.[1466] Der Anspruchsgegner haftet deshalb nicht für ein Verhalten eines mit ihm (zum Beispiel als Franchisenehmer) in Geschäftsbeziehung stehenden Unternehmens. Die Haftung für Unterlassungs- und Beseitigungsansprüche geht also weiter als die Haftung für Schadensersatzansprüche.[1467]

[1454] Hierzu gehört grundsätzlich auch der Franchise-Nehmer: BGH GRUR 1995, 605 = NJW 1995, 2355 = WRP 1995, 696 – Franchise-Nehmer.
[1455] BGH I ZR 174/08 (Rn. 11) = GRUR 2011, 543 = WRP 2011, 749.
[1456] Vgl. *Köhler/Bornkamm* § 8 Rn. 2.23 und 2.52.
[1457] BGH I ZR 174/08 (Rn. 14) = GRUR 2011, 543 = WRP 2011, 749.
[1458] Vgl. *Köhler/Bornkamm* § 8 Rn. 2.47.
[1459] Vgl. *Köhler/Bornkamm* § 8 Rn. 2.19; vgl. auch LG Dortmund WRP 2004, 520.
[1460] Vgl. *Köhler/Bornkamm* § 8 Rn. 2.20. Das gilt jedoch nicht ohne Weiteres auch für einen Beseitigungsanspruch, vgl. OLG Frankfurt a. M. NJW-RR 1994, 627 zur Haftung von Vorstandsmitgliedern einer Aktiengesellschaft; vgl. auch *Schrader* DB 1994, 2221 ff.
[1461] Vgl. hierzu BGHZ 117, 115 = GRUR 1992, 448 = NJW 1992, 2700 = WRP 1992, 466 – Pullovermuster, zur Haftung des Einzelhändlers, sofern dieser beim Erwerb der Ware Kenntnis von der Nachahmung des Herstellers hatte oder sich der Kenntnis bewusst verschlossen oder entzogen hatte.
[1462] Mit ausführlicher Begründung: KG 5 U 30/12 = GRUR-RR 2013, 172 = WRP 2013, 354. Das KG hat die Revision zum BGH zugelassen (I ZR 242/12).
[1463] OLG Frankfurt a. M. 6 U 92/10 = NJW-RR 2012, 1491 = GRUR-RR 2012, 36 zum „director" einer Ltd. Vgl. auch BGH I ZR 114/06 = NJW 2009, 1960 = GRUR 2009, 597 = WRP 2009, 730 – Halzband.
[1464] → Rn. 912a.
[1465] Vgl. *Köhler/Bornkamm* § 8 Rn. 2.31 und 2.53 f.
[1466] Vgl. *Köhler/Bornkamm* § 8 Rn. 2.36.
[1467] Siehe auch BGH GRUR 2001, 82 = NJW-RR 2000, 1710 = WRP 2000, 1263 (1265 f.) – Neu in Bielefeld I.

Zum Fall „Gefälligkeit":

521   Die Mitarbeiterin des Lohnsteuerhilfevereins handelte rein privat. Für private Handlungen seiner Mitarbeiter hafte ein Unternehmen jedoch nicht, stellte der BGH fest. Daran ändere auch nichts, dass Hilfeleistungen in Steuersachen in beschränktem Umfang zur Unternehmenstätigkeit des Lohnsteuerhilfevereins gehörten. Nach § 8 Abs. 2 UWG soll sich ein Unternehmensinhaber nicht hinter den von ihm abhängigen Dritten verstecken können, wenn ihm Wettbewerbshandlungen seiner Angestellten oder Beauftragten zugute kommen. Für Handlungen von Mitarbeitern in ihrem privaten Bereich gelte dieser Rechtsgedanke nicht.

2. Haftung wegen Verletzung einer wettbewerbsrechtlichen Verkehrspflicht

Fall „Werbung auf jugendgefährdenden Internetseiten":[1468]
Der Antragsteller ist ein Interessenverband des Videofachhandels. Die Antragsgegnerin bewirbt ihr Angebot mit sog Affiliate-Werbung. Bei diesem Werbemodell beteiligt sich das Unternehmen an einem Online-Netzwerk mit interessierten Werbepartnern (Affiliates). Diese schließen über einen Vermittler Werbeverträge ab. Eine Werbung für das Angebot der Antragsgegnerin wird auch auf einer Seite veröffentlicht, auf der ohne Zugangsbeschränkung nahezu ausschließlich jugendgefährdende Filme heruntergeladen werden können.

522   Bis zum UWG 2004 entschied der BGH Fälle, bei denen es um die Haftung eines Mitwirkenden ging, der nicht selbst als Täter oder Teilnehmer unmittelbar verantwortlich war, durchweg über die sogenannte „Störerhaftung". Störer ist, wer in irgendeiner Weise willentlich und adäquat kausal zur Verletzung eines geschützten Rechtsgutes beiträgt.[1469] Im Immaterialgüterrecht sind weiterhin „die Grundsätze der Störerhaftung uneingeschränkt anzuwenden".[1470] Im Wettbewerbsrecht gehört das Institut der Störerhaftung jedoch der Vergangenheit an. Sie wurde durch die vom BGH in seiner Entscheidung „Jugendgefährdende Medien bei eBay" neu entwickelte „**wettbewerbsrechtliche Verkehrspflicht**" abgelöst,[1471] worauf der BGH in seiner Entscheidung „Kinderhochstühle im Internet" ausdrücklich hinweist.[1472]

523   Demnach scheidet eine Haftung des eBay-Plattformbetreibers nach § 4 Nr. 11 UWG für Gesetzesverstöße zwar aus. Denn Täter sind die Versteigerer und nicht eBay. Die Täter haften nach §§ 3, 4 Nr. 11 UWG. Das Handeln von eBay sei aber ein „täterschaftliches Tun", so dass eBay gemäß § 3 UWG hafte. Die Haftung ergebe sich nicht aus § 1004 BGB analog, sondern aus der Verletzung einer „wettbewerbsrechtlichen Verkehrspflicht". Wer nämlich
- durch eine „Wettbewerbshandlung"[1473] (§ 2 Abs. 1 Nr. 1 UWG) ein Risiko setzt,
- daraus einen Vorteil zieht und
- die Bestimmungsgewalt über die Handelsplattform hat,

haftet für Verstöße wegen „pflichtwidrigen Unterlassens". Allerdings kann vom Plattformbetreiber nur verlangt werden, die Gefahr unlauteren Handelns „im Rahmen des Möglichen und Zumutbaren zu begrenzen". Dazu gehört auch – wie der BGH festgestellt hat – eine Prüfungspflicht, die allerdings erst durch einen konkreten Hinweis auf ein bestimmtes

---

[1468] OLG München CR 2009, 111 = BeckRS 2008, 20717 = WRP 2008, 1471. Vgl. auch OLG Stuttgart 2 U 161/12 = JMS-Report 2013, 84.

[1469] Vgl. BGH GRUR 2004, 1287 – Internet-Versteigerung I.

[1470] Ebenda; BGH NJW-RR 2008, 1136 = GRUR 2008, 702 – Internet-Versteigerung III.

[1471] BGH BGHZ 173, 188 = GRUR 2007, 890 = NJW 2008, 758 = WRP 2007, 1173 – Jugendgefährdende Medien bei eBay. Vgl. dazu auch *Köhler* GRUR 2008, 1.

[1472] BGH I ZR 139/08 = GRUR 2011, 152 = WRP 2011, 223 – Kinderhochstühle im Internet.

[1473] Da der Begriff der „Wettbewerbshandlung" durch die „geschäftliche Handlung" ersetzt wurde – → Rn. 28 ff. – kommt es auch nicht mehr darauf an, ob beim Handelnden eine Wettbewerbsabsicht vorlag. Eines Rückgriffs auf den Störerbegriff etwa für den Fall, dass der Störer ohne Wettbewerbsabsicht gehandelt hat, bedarf es deshalb nicht.

(rechtswidriges) Angebot begründet wird. Der EuGH hat allerdings gerade zu eBay festgestellt, dass der Anbieter aktiv eigene Recherchen unternehmen muss, um Rechtsverletzungen auszuschließen. Dies gilt dann, wenn der Anbieter – wie eBay – eine aktive Rolle übernimmt, zB durch Hilfestellungen bei der Präsentation des Angebots.[1474] Die wettbewerbsrechtliche Verkehrspflicht findet auch bei vorbeugenden Unterlassungsansprüchen Anwendung.[1475]

Ähnliches gilt auch für die Veranstalter von Telemedienangeboten: Zwar gelten die differenzierten Haftungsregelungen in §§ 7–10 TMG jedenfalls nicht für den Unterlassungsanspruch. Trotzdem gibt es keine generelle Haftung dieser Anbieter. Haben sie Kenntnis von dem Verstoß und können sie diesen ohne weiteres beseitigen, haften sie als Gehilfen, wenn eine solche Mitwirkung unterbleibt.[1476] **524**

Zum Fall „Werbung auf jugendgefährdenden Internetseiten":

Das OLG München nimmt eine Verletzung der wettbewerbsrechtlichen Verkehrspflicht **525** der Antragsgegnerin an: Sie habe trotz Abmahnung weiter eine Werbung auf der Internetseite zugelassen und damit die Betreiber des rechtswidrigen Internetangebots bei deren Wettbewerbsverstoß unterstützt. Die entgeltliche Werbung lasse die von den Internetseiten ausgehende wettbewerbsrechtliche Gefahr andauern – vor allem, weil sich das Internetangebot ausschließlich durch Werbung finanziere.

3. Medienhaftung

Besonderheiten für die Haftung bei Abwehransprüchen galten nach den Grundsätzen der **526** „Störerhaftung" bei der Haftung der Medien.[1477] Diese hafteten nur bei Verletzung ihrer Prüfungspflicht, die allerdings nicht überspannt werden durfte. Auch unter Berücksichtigung der BGH-Rechtsprechung zur wettbewerbsrechtlichen Verkehrspflicht bleibt es bei dieser Rechtslage: Medien müssen Werbung ausschließlich auf offensichtliche, grobe Wettbewerbsverstöße hin überprüfen.[1478] Liegt kein grober und eindeutiger, unschwer erkennbarer Wettbewerbsverstoß vor, scheidet eine Haftung der Medienunternehmen aus. Eine Haftung von Pressemitarbeitern für Schadensersatzansprüche besteht ohnehin gemäß § 9 S. 2 UWG nur bei vorsätzlichen Verstößen. Auf andere periodische Medien (journalistisch-redaktionelle Telemedien gemäß § 54 Abs. 2 RStV und Rundfunkangebote) ist § 9 Satz 2 UWG entsprechend anwendbar.[1479]

§ 9 S. 2 UWG:
Gegen verantwortliche Personen von periodischen Druckschriften kann der Anspruch auf Schadensersatz nur bei einer vorsätzlichen Zuwiderhandlung geltend gemacht werden.

Etwas anderes gilt dann, wenn die Presse aufgrund eines gegen den Werbungtreibenden **527** geführten gerichtlichen Verfahrens davon ausgehen muss, dass die Werbung rechtswidrig ist und trotzdem an der Rechtmäßigkeit der Werbemaßnahme festhält. Dann besteht zumindest ein Unterlassungsanspruch wegen der Erstbegehungsgefahr,[1480] dass die beanstandete Werbemaßnahme in Kenntnis des Wettbewerbsverstoßes nicht wiederholt veröffentlicht wird.[1481]

[1474] EuGH C-324/09 = GRUR 2011, 1025 = WRP 2011, 1129 – L'Oréal/eBay; *Lehment* WRP 2012, 149.
[1475] BGH I ZR 35/04 = BGHZ 172, 119 = NJW 2007, 2636 = GRUR 2007, 708 – Internet-Versteigerung II.
[1476] Vgl. *Köhler/Bornkamm* § 8 Rn. 2.25 ff.; vgl. auch OLG Stuttgart 2 U 161/12 = JMS-Report 2013, 84.
[1477] Vgl. *Köhler/Bornkamm* § 8 Rn. 2.13.
[1478] Vgl. BGH GRUR 1994, 841 = NJW 1994, 2827 = WRP 1994, 739 – Suchwort, BGH GRUR 1995, 751 = NJW 1995, 870 = WRP 1995, 302 – Schlussverkaufswerbung II und BGH GRUR 2006, 429 = NJW 2006, 2630 = WRP 2006, 584 – Schlank-Kapseln. Eine Haftung bejahend BGH GRUR 2006, 957 = BeckRS 2006, 09836 = WRP 2006, 1225 – Stadt Geldern.
[1479] *Köhler/Bornkamm* § 9 Rn. 2.13.
[1480] → Rn. 531.
[1481] Vgl. BGH GRUR 1995, 595 = NJW 1995, 2490 = WRP 1995, 682 – Benetton/Kinderarbeit. Das BVerfG hat die Entscheidung allerdings aufgehoben, da es in der Veröffentlichung der Anzeige keinen Wettbewerbsverstoß sah, → Rn. 116.

4. Ausländischer Anspruchsgegner

528   Hat der Anspruchsgegner seinen Sitz im Ausland, bereitet das bei einer gerichtlichen Auseinandersetzung besondere Schwierigkeiten: Es kann problematisch sein, in den Antrag die Strafandrohung gemäß § 890 ZPO aufzunehmen.[1482] Außerdem ist die Vollziehung und Vollstreckung einstweiliger Beschlussverfügungen im Ausland reichlich kompliziert.[1483]

> **Praxistipp: Anspruchsgegner im Ausland**
> Der Anwalt sollte seinen Mandanten unbedingt auf die Probleme bei der Durchsetzung des Unterlassungsanspruchs gegen ausländische Anspruchsgegner hinweisen. Nach Möglichkeit sollte man einen Verletzer in Anspruch nehmen, der in Deutschland greifbar ist – zum Beispiel Vertriebsunternehmen, Zwischenhändler oder selbstständige Niederlassungen.

III. Weitere Voraussetzungen für Abwehransprüche

1. Tatbestandsmäßigkeit

529   Ist der Anspruchsteller aktiv legitimiert, ist weitere Voraussetzung für das Bestehen eines Unterlassungs- oder Beseitigungsanspruchs die Tatbestandsmäßigkeit der Handlung gemäß § 8 Abs. 1 UWG.

> **§ 8 Abs. 1 UWG:**
> Wer eine nach § 3 oder § 7 unzulässige geschäftliche Handlung vornimmt, kann auf Beseitigung und bei Wiederholungsgefahr auf Unterlassung in Anspruch genommen werden. Der Anspruch auf Unterlassung besteht bereits dann, wenn eine derartige Zuwiderhandlung gegen § 3 oder § 7 droht.

Es muss also eine unzulässige geschäftliche Handlung gemäß § 3 UWG (in Verbindung mit den Tatbeständen in §§ 4–6 UWG) oder gemäß § 7 UWG (unzumutbare Belästigung) vorliegen.

2. Unterlassungsanspruch: Erstbegehungsgefahr und Wiederholungsgefahr

530   Weitere Voraussetzung für den Unterlassungsanspruch ist eine Begehungsgefahr.[1484] Es gibt zwei unterschiedliche Arten der Begehungsgefahr – die so genannte Erstbegehungsgefahr und die Wiederholungsgefahr.

531   **Erstbegehungsgefahr** bedeutet, dass mit einem erstmaligen Wettbewerbsverstoß unmittelbar zu rechnen ist. Das ist etwa der Fall, wenn Mitarbeiter in einer Schulung angehalten werden, entgegen § 7 Abs. 2 Nr. 2 UWG „Kaltanrufe" bei Nichtkunden zu deren Gewinnung als Kunde vorzunehmen. Ähnlich zu beurteilen ist der Fall der Berühmung – wenn sich also jemand berühmt, zu einer bestimmten Handlung berechtigt zu sein.[1485] Eine Berühmung kann auch schon in einer Erklärung zu sehen sein, die der Anspruchsgegner im Rahmen der Rechtsverteidigung in einem gerichtlichen Verfahren abgibt. Allerdings stellt es keine Berühmung dar, wenn sich der Anspruchsgegner gegen den Anspruch verteidigt und dabei die Auffassung äußert, zu dem beanstandeten Verhalten berechtigt zu sein.[1486]

> **Praxistipp: Vermeidung einer (weiteren) Abmahnung wegen Berühmung**
> Der Anspruchsgegner sollte, wenn er sein Verhalten verteidigt, sowohl außergerichtlich als auch im gerichtlichen Verfahren klar stellen, dass die Ausführungen gerade zur Verteidigung seiner Rechte erfolgen.[1487]

[1482] → Rn. 712 f.
[1483] → Rn. 833 f. und 839 ff.
[1484] Vgl. *Köhler/Bornkamm* § 8 Rn. 1.9 ff.
[1485] Vgl. *Köhler/Bornkamm* § 8 Rn. 1.27.
[1486] BGH WRP 2001, 1076 – Berühmungsaufgabe.
[1487] Vgl. zu sogenannten privilegierten Äußerungen auch *Köhler/Bornkamm* § 8 Rn. 1.110 ff.

Der weitaus häufigere Fall ist jedoch das Vorliegen einer **Wiederholungsgefahr.**[1488] Diese 532 setzt einen bereits begangenen Wettbewerbsverstoß voraus. Im Wettbewerbsprozess muss der Anspruchsteller die Wiederholungsgefahr nicht positiv darlegen und glaubhaft machen bzw. beweisen. Vielmehr wird bei einem Wettbewerbsverstoß vermutet, dass eine Wiederholungsgefahr besteht. Eine Wiederholungsgefahr besteht jedenfalls dann, wenn der Anspruchsgegner eine außergerichtlich geforderte Unterlassungs-/Verpflichtungserklärung nicht abgibt.[1489] Im Übrigen stellt der BGH in ständiger Rechtsprechung außerordentlich hohe Anforderungen an den Wegfall der Wiederholungsgefahr: Selbst die Aufgabe der Geschäftstätigkeit muss die Wiederholungsgefahr nicht entfallen lassen.[1490] Eine Gesetzesänderung, die eine umstrittene gesetzliche Regelung dahingehend abändert, dass das beanstandete Verhalten in jedem Fall unzulässig werden lässt, kann jedoch die Wiederholungsgefahr entfallen lassen.[1491]

Allerdings geht eine auf Grund des persönlichen Verhaltens des Rechtsvorgängers in sei- 533 ner Person für eigenes Verhalten begründete Wiederholungsgefahr als ein tatsächlicher Umstand nicht auf den Rechtsnachfolger über.[1492] Ebenso wenig geht die Vermutung der Wiederholungsgefahr bei einer Betriebsfortführung auf den Insolvenzverwalter über.[1493] Gleiches gilt bei einer Verschmelzung nach § 2 Nr. 1 UmwG:[1494] Wegen der mit einer Verschmelzung grundsätzlich verbundenen Veränderungen in der Art und Weise der Unternehmensführung verneint der BGH eine Wiederholungsgefahr für Handlungen von Mitarbeitern oder Beauftragte vor der Verschmelzung. Es besteht nach Auffassung des BGH auch keine Erstbegehungsgefahr. Auch bei unveränderter Fortführung des Unternehmens nach einer Verschmelzung mit den identischen handelnden Personen entfällt die Wiederholungsgefahr. Allerdings sind dann an die Begründung der Erstbegehungsgefahr keine allzu strengen Anforderungen zu stellen.[1495]

3. Beseitigungsanspruch

Zweck des Beseitigungsanspruchs ist es, die Quelle der Störung zu beseitigen. Wird etwa 534 unter Ausnützung des guten Rufs eines Dritten eine Werbeanzeige veröffentlicht, kann Gegenstand des Beseitigungsanspruches die Vernichtung aller Druckunterlagen, Reproduktionen etc. sein. Der Beseitigungsanspruch setzt voraus, dass der Störungszustand andauert[1496] und dass der Beeinträchtigte den Störungszustand nicht hinnehmen muss.

Art und Umfang der Beseitigung hängen von Art und Umfang der Beeinträchtigung ab. Um in einem Rechtsstreit einen vollstreckbaren Titel erwirken zu können, empfiehlt es sich, konkret die zur Beseitigung des Zustandes erforderlichen Maßnahmen zu fordern.

Zum Beseitigungsanspruch gehört auch der **Widerrufsanspruch.** Dieser setzt voraus, dass 535 eine unrichtige Tatsachenbehauptung aufgestellt wurde und die Beeinträchtigung durch die unrichtige Tatsachenbehauptung andauert.[1497] Ist die Behauptung nur teilweise unwahr, kommt nur eine **Richtigstellung** in Betracht.[1498]

IV. Veröffentlichungsbefugnis

Erstreitet der Verletzte ein für sich günstiges Urteil, bedeutet das noch nicht, dass er das 536 Urteil auch öffentlich – zum Beispiel durch ein Rundschreiben an seine Kunden – bekannt

---

[1488] Vgl. *Köhler/Bornkamm* § 8 Rn. 1.32 ff.
[1489] Vgl. *Köhler/Bornkamm* § 8 Rn. 1.34.
[1490] Vgl. BGH NJW-RR 2001, 485; vgl. auch *Köhler/Bornkamm* § 8 Rn. 1.40; aber auch → Rn. 715.
[1491] BGH III ZR 73/09 = BeckRS 2009, 89259.
[1492] BGH GRUR 2006, 879 = NJW-RR 2006, 1378 = WRP 2006, 1027 – Flüssiggastank.
[1493] BGH I ZR 158/07 = NJW-RR 2010, 1053 = GRUR 2010, 536 = WRP 2010, 750 – Modulgerüst II.
[1494] BGH BGHZ 172, 165 = GRUR 2007, 995 = NJW 2008, 301 = WRP 2007, 1354 – Schuldnachfolge. Kritisch *Köhler* WRP 2010, 475.
[1495] BGH III ZR 173/12 = NJW 2013, 593 = WRP 2013, 347.
[1496] BGHZ 119, 20 = GRUR 1993, 55 = NJW 1992, 2753 = WRP 1992, 700 – Tchibo/Rolex II.
[1497] Vgl. *Köhler/Bornkamm* § 8 Rn. 1.95 ff.
[1498] Vgl. BGH GRUR 1987, 397 = NJW-RR 1987, 754 = WRP 1987, 550 – Insiderwissen.

machen darf. Die Bekanntmachung kann zum Beispiel aus dem Gesichtspunkt der Behinderung des Mitbewerbers wettbewerbswidrig sein. Denkbar ist das vor allem dann, wenn das Urteil noch nicht rechtskräftig ist oder wenn es sich erst um eine (vorläufige) Entscheidung im Verfügungsverfahren handelt. Etwas anderes gilt für die gerichtliche Anordnung der Veröffentlichung. Denn unter bestimmten Voraussetzungen hat der Verletzte sogar einen Anspruch, dass der Verletzer die Öffentlichkeit über die Wettbewerbswidrigkeit seiner Handlung informiert.

1. Bekanntmachungsbefugnis gemäß § 12 Abs. 3 UWG

§ 12 Abs. 3 UWG:

Ist auf Grund dieses Gesetzes Klage auf Unterlassung erhoben worden, so kann das Gericht der obsiegenden Partei die Befugnis zusprechen, das Urteil auf Kosten der unterliegenden Partei öffentlich bekannt zu machen, wenn sie ein berechtigtes Interesse dartut. Art und Umfang der Bekanntmachung werden im Urteil bestimmt. Die Befugnis erlischt, wenn von ihr nicht innerhalb von drei Monaten nach Eintritt der Rechtskraft Gebrauch gemacht worden ist. Der Ausspruch nach Satz 1 ist nicht vorläufig vollstreckbar.

537   a) **Unterlassungsklagen.** Für Unterlassungsklagen aus UWG-Vorschriften enthält das Gesetz ausdrücklich eine Regelung zur Veröffentlichung in § 12 Abs. 3 UWG. Die Anordnung der Veröffentlichung beantragt der Verletzte bereits in seiner Unterlassungsklage. Der Beklagte kann beantragen, dass ihm im Falle der Klageabweisung eine Veröffentlichungsbefugnis zugesprochen wird.[1499] Eine Veröffentlichungsbefugnis besteht nicht, wenn die Hauptsache für erledigt erklärt wird. Denn dann gibt es kein Urteil.[1500] Es kann dann aber ein materiell-rechtlicher Veröffentlichungsanspruch bestehen.[1501] Eine Bekanntmachung ist nicht durchsetzbar, wenn es nicht um Unterlassung, sondern um Beseitigung oder Schadensersatz geht.[1502]

538   b) **Verfügungsverfahren.** Ob eine Anordnung auch im Verfügungsverfahren durch Beschluss erfolgen kann, war früher umstritten.[1503] Es spricht Einiges dafür, die Bekanntmachungsbefugnis im Verfügungsverfahren überhaupt nicht zuzulassen – auch nicht durch Urteil. § 12 Abs. 3 S. 4 UWG ist wohl so zu verstehen, dass eine Veröffentlichung nur noch bei materieller Rechtskraft in Frage kommt.[1504] Kommt es nicht mehr zu einem Hauptsacheverfahren – etwa weil eine Abschlusserklärung abgegeben wird,[1505] kann ggf. ein materiellrechtlicher Veröffentlichungsanspruch bestehen.[1506]

539   c) **Berechtigtes Interesse.** Die Anordnung soll die noch andauernden Folgen einer Rechtsverletzung beseitigen. Eine Veröffentlichung kann etwa dann in Frage kommen, wenn dies zur Beseitigung eines bereits eingetretenen oder zur Minderung eines unmittelbar drohenden Schadens erforderlich ist. Das kann der Fall sein, wenn der Verletzer Kunden des Wettbewerbers darüber informiert hat, dass der Wettbewerber zahlungsunfähig sei. Dann hat der Verletzte ein Interesse daran, dass diese Falschbehauptung wieder gegenüber dem ursprünglichen Empfängerkreis klargestellt wird. Es bedarf außerdem einer Abwägung der betroffenen Interessen. Von Bedeutung ist auch, ob die Veröffentlichung im Interesse der Allgemeinheit – etwa zur Verbraucheraufklärung – liegt.

540   d) **Art und Umfang.** Das Urteil gibt die Art der Veröffentlichung vor. Dazu gehören etwa
- Medien, in denen die Veröffentlichung zu erfolgen hat,
- Aufmachung der Veröffentlichung,
- Häufigkeit bzw. Dauer der Veröffentlichung.

[1499] Vgl. Harte-Bavendamm/Henning-Bodewig/*Retzer* § 12 Rn. 735.
[1500] Vgl. *Köhler/Bornkamm* § 12 Rn. 4.6.
[1501] → Rn. 543 f.
[1502] *Köhler/Bornkamm* § 12 Rn. 4.4, Harte-Bavendamm/Henning-Bodewig/*Retzer* § 12 Rn. 734.
[1503] Vgl. Gloy/Loschelder/Erdmann/*Spätgens* § 98 Rn. 10.
[1504] Vgl. Harte-Bavendamm/Henning-Bodewig/*Retzer* § 12 Rn. 738.
[1505] → Rn. 855 ff.
[1506] *Köhler/Bornkamm* § 12 Rn. 4.9. → Rn. 543 f.

Der Umfang bestimmt, ob etwa nur der Tenor, das ganze Urteil oder lediglich Auszüge hiervon zu veröffentlichen sind.

e) Kosten. Die Kosten sind der unterlegenen Partei aufzuerlegen. Unterbleibt dies, ist das **541** Urteil zu berichtigen (§ 319 Abs. 1 ZPO).[1507] Die Kosten sind Kosten der Zwangsvollstreckung. Ist die Bekanntmachung fehlerhaft, trägt der Verletzte die Kosten. Gleiches gilt, wenn der Verletzte die Frist versäumt hat.

f) Frist. Der Berechtigte muss innerhalb von drei Monaten ab Rechtskraft von der Veröf- **542** fentlichungsbefugnis Gebrauch machen. Er muss also alle hierfür erforderlichen Maßnahmen – zB die Erteilung eines Anzeigenauftrages – eingeleitet haben. Die Veröffentlichung selbst muss nicht erfolgt sein.

2. Veröffentlichungsanspruch gemäß §§ 823, 1004 BGB

Neben § 12 Abs. 3 UWG besteht eine Veröffentlichungsbefugnis auch aus §§ 823, 1004 **543** BGB.[1508] Denkbar ist ebenso ein Veröffentlichungsanspruch als Bestandteil eines Schadensersatzanspruches (§§ 249, 253 BGB, § 9 UWG). Auch hier stellt sich die Frage, ob der Verletzte einen Veröffentlichungsanspruch im Verfügungsverfahren durchsetzen kann. Beseitigungs- und Schadensersatzansprüche sind in der Regel nur im Hauptsacheverfahren durchsetzbar. Bei einem ganz überwiegenden Interesse des Verletzten oder der Allgemeinheit wird man jedoch einen Veröffentlichungsanspruch im Verfügungsverfahren zulassen müssen.

Wer die Veröffentlichung wem gegenüber vorzunehmen hat, richtet sich ebenfalls danach, **544** welche Maßnahme erforderlich ist. So kann es durchaus einen Unterschied machen, ob der Verletzte oder der Verletzer die Veröffentlichung vornehmen darf bzw. muss. Stellt etwa der Verletzer in einem Werberundschreiben grob unrichtige Behauptungen zum Nachteil des Verletzten auf, weiß zunächst nur der Verletzer, an welchen Adressatenkreis er das Schreiben versandt hat. Zwar kann der Verletzte insoweit einen Auskunftsanspruch geltend machen. Das ist allerdings im Verfügungsverfahren nicht möglich. Besteht jedoch wegen des besonders gravierenden Verstoßes sogar ein Anspruch auf Veröffentlichung der einstweiligen Verfügung, kann dies bei den angesprochenen Verkehrskreisen in diesem Fall am besten durch den Verletzer selbst geschehen.[1509]

V. Schadensersatzanspruch

§ 9 S. 1 UWG:
Wer vorsätzlich oder fahrlässig eine nach § 3 oder § 7 unzulässige geschäftliche Handlung vornimmt, ist den Mitbewerbern zum Ersatz des daraus entstehenden Schadens verpflichtet.

1. Verhältnis von § 9 UWG zu §§ 823 ff. BGB

Neben §§ 9, 3 UWG kann eine wettbewerbsrechtliche Handlung auch deliktisch gemäß **545** §§ 823, 826 BGB sein. Da die Voraussetzungen dieser Normen unterschiedlich sind, besteht insoweit Anspruchskonkurrenz. § 9 S. 1 UWG ist *lex specialis* zu § 823 Abs. 2 BGB. Die Rechtsfolgen sind gleich. Allerdings kann es sich gerade dann, wenn das Bestehen eines Wettbewerbsverhältnisses fraglich ist, empfehlen, die Ansprüche neben den UWG-Bestimmungen auch auf §§ 823 ff. BGB zu stützen.

2. Voraussetzungen des Schadensersatzanspruches

a) Tatbestand. Für einen Schadensersatzanspruch müssen zunächst alle Voraussetzungen **546** des gesetzlichen Tatbestands gegeben sein. Schuldner des Anspruchs ist der Verletzer – also

---

[1507] Vgl. *Köhler/Bornkamm* § 12 Rn. 4.14.
[1508] Vgl. *Köhler/Bornkamm* § 12 Rn. 4.17.
[1509] Vgl. *Köhler/Bornkamm* § 12 Rn. 4.18.

der (Mit-)Täter oder Teilnehmer, nicht jedoch, wer weisungsgebunden und ohne persönlichen Spielraum handelt.[1510] Eine Haftung für Schadensersatzansprüche wegen der Verletzung wettbewerbsrechtlicher Verkehrspflichten gibt es nicht.[1511] Im Übrigen gelten die Haftungsregeln der §§ 31, 831 und 278 BGB.[1512] Gläubiger des Anspruchs sind ausschließlich Mitbewerber.

547   **b) Rechtswidrigkeit.** Rechtswidrig ist ein Verstoß gegen UWG-Normen – insbesondere gegen § 3 iVm §§ 4–6 und gegen § 7 UWG –, wenn die Handlung unlauter ist. Für einen Schadensersatz gemäß §§ 823 ff. BGB gelten die allgemeinen zivilrechtlichen Prinzipien. Demnach wird zwischen Erfolgs- und Handlungsunrecht unterschieden, wobei zudem die Kausalität des entstandenen Schadens zur Verletzungshandlung positiv festzustellen ist.

548   **c) Verschulden.** Die unzulässige geschäftliche Handlung gemäß §§ 3 und 7 UWG muss fahrlässig oder vorsätzlich erfolgt sein. Der Vorsatz muss sich auch auf die Unlauterkeit der Handlung beziehen.[1513]

3. Feststellungsanspruch

Fall „Filialleiterfehler":[1514]

Die Parteien betreiben Verbrauchermärkte für Geräte der Unterhaltungselektronik und der Telekommunikation. Für eine Filiale bewarb die Beklagte in einer Werbebeilage ua eine Videokamera und einen Fernseher. Auf Nachfrage erklärte ein Verkäufer der Filiale, dass diese Geräte nicht vorrätig seien.

549   Der Nachweis eines konkret entstandenen Schadens[1515] durch einen Wettbewerbsverstoß ist häufig recht schwierig. Es ist deshalb zunächst naheliegend, einen Anspruch auf Feststellung eines Schadensersatzanspruchs dem Grunde nach geltend zu machen (§ 256 Abs. 1 ZPO).[1516] Der Umfang des Feststellungsanspruchs richtet sich nach dem Umfang des bereits erfolgten Wettbewerbsverstoßes. Droht ein Verstoß – besteht also lediglich Erstbegehungsgefahr und damit auch ein Unterlassungsanspruch – sind Schadensersatzansprüche (noch nicht) gegeben.[1517]

Für das Feststellungsbegehren genügt die Wahrscheinlichkeit eines Schadenseintritts. Die Anforderungen hieran sind gering: Es genügt, dass nach der Lebenserfahrung der Eintritt des Schadens in der Zukunft mit einiger Sicherheit zu erwarten ist. Einer hohen Wahrscheinlichkeit dafür bedarf es nicht.[1518]

Zum Fall „Filialleiterfehler":

550   Bewirbt ein Unternehmen nicht vorrätig gehaltene Waren, ist die Wahrscheinlichkeit eines Schadenseintritts nach Auffassung des BGH ohne Weiteres anzunehmen. Denn die Fehlvorstellung über die sofortige Mitnahmemöglichkeit der beworbenen Geräte sei geeignet, Interessenten dazu zu veranlassen, das Geschäft aufzusuchen. Dort würden sie zwar enttäuscht, wenn sie die beworbenen Geräte nicht vorfänden. Nach der Lebenserfahrung eröffne sich dadurch aber die Möglichkeit einer persönlich werbenden Ansprache in einem Maß, das sich ohne die Irreführung nicht geboten hätte. Denn es sei mit dem Zulauf von Kunden zu

---

[1510] *Köhler/Bornkamm* § 9 Rn. 1.3.
[1511] Vgl. *Köhler/Bornkamm* § 9 Rn. 1.4 mit dem Hinweis, dass jedoch ggf. eine Täterhaftung in Frage kommen kann.
[1512] Vgl. zu § 278 BGB BGH GRUR 1998, 963 = NJW 1998, 3342 = WRP 1998, 864 – Verlagsverschulden II.
[1513] Vgl. *Köhler/Bornkamm* § 9 Rn. 1.17.
[1514] BGH GRUR 2000, 907 = NJW-RR 2001, 620 = WRP 2000, 1258.
[1515] Gleich nachfolgend → Rn. 551 ff.
[1516] Vgl. hierzu Harte-Bavendamm/Henning-Bodewig/*Goldmann* § 9 Rn. 136.
[1517] Vgl. BGH GRUR 1996, 502 (507) = NJW-RR 1996, 1190 = WRP 1996, 721 – Energiekosten-Preisvergleich I und BGH GRUR 2000, 907 (910) = NJW-RR 2001, 620 = WRP 2000, 1258 – Filialleiterfehler.
[1518] Vgl. BGH GRUR 1992, 559 = NJW 1991, 2707 – Mikrofilmanlage; BGHZ 130, 205 = GRUR 1995, 744 = NJW 1995, 3177 = WRP 1995, 923 – Feuer, Eis & Dynamit I.

rechnen, die bei Kenntnis der tatsächlichen Umstände von einem Besuch abgesehen hätten. Diese könnten, einmal angelockt, auch zum Erwerb anderer Waren veranlasst werden.[1519]

4. Schadensberechnung

Schaden ist die Differenz zwischen dem gegenwärtigen und dem hypothetischen Vermö- **551** gen.[1520] Der Schaden kann umfassen
- die Kosten der (berechtigten) Rechtsverfolgung,[1521]
- den Marktverwirrungsschaden[1522] oder
- den entgangenen Gewinn (§ 252 BGB),[1523]
wobei jedoch jeweils der konkrete Schaden und die Kausalität der Verletzungshandlung für den geltend gemachten Schaden nachzuweisen sind, sofern nicht eine Schätzung nach § 287 ZPO infrage kommt. Hierfür müssen konkrete Anhaltspunkte für die Schadenshöhe vorliegen.[1524] Macht der Verletzte den entgangenen Gewinn geltend, muss er nicht nachweisen, dass ihm *bestimmte* Geschäfte entgangen sind. Denn es entspricht der Lebenserfahrung, dass dem Verletzten durch eine rechtswidrige Handlung eines Wettbewerbers ein Gewinn entgangen ist. Ahmt etwa ein Wettbewerber in rechtswidriger Weise ein Produkt eines Mitbewerbers nach, entgehen diesem Geschäfte deshalb, weil das Publikum in vielen Fällen das nachgeahmte und nicht das Originalprodukt kaufen wird. Der Schadensausgleich erfolgt grundsätzlich durch Naturalherstellung. Nur, wenn diese nicht möglich ist oder zur Entschädigung nicht ausreicht, besteht ein Ersatzanspruch in Geld (§ 249 BGB). An den Nachweis eines Schadens sind wegen § 252 S. 2 BGB und § 287 ZPO nicht zu hohe Anforderungen zu stellen.

a) **Konkrete Schadensberechnung.** Der konkrete Schaden kann darin bestehen, dass der **552** Verletzte Umsatzeinbußen erleidet, die wiederum seinen Gewinn schmälern. Es kann auch ein Marktverwirrungsschaden entstehen, der zum Beispiel nur durch erhöhte Werbeanstrengungen wieder zu beseitigen ist.[1525] Allerdings besteht ein Anspruch nur auf Ersatz derjenigen Aufwendungen, die zur Vermeidung eines weiteren Schadens oder zur Schadensbeseitigung erforderlich sind. Das können Rundschreiben an Kunden, Anzeigen in Tageszeitungen oder PR-Maßnahmen sein.[1526]

b) **Abstrakte (fiktive) Schadensberechnung.**

Fall „Objektive Schadensberechnung":[1527]

Die Klägerin ist Herstellerin von Brillen und hat für ihre Händler einen Katalog herausgegeben, der die aktuellen Brillenmodelle sowie Fotomodelle, die diese Brillen tragen, abbildet. Die Beklagte, ein Versandhandelsunternehmen, bringt einen Katalog heraus, in dem sie – ohne Genehmigung der Klägerin – zahlreiche Abbildungen aus dem klägerischen Katalog identisch übernommen hat. Die abgebildeten Brillen der Klägerin vertreibt die Beklagte auch. Die Klägerin fordert von der Beklagten wegen der ungenehmigten Nutzung der Fotos ein Drittel derjenigen Kosten, die für die Herstellung des Katalogs der Klägerin angefallen sind, da sich die Beklagte die Kosten in unlauterer Weise erspart habe. Außerdem fordert die Klägerin Feststellung der Schadensersatzverpflichtung und Auskunft einschließlich der Namen und Anschriften der Abnehmer.

[1519] Vgl. auch BGH GRUR 1996, 800 (802) = NJW 1996, 2729 = WRP 1996, 89 – EDV-Geräte.
[1520] Siehe zur Berechnung des Schadensersatzes im Markenrecht BGH GRUR 2006, 419 = NJW-RR 2006, 834 = WRP 2006, 587 – Noblesse.
[1521] Vgl. *Köhler/Bornkamm* § 9 Rn. 1.29.
[1522] *Köhler/Bornkamm* § 9 Rn. 1.30 ff.
[1523] Vgl. *Köhler/Bornkamm* § 9 Rn. 1.35.
[1524] Für eine großzügige Anwendung von § 287 ZPO sprechen sich *Harte-Bavendamm/Henning-Bodewig/ Goldmann* § 9 Rn. 6 aus.
[1525] Vgl. *Köhler/Bornkamm* § 9 Rn. 1.30 ff.
[1526] Eine detaillierte Übersicht, welche Faktoren in einer Schadensberechnung zu berücksichtigen sind, bietet die BGH-Entscheidung GRUR 2007, 431 = NJW 2007, 1524 = WRP 2007, 533 – Steckverbindergehäuse.
[1527] BGH GRUR 1995, 349 = NJW 1995, 1420 = WRP 1995, 393.

553   Bei einem Eingriff in **gewerbliche oder geistige Schutzrechte** – etwa bei der Verletzung des Urheberrechts – ist anerkannt, dass der Verletzte seinen Schaden auf dreifache Art berechnen kann. Das ist zunächst die konkrete Schadensberechnung. Er kann aber auch abstrakt

- die Zahlung einer (fiktiven) Lizenzgebühr fordern oder
- seinen Schaden nach dem Verletzergewinn berechnen.[1528]

Wählt der Verletzte die Berechnung nach einer **fiktiven Lizenzgebühr,** wird er so gestellt, als hätte er mit dem Verletzer eine Lizenzvereinbarung getroffen. Er erhält also das, was er im Falle einer tatsächlichen Vereinbarung auch erhalten hätte.[1529] Man spricht deshalb auch von einem *lizenzanalogen Schadensersatz.* Unbeachtlich ist, ob der Verletzte bei Kenntnis aller Umstände tatsächlich auch mit dem Verletzten eine Lizenzvereinbarung getroffen hätte. Ausgangspunkt für die Berechnung können der Fabrikabgabepreis des Verletzers, der Verkehrswert des verletzten Rechts oder Bekanntheit und Ruf des verletzten Zeichens sein. Stichtag für die Höhe der Lizenz ist die gerichtliche Entscheidung und nicht der Zeitpunkt der Verletzung.[1530]

Der Anspruch auf **Herausgabe des Verletzergewinns** beruht auf dem Gedanken der unechten Geschäftsführung entsprechend §§ 687 Abs. 2, 667 BGB.[1531] Die Berechnung des Verletzergewinns ist besonders schwierig, da der Verletzergewinn gerade aufgrund der Verletzungshandlung erzielt worden sein muss – und damit eine Abgrenzung zwischen dem Gewinn wegen der Verletzungshandlung und dem sonst erzielten Gewinn stattfinden muss.[1532] Steigt mit dem Gewinn des Verletzers auch der Gewinn des Verletzten, scheidet eine Herausgabe des Verletzergewinns aus. In diesem Fall ist die Herausgabe des Verletzergewinns mit dem Ausgleichsgedanken des Schadensersatzrechtes nicht vereinbar.

554   Die Wahl der Berechnungsart obliegt dem Verletzten. Voraussetzung für die abstrakte Schadensberechnung ist – neben den allgemeinen Voraussetzungen der Schadensersatzpflicht –, dass die Wahrscheinlichkeit einer tatsächlichen Schadensentstehung gegeben ist. Der Verletzte darf für den gleichen Berechnungszeitraum die Berechnungsarten nicht vermengen. Er muss sich allerdings nicht von vornherein festlegen, welche Berechnung er wählt und kann die Berechnungsart auch noch im Prozess ändern.[1533] Häufig wird der Verletzte erst durch die Auskunftserteilung durch den Verletzer die Informationen erhalten, die es ihm erlauben, die für ihn günstigste Berechnungsmethode zu wählen.

555   Bei **Wettbewerbsverstößen** gibt es regelmäßig nicht die Möglichkeit einer abstrakten Schadensberechnung.[1534] Die Herausgabe des Verletzergewinns scheitert in der Regel schon daran, dass dem vom Verletzer erzielten Umsatz nicht auch eine entsprechende Umsatzeinbuße beim Verletzer gegenüber steht. Diese kann aber für die Berechnung einer – ausnahmsweise möglichen – Lizenzanalogie von Bedeutung sein. Das entschied der BGH zur Höhe des Schadens wegen der Nachahmung von Herrenbekleidungsstücken.[1535] Hier sei nach der Lebenserfahrung auf Umsatzeinbußen des Verletzten zu schließen. Wenn auch nicht davon ausgegangen werden könne, so der BGH, dass der Umsatz des Verletzers im vollen Umfang dem Verletzten zugute gekommen wäre, sei dies jedenfalls von indizieller Bedeutung. Eine Lizenzanalogie ist demnach bei Fällen rechtswidriger Leistungsübernahmen grundsätzlich möglich.[1536]

[1528] Vgl. *Köhler/Bornkamm* § 9 Rn. 1.39.

[1529] Vgl. *Köhler/Bornkamm* § 9 Rn. 1.42; BGH GRUR 1990, 1008 = NJW-RR 1990, 1377 – Lizenzanalogie.

[1530] BGHZ 119, 20 = GRUR 1993, 55 = NJW 1992, 2753 = WRP 1992, 700 – Tchibo/Rolex II.

[1531] Vgl. *Köhler/Bornkamm* § 9 Rn. 1.45.

[1532] Vgl. auch *Lehmann* BB 1988, 1680 ff.

[1533] Vgl. BGH GRUR 1995, 349 = NJW 1995, 1420 = WRP 1995, 393 – Objektive Schadensberechnung, BGHZ 82, 299 = NJW 1982, 1154 – Kunststoffhohlprofil II; Gloy/Loschelder/Erdmann/*Melullis* § 80 Rn. 72.

[1534] Vgl. *Köhler/Bornkamm* § 9 Rn. 1.36b.

[1535] BGHZ 122, 262 = GRUR 1993, 757 = NJW 1993, 1989 = WRP 1993, 625 – Kollektion „Holiday“.

[1536] So hält das OLG Köln etwa bei einer unlauteren Nachahmung von Designertischen einen lizenzanalogen Schadensersatz von 6 % für angemessen, 6 U 171/11 = GRUR-RR 2013, 398 = WRP 2013, 1236 – Bigfoot II.

Zum Fall „Objektive Schadensberechnung":

Der BGH hat den Anspruch der Klägerin auf Zahlung einer fiktiven Lizenzgebühr wegen   556
der ungenehmigten Nutzung des Fotomaterials bejaht. Die Schadensberechnungsmethode
der Herausgabe des Verletzergewinns hat der BGH jedoch abgelehnt. Denn mit dem Verkauf der Brillen durch die Beklagte sei auch der Gewinn der Klägerin gestiegen. Deshalb
bestehe auch der geltend gemachte Auskunftsanspruch nur, soweit er zur Berechnung der
Lizenzanalogie erforderlich sei. Hierzu gehörten nicht auch Name und Anschrift der Empfänger des Katalogs.

VI. Auskunft und Rechnungslegung

Ansprüche auf Auskunft und Rechnungslegung bestehen nicht isoliert. Sie sind vom je-   557
weiligen Hauptanspruch abhängig.

1. Umfang der Ansprüche

Ein Auskunftsanspruch besteht nicht, um die Grundlagen für die Geltendmachung wett-   558
bewerbsrechtlicher Ansprüche zu schaffen. Vielmehr ist Voraussetzung, dass bereits feststeht, dass eine Handlung wettbewerbswidrig ist. Der Schadensumfang lässt sich dann
durch die Nebenansprüche auf Auskunft und Rechnungslegung konkret bestimmen.[1537] Der
Zeitpunkt, ab dem ein Schaden verlangt werden kann, ist aufgrund der neuen BGH-
Rechtsprechung nicht mehr auf den Zeitpunkt ab der ersten – dem Verletzten bekannten –
Verletzungshandlung beschränkt. Beim schuldhaften Vertrieb eines wettbewerbswidrig
nachgeahmten Produkts oder bei einer Kennzeichenverletzung hat der Verletzte einen umfassenden Auskunfts- und Schadensersatzanspruch gegen den Verletzer.[1538]

Häufig bezieht der Anspruchsteller seinen Auskunftsanspruch schematisch auf die eben-   559
falls geltend gemachten Unterlassungsansprüche und beantragt Auskunft zur beanstandeten
geschäftlichen Handlung. Unterlassungsansprüche können jedoch weiter gehen, da sie sich
nicht auf bereits erfolgte Beeinträchtigungen beschränken müssen, sondern – in bestimmten
Grenzen – auch mögliche künftige Verstöße umfassen können.[1539] Ansprüche auf Auskunft
hingegen bestehen nicht bei einer bloßen Begehungsgefahr, sondern nur bei bereits erfolgten
Beeinträchtigungen – also nur dann, wenn Wiederholungsgefahr besteht.[1540] Denn auch ein
Schadensersatzanspruch – zu dem der Auskunftsanspruch ein Hilfsanspruch ist – besteht
nur in diesem Umfang.[1541] Ein Anspruch auf Auskunftserteilung, ob der Verletzer ähnliche
Handlungen begangen hat, die neue Schadensersatzansprüche rechtfertigen könnten, besteht
nicht.[1542] Anerkannt ist aber bei bestimmten Wettbewerbsverstößen – zB der Verbreitung ge-
schäftsschädigender Äußerungen[1543] – ein Anspruch auf **Drittauskunft**. Das ist ein Anspruch
auf Auskunft über Namen und Adressen Dritter, um gegen diese einen Hauptanspruch
durchsetzen zu können.[1544]

2. Gerichtliche Geltendmachung

Im Wettbewerbsrecht gilt zu Klagen auf Auskunft und Rechnungslegung nichts anderes   560
als sonst. Diese werden im Wege der Stufenklage geltend gemacht.

[1537] Vgl. *Köhler/Bornkamm* § 9 Rn. 4.1.
[1538] BGH BGHZ 173, 269 = GRUR 2007, 877 = BeckRS 2007, 13310 = WRP 2007, 1187 – Windsor
Estate.
[1539] → Rn. 699.
[1540] Vgl. BGH GRUR 1996, 502 (507) = NJW-RR 1996, 1190 = WRP 1996, 721 – Energiekosten-
Preisvergleich I und BGH GRUR 2000, 907 (910) = NJW-RR 2001, 620 = WRP 2000, 1258 – Filialleiterfehler.
[1541] Vgl. BGH GRUR 2000, 907 (910) = NJW-RR 2001, 620 = WRP 2000, 1258 – Filialleiterfehler.
[1542] Vgl. BGHZ 78, 9 = GRUR 1980, 1105 = NJW 1980, 2801 – Das Medizinsyndikat III und *Köhler/
Bornkamm* § 9 Rn. 4.11.
[1543] BGH GRUR 1995, 427 = NJW 1995, 1965 = WRP 1995, 493 – Schwarze Liste.
[1544] Vgl. *Köhler/Bornkamm* § 9 Rn. 4.2.

Praxistipp: Beschwer bei Auskunftsverlangen

Bei einer Verurteilung zur Auskunft richtet sich die Beschwer für das Rechtsmittel nach der Höhe des Aufwands, den die Auskunftserteilung beim Betroffenen verursacht. Kann die Auskunft mit geringem Kostenaufwand erteilt werden, besteht damit in der Regel keine ausreichende Beschwer. Darauf, ob der Anspruch begründet ist, kommt es dann letztlich nicht mehr an.[1545]

Hat der Verletzer eine vollständige Auskunft erteilt, besteht ein weiterer Auskunftsanspruch nicht. Dann bleibt es nur beim Verlangen nach einer Versicherung an Eides statt (§ 261 BGB). Hierfür ist jedoch erforderlich, dass der Berechtigte die Verletzung der Sorgfaltspflicht nachweist, sofern die Sorgfaltspflichtverletzung nicht offensichtlich ist.

VII. Gewinnabschöpfung

561   Mit der UWG-Novellierung im Jahr 2004 führte der Gesetzgeber einen – aufgrund der Regelungsinhalte und deren praktischer Relevanz äußerst umstrittenen – Anspruch auf Gewinnabschöpfung ein.[1546]

§ 10 UWG:

(1) Wer vorsätzlich eine nach § 3 oder § 7 unzulässige geschäftliche Handlung vornimmt und hierdurch zu Lasten einer Vielzahl von Abnehmern einen Gewinn erzielt, kann von den gemäß § 8 Abs. 3 Nr. 2–4 zur Geltendmachung eines Unterlassungsanspruchs Berechtigten auf Herausgabe dieses Gewinns an den Bundeshaushalt in Anspruch genommen werden.

(2) Auf den Gewinn sind die Leistungen anzurechnen, die der Schuldner auf Grund der Zuwiderhandlung an Dritte oder an den Staat erbracht hat. Soweit der Schuldner solche Leistungen erst nach Erfüllung des Anspruchs nach Absatz 1 erbracht hat, erstattet die zuständige Stelle des Bundes dem Schuldner den abgeführten Gewinn in Höhe der nachgewiesenen Zahlungen zurück.

(3) Beanspruchen mehrere Gläubiger den Gewinn, so gelten die §§ 428–430 des Bürgerlichen Gesetzbuchs entsprechend.

(4) Die Gläubiger haben der zuständigen Stelle des Bundes über die Geltendmachung von Ansprüchen nach Absatz 1 Auskunft zu erteilen. Sie können von der zuständigen Stelle des Bundes Erstattung der für die Geltendmachung des Anspruchs erforderlichen Aufwendungen verlangen, soweit sie vom Schuldner keinen Ausgleich erlangen können. Der Erstattungsanspruch ist auf die Höhe des an den Bundeshaushalt abgeführten Gewinns beschränkt.

(5) Zuständige Stelle im Sinn der Absätze 2 und 4 ist das Bundesamt für Justiz.

562   Regelungen über den Verfall eines rechtswidrig erlangten Vorteiles gibt es im Straf- und Ordnungswidrigkeitenrecht in § 73 StGB und § 29a OWiG. § 10 UWG soll eine ähnlich abschreckende Wirkung entfalten und schwerwiegende Wettbewerbsverstöße verhindern. Er dient also der Prävention und nicht dem Interessenausgleich zwischen Verletzer und Verletztem.

Fall: „Veralteter Matratzentest":[1547]

Die Wettbewerbszentrale geht gegen eine Werbung mit veralteten Testergebnissen vor. Geworben wird 2004 mit einem Testergebnis „gut" von 1998. Das Testergebnis war bereits überholt. Der Verletzer stellt die Werbung auch nach einer Abmahnung nicht ein.

---

1. Aktivlegitimation

563   Den Anspruch können nur Verbände, qualifizierte Einrichtungen und Kammern gemäß § 8 Abs. 3 Nr. 2–4 UWG geltend machen.

[1545] Vgl. BGHZ 128, 85 = GRUR 1995, 701 = NJW 1995, 664 = WRP 1995, 297 – Rechtsmittelbeschwer gegen Auskunftsverurteilung.
[1546] *Alexander* WRP 2012, 1190 zum Diskussionsstand 2012.
[1547] OLG Stuttgart 2 U 58/06 = GRUR 2007, 435 = BeckRS 2007, 01968 = WRP 2007, 350.

2. Voraussetzungen

Es muss ein vorsätzlicher Verstoß gegen § 3 oder § 7 UWG vorliegen. Rechtsunkenntnis 564 schützt nicht vor Gewinnabschöpfung. Es genügt die „Parallelwertung in der Laiensphäre".[1548] Der Verletzer muss zu Lasten einer Vielzahl von Abnehmern einen Gewinn erzielen. Dieser muss gerade auf dem vorsätzlichen Wettbewerbsverstoß beruhen. Wer etwa Angebote auf zahlreichen Webseiten als „gratis" ankündigt, wohingegen mit der Anmeldung ein Abonnement mit einer Laufzeit von 24 Monaten abgeschlossen wird (sog „Abofalle"), erzielt durch die so – unlauter – abgeschlossenen Abonnements einen nach § 10 UWG abschöpfbaren Gewinn.[1549] Auf einen Wegfall der Bereicherung kann sich der Verletzer nicht berufen, da der Anspruch nach § 10 UWG kein Bereicherungsanspruch ist und im Übrigen § 818 Abs. 3 BGB wegen Bösgläubigkeit ausscheiden würde (§ 819 Abs. 1 BGB).

Abnehmer sind nicht nur Verbraucher, sondern auch alle sonstigen Marktteilnehmer, die unmittelbar vom Verletzer Waren oder Dienstleistungen beziehen.

3. Gewinnherausgabe

Herauszugeben ist der – ggf. nach Auskunft und Rechnungslegung – erzielte Gewinn ab- 565 züglich aller Leistungen, die der Verletzer in Zusammenhang mit der wettbewerbswidrigen Handlung erbringt. Das sind Individualansprüche Dritter zB auf Schadensersatz oder aus Bereicherungsrecht, Geldstrafe, Ordnungsgelder ua. Die Beweislast trägt der Verletzer.[1550] Besondere Schwierigkeiten bereitet die Ermittlung des Gewinns, der gerade auf dem Wettbewerbsverstoß beruht. Wie soll nachweisbar sein, dass ein Abnehmer gerade aufgrund einer ganz bestimmten Werbung eine Ware erwirbt? Wie ist der Gewinn zu bemessen, wenn bei mehreren Werbeaussagen zB nur eine wettbewerbswidrig ist? Es wird auch zu klären sein, ob mehrere Verbände gleichzeitig nach § 10 UWG vorgehen können. § 10 Abs. 3 UWG sieht eine Gesamtgläubigerstellung vor. Da jeder aktivlegitimierte Verband den Anspruch geltend machen kann, dürften (außer-)gerichtliche Vergleiche kaum denkbar sein. Denn wenn der Verletzer damit einen Anspruch abwehrt, droht die Geltendmachung erneut durch einen anderen Verband. Und: Kann ein Verband überhaupt zulasten der Bundeskasse auf den Anspruch nach § 10 UWG (teilweise) verzichten? Oder handelt es sich dann um einen (nichtigen!) Vertrag zulasten Dritter? Denn den Gewinn erhalten nicht die Anspruchsteller. Diese werden vielmehr für den Staatshaushalt tätig, da die heraus verlangten Gewinne dorthin abzuführen sind.[1551]

Zum Fall „Veralteter Matratzentest":

Das OLG Stuttgart nahm jedenfalls bedingten Vorsatz an, da die Beklagte nach der Abmah- 566 nung die Werbung fortgesetzt hat. Der Werbende habe eine eigene Prüfungspflicht bei Werbeangaben und könne sich nicht auf Angaben des Lieferanten berufen. Ein Schaden auf Seiten der Abnehmer sei nicht erforderlich. Die Gewinnerzielung zu Lasten von Abnehmern sei „regelmäßig" bei einer Werbung erfüllt, die über die Tragweite eines Warentestes täusche.[1552]

VIII. Verjährung der Ansprüche (§ 11 UWG)

§ 11 UWG:
(1) Die Ansprüche aus §§ 8, 9 und 12 I S. 2 verjähren in sechs Monaten.

[1548] Vgl. *Köhler/Bornkamm* § 10 Rn. 6.
[1549] OLG Frankfurt a. M. 6 U 33/09 = GRUR-RR 2010, 482 – Gewinnabschöpfung bei Kostenfallen im Internet.
[1550] Vgl. *Köhler/Bornkamm* § 10 Rn. 13.
[1551] *Alexander* WRP 2012, 1190 (1195) plädiert deshalb auch für eine Direktbegünstigung der Verbände.
[1552] Nach Rückverweisung an das LG Heilbronn (Az. 23 O 136/05) einigten sich die Parteien auf eine Zahlung von 25.000 Euro durch das beklagte Unternehmen an das Bundesamt für Justiz. Das LG Bonn GRUR 2006, 349 = BeckRS 2005, 11625 entschied allerdings rechtskräftig anders zu einer unrichtigen Werbung mit „test"-Ergebnissen, wenn diese auf Übertragungsfehlern beruhe.

(2) Die Verjährungsfrist beginnt, wenn
1. der Anspruch entstanden ist und
2. der Gläubiger von den den Anspruch begründenden Umständen und der Person des Schuldners Kenntnis erlangt oder ohne grobe Fahrlässigkeit erlangen müsste.

(3) Schadensersatzansprüche verjähren ohne Rücksicht auf die Kenntnis oder grob fahrlässige Unkenntnis in zehn Jahren von ihrer Entstehung, spätestens in 30 Jahren von der den Schaden auslösenden Handlung an.

(4) Andere Ansprüche verjähren ohne Rücksicht auf die Kenntnis oder grob fahrlässige Unkenntnis in drei Jahren von der Entstehung an.

567   Gemäß § 11 UWG verjähren wettbewerbsrechtliche Ansprüche grundsätzlich innerhalb von sechs Monaten ab Kenntnis des Verletzten bzw. grob fahrlässigen Unkenntnis von der Verletzungshandlung und der Person des Verletzers. Ohne Kenntnis und für Ansprüche außerhalb §§ 8, 9 und 12 I 2 UWG (zB die Gewinnabschöpfung nach § 10 UWG) verjähren die Ansprüche mit Ausnahme des Schadensersatzes drei Jahre nach der Verletzungshandlung. Für Schadensersatzansprüche gelten Besonderheiten. Für die Verjährung wettbewerbsrechtlicher Ansprüche gelten neben § 11 UWG die allgemeinen Verjährungsregeln des BGB zur Fristberechnung, Hemmung und zu den Rechtsfolgen bei Eintritt der Verjährung (§§ 199 ff. BGB).

1. Anwendbarkeit von § 11 UWG

568   a) **Ansprüche nach UWG.** § 11 UWG ist auf Abwehr- und Schadensersatzansprüche sowie auf die hierauf beruhenden Nebenansprüche (zum Beispiel auf Auskunft und Rechnungslegung) anwendbar. Das gilt auch für den „Gegenanspruch" des Abgemahnten, nämlich den Anspruch auf Verzicht auf die geltend gemachten Ansprüche, wenn diese nicht bestehen. Eine negative Feststellungsklage[1553] muss deshalb innerhalb der Fristen des § 11 UWG eingereicht sein.

569   Besteht ein **rechtskräftiger Unterlassungstitel,** gilt jedenfalls die 30-jährige Verjährung gemäß § 197 Abs. 1 Nr. 3 BGB. Nach *Köhler/Bornkamm* beginnt die Verjährung allerdings erst mit einer Zuwiderhandlung gegen den Unterlassungstitel zu laufen.[1554]

570   Auf **vertragliche Unterlassungsansprüche** aufgrund eines Unterlassungsvertrages ist jedoch nicht § 195 BGB, sondern die kurze Verjährung des § 11 UWG ebenfalls anwendbar.[1555] **Schadensersatzansprüche** aus wettbewerbsrechtlichen Verletzungshandlungen nach Abschluss des Unterlassungsvertrages verjähren ebenfalls gemäß § 11 UWG.[1556] Sonstige Schadensersatzansprüche – wenn kein konkurrierender UWG-Anspruch besteht – verjähren innerhalb der Fristen des § 199 Abs. 1, 2, 3 und 5 BGB. Die Verjährung des Anspruches aus § 945 Alt. 1 ZPO beginnt spätestens dann, wenn der in Anspruch Genommene ein noch nicht rechtskräftiges Urteil zu seinen Gunsten erzielt, das „in hohem Maße dafür spricht, dass die einstweilige Verfügung von Anfang an nicht gerechtfertigt war."[1557]

571   Auch der Anspruch des Verletzten auf **Ersatz seiner Abmahnkosten** nach § 12 Abs. 1 S. 2 UWG verjährt innerhalb der kurzen Frist des § 11 UWG.

Praxistipp: Verjährung des Ersatzes der Abmahnkosten

Mit der Eintragung der 6-monatigen Verjährungsfrist sollte auch notiert werden, dass die Ersatzansprüche des Verletzten ebenfalls verjähren. Denn gibt der Verletzer eine ordnungsgemäße Unterlassungserklärung ohne Kostenübernahme ab und wird deshalb die Verjährungsfrist – weil weitere Ansprüche nicht bestehen oder nicht verfolgt werden sollen – gestrichen, gerät die Verjährung des Erstattungsanspruchs leicht in Vergessenheit – vor allem dann, wenn der Anspruch zwar schon gel-

---

[1553] → Rn. 876 ff.
[1554] *Köhler/Bornkamm* § 11 Rn. 1.18.
[1555] Vgl. *Köhler/Bornkamm* § 11 Rn. 1.15.
[1556] Vgl. *Köhler/Bornkamm* § 11 Rn. 15 und BGH GRUR 1995, 678 = NJW 1995, 2788 = WRP 1995, 820 – Kurze Verjährungsfrist.
[1557] BGH NJW 2003, 2610.

tend gemacht, aber vom Verletzer noch nicht befriedigt ist. Bei Verhandlungen über die Höhe des Erstattungsanspruchs empfiehlt es sich, vorsorglich einen (ggf. zeitlich befristeten) Verzicht auf die Einrede der Verjährung zu vereinbaren. Auch wenn der Erstattungsanspruch Gegenstand des Unterlassungsvertrages ist, soll die kurze wettbewerbsrechtliche Verjährung greifen.[1558]

b) Anspruch auf Ersatz von Kosten wegen einer ungerechtfertigten Abmahnung. Scha- 572 densersatzansprüche wegen einer unbegründeten Schutzrechtsverwarnung (§ 4 Nr. 10 UWG)[1559] verjähren gemäß §§ 195, 199 I–III BGB, wenn sich die Verwarnung an einen Dritten – also etwa den Abnehmer des Verletzers – richtet.[1560] Schutzrechtsverwarnung bedeutet, dass sich der Verwarner zum Beispiel an einen Abnehmer des Wettbewerbers mit der (unrichtigen) Behauptung wendet, die Belieferung durch den Wettbewerber verstoße gegen Schutzrechte (Patent-, Muster-, Marken- oder Urheberrechte) Dritter. Die (längere) Verjährungsfrist der §§ 195, 199 I–III BGB ist daher schon wegen der in Schutzrechtssachen allgemein geltenden dreijährigen Verjährungsfrist gerechtfertigt.[1561]

Sofern im Übrigen überhaupt ein Anspruch auf Kostenerstattung wegen einer ungerechtfertigten Abmahnung besteht,[1562] verjährt dieser gemäß § 11 UWG, da hier der wettbewerbsrechtliche Aspekt im Vordergrund steht.

c) Anspruch auf Zahlung einer Vertragsstrafe. Ansprüche auf Zahlung einer Vertragsstra- 573 fe verjähren nach drei Jahren[1563] gemäß § 195 BGB.

d) Ansprüche aus Urheber- und Markenrecht sowie gemäß §§ 823 ff. BGB. Verletzt eine 574 Handlung neben den UWG-Vorschriften auch andere Gesetze, kann sich auch eine längere Verjährungsfrist ergeben.[1564] Sind zugleich Urheberrechte verletzt, gilt die urheberrechtliche Verjährungsfrist gemäß § 102 UrhG von drei Jahren. Gleiches gilt für markenrechtliche Verstöße (§ 20 Abs. 1 MarkenG).

Verstößt eine Handlung zugleich gegen §§ 823 ff. BGB, gilt Folgendes:
- Ein Verstoß auch gegen § 823 Abs. 1 BGB (zum Beispiel ein Eingriff in das Recht am eingerichteten und ausgeübten Gewerbebetrieb) unterliegt der kurzen Verjährung des § 11 UWG. Es kommt nicht darauf an, ob der Verletzte seinen Anspruch nur oder auch auf § 823 Abs. 1 BGB stützt. Es genügt, dass ein UWG-Verstoß vorliegt, damit § 11 UWG eingreift.[1565]
- Gleiches gilt auch, wenn ein Wettbewerbsverstoß zugleich ein Schutzgesetz im Sinne des § 823 Abs. 2 BGB verletzt.
- Bei einer Schädigung gemäß §§ 824, 826 BGB greift die Verjährungsregelung des § 199 Abs. 1–3 BGB.

2. Beginn der sechsmonatigen Verjährung

a) Unterlassungsanspruch. Die Verjährungsfrist beginnt zu laufen, sobald der An- 575 spruchsteller Kenntnis von der bereits abgeschlossenen Verletzungshandlung *und* der Person des Verletzers hat (vgl. auch § 199 Abs. 1, 5 BGB) oder hätte haben müssen. Im Übrigen gilt § 195 BGB. Bei jeder erneuten Verletzungshandlung beginnt auch eine neue Verjährungsfrist.[1566] Eine „fortgesetzte Handlung" mit der Folge, dass die einzelnen Teilhandlungen als

---

[1558] So etwa *Köhler/Bornkamm* § 11 Rn. 1.16 und Gloy/Loschelder/Erdmann/*Schwippert* § 83 Rn. 26.
[1559] Vgl. *Köhler/Bornkamm* § 4 Rn. 10.169 ff.
[1560] Vgl. *Köhler/Bornkamm* § 4 Rn. 10.180.
[1561] Vgl. § 102 UrhG oder § 20 MarkenG.
[1562] → Rn. 634 ff.; BGH GRUR 1997, 896 = NJW-RR 1997, 1404 = WRP 1997, 1079 – Mecki III zur Unterscheidung zwischen „Meinungsaustausch" und unberechtigter Schutzrechtsverwarnung; vgl. auch *Köhler/Bornkamm* § 4 Rn. 10.166 ff.
[1563] Vgl. *Köhler/Bornkamm* § 11 Rn. 1.15 und BGH GRUR 1992, 61 (63) – Preisvergleichsliste.
[1564] Vgl. *Köhler/Bornkamm* § 11 Rn. 1.4 ff.
[1565] Vgl. *Köhler/Bornkamm* § 11 Rn. 1.8.
[1566] Vgl. *Köhler/Bornkamm* § 11 Rn. 1.22.

einheitliche Handlung anzusehen sind, gibt es bei der zivilrechtlichen Verjährung nicht.[1567] Ob der (nur) wegen Erstbegehungsgefahr gegebene Anspruch verjährt, ist umstritten.[1568] Ist ein Unterlassungsanspruch wegen einer Verletzungshandlung bereits verjährt, begründet diese Handlung nicht die Vermutung einer Erstbegehung, da § 11 UWG sonst leer liefe. Es müssen dann neue Umstände vorliegen. Berühmt sich etwa der Verletzer – zum Beispiel im Rechtsstreit –, materiell rechtmäßig gehandelt zu haben,[1569] kann das auf einen weiteren, unmittelbar bevorstehenden Eingriff hindeuten.[1570] Es besteht dann (erneut) Begehungsgefahr. Bei einer Dauerhandlung beginnt die Frist des § 11 UWG erst mit Beendigung der Handlung.[1571] Wann eine Handlung beendet ist, ist Einzelfallentscheidung. Bei einem Werbeprospekt wären als Anknüpfungspunkte für den Beginn der Verjährung zum Beispiel der Zugang des Prospektes oder dessen Gültigkeitsdauer denkbar.[1572]

576 **b) Schadensersatzanspruch.** Die sechsmonatige Verjährung des Schadensersatzanspruches beginnt, wenn der Schaden entstanden ist und der Verletzte von dem Schaden und der Person des Verletzers Kenntnis oder grob fahrlässig Unkenntnis hat (vgl. § 199 Abs. 1 BGB).[1573] Im Übrigen gilt eine Verjährungsfrist von drei Jahren ab *Entstehen* eines Schadens und längstens von zehn Jahren ab der rechtswidrigen Handlung, auch wenn noch kein Schaden entstanden ist. Umfang und Höhe des Schadens müssen noch nicht feststehen. Ebenso genügt es, wenn bereits ein Teil des Schadens entstanden ist. Da ein Schadensersatzanspruch nur bei Verschulden des Verletzers gegeben ist, muss der Verletzte zumindest von einem Verschulden ausgehen können. Die Verjährung beginnt demnach, wenn der Verletzte „mit einigermaßen sicherer Aussicht auf Erfolg" zumindest Klage auf Feststellung eines Schadensersatzanspruches erheben kann.[1574] Für noch nicht voraussehbare Schäden beginnt die Verjährung erst ab deren Kenntnis. Für Dauerhandlungen und wiederholte Handlungen gelten die Ausführungen zum Unterlassungsanspruch entsprechend.

577 **c) Beseitigungsansprüche.** Die kurze Verjährung für Ansprüche auf Beseitigung beginnt, sobald der Verletzte Kenntnis von der Verletzungshandlung, dem Verletzer und dem fortdauernden Störungszustand erlangt hat oder hätte erlangen müssen. Die Fortdauer des Störungszustandes muss für den Verletzten zumindest vorhersehbar sein.

578 **d) Sonstige Ansprüche.** Für Nebenansprüche – insbesondere auf Auskunft und Rechnungslegung – beginnt die kurze Verjährung ebenfalls mit Kenntnis oder grob fahrlässiger Unkenntnis von der Verletzungshandlung und des Verletzers.

3. Verjährungshemmung

579 **a) Hemmung durch Vergleichsverhandlungen.** Nach § 203 BGB ist die Verjährung bei Vergleichsverhandlungen gehemmt. Das kann zum Beispiel für die Verjährung der Erstattung der Abmahnkosten Bedeutung haben, da hier § 11 UWG gilt. Denn wenn der Verletzer die Unterlassungserklärung *ohne* Anerkenntnis der Kosten abgibt, muss der Verletzte bei Verhandlungen über die Kostenerstattung nicht deren Verjährung befürchten. Die Verjährung ist gehemmt, bis der eine oder andere Teil die Fortsetzung der Vergleichsverhandlungen verweigert. Die Verjährung tritt dann frühestens drei Monate nach dem Ende der Hemmung ein.

[1567] Differenziert Harte-Bavendamm/Henning-Bodewig/*Schulz* § 11 Rn. 74 f.

[1568] Vgl. *Köhler/Bornkamm* § 11 Rn. 1.3 mit Hinweis auf die (nach *Köhler/Bornkamm* abzulehnende) geltende Rechtsprechung, wonach der vorbeugende Unterlassungsanspruch keiner Verjährung unterliegt; ebenfalls die Rechtsprechung ablehnend Harte-Bavendamm/Henning-Bodewig/*Schulz* § 11 Rn. 14 ff.

[1569] → Rn. 633.

[1570] Falls die Ausführungen nicht der Rechtsverteidigung dienen, vgl. BGHZ 14, 163 = GRUR 1955, 97 = 1954, 1682 – Constanze II und BGH GRUR 1988, 313 = NJW-RR 1988, 554 = WRP 1988, 359 – Auto F. GmbH.

[1571] Vgl. *Köhler/Bornkamm* § 11 Rn. 1.21. Ob diese Rechtsprechung wegen § 11 Abs. 2 UWG noch sachgerecht ist, bezweifle ich. Wer eine *andauernde* Beeinträchtigung trotz Kenntnis oder Kennenmüssen hinnimmt, ohne dagegen vorzugehen, ist nicht schützenswerter als jemand, der sich der Kenntnisnahme einer abgeschlossenen Verletzungshandlung grob fahrlässig verschließt.

[1572] Vgl. *Köhler/Bornkamm* § 11 Rn. 1.23.

[1573] Vgl. *Köhler/Bornkamm* § 11 Rn. 1.29.

[1574] BGH NJW 1960, 380 (381).

b) Hemmung durch Verfügungsverfahren. Gemäß § 204 Abs. 1 Nr. 9 BGB ist die Ver- 580 jährung des geltend gemachten Anspruchs mit Einreichung eines Verfügungsantrages gehemmt:[1575]

§ 204 Abs. 1 Nr. 9 BGB:

(1) Die Verjährung wird gehemmt durch

...

9. die Zustellung des Antrags auf Erlass eines Arrestes, einer einstweiligen Verfügung oder einer einstweiligen Anordnung, oder, wenn der Antrag nicht zugestellt wird, dessen Einreichung, wenn der Arrestbefehl, die einstweilige Verfügung oder einstweilige Anordnung innerhalb eines Monats seit Verkündung oder Zustellung an den Gläubiger dem Schuldner zugestellt wird.

Die erste Variante für die Hemmung der Verjährung ist die Zustellung des Antrags an den Gegner. Denn es soll vermieden werden, dass die Hemmung ohne Kenntnis des Antragsgegners eintritt.[1576] Allerdings ist der Beginn der Hemmung dann der Zeitpunkt der Einreichung (§ 270 Abs. 3 ZPO). Variante zwei: Wird der Antrag – wie häufig im Verfügungsverfahren[1577] – nicht zugestellt, kommt es auf den Zeitpunkt der Einreichung an. Allerdings steht die Hemmung dann unter der auflösenden Bedingung, dass die Verfügung innerhalb eines Monats seit Verkündung oder Zustellung an den Antragsteller dem Antragsgegner zugestellt wird. Bei einer Beschlussverfügung erfolgt keine Zustellung von Amts wegen (§§ 936, 922 Abs. 2 ZPO), so dass das Gesetz hier nur die Zustellung im Parteibetrieb meinen kann. Diese muss schon zum Zwecke der Vollziehung gemäß §§ 936, 929 Abs. 2 ZPO innerhalb Monatsfrist erfolgen.[1578]

c) Ende der Hemmung. Nach § 209 BGB wird der Zeitraum, während dessen die Verjäh- 581 rung gehemmt ist, nicht in die Verjährungsfrist eingerechnet. § 204 Abs. 2 BGB bestimmt, dass die Hemmung der Verjährung sechs Monate nach der rechtskräftigen Entscheidung[1579] oder anderweitigen Beendigung des Verfahrens endet. Mit „Rechtskraft" kann im Verfügungsverfahren nur die formelle Rechtskraft gemeint sein, da Streitgegenstand nicht der Anspruch selbst, sondern seine vorläufige Sicherung ist.[1580] Bei einem Verfügungsurteil (§ 300 ZPO) ist das unproblematisch: Ein erstinstanzliches Urteil ist rechtskräftig, wenn es mit einem ordentlichen Rechtsmittel nicht mehr anfechtbar ist.[1581] Rechtskräftig, weil nicht mehr anfechtbar, ist auch die den Antrag im Beschlusswege zurückweisende Entscheidung des Beschwerdegerichts.

Erwirkt der Antragsteller hingegen eine Beschlussverfügung, erhebt der Anspruchsgeg- 582 ner nach Zustellung (Vollziehung) nicht Widerspruch und gibt er auch trotz Aufforderung keine Abschlusserklärung ab, ist fraglich, wann nun die Verjährung eintritt. § 204 Abs. 2 S. 2 BGB regelt lediglich für den Fall des Stillstands des Verfahrens, dass dann an die Stelle der Erledigung die letzte Verfahrenshandlung der Partei, des Gerichts oder der sonst mit dem Verfahren befassten Stelle tritt. Die letzte Verfahrenshandlung wird im Verfügungsverfahren die Parteizustellung der Verfügung gemäß §§ 936, 922 Abs. 2 ZPO sein.[1582]

[1575] Diese Regelung beruht maßgeblich auf der Überlegung, dass in Wettbewerbssachen häufig nur deshalb Hauptsacheklage erhoben wurde, um den Eintritt der Verjährung zu verhindern, BT-Drs. 14/6014, 115; vgl. auch *Baronikans* WRP 2001, 121 ff. und *Maurer* GRUR 2003, 208 ff.

[1576] BT-Drs. 14/6014, 115.

[1577] → Rn. 759.

[1578] → Rn. 781 ff.

[1579] Damit ist nicht der „rechtskräftig festgestellte Anspruch" gemäß § 197 Abs. 1 Nr. 3 BGB gemeint, der erst nach 30 Jahren verjährt. Dieser betrifft nur die *materielle* Rechtskraft einer Hauptsacheentscheidung.

[1580] Vgl. Thomas/Putzo/*Seiler* vor ZPO § 916 Rn. 2. Trotzdem ist nach § 204 Abs. 1 BGB die Verjährung des *Anspruchs* gehemmt und nicht des Anspruchs auf *Sicherung.*

[1581] Vgl. Thomas/Putzo/*Seiler* ZPO § 704 Rn. 2.

[1582] Denn „Verfahrenshandlungen" im Sinne von § 204 BGB sind auch Zustellungen, vgl. Palandt/ *Ellenberger* BGB § 204 Rn. 49. *Baronikians* WRP 2001, 121. 123, schlägt vor, dass die Hemmung so lange fortbestehen soll, solange der Antragsgegner nicht mitteilt, dass er die Verfügung *nicht* als endgültige Regelung anerkennt. Zwei Monate nach der Erklärung sollte dann nach *Baronikans* die Verjährung eintreten. Wenn allerdings weder der Antragsteller den Antragsgegner zu einer Erklärung auffordert noch der Antragsgegner eine

Relevanter Zeitpunkt für die Berechnung der Verjährungsfrist ist dann der Zeitpunkt der Zustellung, da dieser Zeitpunkt beiden Parteien bekannt ist.[1583] Die Aufforderung zur Abgabe der Abschlusserklärung gehört nicht mehr zum Verfügungsverfahren, sondern ist bereits Bestandteil des Hauptsacheverfahrens[1584] – und damit nicht „letzte Verfahrenshandlung" im Verfügungsverfahren, sondern erste Verfahrenshandlung im Hauptsacheverfahren.

Praxistipp: Verjährungsfrist gemäß § 204 Abs. 2 BGB

Zur Vermeidung der Verjährung sollte umgehend nach Erlass einer Beschlussverfügung oder Verkündung eines Urteils die 6-Monats-Frist – gerechnet ab Erlass (Beschluss) bzw. Verkündung (Urteil) – notiert werden.

---

583   **d) Umfang der Verjährungshemmung.** Der Umfang der Hemmung ergibt sich aus § 204 Abs. 1 Nr. 1 BGB. Die Hauptsacheklage hemmt daher nur die Verjährung desjenigen Anspruchs, der Gegenstand der Klage ist. So hemmt etwa eine Klage auf Unterlassung nicht auch die Verjährung eines Auskunfts- oder Widerrufsanspruchs. Bei einer nur auf die konkrete Verletzungshandlung gerichteten Klage ist die Verjährung auch für im Kern gleiche Handlungen gehemmt.[1585]

4. Rechtsfolgen der Verjährung

584   Der Eintritt der Verjährung gibt dem Anspruchsgegner eine Einrede (§ 214 Abs. 1 BGB). Sie ist nicht von Amts wegen zu prüfen. Erhebt der Verletzte eine Klage nach Eintritt der Verjährung und wird die Verjährungseinrede erhoben, ist die Klage unbegründet.

Ist ein Unterlassungsanspruch bereits während eines Verfügungsverfahrens verjährt, kann der Anspruchsgegner die Verjährung im Rechtsmittelverfahren (Widerspruch, Berufung) einwenden. Ist das Verfügungsverfahren bereits rechtskräftig abgeschlossen, besteht die Möglichkeit der Aufhebung der Verfügung gemäß §§ 936, 927 ZPO.[1586] Denkbar sind auch negative Feststellungsklage oder gemäß § 926 ZPO Klageerzwingung.[1587] Teil der Anspruchsgegner dem Anspruchsteller mit, dass er im Hauptsacheverfahren Verjährung einwenden werde, würde der Anspruchsteller eine offensichtlich unbegründete Hauptsacheklage erheben. Für den Anspruchsteller empfiehlt es sich dann – schon aus Kostengründen –, keine Hauptsacheklage zu erheben. Auf Antrag des Anspruchsgegners wird die Verfügung dann gemäß § 926 Abs. 2 ZPO aufgehoben. Eine andere Möglichkeit wäre für den Anspruchsteller, auf die Rechte aus der Verfügung ausdrücklich zu verzichten und eine Übernahme der Kosten des Verfügungsverfahrens zu erklären.

Erklärung abgibt, kommt es womöglich gar nicht zum Abschluss wettbewerbsrechtlicher Verfahren. Dann müsste schon das Zivilprozessrecht geändert werden, wonach auch eine einstweilige Verfügung ohne Hauptsacheentscheidung oder Unterlassungs- bzw. Abschlusserklärung materielle Rechtskraft entfaltet – zum Beispiel dann, wenn der Antragsgegner auf eine (bislang gesetzlich nicht geregelte) Abschlusserklärung innerhalb einer bestimmten Frist nicht reagiert, die ihm nachweislich zugegangen ist. Vgl. auch Harte-Bavendamm/Henning-Bodewig/*Schulz* § 11 Rn. 105. *Maurer* benennt hingegen den Zeitpunkt, „zu dem der Beschluss gegenüber dem Gläubiger wirksam wird" (WRP 2003, 208 (211)). Das ist wohl die Aushändigung der Beschlussverfügung an den Antragsteller.

[1583] Entweder aufgrund der Mitteilung des Gerichtsvollziehers oder – bei Zustellung gemäß § 195 ZPO – anhand des vom Gegner eingetragenen Zustellungstages; vgl. auch MüKo-BGB/*Grothe* BGB § 204 Rn. 80 für Zustellungen des Gerichts. Wenn eine Zustellung der Verfügung durch den Gerichtsvollzieher misslingt, kann der relevante Zeitpunkt nur der Tag sein, an dem das Zustellungsgesuch bei der Gerichtsvollzieher-verteilerstelle – bzw. bei unmittelbarer Übersendung an den zuständigen Gerichtsvollzieher dort – eingeht.

[1584] → Rn. 856.
[1585] Zur Kerntheorie → Rn. 699 ff.
[1586] → Rn. 816 ff.
[1587] → Rn. 806 ff.

IX. Rechtsmissbrauch

1. Rechtsmissbrauch bei Unterlassungsansprüchen (§ 8 Abs. 4 UWG)

§ 8 Abs. 4 UWG:

Die Geltendmachung der in Absatz 1 bezeichneten Ansprüche ist unzulässig, wenn sie unter Berücksichtigung der gesamten Umstände missbräuchlich ist, insbesondere wenn sie vorwiegend dazu dient, gegen den Zuwiderhandelnden einen Anspruch auf Ersatz von Aufwendungen oder Kosten der Rechtsverfolgung entstehen zu lassen. In diesen Fällen kann der Anspruchsgegner Ersatz der für seine Rechtsverteidigung erforderlichen Aufwendungen verlangen. Weiter gehende Ersatzansprüche bleiben unberührt.

UWG 2013:

Sätze 3 und 4 wurden mit dem „Gesetz gegen unseriöse Geschäftspraktiken"[1588] eingefügt, um den Abgemahnten zu „ermuntern", „bei dem Verdacht einer missbräuchlichen Abmahnung anwaltliche Hilfe in Anspruch zu nehmen."[1589]

Fall „Vielfachabmahner":[1590]

Der Kläger ist Rechtsanwalt und außerdem nach seiner Behauptung mit einem Geschäftspartner in Berlin als Bauträger und Altbausanierer tätig. Er beanstandet eine Immobilienanzeige der Beklagten für ein Objekt in Rosenheim als wettbewerbswidrig. Im Jahr 1997 hat der Kläger neben der Beklagten etwa 150 wettbewerbsrechtliche Abmahnungen vorgenommen. Im Jahr 1998 waren es nach den eigenen Angaben des Klägers immer noch etwa 35 Abmahnungen. Grundlage der Abmahntätigkeit ist die Überprüfung des Immobilienteils von Tageszeitungen auf wettbewerbswidrige Anzeigen.

In § 8 Abs. 4 UWG ist für Unterlassungsansprüche ausdrücklich geregelt, dass diese dann 585 nicht geltend gemacht werden können, wenn die Geltendmachung rechtsmissbräuchlich ist. Dies ist gemäß § 8 Abs. 4 UWG vorwiegend dann der Fall, wenn die Geltendmachung von Unterlassungsansprüchen insbesondere deshalb erfolgt, um gegen den Verletzer einen Anspruch auf Ersatz von Aufwendungen oder Kosten der Rechtsverfolgung entstehen zu lassen. Es besteht dann auch kein Kostenerstattungsanspruch des Abmahnenden. Der Abgemahnte kann hingegen nunmehr wegen § 8 Abs. 4 Satz 3 UWG 2013 die ihm durch die Abwehr der rechtsmissbräuchlichen Abmahnung entstandenen Kosten ersetzt verlangen.[1591]

Rechtsmissbräuchlich kann es sein, wenn der Anspruchsteller in einem Verfahren nahezu 585a identische Unterlassungsanträge stellt, die sich auf kerngleiche Verletzungshandlungen beziehen, und es dadurch zu einer Vervielfachung des Streitwertes kommt.[1592]

§ 8 Abs. 4 UWG bezieht sich auch auf die vorgerichtliche Geltendmachung des Unterlas- 585b sungsanspruchs im Wege der Abmahnung.[1593] Rechtsmissbräuchlich ist eine Abmahnung, wenn ein Immobilienmakler mit einem Rechtsanwalt zusammenarbeitet, durch diesen auch marginale Verstöße verfolgen lässt und über die Verfahren erst informiert wird, wenn diese bereits abgeschlossen sind.[1594] Indizien für eine rechtsmissbräuchliche Abmahnung können außerdem sein:[1595]

[1588] → Rn. 415.
[1589] → BT-Drs. 17/13057, 14.
[1590] BGH GRUR 2001, 260 = NJW 2001, 371 = WRP 2001, 148. Vgl. hierzu auch zur Frage, ob ungerechtfertigte Abmahnungen wiederum gemäß § 1 UWG 1909 (jetzt §§ 3, 4 Nr. 10 UWG) wettbewerbswidrig sind (im konkreten Fall ablehnend) BGH GRUR 2001, 354 = WRP 2001, 255 – Verbandsklage gegen Vielfachabmahner, → Rn. 635.
[1591] → Rn. 634 ff.
[1592] BGH I ZR 199/10 (Rn. 19) = GRUR 2013, 307 = WRP 2013, 329 – Unbedenkliche Mehrfachabmahnung.
[1593] BGH I ZR 199/10 (Rn. 11) = GRUR 2013, 307 = WRP 2013, 329 – Unbedenkliche Mehrfachabmahnung.
[1594] Vgl. OLG Karlsruhe WRP 1986, 49.
[1595] BGH I ZR 174/10 = GRUR 2012, 730 = WRP 2012, 930 – Bauheizgerät. Siehe auch *Buchmann* WRP 2012, 1345.

- Die Vertragsstrafe soll unabhängig von einem Verschulden für jeden Fall der Zuwiderhandlung entrichtet werden.[1596]
- Die geforderte Vertragsstrafe ist im Hinblick auf den Wettbewerbsverstoß sehr hoch.[1597]
- Die vorgefertigte Unterlassungsverpflichtungserklärung ist sehr weit gefasst und umfasst auch gänzlich andere als die abgemahnten Verstöße.[1598]
- Die Abmahnung erweckt den unzutreffenden Eindruck, Unterverwerfungserklärung und Kostenerstattung gehörten zusammen, da beide gleichrangig unter derselben Ziffer der vorformulierten Erklärung aufgeführt werden.[1599]
- Als Gerichtsstand soll der Sitz der anwaltlichen Vertreter der Anspruchstellerin vereinbart werden.[1600]
- Der Abmahnende fordert überhöhte Abmahngebühren.[1601]
- Der Abmahnende spaltet eine Angelegenheit iSd § 15 RVG in mehrere Angelegenheiten auf.[1602]
- Der Abmahnende fordert eine Kostenerstattung aus einem nicht nachvollziehbar hohen Gegenstandswert.[1603]
- Der Abmahnende fordert systematisch überhöhte Vertragsstrafen.[1604]
- Der Abmahnende fordert einen Verzicht auf die Einrede des Fortsetzungszusammenhangs.[1605]

Ein Rechtsmissbrauch kann bereits bei einer einzigen Abmahnung gegeben sein, wenn hinreichende Anhaltspunkte für sachfremde Motive – wie vorstehend dargestellt – vorliegen.[1606]

586   Wenn der Abmahnende wegen § 8 Abs. 4 UWG nicht aktiv legitimiert ist, bedeutet das noch nicht, dass das Abmahnverhalten des Abmahnenden selbst wettbewerbswidrig und gemäß §§ 3, 4 UWG zu unterlassen ist. Dies ist, so der BGH,[1607] selbst wenn das beanstandete Verhalten rechtmäßig ist, nur ausnahmsweise wettbewerbswidrig. Dies gilt erst recht, wenn davon auszugehen ist, dass das abgemahnte Verhalten rechtswidrig ist. Daran ändert sich grundsätzlich auch dann nichts, wenn der Abmahnende nicht klagebefugt oder anzunehmen ist, dass die Geltendmachung des Unterlassungsanspruchs unter Berücksichtigung der gesamten Umstände iSd § 8 Abs. 4 UWG missbräuchlich ist. Ein Verlangen, ein rechtswidriges Verhalten zu unterlassen, kann nicht als wettbewerbswidrige Behinderung des abgemahnten Wettbewerbers behandelt werden, weil dieser das beanstandete Verhalten ohnehin nicht wiederholen dürfte.

586a   Allerdings stellt die Abmahnung eines dazu nicht Berechtigten (mit der zugleich erhobenen Forderung von Anwaltsgebühren) bereits als solche eine Beeinträchtigung des laufenden Geschäftsbetriebes dar, die unterblieben wäre, wenn der Abmahnende nicht zu Unrecht einen eigenen Unterlassungsanspruch geltend gemacht hätte. Eine solche Rechtsverfolgung muss aber – jedenfalls wenn tatsächlich ein Wettbewerbsverstoß vorliegt – grundsätzlich ebenso hingenommen werden wie auch sonst unbegründete Ansprüche von Wettbewerbern.

Zum Fall „Vielfachabmahner":

587   Die erhebliche Zahl der Abmahnungen des Klägers steht – so der BGH – in keinem vernünftigen wirtschaftlichen Verhältnis zu der vom Kläger behaupteten gewerblichen Tätig-

---

[1596] BGH I ZR 174/10 (Rn. 17) = GRUR 2012, 730 = WRP 2012, 930 – Bauheizgerät.
[1597] 5.100,– Euro, wenn der Inhalt einer beworbenen Garantie nicht erläutert wird, BGH I ZR 174/10 (Rn. 24) = GRUR 2012, 730 = WRP 2012, 930 – Bauheizgerät.
[1598] BGH I ZR 174/10 (Rn. 26) = GRUR 2012, 730 = WRP 2012, 930 – Bauheizgerät.
[1599] BGH I ZR 174/10 (Rn. 27) = GRUR 2012, 730 = WRP 2012, 930 – Bauheizgerät.
[1600] BGH I ZR 174/10 (Rn. 28) = GRUR 2012, 730 = WRP 2012, 930 – Bauheizgerät.
[1601] BGH I ZR 174/10 (Rn. 33) = GRUR 2012, 730 = WRP 2012, 930 – Bauheizgerät und KG 5 U 148/11 = GRUR-RR 2012, 481 = WRP 2012, 1140.
[1602] KG 5 U 148/11 = GRUR-RR 2012, 481 = WRP 2012, 1140.
[1603] KG 5 U 148/11 = GRUR-RR 2012, 481 = WRP 2012, 1140.
[1604] BGH I ZR 174/10 (Rn. 33) = GRUR 2012, 730 = WRP 2012, 930 – Bauheizgerät.
[1605] BGH I ZR 174/10 (Rn. 33) = GRUR 2012, 730 = WRP 2012, 930 – Bauheizgerät.
[1606] BGH I ZR 174/10 (Rn. 33) = GRUR 2012, 730 = WRP 2012, 930 – Bauheizgerät.
[1607] BGH GRUR 2001, 354 – Verbandsklage gegen Vielfachabmahner.

keit. Der Kläger kann auch an der Verfolgung des beanstandeten Wettbewerbsverstoßes kein nennenswertes Interesse habe. Denn der Kläger ist lediglich vereinzelt in Berlin tätig. Die Anzeige betraf jedoch eine Wohnung in Rosenheim. Die Abmahntätigkeit war daher gemäß § 13 Abs. 5 UWG 1909 (entspricht § 8 Abs. 4 Satz 1 und 2 UWG) rechtsmissbräuchlich.

2. Allgemeine BGB-Grundsätze

Für die Geltendmachung wettbewerbsrechtlicher Ansprüche gelten auch die allgemeinen 588 BGB-Grundsätze, die zu § 242 BGB entwickelt wurden. Da es sich hier um allgemeine, nicht speziell um wettbewerbsrechtliche Grundsätze handelt, wird hierauf an dieser Stelle nicht näher eingegangen.[1608]

3. Verwirkung

Eine Bedeutung auch im Wettbewerbsrecht hat allerdings der Einwand der Verwirkung 589 erlangt,[1609] der auf alle wettbewerbsrechtlichen Ansprüche anwendbar ist. Wesentliches Argument für eine Verwirkung ist insbesondere, dass der Verletzte wiederholte Verstöße eines Wettbewerbers trotz positiver Kenntnis duldet.

Denkbar wäre auch, dass der Verletzer ähnliche Wettbewerbsverstöße selbst begeht („unclean hands"). Allerdings ist der Einwand der „unclean hands" in der Regel nicht geeignet, wettbewerbsrechtliche Ansprüche zu beseitigen.[1610] Denn das Wettbewerbsrecht dient nicht lediglich dem Schutz von Einzelinteressen, sondern auch dem Schutz des Wettbewerbs als solchem. Etwas anderes gilt nur, wenn die geschäftliche Handlung *ausschließlich Individualinteressen* berührt. Das kann etwa bei einem Verstoß gegen § 4 Nr. 8 UWG der Fall sein, wenn über einen Mitbewerber unrichtig behauptet wird, er sei zahlungsunfähig und zuvor der Mitbewerber bereits seinerseits verkündet hatte, der nun Behauptende sei zahlungsunfähig geworden.

Bei der Geltendmachung von Schadensersatzansprüchen ist der Einwand der „unclean hands" jedoch durchaus denkbar, wenn der Anspruchsteller bereits durch seine eigene wettbewerbswidrige Handlung möglicherweise einen Schadensausgleich herbeiführen konnte.[1611]

4. Mehrfach-Prozesse

Rechtsmissbräuchlich kann es schließlich auch sein, wenn mehrere Gesellschaften des 590 gleichen Mutterkonzerns gerichtlich gegen einen Wettbewerber wegen desselben Verstoßes vorgehen.[1612] Auch Wettbewerbsverbände können sich rechtsmissbräuchlich verhalten, wenn sie ohne sachlichen Grund in getrennten Verfahren gegen mehrere Unternehmen wegen eines einheitlichen Wettbewerbsverstoßes – zum Beispiel in ein und derselben Anzeige – vorgehen. Wäre bei Mehrfachprozessen zumindest noch das erste Verfahren nicht rechtsmissbräuchlich, sind bei gleichzeitiger Einreichung aller Klagen hingegen alle Verfahren als rechtsmissbräuchlich anzusehen.[1613] Gleiches kann gelten, wenn der Verletzte neben dem Verfügungsverfahren sogleich ein Hauptsacheverfahren anstrengt, ohne abzuwarten, ob die Verfügung erlassen wird und ob sie der Gegner – ggf. auch nach Widerspruch und rechtskräftiger Entscheidung im Verfügungsverfahren[1614] – als endgültige Regelung akzeptiert.[1615]

[1608] Vgl. dazu etwa Palandt/*Grüneberg* § 242 Rn. 38 ff.

[1609] Vgl. *Köhler/Bornkamm* § 11 Rn. 2.13 ff.

[1610] BGHZ 162, 246 = GRUR 2005, 519 = NJW 2005, 1788 = WRP 2005, 735 – Vitamin-Zell-Komplex.

[1611] Vgl. *Köhler/Bornkamm* § 11 Rn. 2.40.

[1612] BGHZ 144, 165 = GRUR 2000, 1089 = NJW 2000, 3566 = WRP 2000, 1269 (1271 f.) – Missbräuchliche Mehrfachverfolgung; BGH GRUR 2001, 82 = NJW-RR 2000, 1710 = WRP 2000, 1263 (1265 f.) – Neu in Bielefeld I und BGH GRUR 2001, 84 = NJW-RR 2000, 1644 = WRP 2000, 1266 – Neu in Bielefeld II.

[1613] BGH GRUR 2006, 243 = NJW-RR 2006, 474 = WRP 2006, 354 – MEGA SALE.

[1614] OLG Nürnberg 3 W 1324/04 = GRUR-RR 2004, 336.

[1615] BGHZ 144, 165 = GRUR 2000, 1089 = NJW 2000, 3566 = WRP 2000, 1269 (1271 f.) – Missbräuchliche Mehrfachverfolgung; BGH GRUR 2001, 82 = NJW-RR 2000, 1710 = WRP 2000, 1263 (1265 f.) – Neu in Bielefeld I und BGH GRUR 2001, 84 = NJW-RR 2000, 1644 = WRP 2000, 1266 – Neu in Bielefeld II.

§ 11 Abmahnung und Unterlassungs-/Verpflichtungserklärung

Übersicht

A. Vorüberlegungen

591   Es empfiehlt sich, bereits vor dem Ausspruch einer Abmahnung zu klären, inwieweit **Risiken bei der gerichtlichen Durchsetzung** des geltend gemachten Unterlassungsanspruches bestehen. Denn es ist nur sinnvoll, außergerichtlich die Abgabe einer Unterlassungserklä-

rung zu fordern, wenn der Anspruchsteller die geltend gemachten Unterlassungsansprüche notfalls auch mit Gerichtshilfe weiterverfolgt. Andernfalls wird die Abmahnung zu einem zahnlosen Tiger und bewirkt lediglich, dass dem Anspruchssteller hieraus Kosten erwachsen.

Man sollte in der Regel – bei besonderer Eilbedürftigkeit zumindest mit einer Fristsetzung von wenigen Stunden – den Verletzer abmahnen, um bei einem gerichtlichen Verfahren ein sofortiges Anerkenntnis und damit die Kostenfolge des § 93 ZPO zu vermeiden. Wünscht der Anspruchsteller aufgrund eines möglichen Vorwarneffekts keine außergerichtliche Abmahnung, muss er die möglicherweise entstehenden Kostenfolgen gemäß § 93 ZPO kennen.

B. Grundlagen

Die Aufforderung eines Wettbewerbers an den Verletzer, eine wettbewerbswidrige Hand- **592** lung zu unterlassen (Abmahnung), hat im Wettbewerbsrecht eine besondere Bedeutung. Schließlich ist der Unterlassungsanspruch im Wettbewerbsrecht derjenige Anspruch, der am häufigsten geltend gemacht wird. Viele gerügte Wettbewerbsverstöße erledigen sich außergerichtlich durch eine Abmahnung.[1616] Wegen der besonderen Bedeutung der Abmahnung ist diese in § 12 Abs. 1 UWG gesetzlich normiert.

§ 12 Abs. 1 UWG:

Die zur Geltendmachung eines Unterlassungsanspruchs Berechtigten sollen den Schuldner vor der Einleitung eines gerichtlichen Verfahrens abmahnen und ihm Gelegenheit geben, den Streit durch Abgabe einer mit einer angemessenen Vertragsstrafe bewehrten Unterlassungsverpflichtung beizulegen. Soweit die Abmahnung berechtigt ist, kann der Ersatz der erforderlichen Aufwendungen verlangt werden.

Bei der Abmahnung handelt es sich um die außergerichtliche Aufforderung, eine wettbe- **593** werbswidrige Handlung zu unterlassen. Die außergerichtliche Abmahnung soll dem Verletzer die Möglichkeit geben, zur Vermeidung eines Rechtsstreits gegenüber dem Anspruchsteller zu erklären, dass er künftig die beanstandete Handlung unterlassen werde.

Die außergerichtliche Forderung einer Unterlassungs-/Verpflichtungserklärung ist für ein späteres gerichtliches Verfahren keine prozessuale Zulässigkeitsvoraussetzung. Das hat der Gesetzgeber auch mit der Formulierung deutlich gemacht, dass eine Abmahnung erfolgen *soll*. Allerdings riskiert der Wettbewerber, der ohne Abmahnung einen Verletzer in Anspruch nimmt, bei dessen sofortigem Anerkenntnis des gerichtlich geltend gemachten Anspruchs die Kostenfolge aus § 93 ZPO.[1617]

Es gibt zwei Arten von Unterlassungserklärungen, **594**
• die vertragsstrafenbewehrte Erklärung und
• die einfache, nicht strafbewehrte Erklärung.

Besteht Wiederholungsgefahr, muss die Erklärung strafbewehrt sein. Erst mit Abgabe einer solchen Erklärung entfällt die Vermutung der Wiederholungsgefahr.[1618] Die einfache Erklärung kommt in Betracht, wenn lediglich eine Erstbegehungsgefahr besteht – zum Beispiel wegen der Behauptung des Anspruchsgegners, eine (noch nicht erfolgte) Handlung sei zulässig. Denn an die Beseitigung der Erstbegehungsgefahr sind grundsätzlich weniger strenge Anforderungen zu stellen als an den Fortfall der durch die Verletzungshandlung begründeten Gefahr der Wiederholung des Verhaltens in der Zukunft. Es genügt hier daher die uneingeschränkte und eindeutige – allerdings nicht strafbewehrte – Erklärung, dass die beanstandete Handlung in der Zukunft nicht vorgenommen werde.[1619] Für den vorbeugenden Unterlassungsanspruch gilt § 12 Abs. 1 UWG entsprechend.[1620]

[1616] *Teplitzky*, Wettbewerbsrecht, 41. Kapitel Rn. 3, spricht von 90 bis 95 Prozent.
[1617] Vgl. *Köhler/Bornkamm* § 12 Rn. 1.8.
[1618] Vgl. zum Unterwerfungsvertrag *Köhler/Bornkamm* § 8 Rn. 1.34 und § 12 Rn. 1.102.
[1619] BGH I ZR 106/99 = NJW-RR 2001, 1438 = GRUR 2001, 1174 = WRP 2001, 1076 – Berühmungsaufgabe.
[1620] Vgl. *Köhler/Bornkamm* § 12 Rn. 1.6.

595   Gibt der Anspruchsgegner eine außergerichtlich geforderte Erklärung ab, kommt es zu einem **Unterwerfungsvertrag**. Darin *verpflichtet* sich der Abgemahnte – deshalb heißt es besser auch „Unterlassungs-/Verpflichtungserklärung" –, eine bestimmte Handlung zu *unterlassen*. Enthält der Vertrag ein Vertragsstrafenversprechen, ist der Verletzer verpflichtet, im Falle eines Verstoßes gegen den Unterwerfungsvertrag eine Vertragsstrafe zu bezahlen. Die Erklärung muss dem Anspruchsteller zugehen, und den Zugang muss der zur Abgabe der Erklärung Verpflichtete beweisen.[1621]

Verweigert der Abgemahnte die Abgabe der geforderten Erklärung, gibt er zur Erhebung der Klage bzw. zur Antragstellung Anlass, so dass dann die Kostenfolge des § 93 ZPO nicht eingreift. Dies setzt allerdings voraus, dass eine ordnungsgemäße Abmahnung erfolgt ist.

Die Abmahnung hat damit eine zweifache Bedeutung:
- Sie ist ein Angebot zum Abschluss eines Unterwerfungsvertrages, der ggf. auch zu besonderen Aufklärungspflichten des Verletzers führt und
- sie dient der Vermeidung der Kostenfolge aus § 93 ZPO.

596   Entbehrlich ist die Abmahnung im Hinblick auf § 93 ZPO nur dann, wenn sie
- offensichtlich erfolglos bleiben wird oder
- zu einer nicht hinnehmbaren Verzögerung führen würde.[1622]

Ersteres wäre etwa der Fall, wenn ein Mitbewerber bereits mehrfach denselben gerügten Verstoß trotz abgegebener Unterlassungserklärungen wiederholt. Der zweite Fall ist in der Regel dann gegeben, wenn beispielsweise auf Verkaufsausstellungen oder Messen Waren angeboten werden, die eine unlautere Nachahmung von Waren des Mitbewerbers darstellen. Hier bleibt häufig keine Zeit, mit Fristsetzung abzumahnen. Auch kann eine Abmahnung in diesem Fall Warncharakter haben und den Verletzer dazu anleiten, erst recht für einen beschleunigten Absatz der Ware zu sorgen.[1623] Allerdings ist die Rechtsprechung hier ausgesprochen eng,[1624] so dass selbst auf Messen eine Abmahnung unter Fristsetzung von wenigen Stunden für zumutbar gehalten wird.[1625] Hier kann eine mündliche oder fernmündliche Abmahnung ausreichend sein.[1626]

C. Form, Inhalt und Kosten der Abmahnung

I. Form

1. Schriftform

597   Eine bestimmte Form ist für Abmahnungen nicht vorgeschrieben.[1627] Allerdings empfiehlt es sich schon aus Beweiszwecken, Abmahnungen schriftlich abzufassen oder jedenfalls unter Zeugen auszusprechen.

2. Absendung und Zugang

598   Für den Zugang der Abmahnung als Angebot zur Annahme eines Unterwerfungsvertrages gelten die allgemeinen Regeln des BGB, also auch § 130 BGB (Erklärung gegenüber Abwesenden). Im Wettbewerbsrecht liegt das Zugangsrisiko allerdings in der Regel beim Verletzer.[1628] Das Risiko trägt der Verletzer auch dann, wenn die Abmahnung per E-Mail erfolgt

---

[1621] Vgl. BGH NJW 1995, 665, wonach es nicht genügt, dass die störungsfreie Absendung des Telefax bewiesen wird und keine technischen Anhaltspunkte für eine Übermittlungsstörung ersichtlich sind.
[1622] Vgl. *Köhler/Bornkamm* § 12 Rn. 1.43 ff.
[1623] Vgl. OLG Hamburg WRP 1988, 47; OLG Nürnberg WRP 1995, 427; anders: OLG Köln WRP 1984, 641.
[1624] Vgl. OLG Hamburg NJWE-WettbR 1996, 93 = WRP 1995, 1037.
[1625] Vgl. OLG Frankfurt a. M. GRUR 1995, 293.
[1626] Vgl. *Köhler/Bornkamm* § 12 Rn. 1.23.
[1627] Vgl. *Köhler/Bornkamm* § 12 Rn. 1.22.
[1628] BGH GRUR 2007, 629 = NJW 2007, 3645 = WRP 2007, 781 – Zugang des Abmahnschreibens.

und die Firewall des Verletzers den Zugang der E-Mail verhindert.[1629] Etwas anderes gilt nur dann, wenn Zugangshindernisse erkennbar sind – wie etwa Verlegung des Geschäftslokals oder Urlaubsabwesenheit des Betriebsinhabers.[1630] Zur Abwendung der Kostenfolge aus § 93 ZPO genügt für den Verletzten in der Regel der Nachweis der Absendung.[1631] Es ist dann Sache des Schuldners darzulegen und ggf. glaubhaft zu machen/zu beweisen, dass das Abmahnschreiben nicht in seinen Verantwortungsbereich gelangt ist.[1632]

3. Vollmacht

Die Frage, ob einer anwaltlichen Abmahnung eine Original-Vollmacht des Auftraggebers 599 im Hinblick auf § 174 BGB beizufügen ist, war lange streitig.[1633]. Der BGH hat den Streit entschieden: Danach ist § 174 Satz 1 BGB nicht auf die wettbewerbsrechtliche Abmahnung anwendbar. Zur Wirksamkeit der Abmahnung ist die Vorlage einer Vollmacht daher nicht erforderlich.[1634] Das bedeutet aber nicht, dass jeder Abgemahnte nun gleichsam im blinden Vertrauen auf das Vorliegen einer Vollmacht einen Unterwerfungsvertrag abschließen muss. Denn der BGH meint: Hat der Schuldner Zweifel an der Vertretungsmacht des Vertreters, kann er die Unterwerfungserklärung von der Vorlage einer Vollmachtsurkunde abhängig machen. Mit der einfachen Möglichkeit, unter Hinweis auf Zweifel an der Vertretungsmacht die Abgabe der Unterlassungserklärung zu verweigern, hätte allerdings jede Abmahnung ohne beigefügte Vollmacht das Risiko einer nicht unerheblichen Zeitverzögerung. Der Verletzte könnte sich so schon im Hinblick auf die Eilbedürftigkeit veranlasst sehen, umgehend das Verfügungsverfahren einzuleiten. Womöglich kommt es dann wegen § 93 ZPO darauf an, ob der Verletzer *berechtigte* Zweifel an der ordnungsgemäßen Bevollmächtigung hatte.

Praxistipp: Bedingte Unterlassungserklärung

Zur Vermeidung des Streites, ob die Aufforderung zur Vorlage der Vollmacht berechtigt war, bietet es sich für den Verletzer an, eine Unterlassungserklärung unter der Bedingung abzugeben, dass diese erst mit Vorlage einer (Original-)Vollmacht wirksam wird. Dann hat es ausschließlich der Verletzte in der Hand, die Bedingung eintreten zu lasen und die Unterlassungserklärung damit wirksam werden zu lassen. Erfolgt die Vorlage der Vollmachtsurkunde nicht, ist der Unterlassungsvertrag nicht zustande gekommen.

Wird außergerichtlich keine Vorlage einer Originalvollmacht gefordert, kann der Anspruchsgegner trotzdem gemäß § 80 Abs. 1 ZPO die Vorlage einer Vollmacht im Rechtsstreit fordern. Hier muss ein Original der Vollmacht vorgelegt werden, Kopien oder Telefaxe reichen hierfür nicht aus.[1635]

Praxistipp: Vorlage einer Vollmacht

Schon im Hinblick auf § 80 Abs. 1 ZPO und die unterschiedliche Auffassung der Oberlandesgerichte zur Anwendbarkeit von § 174 BGB empfiehlt es sich, einer Abmahnung eine Originalvollmacht beizufügen. Kann das Original innerhalb weniger Stunden nicht beschafft werden, sollte die Abmahnung
• mit der Faxkopie der Vollmacht vorab per Telefax und
• nach Eingang der Original-Vollmacht per Post
dem Anspruchsgegner übersandt werden.

[1629] LG Hamburg 312 O 142/09 = BeckRS 2010, 02690.
[1630] Vgl. BGH GRUR 2007, 629 = NJW 2007, 3645 = WRP 2007, 781 – Zugang des Abmahnschreibens und OLG Köln WRP 1989, 47.
[1631] Vgl. etwa OLG Köln GRUR 1984, 142.
[1632] Vgl. Gloy/Loschelder/Erdmann/*Schwippert* § 84 Rn. 33.
[1633] Vgl. dazu *Pfister* WRP 2002, 799 und *Busch* GRUR 2006, 477.
[1634] BGH I ZR 140/08 (Rn. 15) = NJW-RR 2011, 335 = GRUR 2010, 1120 = WRP 2010, 1495 – Vollmachtsnachweis.
[1635] Vgl. BGHZ 126, 266 = NJW 1994, 2298 = WRP 1994, 765 – Vollmachtsnachweis.

II. Inhalt

600   Nur eine ordnungsgemäße Abmahnung setzt eine in der Abmahnung enthaltene Frist in Lauf und beseitigt das Kostenrisiko aus § 93 ZPO.[1636] Ist die Frist zu kurz bemessen, setzt die Abmahnung eine angemessene Frist in Lauf.[1637]

> **Praxistipp: Formulierung des Verbotes**
>
> Bereits bei der Formulierung der Abmahnung sollte man berücksichtigen, dass die geforderte Unterlassung möglicherweise Gegenstand eines gerichtlichen Verfahrens sein wird. Die Abmahnung sollte inhaltlich also dem entsprechen, was sich später auch gerichtlich durchsetzen lässt.[1638] Ist zwar der gerichtlich formulierte Unterlassungsantrag durchsetzbar, während der außergerichtlich geltend gemachte Unterlassungsanspruch nicht durchsetzbar gewesen wäre, kann sich der Verletzer möglicherweise darauf berufen, nicht ordnungsgemäß abgemahnt worden zu sein.[1639] Das kann im Falle eines sofortigen Anerkenntnisses eine für den Anspruchsteller nachteilige Kostenfolge haben (§ 93 ZPO).

1. Konkrete Verletzungshandlung, gleichartige Verstöße

601   **a) Bezeichnung der Verletzungshandlung.** Gegenstand der Unterlassungsaufforderung ist grundsätzlich die konkrete Verletzungshandlung, die der Anspruchsteller in seiner Abmahnung auch konkret bezeichnen muss. Es ist nicht Aufgabe des Abgemahnten, aus einer ganz allgemein formulierten Abmahnung herauszufiltern, welchen Verstoß der Abmahnende im Einzelnen rügt. Lässt die Abmahnung nicht erkennen, welcher Verstoß konkret abgemahnt werden soll, trägt der Abmahnende bei gerichtlicher Geltendmachung das Kostenrisiko aus § 93 ZPO.

602   **b) Rechtliche Begründung und vorbereitete Unterlassungserklärung.** Eine rechtliche Begründung ist nicht erforderlich. Der Anspruchsteller muss der Abmahnung auch keine bereits vorformulierte Unterlassungserklärung beifügen.[1640] In der Praxis bewährt es sich allerdings, die Abgabe einer vorformulierten Erklärung zu fordern. Zum einen lassen sich dadurch Missverständnisse vermeiden, welche Verletzungshandlung beanstandet wird. Zum anderen entsteht kein Zeitverlust dadurch, dass der Anspruchsgegner versucht, den Anspruchsteller mit einer selbst formulierten Unterlassungserklärung zufrieden zu stellen, die die Wiederholungsgefahr nicht in ausreichender Weise ausschließt – etwa, weil sie nicht oder nicht ausreichend strafbewehrt ist.

603   **c) Formulierung der vorbereiteten Unterlassungserklärung.** In der Praxis hat es sich nicht nur bewährt, zur Vermeidung eines Streits über den Umfang und Inhalt der Abmahnung eine Unterlassungs-/Verpflichtungserklärung vorzuformulieren, sondern diese dem Anschreiben gesondert beizufügen.

> **Praxistipp: Vorbereitete Unterlassungserklärung**
>
> Eine vorbereitete Unterlassungserklärung sollte allerdings keinen Inhalt haben, der auf eine rechtsmissbräuchliche Abmahnung schließen lässt.[1641] Um jeden Eindruck zu vermeiden, man habe dem Abgemahnten eine für ihn besonders ungünstige und für den Abmahnenden besonders günstige Erklärung unterschieben wollen, empfiehlt es sich, die vorbereitete Erklärung lediglich als Entwurf anzubieten.

[1636] Vgl. zum Inhalt einer Abmahnung auch *Köhler/Bornkamm* § 12 Rn. 1.12 ff.
[1637] BGH GRUR 1990, 381 = NJW 1990, 1905 = WRP 1990, 276 – Antwortpflicht des Abgemahnten.
[1638] → Rn. 695 ff.
[1639] Vgl. *Köhler/Bornkamm* § 12 Rn. 1.18.
[1640] Vgl. *Köhler/Bornkamm* § 12 Rn. 1.16.
[1641] → Rn. 585b.

Der Verletzer hat dann die Möglichkeit, die vorbereitete Erklärung – auch wenn sie ihm lediglich als „Entwurf" unterbreitet wurde – zu unterzeichnen und zurückzusenden. wobei das Abmahnschreiben im Übrigen ohne weiteren Aufwand in seinem Besitz verbleiben kann. Zu berücksichtigen ist, dass AGB-Regelungen[1642] auch auf Unterlassungsforderungen Anwendung finden können.[1643] Hierauf sollte man bei der Formulierung des Abmahnschreibens und der vorbereiteten Unterlassungserklärung ebenfalls achten. So kann etwa die formelhafte Aufnahme des Verzichts auf die Einrede des Fortsetzungszusammenhangs rechtsmissbräuchlich[1644] und wegen Verstoßes gegen § 307 Abs. 2 Nr. 1 BGB unwirksam sein.[1645]

Eine strafbewehrte Unterlassungs-/Verpflichtungserklärung besteht in der Regel aus vier **604** Teilen:[1646]
- Der erste Teil beschreibt die Parteien – Anspruchsteller und Anspruchsgegner.
- Der zweite Teil beschreibt die Verletzungshandlung, die Gegenstand der Unterlassung ist und künftig unterlassen werden soll.
- Der dritte Teil enthält die Strafbewehrung und
- der vierte Teil die Verpflichtung des Verletzers, die durch die Abmahnung entstandenen – in der Regel anwaltlichen – Kosten zu tragen.

Eine **zu weit gefasste Abmahnung** ist grundsätzlich unschädlich, da diese im Kern auch **605** die konkrete Verletzungshandlung erfasst.[1647] Ein Unterlassungsverlangen, das sich auf gleichartige Verletzungen – also nicht nur auf die konkret angegriffene Verletzungshandlung – bezieht, ist ebenso zulässig. Wer etwa mit einer irreführenden Preisreduzierung für ein Produkt wirbt (§ 5 Abs. 4 UWG), muss nicht nur bezüglich des konkret bekannt gewordenen Einzelfalles – also bezogen auf das konkrete Produkt – abgemahnt werden. Der Mitbewerber kann auch eine umfassende Erklärung fordern, wonach künftig jedwede irreführende Preiswerbung zu unterbleiben hat.[1648]

Wenn die geforderte **Vertragsstrafe** – vor allem nach Auffassung des Anspruchsgegners – **606** nicht angemessen ist, bleibt die Abmahnung trotzdem wirksam.[1649] Es obliegt dann dem Anspruchsgegner, ggf. den Abschluss eines Unterlassungsvertrages mit einer niedrigeren Vertragsstrafe anzubieten.[1650]

2. Aufforderung zur Abgabe einer strafbewehrten Unterlassungserklärung

Weiter hat die Abmahnung bei Wiederholungsgefahr die Aufforderung zur Abgabe einer **607** *strafbewehrten* Unterlassungserklärung zu enthalten.[1651] Strafbewehrt bedeutet, dass im Falle eines Verstoßes gegen die Unterlassungserklärung eine Vertragsstrafe verwirkt ist. Diese kann entweder in der Unterlassungserklärung bereits der Höhe nach bestimmt sein (... verpflichtet sich, es bei Meidung einer Vertragsstrafe in Höhe von 6.000 Euro für jeden Fall der Zuwiderhandlung ...)[1652] oder dem so genannten „Hamburger Brauch" entsprechen. Hier wird keine Vertragsstrafe der Höhe nach benannt, sondern in das Ermessen des Verletzten gestellt, wobei die Höhe der dann vom Verletzten geforderten Vertragsstrafe auf ihre Angemessenheit hin gerichtlich überprüft werden kann.[1653]

[1642] §§ 305 ff. BGB.

[1643] Vgl. noch zum AGBG BGH BGHZ 121, 13 = NJW 1993, 721 = WRP 1993, 240 – Fortsetzungszusammenhang.

[1644] → Rn. 585b.

[1645] BGH BGHZ 121, 13 = NJW 1993, 721 = WRP 1993, 240 (242) – Fortsetzungszusammenhang.

[1646] → Muster „Unterlassungs-/Verpflichtungserklärung" im Anhang.

[1647] Vgl. BGH NJW 1989, 1545 = GRUR 1989, 445 – Professorenbezeichnung in der Arztwerbung I.

[1648] Zur Formulierung des Antrags → Rn. 700 ff.

[1649] Sofern die geforderte Vertragsstrafe nicht zur Rechtsmissbräuchlichkeit der Abmahnung führt, → Rn. 585b.

[1650] → Rn. 627 f.

[1651] Die Rechtsprechung der Oberlandesgerichte ist hier allerdings uneinheitlich. Beispielsweise verlangt das OLG München eine solche Aufforderung, vgl. OLG München WRP 1981, 601.

[1652] Allerdings mit der Möglichkeit der gerichtlichen Überprüfung deren Höhe gemäß § 343 BGB. Für Kaufleute → § 348 HGB und Rn. 644.

[1653] Vgl. Harte-Bavendamm/Henning-Bodewig/*Brüning* § 12 Rn. 202. Vgl. zur Vertragsstrafe auch *Köhler/Bornkamm* § 12 Rn. 1.138 ff. → Muster „Unterlassungs-/Verpflichtungserklärung" im Anhang.

> **Praxistipp: Höhe der geforderten Vertragsstrafe**
>
> Aufgrund der Streitwertgrenze von § 23 Nr. 1 GVG empfiehlt es sich, eine Vertragsstrafe zu fordern, die *über* 5.000 Euro liegt.[1654] Diese eröffnet die Möglichkeit, einen Rechtsstreit über die Zahlung der Vertragsstrafe vor den Landgerichten zu führen. Die gesetzliche Regelung zur Zuständigkeit der Landgerichte in § 13 Abs. 1 UWG greift hier nicht: Es handelt sich bei einem Verstoß gegen den Unterlassungsvertrag um einen vertraglichen Anspruch und nicht um einen Anspruch nach UWG.[1655]

608   Eine Vertragsstrafe „für jeden Fall der Zuwiderhandlung" bedeutet noch nicht, dass damit die Einrede des Fortsetzungszusammenhangs ausgeschlossen ist.[1656] Das ist dann ggf. Frage der Vertragsauslegung.

3. Fristsetzung und Androhung eines gerichtlichen Verfahrens

609   Mit der Aufforderung zur Abgabe einer Unterlassungserklärung muss eine Fristsetzung verbunden sein, wobei die Länge der Frist vom Einzelfall abhängt.[1657] Schon im Hinblick auf die für ein Verfügungsverfahren erforderliche Dringlichkeit empfiehlt es sich, entsprechend kurze Fristen zu setzen. Dies ist im Wettbewerbsbereich durchaus üblich. Fristen von einer Woche und sogar von wenigen Tagen sind angemessen. Wird keine angemessene Frist gesetzt, wird die Abmahnung dadurch nicht unwirksam. Es wird lediglich eine angemessene Frist in Gang gesetzt.[1658] Bei einer zu kurzen Frist besteht das Kostenrisiko gemäß § 93 ZPO, wenn innerhalb der dann in Lauf gesetzten angemessenen Frist ein Verfahren eingeleitet wird und in diesem Verfahren der Verletzer den Anspruch sofort anerkennt.

> **Praxistipp: Risiko kurzer Fristen**
>
> Der Anspruchsteller sollte deshalb in jedem Fall berücksichtigen, dass die Kostenfolge aus § 93 ZPO droht, wenn er eine außergewöhnlich kurze Frist setzt.

610   Schließlich muss eine Abmahnung auch – wenn auch nicht ausdrücklich – gerichtliche Schritte androhen,[1659] wobei die Art des Verfahrens – Verfügungs- oder Hauptsacheverfahren – offen bleiben kann. Damit macht der Anspruchsteller dem Verletzer die Ernsthaftigkeit der Abmahnung deutlich.

> **Praxistipp: Androhung gerichtlicher Schritte und Anwaltskosten**
>
> Auch in der Formulierung der Androhung gerichtlicher Schritte steckt Konfliktpotenzial: Formuliert der abmahnende Anwalt: „Wenn die geforderte Erklärung nicht abgegeben wird, haben wir bereits jetzt Klageauftrag", fällt bei Abgabe der Unterlassungserklärung nur eine 0,8-Gebühr gemäß Nr. 3101 VV RVG an. Häufig wird der Anwalt noch keinen Klageauftrag haben und deshalb formulieren: „Wenn die geforderte Erklärung nicht abgegeben wird, werden wir unserer Mandantschaft empfehlen, unverzüglich Gerichtshilfe in Anspruch zu nehmen." Bei Abgabe der Erklärung fällt dann zumindest eine 1,3-Mittelgebühr (Nr. 2300 VV zu § 2 Abs. 2 RVG) an.[1660]

[1654] Sofern die geforderte Vertragsstrafe nicht zur Rechtsmissbräuchlichkeit der Abmahnung führt, → Rn. 585b.

[1655] → Rn. 686a.

[1656] Sofern diese Einrede überhaupt noch greift, siehe Rn. 628, Rn. 646 ff. und zum etwaigen Rechtsmissbrauch → Rn. 585b.

[1657] Vgl. *Köhler/Bornkamm* § 12 Rn. 1.19.

[1658] Vgl. BGH GRUR 1990, 381 = NJW 1990, 1905 – Antwortpflicht des Abgemahnten und OLG Hamburg GRUR 1995, 836.

[1659] Vgl. *Köhler/Bornkamm* § 12 Rn. 1.21.

[1660] → Rn. 617 und *Köhler/Bornkamm* § 12 Rn. 1.94 sowie *Hirsch/Traub* WRP 2004, 1226 ff.

4. Besondere Anforderungen an die Abmahnung durch Verbände gemäß § 8 Abs. 3 Nr. 2 und 3 UWG

Verbände müssen spätestens im Rechtsstreit nachweisen, dass ihnen eine erhebliche An- **611** zahl von Gewerbetreibenden angehört, die Waren oder Dienstleistungen auf demselben Markt vertreiben.[1661] Hierzu gehört ua, dass der abmahnende Verband seine Mitglieder namentlich benennt, damit der Abgemahnte die Mitgliederangaben und das Vorliegen der Aktivlegitimation überprüfen kann. Benennt ein Verband seine Mitglieder nicht gleich in der Abmahnung und weist er auch nicht auf Entscheidungen in ähnlich gelagerten Fällen hin, aus denen sich seine Aktivlegitimation ergibt, kann der Abgemahnte nicht ohne Aufwand die Rechtmäßigkeit der Abmahnung überprüfen. Er sollte deshalb den Verband auffordern, die Mitglieder zu benennen und für den Fall, dass sich hieraus gemäß § 8 Abs. 3 UWG ein Recht zur Abmahnung ergeben sollte, auch die Abgabe einer (strafbewehrten) Unterlassungserklärung ankündigen. Kommt der Verband der Aufforderung nicht nach und macht die Ansprüche trotzdem gerichtlich geltend, trägt er das Kostenrisiko aus § 93 ZPO.

III. Kosten und Gegenstandswert

1. Kosten

War die Abmahnung gerechtfertigt, besteht auch ein Kostenerstattungsanspruch.[1662] Das **612** ist ausdrücklich in § 12 Abs. 1 S. 2 UWG geregelt. Ein Erstattungsanspruch besteht auch, wenn der Gläubiger mehr fordert, als ihm zusteht. Denn es ist Sache des Schuldners, aufgrund der Abmahnung die zur Beseitigung der Wiederholungsgefahr erforderliche Erklärung abzugeben.[1663] Dann besteht jedoch nur der Anspruch auf die Erstattung anteiliger Abmahnkosten.[1664] Nimmt der Anspruchsteller jedoch eine falsche Person in Anspruch, trägt der Anspruchsteller die Kosten auch dann, wenn der Verletzer durch sein Verhalten die Gefahr der falschen Inanspruchnahme geschaffen hat.[1665] Stellt die Herbeiführung der Gefahr einer falschen Inanspruchnahme selbst einen Wettbewerbsverstoß dar, muss der Verletzer für die Kosten hingegen einstehen.[1666]

Ein Anspruch auf Erstattung der Kosten eines externen Anwalts besteht auch dann, wenn **613** das abmahnende Unternehmen über eine eigene Rechtsabteilung verfügt.[1667] Etwas anderes kann gelten, wenn es für das Unternehmen weniger Aufwand erfordert, die Abmahnung abzufassen und die Unterwerfungserklärung vorzubereiten, als einen Rechtsanwalt zu informieren und zu instruieren.[1668]

Gibt der Abgemahnte außergerichtlich die Unterlassungserklärung ab, jedoch ohne Aner- **614** kenntnis der Kostentragungspflicht, verbleibt nur noch der Weg einer Kostenklage.[1669] Die vorbehaltlose Abgabe einer Unterlassungserklärung stellt kein Anerkenntnis der Kostenerstattungspflicht dar[1670] – auch nicht, wenn die Erklärung nicht ausdrücklich „ohne Anerkenntnis einer Rechtspflicht" abgegeben wird.[1671] Ein Urteil zum Unterlassungsanspruch hat auch keine bindende Wirkung (§ 322 Abs. 1 ZPO) für einen Rechtsstreit über die Ab-

---

[1661] Vgl. *Köhler/Bornkamm* § 8 Rn. 3.42.

[1662] Sonst nicht, vgl. OLG Frankfurt a. M. WRP 1991, 326 und Gloy/Loschelder/*Erdmann* § 92 Rn. 3.

[1663] BGH GRUR 2007, 607 = BeckRS 2007, 08697 = WRP 2007, 775 – Telefonwerbung für „Individualverträge".

[1664] BGH I ZR 149/07 (Rn. 49 ff.) = GRUR 2010, 744 = WRP 2010, 1023- Sondernewsletter.

[1665] BGH GRUR 1988, 313 = WRP 1988, 359 – Auto F. GmbH.

[1666] So der BGH zu einem Internetangebot eines Steuerrechts-Dachverbandes, der eine „Mitgliederliste" mit Personen veröffentlicht hatte, die überwiegend keine „Mitglieder" und deshalb für den Wettbewerbsverstoß nicht verantwortlich waren: GRUR 2007, 631 = NJW 2007, 3645 = WRP 2007, 783 – Abmahnaktion.

[1667] BGH GRUR 2008, 928 = NJW 2008, 2651 = WRP 2008, 1188 – Abmahnkostenersatz.

[1668] BGHZ 127, 348 = NJW 1995, 446.

[1669] Bei markenrechtlichem Bezug ist auch § 140 MarkenG zu beachten.

[1670] OLG Celle 13 U 57/12 = GRUR-RR 2013, 177 = WRP 2013, 208.

[1671] BGH I ZR 219/12 = GRUR 2013, 1252 = WRP 2013, 1582 – Medizinische Fußpflege.

mahnkosten.[1672] In dem Kostenrechtsstreit muss der Anspruchsteller daher darlegen und beweisen, dass
- die Abmahnung materiell-rechtlich berechtigt war,
- die Kosten tatsächlich entstanden und
- in der geltend gemachten Höhe (Gegenstandswert und in Ansatz gebrachte Gebühren) auch berechtigt sind.[1673]

Hat der Anspruchsteller bereits die Rechnung seines Anwalts beglichen, kann er sogleich auf Zahlung klagen, anderenfalls auf Freistellung. Lehnt der Abgemahnte jedoch ernsthaft und endgültig die Übernahme der Kosten ab, kann der Anspruchsteller Schadensersatz in Höhe der Anwaltskosten verlangen.[1674]

Praxistipp: Risiko eines Kostenrechtsstreits

Ein Kostenrechtsstreit birgt durchaus Risiken. Der Anspruchsteller sollte deshalb bereits im Vorfeld der Abmahnung bedenken, dass zwar grundsätzlich ein Erstattungsanspruch bei einer berechtigten Abmahnung besteht, dieser jedoch notfalls – wenn der abgemahnte Verletzer nicht zur Kostentragung bereit ist – im Wege einer Kostenklage geltend zu machen ist.

---

615   Keinen Anspruch auf Kostenerstattung gibt es bei einer sog „Schubladenverfügung". Eine „Schubladenverfügung" liegt vor, wenn der Anspruchsteller eine Beschlussverfügung erwirkt und erst dann – mit der Verfügung in der Hinterhand – eine Abmahnung ausspricht. Bei einer „Schubladenverfügung" sind die Abmahnkosten weder nach § 12 Abs. 1 UWG noch nach GoA erstattungsfähig.[1675] Das KG sieht in der Aufforderung des Anspruchstellers, eine Kostenerstattung zu leisten, während er die bereits erlassene Schubladenverfügung verschweigt, einen möglichen Betrug nach § 263 StGB.[1676]

616   Für **Verbände** ist anerkannt, dass sie eine Abmahnpauschale fordern dürfen. Diese entsteht in voller Höhe auch dann, wenn das Unterlassungsbegehren nur teilweise begründet war.[1677] Die Wettbewerbszentrale macht einen Erstattungsanspruch von netto 205,00 Euro zzgl. 7 % Umsatzsteuer geltend.[1678] Anwaltskosten erhalten Verbände nur dann erstattet, wenn sie diese für die Rechtsverfolgung für erforderlich halten durften. Das ist dann nicht der Fall, wenn ein Wettbewerbsverband nach einer selbst ausgesprochenen Abmahnung ein zweites Mal – nachdem keine Reaktion des Abgemahnten erfolgt ist – durch einen Rechtsanwalt abmahnen lässt.[1679] Bei Wettbewerbsvereinen und Fachverbänden ist zudem zu berücksichtigen, dass sie in der Regel personell so ausgestattet sein müssen, dass sie ohne Hinzuziehung eines außenstehenden Anwalts Wettbewerbsverstöße verfolgen können.

617   Die **Kosten eines Anwalts** betragen in der Regel eine 1,3- bis 1,5-Geschäftsgebühr gemäß Nr. 2300 VV.[1680] Gibt der Abgemahnte die Erklärung nicht ab und obsiegt der Anspruchsteller im gerichtlichen Verfahren, erfolgt im Kostenfestsetzungsverfahren eine anteilige **Anrechnung** der Verfahrensgebühr auf die außergerichtlich entstandene Geschäftsgebühr (Vorb. 3 Abs. 4 VV). Wird – wie dies regelmäßig geschieht, um einen vollstreckbaren Titel über einen höheren Erstattungsbetrag zu erhalten – die Verfahrensgebühr in voller Höhe

---

[1672] BGH I ZR 45/11 (Rn. 35 f.) NJW 2012, 3577 = GRUR 2012, 949 = WRP 2012, 1986 – Missbräuchliche Vertragsstrafe.

[1673] Ist der Anspruchsteller zum Vorsteuerabzug berechtigt, kann er nur den Nettobetrag geltend machen, vgl. OLG Hamburg GRUR-RR 2008, 370 und LG Düsseldorf (Az. 40 330/01) BeckRS 2009, 06676.

[1674] Siehe dazu im Einzelnen OLG Hamm I-4 U 134/12 (Rn. 66 ff.) = BeckRS 2012, 25117.

[1675] BGH I ZR 216/07 = GRUR 2010, 257 = WRP 2010, 258 – Schubladenverfügung.

[1676] 5 W 175/11 = NJW-RR 2012, 370 = GRUR-RR 2012, 134.

[1677] OLG Frankfurt a. M. WRP 1991, 326.

[1678] Vgl. *Köhler/Bornkamm* § 12 Rn. 1.98; vgl. auch BGH NJW-RR 1990, 102 = WRP 1990, 255 – Wettbewerbsverein IV.

[1679] BGH I ZR 47/09 = NJW 2010, 1208 = GRUR 2010, 354 = WRP 2010, 525- Kräutertee.

[1680] Vgl. *Günther* WRP 2009, 118. *Köhler/Bornkamm* § 12 Rn. 1.94 sowie *Hirsch/Traub* WRP 2004, 1226 ff. halten wohl eine 1,3-Gebühr für angemessen. Gloy/Loschelder/*Erdmann* § 92 Rn. 10 halten eine Überschreitung des 1,3-Schwellenwertes etwa dann für gerechtfertigt, wenn es um einen Verstoß nach §§ 3, 4 Nr. 11 UWG in Verbindung mit einer Spezialvorschrift geht.

festgesetzt, besteht ein außergerichtlicher Erstattungsanspruch nurmehr in Höhe der entsprechend zu reduzierenden Geschäftsgebühr.[1681]

Praxistipp: Keine Anrechnung bei Vergütungsvereinbarung

Eine Anrechnung scheidet aber aus, wenn der Abmahnende mit seinem Rechtsanwalt eine Vergütungsvereinbarung getroffen hat. Dann entsteht nämlich keine *gesetzliche* Geschäftsgebühr, die anzurechnen wäre.[1682] Es ist unbeachtlich, ob ein Pauschal- oder ein Stundenhonorar vereinbart wurde.[1683]

Weiter kann eine Vergleichsgebühr anfallen, wenn der Abgemahnte eine andere als die ge- **617a**
forderte Erklärung abgibt und der Abmahnende diese Erklärung – beraten von seinem Anwalt – akzeptiert. Bittet der Abgemahnte etwa um Gewährung einer Aufbrauchfrist für Kataloge, deren Inhalt abgemahnt wurde und gewährt sie der Abmahnende, ist ein Vergleich zustande gekommen.

Praxistipp: Formulierung des Kostenerstattungsanspruchs

Da in einem außergerichtlichen Abmahnverfahren mehrere Gebühren anfallen können, empfiehlt es sich, in der Unterlassungsaufforderung nur die Höhe des Streitwertes, nicht jedoch die zum Zeitpunkt der Abmahnung allein angefallene Geschäftsgebühr aufzunehmen.[1684] Da der Abgemahnte die Kosten möglicherweise erstatten muss, sollte er bedenken, mit welchen Aktionen er (weitere) Kosten auslöst und auch die weiteren Kosten ggf. in eine vergleichsweise Regelung einbeziehen.

Die Kosten des abmahnenden Anwalts können auch in einem darauffolgenden gericht- **617b**
lichen UWG-Verfahren ähnlich den Kosten des Mahnanwaltes im gerichtlichen Mahnverfahren geltend gemacht werden.[1685] Zinsen fallen allerdings gem. § 247 BGB lediglich in Höhe von 5 Prozentpunkten über dem Basiszinssatz an. Denn die Abmahnung ist kein Rechtsgeschäft, so dass § 288 Abs. 2 BGB keine Anwendung findet.[1686]

Zu beachten ist schließlich, dass der Kostenerstattungsanspruch der kurzen Verjährung gemäß § 11 UWG unterliegt.[1687]

2. Gegenstandswert

Der Anspruchsteller nimmt in der von ihm vorformulierten Erklärung in der Regel **618**
auf, aus welchem Gegenstandswert der Abgemahnte die entstandenen Kosten tragen soll.[1688] Der Gegenstandswert in wettbewerbsrechtlichen Angelegenheiten beträgt selten unter 50.000 Euro. Nur wenn der Verstoß gering oder die Sache einfach gelagert ist, kann im Einzelfall auch ein Streitwert von 10.000 Euro bis 25.000 Euro angemessen sein.[1689] Üblich sind jedoch durchaus Streitwerte zwischen 50.000 Euro und 100.000 Euro und mehr.

[1681] KG 5 U 169/11 = BeckRS 2012, 18408.
[1682] BGH VIII ZB 17/09 = NJW 2009, 3364.
[1683] OLG München 11 W 1237/09 (Rn. 11) = BeckRS 2009, 12099; OLG Frankfurt a. M. 18 W 392/08; Gerold/Schmidt/*Müller-Rabe* Vorb. 3 VV Rn. 185 mwN.
[1684] → Muster „Unterlassungs-/Verpflichtungserklärung" im Anhang.
[1685] Vgl. OLG Dresden GRUR 1997, 318 mwH; die Beauftragung des „eigenen" Anwaltes vor Ort wird schon wegen der Dringlichkeit der Sache in der Regel gerechtfertigt sein.
[1686] BGH I ZR 199/10 (Rn. 15) = GRUR 2013, 307 = WRP 2013, 329 – Unbedenkliche Mehrfachabmahnung.
[1687] → Rn. 571.
[1688] → Muster „Unterlassungs-/Verpflichtungserklärung" im Anhang. Allgemein zum Streitwert *Köhler/Bornkamm* § 12 Rn. 5.3 ff.
[1689] Vgl. Gloy/Loschelder/Erdmann/*Spätgens* § 87 Rn. 5, gibt „mit der gebotenen Zurückhaltung" für „kleinere Wettbewerbsstreitigkeiten" (einzelne Rechtsverstöße kleinerer Unternehmen) 5.000 bis 30.000 Euro an, für „mittlere Wettbewerbsstreitigkeiten" zwischen 30.000 Euro und 150.000 Euro und für „größere Wettbewerbsstreitigkeiten" über 150.000 Euro.

Der Gegenstandswert der Abmahnung entspricht dem Wert des Hauptsacheverfahrens. Denn die Abmahnung ist auf die Verschaffung einer endgültigen Rechtsposition gerichtet.[1690] Das bedeutet dann aber andererseits, dass bei Nichtabgabe der Erklärung der im Verfügungsverfahren angegebene Wert entsprechend den jeweiligen gerichtlichen Gepflogenheiten gegenüber dem in einer Abmahnung genannten Wert zu reduzieren ist. Dagegen kann der Antragsteller jedoch wiederum einwenden, dass der Streitwert zu erhöhen ist, weil – anders als bei der sofortigen Abgabe einer Unterlassungserklärung – keine rasche Beseitigung der Wiederholungsgefahr erfolgt ist und die Rechte des Verletzten damit erst zu einem zeitlich späteren Zeitpunkt durchgesetzt werden können.

> **Praxistipp: Höhe des Gegenstandswertes**
>
> Da zunächst der Anspruchsteller den Wert beziffert, kann er den Wert auch nach einem möglichen Prozessrisiko ausrichten: Besteht ein hohes Prozessrisiko, kann es sich durchaus anbieten, den Wert eher niedrig anzusetzen.

619 Auch wenn sich die Höhe des Gegenstandswertes nach dem Interesse des Anspruchstellers richtet[1691] und dieser den Wert deshalb auch zunächst angibt (§ 3 ZPO), erfolgt im gerichtlichen Verfahren die Festsetzung durch das Gericht. Dieses entscheidet trotz der indiziellen Bedeutung der Parteiangaben[1692] selbstständig.[1693] Außerdem sehen § 12 Abs. 4 und 5 UWG die Möglichkeit einer Streitwertbegünstigung vor.[1694]

> **Praxistipp: Vergütungsvereinbarung**
>
> Auch wenn in der Abmahnung aus taktischen Gründen ein niedriger Gegenstandswert angesetzt ist, kann der Anwalt in einer Vergütungsvereinbarung festhalten, dass er aus einem anderen Wert abrechnet. Es bietet sich in Wettbewerbssachen ohnehin an, vor Ausspruch einer Abmahnung eine Vergütungsvereinbarung zu treffen. Denn nicht selten ist der Verletzer zwar bereit, die geforderte Unterlassungserklärung abzugeben. Die Kosten jedoch will er nicht oder nicht in der vom Verletzten geforderten Höhe erstatten. Eine Vergütungsvereinbarung verdeutlicht dem Anspruchsteller, dass der Anwalt die Kostenerstattung für den Anspruchsteller verhandelt. Denn die Differenz zwischen vereinbarter Vergütung und Erstattung durch den Abgemahnten trägt der Verletzte.

D. Reaktion des Anspruchsgegners auf die Abmahnung

620 Der Abgemahnte hat drei Möglichkeiten, auf die Abmahnung zu reagieren:
- Er gibt die geforderte Erklärung ab,
- er gibt eine modifizierte Erklärung ab,
- er gibt keine Erklärung ab.

I. Abgabe der geforderten Erklärung

621 Wenn ein Wettbewerbsverstoß vorliegt und der Abgemahnte im Falle eines gerichtlichen Verfahrens keine oder kaum Erfolgsaussichten sieht, wird er die geforderte Erklärung – nach

---

[1690] KG WRP 1977, 793 und *Köhler/Bornkamm* § 12 Rn. 1.96.
[1691] Es kommt also zunächst nicht darauf an, ob der *Verletzer* ein großes oder kleines Unternehmen ist, die Verletzungshandlung versehentlich oder absichtlich erfolgte oder ein erstmaliger oder wiederholter Wettbewerbsverstoß vorliegt.
[1692] BGH GRUR 1986, 93 (94) – Berufungssumme.
[1693] BGH GRUR 1977, 748 = WRP 1977, 568 – Kaffee-Verlosung II.
[1694] → Rn. 687.

Möglichkeit *innerhalb* der vom Anspruchsteller gesetzten Frist, um weitere Kosten zu vermeiden – abgeben. Denkbar könnte auch die Abgabe einer notariellen Unterwerfungserklärung sein mit der Folge, dass bei einem Verstoß gegen die Erklärung keine Vertragsstrafe zugunsten des Anspruchstellers verwirkt ist.[1695] Dann soll eine Ordnungsgeldfestsetzung nach entsprechender Androhung[1696] durch das für den Verletzer zuständige Gericht erfolgen.[1697] Die Frist zur Abgabe der Erklärung wird der Verletzer nur dann bewusst verstreichen lassen, wenn er noch Zeit gewinnen möchte und eine Fristverlängerung verweigert wurde oder aussichtslos wäre. Denn bis eine einstweilige Verfügung erlassen und zugestellt ist, vergehen nicht selten noch ein paar Tage.[1698]

Bei einer vom Anspruchsteller bereits vorformulierten Erklärung sollte der Abgemahnte **622** vor der Unterzeichnung jedoch genau überprüfen
- wie weit die Unterlassungsverpflichtung reicht,
- ob er die Unterlassungsverpflichtung umgehend mit Abgabe der Erklärung erfüllen kann – etwa durch Einziehung wettbewerbswidriger Kataloge oder Information von Außendienstmitarbeitern, künftig bestimmte Behauptungen gegenüber Geschäftskunden nicht mehr aufzustellen,
- ob der Anspruchsteller eine angemessene Vertragsstrafe in die Erklärung aufgenommen hat und
- ob der Gegenstandswert, der für die Höhe der erstattungsfähigen Abmahnkosten von Bedeutung ist, gerechtfertigt ist.

Nur wenn die Verletzungshandlung korrekt bezeichnet ist und nicht über dasjenige, was **623** der Anspruchsteller fordern kann, hinausgeht, ist eine Unterzeichnung der vorformulierten Erklärung denkbar. Diese sollte zwar ausdrücklich „rechtsverbindlich", jedoch vorsorglich „ohne Anerkenntnis einer Rechtspflicht und ohne Präjudiz für einen Rechtsstreit" abgegeben werden. Damit kann der Anspruchsgegner möglicherweise vermeiden, dass die Erklärung als Anerkenntnis anzusehen ist.[1699] Wenn die Abmahnung allerdings ganz sicher gerechtfertigt war, wird auch dieser Texteinschub den Anspruchsteller nicht hindern, weitere Ansprüche geltend zu machen.

Praxistipp: Vermeidung eines Verstoßes gegen eine Unterlassungsverpflichtung

Sofort mit Abgabe der Erklärung – besser noch davor – sollte der Verletzer alle diejenigen informieren, für deren Verstoß gegen die Unterlassungsverpflichtung er ggf. haftet (etwa Werbe-, Marketingabteilung, Filialen, Vertriebsunternehmen).[1700]

[1695] So *Köhler* GRUR 2010, 6.
[1696] → Rn. 899.
[1697] Diese Auffassung von *Köhler* begegnet Bedenken: § 890 Abs. 2 ZPO spricht ausdrücklich von „Urteil", in dem die Androhung nicht enthalten ist. Unter Berücksichtigung der Formulierung in § 890 Abs. 1 Satz 1 ZPO, der lediglich von „Verpflichtung" spricht, lässt sich zwar vertreten, dass damit ganz allgemein vollstreckbare Titel gemeint sind – also auch Titel gemäß § 794 ZPO. Dazu gehören Vergleiche. Ein „Prozessgericht des ersten Rechtszuges" gibt es bei notariellen Urkunden jedoch nicht, da es hierfür schon kein Prozessgericht gibt. Die Kommentierung bei *Zöller/Stöber* (ZPO § 890 Rn. 12 ff.) ist dazu nicht aufschlussreich. Dort wird dem „Urteil" iSv § 890 Abs. 2 ZPO ohne nähere Konkretisierung „(Vergleich usw.)" gleichgestellt. Von einem notariellen Titel ist jedoch nicht die Rede. Zu einem in einem Privatklageverfahren geschlossenen Vergleich weist *Stöber* zwar daraufhin, dass dann – nach einem Urteil des OLG Hamburg aus dem Jahr 1958 (MDR 1958, 434) – die Zivilgerichte funktional zuständig seien (Rn. 14). Unklar bleibt aber weiterhin, wie ein „Prozessgericht" zu einer notariellen Urkunde bestimmt werden soll.
[1698] Die Beschlussverfügung wird erst mit Vollziehung wirksam, → Rn. 798.
[1699] Vgl. auch *Köhler/Bornkamm* § 12 Rn. 1.111 und Rn. 1.37 mit Hinweis auf BGH BB 2004, 800. Demnach ist bei einer Entscheidung nach § 91a ZPO zu berücksichtigen, dass „sich die beklagte Partei durch Zahlung des mit der Klage geforderten Betrags und der Erklärung zur Übernahme der Kosten des Rechtsstreits in die Rolle des Unterlegenen begeben hat". Beachte aber → Rn. 614.
[1700] Denn es genügt bei einer Unterlassungsverpflichtung ggf. nicht, „nur" die beanstandete Handlung künftig zu unterlassen. Der Verletzer kann auch verpflichtet sein, etwaige Verletzungshandlungen zu beseitigen, „wenn alleine dadurch dem Unterlassungsgebot Folge geleistet werden kann", vgl. die Entscheidung des IX. Zivilsenats, BGHZ 120, 73 = GRUR 1993, 415 = NJW 1993, 1076 = WRP 1993, 308. Vgl. auch OLG München WRP 1992, 809 – allerdings in einer Pressesache, in der es um den Rückruf bereits ausgelieferter Presse-

II. Abgabe einer modifizierten Erklärung

624   Jede abgeänderte Erklärung stellt das Angebot zum Abschluss eines (modifizierten) Unterlassungsvertrages dar.[1701] Akzeptiert der Anspruchsteller die modifizierte Erklärung, besteht ein Unterlassungsvertrag mit dem entsprechend geänderten Inhalt. Dieser Vertrag kann entweder durch ausdrückliche (vor allem schriftliche) Annahme des Anspruchstellers zustande kommen, durch Stillschweigen oder durch konkludentes Handeln. Konkludentes Handeln könnte etwa sein, dass der Anspruchsteller nach Erhalt der geänderten Erklärung seinen Kostenerstattungsanspruch durch Übersendung der anwaltlichen Kostennote geltend macht. Die Annahme der Erklärung ist in der Regel unbefristet möglich.[1702] Der Unterlassungsvertrag kommt aber erst nach Annahme der Erklärung zustande.[1703]

> **Praxistipp: Annahme einer abgeänderten Erklärung**
>
> Der Anspruchsteller sollte vorsorglich eine abgeänderte Erklärung, wenn er sie akzeptiert, schriftlich annehmen bzw. eine Erklärung, die ihm nicht genügt, schriftlich zurückweisen. Dadurch vermeidet er die Unsicherheit, ob durch das Schweigen auf die Erklärung ein Unterlassungsvertrag zustande gekommen ist oder nicht.[1704]

1. Neu-Formulierung der Unterlassungsverpflichtung

625   Geht die geforderte Erklärung über die konkrete Verletzungshandlung hinaus oder bezeichnet sie die konkrete Verletzungshandlung nicht zutreffend und beschränkt sie sich nicht auch auf gleichartige Verletzungshandlungen, kann der Abgemahnte die Unterlassungsverpflichtung beschränken. Gleiches gilt, wenn die geforderte Unterlassungserklärung gerichtlich nicht durchsetzbar wäre, weil sie zum Beispiel lediglich die Verbotsnorm wiederholt.[1705] In diesem Fall gar keine Erklärung abzugeben, dürfte vor allem kostenverursachend sein, wenn feststeht, dass zumindest die der Abmahnung zugrunde liegende Handlung wettbewerbswidrig ist.

> **Praxistipp: Abgabe einer engeren Erklärung**
>
> Gibt der Verletzer lediglich eine Erklärung bezogen auf die konkrete Verletzungshandlung ab, sollte er zugleich erklären, dass ein Verstoß in der weiter gefassten Form nicht zu befürchten sei. Anderenfalls besteht das Risiko, dass sich der Abmahnende insoweit auf das Bestehen einer Erstbegehungsgefahr beruft, die einen Unterlassungsanspruch begründen kann. Eine Erstbegehungsgefahr kann jedoch durch eine einfache – also auch nicht strafbewehrte – Erklärung beseitigt werden.

626   Der Verletzer kann eine Erklärung auch unter der **auflösenden Bedingung** abgeben, dass er sich nur solange zur Unterlassung verpflichtet, solange die geschäftliche Handlung wett-

---

erzeugnisse ging, in denen Fotos veröffentlicht waren, die das Persönlichkeitsrecht des Betroffenen verletzten. Bemerkenswert ist die Entscheidung deshalb, weil sie der *Wettbewerbssenat* und nicht der *Pressesenat* getroffen hat. Relativierend hingegen OLG München (21 W 2169/99) OLG Report 2000, 86. In Wettbewerbssachen wird eine Rückrufverpflichtung von Presseprodukten allerdings meist ausscheiden, da sie unverhältnismäßig wäre. Ein Unterlassungsvertrag ist ggf. auszulegen, ob er ein aktives Handeln fordert, vgl. BGH NJW-RR 2003, 916 – Hotelfoto. Vgl. hierzu auch *Busch* AfP 2004, 413 ff.

[1701] Vgl. *Köhler/Bornkamm* § 12 Rn. 1.113 ff.
[1702] BGH I ZR 217/07 (Rn. 20 f.) = NJW-RR 2010, 1127 = GRUR 2010, 355 = WRP 2010, 649 – Testfundstelle; → Rn. 888.
[1703] Vgl. KG 5 U 137/10 = BeckRS 2011, 27066.
[1704] Denn Schweigen ist in der Regel gerade keine Willenserklärung, vgl. Palandt/*Ellenberger* Einf. v. BGB § 116 Rn. 7.
[1705] → Rn. 706 ff.

bewerbswidrig ist. Auch eine solche Erklärung beseitigt die Wiederholungsgefahr.[1706] Sie bietet sich vor allem an, wenn Gesetzänderungen oder eine Änderung der ständigen höchstrichterlichen Rechtsprechung bevorstehen. Denkbar ist es auch, die Erklärung unter der auflösenden Bedingung einer zugunsten des Abgemahnten ergehenden, rechtskräftigen Hauptsacheentscheidung abzugeben.[1707] Bei einer auflösend bedingten Erklärung muss der Verletzer dann nicht – wenn die Bedingung eingetreten ist – den Vertrag aus wichtigem Grund kündigen.[1708] Allerdings wirkt die Bedingung nur ab deren Eintritt und nicht rückwirkend.[1709]

Praxistipp: Auflösende Bedingung

Entsprechend der „Mescher weis"-Entscheidung des BGH bietet es sich an, vor allem Unterlassungserklärungen in grundsätzlichen Angelegenheiten – wenn zB mehrere Mitbewerber abgemahnt wurden und eine höchstrichterliche Klärung zu erwarten ist – mit dem Zusatz zu versehen: Die Erklärung werde unter der „auflösenden Bedingung einer auf Gesetz oder höchstrichterlicher Rechtsprechung beruhenden eindeutigen Klärung des zu unterlassenden Verhaltens als rechtmäßig" abgegeben.[1710]

Denkbar ist auch die Abgabe einer Erklärung unter einer **aufschiebenden Bedingung**. Die   **626a** Unterlassungserklärung ist allerdings dann unwirksam, wenn die Angabe des Anfangtermins – alleine oder zusammen mit anderen Umständen – geeignet ist, Zweifel an der Ernsthaftigkeit des Unterlassungsversprechens zu begründen.[1711]

2. Reduzierung der Vertragsstrafe

Wenn der Abgemahnte die Vertragsstrafe für unangemessen hoch hält, kann er in seiner   **627** Erklärung eine niedrigere Vertragsstrafe ansetzen. Die Vertragsstrafe muss allerdings so hoch sein, dass sich ein Verstoß für den Verletzer nicht lohnt. Eine zu niedrige Vertragsstrafe räumt die Wiederholungsgefahr nicht in ausreichender Weise aus.[1712]

Praxistipp: Höhe der Vertragsstrafe

Für den Abmahnenden empfiehlt es sich in der Regel, in die Unterlassungsaufforderung eine bezifferte Vertragsstrafe aufzunehmen. Der Verletzer hingegen ist häufig besser beraten, wenn er ein Vertragsstrafenversprechen nach „Hamburger Brauch" abgibt – also die Erklärung, etwas zu unterlassen „bei Meidung einer angemessenen Vertragsstrafe, deren Höhe vom Anspruchsteller bestimmt und deren Angemessenheit ggf. vom zuständigen Gericht überprüft werden kann". Diese Erklärung beseitigt auch die Wiederholungsgefahr und vermeidet einen Streit, ob eine vom An-

---

[1706] Vgl. *Köhler/Bornkamm* § 8 Rn. 1.43 und § 12 Rn. 1.125 ff.
[1707] Vgl. OLG München NJW-RR 2003, 1487 = ZUM 2003, 870 und *Köhler/Bornkamm* § 12 Rn. 1.129.
[1708] → Rn. 653 ff.
[1709] Vgl. BGHZ 133, 331 = GRUR 1997, 386 = NJW 197, 1706 = WRP 1997, 318 – Altunterwerfung II.
[1710] BGH I ZR 146/07 = NJW 2009, 3303 = GRUR 2009, 1096 = WRP 2009, 1388 – Mescher weis. Siehe dazu auch BGH VI ZR 206/95 = NJW 1997, 1152 = GRUR 1997, 125 mHa BGH I ZR 136/91 = NJW-RR 1993, 1000 = GRUR 1993, 668 – Bedingte Unterwerfung.
[1711] BGH I ZR 82/99 = NJW-RR 2002, 608 = GRUR 2002, 180 – Weit-Vor-Winter-Schluss-Verkauf.
[1712] Vgl. *Köhler/Bornkamm* § 12 Rn. 1.139 mwH; BGH GRUR 1997, 379 = NJW-RR 1996, 554 = WRP 1996, 284 – Wegfall der Wiederholungsgefahr. Das OLG Köln WRP 2001, 1101, hat sogar die Auffassung vertreten, dass eine Reduzierung der geforderten Vertragsstrafe von 10.100 Mark auf 9.000 Mark an der Ernsthaftigkeit der Erklärung zweifeln lasse. Denn durch die Reduzierung werde offensichtlich bezweckt, die Zuständigkeit eines „in Wettbewerbssachen notwendig unerfahrenen Amtsgerichts" (§§ 23 Nr. 1, 71 GVG) herbeizuführen.

spruchsgegner abgeänderte Vertragsstrafe noch angemessen ist oder nicht.[1713] Bei einem Verstoß gegen die Erklärung kann dann die vom Abmahnenden bezifferte Vertragsstrafe ein Argument für eine Obergrenze sein.[1714] Der Verletzer kann in seiner Erklärung auch eine Obergrenze festlegen, die allerdings einen ernsthaften Unterwerfungswillen dokumentieren muss.[1715]

628   Häufig fordert der Abmahnende auch das Versprechen einer Vertragsstrafe „für jeden einzelnen Fall der Zuwiderhandlung unter Ausschluss der Einrede des Fortsetzungszusammenhangs". Wer die Erklärung nicht „unter Ausschluss der Einrede des Fortsetzungszusammenhangs" abgibt, beseitigt trotzdem die Wiederholungsgefahr.[1716] „Für jeden Fall der Zuwiderhandlung" heißt dann im Zweifel, dass mehrere Einzelverstöße, die zeitlich nicht allzu weit auseinander liegen, als eine fortgesetzte Handlung anzusehen sind.[1717] Das ist vor allem bei der Bemessung der Vertragsstrafe von Bedeutung.[1718]

3. Reduzierung des Gegenstandswertes, Verweigerung der Kostenerstattung

629   Ist der Abgemahnte der Auffassung, dass ein in der geforderten Erklärung angesetzte Gegenstandswert zu hoch ist, kann er in seiner Erklärung einen niedrigeren Gegenstandswert ansetzen. Wenn der Verletzer dann einen objektiv zu niedrigen Gegenstandswert ansetzt, berührt das die Unterlassungsverpflichtung nicht. Denn der Anspruchsteller ist ausreichend gesichert, wenn die Unterlassungserklärung strafbewehrt ist – also eine angemessene Vertragsstrafe im Falle eines Verstoßes versprochen ist. Ein gerichtliches Verfahren wegen der geltend gemachten Unterlassungsansprüche muss der Verletzer dann nicht mehr fürchten, da durch die strafbewehrte Erklärung auch ohne Kostenübernahme die Wiederholungsgefahr entfallen ist.

> **Praxistipp: Unterlassungsverpflichtung ohne Kostenübernahme**
> Der Verletzer kann zur Vermeidung einer gerichtlichen Auseinandersetzung über den Unterlassungsanspruch eine Unterlassungserklärung ohne Kostenübernahme abgeben. Der Verletzer kann die Regelung zur Kostenübernahme in einer vorformulierten Erklärung entweder streichen oder eine eigene Erklärung abgeben, die eine Bereitschaft zur Kostenübernahme eben nicht enthält. Dann können die Parteien vor allem ohne den Druck – und die ggf. hohe Kostenlast – eines bevorstehenden Verfügungsverfahrens die Kostenfrage klären.

III. Keine Abgabe der geforderten Erklärung

630   Der Abgemahnte wird die Erklärung vor allem dann nicht abgeben, wenn er der Auffassung ist, dass kein Wettbewerbsverstoß vorliegt oder wenn er bereits gegenüber einem anderen Wettbewerber die geforderte Erklärung abgegeben hat.

Hat der Abgemahnte den Wettbewerbsverstoß begangen, zeigt die Weigerung, die geforderte Erklärung abzugeben, dass Wiederholungsgefahr besteht. Gibt der Abgemahnte die geforderte Unterlassungserklärung nicht strafbewehrt ab, weil seiner Auffassung nach nur

---

[1713] Vgl. §§ 315 Abs. 3, 319 BGB. BGH GRUR 1978, 192 = WRP 1978, 38 – Hamburger Brauch und BGH GRUR 1994, 146 = NJW 1994, 45 = WRP 1994, 37 – Vertragsstrafebemessung (sog. „neuer Hamburger Brauch", vgl. auch OLG Hamm 4 U 52/13 [Rn. 25, 29] = WRP 2013, 1487).

[1714] Zum „Hamburger Brauch" mit Obergrenze siehe auch *Köhler/Bornkamm* § 12 Rn. 1.142.

[1715] Vgl. BGH GRUR 1985, 155 = NJW 1985, 191 = WRP 1985, 22 – Vertragsstrafe bis zu ... I.

[1716] BGHZ 121, 13 = NJW 1993, 721 = WRP 1993, 240 – Fortsetzungszusammenhang; allerdings mit der Einschränkung, dass der Verzicht auf die Einrede des Fortsetzungszusammenhangs (wohl) schon zu erklären ist, wenn ihn der Gläubiger lediglich für *vorsätzlich* begangene Verstöße fordert, vgl. BGH WRP 1993, 240 (243) (ausdrücklich offen gelassen).

[1717] Vgl. OLG Düsseldorf GRUR 1987, 937.

[1718] → aber Rn. 648 f.

Erstbegehungsgefahr besteht, kann der Abmahnende – wenn Wiederholungsgefahr besteht, erfolgreich – gerichtlich vorgehen. Die Kosten des Verfahrens sind erheblich höher als die vorgerichtlichen Abmahnkosten.

1. Ungerechtfertigte Abmahnung

a) Voraussetzungen. Eine ungerechtfertigte Abmahnung liegt vor, wenn der geltend ge- 631
machte Anspruch auf Abgabe einer Unterlassungs-/Verpflichtungserklärung nicht besteht oder die geforderte Erklärung rechtsmissbräuchlich ist.[1719] Unbeachtlich ist es, wenn der Anspruch in der Abmahnung rechtlich fehlerhaft begründet ist. Stützt sich der Abmahnende etwa auf einen Unterlassungsanspruch aus §§ 3, 4 Nr. 7 UWG, ist jedoch ein markenrechtlicher Unterlassungsanspruch gegeben, macht dies eine Abmahnung weder unzulässig noch unbegründet.

> **Praxistipp: Schutzschrift**
>
> Besteht der Anspruch nach Auffassung des Anspruchsgegners nicht, sollte er entscheiden, ob er noch innerhalb der vom Anspruchsteller gesetzten Frist eine Schutzschrift[1720] bei dem oder den Gerichten hinterlegt, bei denen der Anspruchsteller vermutlich einen Verfügungsantrag einreichen wird. Damit kann der Anspruchsgegner möglicherweise eine Zurückweisung des Verfügungsantrages oder zumindest die Anberaumung einer mündlichen Verhandlung erreichen.

b) Keine Aufklärungspflicht. Der zu Unrecht Abgemahnte ist nicht verpflichtet, überhaupt 632
eine Erklärung abzugeben.[1721] Der unberechtigt Abmahnende kann nicht erwarten, dass ihn der Abgemahnte vom Risiko eines verlorenen Wettbewerbsprozesses befreit. Etwas anderes kann allerdings dann gelten, wenn ein Unternehmen lediglich unter der falschen Rechtsform abgemahnt wird, also für den Abgemahnten ersichtlich ist, dass er mit der Abmahnung gemeint ist.[1722] Dies ist insbesondere dann der Fall, wenn der Abgemahnte selbst die fehlerhafte Bezeichnung verwendet hat.[1723]

c) Feststellungsanspruch. Der zu Unrecht Abgemahnte hat allerdings einen Anspruch ge- 633
gen den Abmahnenden, dass dieser auf die Ansprüche verzichtet, derer er sich berühmt hat. Der Abgemahnte kann deshalb eine **Gegenabmahnung** aussprechen. Ein Kostenerstattungsanspruch hierfür besteht jedoch regelmäßig nicht.[1724] Er kann nämlich auch sofort gemäß § 256 ZPO negative Feststellungsklage erheben.[1725] Selbst im Hinblick auf § 93 ZPO ist eine vorausgehende Gegenabmahnung vor Erhebung der negativen Feststellungsklage grundsätzlich nicht erforderlich.[1726] Dies ist nur dann der Fall, wenn der Abmahnende offensichtlich von falschen tatsächlichen Voraussetzungen ausgeht und bei Aufklärung des Irrtums mit einem Verzicht auf den Unterlassungsanspruch gerechnet werden kann.[1727] Die sofortige Erhebung einer negativen Feststellungsklage kann sogar aus prozesstaktischen Gründen geboten sein: Denn gemäß § 943 ZPO ist das Gericht der Hauptsache (das ist bei Erhebung der Feststellungsklage das Gericht, bei dem die Feststellungsklage eingereicht wird) dann auch für das Verfügungsverfahren zuständig.[1728] Das kann vor allem bei regio-

---

[1719] Vgl. *Köhler/Bornkamm* § 12 Rn. 1.68 ff.; zur rechtsmissbräuchlichen Abmahnung → Rn. 585 ff.
[1720] → Rn. 849 ff.
[1721] Vgl. *Köhler/Bornkamm* § 12 Rn. 1.63; BGH GRUR 1995, 167 = NJW 1995, 715 = WRP 1995, 300 – Kosten bei unbegründeter Abmahnung.
[1722] Ewa wenn die Abmahnung anstatt an die Schneider & Söhne OHG an die Fa. Schneider & Söhne ohne Zusatz gerichtet ist.
[1723] BGH GRUR 1990, 381 = NJW 1990, 1905 – Antwortpflicht des Abgemahnten; recht weitgehend zu den Pflichten des Abgemahnten Harte-Bavendamm/Henning-Bodewig/*Brüning* § 12 Rn. 70 ff.
[1724] BGH GRUR 2004, 790 = WRP 2004, 1032. Zur Kostenerstattung durch den rechtsmissbräuchlich Abmahnenden → Rn. 636a.
[1725] BGH GRUR 2006, 168 = NJW 2006, 775 = WRP 2006, 106 – Unberechtigte Abmahnung.
[1726] BGH GRUR 2006, 168 = NJW 2006, 775 = WRP 2006, 106 – Unberechtigte Abmahnung.
[1727] BGH GRUR 2004, 790 = NJW 2004, 3630 = WRP 2004, 1032 – Gegenabmahnung.
[1728] → Rn. 691 ff.

nal ganz unterschiedlichen obergerichtlichen Entscheidungen erhebliche Auswirkungen auf das Schicksal des Verfügungsantrags haben. Das Feststellungsinteresse für die Klage ergibt sich aus der Berühmung eines Anspruchs durch den Abmahnenden.

Gegenstand der Klage kann aber nicht sein, dem Abmahnenden ggf. die gerichtliche Durchsetzung der behaupteten Ansprüche zu verbieten.[1729]

> **Praxistipp: Keine Abmahnung „ins Blaue hinein"**
>
> Der Abmahnende geht mit seiner Abmahnung wegen des Feststellungsanspruchs des Abgemahnten ein nicht unerhebliches Risiko ein. Abmahnungen „ins Blaue hinein" können deshalb recht teuer werden, wenn sich der Abgemahnte zu wehren weiß.

633a   Die als Retourkutsche ausgesprochene (Gegen-)Abmahnung kann ein besonderes Risiko bergen. Das ist eine Abmahnung, die nun ihrerseits das geschäftliche Verhalten des Abmahnenden zum Anlass einer Abmahnung nimmt. Dadurch soll der ursprünglich Abmahnende „zum Einlenken" veranlasst werden, indem nun beide Parteien gegen die jeweils andere Partei etwas in der Hand haben. Das ist nicht per se rechtsmissbräuchlich.[1730] Die Drohung mit einer Gegenabmahnung kann jedoch einen Rechtsmissbrauch darstellen, wenn das Ziel der Abmahnung die Geltendmachung von Gegenforderungen ist.[1731] Der sodann klageweise geltend gemachte Unterlassungsanspruch ist wegen § 8 Abs. 4 UWG rechtsmissbräuchlich.

634   d) **Kosten.** Es ist umstritten, ob im Falle einer unberechtigten Abmahnung der Abgemahnte die ihm dadurch – und ggf. für eine Gegenabmahnung – entstandenen Anwaltskosten vom Abmahnenden einfordern kann. Dies wird ganz überwiegend abgelehnt, da die Abmahnung gerade dazu dienen soll, außergerichtlich unterschiedliche Auffassungen über eine geschäftliche Handlung zu klären.[1732]

635   Ein Anspruch aus **GoA** gemäß §§ 683, 670 BGB besteht in der Regel nicht:[1733] Eine Gegenabmahnung entspricht nur dem mutmaßlichen Willen des Abmahnenden, wenn

- die Abmahnung in tatsächlicher und/oder rechtlicher Hinsicht auf offensichtlich unzutreffenden Annahmen beruht, bei deren Richtigstellung mit einer Änderung der Auffassung des vermeintlich Verletzten gerechnet werden kann[1734] **oder** wenn
- seit der Abmahnung ein längerer Zeitraum verstrichen ist und der Abmahnende entgegen seiner Androhung keine gerichtlichen Schritte eingeleitet hat.

Aus § 12 Abs. 1 S. 2 UWG gibt es eine Kostenerstattung nur, wenn die Abmahnung selbst wettbewerbswidrig ist. Eine Abmahnung ist in wettbewerbsrechtlicher Hinsicht rechtswidrig, wenn sie etwa eine unlautere Behinderung (§ 4 Nr. 10 UWG) darstellt. Das ist aber nur in Ausnahmefällen zu bejahen.[1735]

636   Denkbar ist schließlich noch ein Schadensersatzanspruch wegen **Eingriffs in den eingerichteten und ausgeübten Gewerbebetrieb (§ 823 Abs. 1 BGB):**[1736] Voraussetzung ist eine unberechtigte Schutzrechtsverwarnung – also eine Verwarnung etwa aus Kennzeichenrecht. Der zu Unrecht Abmahnende ist in diesem Fall nicht privilegiert – er hat die Folgen seiner – ungerechtfertigten – Abmahnung zu tragen. Die Abmahnung muss rechtswidrig und schuldhaft erfolgt sein. Allerdings handelt der Abmahnende nicht schuldhaft, wenn er darauf vertraut, dass das Markenamt das Bestehen absoluter Hindernisse vor Markeneintragung ge-

---

[1729] BGH GRUR 2006, 433 = NJW 2006, 1432 = WRP 2006, 579 – Unbegründete Abnehmerverwarnung.

[1730] LG Frankfurt a. M. 3–8 O 120/10, zitiert nach *Gerstenberg* WRP 1116, 1121, Fn. 31.

[1731] OLG Hamm I-4 U 175/10 = BeckRS 2011, 07325.

[1732] Eher bejahend *Köhler/Bornkamm* § 12 Rn. 1.75; vgl. auch *Selke* WRP 1999, 286 ff. (Erstattungsanspruch aus c. i. c., vgl. nun § 311 Abs. 2 BGB) und *Chudziak* GRUR 2012, 133.

[1733] BGH GRUR 2004, 790 = NJW 2004, 3630 = WRP 2004, 1932 – Gegenabmahnung.

[1734] Vgl. AG München 251 C 207/12.

[1735] BGH I ZR 139/08 (Rn. 62) = GRUR 2011, 152 = WRP 2011, 223 – Kinderhochstühle im Internet; OLG Hamm 4 U 149/09 = BeckRS 2009, 89545.

[1736] BGH BGHZ 164, 1 = NJW 2005, 3141 = WRP 2005, 1408 – Unberechtigte Schutzrechtsverwarnung.

prüft hat.[1737] Geht es ausschließlich um eine Abmahnung aus UWG, scheidet ein Schadensersatzanspruch in aller Regel aus.[1738]

Durch die Neufassung von § 8 Abs. 4 UWG 2013[1739] hat der Abgemahnte bei einer **636a** rechtsmissbräuchlichen Abmahnung einen Anspruch auf Kostenerstattung. Der Anspruch entspricht dem Umfang nach dem Aufwendungsersatzanspruch des berechtigt Abmahnenden nach § 12 Abs. 1 Satz 2 UWG.[1740] Es ist also nicht mehr erforderlich, dass der Abgemahnte den Weg über eine Schadensersatzklage geht. Allerdings greift der Kostenerstattungsanspruch nicht bei jeder unberechtigten Abmahnung, sondern ausschließlich bei missbräuchlichen Abmahnungen.[1741]

2. Drittunterwerfung (Mehrfachabmahnung)

a) Bedeutung. Die Frage der Drittunterwerfung betrifft den Fall, dass ein Verletzer von **637** mehreren Mitbewerbern abgemahnt wird. Hat der Verletzer daraufhin bereits eine ordentliche, strafbewehrte Unterlassungserklärung abgegeben, ist er nicht verpflichtet, weitere Unterlassungs-/Verpflichtungserklärungen abzugeben. Denn die Wiederholungsgefahr ist durch die erstmalige Abgabe einer Unterlassungs-/Verpflichtungserklärung entfallen.[1742]

b) Keine Verpflichtung zur Abgabe einer weiteren Erklärung. Wer sich bereits ernstlich **638** unterworfen hat, muss keine weitere Unterlassungs-/Verpflichtungserklärungen abgeben. Allerdings hat der Verletzer den Zweitabmahner nicht nur darüber zu informieren, dass er bereits eine Erklärung abgegeben hat, sondern auch die Abgabe der Erklärung und deren Inhalt nachzuweisen.[1743] Andernfalls gibt der Verletzer Anlass zur Klageerhebung bzw. Antragstellung mit den sich hieraus ergebenden Kostenfolgen. Macht der Zweitabmahner den Unterlassungsanspruch trotzdem gerichtlich geltend, ist dieser unbegründet. Denn die fehlende Möglichkeit, aus einer eigenen Unterlassungsvereinbarung gegen den Verletzer vorzugehen, begründet keine Wiederholungsgefahr.[1744]

Der Abgemahnte muss die geforderte (Dritt-)Erklärung jedoch dann abgeben, wenn der Zweitabmahner (berechtigt) weitergehende Unterlassungsforderungen stellt, die der Erstabmahner nicht gefordert hatte. Auch muss der Zweitabmahner nicht jede Unterlassungserklärung akzeptieren, die gegenüber dem Erstabmahner bereits abgegeben wurde. Vielmehr muss die bereits abgegebene Unterlassungserklärung die Wiederholungsgefahr wirksam ausschließen. Außerdem muss die gegenüber dem Dritten abgegebene Erklärung auch erwarten lassen, dass der Dritte im Falle eines Verstoßes die vereinbarte Vertragsstrafe fordert.[1745]

Liegt kein Unterlassungsvertrag, sondern eine (in der Sache identische) rechtskräftige **639** Verurteilung des Verletzers vor, entfällt hierdurch ebenfalls die Begehungsgefahr.[1746] Gleiches gilt für die Abgabe einer Abschlusserklärung.[1747] Der Verletzer muss sich aber auf die Abschlusserklärung berufen und dadurch zu erkennen geben, dass diese auch die aktuelle Auseinandersetzung regelt.[1748]

c) Kosten. Es ist umstritten, ob der Abgemahnte trotz einer bereits erfolgten Unterwer- **640** fung zur Kostenerstattung verpflichtet ist. Sofern die Drittabmahnung nicht rechtsmissbräuchlich war, wird teilweise ein Kostenerstattungsanspruch bejaht.[1749] Eine Ausnahme soll

---

[1737] BGH GRUR 2006, 432 = NJW-RR 2006, 832 = WRP 2006, 468 – Verwarnung aus Kennzeichenrecht II.
[1738] BGH I ZR 139/08 (Rn. 63) = GRUR 2011, 152 = WRP 2011, 223 – Kinderhochstühle im Internet. Vgl. auch Harte-Bavendamm/Henning-Bodewig/*Brüning* § 12 Rn. 109, 111 ff.
[1739] → Rn. 585.
[1740] BT-Drs. 17/13057, 14.
[1741] → Rn. 585b.
[1742] Vgl. *Köhler/Bornkamm* § 12 Rn. 1.168.
[1743] Vgl. *Köhler/Bornkamm* § 12 Rn. 1.174 f.
[1744] BGH GRUR 1983, 186 = NJW 1983, 1060 = WRP 1983, 264 – Wiederholte Unterwerfung I.
[1745] Vgl. *Köhler/Bornkamm* § 12 Rn. 1.168 f.
[1746] BGH GRUR 2003, 450 = NJW 2003, 2913 = WRP 2003, 511 – Begrenzte Preissenkung.
[1747] OLG Hamburg Az. 3 U 80/04 (nicht veröffentlicht).
[1748] Vgl. BGH GRUR 2003, 450 = NJW 2003, 2913 = WRP 2003, 511 – Begrenzte Preissenkung.
[1749] → Rn. 585 ff.; vgl. OLG Oldenburg 6 U 247/11 = GRUR-RR 2012, 415 = WRPR 2012, 1138 und OLG München 6 U 3435/87 = GRUR 1988, 843.

dann allerdings gelten, wenn die zweite Abmahnung erst „geraume Zeit" nach dem Wettbewerbsverstoß erfolgt. Denn dann muss der Abmahnende damit rechnen, dass der Verletzer bereits eine Erklärung gegenüber einem Dritten abgegeben hat.[1750] In der Literatur wird hingegen die Auffassung vertreten, dass ein Erstattungsanspruch nach § 12 Abs. 1 S. 2 UWG ausscheidet.[1751] Teilweise wird bei schuldhaftem Handeln des Verletzers ein Erstattungsanspruch aus dem Gesichtspunkt des Schadensersatzes bejaht.[1752]

Praxistipp: Vergleichsverhandlungen statt Unterlassungserklärung

Der Abgemahnte sollte nicht unberücksichtigt lassen, dass der Abmahnende möglicherweise noch mit sich handeln lässt und zum Abschluss eines Vergleiches bereit ist. Dann empfiehlt es sich aber, sehr rasch die Vergleichsgespräche aufzunehmen, um den Abmahnenden nicht in ein Verfügungsverfahren zu treiben, weil der Verlust des Verfügungsgrundes (Dringlichkeit) selbst bei Vergleichsverhandlungen droht.[1753]

---

3. Aufklärungspflichten des berechtigt Abgemahnten

641   Liegt eine Rechtsverletzung vor, kann der Abgemahnte – auch wenn er die geforderte Erklärung nicht abgibt – gegenüber dem Abmahnenden aufklärungspflichtig sein.[1754] Eine Aufklärungspflicht besteht, wenn der Abgemahnte die beanstandete geschäftliche Handlung vorgenommen hat, selbst wenn er kein Wettbewerber ist. Es genügt, dass ein Unterlassungsanspruch in Betracht kommt.[1755] Der Inhalt der Aufklärungspflicht bestimmt sich nach Treu und Glauben (§ 242 BGB). Sie bezieht sich nur auf Umstände, die der Abmahnende nicht wissen kann. Das kann etwa sein, dass der Abgemahnte bereits eine Unterlassungserklärung abgegeben hat.

E. Verstoß gegen die Unterlassungserklärung, Vertragsstrafe

642   Ob ein Verstoß gegen den Unterlassungsvertrag vorliegt, ist ggf. durch Auslegung der Vertragsstrafevereinbarung zu ermitteln.[1756] Je höher eine Vertragsstrafe ist, umso eher ist eine eng am Wortlaut orientierte Auslegung des Unterlassungsvertrages geboten.[1757] Das Vertragsstrafeversprechen bezieht sich grundsätzlich nicht auf Handlungen vor Abschluss des Unterlassungsvertrages.[1758] Verstößt der Unterlassungsschuldner gegen eine Unterlassungserklärung, bestehen folgende Ansprüche des Unterlassungsgläubigers:
- Erfolgt ein Verstoß gegen eine nicht strafbewehrte Unterlassungserklärung – etwa weil bislang nur Erstbegehungsgefahr bestand –, besteht nun Anspruch auf eine strafbewehrte Erklärung.

[1750] Vgl. AG Aachen WRP 1992, 205 (Abmahnung sechs Wochen nach Wettbewerbsverstoß durch Mitbewerber in der Möbelbranche). Das kann aber nur bei einem relativ großen Markt mit vielen Mitbewerbern gelten und auch nur dann, wenn der Wettbewerbsverstoß eine Abmahnung geradezu herausfordert, also offensichtlich ist. Bei schwierig gelagerten Fällen kann eine längere Überlegensfrist des Verletzten – die in der Regel ohnehin ein Verfügungsverfahren ausschließen wird – den Kostenerstattungsanspruch nicht beseitigen.

[1751] *Köhler/Bornkamm* § 12 Rn. 1.84; *Teplitzky*, Wettbewerbsrecht, 41. Kapitel Rn. 88a; nunmehr auch (3. Auflage) Harte-Bavendamm/Henning-Bodewig/*Goldmann* § 9 Rn. 118.

[1752] Gloy/Loschelder/*Erdmann* § 92 Rn. 5.

[1753] Denn Vergleichsgespräche hemmen nicht unbedingt die für die Vermutung der Dringlichkeit von den Gerichten jeweils zugelassenen Grenzen, → Rn. 739.

[1754] Vgl. auch OLG Köln WRP 1991, 257 zur Aufklärungspflicht, wenn der Abgemahnte einen Irrtum mitverursacht hat oder aufrecht erhält.

[1755] Vgl. *Köhler/Bornkamm* § 12 Rn. 1.63.

[1756] BGH I ZR 32/03 (Rn. 17 ff.) = NJW-RR 2006, 1477 = GRUR 2006, 878 = WRP 2006, 1139 – Vertragsstrafevereinbarung; BGH I ZR 37/07 (Rn. 16 ff.) = GRUR 2010, 167 = WRP 2010, 100 – Unrichtige Aufsichtsbehörde.

[1757] BGH NJW-RR 2003, 916 – Hotelfoto.

[1758] BGH GRUR 2006, 878 = NJW-RR 2006, 14177 = WRP 2006, 1139 – Vertragsstrafevereinbarung.

- Bei einem Verstoß gegen eine strafbewehrte Erklärung besteht ein *neuer* Unterlassungsanspruch, da der Unterlassungsschuldner mit dem Verstoß erneut eine Wiederholungsgefahr begründet.[1759]
- Außerdem kann der Gläubiger eines Unterlassungsvertrages im Klagewege oder – wenn die Voraussetzungen vorliegen – im Verfügungsverfahren gegen den Verletzer vorgehen.[1760]
- Bei einer schuldhaften Handlung des Verletzers bestehen zudem Schadensersatzansprüche wegen Nichterfüllung[1761] der Unterlassungsverpflichtung.
- Hat der Verletzer in einem gerichtlichen Vergleich eine strafbewehrte Unterlassungserklärung abgegeben, kann der Verletzte auch die Festsetzung von Ordnungsmitteln beantragen.[1762]
- Außerdem kommt kumulativ eine Verwirkung der Vertragsstrafe in Betracht[1763] – selbst neben einer Festsetzung von Ordnungsmitteln.[1764]

I. Verschulden

Für die Verwirkung der Vertragsstrafe ist Verschulden Voraussetzung.[1765] Die Haftung des 643
Schuldners für seine Erfüllungsgehilfen richtet sich nach § 278 BGB.[1766] Es kommt nicht
darauf an, ob der Erfüllungsgehilfe[1767] die Unterlassungsverpflichtung kennt.[1768] Es genügt
auch nicht, den Erfüllungsgehilfen ausreichend zu instruieren, wenn der Erfüllungsgehilfe
gegen eine Weisung schuldhaft verstößt.[1769] Ein Ausschluss oder eine Beschränkung der
Haftung für Erfüllungsgehilfen beseitigt die Wiederholungsgefahr nicht und reicht daher
zur Abwendung der gerichtlichen Geltendmachung von Unterlassungsansprüchen nicht
aus.[1770] Erfüllungsgehilfe ist nicht, wer unabhängig von einer Beauftragung oder Weisung
tätig wird.[1771]

Praxistipp: Dokumentation der Maßnahmen

Um einen Verstoß gegen einen Unterlassungsvertrag zu vermeiden, muss der Unterlassungsschuldner geeignete Maßnahmen treffen. Dazu gehören zum Beispiel die Information der Mitarbeiter und die Kontrolle, ob die Unterlassungspflichten beachtet werden.[1772] Der Unterlassungsschuldner sollte alle Maßnahmen dokumentieren, um ggf. darlegen und beweisen zu können, dass er einen etwaigen Verstoß gegen die Unterlassungsverpflichtung nicht zu vertreten hat.

[1759] Vgl. *Piper/Ohly* § 8 Rn. 59; *Teplitzky*, Wettbewerbsrecht, 8. Kapitel Rn. 53; BGH I ZR 237/87 = GRUR 1990, 534 = WRP 1990, 622 – Abruf-Coupon; BGH I ZR 32/03 (Rn. 22) = NJW-RR 2006, 1477 = GRUR 2006, 878 = WRP 2006, 1139 – Vertragsstrafevereinbarung.

[1760] *Teplitzky*, Wettbewerbsrecht, 8. Kapitel Rn. 53 mwN.

[1761] Macht der Gläubiger Schadensersatzansprüche wegen Nichterfüllung geltend und parallel dazu eine Vertragsstrafe, muss er sich jedoch die Vertragsstrafe auf einen etwaigen Schadensersatzanspruch anrechnen lassen. Weist der Gläubiger allerdings einen höheren Schaden nach, ist der höhere Schaden zu ersetzen.

[1762] → Rn. 899.

[1763] Vgl. *Köhler/Bornkamm* § 12 Rn. 1.157.

[1764] Vgl. Zöller/*Stöber* ZPO § 890 Rn. 7.

[1765] Vgl. *Köhler/Bornkamm* § 12 Rn. 1.152 ff.

[1766] Vgl. BGH GRUR 1998, 963 = NJW 1998, 3342 = WRP 1998, 864 – Verlagsverschulden II.

[1767] Das ist, wer nach dem tatsächlichen Vorgängen mit dem Willen des Schuldners bei der Erfüllung der diesem obliegenden Verbindlichkeiten als seine Hilfsperson tätig wird, BGHZ 98, 330 = GRUR 1987, 172 = NJW 1987, 1323 = WRP 1987, 446 – Unternehmensberatungsgesellschaft I; BGH GRUR 1988, 561 = NJW 1988, 1907 = WRP 1988, 608 – Verlagsverschulden I; BGH WRP 1998, 864 (866) – Verlagsverschulden II (Fn. 1317).

[1768] BGH GRUR 1988, 561 (562) – Verlagsverschulden I; BGH WRP 1998, 864 (866) – Verlagsverschulden II.

[1769] Vgl. hierzu auch *Köhler/Bornkamm* § 12 Rn. 1.153.

[1770] Vgl. *Teplitzky* WRP 1994, 709 (712) und GRUR 1996, 696 (700).

[1771] BGH I ZR 204/10 (Rn. 12) = BeckRS 2012, 09357 – Touristen-Information.

[1772] Vgl. OLG Hamburg 3 W 40/93 = NJW-RR 1993, 1392.

II. Höhe der Vertragsstrafe

Fall „Fortsetzungszusammenhang":[1773]
Die Klägerin ist eine Vereinigung von Gewerbetreibenden. Die Beklagte hat auf die Abmahnung der Klägerin hin erklärt, künftig die Veröffentlichung von Anzeigen zu unterlassen, wenn sie nicht auf ihre gewerbliche Tätigkeit in der Immobilienbranche hinweist. Für jeden Fall der Zuwiderhandlung hat sie der Klägerin „unter Verzicht auf die Geltendmachung der Einrede des Fortsetzungszusammenhangs" die Bezahlung einer Vertragsstrafe von 5.000 Mark versprochen. Nach Abgabe der Erklärung am 25. März erscheinen in der Zeit vom 25. April bis 13. Juni dreizehn Anzeigen unter Verstoß gegen die Unterlassungsverpflichtung.

644   Die Höhe der Vertragsstrafe richtet sich nach der Vereinbarung der Parteien. Haben die Parteien eine Vertragsstrafe beziffert, ist diese verwirkt (§ 339 BGB). Die Herabsetzung einer konkret vereinbarten Vertragsstrafe ist zwar auf Antrag des Schuldners gemäß § 343 BGB möglich, allerdings nur in Ausnahmefällen. Denn in wettbewerbsrechtlichen Streitigkeiten stehen sich meist zwei gleich starke Parteien gegenüber. Auch wenn ein großes Unternehmen ein kleines Unternehmen abmahnt, wird sich das abgemahnte Unternehmen in der Regel rechtlich beraten bzw. vertreten lassen. Gibt der Abgemahnte dann die Erklärung – womöglich noch durch seinen Rechtsvertreter – ab, kann er sich später nicht darauf berufen, er habe die Tragweite seiner Erklärung nicht erkannt. Bei Kaufleuten scheidet wegen §§ 348, 351 HGB eine Herabsetzung gemäß § 343 BGB ohnehin regelmäßig aus.[1774] § 348 HGB ist allerdings abdingbar, ohne dass die Ernsthaftigkeit der Unterlassungserklärung dadurch beseitigt würde.[1775] Auch vom Gläubiger initiierte Verstöße – zum Beispiel durch Testkäufe – ändern an der Höhe der Vertragsstrafe nichts. Es ist deshalb besonders wichtig, dass der Unterlassungsschuldner alle Maßnahmen zur Beachtung der Unterlassungserklärung ergreift.

645   Haben die Parteien eine Vertragsstrafe nach „Hamburger Brauch" vereinbart, muss der Verletzte eine angemessene Vertragsstrafe bestimmen (§ 315 Abs. 3 BGB). Anhaltspunkte für die Höhe der Vertragsstrafe sind zum Beispiel die Anzahl und die Intensität der Verstöße, der Grad des Verschuldens oder die wirtschaftliche Bedeutung der Unterlassungsverpflichtung für den Unterlassungsgläubiger.[1776] Auch ist zu berücksichtigen, dass die Vertragsstrafe die Funktion eines pauschalierten (Mindest-)Schadensersatzes hat.[1777] Verbindliche Größenordnungen lassen sich nicht festlegen. Wenn man jedoch anmimmt, dass in der Regel Vertragsstrafen von bis zu 5.000 Euro die Wiederholungsgefahr nicht in ernsthafter Weise ausschließen können,[1778] könnte das zumindest eine Untergrenze sein.

646   Bei mehreren gleichartigen Verstößen stellt sich die Frage, ob wegen jedes einzelnen Verstoßes eine Vertragsstrafe verwirkt ist.[1779] Der BGH hat mit der Entscheidung „Trainingsvertrag"[1780] auch im Zivilrecht das zuvor schon für das Strafrecht verabschiedete Institut des Fortsetzungszusammenhangs[1781] aufgegeben.[1782] Haben die Parteien vereinbart, dass die Vertragsstrafe für jeden Fall der Zuwiderhandlung jeweils verwirkt ist, können bestenfalls mehrere fahrlässige Einzelverstöße in einem engen zeitlichen Zusammenhang als einheitlicher Verstoß anzusehen sein.[1783] Steht eine vereinbarte Vertragsstrafe für jeden einzelnen –

[1773] BGHZ 121, 13 = NJW 1993, 721 = WRP 1993, 240.
[1774] Vgl. Palandt/*Grüneberg* BGB § 343 Rn. 8.
[1775] Vgl. *Köhler/Bornkamm* § 12 Rn. 1.145 und *Teplitzky*, Wettbewerbsrecht, 8. Kapitel Rn. 30b.
[1776] Vgl. BGH GRUR 1983, 127 = NJW 1983, 941 = WRP 1983, 91 – Vertragsstrafeversprechen.
[1777] Vgl. BGH GRUR 1994, 146 = NJW 1994, 45 = WRP 1994, 37 – Vertragsstrafebemessung.
[1778] Vgl. OLG Köln WRP 2001, 1101; → auch Rn. 627; beachte aber → Rn. 585b.
[1779] Vgl. *Köhler/Bornkamm* § 12 Rn. 1.148 f.; auch: BGH BGHZ 121, 13 = NJW 1993, 721 = WRP 1993, 240 (241) – Fortsetzungszusammenhang.
[1780] BGHZ 146, 318 = GRUR 2001, 758 = NJW 2001, 2622 = WRP 2001, 702 – Trainingsvertrag.
[1781] BGHSt 40, 138 = NJW 1994, 1663.
[1782] Zur möglichen Rechtsmissbräuchlichkeit der Forderung, eine Erklärung unter Verzicht auf die Einrede des Fortsetzungszusammenhangs abzugeben → Rn. 585b.
[1783] Vgl. *Köhler/Bornkamm* § 12 Rn. 1.149; siehe aber auch BGH I ZR 169/10 (Rn. 32 ff.) = NJW 2013, 2683 = GRUR 2013, 531 = WRP 2013, 767 – Einwilligung in Werbeanrufe II.

zeitlich nicht zusammenhängenden – Verstoß in einem außerordentlichen Missverhältnis zur Bedeutung der Zuwiderhandlung, kann trotz § 351 HGB eine Herabsetzung nach § 242 BGB geboten sein.[1784] Ist zwischen den Parteien der Ausschluss der Einrede des Fortsetzungszusammenhangs nicht vereinbart, könnte der „Hamburger Brauch" sogar für den Verletzten nützlich sein: Denn er kann so eine Gesamt-Vertragsstrafe bilden, die mehrere Einzelverstöße zusammenfassend berücksichtigt.

Die Frage, ob die Geltendmachung einer Vertragsstrafe ggf. rechtsmissbräuchlich ist, richtet sich ebenfalls nach § 242 BGB und nicht nach § 8 Abs. 4 UWG.[1785]   646a

Macht der Verletzte zugleich Schadensersatzanspruch wegen Nichterfüllung des Unterlassungsvertrages geltend, ist die Vertragsstrafe hierauf anzurechnen (§ 340 Abs. 2 BGB). Das gilt aber nicht, wenn der Verletzte einen Anspruch auf Ersatz der Anwaltskosten fordert, die durch die Geltendmachung der Vertragsstrafe entstanden sind.[1786] Auch ein bereits gerichtlich verhängtes Ordnungsgeld ist bei der Bemessung einer Vertragsstrafe nach „Hamburger Brauch" zu berücksichtigen.[1787]   647

Zum Fall „Fortsetzungszusammenhang":

Der BGH hat noch in seiner Entscheidung von 1992 in den dreizehn Verstößen eine fortgesetzte Handlung gesehen. Der Ausschluss der Einrede des Fortsetzungszusammenhangs könne jedoch vereinbart werden. Dieser bezieht sich dann – ohne ausdrückliche Vereinbarung der Parteien – auf vorsätzliche und fahrlässige Verstöße. Demnach wäre je veröffentlichter Anzeige die Vertragsstrafe verwirkt gewesen. Die Klägerin hatte allerdings in ihrem Anschreiben auf das als Anlage beigefügte „Formular" einer Unterlassungserklärung verwiesen und auch zahlreiche gleichlautende Erklärungen in ähnlichen Fällen gefordert. Deshalb sah der BGH die Vereinbarung, auf die Einrede des Fortsetzungszusammenhangs zu verzichten, hier als Verstoß gegen § 9 Abs. 2 Nr. 1 AGBG (jetzt § 307 Abs. 2 Nr. 1 BGB) und damit gemäß § 9 Abs. 1 AGBGB (jetzt § 307 Abs. 1 BGB) als unwirksam an. Im Übrigen hatte die Vereinbarung jedoch Bestand.   648

Inzwischen hat der BGH auch für das Zwangsvollstreckungsverfahren ausdrücklich festgestellt, dass er nicht am Institut des Fortsetzungszusammenhangs festhält.[1788]   649

III. Gerichtliche Entscheidung über eine Vertragsstrafe nach „Hamburger Brauch"

Der Nachteil der Vertragsstrafe nach „Hamburger Brauch" besteht darin, dass bei einem gerichtlichen Verfahren das Prozesskostenrisiko hauptsächlich beim Verletzten liegt. Denn fordert er gerichtlich – da der Verletzer eine Zahlung außergerichtlich verweigert – etwa eine Vertragsstrafe von 25.000 Euro und hält das Gericht eine Vertragsstrafe von nur 5.000 Euro für angemessen, trägt der Verletzte 4/5 der Kosten.   650

Befriedigend lösen lässt sich dies nur so:[1789]   651
• Der Verletzte fordert außergerichtlich eine bestimmte Vertragsstrafe und stellt diese für den Fall, dass sie der Verletzer nicht akzeptiert, unter den Vorbehalt einer gerichtlichen Überprüfung.
• Kommt es zum Rechtsstreit, muss es dem Verletzten möglich sein, die Festsetzung einer „angemessenen Vertragsstrafe" zu beantragen. Denn auch der Verletzer muss, würde er die Herabsetzung einer Vertragsstrafe begehren, seinen Antrag nicht beziffern.[1790]

[1784] BGH I ZR 168/05 = GRUR 2009, 181 = BeckRS 2008, 25095 = WRP 2009, 182 – Kinderwärmekissen.

[1785] BGH I ZR 45/11 (Rn. 19 ff.) NJW 2012, 3577 = GRUR 2012, 949 = WRP 2012, 1986 – Missbräuchliche Vertragsstrafe.

[1786] BGH GRUR 2008, 929 = NJW 2008, 2849 = WRP 2008, 1225 – Vertragsstrafeneinforderung.

[1787] BGH I ZR 217/07 (Rn. 32) = NJW-RR 2010, 1127 = GRUR 2010, 355 = WRP 2010, 649 – Testfundstelle.

[1788] BGH GRUR 2009, 427 = MW 2009, 921 = WRP 2009, 637.

[1789] Allerdings ist – soweit ersichtlich – über diese Vorgehensweise bislang nicht entschieden.

[1790] Vgl. Palandt/*Grüneberg* BGB § 343 Rn. 5. Das OLG Hamburg sieht aber bereits in dem Verlangen einer bestimmten Vertragsstrafe eine Leistungsbestimmung nach § 315 Abs. 3 BGB, die „ohne durchgreifenden Grund" nicht nachträglich erhöht werden kann, AfP 2003, 56.

- In der Klagebegründung sollte der Verletzte dem Gericht seine Vorstellungen über die Höhe einer Vertragsstrafe mitteilen.
- Das Gericht entscheidet dann nach eigenem Ermessen in analoger Anwendung von § 287 ZPO.
- Die Kosten des Verfahrens richten sich nach § 92 ZPO gemäß der Rechtsprechung zur Kostenentscheidung in Verfahren nach § 287 ZPO. Demnach hätte der Verletzer die Kosten jedenfalls dann allein zu tragen, wenn die Entscheidung den Antrag des Verletzten um nicht mehr als etwa 20 Prozent unterschreitet.[1791]

Denkbar wäre auch, die Kostenfrage über die Festsetzung des Streitwertes zu lösen. Schließlich muss der Streitwert keineswegs dem Betrag entsprechen, den der Kläger in der Klage als angemessen bezeichnet. Der Streitwert kann sich auch nach dem zuerkannten Betrag richten[1792] oder nach dem Betrag, den das Gericht bei Unterstellung des klägerischen Vortrags für angemessen hält.[1793]

IV. Kosten und Verjährung

652   Die Kosten für eine anwaltliche außergerichtliche Aufforderung, eine Vertragsstrafe zu bezahlen, muss der Verletzer grundsätzlich nicht tragen. Eine Verpflichtung zur Kostenerstattung besteht nur, wenn sich der Verletzer im Zeitpunkt der Beauftragung der Rechtsanwälte in Verzug befand.[1794]

Ansprüche auf Zahlung einer Vertragsstrafe verjähren nach drei Jahren (§ 195 BGB).[1795]

F. Beseitigung eines Unterwerfungsvertrages

I. Anwendbarkeit allgemeiner BGB-Regeln

653   Da die wettbewerbsrechtliche Unterwerfungsvereinbarung ein zivilrechtlicher Vertrag ist, gelten für die Wirksamkeit des Vertrages die allgemeinen Regeln des BGB. Der Vertrag ist demnach wirksam, wenn er nicht

- von Anfang nichtig war (zum Beispiel wegen Geschäftsunfähigkeit des Verletzers, §§ 104 ff. BGB),
- wirksam wegen Irrtums, Täuschung oder Drohung angefochten ist (§§ 119 ff. BGB),
- wegen Eintritts einer auflösenden Bedingung (§ 158 Abs. 2 BGB) beendet ist,
- wegen Wegfalls der Geschäftsgrundlage anzupassen (§ 313 BGB) ist oder
- aus wichtigem Grund gekündigt wird.

II. Wegfall der Geschäftsgrundlage, Kündigung des Vertrages

1. Wegfall der Geschäftsgrundlage

654   Der Wegfall der Geschäftsgrundlage ist gesetzlich in § 313 BGB geregelt. Es ist jedoch nur in ganz engen Grenzen ein Wegfall der Geschäftsgrundlage denkbar. Die Geschäftsgrundlage kann entfallen bei

- Wegfall oder Änderung der gesetzlichen Grundlage, auf der die Erklärung beruht (zum Beispiel für Unterlassungsverträge wegen Verstößen gegen das RabattG oder die Zugabe-VO, die 2001 aufgehoben wurden)[1796] oder

---

[1791] Vgl. Zöller/*Herget* ZPO § 92 Rn. 12 mit Hinweis auf OLG Düsseldorf NJW-RR 1995, 955.
[1792] Vgl. OLG München NJW 1961, 1122.
[1793] So OLG München NJW 1968, 1937.
[1794] BGH GRUR 2008, 929 = NJW 2008, 2849 = WRP 2008, 1225 – Vertragsstrafeneinforderung.
[1795] → Rn. 573.
[1796] Eine Änderung der Rechtslage, die für den Verletzer nur günstiger wäre, den Unterlassungsanspruch gleichwohl nicht vollständig entfallen ließe, genügt nicht. BGH I ZR 243/97 = GRUR 2001, 85 = NJW 2000, 3645 = WRP 2000, 1404 – Altunterwerfung IV.

- Änderung der höchstrichterlichen Rechtsprechung, die den beanstandeten Verstoß nicht mehr als rechtswidrig ansieht.[1797]

Verliert ein Verband seine Klagebefugnis nach § 8 Abs. 3 Nr. 2 UWG, führt das allerdings nicht zum Wegfall der Geschäftsgrundlage.[1798] Denn: „Die Auflösung oder Anpassung eines Vertrages wegen Wegfalls der Geschäftsgrundlage muss zur Vermeidung untragbarer, mit Recht und Gerechtigkeit schlechthin unvereinbarer Folgen unabweisbar erscheinen."[1799]

Ein Wegfall der Geschäftsgrundlage führt zunächst nur zu einer Anpassung des Vertra- **655** ges für die Zukunft – beginnend ab dem Zeitpunkt des Wegfalls der Geschäftsgrundlage. Es ist auch mit der Änderung zum Beispiel der Rechtslage nicht der rechtliche Grund des Unterlassungsvertrages nachträglich entfallen, so dass ein Anspruch für den Verpflichteten nach § 812 Abs. 2 BGB iVm § 780 BGB bestehen könnte. Eine bereits verwirkte und bezahlte Vertragsstrafe kann der Verletzer ebenso wenig zurückfordern. Dabei ist es unerheblich, wenn die Parteien erst nach Zahlung der Vertragsstrafe Kenntnis davon erlangt haben, dass der BGH seine Rechtsprechung zu Gunsten des Vertragsstrafenschuldners geändert hat.[1800]

Lässt sich ein Vertrag nicht anpassen, begründet der Wegfall der Geschäftsgrundlage le- **656** diglich ein außerordentliches Kündigungsrecht. Übt der Verpflichtete dieses Recht nicht aus, bleibt der Vertrag unverändert bestehen.[1801]

2. Kündigung des Vertrages

Wenn sich die gesetzliche Grundlage oder die höchstrichterliche Rechtsprechung ändert, **657** kann das auch ein Grund zur Kündigung aus wichtigem Grund sein.[1802] Die Entscheidung eines Instanzgerichts in einem gleich gelagerten Parallelverfahren gegen einen Dritten, die den Unterlassungsanspruch verneint, bietet dem Unterlassungsschuldner keinen wichtigen Grund für eine Kündigung seines Unterlassungsvertrages.[1803] Für die fristlose Kündigung gelten nicht ohne Weiteres die strengen Anforderungen, die an den Wegfall der Geschäftsgrundlage zu stellen sind.[1804] Ist etwa die Klagebefugnis wegen der Novellierung des § 13 Abs. 2 UWG 1909 im Jahr 1994 entfallen, gibt dies zumindest einen Kündigungsgrund. Es ist für eine Kündigung wegen Wegfalls der Klagebefugnis auch unbeachtlich, ob die geschäftliche Handlung, die Gegenstand der Unterlassungsverpflichtung ist, nach wie vor wettbewerbswidrig ist.

Auch wenn für diese Kündigung die Zwei-Wochen-Frist des § 626 Abs. 2 BGB nicht gilt,[1805] kann der Verpflichtete jedoch nicht erst nach längerer Zeit[1806] die Kündigung erklären. Zudem beseitigt die fristlose Kündigung die Folgen des Unterwerfungsvertrages nur *ex nunc* und nicht *ex tunc*. Es widerspricht auch nicht dem Rechtsgedanken von § 242 BGB, dass eine nach Änderung des Gesetzes, jedoch vor Kündigung der Vereinbarung verwirkte Vertragsstrafe noch zu bezahlen ist. Etwas anderes gilt nur dann, wenn die Beitreibung einer

---

[1797] Vgl. *Köhler/Bornkamm* § 12 Rn. 1.160; ändert sich die Rechtsprechung während des Verfahrens, führt das nicht zur Erledigung der Hauptsache, sondern zur Unbegründetheit, BGH GRUR 2004, 349 = NJW 2004, 1665 =WRP 2004, 496 – Einkaufsgutschein II.

[1798] BGH GRUR 1998, 953 = NJW 1998, 2439 = WRP 1998, 743 – Altunterwerfung III; OLG Köln WRP 1985, 717 (719).

[1799] BGHZ 133, 316 = GRUR 1997, 382 = NJW 1997, 1702 = WRP 1997, 312 – Altunterwerfung I.

[1800] BGH GRUR 1983, 602 = NJW 1983, 2143 = WRP 1983, 609 – Vertragsstrafenrückzahlung.

[1801] BGHZ 133, 331 = GRUR 1997, 386 = NJW 1997, 1706 = WRP 1997, 318 – Altunterwerfung II.

[1802] Vgl. BGH GRUR 1998, 953 (954) – Altunterwerfung III.

[1803] BGH VI ZR 52/09 (Rn. 14 ff.) = NJW 2010, 1874 = GRUR 2010, 946 = WRP 2010, 772.

[1804] BGH GRUR 1997, 382 (383) – Altunterwerfung I.

[1805] BGH GRUR 1997, 386 (390) – Altunterwerfung II.

[1806] Gemäß BGH GRUR 2001, 85 = NJW 2000, 3645 = WRP 2000, 1404 – Altunterwerfung IV jedenfalls nach mehr als einem Jahr (und ein Verstoß gegen die Unterlassungsverpflichtung und länger als eineinhalb Jahre nach der Gesetzesänderung). Nach BGH GRUR 1997, 386 (390) – Altunterwerfung II ist die Frist „großzügig, d. h. in Monaten zu bemessen" – gerechnet ab der Kenntnis von den für die Kündigung relevanten Tatsachen (zum Beispiel der nicht genügenden Ausstattung eines Verbandes im Sinne von § 8 Abs. 3 Nr. 2 UWG).

solchen Vertragstrafe ausnahmsweise eine unzulässige Rechtsausübung wäre.[1807] Das kann der Fall sein, wenn die geschäftliche Handlung wegen der Gesetzesänderung nicht mehr verboten oder eine Änderung der höchstrichterlichen Rechtsprechung erfolgt ist.[1808]

[1807] BGH GRUR 1997, 382 (386) – Altunterwerfung I.
[1808] Vgl. hierzu auch BGH NJW 2000, 3645 (3646) – Altunterwerfung IV.

§ 12 Einigungsverfahren gemäß § 15 UWG

Übersicht

§ 15 UWG (Auszug):

(1) Die Landesregierungen errichten bei Industrie- und Handelskammern Einigungsstellen zur Beilegung von bürgerlichen Streitigkeiten, in denen ein Anspruch auf Grund dieses Gesetzes geltend gemacht wird (Einigungsstellen).

...

(3) Die Einigungsstellen können bei bürgerlichen Rechtsstreitigkeiten, in denen ein Anspruch auf Grund dieses Gesetzes geltend gemacht wird, angerufen werden, wenn der Gegner zustimmt. Soweit die Wettbewerbshandlungen[1809] Verbraucher betreffen, können die Einigungsstellen von jeder Partei zu einer Aussprache mit dem Gegner über den Streitfall angerufen werden; einer Zustimmung des Gegners bedarf es nicht.

(6) Die Einigungsstelle hat einen gütlichen Ausgleich anzustreben ...

(7) (...) Aus einem vor der Einigungsstelle geschlossenen Vergleich findet die Zwangsvollstreckung statt; ...

(9) Durch die Anrufung der Einigungsstelle wird die Verjährung in gleicher Weise wie durch Klageerhebung gehemmt. Kommt ein Vergleich nicht zustande, so ist der Zeitpunkt, zu dem das Verfahren beendet ist, von der Einigungsstelle festzustellen. Die vorsitzende Person hat dies den Parteien mitzuteilen.

(10) Ist ein Rechtsstreit der in Absatz 3 Satz 2 bezeichneten Art ohne vorherige Anrufung der Einigungsstelle anhängig gemacht worden, so kann das Gericht auf Antrag den Parteien unter Anberaumung eines neuen Termins aufgeben, vor diesem Termin die Einigungsstelle zur Herbeiführung eines gütlichen Ausgleichs anzurufen. In dem Verfahren über den Antrag auf Erlass einer einstweiligen Verfügung ist diese Anordnung nur zulässig, wenn der Gegner zustimmt. Absatz 8 ist nicht anzuwenden. Ist ein Verfahren vor der Einigungsstelle anhängig, so ist eine erst nach Anrufung der Einigungsstelle erhobene Klage des Antragsgegners auf Feststellung, dass der geltend gemachte Anspruch nicht bestehe, nicht zulässig.

A. Bedeutung

Im Jahr 1997 erfolgte die Neufassung der Regelungen für die Einigungsstellen. Die Einigungsstellen sind bei Industrie- und Handelskammern eingerichtet. Hierfür haben die Länder Durchführungsverordnungen erlassen.[1810] Durch die Einrichtung der Einigungsstellen soll eine außergerichtliche und insbesondere kostengünstige Streitbeilegung durch Vergleich erreicht werden. Wie bei amtsgerichtlichen Schiedsstellen ist der vor einer Einigungsstelle geschlossene Vergleich vollstreckbar (§ 15 Abs. 7 S. 2 UWG). **658**

[1809] Hier hat der Gesetzgeber offenbar übersehen, den Begriff „Wettbewerbshandlungen" durch „geschäftliche Handlungen" zu ersetzen. Nachfolgend ist deshalb von „geschäftlicher Handlung" die Rede.

[1810] Vgl. *Köhler/Bornkamm* UWG § 15 Rn. 4.

B. Zusammensetzung der Spruchkörper

659   Der Vorsitzende der Einigungsstelle muss die Befähigung zum Richteramt nach dem Deutschen Richtergesetz haben. Des weiteren muss die Einigungsstelle aus mindestens zwei Beisitzern bestehen. Diese kommen entweder aus der Gruppe der Unternehmer oder paritätisch aus der Gruppe der Verbraucher und der Unternehmer (§ 15 Abs. 2 S. 2 UWG).

C. Örtliche und sachliche Zuständigkeit

I. Örtliche Zuständigkeit

660   Für die örtliche Zuständigkeit gilt gemäß § 15 Abs. 4 UWG die Regelung in § 14 UWG.[1811]

II. Sachliche Zuständigkeit

661   Die Einigungsstellen sind gemäß § 15 Abs. 3 UWG für bürgerliche Rechtsstreitigkeiten aus dem UWG zuständig – und zwar
- bei Anrufung einer Partei immer dann, wenn die geschäftliche Handlung Verbraucher betrifft oder
- bei sonstigen geschäftlichen Handlungen, wenn der Gegner zustimmt oder
- wenn ein Rechtsstreit ohne vorherige Anrufung der Einigungsstelle anhängig gemacht wird und das Gericht auf Antrag der Parteien diesen aufgibt, die Einigungsstelle anzurufen (§ 15 Abs. 10 UWG).

Wird die Einigungsstelle tätig, ohne dass sie sachlich zuständig ist, kann sie ihre weitere Tätigkeit nicht ablehnen, wenn die Parteien ihrerseits die Fortsetzung des Verfahrens wünschen.[1812]

D. Verfahren

662   Das Verfahren regeln § 15 Abs. 5–9 UWG. Daneben gibt es Durchführungsverordnungen der Länder (§ 15 Abs. 11 UWG).

I. Antrag

663   Die Einigungsstelle wird auf schriftlichen Antrag eines Beteiligten tätig. Der Gegner muss der Anrufung der Einigungsstelle nur dann zustimmen, wenn der Antrag keine geschäftliche Handlung gegenüber Verbrauchern betrifft (§ 15 Abs. 3 S. 2 UWG).

II. Beendigung des Verfahrens

664   Das Verfahren wird durch Vergleich der Parteien beendet – etwa durch Abgabe einer Unterlassungserklärung des Verletzers. Sofern eine Einigung nicht zustande kommt, stellt die Einigungsstelle gemäß § 15 Abs. 9 S. 2 UWG das Scheitern des Verfahrens fest.

[1811] → Rn. 677 ff.
[1812] Vgl. Vgl. Harte-Bavendamm/Henning-Bodewig/*Retzer* § 15 Rn. 25 und *Köhler/Bornkamm* § 15 Rn. 18.

III. Rechtsmittel

Gegen Entscheidungen der Einigungsstelle ist sofortige Beschwerde möglich, soweit sie 665 gesetzlich zugelassen ist (vgl. § 567 Abs. 1 Nr. 1 ZPO). Das ist nur für die Anordnung des persönlichen Erscheinens und die Festsetzung eines Ordnungsgeldes (§ 15 Abs. 5 S. 3 UWG) und für die Festsetzung der Verfahrensauslagen sowie für die Kostenentscheidung[1813] möglich.

Beschwerdegericht ist das am Sitz der Einigungsstelle zuständige Landgericht. Eine weitere sofortige Beschwerde ist ausgeschlossen (§ 567 Abs. 1 ZPO).

E. Wirkungen

Wird ein Einigungsverfahren eingeleitet, ist die Verjährung gemäß § 11 UWG bis zum Ab- 666 schluss des Verfahrens (§ 15 Abs. 9 S. 1 UWG) gehemmt. Kommt es zum Vergleich oder stellt die Einigungsstelle fest, dass ein Vergleich nicht zustande kommt (§ 15 Abs. 9 S. 3 UWG), endet die Hemmung der Verjährung (vgl. § 203 BGB). Die Aufnahme von Einigungsverhandlungen kann auch Ansprüche nach § 311 Abs. 2 BGB (c.i.c.) auslösen.[1814]

Für die Dauer des Einigungsverfahrens ist die Erhebung einer negativen Feststellungsklage durch den Anspruchsgegner ausgeschlossen (§ 15 Abs. 10 S. 4 UWG). Gleiches gilt auch für Leistungs- oder positive Feststellungsklagen des Verletzten, wenn er die Einigungsstelle angerufen oder bereits einer Durchführung des Einigungsverfahrens zugestimmt hat.[1815]

Die Durchführung eines Verfügungsverfahrens bleibt jedoch möglich (§ 15 Abs. 10 S. 2 667 UWG)[1816] und ist insbesondere auch im Hinblick auf ein Scheitern der Vergleichsbemühungen zu erwägen. Denn dann besteht das Risiko, dass die Vermutung der Dringlichkeit gemäß § 12 Abs. 2 UWG entfallen ist.[1817] Dieses Ergebnis ist zwar im Hinblick auf den Zweck des Einigungsverfahrens – nämlich Herbeiführung eines vor allem kostengünstigen Vergleichs – äußerst unbefriedigend. Dem Zweck des Einigungsverfahrens entspricht es daher,

• bei einer raschen Einleitung des Einigungsverfahrens durch den Verletzten,
• innerhalb der jeweils obergerichtlich anerkannten Dringlichkeitsfristen und
• konsequentem Betreiben des Einigungsverfahrens durch den Verletzten

die Dringlichkeit *nicht* entfallen zu lassen – ganz unabhängig davon, wie lange das Einigungsverfahren letztlich andauert.[1818] Ohne entsprechend klare obergerichtliche Entscheidungen geht der Verletzte jedoch das Risiko ein, dass das nach Scheitern der Vergleichsbemühungen angerufene Gericht die Dringlichkeit verneint.

F. Kosten

Kosten für die Tätigkeit der Einigungsstelle entstehen in der Regel nicht. Über Auslagen 668 für Zeugen entscheidet die Einigungsstelle nach billigem Ermessen. Das gilt auch für die Kostenverteilung, wenn sich die Parteien in der Sache nicht einigen können. Für die anwaltliche Vertretung fällt eine 1,5-Geschäftsgebühr nach Nr. 2303 Nr. 4 VV an, auf die eine bereits nach Nr. 2300 VV entstandene Geschäftsgebühr nach den Regeln des RVG anzurechnen ist (KV Vorbemerkung 2.3 Abs. 6). Kommt eine Einigung zustande, fällt eine 1,5-Einigungsgebühr (Nr. 1000 VV) an. Das Verfahren ist eine eigene Angelegenheit nach § 17 Nr. 7 RVG. Die Streitwertbestimmung erfolgt durch die Einigungsstelle gemäß den Vorschriften des GKG.[1819]

[1813] Vgl. *Köhler/Bornkamm* § 15 Rn. 28.
[1814] Vgl. *Köhler/Bornkamm* § 15 Rn. 35.
[1815] Vgl. *Köhler/Bornkamm* § 15 Rn. 30.
[1816] Vgl. *Köhler/Bornkamm* § 15 Rn. 30.
[1817] → Rn. 735 ff.
[1818] Vgl. *Köhler/Bornkamm* § 15 Rn. 30.
[1819] Das ergibt sich aus den jeweiligen Landesverordnungen, vgl. etwa § 8 Bay. Einigungsstellenverordnung; abgedruckt auch bei *Köhler/Bornkamm* § 15 nach Rn. 35.

Praxistipp:

Zwar ist das Verfahren vor der Einigungsstelle als kostengünstiges Schiedsverfahren gedacht. Hierin liegt jedoch gerade der Nachteil: Gerade bei Wettbewerbsverletzungen, die offensichtlich sind, ist die sich aus einem Einigungsverfahren möglicherweise ergebende Kostenfolge für den Verletzten nicht immer gerechtfertigt. Deshalb empfiehlt es sich, ein Einigungsverfahren vor allem dann einzuleiten, wenn der Eintritt der Verjährung droht und der Anspruchsteller im Hinblick auf einen ungewissen Prozessausgang die Kosten für eine Hauptsacheklage scheut.

3. Teil. Gerichtliches Verfahren

§ 13 Allgemeine Prozessvoraussetzungen, Antragsformulierung

Übersicht

A. Vorüberlegung

Hat der Anspruchsteller seinen gewöhnlichen Aufenthalt nicht in einem Mitgliedstaat der **669** Europäischen Union oder einem Vertragsstaat des Abkommens über den Europäischen Wirtschaftsraum, kann der Anspruchsgegner die Stellung einer **Prozesskostensicherheit** gemäß § 110 ZPO fordern. Ob der Anspruchsgegner die Sicherheit auch im Verfügungsver-

257

fahren fordern kann, ist umstritten. Einigkeit besteht, dass wegen § 282 Abs. 3 S. 2 ZPO (Rechtzeitigkeit des Vorbringens) eine Sicherheit jedenfalls nicht ohne mündliche Verhandlung gefordert werden kann.[1820]

B. Rechtsweg

670 Für wettbewerbsrechtliche Ansprüche ist ganz überwiegend der Rechtsweg zu den ordentlichen Gerichten gegeben. Das gilt auch für Bereiche, die dem öffentlichen Recht zuzuordnen sind.[1821] Handelt die öffentliche Hand erwerbswirtschaftlich (fiskalisch), ist der Rechtsweg zu den Zivilgerichten gegeben.[1822] Auch hoheitliches Handeln kann wettbewerbsrechtlich relevant und damit von den Zivilgerichten zu überprüfen sein.[1823] Die Frage, *ob* sich die öffentliche Hand am Wettbewerb beteiligen darf, ist nicht Gegenstand des UWG. Dieses regelt nicht den *Marktzutritt*, sondern das *Marktverhalten*.[1824]

671 Allerdings ist die Rechtsprechung des BGH zur Rechtswegzuständigkeit nicht so weitgehend, dass durchweg alle Verfahren mit Bezug zum UWG von den ordentlichen Gerichten zu entscheiden sind. So hat der BGH zwar den ordentlichen Rechtsweg für Ansprüche eines Verbraucherschutzverbandes wegen wettbewerbsrechtlich unzulässiger telefonischer Werbung neuer Mitglieder durch eine Ersatzkasse zugestanden.[1825] Für die Klage eines Kassenarztes gegen eine Kassenärztliche Vereinigung wegen der Weitergabe von Abrechnungsunterlagen des Klägers an einen als Gutachter eingesetzten Konkurrenten ist nach Auffassung des BGH allerdings allein der Rechtsweg zu den **Sozialgerichten** eröffnet.[1826] Nach § 69 SGB V sind die Rechtsbeziehungen der Krankenkassen und ihrer Verbände zu den Leistungserbringern immer öffentlich-rechtlicher Natur.[1827] Stützt hingegen eine private Krankenkasse oder eine nach § 8 Abs. 3 Nr. 2–4 UWG klagebefugte Einrichtung einen Anspruch gegen eine gesetzliche Krankenkasse auf wettbewerbsrechtliche Normen, ist der ordentliche Rechtsweg eröffnet. Es liegt dann keine Angelegenheit der gesetzlichen Krankenversicherung im Sinne von § 51 Abs. 1 Nr. 2, Abs. 2 1 SGG vor.[1828]

672 Die **Arbeitsgerichte** sind zuständig, wenn ehemaligen Arbeitnehmern Wettbewerbsverstöße vorgeworfen werden, die in untrennbarem Zusammenhang mit dem Arbeitsverhältnis stehen. Das ist etwa dann der Fall, wenn der Arbeitnehmer von ihm betreute Kunden im Zusammenhang mit seinem Ausscheiden aus dem Arbeitsverhältnis bei seinem Arbeitgeber

---

[1820] Vgl. auch Zöller/*Herget* ZPO § 110 Rn. 3, *Leible* NJW 1995, 2817 ff.

[1821] Vgl. *Köhler/Bornkamm* § 12 Rn. 2.1 ff.

[1822] BGH GRUR 2005, 960 = NJW-RR 2005, 1562 = WRP 2005, 1412 – Friedhofsruhe und *Köhler/ Bornkamm* § 4 Rn. 13.9.

[1823] Vgl. BGH GRUR 1990, 463 = NJW-RR 1990, 534 = WRP 1990, 254 – Firmenrufnummer und BGH GRUR 2002, 550 = NJW 2002, 1718 = WRP 2002, 527 – Elternbriefe.

[1824] BGH GRUR 2002, 825 = NJW 2002, 2645 = WRP 2002, 943 – Elektroarbeiten und BGH GRUR 2003, 164 = NJW 2003, 586 = WRP 2003, 262 – Altautoverwertung; *Köhler/Bornkamm* § 4 Rn. 13.13.

[1825] BGH GRUR 1999, 88 = NJW 1988, 3418 = WRP 1988, 1076 – Ersatzkassenwerbung. Auch gesetzliche Krankenkassen sind von der UGP-RL erfasst: EuGH C-59/12 = GRUR 2013, 1159 = WRP 2013, 1454 – BKK Mobil Oil Körperschaft des öffentlichen Rechts/Zentrale zur Bekämpfung unlauteren Wettbewerbs e. V. Siehe dazu auch die Entscheidung des OLG Celle 13 U 173/09 = GRUR-RR 2011, 111 = WRP 2010, 1548.

[1826] BGH GRUR 1999, 520 = NJW 1999, 1786 = WRP 1999, 439 – Abrechnungsprüfung. Vgl. auch BGH GRUR 1998, 744 = NJW 1998, 2743 = WRP 1998, 624 – Mitgliederwerbung. Für ähnliche Fallgestaltungen ist die Rechtsprechung uneinheitlich, vgl. einerseits BGH GRUR 2000, 251 = NJW 2000, 874 = WRP 2000, 98 – Arzneimittelversorgung, BGH GRUR 2001, 87 = NJW 2001, 1796 = WRP 2000, 1303 – Sondenernährung (Rechtsweg zu den Sozialgerichten bejaht) und andererseits BGHZ 142, 338 = NJW 2000, 872 (III. Zivilsenat) und BGH NJW 2003, 1192 (Sozialrechtsweg verneint). Die Sozialgerichte müssen dann ggf. UWG anwenden, vgl. EuGH C-59/12 = GRUR 2013, 1159 = WRP 2013, 1454 – BKK Mobil Oil Körperschaft des öffentlichen Rechts/Zentrale zur Bekämpfung unlauteren Wettbewerbs e. V.

[1827] Vgl. BGH GRUR 2004, 247 = NJW-RR 2004, 547 = WRP 2004, 337 – Krankenkassenzulassung, BGH GRUR 2006, 517 = NJW-RR 2006, 1046 = WRP 2006, 747 – Blutdruckmessungen, *Keßler* WRP 2006, 1283 und *Köhler/Bornkamm* § 4 Rn. 13.9.

[1828] BGH GRUR 2007, 535 = NJW 2007, 1819 = WRP 2007, 641 – Gesamtzufriedenheit.

abgeworben bzw. die Kunden dem Arbeitgeber abspenstig gemacht haben soll.[1829] Richten sich Ansprüche gegen (ehemalige) Arbeitnehmer und zugleich gegen Personen, die keine Arbeitnehmer waren, ist das Arbeitsgericht nur für die Klage gegen die Arbeitnehmer zuständig. Im Übrigen sind wegen § 13 Abs. 1 UWG die Landgerichte zuständig.[1830] Die rechtskräftige Entscheidung über den Rechtsweg ist gemäß § 17a GVG bindend.

Macht der Anspruchsteller in einem Verfahren mehrere selbstständige Ansprüche geltend, ist die Rechtswegfrage jeweils gesondert zu prüfen. Sind verschiedene Rechtswege eröffnet, muss eine Prozesstrennung gemäß § 145 ZPO erfolgen.[1831]   673

C. Anwendbares Recht

Ein einheitliches, unmittelbar anwendbares, internationales Werberecht gibt es nicht.[1832]   674
Wirbt etwa ein Unternehmen im Internet,[1833] stellt sich die Frage, welches Landesrecht anwendbar ist: das Recht des Herkunftslandes (Handlungsort) oder das Recht desjenigen Landes, in dem (auch) die Verletzungshandlung stattfindet (Erfolgsort)? Der BGH hat das **Marktort-Prinzip** entwickelt, das auch unter der Geltung der Art. 40, 41 EGBGB anzuwenden ist.[1834] Demnach ist für die wettbewerbsrechtliche Beurteilung nicht der Ort maßgeblich, an dem die geschäftliche Handlung begangen wurde, sondern der Ort, an dem der Wettbewerb (zum Beispiel durch den Absatz einer Ware) stattfindet.[1835]

Das können auch mehrere Orte sein, wenn eine Ware zum Beispiel in mehreren Ländern   675
vertrieben wird. Das gilt nicht nur für den Wettbewerb von In- und Ausländern, sondern auch für Inländer, die auf ausländischen Märkten aktiv sind.[1836] Ob deutsches Recht auch unabhängig vom Marktort gilt, wenn
- sich der Wettbewerb auf dem Auslandsmarkt ausschließlich zwischen Inländern abspielt oder
- wenn sich die Verletzungshandlung gezielt gegen einen inländischen Mitbewerber richtet, der dadurch im Wettbewerb betroffen wird,
war lange Zeit streitig. Nunmehr herrscht in der Literatur weitgehend Einigkeit, dass das Marktortprinzip einheitlich gilt.[1837] Es ist dann das ausländische Marktortrecht anwendbar.[1838]

Es kommt demnach nicht darauf an,[1839] wo
- lediglich Vorbereitungshandlungen bzw. untergeordnete Teilhandlungen stattfinden oder
- ein Schaden eintritt.

[1829] OLG Brandenburg GRUR-RR 2009, 37 = BeckRS 2008, 05179.

[1830] BAG 5 AZB 3/10 = NJW 2010, 3387= GRUR-RR 2010, 447. Anders noch LAG SchlH 2 Ta 140/09 = BeckRS 2010, 66770.

[1831] Vgl. BGH NZS 1998, 375 (für Wettbewerbsstreitigkeiten zwischen gesetzlichen Krankenkassen ist der Rechtsweg zu den Sozialgerichten gegeben) und *Köhler* WRP 1997, 373.

[1832] Mit Ausnahme von Art. 10 bis des Pariser Verbandsübereinkommens zum Schutz des gewerblichen Eigentums (im Internet auffindbar unter www.admin.ch/opc/de/classfied-compilation/0.23.html (10.5.2014) oder http://www.gesetze.ch/inh/inh1104.html (10.5.2014)), der sich mit Fragen des unlauteren Wettbewerbs beschäftigt. Es gibt auch internationale Werberegeln der Internationalen Handelskammer (ICC), siehe www.icc-deutschland.de. Diese stellen allerdings auf das Ursprungslandprinzip ab, so dass etwa das Recht desjenigen Landes anwendbar wäre, in dem der Server eines Internet-Anbieters steht. Damit ließen sich nationale Werberestriktionen einfach umgehen.

[1833] Vgl. *Mankowski* GRUR Int. 1999, 909 ff. und *Köhler/Bornkamm* Einl. Rn. 5.8.

[1834] Vgl. *Köhler/Bornkamm* Einl. Rn. 5.6.

[1835] BGHZ 35, 329 = GRUR 1962, 243 = NJW 1962, 37 = WRP 1962, 13 – Kindersaugflaschen und BGH GRUR 2006, 513 = NJW 2006, 2630 = WRP 2006, 736 – Arzneimittelwerbung im Internet.

[1836] BGHZ 40, 391 = GRUR 1964, 316 = NJW 1964, 969 = WRP 1964, 122 – Stahlexport.

[1837] *Köhler/Bornkamm* Einl. Rn. 5.14 mwN. Ebenso auch Harte-Bavendamm/Henning-Bodewig/*Glöckner* Einl. C Rn. 177 ff.

[1838] So nun ausdrücklich BGH I ZR 85/08 = BGHZ 185, 66 = BGH NJW 2010, 3780 = GRUR 2010, 847 = WRP 2010, 1146 – Ausschreibung in Bulgarien.

[1839] Vgl. *Köhler/Bornkamm* Einl. Rn. 5.11 f.

Marktorte, deren Recht anzuwenden ist, können zum Beispiel sein:[1840]
- beim Kundenfang der Ort, an dem das Publikum irregeführt oder abgefangen wird,
- bei einer Behinderung der Ort, an dem ein Wettbewerber im Wettbewerb behindert oder der Bestand des Wettbewerbs gefährdet wird,
- bei der Ausbeutung der Ort, an dem die Ware abgesetzt wird – der Herstellungsort ist unbeachtlich,
- bei dem Ausspannen von Mitarbeitern der Betriebsort des Mitbewerbers,
- bei einer Werbung im **Internet** der Ort, an dem die Inhalte der Website bestimmungsgemäß[1841] abgerufen werden können. Deutsches Wettbewerbsrecht ist anwendbar, wenn sich die Inhalte auch an deutsche Verkehrskreise richten.[1842]

Seit dem 11.1.2009 finden allerdings auf Ereignisse nach dem 11.1.2009 innerhalb der EU (mit Ausnahme Dänemarks, Art. 1 Abs. 4 Rom II-VO) die Regelungen der EG-VO Nr. 864/2007 (**Rom II-VO**) Anwendung. Danach bleibt es jedoch im Wesentlichen beim „Marktort-Prinzip": Nach Art. 6 Rom II-VO ist auf außervertragliche Schuldverhältnisse für alle EU-Mitgliedstaaten „das Recht des Staates anzuwenden, in dessen Gebiet die Wettbewerbsbeziehungen oder die kollektiven Interessen der Verbraucher beeinträchtigt worden sind oder wahrscheinlich beeinträchtigt werden". Die Rom II-VO betrifft insbesondere Schadensersatz- und Unterlassungsansprüche. Haben der Verletzer und der Verletzte zum Zeitpunkt des Schadenseintritts ihren gewöhnlichen Aufenthalt in demselben Staat, ist grundsätzlich nach Art. 4 Abs. 2 ROM-II-VO das Recht dieses Staates anzuwenden. Geht es um Verletzungshandlungen, die sich in mehreren Staaten auswirken (können), enthält Art. 6 Abs. 3b Rom II-VO eine Sonderregelung für Klagen am Wohnsitz des Beklagten. Danach kann der Kläger seinen Anspruch allein auf das Recht des Mitgliedstaates des angerufenen Gerichts stützen, wenn das den Wettbewerb beschränkende Verhalten des Beklagten den Markt in diesem Mitgliedstaat unmittelbar und wesentlich beeinträchtigt. Die Folge ist dann aber, dass das angerufene Gericht nur die Unterlassung von Wettbewerbshandeln auf diesem Markt anordnen[1843] und nur zum Ersatz des auf diesem (Teil-)Markt entstandenen Schadens verurteilen kann.[1844] Die Bestimmungen der Rom II-VO sind nicht disponibel (Art. 6 Abs. 4).[1845]

676 Das Herkunftslandprinzip verdrängt das Marktortprinzip im Bereich des elektronischen Geschäftsverkehrs (§ 3 TMG) und bei der grenzüberschreitenden Fernsehwerbung, sofern es sich nicht um irreführende oder vergleichende Werbung handelt.[1846] Außerdem sind die Einschränkungen in § 3 TMG zu beachten – insbesondere zum Schutz der öffentlichen Gesundheit (§ 3 Abs. 5 S. 1 Nr. 2 TMG) und zum Schutz der Interessen der Verbraucher (§ 3 Abs. 5 S. 1 Nr. 3 TMG).[1847]

[1840] Vgl. auch Harte-Bavendamm/Henning-Bodewig/*Glöckner* Einl. C Rn. 177 ff.

[1841] Vgl. zum Begriff „bestimmungsgemäß" die zur Verbreitung von Druckschriften entwickelte Rechtsprechung, die verhindert, dass zum Beispiel ein Rosenheimer Wettbewerber einen Flensburger Wettbewerber in Rosenheim (§ 14 Abs. 2 S. 1 UWG, § 32 ZPO) wegen einer Anzeige in einem Flensburger Anzeigenblatt in Anspruch nimmt, das durch Zufall nach Rosenheim gelangt ist, BGH GRUR 1982, 495 = WRP 1982, 463 – Domgarten Brand.

[1842] Besteht etwa für Deutsche keine Bestellmöglichkeit, ist dieses Kriterium nicht erfüllt. Vgl. BGH – GRUR 2006, 513 = NJW 2006, 2630 = WRP 2006, 736 – Arzneimittelwerbung im Internet, wobei ein „Disclaimer" ein Indiz für eine Einschränkung des Verbreitungsgebiets sein kann (Wortlaut zB: „... aber nicht an deutsche Adressen"). Zu weitgehend ist demnach wohl die Auffassung des OLG Frankfurt a. M. EWiR § 1 UWG 7/99, 471, wonach eine weltweit ausgerichtete Website ohne ausdrückliche Einschränkung auf Deutschland auch auf Deutschland ausgerichtet sei. Demnach dürfte nahezu jede Website auch auf Deutschland ausgerichtet sein – und auch jede deutsche Website weltweit ausgerichtet sein, mit der Folge, dass zum Beispiel auch irakisches oder ägyptisches Werberecht zu beachten wäre. Ein wichtiges Indiz für eine Ausrichtung nach Deutschland wird jedenfalls die Verwendung der deutschen Sprache sein. Vgl. auch Harte-Bavendamm/Henning-Bodewig/*Glöckner* Einl. C Rn. 168, *Boehme-Neßler* ZUM 2001, 548 und *Kotthoff* BB 1998, 678.

[1843] Lindacher GRURInt. 2008, 453 mit Hinweis auf die widerstreitenden Literaturmeinungen.

[1844] Lindacher GRURInt. 2008, 453 mit Hinweis auf die insoweit einheitlichen Literaturmeinungen.

[1845] Siehe dazu auch *Köhler/Bornkamm* Einl. UWG Rn. 5.46.

[1846] Vgl. *Köhler/Bornkamm* Einl. Rn. 5.22 f.

[1847] Vgl. BGH GRUR 2006, 513 = NJW 2006, 2630 = WRP 2006, 736 – Arzneimittelwerbung im Internet.

D. Örtliche, sachliche und funktionale Zuständigkeiten

I. Örtliche Zuständigkeit (§ 14 UWG)

§ 14 UWG:

(1) Für Klagen auf Grund dieses Gesetzes ist das Gericht zuständig, in dessen Bezirk der Beklagte seine gewerbliche oder selbständige berufliche Niederlassung oder in Ermangelung einer solchen seinen Wohnsitz hat. Hat der Beklagte auch keinen Wohnsitz, so ist sein inländischer Aufenthaltsort maßgeblich.

(2) Für Klagen auf Grund dieses Gesetzes ist außerdem nur das Gericht zuständig, in dessen Bezirk die Handlung begangen ist. Satz 1 gilt für Klagen, die von den nach § 8 Abs. 3 Nr. 2–4 zur Geltendmachung eines Unterlassungsanspruches Berechtigten erhoben werden, nur dann, wenn der Beklagte im Inland weder eine gewerbliche oder selbständige berufliche Niederlassung noch einen Wohnsitz hat.

§ 14 UWG regelt einen ausschließlichen Gerichtsstand. Die Vereinbarung eines anderen   677
Gerichtsstandes ist unwirksam, § 40 Abs. 2 Nr. 2 ZPO.[1848] Treffen mehrere Anspruchsgrundlagen zusammen, geht § 14 UWG vor.[1849] § 14 UWG gilt auch für Verfügungsverfahren.

1. Sitz des Beklagten (§ 14 Abs. 1 UWG)

Grundsatz ist, dass dasjenige Gericht örtlich zuständig ist, in dessen Bezirk der Beklagte   678
seinen Sitz hat.

2. Fliegender Gerichtsstand (§ 14 Abs. 2 S. 1 UWG, § 32 ZPO)

Den fliegenden Gerichtsstand gemäß § 14 Abs. 2 S. 1 UWG – der § 32 ZPO entspricht –   679
sieht das UWG für
• den Mitbewerber sowie
• für die in § 8 Abs. 3 Nr. 2–4 Genannten vor, wenn der Anspruchsgegner keine Niederlassung oder keinen Wohnsitz im Inland hat.
Der Anspruchsteller kann dann überall dort seinen Anspruch geltend machen, wo die wettbewerbswidrige Handlung begangen ist. Hierunter ist sowohl der Ort der Tathandlung als
auch der Ort zu verstehen, an dem der Verletzungserfolg eingetreten ist. Wird also etwa eine
Ware von Essen aus bundesweit vertrieben und kann diese auch in München erworben werden, ist neben Essen Begehungsort auch München sowie jede weitere Stadt, in der die Ware
erhältlich ist. Der Entwurf des „Gesetzes gegen unseriöse Geschäftspraktiken" sah noch eine
Einschränkung des fliegenden Gerichtsstands auf einen Beklagten vor, der „im Inland weder
eine gewerbliche oder selbständige berufliche Niederlassung noch einen Wohnsitz hat". Auf
Empfehlung des Rechtsausschusses wurde diese Änderung nicht übernommen.[1850]
Der fliegende Gerichtsstand bietet die Möglichkeit des sogenannten „**forum shopping**":   680
Der Anspruchsteller kann sich das Gericht mit der für ihn günstigsten Rechtsprechung aus-
suchen. Ist etwa die Dringlichkeitsfrist bei einem Gericht bereits überschritten, wählt der
Anspruchsteller ein Gericht, das die Dringlichkeitsfristen großzügiger bemisst. Oder: Der
Verfügungsantrag hatte bei einem Gericht keinen Erfolg und soll deshalb – innerhalb der
am zweiten Gerichtsort üblichen Dringlichkeitsfristen – bei einem zweiten Gericht einge-
reicht werden.[1851] Es gibt allerdings einen zunehmenden Trend in der Rechtsprechung, die
Zweiteinreichung eines Antrags zu unterbinden.[1852] Erfährt das Gericht von einer Mehr-

---

[1848] Vgl. *Köhler/Bornkamm* § 14 Rn. 1.
[1849] Mit Ausnahme markenrechtlicher Ansprüche, § 141 MarkenG.
[1850] BT-Drs. 17/14192, 19. → Rn. 415.
[1851] Kritisch dazu *Teplitzky* GRUR 2008, 34.
[1852] Dazu kontrovers *Schmidhuber/Haberer* WRP 2013, 436 (forum shopping als legitime Prozesstaktik)
und *Teplitzky* WRP 2013, 839 (die Auffassung von *Schmidhuber/Haberer* ablehnend).

facheinreichung, scheitert der Verfügungsantrag inzwischen häufig an der Dringlichkeit – mit allerdings recht abenteuerlichen Begründungen.[1853] So wird etwa die Auffassung vertreten, die Rücknahme und Neueinreichung bei einem zweiten Gericht – statt Zurückweisung und Fortsetzung des Verfügungsverfahrens am ersten Gericht – widerlege die Vermutung der Dringlichkeit. Dabei lässt sich sicher schneller bei einem zweiten Gericht der Anspruch – wenn dem Antrag stattgegeben wird – durchsetzen als in einem Beschwerdeverfahren, einem Verfahren mit mündlicher Verhandlung oder im Berufungsverfahren am ersten Gerichtsort. Eine andere Auffassung sieht die Zweiteinreichung als rechtsmissbräuchlich an. Die Wettbewerbssenate des OLG Hamburg sind uneins.[1854] Das OLG Düsseldorf und das KG sehen in der Zweiteinreichung grundsätzlich keine Probleme.[1855]

> **Praxistipp: Forum shopping**
>
> Vielleicht ein Ausweg: Könnte der Antrag zunächst auf den Gerichtsbezirk des angerufenen Gerichts beschränkt und dann ggf. – unter Beachtung der Dringlichkeit – erweitert werden? Wenn dann zB das LG Hamburg für den Gerichtsbezirk Hamburg nicht erlassen will, könnte der Antrag beim LG Köln für dessen Berichtsbezirk gestellt werden.

681 Gehört ein Anspruchsteller zu den in § 8 Abs. 3 Nrn. 2–4 genannten Gruppen – und erfüllt er die von § 8 Abs. 3 UWG jeweils geforderten Voraussetzungen –, ist der fliegende Gerichtsstand nur dann gegeben, wenn der Anspruchsgegner weder eine Niederlassung noch einen Wohnsitz in Deutschland hat.

682 Besteht lediglich die Gefahr der Erstbegehung, ist der fliegende Gerichtsstand nur gegeben, wenn gerade im Gerichtsbezirk des angerufenen Gerichts der Verstoß droht. Geht es etwa um das Verbot einer Anzeige, die in einer überregionalen Zeitung veröffentlicht werden soll, droht der Verstoß überall dort, wo die Zeitung bestimmungsgemäß vertrieben wird.[1856]

> **Praxistipp: Gerichtsstand bei Erstbegehungsgefahr**
>
> Lässt sich nicht zweifelsfrei glaubhaft machen, dass ein Verstoß gerade auch im Bezirk des angerufenen Gerichts droht, empfiehlt es sich jedenfalls im Verfügungsverfahren, den Anspruchsgegner – wenn er im Inland seinen Sitz hat – am Ort seines Sitzes in Anspruch zu nehmen. Damit vermeidet der Anspruchsteller eine zeitraubende Verweisung oder sogar Zurückweisung des Antrags.

683 Für Ansprüche wegen der Verwirkung einer Vertragsstrafe ist § 14 UWG nicht anwendbar. Denn hier handelt es sich um einen Anspruch aus Vertrag und nicht um eine Klage aufgrund des UWG. Ebenso wenig ist § 32 ZPO anwendbar, da die Verwirkung der Vertragsstrafe kein Anspruch aus unerlaubter Handlung, sondern aus Vertrag ist.[1857] § 14 UWG gilt hingegen für eine Klage auf Erstattung der Abmahnkosten nach § 12 Abs. 1 S. 2 UWG.[1858]

3. Internationale Zuständigkeit

684 Hat der Verletzer seinen Sitz in einem EU-Staat oder in einem Vertragsstaat des LugÜ, ist die EU-Verordnung über die gerichtliche Zuständigkeit und die Anerkennung und Vollstre-

---

[1853] OLG Karlsruhe GRUR 1993, 135, OLG Frankfurt a. M. GRUR-RR 2002, 44 und NJW 2005, 3222 = GRUR 2005, 972; OLG München Beschluss vom 9.2.2005 – zitiert nach *Beyerlein* WRP 2005, 1463 und OLG München 6 U 4816/10 = BeckRS 2011, 03738 = WRP 2011, 364.

[1854] Dringlichkeitsschädlich: OLG Hamburg 5 U 67/06 = GRUR 2007, 614 = WRP 2007, 813. Nicht dringlichkeitsschädlich: OLG Hamburg 3 U 156/07= BeckRS 2010, 11000 und 3 U 60/09 = GRUR-RR 2010, 266 = WRP 2010, 790 – allerdings letztere wegen doppelter Rechtshängigkeit den Antrag abweisend, da der erste Antrag *nach* Einreichung des Zweitantrags zurückgenommen wurde.

[1855] OLG Düsseldorf U (Kart) 23/05 = GRUR 2006, 782 – Lottofonds; KG 10 U 69/09 (nicht veröffentlicht – Hinweisbeschluss in einer Pressesache).

[1856] Vgl. *Köhler/Bornkamm* § 14 Rn. 15.

[1857] Vgl. auch Zöller/*Vollkomer* ZPO § 32 Rn. 12.

[1858] Vgl. Harte-Bavendamm/Henning-Bodewig/*Retzer* § 14 Rn. 19.

ckung von Entscheidungen in Zivil- und Handelssachen (EuGVVO)[1859] maßgeblich.[1860] Für Island, Norwegen, Polen und die Schweiz findet ausschließlich das LugÜ[1861] Anwendung. Die EuGVVO hat in Zivil- und Handelssachen Vorrang vor den nationalen Gesetzen. Art. 2 EuGVVO/LugÜ verweist für die internationale Zuständigkeit auf die Gerichtsstände des inländischen Rechts. Somit kann der Verletzer jedenfalls in dem Sitzstaat in Anspruch genommen werden (Art. 2 Abs. 1, 60 Abs. 1 EuGVVO; Art. 2 Abs. 1, 53 LugÜ) oder am Sitz der Niederlassung (Art. 5 Nr. 5 EuGVVO/LugÜ).[1862] Die Zuständigkeit für Verfahren gegen Verletzer mit Sitz in Drittstaaten beurteilt sich nach den jeweils vereinbarten Abkommen. Hat der Verletzer in Deutschland eine Niederlassung, ist wegen § 14 Abs. 1 S. 1 UWG auch das Gericht am Sitz der Niederlassung zuständig.

Daneben gibt es den Gerichtsstand des Begehungsortes. Außerdem sind Verstöße gegen das **685** Wettbewerbsrecht unerlaubte Handlungen. Für deliktische Handlungen innerhalb der EG ist wegen Art. 5 Nr. 3 EuGVVO/LugÜ daher § 32 ZPO maßgeblich. Das gilt auch für vorbeugende Unterlassungsansprüche.[1863] Kurzum: Ist ein Gerichtsstand im Inland gemäß § 14 UWG oder gemäß § 12 ff. ZPO gegeben, ist das Gericht auch international zuständig.[1864]

Die Zuständigkeit hängt nicht davon ab, dass tatsächlich eine Verletzung des nationalen Rechts erfolgt ist. Es reicht vielmehr aus, dass eine Verletzung behauptet wird und diese nicht von vornherein ausgeschlossen ist.[1865] Ein Verfügungsverfahren, das in einem anderen Land parallel zu einem Hauptsacheverfahren durchgeführt wird, begründet keine doppelte Rechtshängigkeit.[1866] Nach § 14 Abs. 2 UWG können die gemäß § 8 Abs. 3 Nrn. 2–4 UWG klagebefugten Verbände und Kammern am Begehungsort (Marktort) klagen, wenn der Anspruchsgegner weder Wohnsitz noch Niederlassung in Deutschland hat.

Damit findet § 14 UWG Anwendung. Für Maßnahmen des einstweiligen Rechtsschutzes sehen Art. 31 EuGVVO und Art. 24 LugÜ sogar eine spezielle Zuständigkeitsregelung vor. Demnach können die in dem Recht eines Vertragsstaates (nach Art. 31 EuGVVO „eines Mitgliedsstaates") vorgesehenen einstweiligen Maßnahmen einschließlich solcher, die auf eine Sicherung gerichtet sind, bei den Gerichten dieses Staates auch dann beantragt werden, wenn für die Entscheidung *in der Hauptsache* das Gericht eines anderen Vertragsstaates (Mitgliedsstaates) auf Grund der EuGVVO/des LugÜ zuständig ist.

Es richtet sich der örtliche Gerichtsstand damit nach den Regelungen des UWG und der ZPO.

II. Sachliche und funktionale Zuständigkeit

1. Ausschließliche Zuständigkeit der Landgerichte

Gemäß § 13 Abs. 1 UWG sind die Streitigkeiten für alle Ansprüche aus dem UWG aus- **686** schließlich den Landgerichten zugewiesen.

§ 13 Abs. 1 UWG:
Für alle bürgerlichen Rechtsstreitigkeiten, mit denen ein Anspruch auf Grund dieses Gesetzes geltend gemacht wird, sind die Landgerichte ausschließlich zuständig …

[1859] Verordnung (EG) Nr. 44/2001 vom 22.12.2000 (zitiert: EuGVVO), zuletzt geändert durch Verordnung (EU) Nr. 517/2013 vom 13.5.2013.
[1860] Für Dänemark gilt wegen Nr. 21 der Erwägungsgründe zur EuGVVO und Art. 1 Abs. 3 EuGVVO nach wie vor das EuGVÜ.
[1861] Lugano Übereinkommen; entspricht inhaltlich im Wesentlichen der EuGVVO. Siehe auch Zöller/*Geimer* EuGVVO Art. 1 Rn. 16.
[1862] Vgl. auch Lindacher GRURInt. 2008, 453.
[1863] *Köhler/Bornkamm* Einl. Rn. 5.54.
[1864] Vgl. *Köhler/Bornkamm* Einl. Rn. 5.50. Bei einer Verletzung des Persönlichkeitsrechts fordert der BGH, dass „die als rechtsverletzend beanstandeten Inhalte objektiv einen deutlichen Bezug zum Inland aufweisen": BGH VI ZR 23/09 = NJW 2010, 1752 = GRUR 2010, 461 = WRP 2010, 653. Ist Deutschland „Marktort" (→ Rn. 674 f.) ist ein solcher Bezug gerade zu bejahen.
[1865] BGH GRUR 2006, 513 = NJW 2006, 2630 = WRP 2006, 736 – Arzneimittelwerbung im Internet mit Hinweis auf BGH GRUR 2005, 431 = NJW 2005, 1435 = WRP 2005, 493 – HOTEL MARITIME.
[1866] OÖGH GRUR Int. 2002, 936 – Universal-Stein und LG Hamburg GRUR Int. 2002, 1025 – Seifenverpackung.

Das gilt auch für die Kosten einer berechtigten Abmahnung, die nach § 12 Abs. 1 S. 2 UWG zu erstatten sind – selbst wenn der Streitwert hierfür unter 5.000 Euro liegt. Im Übrigen beträgt der Gegenstandswert – und damit der Streitwert im Gerichtsverfahren – in wettbewerbsrechtlichen Angelegenheiten bei Unterlassungsansprüchen selten unter 50.000 Euro.[1867] Die Höhe des Streitwertes gibt der Verletzte vor, da sich der Streitwert nach dessen Interesse richtet.[1868] Verletzt ein kleines Unternehmen die Rechte eines großen Unternehmens, kann es für das kleine Unternehmen deshalb sehr teuer werden. Bei mehreren Anspruchstellern und Anspruchsgegnern multipliziert sich der Grundstreitwert mit der Anzahl der Beteiligten. Macht etwa ein Wettbewerber Ansprüche gegen einen Mitbewerber und dessen Geschäftsführer geltend, ergibt sich – ausgehend von einem Grundstreitwert von beispielsweise 50.000 Euro – ein Wert von 100.000 Euro. Denn die Verpflichtung trifft jeden Anspruchsgegner unabhängig von etwaigen weiteren Anspruchsgegnern. Da die Mehrzahl der Parteien bereits bei der Festlegung des Streitwerts berücksichtigt wird, entfällt für den Anwalt eine Erhöhung nach § 7 RVG, Nr. 1008 VV.[1869]

686a   Ob § 13 Abs. 1 UWG auch auf Vertragsstrafenansprüche anwendbar ist, ist streitig.[1870] Eine Tendenz ist derzeit nicht erkennbar.[1871]

687   Das UWG enthält in § 12 Abs. 4 und 5 UWG ein Korrektiv zugunsten wirtschaftlich schwächerer Parteien.

> **§ 12 Abs. 4 und Abs. 5 UWG:**
>
> (4) Macht eine Partei in Rechtsstreitigkeiten, in denen durch Klage ein Anspruch aus einem der in diesem Gesetz geregelten Rechtsverhältnisse geltend gemacht wird, glaubhaft, dass die Belastung mit den Prozesskosten nach dem vollen Streitwert ihre wirtschaftliche Lage erheblich gefährden würde, so kann das Gericht auf ihren Antrag anordnen, dass die Verpflichtung dieser Partei zur Zahlung von Gerichtskosten sich nach einem ihrer Wirtschaftslage angepassten Teil des Streitwerts bemisst. Die Anordnung hat zur Folge, dass
>
> 1. die begünstigte Partei die Gebühren ihres Rechtsanwalts ebenfalls nur nach diesem Teil des Streitwerts zu entrichten hat,
> 2. die begünstigte Partei, soweit ihr Kosten des Rechtsstreits auferlegt werden oder soweit sie diese übernimmt, die von dem Gegner entrichteten Gerichtsgebühren und die Gebühren seines Rechtsanwalts nur nach dem Teil des Streitwerts zu erstatten hat und
> 3. der Rechtsanwalt der begünstigten Partei, soweit die außergerichtlichen Kosten dem Gegner auferlegt oder von ihm übernommen werden, seine Gebühren von dem Gegner nach dem für diesen geltenden Streitwert beitreiben kann.
>
> (5) Der Antrag nach Absatz 4 kann vor der Geschäftsstelle des Gerichts zur Niederschrift erklärt werden. Er ist vor der Verhandlung zur Hauptsache anzubringen. Danach ist er nur zulässig, wenn der angenommene oder festgesetzte Streitwert später durch das Gericht heraufgesetzt wird. Vor der Entscheidung über den Antrag ist der Gegner zu hören.

UWG 2013:

Die Regelung zur **Streitwertbegünstigung** wurde mit dem „Gesetz gegen unseriöse Geschäftspraktiken" in das UWG aufgenommen. Es sollte eine Angleichung an die entsprechenden Vorschriften in § 144 Patentgesetz, § 26 Gebrauchsmustergesetz, § 142 Markengesetz und § 54 Designgesetz erfolgen.[1872]

[1867] → Siehe Rn. 618.

[1868] Vgl. Thomas/Putzo/*Hüßtege* ZPO § 2 Rn. 13.

[1869] BGH GRUR-RR 2008, 460 = BeckRS 2008, 10412 = WRP 2008, 952 – inhaltsgleiches Unterlassungsbegehren.

[1870] Dagegen: *Köhler/Bornkamm* UWG § 13 Rn. 2; Harte-Bavendamm/Henning-Bodewig/*Retzer* UWG § 13 Rn. 9; nunmehr auch Gloy/Loschelder/Erdmann/*Spätgens* § 85 Rn. 9. Dafür: Piper/Ohly/*Sosnitza* UWG § 13 Rn. 2; *Goldbeck* WRP 2006, 37; mit Einschränkungen auch *Teplitzky*; Wettbewerbsrecht, Kap. 45 Rn. 5.

[1871] Für eine Anwendung auf Vertragsstrafenansprüche: OLG Jena 2 U 330/10 = NJW-RR 2011, 341 = GRUR-RR 2011, 199 – Vertragsstrafeforderung. Dagegen: OLG Rostock 2 UH 4/04 = NJW-RR 2005, 797 = GRUR-RR 2005, 176 – Vertragsstrafe.

[1872] → BT-Drs. 17/13057, 14.

Nach § 12 Abs. 4 UWG kann das Gericht auf Antrag anordnen, dass die Gerichtskosten von dem Antragsteller nur aus einem geringeren Streitwert zu erheben sind, wenn
• bei der Berechnung der Prozesskosten nach dem vollen Streitwert die wirtschaftliche Lage dieser Partei erheblich gefährdet würde und
• der Antrag vor der mündlichen Verhandlung gestellt wurde (§ 12 Abs. 5 Satz 2 UWG).[1873]

Gibt das Gericht dem Antrag statt, muss die Partei auch die Gebühren ihres Anwalts nur aus dem geringeren Streitwert zahlen und die Kosten der Gegenseite nur in der Höhe, wie sie bei dem niedrigeren Streitwert entstanden wären. Auf die Kostentragungspflicht der Gegenseite gegenüber ihrem Anwalt und gegenüber dem Gericht hat die Anordnung allerdings keine Auswirkung. Obsiegt die begünstigte Partei, kann deren Anwalt von der Gegenseite die Erstattung der ungekürzten Gebühren verlangen.[1874]

Gegen einen Streitwertbeschluss kann jeder, der mit wenigstens 200 Euro beschwert ist **688** (oder wenn die Beschwerde zugelassen ist, § 68 GKG) Beschwerde einlegen. Beschwert können auch die Anwälte der Parteien sein (§ 32 Abs. 2 RVG). Die Beschwerde muss innerhalb von sechs Monaten nach Eintritt der Rechtskraft in der Hauptsache oder anderweitiger Erledigung des Verfahrens eingelegt werden, §§ 68 Abs. 1, 63 Abs. 3 S. 2 GKG. Setzt das Gericht den Streitwert erst später als einen Monat vor Ablauf dieser Frist fest, ist die Beschwerde noch innerhalb eines Monats nach Zustellung oder formloser Mitteilung des Festsetzungsbeschlusses möglich (§ 68 Abs. 1 Satz 3 GKG).

2. Zuständigkeit der Kammern für Handelssachen gemäß § 13 Abs. 1 UWG

§ 13 Abs. 1 UWG:
... Es gilt § 95 Abs. 1 Nr. 5 des Gerichtsverfassungsgesetzes.

Wegen der Regelung in § 13 Abs. 1 UWG sind unabhängig vom Streitwert für alle An- **689** sprüche, die auf der Grundlage des UWG geltend gemacht werden, die Kammern für Handelssachen zuständig. Werden zugleich UWG- und BGB-Ansprüche geltend gemacht, kann der Anspruchsteller wählen (§ 96 GVG), ob er seine Ansprüche vor einer allgemeinen Zivilkammer oder vor der Kammer für Handelssachen geltend macht.

Bei größeren Landgerichten gibt es aufgrund der Geschäftsverteilung auch Sonderzuständigkeiten allgemeiner Zivilkammern für Wettbewerbs-, Marken- und Urhebersachen.

Praxistipp: Vorsicht vor der „Verweisungsfalle"

Entscheidet sich der Anspruchsteller, einen auf UWG und BGB gestützten Anspruch vor der allgemeinen Zivilkammer geltend zu machen, kann der Anspruchsgegner gemäß § 98 GVG die Verweisung des Rechtsstreits – wenn die Voraussetzungen von § 98 GVG vorliegen – an die Kammer für Handelssachen fordern. Die Voraussetzungen des § 98 GVG liegen jedenfalls dann vor, wenn beide Parteien Kaufleute sind. Dies gilt vor allem für juristische Personen. Der Anspruchsteller hat dann das Risiko, dass im Widerspruchsverfahren die Kammer für Handelssachen anders als die Zivilkammer entscheidet.

---

3. Zuständigkeitskonzentration durch Landesverordnungen (§ 13 Abs. 2 UWG)

§ 13 Abs. 2 UWG:
Die Landesregierungen werden ermächtigt, durch Rechtsverordnung für die Bezirke mehrerer Landgerichte eines von ihnen als Gericht für Wettbewerbsstreitsachen zu bestimmen, wenn dies der

---

[1873] Die bis 2013 geltende Regelung zur Streitwertminderung galt auch für klagebefugte Verbände, BGH GRUR 1998, 958 = NJW-RR 1998, 1421 = WRP 1998, 741 – Verbandsinteresse. Es ist nicht erkennbar, dass diese von der Regelung in § 12 Abs. 4 und 5 UWG nun ausgenommen sein sollten. Für Verbände kann vor allem § 12 Abs. 5 Satz 3 UWG bedeutsam sein, wenn das Gericht den Streitwert – entgegen dem Antrag des klagenden Verbandes – heraufsetzt.
[1874] BT-Drs. 17/13057, 14 f.

Rechtspflege in Wettbewerbsstreitsachen, insbesondere der Sicherung einer einheitlichen Rechtsprechung, dienlich ist. Die Landesregierungen können die Ermächtigung auf die Landesjustizverwaltungen übertragen.

690   Durch Rechtsverordnung ist vereinzelt für die Bezirke mehrerer Landgerichte eines von ihnen bestimmt, über Wettbewerbssachen zu entscheiden.[1875] Es empfiehlt sich deshalb, vor Einreichung der Klage oder des Verfügungsantrages zur Vermeidung einer Verweisung die Zuständigkeit anhand der jeweiligen Landesverordnung genau zu überprüfen.

Zu den in § 13 Abs. 2 UWG genannten Wettbewerbsstreitsachen gehören nur Ansprüche aus dem UWG. Soweit ein Verstoß gegen andere Vorschriften mit Wettbewerbsbezug vorliegt – also zum Beispiel bei Ansprüchen aus dem HWG – ist dieser ohnehin wegen § 4 Nr. 11 UWG unlauter, so dass § 13 Abs. 2 UWG ebenfalls eingreift.[1876] Bei Klageverbindung genügt es, wenn ein wettbewerbsrechtlicher Anspruch enthalten ist.

4. Gericht der Hauptsache gemäß §§ 937 Abs. 1, 943 ZPO

§ 937 Abs. 1 ZPO:
Für den Erlass einstweiliger Verfügungen ist das Gericht der Hauptsache zuständig.

691   a) **Bedeutung für das Verfügungsverfahren.** § 937 ZPO besagt, dass für die Entscheidung über einen Verfügungsantrag das Gericht der Hauptsache zuständig ist. Das Gericht der Hauptsache ist gemäß § 943 Abs. 1 ZPO „das Gericht des ersten Rechtszuges und wenn die Hauptsache in der Berufungsinstanz anhängig ist, das Berufungsgericht". Die Regelung in §§ 937, 943 ZPO kann vor allem für die Geltendmachung von Unterlassungsansprüchen Bedeutung haben. Meist gibt es zwischen dem Gericht, das über einen Verfügungsantrag zu entscheiden hat und dem Gericht der Hauptsache keine Kollisionen: Denn in der Regel führt der Anspruchsteller zunächst wegen des Unterlassungsanspruchs ein Verfügungsverfahren durch und leitet erst dann – etwa, wenn die Abschlusserklärung nicht abgegeben wird – ein Hauptsacheverfahren ein.[1877]

692   b) **Negative Feststellungsklage zur Begründung der Zuständigkeit des „Gerichts der Hauptsache".** Der Anspruchsgegner kann jedoch das Gericht der Hauptsache bestimmen, wenn er eine negative Feststellungsklage (Hauptsacheklage) bei Gericht einreicht, *bevor* der Anspruchsteller seinen Verfügungsantrag zu Gericht bringt. Reicht der Anspruchsgegner etwa vor Ablauf der vom Anspruchsteller gesetzten Äußerungsfrist eine negative Feststellungsklage auf Nichtbestehen der behaupteten Unterlassungsansprüche beim Landgericht Berlin ein, bevor der Anspruchsteller seinen Verfügungsantrag beim Landgericht Köln einreicht, ist das Gericht der Hauptsache das Landgericht Berlin. Der beim Landgericht Köln eingereichte Verfügungsantrag ist als unzulässig zurückzuweisen oder an das wegen § 937 Abs. 1 ZPO zuständige Landgericht Berlin zu verweisen. Dadurch kann für den Anspruchsteller ein ganz erheblicher Zeitverlust entstehen – vor allem dann, wenn die negative Feststellungsklage nicht einmal in Deutschland erhoben wird.[1878] Bei unterschiedlicher Rechtsprechungspraxis der angerufenen Gerichte kann der Anspruchsgegner womöglich eine für ihn eher günstige Entscheidung herbeiführen.[1879]

693   Zum Gericht der Hauptsache gemäß § 937 Abs. 1 ZPO wird durch die Einreichung eines Klageantrags auch ein an sich unzuständiges Gericht. Ist etwa der fliegende Gerichtsstand

---

[1875] Vgl. *Köhler/Bornkamm* § 13 Rn. 5.

[1876] Vgl. Harte-Bavendamm/Henning-Bodewig/*Retzer* § 13 Rn. 6 f.

[1877] Sofern es nicht rechtsmissbräuchlich ist (vgl. Rn. 590), kann der Verletzte auch zugleich das Verfügungs- und das Hauptsacheverfahren durchführen.

[1878] Siehe zur sog „Torpedoklage" EuGH C-133/11 = NJW 2013, 287 = GRUR 2013, 98 = WRP 2013, 177 – Folien Fischer/Fofitec. Die revidierte EuGVVO (Verordnung (EU) Nr. 1215/2012) schiebt hier dem mit Wirkung vom 10. Januar 2015 aufgrund der Änderung von Art. 27 EuGVVO einen Riegel vor.

[1879] Die Hamburger Gerichte zB sehen das allerdings – entgegen der gesetzlichen Regelung – als rechtsmissbräuchlich an, OLG Hamburg AfP 2001, 228 = GRUR 2001, 361 = ZUM-RD 2001, 174; vgl. dazu auch *Zöller/Vollkommer* § 937 Rn. 1 und Praxistipp → Rn. 694.

nach § 14 Abs. 2 UWG nicht gegeben und hat der Anspruchsgegner seinen Sitz in Köln, ist in dem vorbeschriebenen Fall trotzdem das LG Berlin für die Entscheidung über den Verfügungsantrag zuständig.[1880] Denn § 937 Abs. 1 ZPO knüpft lediglich an das *formelle* Moment der Anhängigkeit an.[1881] Zu prüfen sind nur die Rechtswegszuständigkeit und die internationale Zuständigkeit. Die internationale Zuständigkeit kann allerdings für ein Verfügungsverfahren auch in Deutschland gegeben sein, wenn die negative Feststellungsklage im Ausland erhoben ist.[1882]

c) **Auswirkungen auf die Hauptsacheklage.** Das Feststellungsinteresse für die negative Feststellungsklage entfällt, wenn die Leistungsklage entscheidungsreif ist, nicht jedoch die Feststellungsklage, oder wenn im Verfahren über die Leistungsklage eine Sachentscheidung (Entscheidung dem Grunde nach genügt) ergangen ist.[1883] Da § 937 Abs. 1 ZPO hier nicht anwendbar ist, kann der Anspruchsteller für die Leistungsklage ein gemäß § 14 UWG zuständiges Gericht wählen, das nicht das vom Anspruchsgegner angerufene Gericht sein muss. Reicht zum Beispiel der (mutmaßliche) Anspruchsgegner negative Feststellungsklage beim LG Berlin ein, ist zwar ein danach beim LG Köln eingereichter Antrag auf Erlass einer einstweiligen Verfügung unzulässig.[1884] Reicht dann jedoch der Anspruchsteller bei dem wegen § 14 UWG ebenfalls zuständigen LG München I Hauptsache-(Leistungs-)Klage ein, verliert die negative Feststellungsklage ihre Wirkung.[1885] Sie ist – wenn das Feststellungsinteresse entfallen ist – für erledigt zu erklären. Das Verfahren wird dann am Gerichtsstand der Leistungsklage weitergeführt.

694

Praxistipp: Gericht der Hauptsache

§ 937 Abs. 1 ZPO ermöglicht es, dem Anspruchsteller die Bestimmung des örtlich zuständigen Gerichts zu entziehen. Die sofortige Einreichung einer negativen Feststellungsklage wird zumeist nur dann sinnvoll sein, wenn

- sie bei einem Gericht eingereicht wird, das der Anspruchsteller vermutlich *nicht* anrufen wird und
- der Anspruchsgegner einen Zeitvorsprung benötigt.

Anderenfalls kann die negative Feststellungsklage auch (nur) dazu führen, dass sich die Verfahrenskosten und damit die Prozesskostenrisiken beider Parteien mindestens verdoppeln.

Vorsicht: Das OLG Hamburg[1886], das OLG Karlsruhe[1887] und das OLG Köln[1888] vertreten – wie auch *Teplitzky*[1889] – die Auffassung, dass dem Antragsteller in einem Verfügungsverfahren der Gerichtsstand des § 937 Abs. 1 ZPO nicht aufgezwungen werden kann. Es ist nicht auszuschließen, dass andere Oberlandesgerichte nachfolgen.

[1880] Vgl. Zöller/*Vollkommer* ZPO § 937 Rn. 1.
[1881] Vgl. Zöller/*Vollkommer* ZPO § 919 Rn. 8 (§ 919 ZPO enthält die Regelung für das Gericht der Hauptsache für Arreste).
[1882] Vgl. LG Hamburg GRUR Int. 2002, 1025 – Seifenverpackung.
[1883] → Rn. 877. Vgl. BGH GRUR 2006, 217 = NJW 2006, 515 = WRP 2006, 595 – Detektionseinrichtung I und Thomas/Putzo/*Reichold* ZPO § 256 Rn. 19.
[1884] Wird der Antrag *vor* Einreichung der negativen Feststellungsklage bei Gericht eingereicht, wird dadurch allerdings das im Verfügungsverfahren angerufene Gericht wegen § 261 Abs. 3 Nr. 2 ZPO nicht unzuständig. Das OLG Hamburg AfP 2001, 228 = GRUR 2001, 361 = ZUM-RD 2001, 174 ist entgegen § 937 Abs. 1 ZPO sogar der Auffassung, dass ein nach § 32 ZPO im Verfügungsverfahren angerufenes Gericht trotz einer zuvor bei einem anderen Gericht eingereichten Feststellungsklage örtlich zuständig ist. Vgl. hierzu auch *Teplitzky;* Wettbewerbsrecht, 54. Kapitel Rn. 3, der eine ähnliche Auffassung vertritt.
[1885] Dieses Verhalten ist nicht rechtsmissbräuchlich; der Anspruchsteller muss nicht im Wege einer Widerklage auf die negative Feststellungsklage kontern. Vgl. BGH GRUR 1994, 846 = NJW 1994, 3107 = WRP 1994, 810 – Parallelverfahren II.
[1886] 3 U 107/00 = GRUR 2001, 361.
[1887] 6 U 5/10 = GRUR-RR 2010, 450 = WRP 2010, 793 – Örtliche Zuständigkeit.
[1888] 6 W 23/12 = NJW-RR 2012, 818 = GRUR-RR 2012, 288 = WRP 2012, 984.
[1889] Wettbewerbsrecht, 54. Kapitel Rn. 3.

E. Formulierung des Unterlassungsantrags

695   Die Formulierung des Unterlassungsantrags gehört zu den größten Fallstricken, die der Wettbewerbsprozess bietet.[1890] Gerade bei komplizierten Sachverhalten muss der Anspruchsteller darauf achten, dass der Tenor möglichst[1891] aus sich heraus verständlich und damit vollstreckbar ist. Solange sich der Anspruchsteller auf die konkrete Verletzungshandlung beschränkt – zum Beispiel auf das Verbot, eine ganz bestimmte Werbeanzeige künftig nicht mehr zu veröffentlichen –, bleibt die Formulierung des Antrags noch recht einfach. Sobald der Anspruchsteller aber nicht nur die konkret begangene Verletzungshandlung angreift, sondern mit einem Verbot auch ähnliche Handlungen untersagen lassen möchte – zum Beispiel ganz allgemein, Anzeigen zu veröffentlichen, in denen für Produkte geworben wird, „die zum Zeitpunkt der Bewerbung nicht vorrätig sind" –, wird die Formulierung des Antrags schon schwieriger.

696   Möchte der Anspruchsteller gar ein möglichst umfassendes Verbot erreichen – zum Beispiel das Verbot, für Produkte zu werben, die zum Zeitpunkt der Bewerbung in „nicht ausreichender Anzahl" vorrätig sind –, riskiert der Anspruchsteller, einen unzulässigen oder unbegründeten Antrag zu stellen: Ist ein Antrag zu allgemein formuliert, kann er zu unbestimmt und damit wegen § 253 Abs. 2 Nr. 2 ZPO unzulässig sein. Geht der Antrag zu weit und besteht der weite Unterlassungsanspruch nicht, ist der Antrag – zumindest teilweise – unbegründet.

697   Unabhängig von der konkreten Antragsformulierung empfiehlt es sich, dem Antrag die in der Rechtsprechung übliche Verbotsformel voranzusetzen, die sich aus § 890 Abs. 1, 2 ZPO ergibt.[1892] Das Gericht entscheidet zwar im Verfügungsverfahren gemäß § 938 Abs. 1 ZPO „nach freiem Ermessen, welche Anordnung zur Erreichung des Zweckes erforderlich ist". Das betrifft jedoch den Inhalt des Verbots und nicht die Frage, ob das Verbot auch strafbewehrt ist. Insoweit ist das Gericht an den Antrag des Anspruchstellers wegen § 308 ZPO gebunden. Unterbleibt die Androhung, kann sie der Anspruchsteller zwar gemäß § 890 Abs. 2 ZPO auch nachträglich beantragen.[1893] Das bedeutet jedoch einen vermeidbaren Zeitverlust.

I. Streitgegenstand

697a   Der Streitgegenstand – also der prozessuale Anspruch – wird durch den Klageantrag, in dem sich die vom Kläger in Anspruch genommene Rechtsfolge konkretisiert, und durch den Lebenssachverhalt (Klagegrund) bestimmt, aus dem der Kläger die begehrte Rechtsfolge herleitet.[1894] Die Bestimmung des Streitgegenstands hat erhebliche Bedeutung für das wettbewerbsrechtliche Verfahren. Die „TÜV"-Entscheidung des BGH[1895] führte zunächst zu umfangreichen Diskussionen, ob und wie diese auf das Wettbewerbsrecht zu übertragen seien.[1896] Die „TÜV"-Entscheidung betraf Markenrecht. Dort hatte der BGH festgestellt, dass die bislang zugelassene alternative Klagehäufung nicht (mehr) zulässig ist. Vielmehr muss der

---

[1890] Es gibt einige sehr hilfreiche Veröffentlichungen zur Formulierung des Antrags, so zum Beispiel *Teplitzky*; Wettbewerbsrecht, 51. Kapitel, *Borck* WRP 2000, 824 ff. und WRP 1981, 248 ff. Siehe auch *Köhler/Bornkamm* § 8 Rn. 1.52 ff. und *Gloy/Loschelder/Erdmann/Spätgens* § 88 Rn. 1 ff.

[1891] „Möglichst" deshalb, weil gemäß § 890 Abs. 1 ZPO die Vollstreckung zwar durch das Prozessgericht erfolgt, das ggf. auch die Akten hinzuziehen kann. Allerdings dürfen nach ständiger BGH-Rechtsprechung Probleme bei der Auslegung des Tenors nicht in das Vollstreckungsverfahren verlagert werden.

[1892] Vgl. im Anhang das Muster „Verfügungsantrag".

[1893] Vgl. Zöller/*Stöber* § 890 Rn. 12a und *Teplitzky*, Wettbewerbsrecht, 57. Kapitel Rn. 25.

[1894] BGH I ZR 58/07 (Rn. 12) = GRUR 2010, 454 = WRP 2010, 640 – Klassenlotterie.

[1895] BGH I ZR 108/09 (Rn. 9 ff.) = GRUR 2011, 521 = WRP 2011, 878 – TÜV I (Hinweisbeschluss); BGH I ZR 108/09 = GRUR 2011, 1043 = WRP 2011, 1454 – TÜV II (Urteil).

[1896] Vgl. zB *Müller-Broich* GRUR-Prax 2012, 399.

Antragsteller, der seinen Anspruch auf unterschiedliche Marken und unterschiedliche Verletzungstatbestände stützt, dem Gericht mitteilen, in welcher Reihenfolge die Streitgegenstände zur Entscheidung gestellt werden. Er darf dem Gericht nicht mehr die Auswahl überlassen.

Zur Höhe des Streitwertes hat der BGH nun entschieden, dass nicht jeder Antrag mit dem vollen Wert zu bemessen ist. Vielmehr erhöhen die Hilfsanträge den Streitwert nur „angemessen".[1897]

Auf **wettbewerbsrechtliche Ansprüche** ist diese enge Auffassung des Streitgegenstands **697b** jedoch nicht anwendbar. Das hatte sich bereits in dem BGH-Urteil „Branchenburg Berg" angekündigt:[1898] Die Klägerin im dortigen Verfahren hatte den Unterlassungsanspruch mit unterschiedlichen Irreführungs-Aspekten begründet. Der BGH sah darin nur einen Streitgegenstand, weil die Klägerin den von ihr geltend gemachten Unterlassungsanspruch auf *eine konkrete Verletzungshandlung* der Beklagten – nämlich das Versenden des Werbeschreibens an Gewerbetreibende – gestützt hatte.

In der „Biomineralwasser"-Entscheidung stellt der BGH dann zum Wettbewerbsrecht **697c** ausdrücklich im Hinblick auf die TÜV-Entscheidung fest: „Ein zu feingliedriger Streitgegenstandsbegriff, der sich streng an dem vorgetragenen Lebenssachverhalt orientiert und bereits jede Variante – wie beispielsweise jede auch nur geringfügig abweichende, durch ein und dieselbe Werbeaussage bewirkte Fehleinschätzung der Verbraucher – einem neuen Streitgegenstand zuordnet, entspräche nicht der gebotenen natürlichen Betrachtungsweise und würde darüber hinaus zu erheblichen Abgrenzungsschwierigkeiten führen. Hielte der *Senat* auch nach der geänderten Rechtsprechung zur alternativen Klagehäufung daran fest, dass jedes auch nur geringfügig unterschiedliche Verständnis einer Werbeaussage einen eigenen Streitgegenstand bildet (…), müsste beispielsweise auch in dem Fall, der der Senatsentscheidung „Original Kanchipur" (GRUR 2011, 1151 = WRP 2011, 1587)[1899] zu Grunde lag, von zwei unterschiedlichen Streitgegenständen ausgegangen werden; dort war eine Teppichwerbung, in der „Einführungspreisen" deutlich höhere durchgestrichene Preise gegenübergestellt worden waren, mit der Begründung beanstandet worden, dass zum einen die Werbung für Einführungspreise ohne zeitliche Begrenzung, zum anderen aber auch die Werbung mit durchgestrichenen Preisen ohne Angabe, wann diese Preise gefordert würden, irreführend sei."[1900]

Das heißt für wettbewerbsrechtliche Ansprüche: Wird nur *ein Unterlassungsbegehren* **697d** formuliert und mit verschiedenen Begründungen untermauert, liegt auch nur *ein Streitgegenstand* vor.[1901]

Praxistipp: Umfassender Streitgegenstand

Der Antrag sollte sich auf die konkrete Verletzungshandlung beziehen – ggf. unter ausdrücklicher Bezugnahme „… wenn dies geschieht wie …".[1902] In der Begründung sollte dann umfassend zur Verwirklichung aller etwaiger wettbewerbsrechtlicher Tatbestände vorgetragen werden.[1903] Damit vermeidet der Anspruchsteller, dass der Antrag später – zB wegen zwischenzeitlich eingetretener Verjährung oder Präklusion im Rechtsmittelverfahren[1904] – nicht auf weitere Rechtsverletzungen

---

[1897] BGH I ZR 58/11 = GRUR-Prax 2014, 21 = WRP 2014, 192. Siehe dazu *Büscher* GRUR 2012, 16.
[1898] BGH I ZR 157/10 (Rn. 14) = NJW 2012, 1449 = GRUR 2012, 184 = WRP 2012, 194.
[1899] → Rn. 136.
[1900] BGH I ZR 230/11 (Rn. 23) = GRUR 2013, 401 = WRP 2013, 472 – Biomineralwasser.
[1901] BGH I ZR 230/11 (Rn. 26) = GRUR 2013, 401 = WRP 2013, 472 – Biomineralwasser.
[1902] Zu dem Verbot der konkreten Verletzungsform durch Zusätze wie „wie geschehen …" oder „wenn dies geschieht wie …" siehe BGH I ZR 34/09 = GRUR 2011, 742 = WRP 2011, 873 – Leistungspakete im Preisvergleich.
[1903] Vgl. dazu auch *Danckwerts* AnwVl 2013, 252.
[1904] Wenn eine im Verfahren vorgelegte Anlage nicht Gegenstand der Klagebegründung ist, kann der Streitgegenstand im Berufungsverfahren hierauf nicht erweitert werden: BGH I ZR 189/05 (Rn. 21) = NJW 2008, 3711 = GRUR 2008, 1121 = WRP 2008, 1560 – Freundschaftswerbung im Internet.

Verjährung oder Präklusion im Rechtsmittelverfahren[1905] – nicht auf weitere Rechtsverletzungen gestützt werden kann.[1906] Begründet man etwa einen Unterlassungsanspruch nur mit Marken- und nicht mit Wettbewerbsrecht, entscheidet das Gericht nur über eine mögliche Verletzung des Markenrechts.[1907]

Ausdrücklich aufgegeben hat der BGH damit seine Auffassung, dass wettbewerbsrechtliche Ansprüche aus HWG und UWG unterschiedliche Streitgegenstände seien.[1908]

697e   Der Anspruchsteller kann aber auch zB eine konkrete Werbeanzeige unter verschiedenen Aspekten jeweils gesondert angreifen und diese verschiedenen Aspekte im Wege der kumulativen Klagehäufung zu jeweils getrennten Anträgen machen (sog „Schleppnetzantrag"[1909]). Dann muss er aber die einzelnen Beanstandungen in verschiedenen Klageanträgen umschreiben, wobei er zur Verdeutlichung jeweils auf die konkrete Verletzungshandlung Bezug nehmen kann („wie geschehen in …"). Das Gericht muss in diesem Fall die beanstandete Anzeige unter jedem der geltend gemachten Gesichtspunkte prüfen. Der Anspruchsteller muss jedoch einen Teil der Kosten tragen, wenn er nicht mit allen Anträgen Erfolg hat.[1910]

II. Eng gefasster Antrag

1. Konkrete Verletzungshandlung

698   In der Regel unproblematisch ist die Formulierung des Antrags, wenn er ausschließlich die konkrete Verletzungshandlung verbieten soll. Vertreibt zum Beispiel ein Wettbewerber Messer mit der Aufschrift „Made in Germany", obwohl die Messer ausschließlich im Ausland hergestellt sind, bietet sich als Antrag an:[1911]

„Dem Antragsgegner/Beklagten wird bei Meidung (es folgt: Androhung der Ordnungsmittel) … verboten, zu Zwecken des Wettbewerbs die im Katalog vom … abgebildeten Messer mit den Artikel-Nummern … mit der Bezeichnung ‚Made in Germany' zu vertreiben."

2. Kerntheorie

699   Selbst wenn es nicht gelingen sollte, ein weit gefasstes – und im Verfahren möglichst risikoloses – Verbot zu formulieren, gilt das gerichtliche Verbot der konkreten Verletzungshandlung in der Regel auch für ganz ähnliche Verletzungshandlungen. Das besagt die so genannte „Kerntheorie" des BGH.[1912] Demnach erstreckt sich ein Verbot auch auf kerngleiche Ab-

---

[1905] Wenn eine im Verfahren vorgelegte Anlage nicht Gegenstand der Klagebegründung ist, kann der Streitgegenstand im Berufungsverfahren hierauf nicht erweitert werden: BGH I ZR 189/05 (Rn. 21) = NJW 2008, 3711 = GRUR 2008, 1121 = WRP 2008, 1560 – Freundschaftswerbung im Internet.

[1906] Vgl. BGH GRUR 2006, 960 = NJW 2007, 2777 = WRP 2006, 1247 – Anschriftenliste und BGH GRUR 2008, 1121 = NJW 2008, 3711 = WRP 2008, 1560 – Freundschaftswerbung im Internet. Die spätere Erweiterung des Antrags auf eine neue Anspruchsgrundlage stellt eine Klageerweiterung dar, vgl. KG GRUR-RR 2008, 29 = WRP 2007, 1366 – in voller Länge und/oder in Teilen. Das gilt auch, wenn durch den Vortrag neuer Tatsachen der Kern des in der Klage angeführten Lebenssachverhalts verändert wird, BGH GRUR 2007, 172 = NJW 2007, 83 = WRP 2007, 81 – Lesezirkel II.

[1907] BGH GRUR 2001, 755 = BeckRS 2000, 30148435 = WRP 2001, 804 – Telefonkarte und BGH I ZR 78/06 (Rn. 57) = GRUR 2009, 672 = WRP 2009, 824 – OSTSEE-POST.

[1908] BGH I ZR 230/11 (Rn. 20) = GRUR 2013, 401 = WRP 2013, 472 – Biomineralwasser unter ausdrücklicher Aufgabe von BGH I ZR 269/97 = GRUR 2001, 181 = NJW 2001, 1791 = WRP 2001, 28 – dentalästhetika I und BGH I ZR 222/03 = GRUR 2007, 161 = NJW-RR 2007, 337 = WRP 2007, 66 – dentalästhetika II. → Rn. 697a ff.

[1909] *Köhler/Bornkamm* § 12 Rn. 2.23j.

[1910] BGH I ZR 230/11 (Rn. 25) = GRUR 2013, 401 = WRP 2013, 472 – Biomineralwasser.

[1911] Vgl. dazu OLG Frankfurt a. M. 6 U 41/10 BeckRS 2011, 14804 = WRP 2011, 1218.

[1912] BGH GRUR 1996, 290 = NJW 1996, 723 = WRP 1996, 199 – Wegfall der Wiederholungsgefahr I und BGH GRUR 1997, 379 = NJW-RR 1996, 554 = WRP 1996, 284 – Wegfall der Wiederholungsgefahr II.

wandlungen, die ebenfalls Streitgegenstand des Verfahrens waren und im Urteil deshalb mit verboten wurden[1913], selbst wenn der Antrag ausdrücklich auf die konkrete Verletzungshandlung Bezug nimmt.[1914] Geht es allerdings in zwei getrennten Verfahren nur um ähnliche, jedoch nicht kerngleiche Behauptungen und sind die Behauptungen jeweils in Bezug auf die konkrete Verletzungsform verboten, steht dem zweiten Verfahren nicht die Rechtshängigkeit des ersten Verfahrens entgegen (§ 261 Abs. 3 Nr. 1 ZPO).[1915] Es kommt aber nicht auf den Wortlaut an, sondern auf den übereinstimmenden Inhalt der Aussagen.[1916] Der Anspruchsteller muss auch nicht substantiiert darlegen, dass für ähnliche Verletzungen (zumindest) eine Erstbegehungsgefahr besteht. Ob eine im Kern ähnliche Verletzungshandlung gegeben ist, die von dem Verbot bereits umfasst ist, hat dann letztlich das Vollstreckungsgericht zu entscheiden.

III. Verallgemeinerungen

Fall „Filialleiterfehler":[1917]

Die Beklagte betreibt Verbrauchermärkte für Geräte der Unterhaltungselektronik und der Telekommunikation. Für eine Filiale bewarb die Beklagte in einer Werbebeilage ua die Videokamera Sony CCD TR-V 70 und den Fernseher Royal TV 5199. Auf Nachfrage erklärte ein Verkäufer der Filiale, dass diese Geräte nicht vorrätig seien. Außerdem bewarb die Beklagte den Funkrufempfänger Quix Basic und *Handys*, wobei die Preisangaben im Prospekt mit den Preisauszeichnungen im Geschäft nicht übereinstimmten. Die Klägerin, die ebenfalls einen Endverbrauchermarkt für Geräte der Unterhaltungselektronik und der Telekommunikation betreibt, forderte von der Beklagten eine Unterlassungserklärung, die nicht auf die konkrete Verletzungshandlung beschränkt war.

Die Beklagte gab daraufhin eine örtlich auf die Filiale und inhaltlich auf die konkrete Verletzungshandlung beschränkte Unterlassungs-/Verpflichtungserklärung ab. Die Klägerin erhob Klage und beantragte,

1. die Beklagte unter Androhung von Ordnungsmitteln zu verurteilen, es zu unterlassen, im geschäftlichen Verkehr zu Wettbewerbszwecken

   a) für Geräte der Unterhaltungselektronik mit Ausnahme der Videokamera Sony CCD TRV 70 und des Fernsehers Royal TV 5199[1918] zu werben, sofern diese nicht am ersten Werktag nach dem Tag des Erscheinens der Werbung vorrätig sind und/oder

   b) Geräte der Telekommunikation mit Ausnahme des Funkempfängers Quix Basic 2 und der Handies AEG 9050, Panasonic G 400 und Siemens S. 3 Com[1919] im Laden mit anderen Preisen auszuzeichnen als mit dem Preis, mit dem sie beworben werden;

(...)

1. Einbeziehung gleichartiger Handlungen

Ein Verbot nur der konkreten Verletzungshandlung hilft allerdings häufig kaum weiter, da 700 der Verletzer die Verletzungshandlung abwandeln und so das Verbot umgehen kann. Ob die neue Verletzungshandlung dann wegen der Kerntheorie bereits verboten war, entscheidet

---

[1913] BGH I ZR 272/02 (Rn. 27) = BGHZ 166, 253 = NJW-RR 2006, 1118 = GRUR 2006, 421 = WRP 2006, 590 – Markenparfümverkäufe.

[1914] Verbot auch kerngleicher Handlungen, sofern nicht „die Auslegung des Klageantrags ergibt, dass in der Wahl der konkreten Verletzungshandlung als Unterlassungsbegehren eine bewusste Beschränkung liegt": BGH I ZB 79/11 (Rn. 14) = GRUR 2013, 1071 = WRP 2013, 1485.

[1915] BGH I ZR 58/07 = GRUR 2010, 454 = WRP 2010, 640 – Klassenlotterie.

[1916] Zu kerngleichen Äußerungen in unterschiedlichen Schreiben, wenn das erste Verbot nicht lediglich auf das erste Schreiben Bezug nimmt und die begehrte zweite Verbot nicht auch eine einzelne Äußerungen des zweiten Schreibens isoliert angreift: BGH I ZR 177/07 = GRUR 2010, 855 = WRP 2010, 1035 – Folienrollos.

[1917] BGH I ZR 29/98 = NJW-RR 2001, 620 = GRUR 2000, 907 = WRP 2000, 1258 – Filialleiterfehler.

[1918] Da die Beklagte insoweit eine – wenn auch nur regional begrenzte – Unterlassungserklärung abgegeben hatte.

[1919] Dito.

das Vollstreckungsgericht. Der Anspruchsteller wird daher versuchen, die konkrete Verletzungshandlung in die Zukunft zu projizieren und bereits im Tenor ein Verbot gleichartiger Handlungen – das ist die konkrete Verletzungsform – zu erreichen.[1920] Verallgemeinerungen sind durchaus zulässig, sofern – so der BGH[1921] – das Charakteristische, der Kern der konkreten Verletzungshandlung zum Ausdruck kommt. So hat das OLG Frankfurt a. M. etwa entschieden, dass bei einem Verstoß gegen das Verbot der Telefonwerbung der Unterlassungsantrag dahin verallgemeinert werden kann, dass er alle von diesem Unternehmen angebotenen Waren und Dienstleistungen umfasst und sich auch auf die Erweiterung einer bestehenden Vertragsbeziehung erstreckt.[1922]
Der Antrag könnte deshalb lauten:

> „Dem Antragsgegner/Beklagten wird bei Meidung *(Androhung der Ordnungsmittel)* ... verboten, zu Zwecken des Wettbewerbs Messer mit der Bezeichnung ‚Made in Germany' zu vertreiben."

Die Verletzungsform ist – als allgemeiner Begriff – der Vertrieb der Messer. In diesem Verbot ist auch die konkrete Verletzungshandlung – der Vertrieb der im Katalog vorgestellten, konkret benannten Messer – enthalten.

2. Ausklammerung zulässiger Handlungen

701   Verallgemeinerungen dürfen jedoch keinen Interpretationsspielraum dahingehend enthalten, dass sie auch zulässiges Handeln des Anspruchsgegners einschließen. Vertreibt etwa der Wettbewerber unter der Bezeichnung „Made in Germany" auch Messer, die in Deutschland hergestellt werden, wäre der vorherige Antrag zu weitgehend. Denn ein solches Verbot würde auch diejenigen Waren umfassen, die *zulässigerweise* den Aufdruck „Made in Germany" tragen. Der Antrag könnte jedoch lauten:

> „Dem Antragsgegner/Beklagten wird bei Meidung (Androhung der Ordnungsmittel) ... verboten, zu Zwecken des Wettbewerbs Messer mit der Bezeichnung ‚Made in Germany' zu vertreiben, wenn diese nicht in Deutschland hergestellt sind."

3. Konkretisierung durch „insbesondere"-Zusatz oder „wie"-Zusatz

702   Konkretisieren ließe sich der Antrag noch durch den „insbesondere"-Zusatz:

> „Dem Antragsgegner wird bei Meidung (Androhung der Ordnungsmittel) ... verboten, zu Zwecken des Wettbewerbs Messer mit der Bezeichnung ‚Made in Germany' zu vertreiben, wenn diese nicht in Deutschland hergestellt sind, (insbesondere,) wenn dies wie folgt geschieht: (es folgt ein Auszug aus dem aktuellen Katalog mit den dort einzeln bezeichneten Messern) ..."

Der Zusatz „wie" bestimmt den Antrag näher. Er macht deutlich, dass Gegenstand des Antrags allein die konkrete Werbeanzeige sein soll. Trotzdem sind kerngleiche Handlungen umfasst. Der Zusatz „insbesondere" ist weitergehend: Er zieht die konkrete Verletzungsform nur als **Beispiel** heran.[1923] Der „insbesondere"-Zusatz hilft damit zwar bei einem mög-

---

[1920] Vgl. auch *Borck* WRP 2000, 824 mwH.
[1921] St. Rspr., vgl. BGH I ZR 29/98 = NJW-RR 2001, 620 = GRUR 2000, 907= WRP 2000, 1258 – Filialleiterfehler und BGH GRUR 2000, 337 (338) = NJW-RR 2000, 704 = WRP 2000, 386 – Preisknaller, mwN.
[1922] OLG Frankfurt a. M. 6 U 133/11 = GRUR-RR 2013, 74. Die Revision ist beim BGH unter Az. I ZR 3/13 anhängig.
[1923] Vgl. dazu BGH GRUR 2006, 164 = NJW 1006, 1597 = WRP 2006, 84 – Aktivierungskosten II.

licherweise zu weit gefassten Antrag. Denn er macht deutlich, dass zumindest das konkret beanstandete Verhalten untersagt werden soll.[1924] Im Falle eines Verbotes nur des konkret beanstandeten Verhaltens ist der Antrag aber im Übrigen zurückzuweisen. Risikoärmer ist also die „wie"-Variante.[1925]

4. Bundesweites Verbot trotz regional begrenzter Verletzungshandlung

Ist die Verletzungshandlung nur regional begrenzt erfolgt – etwa lediglich in *einer* Filiale 703 eines bundesweit tätigen Unternehmens –, ist der Unterlassungsanspruch trotzdem *bundesweit* durchsetzbar.[1926] Dies hat, so der BGH, seinen entscheidenden Grund darin, dass der Anspruch dem Wettbewerber nicht nur zum Schutz seiner Individualinteressen, sondern auch im Interesse der anderen Marktteilnehmer und der Allgemeinheit zuerkannt wird. Der Antrag muss also nicht regional eingeschränkt werden. Außerdem richtet sich der Unterlassungsanspruch aufgrund § 8 Abs. 2 UWG wegen aller in einem Unternehmen von Angestellten begangenen wettbewerbswidrigen Handlungen ohne Entlastungsmöglichkeit auch gegen den Inhaber des Unternehmens. Dessen Tätigsein ist regional nicht begrenzt. Eine Ausnahme gilt nur dann, wenn das Verbot auf einer landesrechtlichen Regelung beruht.[1927]

Zum Fall „Filialleiterfehler":

Der BGH sah die verallgemeinernden Unterlassungsanträge als zulässig und begründet 704 an. Die Frage der Verallgemeinerung berühre nicht die Zulässigkeit, da es Sache des Klägers sei, den Umfang seines Unterlassungsbegehrens mit seinem Klageantrag zu konkretisieren und abzugrenzen. Begründet war der Antrag, da der beanstandete Wettbewerbsverstoß – auch hinsichtlich der Unterschiede zwischen Preisangaben im Werbeprospekt und Preisauszeichnung im Laden – gerade nicht dadurch konkretisiert war, dass dabei bestimmte Geräte beworben worden sind.[1928]

Eine interpretationsbedürftige Antragsfassung kann auch zulässig sein, wenn eine (sinn- 705 volle) Konkretisierung nicht möglich ist. So sah der BGH das Verbot von Anrufen bei Arbeitnehmern durch einen Personalberater, die über eine *erste Kontaktaufnahme* hinausgehen, als zulässig an. Denn: „Eine solche Antragsfassung ist jedoch im Hinblick auf die Besonderheiten der Werbemethode, um die es hier geht, im Interesse eines wirksamen Schutzes vor unlauterem Wettbewerb zuzulassen."[1929] Der Antrag sei zwar nach wie vor auslegungsbedürftig, aber nicht unbestimmt. Denn aus der Begründung ginge hervor, wie der Begriff „erste Kontaktaufnahme" zu verstehen ist. Dann sei es auch unschädlich, wenn das Vollstreckungsgericht ggf. Wertungen vornehmen muss.

Praxistipp: Genaue Antragsbegründung

Je weiter reichend ein Antrag formuliert ist, umso klarer sollte die Begründung sein. Denn für die Auslegung der Reichweite eines Antrages ist nicht nur die Antragsformulierung bedeutsam, sondern auch die Antragsbegründung.

[1924] Wobei im Falle eines Verbotes nur des konkret beanstandeten Verhaltens der Antrag im Übrigen zurückzuweisen ist. Vgl. zu den „insbesondere"-Anträgen etwa BGH GRUR 1991, 772 = NJW 1991, 3029 – Anzeigenrubrik I; BGH GRUR 1996, 793 (795) = NJW 1996, 3078 = WRP 1996, 1027 – Fertiglesebrillen und BGH GRUR 1997, 672 (673) = NJW-RR 1997, 1131 = WRP 1997, 727 – Sonderpostenhändler.

[1925] Vgl. auch BGH I ZR 34/09 = GRUR 2011, 742 = WRP 2011, 873 – Leistungspakete im Preisvergleich.

[1926] BGH GRUR 1999, 509 (510) = NJW 1999, 1332 = WRP 1999, 421 – Vorratslücken und BGH I ZR 29/98 = NJW-RR 2001, 620 = GRUR 2000, 907= WRP 2000, 1258 – Filialleiterfehler; vgl. *Köhler/Bornkamm* § 8 Rn. 1.56 ff.

[1927] BGHZ 175, 207 = GRUR 2008, 438 = NJW 2008, 2044 = WRP 2008, 661 – ODDSET.

[1928] Das hätte vielleicht der Fall sein können, wenn es um die Neueinführung eines ganz bestimmten Produktes gegangen wäre. Dann hätte die Beklagte möglicherweise argumentieren können, es sei ein einmaliger, gerade auf das konkrete Gerät bezogener Verstoß.

[1929] Vgl. BGH I ZR 221/01 = NJW 2004, 2080 = GRUR 2004, 696 = WRP 2004, 1017 – Direktansprache am Arbeitsplatz I; → Rn. 203.

5. Gesetzeswiederholende Unterlassungsanträge

Fall „Gesetzeswiederholende Unterlassungsanträge":[1930]

Auf Antrag der Klägerin hat das Landgericht die Beklagte unter Androhung gesetzlicher Ordnungsmittel ua verurteilt, es zu unterlassen im geschäftlichen Verkehr

...

4. außerhalb der Fachkreise für Heilbehandlungen mit der bildlichen Darstellung von Personen in Berufskleidung zu werben,

5. außerhalb der Fachkreise für Arzneimittel und/oder Heilbehandlungen mit Äußerungen Dritter oder Hinweisen darauf und/oder mit der Wiedergabe von Krankengeschichten sowie mit Hinweisen darauf zu werben, insbesondere zu werben ...

706   Verletzt ein Wettbewerber konsequent wettbewerbsrechtliche Vorschriften, wird der Anspruchsteller bemüht sein, ein möglichst umfassendes Verbot zu erreichen. Das bietet sich vor allem dann an, wenn die Verletzungshandlungen durchweg ähnlich, wenn auch in der jeweils konkret vorliegenden Begehungsweise unterschiedlich sind. Das Verbot einer konkreten Werbung mag zwar im Kern gleichartige Verstöße einschließen. Wenn jedoch in einer Werbung etwa für Arzneimittel einmal entgegen § 11 Abs. 1 Satz 1 Nr. 2 HWG damit geworben wird, dass es ärztlich empfohlen sei und ein anderes Mal, dass es ärztlich geprüft sei, liegen unterschiedliche Verstöße vor. Hier könnte es sich dann anbieten – entsprechend dem Wortlaut von § 11 Abs. 1 Satz 1 Nr. 2 HWG – eine Werbung verbieten zu lassen „mit Angaben, dass das Arzneimittel ... ärztlich ... oder anderweitig fachlich empfohlen oder geprüft sei oder angewendet werde".

Zum Fall „Gesetzeswiederholende Unterlassungsanträge":

707   Derartige Anträge sieht der BGH jedoch als nicht hinreichend bestimmt und damit gemäß § 253 Abs. 2 Nr. 2 ZPO als unzulässig an. Ein Unterlassungsantrag – und nach § 313 Abs. 1 Nr. 4 ZPO eine darauf beruhende Entscheidung – dürfe nicht derart undeutlich gefasst sein, dass
- der Streitgegenstand und der
- Umfang der Prüfungs- und Entscheidungsbefugnis des Gerichts nicht mehr klar umrissen seien,
- sich der Beklagte deshalb nicht erschöpfend verteidigen könne und
- im Ergebnis dem Vollstreckungsgericht die Entscheidung darüber überlassen bleibe, was dem Beklagten verboten sei.[1931]

Ein auf die Verurteilung zur Unterlassung gerichteter Klageantrag, der sich darauf beschränke, die Tatbestandsmerkmale des Gesetzes, auf das er sich stützt, wiederzugeben, sei grundsätzlich zu unbestimmt.[1932] Der Antrag Nr. 4 zur Verurteilung der Beklagten, „außerhalb der Fachkreise für Heilbehandlungen mit der bildlichen Darstellung von Personen in Berufskleidern zu werben", schließe sich im wesentlichen dem Wortlaut des § 11 Nr. 4 HWG aF[1933] an und sei deshalb zu unbestimmt. Außerdem wäre ein gemäß diesem Antrag ausgesprochenes Verbot aus der Sicht der Beklagten und im Vollstreckungsverfahren aus der Sicht des Gerichts ebenso auslegungsbedürftig wie das Gesetz selbst, bei dessen Anwendung sich „nicht einfach zu beurteilende Fragen stellen können".[1934] Gleiches entschied das Ge-

---

[1930] BGH GRUR 2000, 438 = NJW 2000, 1792 = WRP 2000, 389; vgl. kritisch hierzu *Brandner/Bergmann* WRP 2000, 842 ff.

[1931] St. Rspr., vgl. auch BGH GRUR 1999, 1017 = NJW 1999, 3638 = WRP 1999, 1035 – Kontrollnummernbeseitigung.

[1932] Vgl. auch BGH GRUR 1995, 832 (833) = NJW 1999, 3638 = WRP 1995, 1026 – Verbraucherservice; *Zöller/Greger* ZPO § 253 Rn. 13b.

[1933] Inzwischen aufgehoben, → Rn. 442a.

[1934] Diese sehr enge Auffassung des BGH ist im hier entschiedenen Fall kaum mehr nachvollziehbar. „Außerhalb der Fachkreise", „bildliche Darstellung" und „Personen in Berufskleidung" sind durchaus bestimmte Begriffe – zumal sich aus dem klägerischen Vortrag ergibt, dass er gerade Werbung außerhalb *ärztlicher* Fachkreise, also an den Endverbraucher gerichtete Werbung, und *ärztliche* Berufskleidung meint.

richt für den Klageantrag Nr. 5, der weitgehend die abstrakte Regelung des § 11 Nr. 3 und Nr. 1 HWG aF[1935] wiederhole, ohne die Handlungen, die vom Verbot umfasst werden sollten, selbst näher zu konkretisieren.[1936]

Selbst wenn es gelingen sollte, eine noch zulässige und insgesamt begründete Verallgemeinerung zu formulieren, muss dem Antrag noch kein Erfolg beschieden sein. Denn nicht selten stoßen umfassende Verbotsanträge auf den Unwillen der Gerichte, da sie eben nicht so problemlos zu handhaben sind wie einfache, an der jeweiligen konkreten Verletzungshandlung orientierte Unterlassungsanträge.[1937]   708

Praxistipp: Hilfsanträge stellen

Bei Zweifelsfällen empfiehlt sich zumindest eine gestufte Antragstellung, die – hilfsweise – in der letzten Stufe dann die konkrete Verletzungshandlung beinhalten kann.[1938] Der Anspruchsteller sollte bedenken, dass das Risiko negativer Entscheidungen zunimmt, je weiter ein Antrag gefasst ist.

In der Entscheidung „Telefonwerbung für 'Individualverträge'" fasst der BGH noch ein-   709 mal komprimiert die Grundsätze seiner Entscheidungspraxis zur Bestimmtheit von Unterlassungsanträgen zusammen.[1939] Dort ging es um das Verbot einer Telefonwerbemaßnahme. Die Antragsformulierung, es müssten „zumindest Umstände vorliegen, auf Grund deren das Einverständnis mit einer solchen Kontaktaufnahme vermutet werden kann" genügte den vom BGH geforderten Anforderungen an die Bestimmtheit von Klageanträgen nicht. Denn: „Der mittlerweile in § 7 II Nr. 2 Alt. 2 UWG geregelte Beispielsfall unlauteren Verhaltens im Wettbewerb, dem diese Formulierung entspricht, ist – anders als möglicherweise der Fall des § 7 II Nr. 2 Alt. 1 UWG (vgl. dazu *OLG Hamm*, MD 2006, 1285 [1286]; *LG Stuttgart*, WRP 2005, 1041; *Köhler*, in: *Hefermehl/Köhler/Bornkamm*, WettbewerbsR, 24. Aufl., § 12 UWG Rn. 2.40) – nicht selbst hinreichend eindeutig und konkret gefasst, um ohne weitere Konkretisierung in den Antrag übernommen zu werden. Ebenso wenig sind der Anwendungsbereich dieser Norm und insbesondere die Frage, unter welchen Voraussetzungen bei einer Werbung mit Telefonanrufen gegenüber sonstigen Marktteilnehmern von deren zumindest mutmaßlicher Einwilligung ausgegangen werden kann, durch eine gefestigte Auslegung geklärt. Nach den getroffenen Feststellungen hat der Kl. des Weiteren auch nicht deutlich gemacht, dass es ihm nicht auf ein Verbot im Umfang des Gesetzeswortlauts ankommt, sondern er sich mit seinem Unterlassungsbegehren an der konkreten Verletzungsform orientiert. Nicht ersichtlich ist schließlich auch, dass der Kl. im Blick auf die Besonderheiten des im Streitfall zur Anwendung kommenden materiellen Rechts gehindert sein könnte, einen Unterlassungsantrag zu formulieren, der sowohl seinem Anspruch auf Gewährung effektiven Rechtsschutzes als auch den für den Regelfall bestehenden Erfordernissen des Bestimmtheitsgrundsatzes gem. § 253 II Nr. 2 ZPO gerecht wird. Denn auch wenn der zu stellende Antrag auf die konkrete Verletzungsform zu beschränken wäre, erfasste eine

---

[1935] § 11 Abs. 1 Satz 1 Nr. 1 HWG aF wurde aufgehoben, → Rn. 442a.

[1936] Großzügiger zeigte sich das OLG Hamm WRP 2008, 254 = BeckRS 2007, 65500 – Lust auf Werbung?, das einen Antrag, der weitgehend dem Wortlaut von § 7 Abs. 2 Nr. 3 UWG entsprach, als zulässig ansah.

[1937] Siehe hierzu auch *Teplitzky* WRP 1999, 75 ff.

[1938] Damit begegnet man dem Risiko, dass das Gericht aus einem umfassenden Antrag nicht wenigstens noch die konkrete Verletzungsform herausschält, vgl. hierzu auch BGH GRUR 1999, 509 (510) = NJW 1999, 1332 = WRP 1999, 421 – Vorratslücken; BGH GRUR 1999, 760 = NJW 1999, 2193 = WRP 1999, 842 – Auslaufmodelle II. Allerdings besteht dann auch das Risiko, dass das Gericht den einfachsten Weg wählt und nur dem Antrag in der konkreten Verletzungsform stattgibt. Sollte ein Hilfsantrag in Teilen weiter gefasst sein als der Hauptantrag und dem Hilfsantrag stattgegeben werden, ist der Anspruchsteller trotzdem beschwert und kann die Entscheidung angreifen, vgl. BGH I ZR 29/98 = NJW-RR 2001, 620 = GRUR 2000, 907= WRP 2000, 1258 – Filialleiterfehler. Gibt das Rechtsmittelgericht dann dem Hauptantrag statt, ist die Entscheidung über die Hilfsanträge wieder aufzuheben, vgl. BGH (Filialleiterfehler) GRUR 2000, 909.

[1939] BGH GRUR 2007, 607 = BeckRS 2007, 08697 = WRP 2007, 775 – Telefonwerbung für „Individualverträge".

Verurteilung nach der so genannten Kerntheorie[1940] immerhin alle Handlungsformen, in denen das Charakteristische der beanstandeten Werbung zum Ausdruck kommt (vgl. *BGH,* GRUR 2004, 72 – Coenzym Q 10; *Teplitzky,* Kap. 57 Rn. 12 m. w. Nachw.).“

709a   Deutlich großzügiger zeigte sich der BGH bei einem Verbotsantrag zu § 7 Abs. 2 Nr. 2 1. Alt. UWG 2004.[1941] Der Antrag lautete, es dem Beklagten unter Androhung von Ordnungsmitteln zu verbieten, „im geschäftlichen Verkehr zu Zwecken des Wettbewerbs Verbraucher ohne ihr vorheriges Einverständnis zu Werbezwecken anzurufen oder anrufen zu lassen“. § 7 Abs. 2 Satz 2 1. Alt. UWG 2004 sah eine unzumutbare Belästigung „bei einer Werbung mit Telefonanrufen gegenüber Verbrauchern ohne deren Einwilligung“ vor. Der Unterschied zwischen Antrag und Gesetzestext bestand lediglich in der Formulierung „ohne ihr vorheriges Einverständnis“ statt „ohne deren Einwilligung“. Dabei umschreibt „vorheriges Einverständnis“ lediglich den Begriff der „Einwilligung“. Diese ist nämlich nach § 183 Satz 1 BGB die „vorherige Zustimmung“. Diesen „Worttausch“ sah der BGH als ausreichende Konkretisierung an.[1942] Entscheidend war weiter, dass die Bedeutung der übrigen allgemeinen Begriffe im Verbotsantrag – „geschäftlicher Verkehr“, „Werbezwecke“ „anrufen“ – im Verfahren unbestritten blieb.

> **Praxistipp: Bestimmtheit der allgemeinen Begriffe bestreiten**
>
> Bei einem allgemein gefassten Antrag sollte der Anspruchsgegner deshalb alle unbestimmten Begriffe beanstanden – auch wenn sie „auf den ersten Blick“ als eindeutig erscheinen. Sind allgemeine Begriffe wie „Werbung zu betreiben“ oder „gegenüber Gewerbetreibenden“ nicht umstritten, kann das Gericht unter Verwendung dieser Begriffe tenorieren.[1943]

IV. Geltendmachung mehrerer Unterlassungspflichten

710   In einem Antrag lassen sich auch mehrere Unterlassungsanträge verbinden. Das geschieht durch die Formulierung „und/oder“. Denkbar ist zum Beispiel bei einer wettbewerbswidrigen Werbeaktion für ein Handy der Antrag,[1944]

> bei Meidung (Androhung der Ordnungsmittel) zu verbieten, zu Zwecken des Wettbewerbs für den Verkauf von Handys zu werben, die zu dem beworbenen Preis nur bei Freischaltung eines Netzkartenvertrages abgegeben werden, wenn für das Handy ein Preis von weniger als 1 Euro gefordert wird, wenn dies geschieht wie in der ... Zeitung vom ...
> und/oder
> einen so beworbenen Artikel der Ankündigung gemäß zu veräußern.

711   Da der Anspruchsgegner häufig die beanstandete Handlung nicht selbst vornimmt, sondern durch andere vornehmen lässt – zum Beispiel die Veröffentlichung einer Anzeige –, kann der Antrag auch das Verbot enthalten, die beanstandete Handlung durchführen zu *lassen:*

> „Dem Antragsgegner/Beklagten wird bei Meidung (Androhung der Ordnungsmittel) ... verboten, zu Zwecken des Wettbewerbs Messer mit der Bezeichnung ‚Made in Germany‘ zu vertreiben und/oder vertreiben zu lassen, wenn diese nicht in Deutschland hergestellt werden.“

[1940] „In medio consistit virtus“, sagte der Teufel, als er sich zwischen zwei Rechtsanwälte setzte.

[1941] BGH I ZR 46/09 = GRUR 2011, 433 = WRP 2011, 576 – Verbotsantrag bei Telefonwerbung.

[1942] BGH I ZR 46/09 (Rn. 14) = GRUR 2011, 433 = WRP 2011, 576 – Verbotsantrag bei Telefonwerbung.

[1943] BGH GRUR 2001, 755 = BeckRS 2000, 30148435 = WRP 2001, 804 – Telefonkarte und BGH I ZR 78/06 (Rn. 57) = GRUR 2009, 672 = WRP 2009, 824 – OSTSEE-POST.

[1944] Vgl. BGH WRP 1999, 512 (513) – Aktivierungskosten. Der BGH hat in diesem Fall allerdings nur die konkrete Verletzungsform, nicht die Werbemaßnahme als solche, verboten.

V. Formulierung des Antrags bei Unterlassungsansprüchen mit Auslandsbezug

1. Antrag gegen Verletzer außerhalb der EU

Macht der Anspruchsteller Unterlassungsansprüche gegen einen Anspruchsgegner im Ausland geltend, soll der Antrag nach einer häufig in der Literatur vertretenen Auffassung keine Strafandrohung gemäß § 890 Abs. 2 ZPO enthalten. Denn ein Unterlassungstitel mit Strafandrohung könne im Ausland möglicherweise nicht zugestellt werden, da dies einen Eingriff in die Hoheitsrechte des Drittstaates bedeute.[1945] Eine Zustellung muss im Ausland erfolgen, wenn keine mündliche Verhandlung stattgefunden und sich kein Vertreter im Inland bestellt hat. Im Hauptsacheverfahren ist das der Fall, wenn gegen den im Inland nicht vertretenen Anspruchsgegner ein Versäumnisurteil ergeht. Dann wird das Versäumnisurteil im Ausland zugestellt. Im Verfügungsverfahren ist eine Zustellung im Inland nicht möglich, wenn eine Beschlussverfügung ergeht und sich ebenfalls kein inländischer Vertreter – auch nicht durch eine Schutzschrift – bestellt hat. Die Zustellung bzw. Vollziehung gemäß §§ 936, 929 ZPO[1946] erfolgt dann im Ausland. **712**

Die Bedenken gegen eine Aufnahme der Androhung von Ordnungsmitteln ergeben sich aus der Ordre-Public-Klausel in Art. 13 HZÜ:[1947] Danach kann der ersuchte Staat die Erledigung eines Zustellungsantrages ablehnen, wenn die Erledigung seine Hoheitsrechte gefährden kann. Überzeugend ist diese Auffassung allerdings nicht. Denn sie übersieht, dass die Zustellung einer Verfügung noch nichts über deren Vollstreckbarkeit sagt. Die Frage der Vollstreckung ist jedoch erst im Anerkenntnisverfahren von Bedeutung.[1948] Außerdem hat der EuGH zwischenzeitlich ausdrücklich entschieden, dass die Ordnungsgeldvollstreckung eines privaten Gläubigers im EU-Ausland zulässig ist.[1949] Der EuGH stellt fest, dass es trotz des „Strafcharakters" des Ordnungsgeldes um die Sicherung privater Rechte gehe und das Ordnungsgeld keinen öffentlich-rechtlichen Charakter habe.

Praxistipp: Ordnungsmittelandrohung gegen Ausländer

Möchte der Anspruchsteller – trotz der EuGH-Entscheidung „Realchemie Nederland/Bayer CropScience AG" jegliche Zustellungsprobleme vermeiden, kann er gemäß § 890 Abs. 2 ZPO die Ordnungsmittel nachträglich androhen lassen. Außerdem besteht die Möglichkeit der Zwangsvollstreckung nach dem Recht des jeweiligen Drittstaates. Bestellt sich ein Vertreter des Anspruchsgegners, erfolgen die Zustellungen an den Vertreter und damit im Inland (§§ 172 Abs. 1 Satz 1, 195 ZPO). Der Anspruchsteller kann dann noch in der mündlichen Verhandlung den Antrag auf Androhung der Ordnungsmittel gemäß § 890 ZPO stellen.

---

2. Antrag gegen Verletzer mit Sitz innerhalb der EU

Für Verletzer mit Sitz innerhalb der EU gilt die EU-Zustellungsverordnung.[1950] Diese enthält *keine* Ordre-Public-Klausel. Deshalb kann die Androhung von Ordnungsmitteln kein Argument mehr sein, dass die deutschen Prüfungsstellen das Versenden des Zustellungsauftrages ablehnen[1951] oder die zuständige Stelle eines EU-Drittstaates die Zustellung der Verfügung verweigert. **713**

[1945] Vgl. Gloy/Loschelder/Erdmann/*Schütze* § 11 Rn. 11 mwH.
[1946] Zum Verfügungsverfahren mit Auslandsbezug → Rn. 829 ff.
[1947] → Rn. 838.
[1948] Vgl. hierzu auch *Geimer*, IZPR, Rn. 2163 ff. So auch das KG NJWE-WettbR 1999, 161 zur Zustellung einer mit Androhung versehenen Beschlussverfügung in den Niederlanden.
[1949] EuGH C-406/09 (Rn. 41 ff.) = NJW 2011, 3568 = GRUR 2012, 848 = WRP 2011, 1582 – Realchemie Nederland/Bayer CropScience AG. → Rn. 846.
[1950] → Rn. 836.
[1951] Gegen die Ablehnung ist Rechtsmittel gemäß §§ 23 ff. EGGVG möglich.

VI. Hinweispflicht des Gerichts

714   Das Gericht ist im Verfügungsverfahren zwar in der Formulierung des Tenors wegen § 938 Abs. 1 ZPO frei, solange es dem Anspruchssteller nicht mehr zuspricht als beantragt ist (§ 308 Abs. 1 S. 1 ZPO). Es hat aber auch gemäß § 139 Abs. 1–3 ZPO darauf hinzuwirken, dass die Parteien die sachdienlichen Anträge stellen.[1952] Das Gericht muss allerdings nicht die Formulierung des Antrags für den Anspruchsteller übernehmen[1953] – erst recht dann nicht, wenn die Antragsänderung einen neuen Streitgegenstand betrifft.[1954]

Praxistipp: Bitte um Mitteilung durch das Gericht

Aufgrund der oftmals bestehenden Schwierigkeiten bei der Antragsformulierung kann es ausnahmsweise im Verfügungsverfahren zweckmäßig sein, im Verfügungsantrag um eine – ggf. auch telefonische – Mitteilung des Gerichts zu bitten, wenn Bedenken gegen die Antragsformulierung bestehen. Auch wenn die Gerichte weder verpflichtet[1955] noch häufig dazu bereit sind (und auch nicht sein müssen), die Antragsformulierung zu übernehmen, kann ein Hinweis dazu führen, dass der Antrag mit recht geringen Kosten zurückgenommen wird.

Es kann sich dann schon im Hinblick auf eine mögliche Kostenfolge empfehlen, einen nach Auffassung des Gerichts unzureichend formulierten Antrag nachzubessern – oder unter Berücksichtigung der Rechtsauffassung des Gerichts zumindest einen Hilfsantrag zu stellen. Wesentliche Änderungen des Antrags können allerdings eine (sachdienliche) Klageänderung sein und damit die Kostenfolge aus § 269 Abs. 3 S. 2 ZPO auslösen.

F. Relevanter Zeitpunkt für die Begründetheit der Ansprüche

715   Die Voraussetzungen für die Begründetheit des gerichtlich geltend gemachten Anspruchs müssen zum Schluss der letzten mündlichen Verhandlung gegeben sein. Gibt der Anspruchsgegner etwa während des Verfahrens seinen Geschäftsbetrieb endgültig auf, kann es in der letzten mündlichen Verhandlung an einem Wettbewerbsverhältnis zwischen den Parteien fehlen.[1956]

[1952] Diese nimmt der BGH ausgesprochen ernst, vgl. BGH GRUR 1999, 507 = NJW-RR 1999, 982 = WRP 1999, 657 – Teppichpreiswerbung; BGHZ 140, 183 = GRUR 1999, 325 = NJW 1999, 1964 = WRP 1999, 417 – Elektronische Pressearchive; BGH GRUR 1998, 489 (492) = WRP 1998, 42 (46 f.) – Unbestimmter Unterlassungsantrag III mwN. Der BGH geht sogar so weit, die Gerichte zu verpflichten, bei einem offenbar von der – auch anwaltlich vertretenen – Partei missverstandenen Hinweis den Hinweis zu präzisieren und erneut Gelegenheit zur Stellungnahme zu geben, BGH NJW 1999, 1264 (vgl. auch § 139 Abs. 2 ZPO). Kritisch zu gerichtlichen Hinweisen vor Erlass einer Beschlussverfügung *Teplitzky* GRUR 2008, 34. Vorsicht trotz aller Hinweise: Im Verfügungsverfahren gibt es keine Schriftsatzfristen. Was in der mündlichen Verhandlung nicht vorgetragen und glaubhaft gemacht ist, kann keine Berücksichtigung finden; → Rn. 747 ff.

[1953] BGH GRUR 1991, 254 = NJW 1991, 1114 = WRP 1991, 216 – Unbestimmter Unterlassungsantrag I; BGH GRUR 1996, 796 = NJW-RR 1996, 1194 = WRP 1996, 734 (736) – Setpreis; BGH GRUR 1997, 767 = NJW-RR 1997, 1133 = WRP 1997, 735 – Brillenpreise II; BGH GRUR 1998, 489 (492) = WRP 1998, 42 (46 f.) – Unbestimmter Unterlassungsantrag III mwN.

[1954] Hält das Gericht etwa den Antrag, an den Endverbraucher Waren zusammen mit einem wettbewerbswidrigen Gewinnspiel zu versenden, für unbegründet, muss das Gericht nicht darauf hinweisen, dass ein Antrag auf Unterlassung bei der Mitwirkung in der Vertragsabwicklung Erfolg haben könnte, vgl. BGH WRP 2001, 1073 (1076) – Gewinn-Zertifikat.

[1955] Nach hM sind „allgemeine", „formularmäßige" Bitten um rechtliche Hinweise unbeachtlich; vgl. zum Beispiel *Grunsky*, Taktik im Zivilprozeß, Rn. 180. Etwas anders soll für sog „spezielle" Bitten gelten, *Grunsky* Rn. 180. Allerdings: Es gehört zu den Aufgaben eines Rechtsanwalts, unklare Situationen gar nicht erst entstehen zu lassen.

[1956] Vgl. BGH GRUR 1995, 697 = NJW-RR 1995, 1379 = WRP 1995, 815 – Funny Paper.

G. Anträge des Anspruchsgegners

Der Anspruchsgegner wird – sofern er nicht (teilweise) anerkennt – Zurückweisung des   716
Verfügungsantrages (§§ 936, 922 III ZPO) bzw. Abweisung der Klage beantragen. Zugleich
kann der Anspruchsgegner – ggf. hilfsweise – zur Abwendung erheblicher Nachteile im Falle
einer für ihn ungünstigen Entscheidung
- die Gestattung von Aufbrauchfristen und
- Vollstreckungsschutz

beantragen.

I. Aufbrauchfrist

Aufbrauchfristen kommen vor allem dann in Frage, wenn der Verletzer noch eine größere   717
Anzahl von Gegenständen in seinem Gewahrsam hat, deren Wert erheblich ist, während die
Beeinträchtigung des Verletzten nicht so schwer ins Gewicht fällt.[1957] Hat der Verletzer etwa
10.000 Kataloge drucken lassen, die einige besonders herausgestellte, jedoch nicht lieferbare
Waren enthalten, muss er deswegen nicht alle Kataloge neu drucken. Hier könnte es im Übrigen auch genügen, wenn der Verletzer eine Beilage mit einem entsprechenden Hinweis einlegt.

II. Vollstreckungsschutz

Die Gewährung von Vollstreckungsschutz richtet sich im Hauptsacheverfahren nach   718
§ 709 S. 1 ZPO. Wenn die Vollstreckung dem Schuldner „einen nicht zu ersetzenden Nachteil bringen" würde, kann das Gericht auf Antrag dem Schuldner gestatten, die Vollstreckung durch Sicherheitsleistung ohne Rücksicht auf eine Sicherheitsleistung des Gläubigers
abzuwenden (§ 712 ZPO). Der Schuldner muss die drohenden Nachteile glaubhaft machen
und den Antrag vor Schluss der mündlichen Verhandlung stellen (§ 714 ZPO).

Im Verfügungsverfahren ist § 921 ZPO anwendbar.[1958] Demnach ist die Vollziehung der   719
Verfügung von einer Sicherheitsleistung abhängig zu machen, wenn sie zu „schwersten Eingriffen in den Gewerbebetrieb des Schuldners"[1959] führt. Wenn der Anspruchsgegner die
Anordnung einer Vollziehungssicherheit wünscht, sollte er diese – auch wenn sie ohne Antrag angeordnet werden kann – beantragen und den Antrag nachvollziehbar begründen.

[1957] BGH GRUR 2007, 1079 = BeckRS 2007, 15104 = WRP 2007, 1346 – Bundesdruckerei. Vgl. auch
Köhler/Bornkamm § 8 Rn. 1.58 ff.
[1958] Zöller/*Vollkommer* ZPO § 921 Rn. 7.
[1959] Ebenda.

§ 14 Besonderheiten des Verfügungsverfahrens

Übersicht

A. Vorüberlegungen

720 1. Die wichtigste Frage ist zunächst, ob zum Zeitpunkt der Einleitung des Verfügungsverfahrens noch der Verfügungsgrund (Dringlichkeit)[1960] gegeben ist. Hier kommt es darauf an, wann der Verletzte von der Verletzungshandlung und von dem Verletzer Kenntnis erlangt hat. Die Rechtsprechung zur Dringlichkeit ist regional sehr unterschiedlich: Das OLG München verneint die Dringlichkeit, wenn seit der Kenntnis mehr als ein Monat verstrichen ist. Das OLG Hamburg hat auch noch einen Zeitraum von sechs Monaten zugelassen.[1961] Die Tendenz geht allerdings dahin, durchweg kürzere Fristen anzunehmen.

Praxistipp: Doppelte Fristenkontrolle

Es empfiehlt sich, umgehend zwei Fristen zu notieren, nämlich
- die Frist für die Einreichung des Verfügungsantrages wegen der Dringlichkeit und
- die Sechs-Monats-Frist für den Eintritt der Verjährung gemäß § 11 UWG – und zwar bezogen auf alle UWG-Ansprüche einschließlich des Anspruchs auf Kostenerstattung (§ 12 Abs. 1 Satz 2 UWG).

---

721 2. Das Verfügungsverfahren stellt nur eine vorläufige Regelung dar. Gibt der Anspruchsgegner keine Abschlusserklärung ab, die den Anspruch endgültig sichert, muss der Anspruchsteller seinen Anspruch durch eine Hauptsacheklage absichern. Außerdem kann

---

[1960] → Rn. 735 ff.
[1961] → Rn. 736.

der Anspruchsgegner Antrag auf Anordnung der Klageerhebung stellen (§ 926 ZPO). Der Anspruchsteller sollte also bereits vor Einleitung eines Verfügungsverfahrens die Erfolgsaussichten – und insbesondere die Beweislage – einer Hauptsacheklage berücksichtigen. So kann zwar der Anspruchsteller im Verfügungsverfahren auch als Partei eine eidesstattliche Versicherung zur Glaubhaftmachung abgeben. Im Hauptsacheverfahren muss der Anspruchsteller aber den Beweis führen – etwa durch Zeugen. Die Parteivernehmung ist nur eingeschränkt möglich (§§ 445 ff. ZPO).

Praxistipp: Hinweis auf Vorläufigkeit

Man sollte den Mandanten darauf hinweisen, dass das Verfügungsverfahren nur eine vorläufige Regelung darstellt und es zur Absicherung der geltend gemachten Ansprüche entweder eines Hauptsacheverfahrens, einer Unterlassungserklärung oder einer Abschlusserklärung bedarf.[1962] Der Anspruchsteller muss sich also darüber im Klaren sein, dass zusätzlich zu den Kosten des Verfügungsverfahrens weitere Kosten entstehen können.

---

722   3. Eine von Anfang an ungerechtfertigte einstweilige Verfügung kann gemäß § 945 ZPO eine Schadensersatzpflicht des Anspruchstellers auslösen. Der Anspruchsteller sollte deshalb seine Erfolgsaussichten auch anhand der Einwendungen des Anspruchsgegners – etwa in dessen Antwort auf die Abmahnung – berücksichtigen. Diese Einwendungen wird der Anspruchsgegner auch im Verfügungsverfahren vortragen und ggf. glaubhaft machen (können).

723   4. Eine Beschluss-Verfügung wird nur dann wirksam, wenn sie der Anspruchsteller vollzieht,[1963] das heißt vor allem, sie dem Anspruchsgegner wirksam zustellt. Wegen der kurzen Vollziehungsfrist von einem Monat ab Zustellung bzw. Verkündung der Verfügung,[1964] bleibt in der Regel keine Zeit, bei fehlgeschlagener Zustellung eine aktuelle Anschrift zu recherchieren. Erfolgt die Zustellung nicht fristgemäß, kann das zur Aufhebung der Verfügung gemäß § 927 ZPO mit unangenehmen Kostenfolgen führen. Die notwendigen Angaben für die Zustellung müssen also *vor* Einleitung des Verfügungsverfahrens bekannt sein.

724   5. Schließlich sollte der Anspruchsteller bedenken, dass die Durchsetzung von Ansprüchen im Verfügungsverfahren gegen einen Verletzer im Ausland reichlich kompliziert sein kann. Er sollte deshalb nach Möglichkeit einen Verletzer im Inland in Anspruch nehmen.[1965]

B. Zulässigkeit, durchsetzbare Ansprüche

I. Zulässigkeit

725   Die prozessualen Voraussetzungen sind für das Verfügungs- und das Hauptsacheverfahren zunächst dieselben. Die Ausführungen zur Zuständigkeit, zur Formulierung des Antrags etc gelten damit für das Verfügungsverfahren genau so wie für das Hauptsacheverfahren. Wegen § 13 Abs. 1 UWG sind die Landgerichte – unabhängig vom Streitwert – zuständig. Etwas anderes gilt nur dann, wenn etwa auf einer am Wochenende durchgeführten Messe eine gerichtliche Entscheidung erforderlich ist. Hier haben die Amtsgerichte einen Jour-Dienst eingerichtet, der nach § 942 ZPO zu entscheiden hat.

726   Ein Anwaltszwang besteht für das Verfügungsverfahren nicht, so lange keine mündliche Verhandlung stattfindet (§§ 936, 920 III ZPO). Wenn die Verfügung im Beschlusswege nur

---

[1962] → Rn. 855 ff.
[1963] → Rn. 781 ff.
[1964] Eine Urteilsverfügung ist bereits mit Verkündung wirksam, → Rn. 798.
[1965] → Rn. 528, 712 ff. und 829 ff.

teilweise erlassen oder insgesamt zurückgewiesen wurde, wird auch vielfach ein Anwaltszwang für die Beschwerde des Antragstellers verneint (§§ 78, 569 Abs. 3, 571 Abs. 4 S. 2 ZPO).[1966]

II. Im Verfügungsverfahren durchsetzbare Ansprüche

Die einstweilige Verfügung gemäß § 938 ZPO darf die Entscheidung der Hauptsache 727 zwar nicht vorwegnehmen.[1967] Eine Befriedigung des Anspruchstellers kann jedoch durch eine Leistungsverfügung gemäß § 940 ZPO angeordnet werden. Hierzu gehören auch wettbewerbsrechtliche Unterlassungsansprüche.[1968]

Beseitigungsansprüche wie zum Beispiel der Widerruf können in aller Regel nicht im Verfügungsverfahren geltend gemacht werden.[1969] Schließlich stellt der Widerruf eine eigene Erklärung des Widerrufenden und nicht lediglich die Mitteilung der Rechtsauffassung des Gerichts dar. Die Anordnung eines Widerrufs durch eine Beschlussverfügung scheidet von vornherein aus.[1970] 728

Ein Herausgabeanspruch – zum Beispiel bei Produktpiraterie – kann auch im Verfügungsverfahren geltend gemacht werden. Ggf. ist Sequestration anzuordnen (§ 938 Abs. 2 ZPO). 729

Schadensersatz in Geld kann der Anspruchsteller allenfalls im Arrestverfahren fordern. 730

Auskunftsansprüche können in der Regel nicht im Verfügungsverfahren geltend gemacht werden. Eine Ausnahme gilt nur in Fällen des ergänzenden Leistungsschutzes (zum Beispiel gemäß § 101a Abs. 3 UWG bei offensichtlichen Urheberrechtsverletzungen).[1971] 731

Ebenfalls ausgeschlossen ist im Verfügungsverfahren die Geltendmachung von Gegenansprüchen im Wege der Widerklage. Denn beim Verfügungsverfahren handelt es sich nicht um ein Klageverfahren. Eine „Widerklage" wäre auch mit dem Charakter des Eilverfahrens unvereinbar.[1972] 732

III. Gleichzeitige Durchführung von Verfügungs- und Hauptsacheverfahren

Verfügungsverfahren und Hauptsacheverfahren können parallel durchgeführt werden.[1973] Hierdurch kommt es nicht zu einer doppelten Rechtshängigkeit. Allerdings erhöht sich das Kostenrisiko erheblich – etwa auch im Hinblick auf ein mögliches sofortiges Anerkenntnis gemäß § 93 ZPO. Zudem könnte die sofortige Erhebung der Hauptsacheklage auch rechtsmissbräuchlich sein.[1974] Es ist deshalb häufig zweckmäßig, zunächst das Verfügungsverfahren durchzuführen und nach dessen Abschluss – letzte Instanz sind hier die Oberlandesgerichte (§ 542 Abs. 2 S. 1 ZPO) –, über die Erhebung einer Hauptsacheklage zu entscheiden. 733

IV. Begründetheit

Voraussetzung für die Begründetheit eines Verfügungsverfahrens sind (§§ 936, 920 ZPO) 734
- das Bestehen eines Verfügungsgrundes – das ist die Dringlichkeit bzw. Eilbedürftigkeit des Verfahrens – und
- das Vorliegen eines Verfügungsanspruchs, etwa eines Unterlassungsanspruchs gemäß § 8 UWG.

[1966] Vgl. auch Thomas/Putzo/*Seiler* ZPO § 922 Rn. 7. Allerdings umstritten.
[1967] Vgl. Zöller/*Vollkommer* ZPO § 938 Rn. 3.
[1968] Ebenda, ZPO § 940 Rn. 8 „Wettbewerbsrecht".
[1969] Vgl. Gloy/Loschelder/Erdmann/*Spätgens* § 98 Rn. 5–7.
[1970] Vgl. Gloy/Loschelder/Erdmann/*Spätgens* § 98 Rn. 7 mwN.
[1971] Vgl. auch BGHZ 125, 322 = GRUR 1994, 630 = NJW 1994, 1958 = WRP 1994, 519 – Cartier-Armreif.
[1972] Zu § 922 ZPO (Arrestverfahren), der gemäß § 936 ZPO auch im Verfügungsverfahren Anwendung findet: Zöller/*Vollkommer* ZPO § 922 Rn. 15.
[1973] Vgl. Gloy/Loschelder/Erdmann/*Spätgens* § 115 Rn. 8.
[1974] → Rn. 590; BGH GRUR 2001, 82 = NJW-RR 2000, 1710 = WRP 2000, 1263 (1265 f.) – Neu in Bielefeld I und BGH GRUR 2001, 84 = NJW-RR 2000, 1644 = WRP 2000, 1266 – Neu in Bielefeld II.

C. Dringlichkeitsvermutung gemäß § 12 Abs. 2 UWG

§ 12 Abs. 2 UWG:

Zur Sicherung der in diesem Gesetz bezeichneten Ansprüche auf Unterlassung können einstweilige Verfügungen auch ohne Darlegung und Glaubhaftmachung der in den §§ 935 und 940 der Zivilprozessordnung bezeichneten Voraussetzungen erlassen werden.

I. Anwendungsbereich von § 12 Abs. 2 UWG

735   § 12 Abs. 2 UWG ist nur anwendbar auf Unterlassungsansprüche aus dem UWG.[1975] § 12 Abs. 2 UWG greift demnach nicht für Ersatz-, Neben- oder Feststellungsansprüche ein. Dort verbleibt es bei den Anforderungen der §§ 935, 940 ZPO. Auch auf vertragliche Unterlassungsansprüche ist § 12 Abs. 2 UWG nicht anwendbar. Für einen Beseitigungs- oder Widerrufsanspruch gilt § 12 Abs. 2 UWG nur dann, wenn nicht – wie wohl meist – die Hauptsache vorweggenommen wird.

II. Dringlichkeitsvermutung entgegen § 935 ZPO

736   Gemäß § 12 Abs. 2 UWG muss der Antragsteller die Eilbedürftigkeit nicht – wie im Verfügungsverfahren sonst (§§ 936, 920 II ZPO) – glaubhaft machen. Vielmehr wird die Dringlichkeit gemäß § 12 Abs. 2 UWG in Wettbewerbssachen gesetzlich vermutet. Die Vermutung der Dringlichkeit kann allerdings widerlegt werden, insbesondere bei längerem Zuwarten.[1976] Welcher Zeitraum dringlichkeitsschädlich ist, beurteilen die Oberlandesgerichte ganz unterschiedlich:[1977] Während etwa in Hamburg auch nach mehreren Monaten die Vermutung der Dringlichkeit noch nicht entfallen sein muss,[1978] urteilen die Münchner Gerichte hier strikt formalistisch. Demnach ist nach Auffassung der Münchner Gerichte die Dringlichkeit dann entfallen, wenn der Anspruchsteller seinen Verfügungsantrag erst nach mehr als einem Monat ab Kenntnis der Verletzungshandlung und des Verletzers[1979] zu Gericht bringt.[1980]

Praxistipp: OLG-typische Dringlichkeitsfristen

Wer keine einschlägige Literatur zum Verfügungsverfahren griffbereit hat, der sich die jeweiligen gerichtlichen Gepflogenheiten entnehmen lassen, sollte sich zumindest bei der jeweils zuständigen LG-Kammer oder beim entsprechenden OLG-Senat über die Rechtsprechung informieren. Meistens gibt es nach der Geschäftsverteilung Sonderzuständigkeiten. Diese geben unter Umständen – schon im Hinblick auf die Prozessökonomie – telefonisch Auskunft. Ist der fliegende Gerichtsstand gemäß § 14 Abs. 2 UWG gegeben, dürfte die längste Erstreckung der Dringlichkeit die Rechtsprechung der Hamburger Gerichte bieten.

[1975] Vgl. *Köhler/Bornkamm* § 12 Rn. 3.14.
[1976] Vgl. *Köhler/Bornkamm* § 12 Rn. 3.15.
[1977] Vgl. *Köhler/Bornkamm* § 12 Rn. 3.15b. Eine Übersicht über die jeweilige Rechtsprechung enthält auch *Berneke*, Einstweilige Verfügung, Rn. 77. Siehe auch *Doepner* WRP 2011, 1384, der sich überdies gegen starre Fristen ausspricht.
[1978] OLG Hamburg WRP 1987, 480.
[1979] Vgl. explizit dazu OLG München GRUR-RR 2008, 368.
[1980] OLG München NJW-RR 1993, 227 = WRP 1993, 49; ebenso: OLG Hamm GRUR 1993, 855; OLG Jena, Beschluss vom 23.10.1996 (vgl. WRP 1997, 703); OLG Koblenz 9 W 698/10 = NJW-RR 2011, 624 = GRUR 2011, 451 = WRP 2011, 506 (unter ausdrücklicher Aufgabe der früheren Rechtsprechung); OLG Köln GRUR 1982, 504; siehe auch Harte-Bavendamm/Henning-Bodewig/*Retzer* § 12 Rn. 957.

1. Beginn der Frist

Die Frist errechnet sich nach den BGB-Regelungen. Erfolgt also ein Verstoß am 23.10. 737
und fällt der 23.11. auf einen Sonntag, wäre Fristablauf der 24.11. Die Frist beginnt jedoch
nach einhelliger Auffassung erst zu laufen, wenn der Anspruchsteller
* sowohl die Person des Verletzers einschließlich einer zustellungsfähigen Anschrift[1981]
* als auch die konkrete (drohende) Verletzungshandlung
positiv kennt.
Die nur fahrlässige Unkenntnis des Wettbewerbsverstoßes führt in der Regel nicht zu einem Wegfall des Verfügungsgrundes.[1982] Informiert also etwa ein Wettbewerber einen anderen Wettbewerber darüber, dass ein Dritter wettbewerbswidrig handelt und überprüft dies
der Verletzte erst mehrere Wochen oder Monate nach der Information durch den Wettbewerber, beginnt erst mit positiver Kenntnis die Frist zu laufen.[1983]

Welche Person Kenntnis erlangt haben muss – etwa der Geschäftsführer, der Leiter der 738
Rechtsabteilung oder ein Mitarbeiter aus dem Marketingbereich – bestimmt sich nach der
betrieblichen Struktur und Organisation: Ist aufgrund einer internen Aufgabenverteilung ein
Mitarbeiter zuständig, Wettbewerbsverstöße von Konkurrenten zu verfolgen, kommt es auf
dessen Kenntnis an.[1984]

2. Erstreckung der strengen Dringlichkeits-Fristen

Eine Erstreckung der strengen Dringlichkeits-Fristen ist nur dann denkbar, wenn ernst- 739
hafte Vergleichsverhandlungen geführt werden. Allerdings bleibt es in diesem Fall dann der
Auffassung der Gerichte überlassen, ob es sich im konkreten Fall um *ernsthafte* Verhandlungen handelt. Es besteht deshalb das Risiko, dass das Gericht trotz Vergleichsbemühungen
die Dringlichkeit verneint.

Praxistipp: Dringlichkeit und Vergleichsverhandlungen

Um das Problem der fehlenden Dringlichkeit zu umgehen, empfiehlt es sich – wenn man nicht
wegen des fliegenden Gerichtsstandes auf ein Gericht mit großzügigerer Rechtsprechung auswei-
chen kann –, noch während der Vergleichsverhandlungen vorsorglich die Ansprüche im Wege
eines Verfügungsverfahrens geltend zu machen. Das ist allerdings nur dann sinnvoll, wenn für die
Durchsetzung des Verfügungsanspruchs eine erhebliche Wahrscheinlichkeit besteht.

Ist die Verletzungshandlung möglicherweise nicht wettbewerbswidrig, könnte man schon vor der
Aufnahme oder gleich zu Beginn von Vergleichsverhandlungen einen Verfügungsantrag einrei-
chen. Sollten dann erhebliche Bedenken des Gerichts bestehen – wobei das Gericht grundsätzlich
die Möglichkeit der Antragsrücknahme einräumt –, können gleichwohl die Verhandlungen mit
dem Gegner geführt werden – vorausgesetzt, dieser ist über die Einreichung und Rücknahme des
Antrags etwa aufgrund einer vorher eingereichten Schutzschrift nicht informiert. Ob eine Schutzschrift eingereicht ist, erfährt der Antragsteller wiederum in der Regel telefonisch über die Registra-
tur des Gerichts.

Erwirkt der Antragsteller eine einstweilige Verfügung, sollte er davon konsequent Gebrauch machen. Denn der (auch nur zeitweise) Verzicht auf die Rechte aus der einstweiligen Verfügung
kann bereits dringlichkeitsschädlich sein.[1985] Bei Vergleichsgesprächen ist also größte Vorsicht geboten!

[1981] Vgl. BGH NJW 1998, 988.
[1982] Vgl. *Köhler/Bornkamm* § 12 Rn. 3.15a.
[1983] Allerdings wird man bei grob fahrlässiger Unkenntnis annehmen müssen, dass die Sache dem Anspruchsteller offenbar nicht eilbedürftig ist – etwa wenn ein Hinweis von einem zuverlässigen Informanten
stammt und der Anspruchsteller ohne weiteres überprüfen kann, ob ein Wettbewerbsverstoß vorliegt; vgl.
hierzu Palandt/*Grüneberg* BGB § 277 Rn. 2.
[1984] Vgl. OLG Köln NJW-RR 1999, 694 = WRP 1999, 222 sowie OLG Hamburg GRUR-RR 2006, 374.
[1985] Beseitigung der Dringlichkeitsvermutung bei schleppenden Vergleichsverhandlungen: OLG Köln 6 U
177/09 = GRUR-RR 2010, 448 – Vollstreckungsverzicht im Eilverfahren. Verzicht auf Zwangsvollstreckungsmaßnahmen „ohne besonderen Grund": KG 5 U 64/09 = BeckRS 2010, 13662.

3. Aufrechterhaltung und Wiederaufleben der Dringlichkeitsvermutung

740   Die Dringlichkeit entfällt nicht, wenn der Anspruchsteller zur Glaubhaftmachung eines Verfügungsantrages die Vorlage von Glaubhaftmachungsmitteln – etwa eidesstattliche Versicherungen – benötigt und diese nicht innerhalb der von den Oberlandesgerichten ausgeurteilten Fristen trotz ernsthafter Bemühungen beschaffen kann.[1986] Auch hier ist es jedoch besonders wichtig, am Ball zu bleiben, damit sich die Zeitverzögerung in engen Grenzen hält.

Wer nicht innerhalb der von den Gerichten jeweils geforderten Fristen handelt, kann sich auch bei einem neuen, gleichartigen Verstoß nicht auf eine erneute Dringlichkeit berufen: Wer schon einmal die Sache als nicht eilbedürftig angesehen hat, hat damit gezeigt, dass die Sache eben überhaupt nicht eilbedürftig ist.[1987] Ein Wiederaufleben der Dringlichkeit gibt es daher nur in ganz engen Grenzen – etwa wenn der Verletzer sein bisheriges Verhalten nach Art oder Umfang intensiviert, zum Beispiel durch eine räumliche Ausdehnung einer bislang lokal beschränkten Werbemaßnahme.[1988]

4. Widerlegung der Dringlichkeitsvermutung

741   Die Vermutung der Dringlichkeit widerlegt der Antragsteller möglicherweise, wenn er
*   aufgrund von Vergleichsgesprächen „bis zu einer Entscheidung des Verfügungsverfahrens" auf die Zwangsvollstreckung aus dem Titel verzichtet, in den kommenden Monaten aber konkrete und mit zeitlichen Limits zur Beantwortung versehene Vorschläge nicht unterbreitet werden[1989] oder
*   „ohne besonderen Grund" bis zum Abschluss des Verfügungsverfahrens auf die Zwangsvollstreckung verzichtet[1990] oder
*   trotz fortgesetzter Zuwiderhandlung gegen die erwirkte einstweilige Verfügung keinen Ordnungsmittelantrag stellt[1991] oder
*   Rechtsmittelfristen voll ausschöpft – insbesondere dann, wenn er im Berufungsverfahren die Frist zur Berufungsbegründung verlängern lässt[1992] oder
*   Vertagung beantragt, etwa wegen Urlaubsabwesenheiten des sachbearbeitenden Rechtsanwalts – es sei denn, die Parteien führen ernsthafte Vergleichsgespräche[1993] oder
*   zunächst ein Hauptsacheverfahren einleitet und dann erst den Erlass einer einstweiligen Verfügung beantragt.[1994]

Die Vermutung der Dringlichkeit kann auch dann widerlegt sein, wenn der Wettbewerbsverstoß erst nach geraumer Zeit wiederholbar ist – zum Beispiel als „Weihnachts-Verkauf".[1995]

Eine schematische Betrachtung, wann die Dringlichkeitsvermutung noch gegeben und wann sie bereits entfallen ist, ist nicht möglich.[1996] Da der Anspruchsteller jedoch auch vom Gericht eine rasche Entscheidung – manchmal innerhalb von Stunden – erwartet, sollte er zeigen, dass auch er in kurzer Zeit alles unternommen hat, um seine Ansprüche durchzusetzen.

[1986] Vgl. Harte-Bavendamm/Henning-Bodewig/*Retzer* § 12 Rn. 316 f.; OLG München GRUR 1980, 1017.
[1987] Vgl. OLG Köln 6 U 112/10 = BeckRS 2011, 01390 = WRP 2011, 362.
[1988] Vgl. Gloy/Loschelder/Erdmann/*Spätgens* § 100 Rn. 54.
[1989] OLG Köln 6 U 177/09 = GRUR-RR 2010, 448 – Vollstreckungsverzicht im Eilverfahren.
[1990] KG 5 U 64/09 = BeckRS 2010, 13662. Die Sorge einer Schadensersatzpflicht nach § 945 ZPO stellt sicher keinen „besonderen Grund" dar, auch wenn der BGH den „Tipp" gibt, zur Vermeidung der Schadensersatzpflicht nach 945 ZPO „für einen bestimmten Zeitraum" keine Rechte aus der Verfügung herzuleiten, BGH I ZB 115/07 (Rn. 16 aE) = BGHZ 180, 72 = BeckRS 2009, 19746 = GRUR 2009, 890 = WRP 2009, 999.
[1991] OLG Frankfurt a. M. 6 U 219/09 = BeckRS 2010, 16885.
[1992] Vgl. *Köhler/Bornkamm* § 12 Rn. 3.16.
[1993] Ebenda.
[1994] Vgl. auch *Rehart* MMR-Aktuell 2010, 307091.
[1995] *Köhler/Bornkamm* § 12 Rn. 3.18.
[1996] Vgl. *Doepner* WRP 2011, 1384.

Praxistipp: Wahrung der Dringlichkeit

Zwischen jedem Schritt des Anspruchstellers – Kenntnis der Verletzungshandlung und des Verletzers, Beschaffung von Glaubhaftmachungsmitteln, Abmahnung, Einreichung des Verfügungsantrages, Einlegen und Begründung von Rechtsmitteln – sollten nicht mehr als ein bis zwei Wochen liegen. Die Berufung sollte mit ihrer Einlegung gleich begründet werden. Eine Akte, die ggf. Gegenstand eines Verfügungsverfahrens wird, sollte am besten immer in Reichweite und unter ständiger Kontrolle des Bearbeiters sein.

---

5. „Flucht" in das Hauptsacheverfahren

Da die Frage der Dringlichkeit nur für das Verfügungsverfahren von Bedeutung ist, bleibt **742** die Möglichkeit, ein Hauptsacheverfahren durchzuführen, weiterhin bestehen. Allerdings nimmt ein Hauptsacheverfahren in der Regel mehrere Monate in Anspruch. Kurze Verfahren und rasche Entscheidungen hingegen sorgen meist innerhalb kürzester Zeit für klare rechtliche Verhältnisse. Man sollte deshalb unbedingt die jeweils regionale Rechtsprechung zur Widerlegung der Dringlichkeitsvermutung berücksichtigen.

D. Glaubhaftmachung

I. Glaubhaftmachung des Verfügungsanspruchs, summarisches Verfahren

Im Verfügungsverfahren muss der Anspruchsteller den Verfügungsanspruch glaubhaft **743** machen (§§ 936, 920 Abs. 2, 294 ZPO) und ggf. – falls die Vermutung der Dringlichkeit uU widerlegt sein kann – auch den Verfügungsgrund. Das Verfügungsverfahren ist ein summarisches Verfahren. Das heißt jedoch keineswegs, dass lediglich eine kursorische Prüfung des Anspruches erfolgt. Es findet auch im Verfügungsverfahren eine volle und nicht nur eine eingeschränkte Schlüssigkeitsprüfung statt.[1997] Summarisch bedeutet vielmehr, dass insbesondere eine mündliche Verhandlung entbehrlich ist und an die Stelle der vollen Beweisführung (§ 286 ZPO) die Glaubhaftmachung nach § 294 ZPO tritt.[1998] Es finden also die Vorschriften des Erkenntnisverfahrens Anwendung, soweit sich nicht aus §§ 916–945 ZPO etwas anderes ergibt.[1999] Aus § 920 Abs. 2 ZPO, der auch auf das Verfügungsverfahren wegen des Verweises in § 936 ZPO anwendbar ist, ergibt sich dann, dass der Anspruch glaubhaft zu machen ist. Es muss kein Vollbeweis (§ 286 ZPO) durch Urkunden, Zeugen oder Sachverständige geführt werden.[2000] Das Gericht trifft eine Wahrscheinlichkeitsfeststellung.[2001] Die Sicherheit der Feststellung hängt von der Tragweite der Entscheidung ab.[2002]

Die Frage, welche der Parteien zur Glaubhaftmachung verpflichtet ist, richtet sich nach **744** den allgemeinen Beweislastregeln. Allerdings sollte im Verfügungsverfahren beachtet werden, dass es sich für eine rasche Entscheidung des Gerichts empfiehlt, diejenigen Glaubhaftmachungsmittel vorzulegen, die erforderlich sind, um den Anspruch plausibel zu machen – selbst wenn eine rechtliche Verpflichtung hierzu nicht besteht. Ist ein Verfügungsanspruch zwar nicht glaubhaft gemacht, wohl aber schlüssig dargelegt, kann der Antrag auf Erlass einer einstweiligen Verfügung im Regelfall jedenfalls nicht ohne Anhörung der Gegenpartei (normalerweise also erst nach mündlicher Verhandlung) zurückgewiesen werden. Denn das tatsächliche Vorliegen einer behaupteten anspruchsbegründeten Voraussetzung muss überhaupt nur im Bestreitensfalle glaubhaft gemacht werden.[2003]

[1997] Vgl. Zöller/*Vollkommer* § 935 Rn. 7.
[1998] Vgl. Vgl. BVerfG BeckRS 2005, 24584 = NVwZ-RR 2005, 442.
[1999] Vgl. Zöller/*Vollkommer* vor § 916 Rn. 3.
[2000] Vgl. Zöller/*Vollkommer* § 920 Rn. 9–11.
[2001] Vgl. Zöller/*Greger* § 294 Rn. 6.
[2002] Ebenda.
[2003] KG 5 W 21/11 = BeckRS 2011, 05970 = WRP 2011, 611.

745 Die Glaubhaftmachung erfolgt gemäß § 294 Abs. 1 ZPO durch die in der ZPO vorgesehenen Beweismittel (§§ 371 ff. ZPO) sowie durch die Abgabe eidesstattlicher Versicherungen (§§ 259 Abs. 2, 260 Abs. 2 BGB, § 294 ZPO). Nicht ausreichend ist eine „Globalversicherung", also eine eidesstattliche Versicherung, die pauschal den Vortrag für richtig erklärt, ohne erkennen zu lassen, auf welche Sachverhaltsdarstellung sie sich im Einzelnen bezieht.[2004] Unbehelflich sind in eidesstattlichen Versicherungen auch Wertungen. Es können nur Tatsachen eidesstattlich versichert werden.

Praxistipp: eidesstattliche Versicherung

In der Regel wird der Anwalt gemeinsam mit dem Anspruchsteller besprechen, welcher Anspruch geltend gemacht wird und welche Mittel zur Glaubhaftmachung dieses Anspruchs erforderlich sind. Nachdem dies geklärt ist, wird in der Regel der anwaltliche Vertreter auf der Grundlage des Verfügungsantrages die eidesstattliche Versicherung nach den Angaben des Anspruchsstellers vorbereiten. Hier sollte der Anwalt in jedem Fall auf mögliche strafrechtliche Konsequenzen einer falschen eidesstattlichen Versicherung hinweisen. Auch sollte derjenige, der eine eidesstattliche Versicherung abgibt, angehalten werden, die ggf. vorformulierte eidesstattliche Versicherung *genau* durchzusehen und Änderungswünsche konkret mitzuteilen.

---

746 Schließlich ist auch zu berücksichtigen, dass die Abgabe einer (auch nur fahrlässig) falschen oder irreführenden eidesstattlichen Versicherung strafbar sein kann (§ 156 StGB). Voraussetzung für eine Strafbarkeit ist jedoch die Vorlage des Originals der eidesstattlichen Erklärung an das mit der Sache befasste Gericht. Es genügt zwar auch die Absendung per Telefax, jedoch nur vom Gerät des Unterzeichners unmittelbar an das Telefaxgerät des Gerichts.[2005] Das wird zumeist nicht der Fall sein, da der Anwalt die Versicherung übermitteln wird. Trotzdem kann das Gericht eine demnach nicht von § 156 StGB erfasste „eidesstattliche" Versicherung als Entscheidungsgrundlage heranziehen.[2006]

Praxistipp: Vorlage des Originals

Um die Rechtsfolgen des § 156 StGB herbeizuführen, sollte man immer darauf bestehen, dass der Gegner das Original der Versicherung vorlegt. Aus dieser sollte sich auch der *Zweck* der Vorlage – also die Vorlage im anhängigen Verfügungsverfahren – ergeben. Legt der Gegner das Original nicht vor, sollte man auf den geringeren Wert einer einfachen Erklärung zur Glaubhaftmachung hinweisen.

II. Keine Schriftsatzfristen, kein Verspätungseinwand, keine Beweisangebote, keine Vertagung

747 Im Verfügungsverfahren gibt es keine Schriftsatzfristen, weil diese mit dem Zweck des Verfahrens – eine rasche Entscheidung herbeizuführen – nicht vereinbar sind.[2007] Es gibt deshalb auch nicht die zweiwöchige Einlassungsfrist des § 274 Abs. 3 ZPO.[2008] Es kann also jede Partei noch in der mündlichen Verhandlung neu vortragen. Wer in der mündlichen Verhandlung durch neuen Sachvortrag zu seinem Nachteil überrascht wird, kann das Verfahren nicht dadurch retten, dass er eine Schriftsatzfrist beantragt. Das Gericht entscheidet auf der Grundlage des Sachvortrags der mündlichen Verhandlung. § 296 ZPO ist nicht an-

---

[2004] Vgl. Zöller/*Greger* ZPO § 294 Rn. 4 mit Hinweis auf BGH NJW 1988, 2045 = MDR 1988, 479.
[2005] Vgl. hierzu BayObLG NJW 1996, 406.
[2006] Ebenda, S. 408 und BGH GRUR 2002, 915 = WRP 2002, 1082 – Wettbewerbsverbot in Realteilungsvertrag.
[2007] Vgl. Thomas/Putzo/*Reichold* ZPO § 132 Rn. 2. Allerdings kann es auch vorkommen, dass das Gericht trotzdem eine Schriftsatzfrist zulässt.
[2008] Vgl. Zöller/*Vollkommer* ZPO § 922 Rn. 15.

wendbar.[2009] Neue Angriffs- und Verteidigungsmittel sind demnach bis zum Schluss der mündlichen Verhandlung zulässig, sofern dies nicht (in sehr engen Grenzen) rechtsmissbräuchlich geschieht.[2010]

Es gibt keine Beweisangebote – wie etwa Sachverständigengutachten oder Zeugen –, die das Gericht berücksichtigen müsste. Der Antragsteller sollte ohnehin das Verfahren so vorbereiten, dass er dem Gericht alle Glaubhaftmachungsmittel vollständig vorlegt. Wer etwa zum „Beweis: Meinungsumfrage" anbietet, zeigt, dass die Sache offenbar noch nicht entscheidungsreif ist. Ein solcher Vortrag wird kaum geeignet sein, eine Beschlussverfügung zu erwirken. **748**

Praxistipp: Präsenter Zeuge

Gerade bei komplizierten Sachverhalten empfiehlt es sich, ausreichend informierte Mitarbeiter des Anspruchstellers als präsente Zeugen zum Termin mitzubringen. Denn deren Aussagen können dann protokolliert werden und sind auch vom Gericht bei der Entscheidungsfindung zu berücksichtigen.

Gemäß § 294 Abs. 2 ZPO ist eine Beweisaufnahme, die nicht sofort erfolgen kann, unstatthaft. Es gibt deshalb keine Ladung von Zeugen, Beiziehung von Urkunden oder Einholung von Auskünften[2011] – mit einer Ausnahme: Die Möglichkeiten des Vorsitzenden, Maßnahmen gemäß § 273 ZPO zu treffen, bleiben bestehen. Allerdings sollen wegen § 273 Abs. 3 ZPO Zeugen und Sachverständige nur geladen werden, wenn der Gegner dem Klageanspruch bereits widersprochen hat. Da der Antragsgegner häufig schon aus taktischen Gründen erst kurz vor dem Termin vorträgt, bleibt für eine Ladung von Zeugen oder Sachverständigen kaum ausreichend Zeit. Wenn ein geladener Zeuge oder Sachverständige nicht erscheint, bleibt das für das Verfahren in der Regel ohne Folgen. Denn im Eilverfahren gibt es grundsätzlich auch keine Vertagung.[2012] **749**

Praxistipp: Dritte als Glaubhaftmachungsmittel

Da das Verfügungsverfahren keine Zeugenladungen kennt, kann niemand gezwungen werden, eine Partei durch seine Zeugenaussage zu unterstützen. Oft sind Dritte, die mit dem Anspruchsteller oder Anspruchsgegner nicht sonderlich verbunden sind, nicht bereit, an dem Verfahren als präsenter Zeuge oder durch die Abgabe einer eidesstattlichen Versicherung mitzuwirken. Das sollte man vor Einleitung des Verfügungsverfahrens klären. Kommt es auf den Dritten zur Glaubhaftmachung an und verweigert dieser seine Mitwirkung, kann das Verfahren schon aus diesem Grund verloren gehen. Dann kann es besser sein, auf das Verfügungsverfahren zu verzichten, sofort das Hauptsacheverfahren einzuleiten und den Dritten als Zeugen zu benennen. Er muss dann als Zeuge aussagen, wenn er geladen wird (und kein Zeugnisverweigerungsrecht besteht).

E. Erlass der einstweiligen Verfügung in erster Instanz

Das Gericht kann die Verfügung gemäß § 937 Abs. 2 ZPO entweder durch Beschluss – also ohne mündliche Verhandlung – erlassen oder nach mündlicher Verhandlung durch Urteil entscheiden.[2013] **750**

[2009] Ebenda. Ähnlich auch Thomas/Putzo/*Seiler* ZPO § 922 Rn. 2, wonach „allenfalls" § 296 Abs. 2 ZPO anwendbar sein soll.
[2010] So Zöller/*Vollkommer* ZPO § 922 Rn. 15.
[2011] Thomas/Putzo/*Reichold* ZPO § 294 Rn. 2.
[2012] Vgl. Zöller/*Vollkommer* ZPO § 922 Rn. 15.
[2013] Vgl. *Köhler/Bornkamm* § 12 Rn. 3.22 ff.

I. Erlass ohne mündliche Verhandlung (Beschlussverfügung), Widerspruchsverfahren

1. Beschlussverfügung

751   Das Gericht kann ohne mündliche Verhandlung durch Beschluss entscheiden.

> **Praxistipp: Vollziehungsfrist notieren**
>
> Sobald der Beschluss dem Antragsteller vorliegt, sollte er umgehend die Vollziehungsfrist des § 929 ZPO (der wegen § 936 ZPO Anwendung findet) notieren und die Vollziehung umgehend veranlassen.[2014] Die Frist endet einen Monat nach *Zustellung* der Beschlussverfügung beim Antragsteller (§ 929 Abs. 2 ZPO).

2. Widerspruchsverfahren

> **Praxistipp: Erste Reaktion des Antragsgegners**
>
> Der Antragsgegner sollte umgehend nach Kenntnis von der Verfügung – ein Anwaltszwang besteht insoweit nicht – eine Abschrift der Antragsunterlagen anfordern, um sich über den Sachverhalt, der dem Antrag und der Verfügung zugrunde liegt, zu informieren. Das empfiehlt sich gerade, um ggf. weitere Kosten zu vermeiden: Denn fordert der Antragsteller den Anspruchsgegner ordnungsgemäß zur Abgabe einer Abschlusserklärung auf, trägt der Anspruchsgegner die Kosten der Aufforderung, wenn er die Erklärung letztlich abgibt.[2015] Die Gerichte übermitteln auf Wunsch des Antragsgegners die Antragsschrift samt Anlagen häufig auch umgehend vorab per Telefax.

752   Der Antragsgegner kann gegen die Beschlussverfügung Widerspruch gemäß §§ 936, 924 ZPO einlegen, für den Anwaltszwang besteht.

> **Praxistipp: Ankündigung einer Entscheidung über Widerspruch oder Abschlussschreiben**
>
> Um zu vermeiden, dass der Antragsteller den Antragsgegner kostenpflichtig zur Abgabe einer Abschlusserklärung auffordert, sollte der Antragsgegner dem Antragsteller mitteilen, dass er innerhalb einer angemessenen Frist (etwa zwei Wochen) mitteilt, ob er Widerspruch einlegt oder eine Abschlusserklärung abgibt. Diese Frist sollte der Antragsgegner notieren.

753   **a) Anträge.** Legt der Antragsgegner Widerspruch ein, lautet sein Antrag (§§ 936, 925 Abs. 2 ZPO):

> „Die einstweilige Verfügung des LG ... vom ... wird aufgehoben und der auf ihren Erlass gerichtete Verfügungsantrag wird zurückgewiesen."

Der Antragsteller beantragt, die einstweilige Verfügung zu bestätigen (nicht, den Widerspruch zurückzuweisen!).

754   **b) Frist.** Der Widerspruch ist nicht fristgebunden. Allerdings kann das Recht zur Einlegung des Widerspruchs verwirkt sein. Hier gelten die allgemeinen zivilrechtlichen Regeln des § 242 BGB.

[2014] → Rn. 781 ff.

[2015] → Rn. 868. Vgl., auch BGH GRUR 2006, 349 = NJW-RR 2006, 557 = WRP 2006, 352 zur (dort abgelehnten) Hinweispflicht des Anwalts, dass die Aufforderung zur Abgabe der Abschlusserklärung Kosten verursacht.

c) Inhalt. Mit dem Widerspruch rügt der Antragsgegner die Verfügung als unzulässig 755
oder/und unbegründet. Er kann auch die funktionale Zuständigkeit der Kammer rügen.[2016]

d) Kostenwiderspruch. Sofern der Antragsgegner die Entscheidung zwar inhaltlich aner- 756
kennt, jedoch die Kosten des Verfahrens nicht tragen möchte, kann er einen lediglich auf die
Kosten bezogenen Widerspruch einlegen. Der „Kostenwiderspruch" eröffnet allerdings nur
den Einwand des § 93 ZPO – zum Beispiel, wenn der Antragsteller gar nicht oder mit einer
unverhältnismäßig kurzen Frist abgemahnt hat.
Im Übrigen ist gegen die Kostenentscheidung des Gerichts ein isolierter „Kostenwiderspruch" nicht möglich. Wird etwa im Beschlusswege ein Teil der geltend gemachten Ansprüche zurückgewiesen und führt dies zu einer für den Antragsgegner vermeintlich unbilli-
gen Kostenquotelung, bleibt nur der unbeschränkte Widerspruch. Entscheidet das Gericht
trotzdem isoliert über die Kosten, ist hiergegen nur sofortige Beschwerde möglich (§ 99
Abs. 2 ZPO); auch wenn die Entscheidung durch Urteil ergeht.[2017] Wer lediglich gegen die
Streitwertfestsetzung vorgehen will, muss Streitwertbeschwerde[2018] einlegen oder eine Streitwertbegünstigung nach § 12 Abs. 4 UWG beantragen.[2019]

e) Wirkung des Widerspruchs. Der Widerspruch leitet das Widerspruchsverfahren ein, das 757
allerdings keine aufschiebende Wirkung hat. Die einstweilige Verfügung besteht – sofern
nicht vorläufige Einstellung der Zwangsvollstreckung beantragt und diesem Antrag stattgegeben wird[2020] – fort.

Praxistipp: Widerspruch und Einstellung der Zwangsvollstreckung
Der Antragsgegner hat ein Interesse daran, die Wirkungen der Verfügung rasch zu beseitigen. Es
kann deshalb sinnvoll sein, einen Antrag auf vorläufige Einstellung der Zwangsvollstreckung zu
stellen. Der Antrag auf Einstellung der Zwangsvollstreckung sollte nach Möglichkeit mit der Wi-
derspruchsbegründung verbunden sein, um dem Gericht doppelte Lesearbeit und dem Antragsgegner doppelte Schreibarbeit zu ersparen. Die Begründung sollte ausführlich sein – denn die Zurückweisung des Antrags auf vorläufige Einstellung der Zwangsvollstreckung hat für das
Widerspruchsverfahren durchaus präjudizielle Wirkung.

Auf den Widerspruch hin kommt es vor dem erstinstanzlichen Gericht zur mündlichen
Verhandlung (§§ 936, 924 II 2 ZPO). Das Gericht entscheidet durch Endurteil (§§ 936,
925 I ZPO), das berufungsfähig ist. Ist nur über die Kosten zu entscheiden – wie beim Kostenwiderspruch – kann die Entscheidung gem. § 128 Abs. 3 ZPO ohne mündliche Verhandlung ergehen.

II. Erlass nach mündlicher Verhandlung, Rechtsmittel

Erlässt das Gericht die Verfügung nicht durch Beschluss, sondern nach einer mündlichen 758
Verhandlung, geschieht dies durch Endurteil. Hiergegen findet die Berufung statt. Das Interesse des Antragsgegners, ein Unterlassungsgebot zu beseitigen, entspricht in aller Regel dem Interesse des Antragstellers an einer Verurteilung. Die für die Berufung erforderliche Beschwer
von über 600 Euro (§ 511 Abs. 2 Nr. 1 ZPO) wird daher regelmäßig gegeben sein.[2021] Die an-
derslautenden Entscheidungen des OLG Celle[2022] und des KG[2023] sind damit obsolet.

[2016] → „Praxistipp: Vorsicht vor der ‚Verweisungsfalle' ", Rn. 689.
[2017] Zöller/*Herget* § 99 Rn. 6.
[2018] → Rn. 688.
[2019] → Rn. 687.
[2020] → Rn. 923.
[2021] Vgl. BGH I ZR 174/11 (Rn. 12) = GRUR 2013, 1067 = WRP 2013, 1364 – Beschwer des Unterlas-
sungsschuldners. Anders zu einer insolvenzrechtlich begründeten Unterlassungspflicht eines Insolvenzverwal-
ters im Rahmen seiner Verwaltertätigkeit BGH IX ZR 107/08 = NJW-RR 2009, 549.
[2022] OLG Celle 11 U 236/10.
[2023] KG 5 U 71/11 = BeckRS 2011, 21877 = WRP 2011, 1320. Mit seiner Entscheidung „Beschwer des Un-
terlassungsschuldners" hob der BGH die KG-Entscheidung zum Az. 5 U 117/10 auf.

Praxistipp (Antragsteller): Vollziehungsfrist notieren

Der Antragsteller sollte umgehend die Vollziehungsfrist des § 929 Abs. 2 ZPO notieren und die Vollziehung veranlassen.[2024] Hier beginnt die Monatsfrist bereits mit der *Verkündung* des Urteils zu laufen.

Praxistipp (Antragsgegner): Ankündigung einer Entscheidung über Berufung oder Abschluss-schreiben

Um zu vermeiden, dass der Antragsteller den Antragsgegner kostenpflichtig zur Abgabe einer Abschlusserklärung auffordert, sollte der Antragsgegner den Antragsteller sofort informieren, dass er innerhalb einer angemessenen Frist (etwa zwei Wochen) mitteilt, ob er Berufung einlegt oder eine Abschlusserklärung abgibt. Diese Frist sollte der Antragsgegner unbedingt notieren.

F. Zurückweisung des Verfügungsantrages in erster Instanz

Auch die Zurückweisung des Verfügungsantrages kann ohne oder nach mündlicher Verhandlung erfolgen.

I. Zurückweisung ohne mündliche Verhandlung (Beschlussverfügung)

759 Weist das Gericht einen Antrag ohne mündliche Verhandlung zurück (§ 937 Abs. 2 ZPO), erfolgt dies ebenfalls durch Beschluss, der jedoch zu begründen ist.[2025] Hat der Gegner bei Gericht keine Schutzschrift hinterlegt[2026] und hat ihn das Gericht auch nicht zuvor schriftlich angehört,[2027] erfährt er wegen §§ 936, 922 III ZPO von der zurückweisenden Beschlussverfügung in der Regel nichts. Erkundigt sich der Antragsgegner allerdings bei Gericht, ob ein Verfügungsantrag eingereicht wurde, ist ihm Auskunft zu erteilen.[2028] Weist das Gericht in erster Instanz ohne mündliche Verhandlung teilweise zurück und erlässt es die beantragte Verfügung teilweise, haben Antragsteller und Antragsgegner unterschiedliche Rechtsmittel: Der Antragsteller kann Beschwerde einlegen, während der Antragsgegner Widerspruch erheben kann. In der Regel wird das Erstgericht die Beschwerdeentscheidung des OLG abwarten, bevor es über den Widerspruch entscheidet.

Praxistipp: Teil-Erlass und Teil-Zurückweisung

Bei einem nur teilweisen Erlass der Verfügung kann es sich für den Antragsteller empfehlen, die erlassene Verfügung noch nicht zu vollziehen und zunächst Beschwerde einzulegen. Weiß der Antragsgegner von dem Verfügungsverfahren nichts – weil er keine Schutzschrift eingereicht hat –, erhält er durch die Zustellung der teilweise erlassenen Verfügung einen Informationsvorsprung. Allerdings sollte der Antragsteller die Vollziehungsfrist für die erlassene Verfügung im Auge behalten!

1. Beschwerde gegen zurückweisende Beschlussverfügung

760 Rechtsmittel ist die sofortige Beschwerde (§ 567 Abs. 1 Nr. 2 ZPO). Die Beschwerdefrist beträgt gemäß § 569 Abs. 1 S. 1 ZPO zwei Wochen. Die Frist ist eine Notfrist und beginnt mit der Zustellung der anzufechtenden Entscheidung. Einen Beschwerdewert gibt es hier nicht.[2029]

[2024] → Rn. 781 ff.
[2025] Vgl. Thomas/Putzo/*Seiler* ZPO § 922 Rn. 3.
[2026] → Rn. 849 ff.
[2027] Diese Möglichkeit besteht trotz §§ 936, 922 III ZPO und wird durchaus von den Gerichten wahrgenommen, vgl. Zöller/*Vollkommer* ZPO § 922 Rn. 1.
[2028] Harte-Bavendamm/Henning-Bodewig/*Retzer* § 12 Rn. 624.
[2029] Der Beschwerdewert von mehr als 200 Euro nach § 567 Abs. 2 ZPO gilt nur für Beschwerden gegen Kostenentscheidungen.

Ob im Beschwerdeverfahren wegen §§ 78 Abs. 3, 569 Abs. 3 Nr. 1 ZPO ebenfalls kein **761** Anwaltszwang besteht, ist strittig.[2030] Die Rechtsprechung ist uneinheitlich.[2031] Im Zweifel sollte man versuchen, die aktuelle Auffassung des Beschwerdegerichts vorab telefonisch bei dem Vorsitzenden Richter/der Vorsitzenden Richterin des für Wettbewerbssachen zuständigen Senats zu erfragen.

Adressat der Beschwerde kann wegen der in § 572 Abs. 1 ZPO vorgesehenen Abhilfeent- **762** scheidung das Erstgericht, aber auch das Beschwerdegericht sein (§ 569 Abs. 1 S. 1 ZPO). Eine Einlegung beim Beschwerdegericht verzögert jedoch häufig das Verfahren eher, als es zu beschleunigen: Denn das Beschwerdegericht fordert nach Eingang der Beschwerde die Akten beim Ausgangsgericht an und fordert dieses dann auf, im Abhilfeverfahren zu entscheiden. Erst dann nimmt sich das Beschwerdegericht die Sache vor.

Das Beschwerdegericht kann eine mündliche Verhandlung anberaumen (§ 128 Abs. 4 **763** ZPO): Die erste mündliche Verhandlung findet dann vor dem Beschwerdegericht statt. Das Gericht entscheidet danach durch Urteil (§ 922 Abs. 1 ZPO).[2032]

2. Beschwerdeentscheidung

a) Zurückweisung der Beschwerde. Bleibt die Beschwerde erfolglos, gibt es kein weiteres **764** Rechtsmittel des Antragstellers mehr (§ 567 Abs. 1 ZPO). Die Rechtsbeschwerde ist nicht statthaft.[2033] Denkbar ist lediglich eine Verfassungsbeschwerde, die auch im einstweiligen Rechtsschutz zulässig sein kann.[2034]

b) Erlass der Verfügung durch Beschluss, Rechtsmittel.

Praxistipp: Vollziehungsfrist notieren

Sobald der Beschluss dem Antragsteller vorliegt, sollte er umgehend die Vollziehungsfrist des § 929 Abs. 2 ZPO notieren und die Vollziehung veranlassen.[2035] Die Frist endet einen Monat nach Zustellung der Beschlussverfügung des OLG beim Antragsteller (§ 929 Abs. 2 ZPO).

Erlässt das Beschwerdegericht die Verfügung unter Aufhebung der zurückweisenden erst- **765** instanzlichen Entscheidung, kann der Antragsgegner gegen diese Entscheidung Widerspruch (§§ 936, 924 ZPO) einlegen – und zwar beim Erstgericht.[2036] Es ist nun wieder das erstinstanzliche Gericht zuständig. Dort findet dann die mündliche Verhandlung statt.

Praxistipp: Ankündigung einer Entscheidung über Widerspruch oder Abschlussschreiben

Um zu vermeiden, dass der Antragsteller den Antragsgegner kostenpflichtig zur Abgabe einer Abschlusserklärung auffordert, sollte der Antragsgegner dem Antragsteller mitteilen, dass er innerhalb einer angemessenen Frist (etwa zwei Wochen) mitteilt, ob er Widerspruch einlegt oder eine Abschlusserklärung abgibt. Diese Frist sollte der Antragsgegner unbedingt notieren.

766

Da das Beschwerdegericht im Verfügungsverfahren die letzte Instanz ist, wird das Erstgericht in aller Regel dessen Entscheidung berücksichtigen. Zwar ist das Endurteil des Erstge-

---

[2030] *Thomas/Putzo/Reichold* ZPO § 569 Rn. 11 und *Zöller/Vollkommer* ZPO § 922 Rn. 13 verneinen einen Anwaltszwang.

[2031] Siehe *Zöller/Vollkommer* ZPO § 922 Rn. 13. Demnach kein Anwaltszwang: KG, OLG Karlsruhe, OLG Köln, OLG München; aA OLG Düsseldorf, OLG Frankfurt a. M., OLG Saarbrücken; OLG Hamm mit unterschiedlicher Auffassung.

[2032] Das OLG München (21. Zivilsenat) (ZUM 2003, 688) ist der Auffassung, dass §§ 936, 922 I ZPO nur für die erste Instanz gelten und das Beschwerdegericht durch Beschluss entscheidet, gegen den Widerspruch eingelegt werden kann. Über diesen habe dann das Erstgericht zu entscheiden.

[2033] BGH GRUR 2003, 548 = NJW 2003, 1531 = WRP 2003, 658.

[2034] Vgl. BVerfGE 75, 318 = NJW 1987, 2500.

[2035] → Rn. 781 ff.

[2036] Vgl. Thomas/Putzo/*Seiler* ZPO § 924 Rn. 2.

richts berufungsfähig. Allerdings entscheidet über die Berufung erneut das Beschwerdegericht, das jetzt Berufungsgericht und im Verfügungsverfahren letzte Instanz ist.

> **Praxistipp: Rechtsmittel des Antragsgegners gegen Beschwerdeentscheidung**
> Bevor der Antragsgegner Widerspruch gegen eine vom Beschwerdegericht erlassene Verfügung einlegt, sollte er genau überlegen, ob er die Entscheidung des Beschwerdegerichts noch ändern kann. Rechtliche Argumente werden dem Antragsgegner kaum helfen. Kann er keinen neuen und für ihn günstigen Sachvortrag bieten, der das (ehemalige Beschwerdegericht und jetzige) Berufungsgericht überzeugt, von seiner Beschwerdeentscheidung abzurücken, ist ein Widerspruch in der Regel zwecklos und verursacht nur hohe Verfahrenskosten.

II. Zurückweisung des Antrags nach mündlicher Verhandlung

767   Weist das Gericht in erster Instanz den Verfügungsantrag nach mündlicher Verhandlung zurück, geschieht das durch berufungsfähiges Endurteil.

G. Schriftliches Verfahren

768   Auch im Verfügungsverfahren sind die Vorschriften über das schriftliche Verfahren (§ 128 Abs. 2 ZPO) anwendbar. Das schriftliche Verfahren ersetzt dann die mündliche Verhandlung. Das schriftliche Verfahren bietet sich zum Beispiel an, wenn der Antragsteller die Hauptsache für erledigt erklärt hat und sich der Antragsgegner der Erklärung nicht anschließt. Da in Wettbewerbssachen der Sachverhalt häufig unstreitig ist und es auf die rechtliche Bewertung der Verletzungshandlung ankommt, kann eine mündliche Verhandlung durchaus entbehrlich sein.

H. Rücknahme des Antrags

769   Im Verfügungsverfahren kommt es nicht selten vor, dass das Gericht – vor allem dann, wenn es der Antragsteller in seinem Antrag erbittet – mitteilt, ob es Bedenken gegen den Erlass der Verfügung überhaupt oder zumindest im Beschlusswege hat. Der Antragsteller kann so bereits im Vorfeld einer gerichtlichen Entscheidung erfahren, ob sein Antrag Aussicht auf Erfolg hat oder nicht.
Teilt das erstinstanzliche Gericht mit, dass es die Verfügung nicht oder nicht ohne mündliche Verhandlung erlassen wird, kommt für den Antragsteller aus rechtlichen oder taktischen Überlegungen eine Antragsrücknahme in Betracht. Ein taktischer Gesichtspunkt kann etwa sein, dass der Antragsteller im Falle einer mündlichen Verhandlung den Überraschungseffekt einer Beschlussverfügung nicht einsetzen kann und ggf. – wenn die prozessualen Voraussetzungen, vor allem Zuständigkeit und Dringlichkeit, gegeben sind – den Antrag bei einem anderen Gericht einreicht, um einen neuen Versuch zu starten.
770   Der Antragsteller kann den Antrag jederzeit bis zum rechtskräftigen Abschluss des Verfahrens zurücknehmen – selbst dann, wenn bereits eine Entscheidung ergangen ist.[2037] Der Zustimmung des Gegners bedarf es nicht, § 269 Abs. 1, 2 S. 1 ZPO findet aufgrund des nur vorläufigen Charakters der einstweiligen Verfügung keine Anwendung.
Die Antragsrücknahme muss schriftlich gegenüber dem Gericht oder zu Protokoll in der mündlichen Verhandlung erklärt werden. Anwaltszwang besteht jedenfalls, wenn eine mündliche Verhandlung stattgefunden hat.[2038] Strittig ist allerdings, ob Anwaltszwang auch

[2037] Vgl. Gloy/Loschelder/Erdmann/*Spätgens* § 101 Rn. 97.
[2038] Vgl. Thomas/Putzo/*Seiler* ZPO § 920 Rn. 2.

vor Durchführung einer mündlichen Verhandlung besteht,[2039] da es in § 920 Abs. 3 ZPO lediglich heißt, das *Gesuch* könne vor der Geschäftsstelle zu Protokoll erklärt werden. Zutreffend ist wohl, dass Anwaltszwang besteht, sobald der Gegner Widerspruch gegen eine Beschlussverfügung eingelegt hat, da auch insoweit Anwaltszwang für den Antragsgegner besteht.[2040]

Hat der Antragsgegner keine Schutzschrift eingereicht und ist eine mündliche Verhandlung   771
noch nicht anberaumt, erfährt er in der Regel nichts von der Einreichung und Rücknahme des Antrags. Es kann allerdings sein, dass bei einer Beschwerde gegen einen zurückweisenden Beschluss des Erstgerichts das Beschwerdegericht den Antrag samt Beschwerdeschrift an den Gegner zustellt und diesen zur Stellungnahme auffordert. Das lässt sich möglicherweise verhindern, wenn der Antragsteller in seiner Beschwerdeschrift das Gericht ausdrücklich bittet, vor Einbeziehung des Antragsgegners noch einmal Rücksprache zu halten.[2041]

Praxistipp: Berühmungs-Falle

Nimmt der Antragsteller den Verfügungsantrag zurück, ist damit die Auseinandersetzung zwischen den Parteien noch nicht beendet: Denn die Rücknahme allein bedeutet nicht, dass der Antragsteller auf alle seine Rechte verzichtet. Nach wie vor steht die Rechteberühmung des Antragstellers im Raum, die nun der Antragsgegner zum Gegenstand einer seinerseits kostenpflichtigen Gegen-Abmahnung machen kann.[2042] Es besteht auch das Risiko, dass der Antragsgegner ohne vorherige Abmahnung negative Feststellungsklage erhebt. Es empfiehlt sich deshalb für den Antragsteller in diesem Fall, auf die geltend gemachten Rechte ausdrücklich zu verzichten.

I. Kosten des Verfügungsverfahrens

I. Beschlussverfügung, Entscheidung durch Urteil

1. Kosten des Gerichts

Erlässt das Gericht die Verfügung durch Beschluss, sind in erster Instanz 1,5 Gerichtsge-   772
bühren zu bezahlen (KV[2043] Nr. 1410). Ergeht – nach mündlicher Verhandlung – ein begründetes Urteil, fallen drei Gebühren an (KV Nr. 1412). Erfolgt gemäß § 313a Abs. 2 ZPO keine Begründung des Urteils und gab es nicht zuvor bereits eine Beschlussverfügung, fällt nur eine Gerichtsgebühr an (KV Ziff. 1411 Nr. 2).

Im Berufungsverfahren fallen vier Gebühren an (KV Ziff. 1420). Verzichten die Parteien   773
dort auf eine Urteilsbegründung, fallen drei Gebühren an (KV Ziff. 1423). Da die zweitinstanzlichen Entscheidungen im Verfügungsverfahren ohnedies nicht revisibel sind, wird sich immer dann ein Verzicht auf die Urteilsgründe anbieten, wenn die Sache keine grundsätzliche Bedeutung für die Parteien hat und die Durchführung eines Hauptsacheverfahrens nicht beabsichtigt ist.

2. Kosten des Anwalts

Erlässt das Gericht die einstweilige Verfügung durch Beschluss oder nach mündlicher   774
Verhandlung, gelten die allgemeinen prozessualen Kostenregelungen:[2044] Ohne mündliche Verhandlung fällt eine 1,3-Verfahrensgebühr gemäß Nr. 3100 VV an, mit mündlicher Verhandlung zudem eine 1,2-Terminsgebühr nach Nr. 3104 VV. Auch im Beschwerdeverfahren

---

[2039] Gloy/Loschelder/Erdmann/*Spätgens* § 101 Rn. 98, bejaht offenbar grundsätzlich Anwaltszwang für die Antragsrücknahme, es sei denn, der Gegner ist noch nicht in das Verfahren „einbezogen" (Rn. 102).
[2040] Vgl. Zöller/*Vollkommer* ZPO Rn. 13, ZPO § 924 Rn. 7.
[2041] Vgl. kritisch Gloy/Loschelder/Erdmann/*Spätgens* § 101 Rn. 99.
[2042] Vgl. auch *Köhler/Bornkamm* § 12 Rn. 1.74.
[2043] Kostenverzeichnis, Anlage 1 zu § 11 Abs. 1 GKG.
[2044] Vgl. hierzu auch Gerold/Schmidt/*Müller-Rabe*, RVG, Teil D Anhang II.

entsteht eine 1,2-Terminsgebühr, wenn Termin zur mündlichen Verhandlung bestimmt ist (Nr. 3514 VV). Bei Unterlassungsansprüchen entfällt eine 0,3-Erhöhungsgebühr nach Nr. 1008 VV bei mehreren Auftraggebern, da die Mehrheit der Auftraggeber bereits bei der Berechnung des Streitwertes berücksichtigt wird.[2045] Zur Anrechnung der außergerichtlichen Abmahnkosten gem. § 15a RVG siehe Rn. 617. Ist eine Anrechnung vorzunehmen, erfolgt sie nach dem niedrigeren Wert des Verfügungsverfahrens und nicht nach dem höheren Hauptsachewert, der für die Berechnung der Geschäftsgebühr maßgeblich ist.[2046]

775   Die Abmahnkosten sind als außergerichtliche Kosten nicht festsetzbar.[2047] Ebenso wenig festsetzbar sind die außergerichtlichen Kosten für die *Abwehr* einer Abmahnung.[2048]

776   Beim Kostenwiderspruch besteht gegenüber dem Gegner ein Erstattungsanspruch der Verfahrens- und – wenn eine mündliche Verhandlung stattfindet[2049] – Terminsgebühr aus dem Kostenstreitwert.[2050] Gegenüber seinem Auftraggeber kann der Anwalt, der lediglich Kostenwiderspruch einlegt, auch eine 0,8-Verfahrensgebühr aus dem vollen Streitwert abrechnen, wenn der Auftrag zunächst umfassend war.[2051]

II. Beschwerdeverfahren

777   Im Beschwerdeverfahren fallen 1,5-Gerichtsgebühren an (KV Nr. 1430). Wegen Nr. 3500 VV ist es hinsichtlich der außergerichtlichen Kosten für den Antragsteller recht günstig: Fallen in der Berufung (gegen ein Endurteil nach mündlicher Verhandlung) wegen Nr. 3200, 3202 VV je Partei 2,8 Gebühren an, handelt es sich bei der Gebühr für das Beschwerdeverfahren nur um eine 0,5-Gebühr, wenn der Antragsgegner nicht vertreten ist. Findet im Beschwerdeverfahren eine mündliche Verhandlung statt, fällt hierfür eine 1,2-Terminsgebühr an (Nr. 3514 VV).

III. Rücknahme des Antrags, Erledigung

778   Nimmt der Antragsteller den Antrag vor einer Entscheidung zurück, ist in erster Instanz eine Gerichtsgebühr zu bezahlen (KV Nr. 1411 Nr. 1). Im Berufungsverfahren fällt bei Antragsrücknahme vor Eingang der Berufungsbegründung eine Gebühr an (KV Nr. 1421), danach sind es bei einer Rücknahme zwei Gebühren (KV Nr. 1422).

Bei Antragsrücknahme hat der Antragsteller die Kosten des Verfahrens in entsprechender Anwendung von § 269 Abs. 3 S. 2 ZPO zu tragen. Der Umfang des Kostenerstattungsanspruchs richtet sich nach den allgemeinen Regelungen. Zwei Besonderheiten gibt es allerdings:
- die Erstattung von Kosten für eine eingereichte Schutzschrift[2052] und
- die Erstattung von Kosten des Antragsgegners, wenn er an dem Verfahren gar nicht beteiligt war.

779   Es ist durchaus anerkannt, dass der Antragsgegner einen Kostenerstattungsanspruch auch dann hat, wenn er an dem gerichtlichen Verfahren nicht beteiligt war.[2053] Denn ein Prozess-

---

[2045] → Rn. 686.
[2046] KG 27 W 123/08 = FD-RVG 2008, 271037. → Rn. 618.
[2047] BGH NJW-RR 2008, 1095 – Nicht anrechenbare Geschäftsgebühr.
[2048] BGH GRUR 2008, 639 = NJW 2008, 2040 = WRP 2008, 947 – Kosten eines Abwehrschreibens.
[2049] → Rn. 757.
[2050] So der BGH bereits zu BRAGO (NJW-RR 2003, 1293 = WRP 2003, 1000). Nunmehr auch zum RVG BGH I ZB 68/12 = GRUR 2013, 1286 = WRP 2013, 1484. Vgl. auch OLG Frankfurt a. M. 6 W 102/06 = NJW 2006, X Ls. und KG GRUR-RR 2008, 143. Die abweichende Auffassung des Kostensenats des OLG München ist damit überholt: Danach fiel eine 1,3-Verfahrensgebühr aus dem Kostenwert und eine 0,8-Verfahrensgebühr aus dem Hauptsachewert an, maximal (§ 15 Abs. 3 RVG) aber eine 1,3-Verfahrensgebühr aus Hauptsachewert (11 W 1883/05 = AnwBl 2005, 795 und 11 W 1552/12). Letztere Entscheidung hob der BGH nun auf (s. vorstehend I ZB 68/12).
[2051] Vgl. auch Gerold/Schmidt/*Müller-Rabe*, RVG, Teil D Anhang II Rn. 74.
[2052] → Rn. 852 ff.
[2053] Vgl. Gloy/Loschelder/Erdmann/*Spätgens* § 97 Rn. 51.

rechtsverhältnis, das zur Kostenerstattung verpflichtet, wird nicht erst mit Zustellung des Antrags beim Gegner begründet, sondern bereits durch dessen Einreichung bei Gericht. Allerdings setzt die Geltendmachung des Erstattungsanspruchs voraus,
• dass der Antragsgegner von dem Verfügungsverfahren Kenntnis erlangt und
• der Kostenerstattungsanspruch bereits bei Einreichung des Antrags und nicht erst *nach seiner Rücknahme* entstanden ist.[2054]

Nach Gloy/Loschelder/Erdmann/*Spätgens* soll das Gericht wegen des Erstattungsanspruchs trotz der Regelung in § 922 Abs. 3 ZPO – wonach ein zurückweisender Beschluss dem Gegner nicht mitzuteilen ist – den Gegner informieren.[2055]   780

Legt der Antragsgegner nach Eintritt der Verjährung unter Erhebung der Verjährungseinrede Widerspruch gegen eine ansonsten zu Recht ergangene Beschlussverfügung ein, ist die Frage, wer die Kosten des Verfahrens zu tragen hat, umstritten. Die eine Auffassung erlegt dem Antragsteller die Kosten auf, weil er für den Eintritt der Verjährung verantwortlich ist.[2056] Die andere Auffassung sieht den Antragsteller als Kostenschuldner, da die Verfügung ursprünglich zu Recht ergangen ist.[2057]   780a

J. Vollziehung

§ 929 Abs. 2 ZPO:
Die Vollziehung des Arrestbefehls ist unstatthaft, wenn seit dem Tage, an dem der Befehl verkündet oder der Partei, auf deren Gesuch er erging, zugestellt ist, ein Monat verstrichen ist.

§ 929 ZPO findet wegen § 936 ZPO auch im Verfügungsverfahren Anwendung. „Vollziehung" ist die Androhung der Zwangsvollstreckung aus der einstweiligen Verfügung.[2058] Durch die Vollziehung droht der Antragsteller (Gläubiger) dem Antragsgegner (Schuldner) an, von der einstweiligen Verfügung Gebrauch zu machen. Die Vollziehung einer Verfügung geschieht, indem der Antragsteller   781
• die Verfügung förmlich an den Schuldner zustellt und
• Zwangsvollstreckungsmaßnahmen einleitet – etwa durch einen Antrag gemäß § 890 Abs. 2 ZPO oder – das ist aber streitig – nach § 888 ZPO.[2059]

Ob es bei einer durch Urteil ergangenen Unterlassungsverfügung zur Vollziehung genügt, dass der Verfügungskläger innerhalb der Monatsfrist die Festsetzung von Ordnungsmitteln gegen den Verfügungsbeklagten beantragt, ist unklar. Das könnte sich zwar einer Entscheidung des BGH aus dem Jahr 1989 entnehmen lassen, in der es heißt: „Dem Sinn und Zweck der Frist des § 929 II ZPO, eine Vollziehung der einstweiligen Verfügung nach längerer Zeit und unter veränderten Umständen zu verhindern, ist genügt, wenn der Verfügungskl. innerhalb der Vollziehungsfrist die Festsetzung von Ordnungsmitteln gegen den Verfügungsbekl. beantragt und damit von der einstweiligen Verfügung Gebrauch macht."[2060] Unter Bezugnahme auf diese Entscheidung hat allerdings der I. Zivilsenat des BGH festgestellt: „Auch aus der Notwendigkeit, die auf Unterlassung gerichtete Urteilsverfügung durch Zustellung zu vollziehen (vgl. BGH, Urt. v. 13.4.1989 – IX ZR 148/88, WRP

[2054] Zum Beispiel wenn der Antragsgegner einen Rechtsanwalt erst nach Antragsrücknahme beauftragt, vgl. *Köhler/Bornkamm* § 12 Rn. 3.41.
[2055] Gloy/Loschelder/Erdmann/*Spätgens* § 97 Rn. 52. Die Argumente überzeugen aber nicht. Der Wortlaut von § 922 Abs. 3 ZPO spricht aus meiner Sicht eindeutig dagegen.
[2056] OLG Hamburg 3 U 106/88 = GRUR 1989, 296 = WRP 1989, 403.
[2057] KG 5 W 67/10 = BeckRS 2010, 11860; OLG Celle 13 W 3/01 = GRUR-RR 2001, 285; OLG Stuttgart 2 W 63/95 = NJW-RR 1996, 1520 = WRP 1996, 799.
[2058] Vgl. auch § 928 ZPO, der die Vorschriften der Zwangsvollstreckung auf die Vollziehung für entsprechend anwendbar erklärt. Vgl. grundlegend zur Vollziehung BGHZ 120, 78 = NJW 1993, 1076 und BGHZ 131, 141 = NJW 1996, 198 = WRP 1996, 104 – Einstweilige Verfügung ohne Strafandrohung (anders noch die Vorinstanz: OLG München OLGZ 1994, 189 = MDR 1995, 1167).
[2059] Vgl. zu § 888 ZPO OLG Hamburg GRUR 1997, 147 = NJWE-WettbR 1997, 91 = WRP 1996, 1047; OLG Rostock 2 U 5/02 und OLG Koblenz AfP 2009, 59 (Antrag innerhalb Monatsfrist erforderlich) sowie OLG Frankfurt a. M. WRP 1998, 223 und OLG München AfP 2002, 528 (Antrag innerhalb Monatsfrist entbehrlich).
[2060] BGH IX ZR 148/88 = NJW 1990, 122 = WRP 1989, 514.

1989, 514, 517), folgt nicht …",[2061] woraus sich in jedem Fall die Notwendigkeit einer Zustellung – sei es auch von Amts wegen – ergibt.

Praxistipp: Zustellung im Parteibetrieb

Der Antragsteller sollte keinerlei Risiko eingehen und jede erwirkte Verfügung immer im Parteibetrieb zustellen.[2062] Darauf, dass eine Zustellung entbehrlich oder eine Zustellung von Amts wegen ausreichend ist, sollte man sich keineswegs verlassen.

---

782   Mit der Vollziehung warnt der Verfügungsgläubiger (Antragsteller) den Schuldner (Antragsgegner), dass er im Falle eines Verstoßes gegen die Verfügung die Zwangsvollstreckung betreiben werde. Die Vollziehung ist daher die Vorstufe zur Zwangsvollstreckung. Eine Zwangsvollstreckung aus der Verfügung – zum Beispiel gem. § 890 Abs. 2 ZPO – ist, wenn sie nicht vollzogen ist, nicht möglich. Die Vollziehung ist vor allem auch für den Bestand der einstweiligen Verfügung Voraussetzung. Denn: Erfolgt eine Vollziehung innerhalb der gesetzlichen Frist nicht, kann der Antragsgegner selbst dann, wenn ein Verfügungsanspruch bestand, eine Aufhebung der einstweiligen Verfügung – mit den sich hieraus ergebenden Kostenfolgen zu Lasten des Antragstellers – gemäß § 927 ZPO verlangen.[2063] Der Antragsteller muss deshalb bei der Vollziehung besonders sorgfältig vorgehen.

I. Erforderlichkeit der Vollziehung

783   Jede einstweilige Verfügung ist zu vollziehen (§§ 936, 929 II ZPO). Entbehrlich ist eine Vollziehung nur, wenn
- die Verfügung nach Widerspruch ohne Änderung voll bestätigt wird,[2064]
- eine Berufung gegen eine zusprechende Entscheidung ohne Abänderung des erstinstanzlichen Verfügungsurteils zurückgewiesen wird oder
- das Gericht lediglich eine Fehlerberichtigung vornimmt.[2065]

Eine Vollziehung ist auch dann erforderlich, wenn eine einstweilige Verfügung – etwa im Berufungsverfahren – abgeändert wird.

Praxistipp: „Sicherheits"-Vollziehung

Da die Vollziehung von so erheblicher Bedeutung ist, empfiehlt es sich – auch wegen regionaler Unterschiede in der Rechtsprechung – bereits bei geringsten Zweifeln eine Entscheidung im Verfügungsverfahren zu vollziehen. Eine Vollziehung, die nicht notwendig gewesen wäre, ist unschädlich.

II. Frist

Praxistipp: Vollziehungsfrist notieren

Um zu vermeiden, dass die Vollziehungsfrist übersehen wird, sollte diese umgehend nach Erlass einer einstweiligen Verfügung notiert werden. Das gilt auch dann, wenn dem Verfügungsanspruch erst in zweiter Instanz stattgegeben wird. Hier wird – aufgrund des nunmehr günstigen Ergebnisses – oftmals die Vollziehungsfrist übersehen.

[2061] BGH I ZB 115/07 (Rn. 15) = BGHZ 180, 72 = BeckRS 2009, 19746 = GRUR 2009, 890 = WRP 2009, 999.

[2062] → Rn. 786 ff.

[2063] Vgl. *Köhler/Bornkamm* § 12 Rn. 3.68; *Ulrich* WRP 1996, 84.

[2064] Vgl. *Köhler/Bornkamm* § 15 Rn. 3.66.

[2065] OLG Celle WRP 1998, 19.

1. Beschlussverfügung

Im Falle einer Beschlussverfügung beginnt die Frist mit *Zustellung* der Beschlussverfügung an den Antragsteller bzw. dessen Vertreter zu laufen. Zur Fristberechnung gelten die allgemeinen BGB-Grundsätze. **784**

2. Urteilsverfügung

Im Falle einer Urteilsverkündung beginnt die Frist mit *Verkündung* der Entscheidung zu laufen. Diese erfolgt in Verfügungsverfahren in der Regel im Anschluss an die mündliche Verhandlung oder jedenfalls noch vor Ende des Sitzungstages. Es empfiehlt sich deshalb, auch hier vorsorglich eine Vollziehungsfrist von einem Monat, gerechnet ab dem Tag der mündlichen Verhandlung, zu notieren, damit dies später nicht übersehen wird. Denn auch wenn die Gerichte in der Regel Urteile – selbst in abgekürzter Form – in Verfügungsverfahren recht schnell versenden, kann dies im Einzelfall mit einer Einhaltung der Vollziehungsfrist kollidieren. **785**

> **Praxistipp: Vollziehung einer Urteilsverfügung**
>
> Wird ein Verfügungsurteil erwirkt, sollte eine Frist von längstens zwei Wochen notiert werden, um den Eingang des – auch abgekürzten – Verfügungsurteils zu kontrollieren. Sollte das Urteil bis zu diesem Zeitpunkt nicht vorliegen, sollte das Gericht schriftlich und fernmündlich gebeten werden, eine Ausfertigung des Urteils zum Zwecke der Vollziehung zu übermitteln.[2066]

III. Form der Zustellung

Die Zustellung hat förmlich im Parteibetrieb zu erfolgen.[2067] Eine einfache Zusendung der Verfügung an den Antragsgegner genügt den Voraussetzungen von § 929 ZPO nicht. **786**

1. Zustellung an den Gegner persönlich

Hat sich für den Antragsgegner kein Anwalt bestellt, muss die Zustellung durch den örtlich zuständigen Gerichtsvollzieher erfolgen (§ 192 Abs. 1 ZPO). Erfolgt die Zustellung an den Gegner persönlich, sollte man die Verfügung auch per Fax übersenden und so die Kenntnis herbeiführen. Damit kann auch einer ggf. fehlerhaften Zustellung durch den Gerichtsvollzieher begegnet werden. Die Zustellungsurkunde des Gerichtsvollziehers sollte unbedingt auf ihre Klarheit und Vollständigkeit hin überprüft werden.[2068] Die Zustellungskosten sind Kosten des Verfahrens und im Kostenfestsetzungsverfahren festsetzbar. Der Kostenfestsetzungsantrag sollte deshalb erst nach erfolgter Gerichtsvollzieher-Zustellung gestellt werden. **787**

2. Zustellung an den Prozessbevollmächtigten

Sofern sich für den Antragsgegner ein Rechtsvertreter auch für ein etwaiges Gerichtsverfahren bestellt hat, muss eine Zustellung der einstweiligen Verfügung nach § 172 ZPO an den Prozessbevollmächtigten erfolgen[2069] – und zwar entweder durch Gerichtsvollzieher **788**

[2066] Das OLG Stuttgart ist allerdings der Auffassung, dass eine Urteilsverfügung nicht mehr förmlich vollzogen werden muss und es deshalb auch nicht auf eine Zustellung des Urteils von Amts wegen ankommt, WRP 1997, 350 (353).
[2067] Instruktiv, wie fehlerhaft die Vollziehung sein kann: OLG Hamm 4 U 193/09 = NJW 2010, 3380.
[2068] So entschied etwa das OLG Düsseldorf MDR 2005, 109: Die Zustellung ist fehlerhaft, wenn die Zustellungsurkunde nur den Vermerk enthält „Schriftliche Mitteilung in der bei gewöhnlichen Briefen üblichen Weise abgegeben".
[2069] Vgl. OLG Schleswig MDR 2001, 231.

oder gemäß § 195 ZPO von Anwalt zu Anwalt. Ob der Anwalt, der sich im Verfahren bestellt hat, im Rubrum der Verfügung genannt wird, sagt über das Bestehen einer (Empfangs-)Vollmacht nichts aus.[2070]

> **Praxistipp: Rubrum-Falle**
>
> Benennt der Antragsteller für den Antragsgegner einen Prozessbevollmächtigten im Rubrum des Verfügungsantrags und nimmt das Gericht diesen in das Passivrubrum der Beschlussverfügung auf, muss die Vollziehung gegenüber dem so benannten Prozessbevollmächtigten erfolgen.[2071] Das gilt selbst dann, wenn der vermeintliche Prozessbevollmächtigte des Antragsgegners gar keine Prozessvollmacht hat.[2072] Es sollte deshalb im Verfügungsantrag nur dann ein Prozessbevollmächtigter für den Antragsgegner benannt werden, wenn die Prozessbevollmächtigung zweifelsfrei – etwa durch eine ausdrückliche Erklärung des gegnerischen Anwalts – feststeht. Am besten benennt man erst gar keinen gegnerischen Prozessbevollmächtigten!

788a   Es muss auch der Antragsteller nicht aktiv nachforschen, ob sich im gerichtlichen Verfahren Prozessbevollmächtigte (etwa mit Einreichung einer Schutzschrift) bestellt haben, deren Benennung im Rubrum das Gericht versehentlich unterlassen hat.[2073] Die Zustellung kann dann auch wirksam ausschließlich per Telefax oder als elektronisches Dokument erfolgen (§ 174 Abs. 2, 3 ZPO). Die Zustellung erfolgt aber nicht bereits mit *Zugang* der Schriftstücke, sondern erst mit Annahme der Zustellung durch den Zustellungsempfänger.[2074] Das Empfangsbekenntnis kann per Fax an den zustellenden Anwalt gesandt werden.[2075] Hat der anwaltliche Vertreter keine Prozessvollmacht, ist fraglich, ob an ihn nach § 171 S. 1 ZPO als rechtsgeschäftlich bestelltem Vertreter zugestellt werden kann. Voraussetzung wäre, dass eine schriftliche Vollmacht vorliegt (§ 171 S. 2 ZPO), die nicht zugleich die Prozessbevollmächtigung enthalten muss.[2076] Das OLG Köln sieht dies allerdings nicht als ausreichend an.[2077]

> **Praxistipp: Doppelte Zustellung**
>
> Bestehen Zweifel, ob eine Bestellanzeige iSv § 172 ZPO vorliegt und deshalb an den Prozessbevollmächtigten zugestellt werden muss, sollte vorsorglich auch eine Zustellung an den Gegner persönlich durch Gerichtsvollzieher erfolgen.

3. Inhalt der Zustellung

789   Zuzustellen ist eine
* Ausfertigung[2078] der einstweiligen Verfügung im Original oder
* eine beglaubigte Abschrift der Ausfertigung der einstweiligen Verfügung.[2079]
Erfolgt die Zustellung nur per Telefax,[2080] sollte jede einzelne Seite, die per Telefax übermittelt wird, beglaubigt werden.[2081]

[2070] Zöller/*Vollkommer* § 88 Rn. 2 aE.
[2071] OLG Hamm 4 U 193/09 (Rn. 21) = NJW 2010, 3380.
[2072] Vgl. BGH VIII ZR 22/10 (Rn. 13 ff.) = NJW-RR 2011, 997.
[2073] OLG Hamburg BeckRS 2006, 05161 = WRP 2006, 771.
[2074] OLG Köln BeckRS 2007, 01232 = WRP 2007, 345.
[2075] Damit erübrigt sich auch die Diskussion, ob die Zustellung dann wirksam bewirkt ist, wenn für die Rücksendung des Empfangsbekenntnisses kein frankierter Rückumschlag beigefügt ist.
[2076] Vgl. *Anders* WRP 2003, 204 (205).
[2077] OLG Köln GRUR 2005, 448 = BeckRS 2005, 00685, zustimmend *Teplitzky* WRP 2005, 654 (661).
[2078] Wegen §§ 936, 929 I ZPO gibt es hier keine vollstreckbare Ausfertigung.
[2079] Vgl. auch OLG Hamburg WRP 1995, 854, zur Zustellung von Beschlussverfügungen.
[2080] → Rn. 788a.

Bei einer Zustellung durch Gerichtsvollzieher erhält der Gerichtsvollzieher entweder eine Original-Ausfertigung und eine beglaubte Abschrift hiervon oder *zwei* beglaubigte Abschriften der Ausfertigung.

Verfügt das Gericht im Tenor, dass der Antragsteller die Antragsschrift samt Anlagen zustellen muss, sind auch diese Urkunden zuzustellen. Übersieht der Antragsteller diese Anordnung, sind die Rechtsfolgen umstritten. Unschädlich kann die unterbliebene Zustellung demnach nur sein, wenn die Verfügung auch ohne die Antragsunterlagen aus sich heraus verständlich ist.[2082]

Ist die Vollziehung von einer Sicherheitsleistung abhängig, muss auch der Nachweis der 790 Sicherheitsleistung innerhalb der Monatsfrist im Parteibetrieb erfolgen.

Praxistipp: Textbausteine für die Vollziehung

Eine einfache Abschrift der Ausfertigung genügt ebenso wenig wie eine beglaubigte Abschrift der einstweiligen Verfügung, die eben nicht mit „Ausfertigung" gestempelt ist. Es empfiehlt sich deshalb, für die Zustellung zum Zwecke der Vollziehung Textbausteine bereitzuhalten, die eindeutig klären, in welcher Form eine Vollziehung zu erfolgen hat. Zudem sollte der unterzeichnende (beglaubigende) Anwalt jede Vollziehung auf ihre Ordnungsmäßigkeit überprüfen.

IV. Heilungsmöglichkeit, Rechtsfolgen bei Versäumnis der Vollziehungsfrist

Für die Frist des § 929 Abs. 2 ZPO gibt es nicht die Möglichkeit der Fristverlängerung 791 oder der Wiedereinsetzung.[2083] Eine nicht ordnungsgemäße Vollziehung führt auf Antrag des Antragsgegners zur Aufhebung gemäß § 927 ZPO. Ist die Verfügung noch nicht rechtskräftig, kann der Antragsgegner die mangelhafte Vollziehung auch im Rechtsmittelverfahren geltend machen.[2084] Ist die Vollziehungsfrist demnach unwiederbringlich versäumt, bleibt dem Antragsteller nur, den Antrag zurückzunehmen und erneut den Erlass einer Verfügung zu beantragen – vorausgesetzt, die Vermutung der Dringlichkeit ist noch nicht durch Zeitablauf widerlegt.

1. Ausnahme: Kenntniserlangung

Entgegen der früheren Regelung in § 197 S. 2 ZPO aF setzt sich wohl zunehmend die 792 Auffassung durch, dass § 189 ZPO eine Fristversäumnis heilt, wenn der Antragsgegner von dem Inhalt der Verfügung hinreichend sicher Kenntnis erlangt hat.[2085] Beispiel: Die Parteizustellung erfolgt nicht durch Gerichtsvollzieher (§ 176 ZPO), sondern durch einfachen Brief an den Antragsgegner. Es soll auch genügen, wenn der Antragsgegner oder dessen Prozessbevollmächtigter (falls § 172 Abs. 1 S. 1 ZPO anwendbar ist) die Verfügung ohne förmliche Zustellung noch innerhalb der Vollziehungsfrist erhält.[2086] Nach *Vollkommer* soll selbst eine unter Verstoß gegen § 172 ZPO an den Gegner persönlich erfolgte Zustellung geheilt werden, wenn nur der Prozessbevollmächtigte innerhalb der Monatsfrist über seinen Mandanten Kenntnis von der Verfügung erlangt.[2087]

[2081] Vgl. OLG Frankfurt a. M. 6 U 48/10 = GRUR-RR 2010, 400.

[2082] Vgl. (allerdings ablehend) Zöller/*Vollkommer* ZPO § 929 Rn. 13 mit Hinweis auf OLG Frankfurt a. M. OLGZ 1993, 70 mwN. Das OLG Frankfurt a. M. hat allerdings seine frühere Rechtsprechung inzwischen ausdrücklich aufgegeben: 6 W 12/11 = GRUR-RR 2011, 340 – Ankle Tube. Demnach genügt die Zustellung der Anlagen, die Aufschluss über den Inhalt und die Reichweite des Verbots geben können.

[2083] Vgl. *Ahrens* WRP 1999, 1.

[2084] Vgl. OLG Hamburg NJWE-WettbR 1997, 91 = GRUR 1997, 147 mit Hinweis auf Stein/Jonas/*Grunsky* ZPO § 927 Rn. 4.

[2085] Vgl. Zöller/*Vollkommer* ZPO § 929 Rn. 14 mwH, Thomas/Putzo/*Hüßtege* ZPO § 189 Rn. 2 und OLG München BeckRS 2005, 07822 = MDR 2005, 1244.

[2086] So OLG Brandenburg NJW-RR 2000, 325.

[2087] Zöller/*Vollkommer* § 929 Rn. 14.

> **Praxistipp: Risiko Informations-E-Mail**
>
> Wird eine einstweilige Verfügung dem Antragsgegner unmittelbar zugestellt, obwohl eine Vollziehung gegenüber dem Verfahrensbevollmächtigten hätte erfolgen müssen, sollte der Antragsgegner tunlichst davon absehen, die – fehlerhaft – zugestellte Verfügung sogleich zur Kenntnisnahme seinem Rechtsanwalt zu übermitteln. Das macht die ursprünglich fehlerhafte Vollziehung nämlich wirksam.[2088] Der Rechtsanwalt sollte daher seinen Mandanten darüber informieren, dass Schriftstücke im Zusammenhang mit einstweiligen Verfügungen keineswegs „einfach so" an den Rechtsanwalt übermittelt werden sollten.

793   Eine Heilung jeder fehlerhaften Zustellung bietet § 189 ZPO jedoch nicht. Denn § 189 ZPO heilt nur *Zustellungs*mängel und keine Mängel des übergebenen Schriftstückes. *In welcher Form* das Schriftstück zuzustellen ist – zB in Ausfertigung oder beglaubigter Abschrift –, regeln die Zustellungsvorschriften in §§ 166 ff. ZPO nämlich nicht.[2089] Für eine Heilung nach § 189 ZPO wird es ebenfalls nicht genügen, dass der Prozessbevollmächtigte innerhalb der Monatsfrist die Verfügungsunterlagen bei Gericht anfordert und so Kenntnis von der Verfügung erhält. Denn § 189 ZPO spricht von dem *Schriftstück*, das *zugestellt* wird. Es kommt also nicht darauf an, ob der richtige Zustellungsempfänger irgendwie Kenntnis von der Verfügung erlangt. Die Kenntnis muss gerade durch das zugestellte Schriftstück erfolgen. Anderenfalls würde § 929 Abs. 2 ZPO vielfach leer laufen.[2090]

2. Ausnahme: Amtszustellung

794   Einige Oberlandesgerichte sehen eine ausreichende Vollziehung gemäß § 929 ZPO darin, dass eine *Urteils*verfügung innerhalb der Monatsfrist des § 929 Abs. 2 ZPO dem Antragsgegner von Amts wegen zugestellt wird. Weiterer Vollziehungsmaßnahmen bedürfe es dann nicht mehr.[2091] Trotzdem sollte der Praxistipp in Rn. 781 beachtet werden. Schließlich bleibt auch das Risiko, dass Oberlandgerichte ihre Rechtsauffassung ändern – wie etwa das OLG Oldenburg, das nunmehr eine Amtszustellung von Urteilsverfügungen nicht mehr als ausreichend ansieht.[2092]

3. Kosten des Verfügungsverfahrens

795   Auch wenn eine Verfügung nicht vollzogen ist, besteht sie so lange fort, bis sie aufgehoben wird. Das hat auch auf die Kostenfestsetzung des Verfahrens Auswirkungen: Beantragt der Antragsteller die Festsetzung seiner Kosten, sind sie festzusetzen. Denn die (nicht ordnungsgemäß vollzogene, aber auch nicht aufgehobene) Verfügung ist ein für die Kostenfestsetzung nach § 103 Abs. 1 ZPO geeigneter Titel.[2093] Die Kostenfestsetzung stellt keine Vollziehung der Verfügung dar. Sie bezweckt eine endgültige Befriedigung des Gläubigers wegen der entstandenen notwendigen Kosten.

[2088] KG 5 W 274/10 = BeckRS 2011, 05647= WRP 2011, 612.

[2089] Vgl. Zöller/*Stöber* § 189 Rn. 8.

[2090] Die Auffassung des LG Dortmund (WRP 2003, 1368), wonach einem Bevollmächtigten, der einen Widerspruchsschriftsatz fertigt, „die Verfügung zugegangen sein" muss, halte ich deshalb für falsch.

[2091] Vgl. *Köhler/Bornkamm* § 12 Rn. 3.65; ausdrücklich ablehnend (allerdings noch vor Geltung des § 189 ZPO) jedoch OLG Köln GRUR 1999, 89. Dagegen etwa: OLG Hamburg OLGZ 1994, 472 = WRP 1994, 408 und NJWE-WettbR 1997, 92 = WRP 1997, 53, wonach Amtszustellung innerhalb der Vollziehungsfrist genügt. Nach OLG München (allerdings kein Wettbewerbssenat) 15 U 2848/12 = BeckRS 2013, 04096 = WRP 2013, 674 soll bei erfolgter Amtszustellung die Zustellung einer formlosen Abschrift des Urteils im Parteibetrieb innerhalb der Monatsfrist ausreichen. Vgl. auch BGH NJW 1990, 122 und BGH MDR 1993, 268 mwH. Die Amtszustellung einer verwaltungsgerichtlichen Beschlussverfügung stellt allerdings keine ausreichende Vollziehung dar, BGHZ 120, 78 = NJW 1993, 1077.

[2092] OLG Oldenburg 1 W 40/10 = BeckRS 2010, 24494 = WRP 2011, 508.

[2093] Vgl. etwa *Baumbach/Lauterbach/Albers/Hartmann* ZPO § 103 Rn. 5 Stichwort „Arrest, einstweilige Verfügung" oder OLG München Az. 11 W 2280/02 mwN.

V. Wirksame Vollziehung als Voraussetzung der Zwangsvollstreckung

§ 929 ZPO fordert die Zustellung der Verfügung *und* die Einleitung von Maßnahmen zur 796 Vollstreckung. Bei Verbotsverfügungen genügt die Zustellung des Titels, wenn dieser bereits die Androhung gemäß § 890 Abs. 2 ZPO von Zwangsmaßnahmen enthält. Enthält die Verfügung keine Strafandrohung, muss der Gläubiger (Antragsteller) den Antrag nach § 890 Abs. 2 ZPO innerhalb der Vollziehungsfrist stellen. Gleiches gilt auch bei einer Gebotsverfügung: Hier bedarf es ebenfalls der Einleitung von Vollstreckungsmaßnahmen.[2094] Der Antragsteller muss deshalb – das ist aber umstritten[2095] – innerhalb der Vollziehungsfrist des § 929 Abs. 2 ZPO die Vollstreckung nach § 888 ZPO beginnen.

VI. Kosten

Die Kosten der Vollziehung gehören zu den Kosten des Verfügungsverfahrens (vgl. § 18 797 Nr. 4 RVG). Eine Ausnahme gilt allerdings dann, wenn die Vollziehung durch einen anderen Rechtsanwalt am Sitz des Antragsgegners erfolgt.[2096]

K. Wirkungen der einstweiligen Verfügung

I. Rechtskraft

Eine Beschlussverfügung wird mit Zustellung an den Antragsgegner gemäß §§ 936, 922 II 798 ZPO wirksam. Urteilsverfügungen werden bereits mit Verkündung des Urteils wirksam. Sind – wie meist – Ordnungsmittel bereits im Urteil angedroht, müssen die Voraussetzungen der Zwangsvollstreckung gemäß § 750 Abs. 1 ZPO nicht vorliegen. Ein Verstoß nach Verkündung und vor Zustellung der Urteilsverfügung kann Grundlage eines Ordnungsmittelantrags sein. Das Ordnungsmittel ist allerdings erst dann festzusetzen, wenn eine Zustellung der Verfügung erfolgt ist.[2097]

II. Hemmung der Verjährung

Der Verfügungsantrag und der Erlass einer einstweiligen Verfügung hemmen die kurze 799 Verjährung gemäß § 11 UWG wegen § 204 Abs. 1 Nr. 9 BGB.[2098]

III. Schadensersatzpflicht (§ 945 ZPO)

§ 945 ZPO:
Erweist sich die Anordnung eines Arrestes oder einer einstweiligen Verfügung als von Anfang an ungerechtfertigt oder wird die angeordnete Maßregel auf Grund des § 926 Abs. 2 oder des § 942 Abs. 3 aufgehoben, so ist die Partei, welche die Anordnung erwirkt hat, verpflichtet, dem Gegner den Schaden zu ersetzen, der ihm aus der Vollziehung der angeordneten Maßregel oder dadurch entsteht, dass er Sicherheit leistet, um die Vollziehung abzuwenden oder die Aufhebung der Maßregel zu erwirken.

[2094] → Rn. 781.
[2095] → Rn. 781.
[2096] OLG Celle NJW-RR 2008, 1600 mwH.
[2097] BGH I ZB 115/07 (Rn. 11 ff.) = BGHZ 180, 72 = BeckRS 2009, 19746 = GRUR 2009, 890 = WRP 2009, 999.
[2098] Zur Verjährung → Rn. 567 ff.

1. Androhung von Ordnungsmitteln

800   Eine einstweilige Verfügung birgt für den Antragsteller das Risiko einer Schadensersatzpflicht gegenüber dem Antragsgegner. Damit ein Schadensersatzanspruch nach § 945 ZPO entstehen kann, muss die Verfügung jedoch eine Strafandrohung gemäß § 890 Abs. 2 ZPO enthalten[2099] und – im Falle einer Beschlussverfügung – an den Antragsgegner gemäß §§ 936, 929 II ZPO zugestellt sein. Bei einer Urteilsverfügung genügt deren Verkündung, um die Rechtsfolgen des § 945 ZPO auszulösen.[2100] Hält sich der Antragsgegner an die Verfügung bereits vor der Vollziehung durch den Antragsteller, trägt der Antragsteller ebenfalls das Haftungsrisiko des § 945 ZPO. Auf ein Verschulden des Antragstellers kommt es nicht an.[2101]

2. Schadensersatzpflicht

801   Die Pflicht zum Schadensersatz besteht, wenn die Verfügung von Anfang an ungerechtfertigt war. Das ist der Fall, wenn der geltend gemachte Anspruch nicht bestand. Für den Schadensersatzprozess ist die Entscheidung des Gerichts im Hauptsacheverfahren bindend.[2102] Ebenfalls bindend ist die Aufhebungsentscheidung gemäß § 926 Abs. 2 ZPO.[2103] Nicht bindend ist eine Beschlussverfügung. Ein Schadensersatzanspruch besteht jedoch nicht, wenn zwar die Frist zur Erhebung der Hauptsacheklage versäumt ist, der geltend gemachte Anspruch jedoch bestand.[2104]

3. Schadensumfang

802   Zu ersetzen ist jeder Schaden gemäß §§ 249 ff. BGB, der dem Antragsgegner durch die Vollziehung oder die Befolgung der mit Strafandrohung versehenen Verfügung entstanden ist. Die in dem Verfügungsverfahren dem Antragsgegner entstandenen eigenen Kosten gehören nicht zum Schaden gemäß § 945 ZPO. Deren Festsetzung kann der Anspruchsgegner im Aufhebungsverfahren gemäß § 927 ZPO beantragen.[2105] Die Kosten, die der Antragsgegner dem Antragsteller erstattet hat, gehören jedoch zum Schaden gemäß § 945 ZPO.[2106] Vom Antragsteller bezahlte Ordnungsgelder sind allerdings kein Schaden gem. § 945 ZPO.[2107]

4. Verjährung

803   Der Schadensersatzanspruch verjährt gemäß §§ 195, 199 BGB nach drei Jahren.[2108] Die Verjährung des Anspruchs aus § 945 Alt. 1 ZPO beginnt spätestens dann, wenn der Antragsgegner im Hauptsacheverfahren ein noch nicht rechtskräftiges Urteil zu seinen Gunsten erlangt, das in hohem Maße dafür spricht, dass die einstweilige Verfügung von Anfang an nicht gerechtfertigt war.[2109]

5. Gegenansprüche des Antragstellers

804   Berühmt sich der Antragsgegner eines Schadensersatzanspruches aus § 945 ZPO, kann der Antragsteller negative Feststellungsklage erheben, dass der Anspruch nicht besteht.[2110]

[2099] Vgl. BGHZ 131, 141 = NJW 1996, 198 = WRP 1996, 104 – Einstweilige Verfügung ohne Strafandrohung.

[2100] BGH I ZB 115/07 (Rn. 16) = BGHZ 180, 72 = BeckRS 2009, 19746 = GRUR 2009, 890 = WRP 2009, 999. Der Begriff der „Vollziehung" ist danach in § 945 ZPO ein anderer als in § 929 Abs. 2 ZPO, vgl. *Vohwinkel* GRUR 2010, 977.

[2101] BGH GRUR 1975, 390 – Schaden durch Gegendarstellung, Harte-Bavendamm/Henning-Bodewig/*Retzer* § 12 Rn. 667.

[2102] Harte-Bavendamm/Henning-Bodewig/*Retzer* § 12 Rn. 685.

[2103] → Rn. 812.

[2104] BGH GRUR 1992, 203 = NJW-RR 1992, 998 – Roter mit Genever.

[2105] Vgl. Thomas/Putzo/*Seiler* ZPO § 945 Rn. 15; BGHZ 122, 172 = NJW 1993, 2685 – Verfügungskosten.

[2106] Vgl. Thomas/Putzo/*Seiler* ZPO § 945 Rn. 15.

[2107] KG GRUR 1987, 571. → Rn. 929 f.

[2108] Noch zum früheren Recht (§ 852 BGB aF): BGH NJW 1992, 2297.

[2109] BGH NJW 2003, 2610.

[2110] Vgl. *Köhler/Bornkamm* § 12 Rn. 3.84.

Für eine positive Feststellungsklage, dass der Verfügungsanspruch schon bestand, fehlt in der Regel das Feststellungsinteresse. Denn ob dem Antragsgegner ein Schaden entstanden ist, wird das Gericht im Rahmen einer positiven Feststellungsklage über den Verfügungsanspruch grundsätzlich nicht entscheiden.[2111]

6. Ausschluss eines Schadensersatzanspruches

Ein Schadensersatzanspruch besteht nicht, wenn die einstweilige Verfügung endgültig ist – **805** etwa weil der Antragsgegner eine Abschlusserklärung abgegeben hat oder in der Hauptsache rechtskräftig über den Anspruch entschieden ist.[2112] Verzichtet der Antragsteller auf die Rechte aus der Verfügung, ist § 945 ZPO ebenso wenig anwendbar wie bei einer Aufhebung wegen Versäumung der Vollziehungsfrist gemäß § 929 Abs. 2 ZPO.

L. Hauptsacheerzwingung gemäß §§ 936, 926 ZPO

§ 926 ZPO:

(1) Ist die Hauptsache nicht anhängig, so hat das Arrestgericht auf Antrag ohne mündliche Verhandlung anzuordnen, dass die Partei, die den Arrestbefehl erwirkt hat, binnen einer zu bestimmenden Frist Klage zu erheben habe.

(2) Wird dieser Anordnung nicht Folge geleistet, so ist auf Antrag die Aufhebung des Arrestes durch Endurteil auszusprechen.

I. Vorüberlegungen

Der Vorteil der Klageerzwingung besteht für den Antragsgegner darin, dass der An- **806** tragsteller erneut tätig werden muss. Der Antragsgegner muss keine negative Feststellungsklage erheben und vorfinanzieren. Denn mit Klageerhebung muss der Anspruchsteller den Gerichtskostenvorschuss leisten.

Der Erzwingungsantrag ist für den Antragsgegner vor allem dann sinnvoll, wenn er sich aus der Durchführung einer Hauptsacheklage eine bessere Prozesslage erwartet. Das kann der Fall sein, wenn der Antragsteller beweisbelastet ist und den Beweis nur selbst – also als Partei – führen kann. Hat der Antragsteller im Verfügungsverfahren die Möglichkeit, eine eidesstattliche Versicherung abzugeben, ist er im Hauptsacheverfahren „nur" Partei und nicht Zeuge. Eine völlig andere Entscheidung wird der Antragsgegner dann nicht erwarten können, wenn neuer, entlastender Sachvortrag nicht möglich ist. Aufgrund der Geschäftsverteilungspläne der Landgerichte wird die Hauptsache in aller Regel von dem Spruchkörper entschieden, der bereits (sachlich zuständig) über den Verfügungsantrag zu entscheiden hatte.

Zweckmäßig kann ein Antrag nach § 926 ZPO auch sein, wenn es dem Antragsgegner nicht möglich ist, innerhalb kurzer Zeit die für die Verteidigung gegen die einstweilige Verfügung erforderlichen Mittel zur Glaubhaftmachung zu beschaffen. Allerdings muss der Antragsgegner berücksichtigen, dass er eine ordnungsgemäß vollzogene Verfügung bis zu ihrer Aufhebung beachten muss. Lediglich als „Retourkutsche" ist der Erzwingungsantrag selten geeignet, da die Hauptsacheklage erneut erhebliche Kosten verursachen kann. Prüft der Antragsgegner seine Erfolgsaussichten in einem Hauptsacheverfahren nicht genau, kann sich die Kostenbelastung mehr als verdoppeln.

II. Erzwingungsantrag

1. Zeitpunkt der Antragstellung und Zuständigkeit

Wird die einstweilige Verfügung – sei es durch Beschluss oder durch Urteil – erlassen, **807** kann der Antragsgegner in jeder Lage des Verfahrens gemäß §§ 936, 926 ZPO beantragen,

---

[2111] BGH GRUR 1994, 849 = NJW 1994, 2765 = WRP 1994, 733 – Fortsetzungsverbot.
[2112] Vgl. Harte-Bavendamm/Henning-Bodewig/*Retzer* § 12 Rn. 683 ff.

„dem Antragsteller aufzugeben, innerhalb einer festzusetzenden Frist Hauptsacheklage zu erheben". Örtlich zuständig ist das Gericht, das die Verfügung erlassen hat. Sachlich zuständig ist das Gericht des ersten Rechtszuges, auch wenn das Beschwerde- oder Berufungsgericht die Verfügung erlassen hat.[2113] Hat gemäß § 942 Abs. 2 ZPO das Amtsgericht die Verfügung erlassen, ist das sachlich zuständige Landgericht anzurufen. Zuständig für die Festsetzung der Frist ist – auch wenn der Antrag an das „Arrestgericht" gestellt wird – der Rechtspfleger des Arrestgerichts (§ 20 Nr. 14 RPflG, § 926 ZPO). Es besteht Anwaltszwang.[2114]

2. Rechtsschutzbedürfnis

808   Ist die einstweilige Verfügung „endgültig" – entweder durch Abgabe einer Abschlusserklärung oder einer Unterlassungserklärung –, fehlt das Rechtsschutzbedürfnis für den Antrag nach § 926 ZPO. Gleiches gilt, wenn der Antragsteller auf die Rechte aus der Verfügung (einschließlich Kostenausspruch)[2115] verzichtet und den Titel ausgehändigt hat oder Hauptsacheklage bereits erhoben ist.[2116] Hat sich die Hauptsache nach Erlass der Verfügung erledigt, verneint die hM ebenfalls ein Rechtsschutzbedürfnis.[2117] Der Eintritt der Verjährung[2118] beseitigt das Rechtsschutzbedürfnis nicht. Der Antragsteller ist dann gezwungen, eine von Anfang an unbegründete Klage zu erheben. Er kann jedoch auf die Rechte aus der Verfügung verzichten und den Titel an den Antragsgegner aushändigen. Oder er lässt die Frist zur Klageerhebung verstreichen mit der Folge, dass die Verfügung dann gemäß § 926 Abs. 2 ZPO aufgehoben wird.

3. Frist

809   Auf Antrag des Antragsgegners setzt der Rechtspfleger eine Frist – in der Regel zwei bis vier Wochen –, innerhalb derer die Hauptsacheklage bei Gericht eingereicht werden muss. Eine Verlängerung der Frist ist möglich.[2119] Erhebt der Antragsteller die Klage nicht innerhalb der Frist, hebt das Gericht, das die Verfügung erlassen hat, die Verfügung wieder auf.

Praxistipp: Verlängerung der Frist

Hält der Antragsteller die Frist nicht ein, verliert er seine Verfügung. Der Antragsteller sollte deshalb nicht, wenn er eine Fristverlängerung benötigt, auf einen „Verlängerungs-Automatismus" vertrauen. Es empfiehlt sich – schon wegen der regional unterschiedlichen Rechtsprechung in Wettbewerbssachen – eine Fristverlängerung rechtzeitig vor ihrem Ablauf persönlich mit dem Gericht (Rechtspfleger) abzuklären.

---

810   Eine Heilung der Fristversäumnis ist möglich, wenn die Hauptsacheklage bis zum Schluss der mündlichen Verhandlung über den Aufhebungsantrag in erster Instanz zugestellt ist (§ 231 Abs. 2 ZPO).[2120]

4. Rücknahme des Antrags

811   Ob der Antrag auf Durchführung des Hauptsacheverfahrens – etwa im Rahmen eines Vergleichs – wieder zurückgenommen werden kann, ist nicht geregelt. Allerdings ist der Antrag nach der herrschenden Meinung unzulässig, wenn das Rechtsschutzbedürfnis hierfür

---

[2113] Vgl. Zöller/*Vollkommer* ZPO § 926 Rn. 6.
[2114] Zöller/*Vollkommer* ZPO § 926 Rn. 22.
[2115] Vgl. OLG Köln WRP 1985, 362 (363).
[2116] Vgl. auch Gloy/Loschelder/Erdmann/*Spätgens* § 107 Rn. 1 und Thomas/Putzo/*Seiler* ZPO § 926 Rn. 3.
[2117] Thomas/Putzo/*Seiler* ZPO § 926 Rn. 12.
[2118] Vgl. Gloy/Loschelder/Erdmann/*Spätgens* § 107 Rn. 17; → Rn. 780a.
[2119] Zöller/*Vollkommer* ZPO § 926 Rn. 18.
[2120] Vgl. Thomas/Putzo/*Seiler* ZPO § 926 Rn. 8 und Gloy/Loschelder/Erdmann/*Spätgens* § 107 Rn. 12 f.

fehlt.[2121] Es fehlt, wenn der durch die einstweilige Verfügung gesicherte Anspruch inzwischen entfallen ist, da es nicht sinnvoll ist, den Verfügungskläger zu einer aussichtslosen Hauptsacheklage zwingen zu wollen.[2122] Denn der Verfügungsbeklagte kann in diesem Fall nach § 927 ZPO oder im Widerspruchsverfahren die Aufhebung der Verfügung verlangen.[2123] Da § 269 ZPO in allen Verfahrensarten der ZPO (zumindest entsprechend) anwendbar ist, spricht nichts gegen eine Rücknahme des Antrags nach § 926 ZPO gemäß § 269 ZPO (analog). Schließlich kann auch der Antrag nach § 927 Abs. 1 ZPO entsprechend zurückgenommen werden.[2124]

III. Folgen der Aufhebung

Das Gericht hebt bei Versäumung der Frist die Verfügung auf. Die Aufhebung ist rück-   **812** wirkend[2125] und wirkt mit Erlass des Urteils.[2126]

IV. Rechtsmittel

Gegen das Endurteil findet Berufung statt (§ 511 Abs. 1 ZPO).[2127]   **813**

V. Kosten des Verfügungs- und des Aufhebungsverfahrens

Gerichtskosten entstehen gem. KV Nr. 1410 durch das Aufhebungsverfahren wegen der   **814** Vorbemerkung 1.4 in Höhe einer 1,5-Gebühr. Der Rechtsanwalt, der bereits im Verfügungsverfahren tätig war, erhält hingegen keine gesonderte Vergütung: Gemäß § 16 Nr. 5 RVG ist das Aufhebungsverfahren keine eigene Angelegenheit. War der Anwalt bereits im Verfügungsverfahren tätig, entsteht kein Anspruch auf eine gesonderte Kostenerstattung.[2128]
Die Kostenentscheidung des Gerichts erfolgt nach §§ 91 ff. ZPO und umfasst bei einer Aufhebung der Verfügung die Kosten des gesamten Verfahrens. Hierzu gehören auch die Kosten einer Berufung.[2129] Der Antragsteller trägt bei einer Aufhebung die gesamten Kosten auch dann, wenn die Verfügung ursprünglich begründet war. Kommt es nicht zur Aufhebung – wegen Rücknahme des Antrags, Erledigungserklärung oder Zurückweisung des Antrags – entscheidet das Gericht gesondert über die Kosten des Aufhebungsverfahrens. Es fällt dann eine 0,3-Gebühr gemäß Nr. 3309 VV für den im Verfügungsverfahren noch nicht tätigen Rechtsanwalt an.
Kommt es nicht zu einer Aufhebungsentscheidung des Gerichts, weil der Antragsteller auf   **815** die Rechte aus der Verfügung verzichtet und sie dem Antragsgegner ausgehändigt hat, und ist das Verfügungsverfahren bereits rechtskräftig beendet, bleibt noch die Frage der Erstattung der durch die Verfügung entstandenen Kosten. Diese kann der Antragsgegner nicht als Schadensersatz gemäß §§ 945, 936, 926 II ZPO geltend machen, da es zu keiner Aufhebung gekommen ist und § 945 ZPO einer erweiterten Auslegung nicht zugänglich ist.[2130] Eine Kostenerstattung ermöglicht aber folgender Weg: Verzichtet der Antragsteller nach Anordnung der Klageerhebung auf die Rechte aus der Verfügung, werden beide Parteien die Hauptsache für erledigt erklären. Das Gericht entscheidet dann gemäß § 91a ZPO über die Kosten des gesamten Verfahrens.

[2121] Stein/Jonas/*Grunsky*, Zivilprozessordnung, § 926 Rn. 7 mwN, *Dunkl/Moeller/Baur/Feldmeier* Rn. 317; aA MüKo-ZPO/*Heinze* § 926 Rn. 7.
[2122] Stein/Jonas/*Grunsky*, ebenda.
[2123] Ebenda.
[2124] Stein/Jonas/*Grunsky* § 927 Rn. 11.
[2125] Thomas/Putzo/*Seiler* ZPO § 926 Rn. 15.
[2126] Zöller/*Vollkommer* ZPO § 926 Rn. 27.
[2127] Thomas/Putzo/*Seiler* ZPO § 926 Rn. 19.
[2128] Vgl. Gerold/Schmidt/*Müller-Rabe* RVG § 16 Rn. 92.
[2129] Thomas/Putzo/*Seiler* ZPO § 926 Rn. 16.
[2130] Zöller/*Vollkommer* ZPO § 945 Rn. 12.

M. Aufhebung der einstweiligen Verfügung wegen veränderter Umstände gemäß §§ 936, 927 ZPO

§ 927 ZPO:

(1) Auch nach der Bestätigung des Arrestes kann wegen veränderter Umstände, insbesondere wegen Erledigung des Arrestgrundes oder aufgrund des Erbietens zur Sicherheitsleistung die Aufhebung des Arrestes beantragt werden.

(2) Die Entscheidung ist durch Endurteil zu erlassen; sie ergeht durch das Gericht, das den Arrest angeordnet hat, und wenn die Hauptsache anhängig ist, durch das Gericht der Hauptsache.

816   Neben der Aufhebung wegen Versäumung der gemäß § 926 Abs. 1 ZPO gesetzten Klagefrist kann es auch zu einer Aufhebung der einstweiligen Verfügung kommen, wenn veränderte Umstände eingetreten sind, § 927 ZPO.[2131]

I. Veränderte Umstände gemäß § 927 Abs. 1 ZPO

817   Veränderte Umstände sind zum Beispiel eine rechtskräftig abgewiesene Hauptsacheklage oder ein rechtskräftiges Feststellungsurteil zum Nichtbestehen des geltend gemachten Anspruchs.[2132] Veränderte Umstände liegen auch dann vor, wenn der Anspruch gemäß § 11 UWG verjährt ist, ohne dass er durch die Erhebung einer Hauptsacheklage[2133] oder durch die Abgabe einer Unterlassungs- oder Abschlusserklärung gesichert worden ist. Vollzieht der Antragsteller die von ihm erwirkte Verfügung nicht rechtzeitig, kann der Antragsgegner ebenfalls eine Aufhebung beantragen.[2134] Schließlich kann auch eine Gesetzesänderung oder eine Änderung der höchstrichterlichen Rechtsprechung ein Grund für einen Aufhebungsantrag nach § 927 Abs. 1 ZPO sein. Die Gesetzesänderung allein führt nicht dazu, dass die Verfügung gegenstandslos wird oder eine Festsetzung von Ordnungsmitteln nicht mehr möglich ist.[2135]

818   Der in § 927 Abs. 1 ZPO erwähnte Wegfall des Arrestgrundes – im Verfügungsverfahren also des *Verfügungs*grundes (Dringlichkeit) – erlangt im Wettbewerbsprozess dann Bedeutung, wenn die Hauptsache die Verfügungsentscheidung rechtskräftig bestätigt. Dann besteht für eine dringliche, vorläufige Regelung keine Veranlassung mehr. Außerdem ist der Antragsteller dann durch zwei gleichlautende Titel geschützt. Ein Rechtsschutzinteresse am formalen Fortbestand des Verfügungstitels besteht daher nicht mehr. Es kann deshalb der Antragsgegner die Aufhebung beantragen, die jedoch nur mit Wirkung ab Rechtskraft des Hauptsacheurteils ausgesprochen werden kann.[2136]

II. Zuständigkeit

819   Im Unterschied zur Aufhebung nach §§ 936, 926 ZPO ist für die Aufhebung wegen veränderter Zustände bei anhängiger Hauptsacheklage ausschließlich das Gericht der Hauptsache zuständig. Befindet sich das Hauptsacheverfahren in der Rechtsmittelinstanz, entscheidet diese über die Aufhebung.[2137] Ist die Hauptsache nicht anhängig, entscheidet das Verfügungsgericht der ersten Instanz (§ 943 ZPO), wenn im Verfügungsverfahren keine Berufung anhängig ist. Das erstinstanzliche Gericht ist dann auch für die Aufhebung zustän-

---

[2131] Vgl. *Köhler/Bornkamm* § 12 Rn. 3.52 ff.

[2132] Vgl. *Köhler/Bornkamm* § 12 Rn. 3.56.

[2133] Zwar hemmt die Durchführung des Verfügungsverfahrens aufgrund der seit dem 1.1.2002 geltenden Verjährungsregelungen den Eintritt der Verjährung. Trotzdem gilt es, die Besonderheiten des Verfügungsverfahrens zu beachten, → Rn. 580.

[2134] Vgl. Thomas/Putzo/*Seiler* ZPO § 929 Rn. 5.

[2135] Vgl. KG GRUR 1995, 149 = NJW 1995, 1036 = WRP 1995, 199 – Ohne Rahmen, Auflage und Deko.

[2136] Gloy/Loschelder/Erdmann/*Spätgens* § 108 Rn. 11 aE (mwH).

[2137] Vgl. Gloy/Loschelder/Erdmann/*Spätgens* § 108 Rn. 6 mwH.

dig, wenn die Verfügung erst vom Beschwerde-/Berufungsgericht erlassen wurde. Für den Antrag nach § 927 Abs. 1 ZPO besteht Anwaltszwang.[2138]

III. Rechtsschutzbedürfnis

Ein Rechtsschutzbedürfnis für ein selbstständiges Aufhebungsverfahren fehlt, wenn der 820 Antragsgegner Rechtsmittel gegen die Verfügung eingelegt hat. Der Antragsgegner kann sich dann im Rechtsmittelverfahren auf die veränderten Umstände berufen. Hat der Antragsteller auf die Rechte aus der Verfügung einschließlich Kostenanspruch verzichtet und den Verfügungstitel dem Antragsgegner ausgehändigt,[2139] fehlt das Rechtsschutzbedürfnis ebenfalls. Erklärt der Antragsteller sofort den Verzicht auf die Verfügung, nachdem der Antragsgegner Aufhebungsantrag gestellt hat, und bietet ihm der Antragsteller den Verfügungstitel an, trägt der Antragsgegner nach § 93 ZPO die Kosten des Verfahrens. Es empfiehlt sich deshalb für den Antragsgegner, vor Antragstellung den Antragsteller zum Verzicht und zur Herausgabe des Titels aufzufordern.[2140]

IV. Folgen der Aufhebung

Kann der Antragsgegner die veränderten Umstände glaubhaft machen, hebt das Gericht 821 die Verfügung durch Endurteil auf (§§ 936, 927 II ZPO). Sind nur für einen Teil der Verfügung veränderte Umstände eingetreten, kann die Verfügung auch nur teilweise aufgehoben werden. Die Aufhebung wirkt nur in die Zukunft.[2141] Mit Erlass des Urteils wird die weitere Vollstreckung aus dem aufgehobenen Verfügungstitel unzulässig. Die Aufhebung von Vollstreckungsmaßnahmen ist allerdings erst nach Rechtskraft des Urteils möglich.[2142]

V. Rechtsmittel

Gegen das Endurteil findet Berufung statt.   822

VI. Kosten des Verfügungs- und des Aufhebungsverfahrens

Das Gericht entscheidet in dem Aufhebungsurteil grundsätzlich nur über die Kosten des 823 Aufhebungsverfahrens. Die Vergütung des Rechtsanwalts beträgt eine 0,3-Gebühr gemäß Nr. 3309 VV. Wird allerdings derselbe Rechtsanwalt, der bereits im Verfügungsverfahren tätig war, im Anordnungsverfahren tätig, fällt keine gesonderte Gebühr an.[2143] Gerichtskosten entstehen gem. KV Nr. 1410 durch das Aufhebungsverfahren wegen der Vorbemerkung 1.4 in Höhe einer 1,5-Gebühr.

Das Gericht kann allerdings auch über die Kosten des Verfügungsverfahrens entscheiden, wenn[2144]

[2138] Vgl. Zöller/*Vollkommer* ZPO § 927 Rn. 9.

[2139] Der Herausgabeanspruch entspricht der Rechtsprechung zum Rechtsschutzbedürfnis des Schuldners für eine Vollstreckungsabwehrklage: Solange der Antragsteller (Gläubiger) den Titel nicht an den Antragsgegner (Schuldner) ausgehändigt hat, besteht das Rechtsschutzbedürfnis für eine Vollstreckungsabwehrklage gemäß § 767 ZPO, vgl. Zöller/*Herget* ZPO § 767 Rn. 8. Der Verzicht des Antragstellers auf die Rechte aus der Verfügung ohne Herausgabe des Titels genügt nicht, vgl. Zöller/*Herget*, ebenda, und BGH NJW 1984, 2826. Dementsprechend besteht ein Rechtsschutzbedürfnis für einen Aufhebungsantrag, solange der Anspruchsteller die Ausfertigung der Verfügung nicht an den Anspruchsgegner herausgibt.

[2140] Vgl. Zöller/*Vollkommer* ZPO § 927 Rn. 12 und Gloy/Loschelder/Erdmann/*Spätgens* § 108 Rn. 7.

[2141] Vgl. Gloy/Loschelder/Erdmann/*Spätgens* § 108 Rn. 13 mwN; OLG München NJW-RR 1986, 998 (999).

[2142] Vgl. Zöller/*Vollkommer* ZPO § 927 Rn. 14.

[2143] Diese Reglung ist zwar unbillig, weil das Aufhebungsverfahren meist völlig andere (Rechts-)Fragen als das Anordnungsverfahren aufwirft, entspricht aber der Rechtslage; vgl. *Gerold/Schmidt/Müller-Rabe* RVG § 16 Rn. 92.

[2144] Vgl. Thomas/Putzo/*Seiler* ZPO § 927 Rn. 8 und Gloy/Loschelder/Erdmann/*Spätgens* § 108 Rn. 14.

- die Aufhebungsgründe von Anfang an bestanden,
- die Hauptsacheklage rechtskräftig als von Anfang an unbegründet abgewiesen wurde,
- die Aufhebung in der Rechtsmittelinstanz des Verfügungsverfahrens beantragt wird, oder
- die Vollziehungsfrist oder die Frist zur Erhebung der Hauptsacheklage unwiederbringlich versäumt sind.

Der Antragsgegner kann dann im Aufhebungsverfahren die Abänderung der Kostenentscheidung der aufzuhebenden einstweiligen Verfügung beantragen.[2145]

824   Verzichtet der Antragsteller nach Androhung des Aufhebungsantrages auf die Rechte aus der Verfügung, trägt er die Kosten für die Androhung. Hier gelten dieselben Grundsätze wie bei der außergerichtlichen Abmahnung. Demnach trägt der Antragsteller die Kosten für die Androhung, wenn sie ein selbstständiges Aufhebungsverfahren ankündigt. Erfolgt die Aufhebung in der Rechtsmittelinstanz des Verfügungsverfahrens, gibt es kein gesondertes Aufhebungsverfahren und damit auch keinen gesonderten Kostenerstattungsanspruch des Antragsgegners.

825   Kommt es nicht zu einem Aufhebungsverfahren, weil der Antragsteller auf die Rechte aus der Verfügung verzichtet und sie dem Antragsgegner ausgehändigt hat, und ist das Verfügungsverfahren bereits rechtskräftig beendet, bleibt auch hier die Frage der Erstattung der durch die Verfügung entstandenen Kosten. Diese kann der Antragsgegner nicht als Schadensersatz gemäß § 945 ZPO geltend machen, da es zu keiner Aufhebung gekommen ist und § 945 ZPO einer erweiterten Auslegung nicht zugänglich ist.[2146] § 927 ZPO ist zudem ohnedies nicht in § 945 ZPO erwähnt. Der Antragsgegner kann die Kosten dann nur nach den allgemeinen deliktsrechtlichen Regeln geltend machen.[2147]

826   Erfolgt eine Aufhebung – zum Beispiel wegen Versäumung der Vollziehungsfrist – und obsiegt der Antragsteller im Hauptsacheverfahren, bleibt es bei der ihn belastenden Kostenentscheidung des Aufhebungsverfahrens. Der Antragsteller kann diese Kosten nicht als Schadensersatz geltend machen. Denn die Kostenentscheidung im Aufhebungsverfahren ist gemäß § 269 Abs. 3 ZPO abschließend.[2148]

N. Aufhebung gegen Sicherheitsleistung (§ 939 ZPO)

§ 939 ZPO:

Nur unter besonderen Umständen kann die Aufhebung einer einstweiligen Verfügung gegen Sicherheitsleistung gestattet werden.

827   Die Regelung in § 939 ZPO hat im Wettbewerbsrecht so gut wie keine Bedeutung. Denkbar ist eine Aufhebung gemäß § 939 ZPO ohnedies nur bei einer Sicherungsverfügung. Im Wettbewerbsrecht könnte eine Sicherungsverfügung zum Beispiel die Sicherstellung von gefälschten Produkten betreffen. Wäre die Sicherstellung jedoch durch Sicherheitsleistung abwendbar – und die Ware dann wieder freigegeben –, unterläuft dies gerade den Sicherungszweck.[2149] Würde das Gericht bei Sicherheitsleistung eine Unterlassungsverfügung aufheben, könnte der Verletzer die Handlung ohne das Risiko von Ordnungsmitteln fortsetzen. *Spätgens* hält § 939 ZPO deshalb bei Unterlassungsverfügungen für grundsätzlich nicht anwendbar.[2150]

828   Liegt ein seltener Ausnahmefall für die Gestattung einer Sicherheit vor, entscheidet das Gericht nach mündlicher Verhandlung durch Endurteil. Eine Entscheidung ist auch in der

---

[2145] BGH NJW 1993, 2685 – Verfügungskosten.

[2146] Zöller/*Vollkommer* ZPO § 945 Rn. 12.

[2147] Gloy/Loschelder/Erdmann/*Spätgens* § 109 Rn. 5 vertreten die durchaus diskutable Auffassung, dass zu einem wirksamen Verzicht des Antragstellers auch eine Erklärung zur Übernahme der Kosten des Verfügungsverfahrens gehört. Vertritt man diese Auffassung, wird man eine Erklärung zur Kostenübernahme nur fordern können, wenn das Gericht im Aufhebungsverfahren auch über die Kosten des Verfügungsverfahrens entschieden hätte.

[2148] BGH GRUR 1995, 169 = NJW-RR 1995, 495 = WRP 1995, 290 – Kosten des Verfügungsverfahrens bei Antragsrücknahme.

[2149] Gloy/Loschelder/Erdmann/*Spätgens* § 106 Rn. 2.

[2150] Ebenda, § 106 Rn. 4.

Rechtsmittelinstanz möglich. Für eine stattgebende Entscheidung muss die Sicherheit nicht bereits geleistet sein. Leistet der Antragsgegner nach einer Aufhebung gemäß § 939 ZPO die Sicherheit, wird die Verfügung wirkungslos, ohne dass es einer weiteren gerichtlichen Entscheidung bedarf.[2151]

[2151] Das ist allerdings streitig, vgl. Gloy/Loschelder/Erdmann/*Spätgens* § 106 Rn. 5 mit Hinweis auf OLG Köln NJW 1975, 454 und OLG München BayJustMBl. 1953, 303. Anders ua Zöller/*Vollkommer* ZPO § 939 Rn. 2: Einstellung der Zwangsvollstreckung bzw. Aufhebung der Vollstreckungsmaßnahmen erfolgt nach gestellter Sicherheitsleistung gemäß §§ 775 Nr. 1 und 3, 776 ZPO.

§ 15 Verfügungsverfahren gegen Verletzer im Ausland

Übersicht

Hat der Anspruchsgegner keinen Sitz im Inland, muss der Antragsteller – ggf. neben der Antragsformulierung[2152] – einige Besonderheiten beachten. Nachstehend werden vor allem die Anforderungen der EuGVVO[2153] und des LugÜ dargestellt. Am 10. Januar 2015 tritt die geänderte EuGVVO in Kraft, die – soweit hier relevant – zu einer Verschiebung der Artikel-Nummern führt.[2154]

A. Erfordernis der Verteidigungsmöglichkeit

I. Rechtslage nach der EuGVVO

829   Die EuGVVO stellt gegenüber dem EuGVÜ keine Verbesserung zugunsten des Antragstellers dar. Im Bereich des EuGVÜ/LugÜ erkannten die Mitgliedsstaaten bislang Beschlussverfügungen in aller Regel nicht an.[2155] Der EuGH hat hierzu entschieden:[2156] Gerichtliche Entscheidungen, durch die einstweilige oder auf eine Sicherung gerichtete Maßnahmen angeordnet werden und die ohne Ladung der Gegenpartei ergangen sind oder ohne vorherige Zustellung vollstreckt werden sollen, sind keine gemäß Art. 25 EuGVÜ/LugÜ anerkennungsfähige und vollstreckbare Entscheidungen. Kaum nachvollziehbar ist die Entscheidung des EuGH jedenfalls dann, wenn es um Unterlassungsverfügungen geht: Denn zum einen kann der Antragsgegner umgehend Widerspruch gegen die Verfügung einlegen und vorläufige Einstellung der Zwangsvollstreckung beantragen. Zum anderen ist der Antragsgegner anzuhören, wenn gemäß § 890 Abs. 1 ZPO ein Ordnungsmittel festgesetzt werden soll.[2157] Der Antragsgegner wird also nicht von einer gerichtlich festgesetzten Sanktion überrascht.

[2152] → Rn. 712 f.

[2153] EU-Verordnung 44/2001 über die gerichtliche Zuständigkeit und die Anerkennung und Vollstreckung von Entscheidungen in Zivil- und Handelssachen vom 22.12.2000 (EuGVVO); siehe hierzu auch *Finger* MDR 2001, 1395 ff.

[2154] Verordnung (EU) Nr. 1215/2012.

[2155] Zum Beschlussarrest: Zöller/*Vollkommer* ZPO § 921 Rn. 1. Gleiches gilt für die Beschlussverfügung, vgl. Art. 32 ff. EuGVVO/Art. 25 ff. LugÜ () und EuGH NJW 1980, 2016.

[2156] EuGH NJW 1980, 2016.

[2157] Daher bietet sich auch die Zwangsvollstreckung aus dem Ordnungsmittelbeschluss und nicht die Zwangsvollstreckung aus der Verfügung nach dem Recht des Drittstaates an, → Rn. 846.

Diese Rechtsprechung gilt allerdings – wie der BGH 2006 zur Anerkennung eines im Ausland erwirkten Arrestbeschlusses entschieden hat – im Bereich der EuGVVO fort.[2158] Denn Art. 34 Nr. 2 EuGVVO bestimme, dass dem Gegner das verfahrenseinleitende Schriftstück zur Verteidigung zugestellt werden muss. Geschieht dies wie bei einer Beschlussverfügung regelmäßig nicht, kann die Entscheidung des ausländischen Gerichts nicht anerkannt und nicht für vollstreckbar erklärt werden.

> **Praxistipp: Überraschungseffekt im Ausland**
>
> Will der Antragsteller einen Überraschungseffekt erzielen und eine vorherige Anhörung des im Ausland residierenden Antragsgegners vermeiden, gilt: Die Verfügung sollte in dem Staat beantragt werden, in dem dann auch die Vollstreckung erfolgen soll.

Nach der EuGH-/BGH-Rechtsprechung gilt also: Wenn das Gericht keine mündliche Verhandlung durchführt, bedarf es jedenfalls der vorherigen Zustellung. Das ist nicht die Zustellung der bereits erlassenen Verfügung, sondern die Zustellung des verfahrenseinleitenden Schriftstücks (Verfügungsantrag) vor Erlass der Verfügung, damit sich der Antragsgegner verteidigen kann. Aus Art. 34 Nr. 2 EuGVVO ergibt sich, dass dem Antragsgegner
- das dieses Verfahren einleitende Schriftstück oder ein gleichwertiges Schriftstück
- so rechtzeitig zuzustellen ist, dass er sich verteidigen kann.

Ein Zeitraum von drei Wochen „zwischen Zustellung und Verhandlungstermin" ist laut Zöller/*Geimer*[2159] ausreichend. Dieser Zeitraum ist im Verfügungsverfahren – vor allem, wenn sich zwei geschäftserfahrene Wettbewerber gegenüber stehen – ausgesprochen lang. Wegen der Eilbedürftigkeit lassen sich auch kürzere Fristen rechtfertigen. Der Antragsteller trägt allerdings das Risiko, dass ein dem Antragsgegner ordnungsgemäß zugestelltes Schriftstück diesen auch tatsächlich erreicht hat.[2160]

> **Praxistipp: „Antrag" auf Zuleitung an Antragsgegners**
>
> Findet die EuGVVO Anwendung, gilt: Soll eine Verfügung im Ausland eine Chance auf Anerkennung haben, muss der Antragsteller das Gericht bitten, den Verfügungsantrag dem Antragsgegner zur Erwiderung vor einer Entscheidung zuzuleiten.

II. Rechtslage nach dem LugÜ

Im Bereich des LugÜ gilt die bisherige Rechtsprechung des EuGH ohnehin fort. Art. 27 Nr. 2 LugÜ entspricht Art. 34 Nr. 2 EuGVVO.[2161]

> **Praxistipp: Zustellungsbevollmächtigter in Deutschland**
>
> Nach § 184 Abs. 1 Satz 1 ZPO kann das Gericht bei einer Zustellung nach § 183 ZPO anordnen, dass die ausländische Partei in Deutschland einen Zustellungsbevollmächtigten benennt. Darauf sollte der Anspruchsteller hinwirken, da die damit verbundenen Zustellungserleichterungen das Verfahren erheblich beschleunigen und vereinfachen können. Allerdings sollte die gerichtliche Belehrung gemäß § 184 Abs. 2 Satz 3 ZPO nicht fehlen![2162] § 184 ZPO gilt für alle Auslandszustellungen.[2163]

[2158] BGH GRUR 2007, 813 = NJW-RR 2007, 1573 = WRP 2007, 330. Kritisch dazu *Kieser/Sagemann* GRUR-Prax 2012, 155 (156).
[2159] EuGVVO Art. 34 Rn. 31.
[2160] Ebenda, Rn. 27.
[2161] Entsprechendes verlangt auch Art. 46 Nr. 2 LugÜ, wenn es um die Anerkennung oder Zwangsvollstreckung aus einem Versäumnisurteil geht.
[2162] Siehe im Einzelnen BGH VI ZR 241/11 (Rn. 11 f.) = BGHZ 193, 353 = NJW 2012, 2588.
[2163] Zöller/*Stöber* ZPO § 184 Rn. 5.

B. Begründung der Entscheidung (§ 922 Abs. 1 S. 2 ZPO)

832   Gemäß §§ 936, 922 I 2 ZPO muss das Gericht seine Entscheidung begründen, wenn sie der Antragsteller im Ausland „geltend machen" wird. „Geltend machen" ist noch nicht die Zustellung zum Zwecke der Vollziehung. Die Vollziehung ist lediglich die *Ankündigung der Absicht*, von dem titulierten Anspruch Gebrauch machen zu wollen.[2164] Enthält die Verfügung keine Androhung gemäß § 890 Abs. 2 ZPO,[2165] droht eine Vollstreckung ohnehin noch nicht. Aber auch wenn die Verfügung eine Androhung enthält, gehört zum „geltend machen" die Einleitung der Zwangsvollstreckung – etwa durch die Stellung eines Ordnungsmittelantrags nach § 890 Abs. 1 ZPO.[2166]

> **Praxistipp: „Antrag" auf Begründung der Verfügung**
>
> Der Antragsteller sollte das Gericht wegen § 922 Abs. 1 S. 2 ZPO vorsorglich um eine Begründung der Entscheidung – auch einer etwaigen Beschlussverfügung – bitten.

C. Vollziehung durch förmliche Zustellung

833   Die förmliche Zustellung der Verfügung ist nach deutschem Recht Voraussetzung für die Vollstreckung aus der Verfügung. Zugleich erfordert eine wirksame Vollziehung als Vorstufe der Zwangsvollstreckung, dass die Zwangsvollstreckung innerhalb der Vollziehungsfrist bereits begonnen hat. Das geschieht zum Beispiel durch die Androhung von Ordnungsmitteln gemäß § 890 Abs. 2 ZPO. Die Zustellung und die Einleitung der Zwangsvollstreckung[2167] aus der Verfügung sind also unterschiedliche Elemente der Vollziehung eines Verfügungsanspruchs.[2168] Der Anspruchsteller muss sich daher zunächst um die förmliche Zustellung der Verfügung bemühen.

834   Hat das Gericht mündliche Verhandlung anberaumt und hat sich ein inländischer Vertreter für den Anspruchsgegner bestellt, erfolgt bei Erlass der Verfügung die Zustellung zum Zwecke der Vollziehung gemäß § 195 ZPO von Anwalt zu Anwalt. Hat das Gericht eine Beschlussverfügung erlassen und hat sich für den Antragsgegner kein anwaltlicher Vertreter bestellt, muss die Verfügung im Ausland förmlich zugestellt werden. Auch hier gilt die Monatsfrist des § 929 Abs. 2 ZPO. Art. 38 EuGVVO bzw. Art. 31 LugÜ verweisen ausdrücklich auf das Recht des Erststaates.[2169] Eine Zustellung im Inland ist nur möglich, wenn sich der Anspruchsgegner oder dessen vertretungsberechtigtes Organ – wenn auch nur vorübergehend – in Deutschland aufhält oder eine Zweigniederlassung in Deutschland unterhält (§ 21 ZPO).[2170]

I. Wahrung der Monatsfrist gemäß §§ 936, 929 Abs. 2 ZPO

835   Die Postzustellung in das Ausland erfolgt ausschließlich durch das Gericht nach § 183 ZPO. Da eine Auslandszustellung in der Regel weitaus langwieriger als eine Zustellung innerhalb Deutschlands ist, genügt es hier nach einhelliger Auffassung, wenn das erforderliche Zustellungsgesuch innerhalb der laufenden Frist angebracht wurde. Es greift dann die Rückwirkungsfiktion des § 167 ZPO.[2171]

[2164] Vgl. OLG Köln NJWE-WettbR 1999, 232 = GRUR 1999, 66.
[2165] → Rn. 712 f.
[2166] Vgl. auch KG NJWE-WettbR 1999, 161 = IPRax 2001, 236.
[2167] Zur Zwangsvollstreckung aus einer einstweiligen Verfügung im Ausland → Rn. 839 ff.
[2168] Vgl. auch KG NJWE-WettbR 1999, 161.
[2169] Vgl. Zöller/*Geimer* EuGVVO Art. 38 Rn. 7 f.
[2170] Vgl. *Geimer*, IZPR, Rn. 2109 ff.
[2171] Siehe zu § 207 Abs. 1 ZPO aF auch OLG Köln GRUR 1999, 66; KG NJWE-WettbR 1999, 161 und OLG Hamm GRUR 1991, 944.

II. Durchführung der förmlichen Zustellung

Praxistipp: Notwendigkeit der Übersetzung

Der Antragsteller muss berücksichtigen, dass nicht nur durch die Zustellung, sondern auch für eine Übersetzung Kosten anfallen und Zeit beansprucht wird. So sieht etwa Art. 5 Abs. 1 ZustVO ausdrücklich vor, dass der Empfänger (Antragsgegner) die Annahme des Schriftstückes verweigern kann, wenn es nicht in einer Sprache abgefasst ist, die er versteht. Daran kann auch eine wirksame Vollziehung scheitern.[2172]

1. Zustellung innerhalb der EU

Im EU-Ausland – mit Ausnahme Dänemarks[2173] – erfolgt die Zustellung nach den Vorschriften der EU-Verordnung „über die Zustellung gerichtlicher und außergerichtlicher Schriftstücke in Zivil- oder Handelssachen in den Mitgliedstaaten".[2174] Demnach sind gerichtliche und außergerichtliche Schriftstücke über so genannte Übermittlungsstellen den ausländischen Empfangsstellen zu übermitteln (Art. 2 ZustVO).[2175] „Gerichtliches Schriftstück" ist ein Schriftstück, das aus einem bereits eingeleiteten gerichtlichen Verfahren herrührt oder für die Einleitung eines solchen Verfahrens bestimmt ist.[2176] Demgegenüber sind „außergerichtliche Schriftstücke" Schriftstücke, die mit einem gerichtlichen Verfahren nicht oder noch nicht in Zusammenhang stehen.[2177]

836

Bei einer einstweiligen Verfügung handelt es sich daher um ein „gerichtliches Schriftstück". Nach der EG-Zustellungsverordnung bedürfen die Schriftstücke zwar keiner besonderen Formalität wie etwa einer Beglaubigung (Art. 4 Abs. 4 ZustVO). Nach Art. 14 ZustVO kann die Zustellung auch nur per Post erfolgen. § 183 Abs. 1 Nr. 1 ZPO ermöglicht dies ebenfalls. Die Postversendung geschieht per Einschreiben/Rückschein.

Trotzdem muss der Antragsteller die Formvorschriften des deutschen Rechts gemäß §§ 936, 929 ZPO beachten[2178] und eine förmliche Parteizustellung[2179] bewirken. Die Postzustellung ist eine förmliche Zustellung. Es müsste deshalb auch eine Postzustellung genügen, zumal die bis 30.6.2002 geltende Fassung von § 199 ZPO diese Zustellungsart nicht vorsah und der Gesetzgeber die Auslands-Zustellung vereinfachen wollte. Ausdrücklich geregelt hat das der Gesetzgeber aber bislang nicht. Deshalb dürfte derzeit noch die Meinung vorherrschen, dass die Postzustellung nicht den Anforderungen gemäß §§ 936, 929 ZPO genügt. Denn: Die Zustellung bedarf nach deutschem Recht einer besonderen Form – nämlich der Parteizustellung durch Gerichtsvollzieher (§ 192 Abs. 1 ZPO). Demnach wird der Antragsteller – wenn er jedes Risiko vermeiden will – auch die Auslandszustellung durch einen Gerichtsvollzieher oder eine vergleichbare Zustellung bewirken. Die Zustellung erfolgt dann gemäß Art. 7 Abs. 1 ZustVO in dem von der Übermittlungsstelle gewünschten besonderen Verfahren, „sofern dieses Verfahren mit dem Recht des Empfangsstaates vereinbar ist". Übermittlungsstelle ist für gerichtliche Schriftstücke in Deutschland das „die Zustellung be-

837

[2172] Vgl. Art. 8 ZustVO. Für förmliche Zustellungen sehen das Art. 5 Abs. 3 HZÜ und Art. 3 Abs. 2 HZPÜ zwingend vor. Vgl. auch Zöller/*Geimer* ZPO § 183 Rn. 69 f.

[2173] Vgl. Erwägung Nr. 18 der VO.

[2174] Verordnung (EG) Nr. 1393/2007 des Rates vom 13.11.2007 (nachfolgend abgekürzt: ZustVO).

[2175] Vgl. zur Vorgängerfassung der ZustVO 2000: Über Einzelheiten der Zustellung in EU-Staaten informiert das EG-Amtsblatt Nr. C 151 vom 22.5.2001, S. 4 ff. Das EG-Amtsblatt L 298 vom 15.11.2001 enthält die Entscheidung der Kommission vom 25.9.2001 über ein Handbuch der Empfangsstellen und ein Glossar über die Schriftstücke, die gemäß der Verordnung zugestellt werden können.

[2176] Vgl. *Geimer/Schütze* Band 1 Fn. 7 zu Ordnungsziffer 101, S. 2 (HZPÜ), mwN.

[2177] *Geimer/Schütze* Band 1 Fn. 8.

[2178] → Rn. 786 ff.

[2179] Allerdings kommt nur eine formlose Zustellung in Betracht, wenn mit dem Drittstaat kein Vertrag über die Zustellung (außer-)gerichtlicher Schriftstücke besteht, vgl. *Geimer*, IZPR, Rn. 2134. Soll wegen §§ 936, 929 ZPO förmlich zugestellt werden, muss dies dann gemäß § 183 Abs. 1 Nr. 2 ZPO durch die ausländischen Rechtshilfeinstanzen geschehen, vgl. auch *Geimer*, IZPR, Rn. 2121.

treibende Gericht" (§ 1069 Abs. 1 Nr. 1 ZPO). § 183 Abs. 1 Nr. 2 ZPO regelt, dass der Vorsitzende des Prozessgerichts das Zustellungsersuchen zu veranlassen hat. Deshalb ist Übermittlungsstelle das Gericht, das die Verfügung erlassen und auch sonst in diesem Verfahren alle Zustellungen (von Amts wegen) zu veranlassen hat.

> **Praxistipp: Antrag auf besondere Zustellung**
>
> Wegen der in Deutschland geforderten Förmlichkeiten der Vollziehungs-Zustellung sollte der Antragsteller ausdrücklich beantragen, dass das Gericht eine besondere Zustellung wünscht, die der förmlichen Zustellung in Deutschland durch Gerichtsvollzieher entspricht und auf den jeweils zwischen Deutschland und dem Drittstaat bestehenden Vertrag über die Zustellung gerichtlicher Schriftstücke verweisen. Der Antrag sollte bereits in den Verfügungsantrag aufgenommen werden.

2. Zustellung außerhalb der EU

838   Für die Zustellung in Länder außerhalb des Geltungsbereichs der EU-Zustellungsverordnung finden das Haager Zivilprozessübereinkommen (HZPÜ) vom 1.3.1954,[2180] das Haager Übereinkommen über die Zustellung gerichtlicher und außergerichtlicher Schriftstücke im Ausland in Zivil- oder Handelssachen (HZÜ) vom 15.11.1965[2181] oder einzelvertragliche Regelungen zwischen Deutschland und dem Drittstaat Anwendung.[2182] Soweit sich HZPÜ-Vertragsstaaten dem HZÜ angeschlossen haben, gelten nur die Bestimmungen des HZÜ.[2183] Auch nach diesen Bestimmungen muss der Antragsteller trotz der vereinfachten Zustellungsmöglichkeiten in § 183 Abs. 1 ZPO eine förmliche Zustellung durch den Gerichtsvollzieher oder in der von dem jeweiligen Recht des Drittstaates für die Zustellung gerichtlicher (Eil-)Entscheidungen im Parteibetrieb vorgeschriebenen Form beantragen.

D. Zwangsvollstreckung aus einer einstweiligen Verfügung

839   Die Zwangsvollstreckung aus einer Unterlassungsverfügung geschieht nach deutschem Recht in der Regel erst durch die Festsetzung eines Ordnungsmittels gemäß § 890 Abs. 1 ZPO. Enthält der Verfügungstenor keine Androhung von Ordnungsmitteln, um die Zustellung der Verfügung im Ausland nicht zu gefährden,[2184] kann der Antragsteller die Androhung nach Erlass der Verfügung nachholen[2185] und leitet dadurch die Zwangsvollstreckung ein.[2186] Der Antragsteller kann jedoch auch die Zwangsvollstreckung sogleich im Drittstaat nach dem Recht des Drittstaates betreiben. Das nimmt dem Antragsteller das Risiko, dass der Drittstaat die nach deutschem Recht vorgesehenen Zwangsvollstreckungsmaßnahmen nicht anerkennt.

[2180] BGBl. 1958 II 576; im Internet auffindbar unter http://www.gesetze.ch/inh/inhsub0.274.12.htm (abgerufen am 31.1.2014). Eine Beitrittschronologie und eine jeweils aktuelle Übersicht über die Mitglieder (allerdings kein Text des HZPÜ) sind unter http://transpatent.com/archiv/huezp113.html veröffentlicht (abgerufen am 31.1.2014).

[2181] BGBl. 1977 II 1452; im Internet auffindbar unter http://www.gesetze.ch/inh/inhsub0.274.131.htm (abgerufen am 31.1.2014). Eine Beitrittschronologie und eine jeweils aktuelle Übersicht über die Mitglieder (allerdings kein Text des HZÜ) sind unter http://transpatent.com/archiv/huezu114.html (abgerufen am 31.1.2014) veröffentlicht. Zur Zustellung einer Beschlussverfügung in den USA siehe LG Hamburg 327 O 426/12 = GRUR-RR 2013, 230.

[2182] Veröffentlicht in *Geimer/Schütze*, Übersicht auch in Zöller/*Geimer* ZPO § 183 Rn. 71.

[2183] Vgl. Zöller/*Geimer* § 183 Rn. 93.

[2184] → Rn. 712 f.

[2185] Zur Zwangsvollstreckung im Ausland vgl. etwa *Weißmann/Riedel*, Handbuch der internationalen Zwangsvollstreckung; *Gärtner*, Probleme der Auslandsvollstreckung von Nichtgeldleistungsentscheidungen; *Remien*, Rechtsverwirklichung durch Zwangsgeld.

[2186] Vgl. Gloy/Loschelder/Erdmann/*Spätgens* § 112 Rn. 41 f.

I. Zwangsvollstreckung im Inland

Besteht die Möglichkeit der Zwangsvollstreckung im Inland, erspart sich der Antragstel- **840** ler die Vollstreckbarkeitserklärung durch das ausländische Gericht. Es kommt dann zum Beispiel auch nicht mehr darauf an, ob der Antragsgegner vor Erlass der Verfügung eine Gelegenheit zur Stellungnahme hatte und die Verfügung deshalb gemäß Art. 34 Nr. 2 EuGVVO bzw. Art. 27 Nr. 2 LugÜ anerkennungsfähig ist oder nicht. Eine Zwangsvollstreckung im Inland ist möglich, wenn der Antragsgegner im Inland angetroffen werden kann – etwa weil er seinen Wohnsitz in Deutschland hat.[2187]

II. Zwangsvollstreckung im Ausland

Eine Zwangsvollstreckung einstweiliger Verfügungen im Ausland setzt voraus, dass die **840a** Verfügung im Ausland anerkannt und für vollstreckbar erklärt wird. Zu unterscheiden ist allerdings zwischen der Zwangsvollstreckung aus der einstweiligen Verfügung im Ausland – also auf der Grundlage eines Verfahrens, das der Festsetzung von Ordnungsmitteln nach deutschem Recht gem. § 890 Abs. 1 ZPO entspricht – und der Zwangsvollstreckung eines in Deutschland festgesetzten Ordnungsmittels. Letztere Maßnahme ist deutlich einfacher.[2188]

1. Zwangsvollstreckung innerhalb der EU

a) Anerkennung der Verfügung. Die Anerkennung ausländischer Verfügungen ist keines- **841** wegs eine Selbstverständlichkeit.[2189] Nach der EuGVVO genügt es jedoch, wenn der Antragsgegner die Möglichkeit eines Rechtsbehelfs hat (Art. 34 Nr. 2 EuGVVO).[2190] Außerdem kann nach Art. 33 Abs. 2 EuGVVO jede Partei die Feststellung beantragen, dass die Entscheidung anzuerkennen ist.

Das LugÜ enthält für die LugÜ-Vertragsstaaten Regelungen über die Anerkennung und **842** Vollstreckung gerichtlicher Entscheidungen. Gemäß Art. 25 LugÜ ist unter „Entscheidung" jede von einem Gericht eines Vertragsstaates erlassene Entscheidung zu verstehen. Hierzu gehören grundsätzlich auch einstweilige Verfügungen.[2191] Die Anerkennung erfolgt „automatisch", da sie unmittelbar kraft Gesetzes ohne Durchführung eines Anerkennungsverfahrens erfolgt.[2192]

Eine Entscheidung wird gemäß Art. 27 Nr. 2 LugÜ nicht anerkannt, „wenn dem Beklag- **843** ten, der sich auf das Verfahren nicht eingelassen hat, das dieses Verfahren einleitende Schriftstück oder ein gleichwertiges Schriftstück nicht ordnungsgemäß und nicht so recht-

---

[2187] Vgl. KG NJWE-WettbR 1999, 161. Bei Unterlassungsverfügungen findet deshalb auch nicht die Entscheidung des OLG Stuttgart ZZP 97 (1984), 488 Anwendung. Dort ging es um einen Streit zwischen zwei Deutschen wegen benachbarter Grundstücke in Spanien. Das OLG Stuttgart vertrat die Auffassung, dass wegen einer in Spanien vorzunehmenden Handlung in Deutschland keine Zwangsvollstreckung gemäß § 887 ZPO betrieben werden dürfe. Hier geht es jedoch um Unterlassungsverfügungen wegen Handlungen in Deutschland nach deutschem Recht.

[2188] Vgl. dazu *Kieser/Sagemann* GRUR-Prax 2012, 155 (157 f.) → Rn. 846.

[2189] So regelt auch § 328 Abs. 1 ZPO nur die Anerkennung ausländischer Urteile. Eine Anerkennung ausländischer einstweiliger Verfügungen ist über § 328 ZPO damit nicht möglich. Vgl. *Thomas/Putzo/Hüßtege* ZPO § 328 Rn. 2. Eine Ausnahme besteht nur, wenn eine einstweilige Maßnahme die sofortige Befriedigung und nicht lediglich die vorläufige Sicherung anordnet, vgl. *Hausmann* IPrax 1981, 79 (80) mwN.

[2190] → Rn. 829. Vgl. zur Anerkennung einer ausländischen einstweiligen Verfügung in Deutschland OLG München 25 W 1207/10 = GRUR-RR 2011, 78.

[2191] Auch wenn der Begriff der „Entscheidung" vermeintlich weit gefasst ist, sind nur die *Wirkungen* einer Entscheidung – und zwar diejenigen Wirkungen, die das Urteil nach dem Recht des Urteilsstaates hat – anerkennungsfähig, *Zöller/Geimer* EuGVVO Art. 32 Rn. 4. Vgl. auch *Zöller/Geimer* ZPO § 328 Rn. 20 zur Anerkennung ausländischer Urteile in Deutschland: Die „Erstreckung der einem ausländischen Urteil nach dem Recht des Erststaates zukommenden Wirkungen auf das Inland durch das deutsche Recht bzw. das europäische Gemeinschaftsrecht und die darauf basierende Beachtlichkeit der ausländischen Entscheidung nennt man Anerkennung".

[2192] Vgl. *Zöller/Geimer* EuGVVO Art. 33 Rn. 4 und ZPO § 328 Rn. 276.

zeitig zugestellt worden ist, dass er sich verteidigen konnte". Der EuGH hat hierzu entschieden,[2193] dass die verhältnismäßig großzügige Regelung der Anerkennung und Vollstreckung im EuGVÜ/LugÜ auf der Prämisse beruhe, dass dem Beklagten bereits in dem erststaatlichen Verfahren hinreichend Gelegenheit zur Verteidigung seiner Rechte eingeräumt worden ist. Demnach habe das Interesse des Schuldners, nicht durch die Vollstreckung von Maßnahmen eines ausländischen Gerichts im Inland überrascht zu werden, die ohne seine Kenntnis getroffen worden sind, Vorrang vor dem Interesse des Gläubigers an einer möglichst umfassenden Sicherung seiner Ansprüche. Es sei deshalb nicht auf die im EuGVÜ/LugÜ enthaltenen Formvorschriften ausnahmsweise zu verzichten. Vielmehr sei eine Vollstreckung solcher Maßnahmen in den übrigen Vertragsstaaten unter den erleichterten Voraussetzungen des Übereinkommens *gänzlich* abzulehnen. Wie in Art. 33 Abs. 2 EuGVVO kann jedoch auch nach Art. 26 Abs. 2 LugÜ jede Partei die Feststellung beantragen, dass die Entscheidung anzuerkennen ist.

844   **b) Vollstreckung aus der Verfügung.** Voraussetzung für die Vollstreckung aus Urteilen ist grundsätzlich zunächst die Vollstreckbarkeitserklärung gemäß Art. 38 ff. EuGVVO bzw. Art. 31 ff. LugÜ. Es handelt sich hierbei um einen Gestaltungsakt, für den jedoch wegen Art. 34 Abs. 2 LugÜ dieselben Voraussetzungen wie für die Anerkennung gelten. Gemäß Art. 41 EuGVVO müssen lediglich die Förmlichkeiten (Art. 53 ff. EuGVVO) beachtet werden. Etwaige Versagungsgründe sind erst im Rechtsbehelfsverfahren relevant.

845   Einstweilige Verfügungen werden jedoch nicht für vollstreckbar erklärt – das Gericht erteilt eine einfache und keine vollstreckbare Ausfertigung (vgl. § 929 Abs. 1 ZPO). Zudem müssen Unterlassungsurteile ohnedies nicht für vollstreckbar erklärt werden.[2194]

846   An welche Stelle des Drittstaates der Antrag zu richten ist, bestimmen Art. 39 Abs. 1 iVm Anhang II EuGVVO bzw. Art. 32 LugÜ. Die Zwangsvollstreckung erfolgt nach dem Recht des Vollstreckungsstaates.[2195] Auch die Zwangsvollstreckung von festgesetzten Ordnungsgeldern ist im Drittstaat möglich[2196] – selbst dann, wenn das in Deutschland verbotene Verhalten im Vollstreckungshilfe leistenden Drittstaat nicht unlauter wäre.[2197]

Praxistipp: Ordnungsmittel-Vollstreckung

Die Vollstreckung einer Beschlussverfügung im EU-Ausland ist reichlich kompliziert, weil sie auf der Grundlage der im Drittstaat für die Vollstreckung von Unterlassungstiteln vorgesehenen Vollstreckungsmitteln erfolgt. Erwirkt der Antragsteller dagegen in Deutschland einen Ordnungsmittelbeschluss, kann dieser im EU-Ausland und in Deutschland vollstreckt werden. Einer Anerkennung der Verfügung bedarf es dann nicht. Der Ordnungsmittelbeschluss ergeht gem. § 891 Satz 2 ZPO nach Anhörung.

---

2. Zwangsvollstreckung außerhalb der EU

847   Außerhalb der EU besteht nur dann die Pflicht eines Staates, eine deutsche Entscheidung anzuerkennen, wenn ein Staatsvertrag oder nationales Recht die Anerkennung und Vollstreckung vorsieht. Ein Völkergewohnheitsrecht, ausländische Entscheidungen anzuerkennen, gibt es nicht.[2198] Nach deutschem Recht ist etwa die Anerkennung ausländischer Urteile nach § 328 Abs. 1 Nr. 5 ZPO ausgeschlossen, wenn die Gegenseitigkeit nicht verbürgt ist – also sich der Drittstaat nicht verpflichtet hat, deutsche Urteile anzuerkennen. Es gibt nicht

---

[2193] EuGH IPRax 1981, 95 (96).
[2194] Vgl. *Grabinski* GRUR Int. 2001, 212.
[2195] Vgl. hierzu auch BGHZ 131, 141 = NJW 1996, 198 = WRP 1996, 104 – Einstweilige Verfügung ohne Strafandrohung.
[2196] EuGH C-406/09 (Rn. 41 ff.) = NJW 2011, 3568 = GRUR 2012, 848 = WRP 2011, 1582– Realchemie Nederland/Bayer CropScience AG. Siehe dazu *Schröler* WRP 2012, 185 und *Kieser/Sagemann* GRUR-Prax 2012, 155 (156). Ebenso zuvor BGH I ZB 116/08 = NJW 2010, 1883 = GRUR 2010, 662 = WRP 2010, 777. Dagegen (noch vor der EuGH-Entscheidung) *Stoffregen* WRP 2010, 839.
[2197] Vgl. Lindacher GRURInt. 2008, 453.
[2198] Vgl. Zöller/*Geimer* ZPO § 328 Rn. 1.

nur viele Staaten, bei denen Gegenseitigkeit nicht verbürgt ist. Vielfach ist auch unklar, ob und inwieweit die Gegenseitigkeit verbürgt ist.[2199]

E. Konsequenzen für den in Deutschland ansässigen Antragsteller

Der Antragsteller, der gegen einen Verletzer mit Sitz im Ausland vorgehen möchte, muss   848 folgende Besonderheiten berücksichtigen:[2200]

- Erlässt das Gericht eine Beschlussverfügung, riskiert der Antragsteller, dass eine solche Verfügung nicht vollstreckt werden kann. Außerdem besteht noch das zusätzliche Problem, die Verfahrenskosten beim Gegner zu realisieren.
- Möchte der Antragsteller weitgehend sicher gehen, dass die von ihm beantragte Verfügung im Ausland anerkannt und vollstreckt werden kann, sollte er die Durchführung einer mündlichen Verhandlung beantragen. Dadurch gehen allerdings Zeit und vor allem der Überraschungseffekt verloren. Die Vermutung der Dringlichkeit wird hierdurch jedoch nicht beseitigt, da die Bitte um Durchführung einer Verhandlung allein auf Rechtsgründen beruht. Auch beansprucht die Zustellung der Ladung schon deshalb Zeit, da der Verfügungsantrag in aller Regel zu übersetzen ist.
- Auch wenn der Antragsteller alle Besonderheiten des Verfahrens beachtet, hat er noch keine Garantie, dass eine Zwangsvollstreckung erfolgreich sein wird. So kennt etwa Italien keine Zwangsvollstreckung unvertretbarer Handlungen. Auch gibt es in Italien keine indirekte Schuldnerbeugung oder vorbeugende Androhung eines Zwangsmittels.[2201] Der Antragsteller muss also darauf achten, dass er einen auch im Ausland vollstreckbaren Titel erwirkt.
- Hier bietet sich nunmehr ein Ordnungsmittelbeschluss des deutschen Gerichtes an, der im EU-Ausland vollstreckt werden kann.
- Will der Anspruchsteller den Überraschungseffekt nutzen, kann er den Verfügungsantrag in demjenigen Staat stellen, in dem die Verfügung auch vollzogen werden soll. In anderen Staaten ist eine Vollstreckung dann ausgeschlossen. Allerdings kann der Anspruchsteller wegen der lediglich formellen Rechtskraft einer Verfügung gleichzeitig bei Gerichten mehrerer Staaten den Erlass einer Verfügung beantragen.[2202] Voraussetzung ist hier, dass das im Ausland angerufene Gericht nach dem jeweiligen Landesrecht auch örtlich zuständig ist. Bevor der Antragsteller einen Gerichtsstand im Ausland wählt, sollte er sich jedoch über das dortige Verfahren – zum Beispiel die Verfahrenskosten und die Verfahrensdauer – informieren.

[2199] Vgl. *Nagel/Gottwald* § 12 Rn. 187 ff. und § 16 Rn. 1 ff.

[2200] Vgl. auch *Hausmann* S. 82.

[2201] Vgl. Weißmann/Riedel/*Strauss*, Band 2, Länderbericht Italien, Kap. VI 9, S. 2 f. und den Vorlagenbeschluss des BGH WM 2000, 635 = NJW 2000, 1440.

[2202] Das ergibt sich auch aus der EuGVVO und dem LugÜ: Gemäß Art. 27 EuGVVO/Art. 21 LugÜ ist bei doppelter Rechtshängigkeit das Verfahren durch das später angerufene Gericht auszusetzen. Allerdings kann Art. 27 EuGVVO/Art. 21 LugÜ – nimmt man überhaupt deren Anwendbarkeit auf einstweilige Maßnahmen gemäß Art. 31 EuGVVO/Art. 24 LugÜ an – nur die gleichzeitige Rechtshängigkeit von Verfahren meinen, die mit einer gemäß Art. 32 EuGVVO/Art. 25 ff. LugÜ anerkennungsfähigen Entscheidung abgeschlossen werden. Probleme kann es dann bestenfalls noch geben, wenn in mehreren Vertragsstaaten Verfahren anhängig gemacht werden und mehrfach mündliche Verhandlung anberaumt wird. Das führt aber eben nur zur Aussetzung des Verfahrens. Außerdem kann der Anspruchsteller seinen Antrag jederzeit wieder zurücknehmen, wenn er andere Verfahren dadurch behindert. Vgl. auch *Kropholler* (6. Auflage) Art. 25 EuGVÜ/LugÜ Rn. 24 und (9. Auflage) EuGVVO Art. 31 Rn. 19 (auch bei mehrfacher Rechtshängigkeit bleibt die Zuständigkeit für einstweilige Maßnahmen erhalten).

§ 16 Schutzschrift und Abschlusserklärung

Übersicht

A. Schutzschrift

I. Zweck

849   Der Zweck der Schutzschrift besteht darin, dem mit der Angelegenheit möglicherweise befassten Gericht am besten noch vor Einreichung des Verfügungsantrages durch den Anspruchsteller seine Argumente darzulegen und dadurch
• entweder die Zurückweisung des Antrags im Beschlusswege oder
• die Durchführung einer mündlichen Verhandlung, die weiteren Sachvortrag ermöglicht,
zu erreichen.[2203] Es besteht kein Anwaltszwang.[2204]

850   Aufgrund des fliegenden Gerichtsstands gemäß § 14 Abs. 2 UWG stellt sich die Frage, bei welchem Landgericht bzw. welchen Landgerichten eine Schutzschrift eingereicht werden soll. In der Regel wird es sich empfehlen, eine Schutzschrift bei den für den Anspruchsteller und den Anspruchsgegner örtlich zuständigen Landgerichten einzureichen sowie an weitere „große" Landgerichte zu versenden – wie etwa Berlin, Düsseldorf, Hamburg, Köln und München I.

Praxistipp: Schutzschrift bei fliegendem Gerichtsstand

Der Anspruchsgegner sollte den fliegenden Gerichtsstand gemäß § 14 Abs. 2 UWG berücksichtigen. Wenn eine Schutzschrift bei jedem zuständigen Gericht hinterlegt werden soll, bleibt nur der – in der Regel unverhältnismäßig hohe Aufwand –, die Schutzschrift bei *allen* Landgerichten zu hinterlegen. Eine Kostenerstattung erfolgt jedoch nur für die Hinterlegung beim späteren Prozessgericht.[2205] Über 40 Landgerichte erreicht man durch eine Hinterlegung beim Schutzschriftenregister.[2206] Allerdings ist die Einreichung einer Schutzschrift keineswegs eine Garantie dafür, dass zumindest eine mündliche Verhandlung durchgeführt wird.

[2203] Zu den Rechten des Hinterlegers einer Schutzschrift *Schulz* WRP 2009, 1472.
[2204] Zöller/*Vollkommer* ZPO § 937 Rn. 4.
[2205] OLG Hamburg 4 W 100/13 = BeckRS 2013, 19124.
[2206] Der Deutsche EDV-Gerichtstag e. V. hat eine Gesellschaft gegründet, die Europäische EDV-Akademie des Rechts GmbH, die unter www.schutzschriftenregister.de die Hinterlegung von Schutzschriften anbietet. Über 40 Landgerichte – darunter Düsseldorf, Frankfurt a. M. und Hamburg – haben sich nach den Angaben des Registers diesem bereits angeschlossen.

Bei der Einreichung einer Schutzschrift sollte der Anspruchsgegner berücksichtigen, dass viele Landgerichte unterschiedliche Einlaufstellen für Kammern für Handelssachen und allgemeine Zivilkammern haben. Eine Schutzschrift etwa, die beim Landgericht Hamburg eingereicht wird, wird in der Regel der Kammer für Handelssachen nur vorgelegt, wenn dies auf der Schutzschrift ausdrücklich vermerkt ist.

II. Kenntnisnahme des Gegners von der Schutzschrift

Eine Aushändigung der Schutzschrift in erster Instanz erfolgt an den Antragsteller in der **851** Regel nur, wenn der Antragsteller die Übermittlung erbittet. Eine Verpflichtung des Gerichts, die Schutzschrift dem Antragsteller auszuhändigen, besteht nicht.

Praxistipp: Schutzschrift-Anfrage

Bevor ein Verfügungsantrag in einer Angelegenheit mit eher geringen Erfolgsaussichten eingereicht wird, kann der Anspruchsteller aufgrund des Kostenrisikos *vor Einreichung* des Verfügungsantrages bei Gericht nachfragen, ob dort eine Schutzschrift hinterlegt wurde. Eine Auskunftspflicht des Gerichts besteht allerdings nicht. Andernfalls empfiehlt es sich möglicherweise, wenn die Voraussetzungen von § 14 Abs. 2 UWG erfüllt sind, den Verfügungsantrag bei einem anderen Gericht einzureichen.

III. Kosten

Gibt das Gericht einem Verfügungsantrag im Beschlusswege oder nach mündlicher Ver- **852** handlung durch Endurteil statt, gelten die allgemeinen Kostenerstattungsgrundsätze. Demnach hat der Antragsgegner ohnehin bei vollem Unterliegen keinen Kostenerstattungsanspruch.

Die Frage der Kostenerstattung wegen einer bei Gericht eingereichten Schutzschrift stellt sich nur dann, wenn
• der Antrag gemäß § 269 Abs. 3 ZPO zurückgenommen oder
• im Beschlusswege zurückgewiesen wird.

Gemäß Nr. 3100 VV fällt eine 1,3-Verfahrensgebühr an.[2207] Voraussetzung für eine Er- **853** stattungsfähigkeit ist, dass die Schutzschrift einen Sachantrag – also etwa auf Zurückweisung des Verfügungsantrages – enthält. Eine 0,8-Verfahrensgebühr nach Nr. 3101 VV fällt nur an, wenn sich der Auftrag ausschließlich auf die Einreichung der Schutzschrift erstreckt oder die Schutzschrift-Einreichung erst nach Antragsrücknahme erfolgt.

Reicht der Antragsgegner die Schutzschrift ein, wenn der Antrag bereits zurückgenommen **854** ist, hängt der Erstattungsanspruch einer 0,8-Verfahrensgebühr nach Nr. 3100, 3101 VV davon ab, ob der Anwalt das Geschäft bereits vor der Rücknahme des Verfügungsantrags betrieben hat. Hierfür kann schon die Entgegennahme des Auftrags sowie erster Informationen genügen. Jede Geschäftstätigkeit des Verfahrensbevollmächtigten für das Verfahren, selbst wenn sie nicht dem Gericht gegenüber erfolgt, bringt die Verfahrensgebühr gemäß Nr. 3100, 3101 VV RVG zum Entstehen.[2208]

Muss der Antragsteller demnach weniger als eine 1,3-Verfahrensgebühr erstatten, erhält der Anwalt des Antragsgegners von seinem Mandanten die Differenz zur 1,3-Verfahrensgebühr gemäß Nr. 3100 VV. Ausnahme: Der Auftrag war nur auf Einreichung der Schutzschrift gerichtet.

[2207] BGH GRUR 2008, 640 = NJW-RR 2008, 1093 = WRP 2008, 951 – Kosten der Schutzschrift III.
[2208] BGH GRUR 2007, 727 = NKW-RR 2007, 1575 = WRP 2007, 786 – Kosten der Schutzschrift II.

> **Praxistipp: Hinweis auf Kostentragungspflicht des Antragsgegners**
>
> Der Antragsgegner sollte auf die möglicherweise entstehende (teilweise) Kostentragungspflicht bereits vor Einreichung einer Schutzschrift hingewiesen werden.

B. Abschlusserklärung

I. Bedeutung

855   Hat der Antragsteller eine einstweilige Verfügung erstritten, ist sein Anspruch nur vorläufig gesichert. Zur endgültigen Sicherung des geltend gemachten Anspruchs benötigt der Antragsteller deshalb entweder
- eine rechtskräftige Hauptsacheentscheidung,
- eine Unterlassungsverpflichtung oder
- eine verbindliche Erklärung des Antragsgegners, dass er die einstweilige Verfügung als endgültige Regelung akzeptiert[2209] (Abschlusserklärung).

856   Bevor der Antragsteller ein Hauptsacheverfahren einleitet, sollte er schon aus Kostengründen den Antragsgegner zur Abgabe einer Abschlusserklärung auffordern. Denn durch die Aufforderung des Anspruchsgegners, zur Vermeidung der Erhebung einer Hauptsacheklage eine Abschlusserklärung abzugeben, kann der Anspruchsteller ein sofortiges Anerkenntnis des Anspruchsgegners und damit in der Hauptsache die Kostenfolge des § 93 ZPO vermeiden. Die Aufforderung zur Abgabe der Abschlusserklärung leitet das Hauptsacheverfahren ein. Sie hat die Wirkung einer weiteren „Abmahnung".[2210] Die außergerichtliche (erste) Abmahnung im Vorfeld eines Verfügungsverfahrens reicht hierfür nicht aus.

857   Allerdings erübrigt sich die Aufforderung, wenn der Antragsgegner Widerspruch gegen eine Beschlussverfügung eingelegt hat. Trotzdem kann der Antragsteller den Antragsgegner zur Abgabe der Abschlusserklärung auffordern.[2211]

II. Aufforderung zur Abgabe einer Abschlusserklärung

1. Adressat und Inhalt der Erklärung

858   In der Regel fordert der Antragsteller den Antragsgegner zur Erklärung auf, dass er die einstweilige Verfügung als endgültige Regelung anerkennt und – sofern noch möglich – auf Einlegung eines Rechtsmittels sowie auf die Rechte aus §§ 926 und 927 ZPO verzichtet.[2212] Wichtig – vor allem im Hinblick auf den Kostenerstattungsanspruch des Verletzten – ist, dass das Aufforderungsschreiben unmittelbar an den Verletzer gerichtet ist – auch wenn dieser anwaltlich vertreten ist. Denn die Vertretung im Verfügungsverfahren muss nicht zugleich eine Vertretung im Hauptsacheverfahren bedeuten. Ist das Schreiben an den nicht vertretungsberechtigten Rechtsanwalt gesandt worden und gibt der Verletzte daraufhin die Abschlusserklärung ab, besteht kein Kostenerstattungsanspruch.[2213]

> **Praxistipp: Hinweis auf Kostentragungspflicht des Antragsgegners**
>
> Zur Vermeidung berufsrechtlicher Diskussionen zu einer möglichen Verletzung des Umgehungsverbotes in § 12 BORA – die aus meiner Sicht hier nicht gegeben ist – empfiehlt es sich, das Aufforderungsschreiben zur Kenntnisnahme dem bislang tätigen Rechtsanwalt des Verletzers parallel zu übermitteln.

[2209] Vgl. *Köhler/Bornkamm* § 12 Rn. 3.69 ff.
[2210] Vgl. BGH GRUR 2007, 621 = NJW-RR 2007, 713 = WRP 2007, 428 – Abschlussschreiben eines Rechtsanwalts.
[2211] Vgl. OLG Hamm WRP 1991, 496; aA *Köhler/Bornkamm* § 12 Rn. 3.70 mit Hinweis auf OLG Düsseldorf GRUR 1991, 479.
[2212] → Anhang Muster „Abschlusserklärung (Aufforderung)".
[2213] OLG Hamburg NJW-RR 2007, 1417 = AfP 2007, 371.

Gibt der Antragsgegner eine entsprechende Abschlusserklärung ab, bedeutet dies zugleich, 859
dass das Rechtsschutzbedürfnis für eine negative Feststellungsklage gemäß § 256 ZPO entfallen ist und auch eine Schadensersatzklage des Antragsgegners nach § 945 ZPO ausgeschlossen ist.[2214] Möchte der Antragsteller jeden Zweifel hierüber vermeiden, kann er dies
auch ausdrücklich in seine Aufforderung zur Abgabe der Abschlusserklärung aufnehmen.[2215] Nimmt der Antragsgegner eine entsprechende Erklärung ausdrücklich aus, besteht
ein Rechtsschutzbedürfnis des Antragstellers auf Feststellung, dass auch diese Ansprüche erledigt sind.

Ob eine Androhung der Erhebung der Hauptsacheklage erforderlich ist, ist umstritten.[2216] 860
Die Aufforderung sollte die Androhung vorsorglich enthalten, um die Warnfunktion deutlich zu machen. Einen Hinweis auf die Pflicht zur Kostenerstattung[2217] muss die Aufforderung nicht enthalten.[2218]

2. Zeitpunkt der Absendung

Der Antragsteller kann zwar die Aufforderung zur Abgabe der Abschlusserklärung sofort 861
nach Vollziehung der Verfügung oder Verkündung eines Verfügungsurteils absenden. Will
der Antragsteller jedoch seinen Kostenerstattungsanspruch aus der Aufforderung durchsetzen, sollte er dem Antragsgegner eine angemessene Bedenkzeit gewähren.[2219] Diese beträgt
in der Regel – je nach Lage des Einzelfalls – zwischen zwei[2220] und vier Wochen nach Vollziehung bzw. Zustellung des vollständigen Urteils.[2221] Ein Zeitraum von drei Wochen nach
Zustellung der einstweiligen Verfügung dürfte immer angemessen sein.[2222] Wenn der Antragsgegner um eine Fristverlängerung bittet und konkrete Gründe benennt, muss der Antragsteller eine Fristverlängerung gewähren. Anderenfalls trägt er bei Erhebung der Hauptsacheklage die Kosten.[2223]

3. Fristsetzung

Die Aufforderung muss – schon wegen § 93 ZPO – eine angemessene Frist zur Abgabe 862
der Abschlusserklärung enthalten. Angemessen ist auch hier ein Zeitraum von zwei[2224] bis
vier Wochen nach Vollziehung der Verfügung.[2225] Die Rechtsprechung ist allerdings uneinheitlich: Das OLG Karlsruhe etwa räumt dem Anspruchsgegner für die Beantwortung des
Aufforderungsschreibens eine Frist von mindestens einem Monat ein.[2226] Das OLG Karlsruhe begründet seine Entscheidung damit, dass die Entscheidung, eine Abschlusserklärung abzugeben, mit der Entscheidung über die Einlegung einer Berufung vergleichbar sei. Allerdings: Wenn der Antragsteller den Antragsgegner drei Wochen nach Zustellung des
vollständigen Urteils zur Abgabe der Abschlusserklärung mit einer Frist von zwei Wochen

---

[2214] Vgl. Gloy/Loschelder/Erdmann/*Spätgens* § 111 Rn. 10.

[2215] Vgl. hierzu auch den Formulierungsvorschlag von *Ahrens* WRP 1997, 907: „… Verzichtet wird auch
darauf, den Verfügungsanspruch durch negative Feststellungsklage oder Inzidentfeststellungsantrag im Rahmen eines Schadensersatzprozesses anzugreifen.".

[2216] Vgl. Gloy/Loschelder/Erdmann/*Spätgens* § 111 Rn. 2.

[2217] → Rn. 868 f.

[2218] Vgl. Gloy/Loschelder/Erdmann/*Spätgens* § 111 Rn. 2 mit Hinweis auf BGH GRUR 1973, 384 = NJW
1973, 901 = WRP 1973, 263 – Goldene Armbänder; aA OLG Karlsruhe WRP 1977, 117 (119).

[2219] Der BGH gestattet die Übersendung der Aufforderung – mit den sich hieraus zulasten des Anspruchsgegners ergebenden Kostenfolgen – unmittelbar nach Vollziehung der Verfügung, BGH GRUR 1991, 76 =
NJW-RR 1991, 297 = WRP 1991, 97 – Abschlusserklärung. Diese Auffassung stößt allerdings mit allem wegen der Kostenfolgen auf erhebliche Kritik; vgl. Gloy/Loschelder/Erdmann/*Spätgens* § 111 Rn. 5. Vgl. auch
Köhler/Bornkamm § 12 Rn. 3.73. Diese Auffassung ist womöglich durch die BGH-Entscheidung „Gebühren
für Abschlussschreiben" (→ Rn. 861) überholt.

[2220] OLG Hamm 4 U 136/09 = GRUR-RR 2010, 267.

[2221] Vgl. Gloy/Loschelder/Erdmann/*Spätgens* § 111 Rn. 5; KG 5 U 169/11 = BeckRS 2012, 18408.

[2222] BGH GRUR-RR 2008, 368 = NJW 2008, 650 = WRP 2008, 805 – Gebühren für Abschlussschreiben.

[2223] OLG Jena 2 W 509/09 = BeckRS 2010, 00491.

[2224] OLG Hamburg 3 U 119/13 = GRUR-RR 2014, 229 = WRP 2014, 483.

[2225] Vgl. KG WRP 1989, 661.

[2226] OLG Karlsruhe WRP 1977, 117 (119).

auffordert, hatte der Antragsgegner bereits eine Bedenkzeit, die mit fünf Wochen die Frist für die Einlegung einer Berufung übersteigt. Diese Bedenkzeit ist grundsätzlich ausreichend.[2227] Droht der Eintritt der Verjährung, ist auch eine kürzere Fristsetzung angemessen.[2228]

4. Wiederholte Aufforderung zur Abgabe der Abschlusserklärung

863   Wenn der Antragsteller den Antragsgegner nach Zustellung einer *Beschluss*verfügung zur Abgabe der Erklärung aufgefordert hat und der Gegner Widerspruch einlegt, ist ein erneutes Aufforderungsschreiben auch bei einer Bestätigung der Verfügung erforderlich.[2229] Gleiches wird man verlangen können, wenn über die Berufung rechtskräftig entschieden ist. Hier ist eine Überlegungsfrist von drei Wochen für den Antragsgegner ohne weiteres ausreichend. Denn der Antragsgegner hatte während des Verfahrens ausreichend Zeit, sich mit der Zulässigkeit oder Unzulässigkeit der beanstandeten geschäftliche Handlung auseinander zu setzen. Er wird dann auch innerhalb von drei Wochen entscheiden können, ob er ein Hauptsacheverfahren riskieren möchte.

III. Abgabe und Verweigerung der Abschlusserklärung

Fall „‚statt'-Preis":[2230]
Die Klägerin erwirkt erstinstanzlich eine umfassende einstweilige Verfügung. Die Beklagte gibt unter Bezugnahme auf diese Verfügung eine Abschlusserklärung mit der Maßgabe ab, dass sich diese auf die Art und Gestaltung der konkret beanstandeten Anzeige in der ADAC-Motorwelt beziehe und selbstverständlich kerngleiche Verletzungshandlungen mit umfasse. Die Klägerin nimmt diese Erklärung nicht an.

1. Abgabe der Erklärung

864   Die Abschlusserklärung hat die Bedeutung eines Verzichts – und zwar auf das Recht, Rechtsmittel (Widerspruch oder Berufung) einzulegen und die Aufhebung der Verfügung gemäß §§ 926, 927 ZPO zu beantragen.[2231]

Praxistipp: Formulierung der Abschlusserklärung

Gibt der Antragsgegner eine Abschlusserklärung ab, sollte er sie ausdrücklich ohne Anerkenntnis einer Rechtspflicht – vor allem im Hinblick auf etwaige Schadensersatzansprüche des Antragstellers – abgeben.[2232]

Allerdings können veränderte Umstände, die bei einem rechtskräftigen Hauptsacheurteil zu einer Abänderung des Urteils nach § 313 ZPO oder zu einer Vollstreckungsabwehrklage (§ 767 ZPO) berechtigen würden, trotz eines Verzichts auf § 927 ZPO einen Aufhebungsantrag begründen.[2233] Der BGH hat ausdrücklich entschieden, dass ein klarstellender Zusatz zu einer Abschlusserklärung zulässig ist und ebenfalls das Verfahren endgültig abschließt.[2234]

[2227] Vgl. Einzelne Nachweise bei Harte-Bavendamm/Henning-Bodewig/*Retzer* § 12 Rn. 656.
[2228] Vgl. *Baumbach/Hefermehl*, UWG, 22. Auflage, § 25 Rn. 104.
[2229] Vgl. Harte-Bavendamm/Henning-Bodewig/*Retzer* § 12 Rn. 659.
[2230] BGH GRUR 2995, 697 = NJW 2005, 2550 = WRP 2005, 1009.
[2231] Vgl. Zöller/*Vollkommer* ZPO § 924 Rn. 9, ZPO § 926 Rn. 4.
[2232] → Anhang Muster „Abschlusserklärung (Abgabe)".
[2233] LG Hamburg 312 O 906/05, dazu *Haag* WRP 2009, 795.
[2234] → Rn. 626.

Zum Fall „‚statt'-Preis":

Der BGH hat festgestellt, dass durch eine Abschlusserklärung eine Unterlassungsverfü- 865
gung ebenso effektiv und dauerhaft wirken wie ein im Hauptsacheverfahren erwirkter Titel.
Die Abschlusserklärung muss daher dem Inhalt der Verfügung entsprechen. Sie darf allenfalls auf einzelne in der Entscheidung selbstständig tenorierte Streitgegenstände beschränkt
werden. Die hier abgegebene Abschlusserklärung war daher nicht ausreichend, da sie sich
auf die Gestaltung der beanstandeten Anzeige beschränkt habe.

2. Verweigerung der Erklärung

Verweigert der Antragsgegner die Abschlusserklärung, kann der Antragsteller Hauptsache- 866
klage ohne das Kostenrisiko des § 93 ZPO erheben. Allerdings obliegt dem Antragsteller der
Nachweis, dass die Aufforderung zur Abgabe der Abschlusserklärung dem Antragsgegner
auch zugegangen ist.

Praxistipp: Chancen des Hauptsacheverfahrens

Der Antragsgegner sollte überlegen, ob für ihn ein Hauptsacheverfahren überhaupt zweckmäßig
ist.[2235] Für das Hauptsacheverfahren ist nach der Geschäftsverteilung der Gerichte häufig der gleiche Spruchkörper zuständig. Kann der Antragsgegner keinen wesentlich neuen Sachvortrag leisten
(und beweisen), dürfte das Ergebnis des Hauptsacheverfahrens der Verfügungsentscheidung entsprechen. Das wird erst recht der Fall sein, wenn das OLG bereits im Verfügungsverfahren entschieden hat und der Streit nicht revisibel ist. Ein Hauptsacheverfahren dürfte aus der Sicht des
Anspruchsgegners deshalb nur dann zweckmäßig sein, wenn
• in der Hauptsache neuer, maßgeblicher Sachvortrag möglich ist oder
• die Beweissituation günstiger ist als im Verfügungsverfahren – etwa, wenn sich der Antragsgegner auf Zeugen berufen kann, die zu einer Mitwirkung im Verfügungsverfahren nicht bereit waren oder
• eine Revisionsentscheidung durch den BGH herbeigeführt werden soll.

---

3. Abgabe einer Unterlassungserklärung

Gibt der Antragsgegner statt einer Abschlusserklärung eine Unterlassungs-Verpflichtungs- 867
erklärung ab, wird diese auch ohne Annahme durch den Antragsteller wirksam.[2236] Der Antragsteller hat dann das Risiko, dass der Antragsgegner eine Aufhebung der Verfügung wegen veränderter Umstände nach § 927 ZPO beantragt.[2237] Der Antragsteller sollte deshalb
zur Vermeidung eines Antrags nach § 927 ZPO auf die Vollstreckung aus der Verfügung gegenüber dem Antragsgegner verzichten.

IV. Kosten

Die Aufforderung zur Abgabe einer Abschlusserklärung ist für den Anspruchsgegner kos- 868
tenpflichtig, wenn das Abschlussschreiben des Anspruchstellers veranlasst war, an den richtigen Empfänger gerichtet war[2238] und der Anspruchsgegner die Abschlusserklärung abgibt.[2239] „Veranlasst" war die Aufforderung nur dann, wenn der Anspruchsgegner eine
ausreichende Überlegungsfrist hatte.[2240] Die Aufforderung zur Abgabe der Abschlusserklä-

---

[2235] → auch Rn. 870 ff.
[2236] → Rn. 885.
[2237] Kritisch dazu Gloy/Loschelder/Erdmann/*Spätgens* § 111 Rn. 11. Vgl. auch Zöller/*Vollkommer* § 927
Rn. 5.
[2238] → Rn. 858.
[2239] Vgl. Zöller/*Herget* ZPO § 91 Rn. 13 („Abschlussschreiben").
[2240] → Rn. 862.

rung stellt eine eigene Angelegenheit dar (§ 17 Nr. 4b RVG),[2241] da sie das Hauptsacheverfahren einleitet und löst aus dem – gegenüber dem Streitwert des Verfügungsverfahrens[2242] – erhöhten Hauptsache-Streitwert grundsätzlich eine 1,3-Geschäftsgebühr aus.[2243] Fordert der Antragsteller den Antragsgegner mehrfach zur Abgabe einer Abschlusserklärung auf – etwa nach Vollziehung der Verfügung, nach Erlass eines Urteils im Widerspruchsverfahren und nach Entscheidung der Berufungsinstanz – fällt die Gebühr trotzdem nur einmal an. Denn die Aufforderungen betreffen immer das gleiche Hauptsacheverfahren.

869 Das Verfügungsverfahren hemmt die Verjährung des Anspruchs nach der kurzen Verjährung des § 11 UWG. Der Antragsteller muss nicht innerhalb der Frist des § 11 UWG Hauptsacheklage erheben. Da die Aufforderung zur Abgabe der Abschlusserklärung auch bereits zum Hauptsacheverfahren gehört, bleibt die Verjährung des Anspruchs auf Erstattung der Kosten wegen der Aufforderung so lange gehemmt wie der Anspruch selbst.[2244]

Praxistipp: Vermeidung der Kostenfolge

Der Antragsgegner übersieht häufig, dass eine ordnungsgemäße Aufforderung zur Abgabe der Abschlusserklärung kostenpflichtig ist. Die Kosten kann der Anspruchsgegner vor allem dann vermeiden, wenn er unmittelbar nach Vollziehung der einstweiligen Verfügung entscheidet, ob er sie als endgültige Regelung anerkennt. Denn eine Abschlusserklärung kann auch ohne vorherige Aufforderung durch den Anspruchsteller erfolgen. Zur Vermeidung der Kosten empfiehlt es sich dann, sofort nach Zustellung der Verfügung bzw. sobald die begründete Entscheidung des Gerichts vorliegt, den Anspruchsteller zu informieren, dass innerhalb von *längstens* einem Monat[2245] – besser: innerhalb von zwei Wochen – die Mitteilung erfolgt, ob eine Abschlusserklärung abgegeben wird. Entsprechend sollte der Anspruchsgegner sofort nach Vollziehung eine Zwei-Wochen-Frist notieren!

Sollte es dem Antragsgegner nicht möglich sein, innerhalb dieser Frist eine Entscheidung zu treffen, sollte er die möglichen Kostenfolgen berücksichtigen.

[2241] Vgl. *Gerold/Schmidt/Müller-Rabe*, RVG, Teil D Anhang II Rn. 185 ff.

[2242] OLG Hamm BeckRS 2008, 01527 = WRP 2008, 135.

[2243] BGH IX ZR 10/08 = BeckRS 2009, 10489. Denkbar ist aber auch eine 0,3-Gebühr für ein „Schreiben einfacher Art": BGH I ZR 30/08 = GRUR 2010, 1038 = WRP 2010, 1169 – Kosten für Abschlussschreiben, mit zahlreichen Rechtsprechungsnachweisen. Ebenso OLG Frankfurt a. M. 6 U 199/09 = BeckRS 2011, 16107 und KG 5 U 148/11 = GRUR-RR 2012, 481 = WRP 2012, 1140.

[2244] → Rn. 580.

[2245] Bei besonders gravierenden und offensichtlichen Wettbewerbsverstößen ist eine Frist von einem Monat sicher zu lange.

§ 17 Hauptsacheverfahren

Übersicht

A. Hauptsacheklage und einstweilige Verfügung

Hauptsache- und Verfügungsverfahren stehen vollkommen eigenständig nebeneinan- 870
der: Das Verfügungsverfahren ist nicht Zulässigkeitsvoraussetzung für das Hauptsacheverfahren. Wenn bereits eine Verfügung besteht, die nicht durch eine Unterlassungs- oder
Abschlusserklärung gesichert ist, besteht auch ein Rechtsschutzbedürfnis für die Hauptsacheklage.[2246]

I. Klageerzwingung (§§ 936, 926 ZPO)

Der Antragsgegner kann den Antragsteller gemäß §§ 936, 926 ZPO zwingen, ein Haupt- 871
sacheverfahren durchzuführen. Auf Antrag des Antragsgegners setzt das Gericht dem Antragsteller eine Frist zur Klageerhebung. Versäumt der Antragsteller die Frist unwiederbringlich, ist die einstweilige Verfügung aufzuheben.[2247] Die Frist ist nur dann gewahrt, wenn der
Antragsteller den Antrag aus dem Verfügungsverfahren vollständig zum Gegenstand des
Hauptsacheverfahrens macht. Darüber hinaus kann der Antragsteller weitere Ansprüche
geltend machen, die er ohnehin nur im Hauptsacheverfahren durchsetzen kann – zum Beispiel Kostenerstattungs-, Auskunfts- und Schadensersatzansprüche.

Die Klage muss der Antragsteller nicht bei dem Gericht anhängig machen, bei dem bereits 872
das Verfügungsverfahren anhängig ist. Es besteht das Wahlrecht nach § 35 ZPO. Ruft der
Antragsteller in seiner Hauptsacheklage ein unzuständiges Gericht an, ist die Frist trotzdem
gewahrt, sofern die Prozessvoraussetzungen im Übrigen erfüllt sind.[2248]

II. Hauptsacheklage zur Unterbrechung der kurzen Verjährung

Gemäß § 204 Abs. 1 Nr. 9 BGB ist die Verjährung bereits mit Einreichung eines Verfü- 873
gungsantrages gehemmt.[2249] Die Erhebung der Hauptsacheklage führt zur Hemmung gemäß
§ 204 Abs. 1 Nr. 1 BGB.

[2246] Zur rechtsmissbräuchlichen Durchführung des Hauptsacheverfahrens *neben* dem Verfügungsverfahren
→ Rn. 590.

[2247] → Rn. 809 f.

[2248] BGH BGHZ 123, 337 = NJW-RR 1993, 1495; vgl. auch Zöller/*Vollkommer* ZPO § 35 Rn. 3.

[2249] → Rn. 580.

III. Rechtskraft der einstweiligen Verfügung

874   Die (formelle) Rechtskraft einer einstweiligen Verfügung hat keine Auswirkungen auf das Hauptsacheverfahren. Insbesondere ist das Hauptsacheverfahren dadurch nicht erledigt. Das gilt zunächst auch dann, wenn die Parteien die einstweilige Verfügung in der Hauptsache für erledigt erklärt haben. Ist allerdings nicht nur das Verfahren erledigt, sondern der Anspruch – zum Beispiel durch Abgabe einer Unterlassungserklärung – erloschen, wäre auch die Hauptsache nicht mehr begründet.

IV. Rechtskraft der Hauptsacheentscheidung

875   Eine rechtskräftige Hauptsachentscheidung wirkt sich ebenso wenig unmittelbar auf eine rechtskräftige einstweilige Verfügung aus. Obsiegt der Anspruchsteller, bestehen zu seinen Gunsten zwei Titel. Unterliegt er, besteht zu seinen Gunsten ein Verfügungstitel, der nicht gerechtfertigt ist. In beiden Fällen muss der Anspruchsgegner aktiv werden und Aufhebung nach §§ 936, 927 ZPO beantragen,[2250] wenn er die Wirkungen der einstweiligen Verfügung beseitigen will. Der Anspruchsteller kann ein Aufhebungsverfahren dadurch vermeiden, dass er außergerichtlich vorbehaltlos auf die Rechte aus der einstweiligen Verfügung verzichtet und dem Anspruchsgegner den Titel zur Verfügung stellt.[2251] Ist der Anspruchsteller in der Hauptsache unterlegen, stellt sich außerdem noch die Frage der Erstattung der dem Anspruchsgegner durch das Verfügungsverfahren entstandenen Kosten. Erklärt der Anspruchsteller unter Übergabe des Verfügungstitels einen Verzicht, bleibt für ein Aufhebungsverfahren – in dem dann auch über die Kosten der Verfügung zu entscheiden wäre[2252] – kein Raum.[2253] War die Verfügung von Anfang an ungerechtfertigt, kann der Anspruchsgegner die Kosten als Schaden gemäß § 945 ZPO geltend machen. Anderenfalls verbleibt es bei der Kostenentscheidung des Verfügungsverfahrens.

B. Negative Feststellungsklage und positive Leistungsklage

I. Negative Feststellungsklage zur Begründung des Gerichts der Hauptsache

876   Der Anspruchsgegner kann negative Feststellungsklage mit dem Ziel begehren, dass das Gericht das Nichtbestehen des vom Anspruchsteller geltend gemachten Anspruchs feststellt.[2254] Reicht der Anspruchsgegner die negative Feststellungsklage ein, bevor der Anspruchsteller den Erlass einer einstweiligen Verfügung beantragt, kann der Anspruchsgegner

---

[2250] → Rn. 816 ff.

[2251] Vgl. Gloy/Loschelder/Erdmann/*Spätgens* § 109 Rn. 3.

[2252] → Rn. 823 ff.

[2253] In einem Hinweisbeschluss vertritt das LG Berlin (27 O 425/08) in einer Pressesache die Auffassung, dass die Aufhebung der Verfügung nur im Kostenpunkt beantragt werden kann, auch wenn der Antragsteller auf die Rechte aus der Verfügung verzichtet hat: „Der Aufhebungsantrag, der sich ausweislich seiner Begründung allein auf die Kostenentscheidung der einstweiligen Verfügung bezieht und auf eine Kostengrundentscheidung in Bezug auf das Anordnungsverfahren zu Gunsten der Antragsgegnerin abzielt, ist zulässig. (...) Der Verzicht auf die Rechte aus der Kostenentscheidung beseitigt (...) nur die Beschwer der Antragsgegnerin, nicht die Kosten des Verfahrens tragen zu müssen. Er verhilft ihr dagegen nicht zu einer Kostengrundentscheidung zu ihren Gunsten, aufgrund derer sie die ihr selbst entstandenen Kosten gegen die Antragstellerin festsetzen lassen könnte. (...) Das Rechtsschutzbedürfnis fehlt jedenfalls dann nicht, wenn der Antragsteller [gemeint hier: im Aufhebungsverfahren] weiterhin zumindest ein Kosteninteresse hat. (...) Hinzu tritt, dass die Antragsgegnerin bereits die Kosten gezahlt hat, die bei einer Kostengrundentscheidung zu ihren Gunsten gemäß § 91 Abs. 4 ZPO der Rückfestsetzung unterlägen. (...) Die Antragsgegnerin hätte also einen einfach durchsetzbaren prozessualen Kostenerstattungsanspruch und kann demgegenüber nicht darauf verwiesen werden, einen etwaig materiell-rechtlich bestehenden Bereicherungsanspruch erst gerichtlich durchsetzen zu müssen.“

[2254] → Rn. 633.

die örtliche Zuständigkeit für den Verfügungsantrag bestimmen: Denn mit Anhängigkeit (Einreichung der Klageschrift) der Feststellungsklage ist das vom Anspruchsgegner angerufene Gericht das Gericht der Hauptsache gemäß §§ 937 Abs. 1, 943 Abs. 1 ZPO.[2255] Das Verfügungsverfahren ist dann auch vor diesem Gericht zu führen.[2256]

II. Wegfall des Feststellungsinteresses

Ein Rechtsschutzbedürfnis für die negative Feststellungsklage entfällt, wenn der Anspruchsteller positive Leistungsklage (Hauptsacheklage) erhebt[2257] und auf sein Recht zur Klagerücknahme mit der Folge verzichtet, dass die Leistungsklage nicht mehr einseitig zurückgenommen werden kann.[2258] Die Feststellungsklage ist dann erledigt. Es gibt allerdings eine Ausnahme: Ist die Feststellungsklage im Gegensatz zur Leistungsklage entscheidungsreif, besteht das Feststellungsinteresse fort.[2259] Ist die Feststellungsklage erledigt, ist das Gericht der Hauptsache dann für das Verfügungsverfahren (wieder) das vom Anspruchsteller gewählte Gericht.[2260]   877

III. Verfahrensfragen

Bei der Erhebung der negativen Feststellungsklage ist der Anspruchsteller nicht an die Regelung in § 943 Abs. 1 ZPO gebunden. Er kann gemäß § 35 ZPO jedes örtlich zuständige Gericht anrufen. Erhebt der Anspruchsteller Leistungsklage, muss dies nicht im Wege einer Widerklage geschehen. Er kann jeden Gerichtsstand wählen, den § 14 UWG zulässt.[2261]   878

C. Sprungrevision

Wenn bereits das OLG als letztinstanzliches Gericht im Verfügungsverfahren entschieden hat, wird die Entscheidung des OLG im Hauptsacheverfahren selten von der Verfügungsentscheidung abweichen. Es sei denn, den Parteien ist neuer Sachvortrag möglich, der entscheidungserheblich ist. Aus Zeit- und Kostengründen bietet sich deshalb an, mit der anderen Partei die Durchführung einer Sprungrevision zu vereinbaren (§ 566 Abs. 1 Nr. 1 ZPO), wenn im Übrigen die Voraussetzungen von § 566 ZPO vorliegen. Demnach muss die Berufung statthaft sein (§ 511 ZPO). Ob eine Zulassung durch das OLG erforderlich wäre, ist unerheblich. Das Revisionsgericht muss die Revision zulassen (§ 566 Abs. 4 ZPO), wenn die Rechtssache grundsätzliche Bedeutung hat (Nr. 1) oder die Fortbildung des Rechts oder die Sicherung einer einheitlichen Rechtsprechung eine Entscheidung des Revisionsgerichts erfordert (Nr. 2).   879

[2255] Vgl. (ablehnend) Zöller/*Vollkommer* ZPO § 937 Rn. 1 zur insoweit strittigen Rechtsprechung.
[2256] → Rn. 692 ff.
[2257] Vgl. Thomas/Putzo/*Reichold* ZPO § 256 Rn. 19.
[2258] BGH I ZR 168/09 = BeckRS 2010, 20763 – Verzicht auf Klagerücknahme. Siehe dazu auch *Schröder* WRP 2012, 183.
[2259] BGHZ 99, 340 = GRUR 1987, 402 = NJW 1987, 2680 = WRP 1987, 459 – Parallelverfahren I.
[2260] Meist wird allerdings bereits über den Verfügungsantrag – zumindest erstinstanzlich – entschieden sein, bevor Leistungsklage erhoben wird und geklärt ist, ob dadurch die negative Feststellungsklage erledigt ist.
[2261] BGH GRUR 1994, 846 = NJW 1994, 3107 = WRP 1994, 810 – Parallelverfahren II.

§ 18 Unterlassungsansprüche – Anerkenntnis, Erledigung der Hauptsache und Prozessvergleich

Übersicht

Gerade im Verfügungsverfahren kann es sich für den Antragsgegner anbieten, das Verfahren rasch und kostengünstig zu beenden, wenn er vom Erlass einer Beschlussverfügung Kenntnis erhält. „Rasch" sollte der Antragsgegner deshalb über das weitere Vorgehen entscheiden, um eine (kostenpflichtige) Aufforderung zur Abgabe der Abschlusserklärung durch den Antragsteller zu vermeiden. „Kostengünstig" ist das Verfahren beendet, wenn der Antragsgegner entscheidet, keinen Widerspruch in der Sache einzulegen, um weitere Kosten durch eine mündliche Verhandlung und ein Verfügungsurteil zu vermeiden.[2262]

Praxistipp: Vorüberlegungen des Antragsgegners

Sofort nach Zustellung einer Beschlussverfügung sollte der Antragsgegner überlegen: Besteht aus rechtlichen Gründen überhaupt eine Chance, die Folgen der Beschlussverfügung zu beseitigen? Birgt der Sachverhalt zumindest ein erhebliches prozessuales Risiko und ist beabsichtigt, die beanstandete geschäftliche Handlung zu wiederholen? Bei einem hohen Prozessrisiko und ohnedies nicht beabsichtigter Wiederholung bietet sich eine sofortige Verfahrensbeendigung an.

Auch im Hauptsacheverfahren kann es aus Kostengründen zweckmäßig sein, das Verfahren nicht fortzusetzen. Man sollte allerdings genau abwägen, ob eine Verurteilung der Abgabe einer strafgesicherten Unterlassungserklärung vorziehen ist – oder eben nicht.

[2262] Hierdurch fällt nämlich eine Terminsgebühr an. Außerdem verbraucht eine Beschlussverfügung in erster Instanz nur eine 1,5-Gerichtsgebühr, ein Verfügungsurteil hingegen drei Gebühren, → Rn. 772. Bei den in Wettbewerbssachen üblicherweise recht hohen Streitwerten lassen sich daher durchaus erhebliche Kosten sparen.

A. Verfahrensbeendigung durch Anerkenntnis

I. Anerkenntnis in Verfahren mit mündlicher Verhandlung

Eine Möglichkeit, das Verfahren zu beenden, besteht darin, den geltend gemachten Anspruch anzuerkennen. Im Hauptsacheverfahren oder im Verfügungsverfahren, wenn eine mündliche Verhandlung anberaumt ist, ergeht dann Anerkenntnisurteil gemäß § 93 ZPO. Wegen § 307 S. 2 ZPO kann das Anerkenntnisurteil auch ohne mündliche Verhandlung ergehen. **880**

II. Anerkenntnis nach Beschlussverfügung

Erkennt der Antragsgegner den Anspruch nach Erlass und (wirksamer) Vollziehung einer Beschlussverfügung an, geschieht dies entweder **881**
- durch Abgabe einer Abschlusserklärung oder
- durch Einlegung eines lediglich auf die Kosten beschränkten Widerspruchs.[2263]

Wenn der Antragsgegner eine Abschlusserklärung abgibt, ist damit nicht nur das Verfügungsverfahren abgeschlossen. Auch ein Hauptsacheverfahren ist damit ausgeschlossen.[2264] Sofern der Anspruchsteller bereits parallel zum Verfügungsverfahren ein Hauptsacheverfahren betreibt, ist aufgrund einer ordnungsgemäßen Abschlusserklärung[2265] dort die Hauptsache erledigt.

Legt der Antragsgegner einen auf den Kostenpunkt beschränkten Kostenwiderspruch ein, **882** gibt er damit zugleich zu erkennen, dass er auf das Recht zur Einlegung eines Vollwiderspruchs nach §§ 936, 924 ZPO verzichtet.[2266] Damit ist aber noch nicht das Rechtsschutzbedürfnis des Antragstellers entfallen, Hauptsacheklage zu erheben. Denn die Einlegung des Kostenwiderspruchs bedeutet noch nicht, dass der Verletzer damit auch auf die Rechte aus §§ 926, 927 ZPO (Erzwingung des Hauptsacheverfahrens und Aufhebung der Verfügung) verzichtet.[2267]

> **Praxistipp:**
> Wer auch das Hauptsacheverfahren vermeiden möchte, sollte in seinem Kostenwiderspruch – „ohne Anerkenntnis einer Rechtspflicht" – ausdrücklich darauf hinweisen, dass auf die Rechte aus §§ 926, 927 verzichtet und die einstweilige Verfügung als endgültige Regelung angesehen wird. Diese Erklärung entspricht dann einer außergerichtlich abgegebenen Abschlusserklärung.

Ein schriftsätzliches Anerkenntnis, ohne zugleich Kostenwiderspruch einzulegen, ist unsinnig, da bereits eine wirksame einstweilige Verfügung vorhanden ist. Ebenfalls wenig sinnvoll ist es, Vollwiderspruch gegen die Beschlussverfügung einzulegen und zugleich den Anspruch anzuerkennen.

III. Kosten

Über die Kosten entscheidet das Gericht gemäß § 93 ZPO. Nur bei einem sofortigen Anerkenntnis und nur dann, wenn der Anspruchsgegner keinen Anlass zur Klageerhebung ge- **883**

[2263] → Rn. 756.
[2264] → Rn. 855.
[2265] → Rn. 864.
[2266] Vgl. *Köhler/Bornkamm* § 12 Rn. 3.42.
[2267] Zwar wird vereinzelt angenommen, dass die Einlegung (nur) eines Kostenwiderspruchs auch einen Verzicht auf das Recht aus § 926 Abs. 1 ZPO bedeutet, vgl. *Köhler/Bornkamm* § 12 Rn. 3.42. Einheitlich ist die Rechtsprechung hierzu nicht.

geben hat, trifft die Kostenlast den Anspruchsteller. Hat der Anspruchsteller den Anspruchsgegner vor Einreichung der Klage oder des Verfügungsantrages ordnungsgemäß abgemahnt, trägt der Anspruchsgegner die Kosten.[2268]

B. Verfahrensbeendigung durch Abgabe der geforderten Unterlassungserklärung

I. Unterlassungserklärung in Verfahren mit mündlicher Verhandlung

884   Gibt der Anspruchsgegner vor oder in der mündlichen Verhandlung die geforderte Unterlassungserklärung ab, ist die Hauptsache erledigt[2269] und der Verfügungstitel wirkungslos.[2270] Denkbar ist auch, dass der Anspruchsgegner eine Unterlassungserklärung nur für das Verfügungsverfahren – also „bis zur Entscheidung in der Hauptsache" – abgibt.[2271] Das ist durchaus möglich, erledigt aber nur das Verfügungsverfahren.

II. Unterlassungserklärung im Widerspruchsverfahren

885   Der Antragsgegner kann eine Unterlassungserklärung auch nach Erlass und wirksamer Vollziehung einer Beschlussverfügung abgeben. Das ist entweder außergerichtlich gegenüber dem Anspruchsteller oder (etwa im Widerspruchsverfahren) schriftsätzlich gegenüber dem Gericht möglich. Die Erklärung ist auch ohne Annahme durch den Antragsteller wirksam.[2272] Sie gilt nicht rückwirkend, sondern ab dem Zeitpunkt der Abgabe. Nimmt der Antragsteller die Erklärung nicht an und erklärt er nicht die Hauptsache für erledigt, trägt er die für ihn nachteiligen Folgen, wenn die Unterlassungserklärung inhaltlich ausreichend war.[2273] Anderenfalls ist – wenn sich der Antragsgegner der Erledigungserklärung anschließt – die Sache erledigt.[2274] Nach Erledigungserklärung wird der Verfügungstitel allerdings samt Androhung der Ordnungsmittel hinfällig.[2275]

886   Es kann für den Antragsgegner auch zweckmäßig sein, Vollwiderspruch einzulegen, um zunächst – nach Sachvortrag – die Auffassung des Gerichts in der mündlichen Verhandlung zu erfahren. Dann kann der Antragsgegner immer noch – nun allerdings belastet mit jeweils zwei Verfahrens- und Terminsgebühren und drei Gerichtsgebühren[2276] – eine Unterlassungserklärung abgeben.

887   Bei übereinstimmender Erledigungserklärung bedarf es der zusätzlichen Abgabe einer Abschlusserklärung nicht mehr. Denn durch die Unterlassungserklärung ist der Antragsteller endgültig gesichert und wegen der Erledigungserklärung besteht keine Verfügung mehr, die nach §§ 936, 926, 927 ZPO aufzuheben wäre.

888   Gibt der Unterlassungsschuldner eine (ausreichende!) Unterlassungserklärung ab, **ohne Widerspruch einzulegen**, gilt: Auch dann ist der Antragsteller ausreichend gesichert. Damit entfallen jedoch nicht die Wirkungen der einstweiligen Verfügung – diese bleibt bestehen.

[2268] → Rn. 756 zum Kostenwiderspruch.

[2269] Siehe zur Erledigung der Hauptsache auch *Köhler/Bornkamm* § 12 Rn. 1.107 ff.

[2270] *Gloy/Loschelder/Erdmann/Spätgens* § 112 Rn. 38 mit Hinweis auf § 269 Abs. 3 S. 1 ZPO.

[2271] → Rn. 626. Vgl. *Köhler/Bornkamm* § 12 Rn. 1.125 ff.

[2272] BGH GRUR 1984, 214 = NJW 1985, 62 – Copy-Charge; *Köhler/Bornkamm* § 12 Rn. 1.116.

[2273] BGH NJW-RR 2006, 566 = BeckRS 2005, 13488. Demnach kann der Antragsteller die Unterlassungserklärung nicht als verspätet zurückweisen (§ 150 Abs. 1 BGB).

[2274] Die Erledigungserklärung ist allerdings frei widerruflich, solange sich die Gegenpartei der Erklärung nicht angeschlossen und das Gericht noch keine Entscheidung über die Erledigung getroffen hat, BGH GRUR 2002, 287 = NJW 2002, 442 = WRP 2002, 94 – Widerruf der Erledigungserklärung.

[2275] Und zwar rückwirkend, sofern die Erledigungserklärung nicht ausdrücklich für die Zeit nach dem erledigenden Ereignis abgegeben wird, vgl. BGH GRUR 2004, 264 = NJW 2004, 506 = WRP 2004, 235 – Euro-Einführungsrabatt und *Köhler/Bornkamm* § 12 Rn. 1.107.

[2276] KV 1411, 1412; → Rn. 772.

Der Antragsgegner kann die Wirkungen nur durch ein Aufhebungsverfahren nach § 927 ZPO beseitigen. Denn die Abgabe einer ausreichenden Unterlassungserklärung lässt den Verfügungsanspruch entfallen und ist damit ein veränderter Umstand nach § 927 ZPO.[2277] Den Aufhebungsantrag kann der Antragsteller vermeiden, wenn er nach Abgabe der Unterlassungserklärung auf die Rechte aus der einstweiligen Verfügung verzichtet und diese dem Antragsgegner aushändigt.[2278]

III. Kosten

Ist die Hauptsache erledigt, entscheidet das Gericht über die Kosten gemäß § 91a ZPO,   889
wobei der Rechtsgedanke des § 93 ZPO zu berücksichtigen ist.[2279] War die einstweilige Verfügung im Grundsatz berechtigt, wird in aller Regel der Anspruchsgegner die Kosten zu tragen haben. Das gilt etwa auch dann, wenn der Anspruchsgegner die Unzuständigkeit des Gerichts gerügt und sodann eine strafbewehrte Unterlassungserklärung abgegeben hat.[2280] Die Entscheidung kann – kostensparend – ohne mündliche Verhandlung ergehen und ist gemäß § 91a Abs. 2 ZPO beschwerdefähig, sofern nicht das Oberlandesgericht über die Kosten zu entscheiden hat (§ 567 Abs. 1 ZPO). Bei Abgabe einer Unterlassungserklärung im Verfügungsverfahren ist auch ein parallel anhängiges Hauptsacheverfahren erledigt. Auch hier ist über die Kosten gemäß §§ 91a, 93 ZPO zu entscheiden.[2281]

Gibt der Anspruchsgegner die Erklärung im Rahmen eines Widerspruchsverfahrens ab, fallen die Kosten aus dem vollen Streitwert an, da die Abgabe einer Unterlassungserklärung nur nach Einlegung eines Vollwiderspruchs sinnvoll ist.

Praxistipp: Kostenwiderspruch oder Vollwiderspruch?
Vor Einlegung eines Widerspruchs sollte der Antragsgegner entscheiden, ob er (lediglich) Kostenwiderspruch oder Vollwiderspruch einlegen will. Wer Kostenwiderspruch einlegt und zugleich eine Unterlassungserklärung abgibt, ist zunächst durch die Verfügung *und* den Unterlassungsvertrag belastet. Ein Verstoß kann damit – sofern der Antragsteller nicht auf die Rechte aus der einstweiligen Verfügung verzichtet hat – zu einem Ordnungsmittel *und* einer Vertragsstrafe führen. Wer Vollwiderspruch einlegt und den Widerspruch erst dann auf die Kosten beschränkt, nimmt den Widerspruch teilweise zurück und muss zudem damit rechnen, dass er die gesamten Kosten des Verfahrens trägt. Denn in diesem Fall liegt kein „sofortiges Anerkenntnis" nach § 93 ZPO vor.[2282]

C. Unterlassungserklärung oder Anerkenntnis?

Man sollte vor Anerkenntnis eines gerichtlichen Verbots oder der Abgabe einer Unterlassungserklärung die unterschiedlichen Rechtsfolgen, die sich jeweils ergeben, bedenken. Das sind nicht nur die Kosten.

I. Haftung

Wer eine Unterlassungserklärung abgibt, schließt damit einen Unterlassungsvertrag mit   890
dem Anspruchsteller. Für die Einhaltung der vertraglichen Unterlassungsverpflichtung haftet der Verpflichtete auch gemäß § 278 BGB. Erfüllungsgehilfe kann auch ein selbstständiges

---

[2277] BGH I ZR 217/07 (Rn. 25) = NJW-RR 2010, 1127 = GRUR 2010, 355 = WRP 2010, 649 – Testfundstelle; Zöller/*Vollkommer* ZPO § 927 Rn. 5.
[2278] Zöller/*Vollkommer* ZPO § 927 Rn. 3.
[2279] Vgl. Zöller/*Vollkommer* ZPO § 91a Rn. 24.
[2280] BGH I ZB 37/09 = GRUR 2010, 1037 = WRP 2010, 776.
[2281] → Rn. 590 zur rechtsmissbräuchlichen Durchführung eines Hauptsacheverfahrens.
[2282] Vgl. Zöller/*Herget* ZPO § 93 Rn. 6 „Einstweilige Verfügung".

Unternehmen sein – etwa das Vertriebsunternehmen, dessen sich ein Verlag zur Verbreitung seiner Bücher bedient.[2283]

891   Im Rahmen des § 890 ZPO haftet der Schuldner hingegen nur für eigenes Verschulden bzw. bei juristischen Personen für das seiner Organe.[2284] Hier kann sich also der Schuldner damit verteidigen, dass er alle Maßnahmen getroffen hat, um einen Verstoß gegen die Unterlassungsverpflichtung zu vermeiden.[2285]

II. Beweislast

892   Geht es um die Verpflichtung zur Zahlung einer Vertragsstrafe, muss der Gläubiger lediglich beweisen, dass objektiv ein Verstoß vorliegt. Das Vertretenmüssen des Schuldners wird vermutet (§ 280 Abs. 1 BGB). Der Schuldner muss dann beweisen, dass weder ihn bzw. noch seine Erfüllungsgehilfen ein Verschulden trifft.[2286]

893   § 890 ZPO hingegen verlangt vom Gläubiger nicht nur den Beweis, dass eine Zuwiderhandlung gegen das Verbot objektiv vorliegt. Hier muss der Gläubiger auch das Verschulden des Schuldners beweisen.[2287]

III. Folgen eines Verstoßes

894   Verstößt der Schuldner gegen die vertragliche Unterlassungsverpflichtung, ist die Vertragsstrafe verwirkt. Der Verstoß begründet zudem erneut die Wiederholungsgefahr.[2288] Es besteht damit erneut ein gesetzlicher Unterlassungsanspruch mit einem wesentlich höheren Vertragsstrafenversprechen[2289] oder – wenn eine Erklärung nach „Hamburger Brauch" abgegeben wurde[2290] – einer Untergrenze in Höhe der aufgrund des Verstoßes verwirkten Vertragsstrafe.[2291]

895   Besteht ein gerichtliches Verbot, kann der Verletzte ebenfalls einen neuen Unterlassungsanspruch geltend machen und Ordnungsmittel nach § 890 ZPO beantragen. Bei mehreren Verstößen erhöht sich auch das Ordnungsgeld.

IV. Verjährung

896   Es gilt für die Vertragsstrafe eine Verjährungsfrist von drei Jahren ab Kenntnis (§ 195 BGB) bzw. eine Verjährungsfrist von zehn Jahren ohne Kenntnis (§ 199 Abs. 4 BGB). Ein Ordnungsmittel gemäß § 890 ZPO kann man nur längstens zwei Jahre nach Beendigung des Verstoßes beantragen (Art. 9 Abs. 1 S. 2 und 3 EGStGB). Auf die Kenntnis des Verstoßes kommt es nicht an. Die Verjährung ruht nur, wenn das Verfahren nicht begonnen oder fortgesetzt werden kann (Art. 9 Abs. 1 S. 4 EGStGB).

V. Ergebnis

897   Der wesentliche Nachteil bei einem Anerkenntnis liegt darin, dass der Titel (sofort) vollstreckbar ist, wenn die zivilprozessualen Voraussetzungen vorliegen.[2292] Der Nachteil des Vertragsstrafenversprechens liegt vor allem in der für den Schuldner ungünstigen Haftungs-

---

[2283] Vgl. BGH GRUR 1988, 561 = NJW 1988, 1907 = WRP 1988, 608 – Verlagsverschulden I.
[2284] BGH GRUR 1991, 929 (931) – Fachliche Empfehlungen II; *Köhler/Bornkamm* § 12 Rn. 6.6.
[2285] Siehe hierzu etwa OLG Düsseldorf WRP 1985, 30 (31).
[2286] Vgl. *Köhler/Bornkamm* § 12 Rn. 1.152.
[2287] Vgl. *Köhler/Bornkamm* § 12 Rn. 6.8.
[2288] BGH GRUR 1980, 241 = NJW 1980, 1843 = WRP 1980, 253 – Rechtsschutzbedürfnis.
[2289] *Köhler/Bornkamm* § 12 Rn. 1.157.
[2290] → Rn. 627 und 650 ff.
[2291] *Köhler/Bornkamm* § 12 Rn. 1.157.
[2292] Entgegen § 750 Abs. 1 ZPO genügt Amtszustellung: BGH NJW 1990, 122 (bestr.).

und Beweissituation. Befürchtet der Schuldner keinen Verstoß durch Erfüllungsgehilfen, empfiehlt sich die Abgabe einer strafbewerten Unterlassungserklärung nach „Hamburger Brauch". Denn dann muss der Gläubiger entscheiden, welche Vertragsstrafe er ansetzt. Ist der Schuldner – wie häufig – außergerichtlich nicht bereit, die geforderte Vertragsstrafe zu zahlen, trägt der Verletzte ein nicht unerhebliches prozessuales Risiko: Wird nur ein Teil der geforderten Kosten zugesprochen, hat der Verletzte die übrigen Verfahrenskosten zu tragen.[2293]

D. Anforderungen an einen Prozessvergleich – Formulierung

Sofern eine Verfahrensbeendigung außerhalb einer mündlichen Verhandlung nicht mög- 898 lich oder nicht zweckmäßig ist – etwa weil die Parteien zunächst eine Einschätzung des Gerichts hören möchten –, bietet sich möglicherweise in der Verhandlung der Abschluss eines Prozessvergleichs an.[2294] Hier sind vor allem die Fragen zu klären: Kann ein Prozessvergleich auch die Androhung von Ordnungsmitteln gemäß § 890 ZPO enthalten? Muss eine Unterlassungserklärung auch eine Vertragsstrafe enthalten? Worauf müssen die Parteien bei der Formulierung des Vergleichs achten? Für einen *außergerichtlichen* Vergleich gilt im Wettbewerbsrecht nichts anderes als in sonstigen zivilrechtlichen Streitigkeiten: Die Parteien werden dann die Hauptsache für erledigt erklären, so dass es nur noch der Kostenentscheidung nach §§ 91a, 93 ZPO bedarf, sofern die Parteien nicht auch die Kostenfrage vergleichsweise geregelt haben.

I. Ordnungsmittel gemäß § 890 ZPO

Ein gerichtlicher Vergleich enthält keine Androhung von Ordnungsmitteln, da er kein 899 Hoheitsakt ist.[2295] Der Gläubiger kann jedoch einen Androhungsbeschluss nach § 890 Abs. 2 ZPO beantragen – und zwar auch ohne Zuwiderhandlung gegen den Vergleich. Voraussetzung dafür ist zunächst wegen § 750 ZPO die Zustellung des Vergleichs an den Gegner, notfalls per Gerichtsvollzieher (§ 192 ZPO). Sobald der Androhungsbeschluss förmlich durch das Gericht zugestellt ist (§ 329 Abs. 3 ZPO), ist der Prozessvergleich wie ein Urteil sanktionsbewehrt. Gegen den Androhungsbeschluss ist sofortige Beschwerde gemäß §§ 793, 891 ZPO gegeben.[2296]

> **Praxistipp:**
> Um den nachträglichen Antrag auf Erlass eines Androhungsbeschlusses zu vermeiden, kann der Antrag schon in der mündlichen Verhandlung nach Abschluss des Vergleichs erfolgen. Das Gericht kann den Beschluss dann mit der Protokollierung des Vergleichs verbinden.

II. Vereinbarung einer Vertragsstrafe

Der Prozessvergleich hat damit die gleiche Wirkung wie ein gerichtlich ausgesprochenes 900 und mit Androhung gemäß § 890 Abs. 2 ZPO versehenes Verbot. Der *zusätzlichen* Vereinbarung einer Vertragsstrafe bedarf es daher nicht, auch nicht zur Beseitigung der Wiederholungsgefahr.[2297] Vereinbaren die Parteien trotzdem eine Vertragsstrafe, ist der Verletzte dop-

---

[2293] → Rn. 650 ff.
[2294] Vgl. *Köhler/Bornkamm* § 12 Rn. 2.128. Siehe auch *Nieder* WRP 2001, 117.
[2295] BGH I ZB 95/10 = GRUR 2012, 957. Vgl. auch Zöller/*Stöber* ZPO § 890 Rn. 12a.
[2296] Diese dürfte allerdings in der Regel erfolglos bleiben, wenn sich der Beschluss im Rahmen des § 890 Abs. 1 ZPO hält.
[2297] Vgl. *Nieder* WRP 2001, 117.

pelt abgesichert. Er kann dann nämlich Ordnungsmittel beantragen und zugleich die Zahlung einer Vertragsstrafe fordern.[2298]

Praxistipp: Verzicht auf Ordnungsmittel

Soll eine Vertragsstrafe Gegenstand eines Prozessvergleichs sein, sollte der Anspruchsgegner darauf bestehen, dass der Anspruchsteller ausdrücklich einen Verzicht auf das Antragsrecht gemäß § 890 ZPO zu Protokoll erklärt.

III. Inhalt eines Unterlassungsvergleichs

901   Der Anspruchsgegner sollte sich entscheiden, ob er eine Vertragsstrafe vereinbaren *oder* dem Anspruchsteller ein Antragsrecht gemäß § 890 ZPO gewähren möchte. Schließlich ist auch zu berücksichtigen, dass eine vergleichsweise vereinbarte Unterwerfung vertraglicher Natur ist. Bei einem Verstoß gegen die Unterlassungsverpflichtung sind für eine Auslegung der Willenserklärungen die zur Vertragsauslegung maßgeblichen Bestimmungen (§§ 133, 157 BGB) heranzuziehen. Bei einem gerichtlichen Verbot findet die vom BGH entwickelte Kerntheorie Anwendung.[2299] Damit ist nicht nur die konkrete Verletzungshandlung untersagt. Umfasst von dem Verbot sind auch im Kern gleiche Verletzungshandlungen. Für einen Unterwerfungsvertrag muss das nicht ohne Weiteres gelten. Geht etwa der Antrag des Verletzten weiter als der Unterwerfungsvergleich, könnte dieser möglicherweise nur identische, nicht aber auch gleichartige Handlungen betreffen.

Praxistipp: Unterlassung für gleichartige Handlungen

Für den Anspruchsteller bietet sich an, in den Unterlassungsvergleich aufzunehmen, dass auch im Kern gleichartige Handlungen umfasst sind.

IV. Vollziehung eines Prozessvergleichs

902   Da nur einstweilige Verfügungen zu vollziehen sind, bedarf ein gerichtlich protokollierter Prozessvergleich nicht der Vollziehung gemäß §§ 936, 929 II ZPO.

[2298] Vgl. etwa BGHZ 138, 67 = GRUR 1998, 1053 = NJW 1998, 1138 = WRP 1998, 507 (508) – Behinderung der Jagdausübung; aA allerdings OLG Hamm GRUR 1985, 82 und weitere Oberlandesgerichte wegen des Grundsatzes „ne bis in idem".
[2299] → Rn. 699.

§ 19 Zwangsvollstreckung

Übersicht

A. Vorbemerkung, Rechtsgrundlagen

Die Zwangsvollstreckung wettbewerbsrechtlicher Entscheidungen folgt im Hauptsache- 903
und Verfügungsverfahren denselben Regeln. Bestehen Verfügungs- und Hauptsachetitel nebeneinander, kann der Gläubiger auch aus beiden Titeln vollstrecken.[2300] Wenn die Parteien
einen gerichtlichen Vergleich geschlossen haben, ist dieser ebenfalls ein vollstreckungsfähi-
ger Titel. Für Unterlassungsverpflichtungen ist § 890 ZPO anwendbar. Für Handlungen
bzw. Willenserklärungen gelten §§ 887, 888, 894 ZPO. Wegen der besonderen Bedeutung
der Unterlassungsvollstreckung konzentrieren sich die nachfolgenden Ausführungen hierauf.
Die Zwangsvollstreckung von Leistungsurteilen erfolgt im Wettbewerbsrecht nach den üblichen Regeln. Von einer gesonderten Darstellung der Zwangsvollstreckung aus Auskunfts-
und Schadensersatztiteln wird hier deshalb abgesehen.

B. Sicherheitsleistung

Praxistipp: Vollstreckungsschutz für den Anspruchsgegner

Im Verfügungsverfahren sollte der Anspruchsgegner bereits in der Schutzschrift – sonst spätestens
in der mündlichen Verhandlung – Vollstreckungsschutz beantragen.

[2300] Allerdings kann der Schuldner Aufhebung der Verfügung verlangen, → Rn. 875.

I. Art der Sicherheitsleistung

904   Gestattet das Gericht die Erbringung einer Sicherheitsleistung, setzt es auch fest, auf welche Art die Sicherheit zu leisten ist. Ohne ausdrückliche Bestimmung ist die Sicherheit durch eine Bürgschaft,[2301] die Hinterlegung von Geld oder Wertpapieren zu leisten (§ 108 Abs. 1 ZPO). Allerdings kann das Gericht die Bestimmung der Art der Sicherheitsleistung auch nachträglich abändern.[2302] Die Abänderung kann durch Beschluss ohne mündliche Verhandlung erfolgen.[2303] Auch die Parteien können eine Abänderung beantragen.[2304] Die Sicherheitsleistung durch Bürgschaft geschieht durch Übergabe der Bürgschaftserklärung an den Sicherungsberechtigten. Der Sicherungsberechtigte muss die Bürgschaftserklärung, wenn sie ordnungsgemäß ist, annehmen.

905   Die nachträgliche Entscheidung des Gerichts ist unanfechtbar, wenn sie nicht aufgrund eines Antrags einer Partei erfolgt.[2305] Lehnt das Gericht den Abänderungsantrag einer Partei ab, kann der Antragsteller sofortige Beschwerde erheben. Der Antragsgegner wiederum kann Abänderungsantrag stellen und bei dessen Zurückweisung sofortige Beschwerde erheben.[2306]

II. Abwendungsbefugnis des Schuldners

906   Der Schuldner kann die Zwangsvollstreckung nur durch eine eigene Sicherheitsleistung abwenden, wenn das Gericht die Abwendungsbefugnis ausgesprochen hat. Der Antrag auf Abwendung gemäß § 712 ZPO ist allerdings wegen § 714 ZPO nur bis zum Schluss der (letzten) mündlichen Verhandlung in erster Instanz möglich.[2307] Es müssen folgende Voraussetzungen vorliegen:

- ein Rechtsmittel gegen die gerichtliche Entscheidung muss statthaft sein,
- dem Schuldner müssen durch die Vollstreckung nicht wieder zu ersetzende Schäden entstehen,
- eine Interessenabwägung muss zugunsten des Schuldners ausfallen, das heißt, die Interessen des Schuldners an der Aussetzung der Zwangsvollstreckung müssen die Interessen des Gläubigers an der Zwangsvollstreckung überwiegen.

In wettbewerbsrechtlichen Verfahren wird in der Regel die zweite Voraussetzung nicht erfüllt sein.

III. Relevanter Zeitpunkt bei einem Verstoß gegen den Titel

907   Ist die Vollstreckung für den Gläubiger im Hauptsacheverfahren nur gegen Sicherheitsleistung möglich, muss der Verstoß, an den die Verhängung des Ordnungsmittels anknüpft, zeitlich nach der Androhung und der Vollstreckbarkeit des Titels liegen. Hierzu gehört, dass dem Schuldner – entweder durch die Leistung der Sicherheit oder auf sonstige Weise – erkennbar ist, dass der Gläubiger den Titel vollstrecken will.[2308] Bei einer Vollstreckung nur gegen Sicherheitsleistung im Hauptsacheverfahren, muss der Gläubiger die Sicherheit vor Beginn oder Fortsetzung der Zwangsvollstreckung geleistet haben und dies auch nachweisen (§ 751 Abs. 2 ZPO).[2309] Der in § 751 Abs. 2 ZPO geforderte Nachweis durch öffentliche oder öffentlich beglaubigte Urkunde ist auch durch Vorlage des vom Rechtsanwalt unterzeichneten Empfangs-

---

[2301] Es muss allerdings die Bürgschaft eines im Geltungsbereich der ZPO zum Geschäftsbetrieb befugten Kreditinstituts sein.
[2302] Thomas/Putzo/*Hüßtege* ZPO § 108 Rn. 2.
[2303] Vgl. Zöller/*Herget* ZPO § 108 Rn. 14.
[2304] BGH NJW 1994, 1351.
[2305] Vgl. Thomas/Putzo/*Hüßtege* ZPO § 108 Rn. 16.
[2306] Vgl. Zöller/*Herget* ZPO § 108 Rn. 16.
[2307] Ob der Antrag im Berufungsrechtszug nachgeholt werden kann, ist streitig, vgl. KG MDR 2000, 478 (ablehnend) mwN und Zöller/*Herget* ZPO § 714 Rn. 1.
[2308] Vgl. Zöller/*Stöber* ZPO § 890 Rn. 4.
[2309] Vgl. dazu auch BGH NJW 1996, 397.

bekenntnisses – etwa der zugestellten Bürgschaftsurkunde – möglich.[2310] Es genügt, dass der Gerichtsvollzieher dem Schuldner die Bürgschaftsurkunde zugestellt hat. Ein Nachweis gegenüber dem Prozessbevollmächtigten des Schuldners ist nicht erforderlich.[2311]

Ist die Vollziehung einer einstweiligen Verfügung – wenn auch in seltenen Fällen – von der   908 Stellung einer Sicherheit abhängig (§§ 936, 929 II ZPO), muss der Gläubiger die Sicherheit innerhalb der Vollziehungsfrist (§§ 936, 929 II ZPO) leisten.[2312]

Die Zwangsvollstreckung ist außerdem nicht möglich, wenn der Schuldner seinerseits Si-   909 cherheit leisten darf und diese auch erbringt. Im Verfügungsverfahren gelten §§ 708 Nr. 6, 711 S. 1, 712 Abs. 1 S. 1 ZPO. Im Übrigen sind §§ 709, 712 ZPO anwendbar.

Praxistipp: Verstoß nach Sicherheitsleistung

Ist dem Schuldner die Abwendung der Zwangsvollstreckung durch Sicherheitsleistung gestattet, stellt das keinen Freibrief zur Gestattung von Verstößen gegen ein Unterlassungsgebot dar. Der Schuldner kann sich schadensersatzpflichtig machen (vgl. § 893 ZPO).

C. Verstoß gegen eine Unterlassungsverpflichtung

I. Wirksamkeit der Unterlassungsverpflichtung, Strafandrohung

Ein Verstoß kann nur dann vorliegen, wenn das Unterlassungsgebot wirksam ist. Hierfür   910 ist Voraussetzung, dass eine Strafandrohung gemäß § 890 Abs. 2 ZPO bereits erfolgt ist. In der Regel geschieht dies – allerdings nur auf Antrag des Anspruchstellers – bereits im Tenor. Eine Urteilsverfügung mit Androhung gemäß § 890 Abs. 2 ZPO hat der Schuldner bereits ab Verkündung zu beachten. Auf eine Zustellung oder sonstige Maßnahmen der Vollziehung kommt es dann nicht an.[2313] Enthält der Unterlassungstitel die Androhung gem. § 890 Abs. 2 ZPO nicht, kann der Anspruchsteller den Antrag jedoch jederzeit nachholen. Erfolgt die gerichtliche Androhung des Ordnungsmittels nicht vor der Zuwiderhandlung, ist die Festsetzung eines Ordnungsmittels gegen *diese* Zuwiderhandlung nicht möglich.

Praxistipp: Gerichtlicher Vergleich

Die Androhung von Ordnungsmitteln gemäß § 890 Abs. 2 ZPO kann nicht Bestandteil eines Vergleichs sein.[2314] Der Gläubiger kann die Androhung jedoch jederzeit nachholen – auch noch in der mündlichen Verhandlung nach Abschluss des Vergleichs. Das sollte auch geschehen, damit er sofort gegen Zuwiderhandlungen vorgehen kann.

II. Verbotene Handlung

Fall „Ordnungsgeldfestsetzung bei personenidentischen Geschäftsführern":[2315]

Der Schuldnerin ist untersagt worden, sich im geschäftlichen Verkehr zur Kennzeichnung ihres Geschäftsbetriebs der Kennzeichnung „I P-A GmbH Berlin" zu bedienen. Die alleinige Gesellschafterin der Schuldnerin, die „I-Holding Verwaltungs- und Beteiligungsgesellschaft mbH", benannte daraufhin auf ihrer Webseite ua einen ihrer Standorte mit „Berlin" und sie wies auf eine Tätigkeit der „I P-A GmbH Berlin" hin. Den darauf bezogenen Ordnungsgeldantrag hat das LG zurückgewiesen.

[2310] BGH NJW 2002, 3027; BGH NJW 2003, 2460 und BVerfG NJW 2001, 1563; vgl. auch Zöller/*Stöber* ZPO § 174 Rn. 20.
[2311] BGH GRUR 2008, 1029 = NJW 2008, 3220 = WRP 2008, 1454 – Nachweis der Sicherheitsleistung.
[2312] Vgl. Gloy/Loschelder/*Erdmann* § 93 Rn. 3.
[2313] BGH I ZB 115/07 = BGHZ 180, 72 = BeckRS 2009, 19746 = GRUR 2009, 890 = WRP 2009, 999.
[2314] → Rn. 899.
[2315] KG BeckRS 2005, 03421 = MMR 2005, 460 = DB 2005, 1565.

911　Ein Ordnungsmittel setzt einen schuldhaften[2316] Verstoß gegen die Entscheidung, die vollstreckt werden soll, voraus. Ist dem Schuldner eine konkrete Handlung verboten und wiederholt er gerade diese Handlung – zum Beispiel die identische Veröffentlichung einer bereits verbotenen Anzeige – ist ein Verstoß gegen die Entscheidung offensichtlich. Problematischer ist eine Handlung, die der verbotenen Handlung nur ähnlich ist. Ist es einem Wettbewerber zum Beispiel verboten, mit der Aussage zu werben, er sei „die Nr. 1 im Motorsport", könnte die Aussage, er sei „das erfolgreichste Unternehmen im Motorsport" hiervon nicht umfasst sein.

912　Es obliegt dann dem Gericht, im Zwangsvollstreckungsverfahren zu überprüfen, ob die neue Handlung im Kern von dem Verbot erfasst ist.[2317] Das geschieht durch Auslegung des Tenors. Hierfür sind auch die Entscheidungsgründe heranzuziehen und dasjenige, was der Anspruchsteller verboten haben wollte. Es kommt deshalb auch auf den Vortrag des Anspruchstellers im Verfahren an.[2318] Besonders problematisch kann es sein, wenn der Verbotstenor dem Anspruchsgegner lediglich eine Handlung verbietet, ohne ihm zugleich – ausdrücklich – eine Handlungspflicht aufzuerlegen. So vertritt etwa das OLG München in einer Entscheidung die Auffassung, ein Unterlassungsgebot beinhalte auch die Verpflichtung zum Rückruf bereits ausgelieferter und vom Verbot erfasster Zeitschriften.[2319] Erkennt der Anspruchsgegner mangels Hinweisen im Tenor, den Gründen oder auch dem Vortrag des Anspruchstellers nicht, dass ihn neben der Unterlassungs- auch eine Handlungspflicht trifft, hat er möglicherweise unverschuldet gehandelt.[2320] Oder das Gericht nimmt ein geringes Verschulden an und setzt das Ordnungsgeld entsprechend niedriger fest.

912a　Eine Besonderheit gilt, wenn aus einem Unterlassungstitel zugleich eine juristische Person und ihr Organ verpflichtet sind: Verstößt das Organ – wie allerdings wohl meist – im Rahmen der geschäftlichen Tätigkeit für die juristische Person gegen das Unterlassungsgebot, ist nur gegen die juristische Person ein Ordnungsgeld nach § 890 ZPO festzusetzen.[2321] Wie sich diese Auffassung allerdings mit der allseits anerkannten Passivlegitimation zB des Geschäftsführers einer GmbH als Täter oder Teilnehmer verträgt, bleibt unklar.[2322]

913　Ist der Anspruchsgegner der Auffassung, dass kein Verstoß gegen den Titel vorliegt, kann er negative Feststellungsklage erheben. Das Feststellungsinteresse entfällt nicht dadurch, dass der Gläubiger einen Ordnungsmittelantrag stellt.[2323]

Praxistipp: Ordnungsgeld-Deal

Hat der Schuldner gegen das Unterlassungsgebot schuldhaft verstoßen und besteht deshalb ein erhebliches Risiko, dass ein Ordnungsgeld festgesetzt wird, bietet sich ein außergerichtlicher „Deal" an: Der Schuldner kann dem Gläubiger anbieten, eine angemessene „Strafe" zu zahlen, die unterhalb eines Ordnungsgeldes liegt, das das Gericht festsetzen würde. Das ist für beide Parteien vorteilhaft: Der Schuldner erspart sich Verfahrenskosten und eine ggf. höhere Zahlung. Da das Ordnungsgeld an den Staat verfällt,[2324] hat der Gläubiger einen eigenen wirtschaftlichen Vorteil, wenn er die Zahlung vom Schuldner vereinnahmt.

Zum Fall „Ordnungsgeldfestsetzung bei personenidentischen Geschäftsführern":

914　Bei einem Verbot muss der Schuldner auch auf Dritte einwirken, wenn diese die rechtswidrige Werbung fortsetzen wollen und deren Handeln im rechtlichen oder tatsächlichen

---

[2316] Ganz einhellige Rechtsprechung, vgl. zum Beispiel BVerfG NJW 1991, 3139; BGH GRUR 1985, 1065 = NJW 1986, 127 = WRP 1986, 141 – Erfüllungsgehilfe.
[2317] → Rn. 699 zur Kerntheorie.
[2318] Vgl. *Köhler/Bornkamm* § 12 Rn. 6.4.
[2319] → Rn. 623. Vgl. auch OLG Köln, Az. 6 W 14/02 (Rückruf bereits ausgelegter Prospekte).
[2320] Ein Rechtsirrtum schließt allerdings Verschulden nicht aus!
[2321] BGH I ZB 43/11 = GRUR 2012, 541.
[2322] → Rn. 518.
[2323] BGH GRUR 2008, 360 = WRP 2008, 249 – EUR und Schwarzgeld.
[2324] Mit Ausnahme einer vom Gericht gemäß § 890 Abs. 3 ZPO festgesetzten Sicherheit, die im Wettbewerbsrecht allerdings kaum von Bedeutung ist.

Einflussbereich der Schuldnerin liegen und ihr zugute kommen. Das Handeln der Alleingesellschafterin ist der GmbH jedoch nach Auffassung des Kammergerichts nicht zuzurechnen. Daran ändere auch die teilweise Personenidentität der Geschäftsführer auf Seiten der Schuldnerin und deren Alleingesellschafterin nichts. Denn die Aufgabenfelder der Geschäftsführer seien unterschiedlich gewesen. Es liege auch kein Rechtsmissbrauch durch Aufgabenverlagerung vor. Außerdem bestünde für die Gläubiger die Möglichkeit, gegen die Alleingesellschafterin und/oder die Geschäftsführer persönlich vorzugehen.

III. Zwangsvollstreckung oder neues Verfügungsverfahren?

Nicht immer liegt zweifelsfrei ein Verstoß gegen einen Unterlassungstitel vor. Gerade bei **914a** auch verbotenen kerngleichen Handlungen[2325] steht der Gläubiger des Unterlassungstitels vor einem Dilemma: Entscheidet er sich für einen Ordnungsmittelantrag und vertritt das Gericht die Auffassung, ein Verstoß gegen den Unterlassungstitel liege nicht vor, dürfte es in aller Regel wegen der Dringlichkeitsfristen[2326] für ein Verfügungsverfahren zu spät sein. Entscheidet sich der Gläubiger für die Einleitung eines zweiten (Verfügungs-)Verfahrens, verneint das Gericht wegen des bereits bestehenden Verbotes ggf. das Rechtsschutzbedürfnis und weist den Antrag auf Kosten des Gläubigers ab. Das kann wegen der im Wettbewerbsrecht geltenden kurzen Verjährung jedes weitere Vorgehen des Gläubigers zunichte machen.

Der BGH hat dieses Dilemma zugunsten des Gläubigers gelöst: Danach kann der Gläubiger, obwohl er bereits wegen einer ähnlichen Verletzungshandlung einen Unterlassungstitel erstritten hat, erneut ein Verfahren anstrengen. Dafür ist das Rechtschutzbedürfnis gegeben, „wenn der Ausgang im Zwangsvollstreckungsverfahren ungewiss ist und eine Verjährung der auf Grund des erneuten Verstoßes geltend zu machenden wettbewerbsrechtlichen Ansprüchen droht".[2327] Ist Gegenstand des zweiten Verfahrens nicht derselbe Streitgegenstand – etwa weil jeweils die konkrete Verletzungshandlung beanstandet wurde[2328] – kann dem zweiten Verfahren nicht entgegenstehende Rechtskraft durch das erste Verfahren entgegengehalten werden.

D. Verfahren

I. Allgemeine Vollstreckungsvoraussetzungen

1. Titel, Klausel, Zustellung

Der Gläubiger muss über einen vollstreckbaren Unterlassungstitel verfügen und es muss **915** die Vollstreckungsklausel (§ 724 ZPO) erteilt sein. Einer Vollstreckungsklausel für Verfügungstitel bedarf es nach §§ 936, 929 I ZPO jedoch nicht, wenn die Vollstreckung für den im Titel bezeichneten Gläubiger und gegen den dort genannten Schuldner erfolgt. Außerdem muss der Titel zugestellt sein (§ 750 Abs. 1, 2 ZPO). Die Amtszustellung genügt für Verfügungstitel in aller Regel nicht. Diese müssen innerhalb der Monatsfrist des § 929 Abs. 2 ZPO im Parteibetrieb vollzogen sein.[2329]

2. Heilung von Vollstreckungsmängeln

Der Gläubiger kann – mit Ausnahme einer endgültig versäumten Vollziehungsfrist im Ver- **916** fügungsverfahren – Mängel bei den allgemeinen Voraussetzungen der Zwangsvollstreckung

---

[2325] → Rn. 699.
[2326] → Rn. 736.
[2327] BGH I ZR 34/09 (Rn. 20) = GRUR 2011, 742 = WRP 2011, 873 – Leistungspakete im Preisvergleich.
[2328] BGH I ZR 34/09 (Rn. 16 f.) = GRUR 2011, 742 = WRP 2011, 873 – Leistungspakete im Preisvergleich.
[2329] → Rn. 781 ff. zur Vollziehung.

bis zur rechtskräftigen Entscheidung in zweiter Instanz heilen.[2330] Denn Mängel der Zwangsvollstreckung führen lediglich zur Anfechtbarkeit etwa eines Ordnungsmittelbeschlusses, nicht aber zu dessen Nichtigkeit.[2331] Ist der Mangel geheilt, wirkt die Heilung ex tunc.[2332]

II. Fristen

917   Aus dem Titel kann 30 Jahre vollstreckt werden (§ 197 Abs. 1 Nr. 3 BGB). Verstöße gegen Unterlassungsgebote verjähren allerdings nach zwei Jahren (Art. 9 Abs. 1 S. 2, 3 EGStGB).[2333] Ist ein Ordnungsmittel gemäß § 890 ZPO festgesetzt, tritt die Vollstreckungsverjährung ebenfalls innerhalb von zwei Jahren ein (Art. 9 Abs. 2 S. 2, 3 EGStGB). Die Frist beginnt zu laufen, sobald der Beschluss vollstreckbar ist.

III. Zuständigkeit

918   Zuständig ist ausschließlich das Gericht erster Instanz unabhängig davon, ob der Titel von ihm oder einer höheren Instanz erlassen wurde (§§ 890 Abs. 1 S. 1, Abs. 2, 802 ZPO).

IV. Antrag

919   Der Gläubiger muss einen Antrag auf Festsetzung eines Ordnungsmittels stellen. Es besteht Anwaltszwang.[2334] Der Antrag muss den konkreten Verstoß bezeichnen und Beweismittel für den Sachvortrag anbieten. Hierzu gehört auch, dass der Gläubiger vorträgt, weshalb der Schuldner den Verstoß verschuldet hat.

> **Praxistipp: Ordnungsmittelverfahren ist Beweisverfahren**
>
> Da das Ordnungsmittelverfahren ein Erkenntnisverfahren ist, genügt hier eine Glaubhaftmachung nicht. Die Parteien müssen – auch bei einer Vollstreckung aus einer Verfügung – Beweis führen und das Gericht muss ggf. Beweis erheben.[2335] Das kann vor allem bei der Verschuldensfrage von Bedeutung sein.

Eine Bezifferung, welches Ordnungsgeld festzusetzen ist, muss der Ordnungsmittelantrag nicht enthalten.[2336] Die Festsetzung des Ordnungsgeldes steht allein im Ermessen des Gerichts.

V. Stellungnahme des Schuldners

920   Der Schuldner muss eine Gelegenheit zur Stellungnahme zum Ordnungsmittelantrag erhalten (§ 891 S. 2 ZPO). Hier kann der Schuldner insbesondere einwenden, dass ein Verstoß gegen das Unterlassungsgebot nicht schuldhaft erfolgt ist. Es genügt jedoch leichte Fahrlässigkeit.[2337] §§ 278, 831 BGB finden keine Anwendung, da nur eine *eigene* Zuwiderhandlung

---

[2330] So etwa eine unterbliebene Zustellung, vgl. BGHZ 66, 79 oder die Nichteinhaltung der Wartefrist vor der Durchführung der Zwangsvollstreckung, vgl. OLG Hamm NJW 1974, 1516.
[2331] Vgl. BGHZ 30, 173, BGHZ 112, 356; BGHZ 121, 98; BGH NJW 1979, 2045; Zöller/*Stöber* ZPO Vor § 704 Rn. 34.
[2332] OLG Hamburg NJW-RR 1989, 1501; OLG Hamm NJW-RR 1998, 87.
[2333] Vgl. Thomas/Putzo/*Seiler* ZPO § 890 Rn. 23.
[2334] Vgl. Zöller/*Stöber* ZPO § 890 Rn. 13.
[2335] Vgl. *Gloy/Loschelder/Erdmann/Spätgens* § 112 Rn. 55.
[2336] Vgl. Zöller/*Stöber* ZPO § 890 Rn. 13.
[2337] Vgl. Gloy/Loschelder/*Erdmann* § 93 Rn. 13.

des Schuldners sanktioniert ist. Allerdings muss der Schuldner Dritte nicht nur anweisen, keinen Verstoß herbeizuführen. Er muss auch Vorkehrungen treffen, damit seine Anweisungen beachtet werden.[2338]

VI. Entscheidung des Gerichts, Rechtsmittel

Das Gericht entscheidet in der Regel ohne mündliche Verhandlung über den Ordnungs- **921** mittelantrag. Die Entscheidung ergeht immer – auch nach mündlicher Verhandlung – durch Beschluss (§ 891 ZPO).[2339] Die Festsetzung eines Ordnungsmittels ist nicht dadurch gehemmt, dass über die Sache noch nicht rechtskräftig entschieden ist.

Gegen die Entscheidung findet sofortige Beschwerde statt (§ 793 ZPO). Sie hat aufschiebende Wirkung.[2340]

VII. Realisierung der festgesetzten Ordnungsmittel

Die Zwangsvollstreckung eines Verbots erfolgt nach § 890 Abs. 1 ZPO durch den **922** Rechtspfleger des Prozessgerichts.[2341] Das Gericht kann unter den Voraussetzungen von Art. 7 EGStGB Zahlungsfristen bewilligen und Teilzahlungen gewähren.

E. Vorläufige Einstellung der Zwangsvollstreckung

Auf Antrag kann das Gericht die vorläufige Einstellung der Zwangsvollstreckung anord- **923** nen (§ 719 ZPO). Das ist vor allem im Verfügungsverfahren von Bedeutung, da die formelle Rechtskraft einer Beschlussverfügung die Zwangsvollstreckung bis zu ihrer Aufhebung im Widerspruchs-, Berufungs- oder Aufhebungsverfahren (etwa wegen einer rechtskräftig abweisenden Hauptsacheentscheidung) gestattet. Hier findet § 719 Abs. 1 ZPO ebenfalls Anwendung. Wegen § 719 Abs. 1 ZPO muss der Antragsgegner Rechtsmittel gegen die Verfügung einlegen, wenn er die vorläufige Einstellung der Zwangsvollstreckung erreichen will. Die vorläufige Einstellung der Zwangsvollstreckung einer Beschlussverfügung gestatten §§ 924 Abs. 3 S. 2, 719 Abs. 1 ZPO. Auch im Aufhebungsverfahren ist die vorläufige Einstellung der Zwangsvollstreckung möglich.[2342] Mit einer vorläufigen Einstellung ist im Verfügungsverfahren allerdings nur zu rechnen, wenn der Widerspruch, die Berufung oder der Aufhebungsantrag voraussichtlich Aussicht auf Erfolg haben, ganz erhebliche Nachteile für den Schuldner drohen (wie meist nicht bei Unterlassungsverfügungen, vgl. auch § 765a ZPO) oder aufgrund des Vorbringens des Antragsgegners im Widerspruchsverfahren nicht unerhebliche Zweifel an der Sachdarstellung des Antragstellers bestehen.[2343]

F. Höhe des Ordnungsgeldes

I. Gesetzliche Höchstgrenzen

Gemäß § 890 Abs. 1 ZPO kann das Ordnungsgeld von fünf Euro (Art. 6 EGStGB)[2344] bis **924** höchstens 250.000 Euro betragen oder Ordnungshaft zwischen einem Tag und sechs Mona-

---

[2338] Vgl. OLG Saarbrücken WRP 2006, 780.

[2339] Vgl. auch Zöller/*Stöber* ZPO § 891 Rn. 1.

[2340] BGH I ZB 20/11 = NJW 2011, 3791 = GRUR 2012, 427 = WRP 2012, – Aufschiebende Wirkung.

[2341] Die Beitreibung von gemäß § 888 ZPO festgesetzten *Zwangs*mitteln erfolgt hingegen durch den Gläubiger.

[2342] Vgl. Zöller/*Vollkommer* ZPO § 926 Rn. 28.

[2343] OLG Koblenz 6 W 610/89 = NJW-RR 1990, 1535 = WRP 1990, 366.

[2344] BT-Drs. 14/6371, 9.

ten verhängt werden. Eine Kombination aus Ordnungshaft und Ordnungsgeld ist nicht möglich. Allerdings ordnet das Gericht Ersatzordnungshaft für den Fall an, dass das Ordnungsgeld nicht beizutreiben ist. Bei mehreren Verstößen kann der Höchstbetrag mehrfach verwirkt sein. Die Ordnungshaft darf allerdings die Dauer von zwei Jahren nicht übersteigen (§ 890 Abs. 1 S. 2 ZPO). Die Höhe des Ordnungsgeldes ist durch die Höhe des angedrohten Ordnungsgeldes begrenzt. Häufig drohen die Gerichte in Wettbewerbsverfahren ohnehin das höchste Ordnungsgeld an.

II. Entscheidung im Einzelfall

925   Eine rein schematische Berechnungsweise – zum Beispiel die Festsetzung eines Ordnungsgeldes grundsätzlich in Höhe von 1/20 des Streitwertes des Unterlassungsverfahrens – wird den Anforderungen an eine Einzelfallentscheidung nicht gerecht.[2345] Maßgeblich für die Höhe des Ordnungsgeldes sind ua
- der Unwertgehalt der Verletzungshandlung,
- der Grad des Verschuldens des Schuldners,
- die mit der Festsetzung des Ordnungsgeldes bezweckte Präventivwirkung, die sich auch an der wirtschaftlichen Leistungsfähigkeit des Schuldners orientiert.

Kurz: Das Ordnungsgeld ist in einer Höhe festzusetzen, dass sich ein Verstoß für den Schuldner nicht lohnt. Stellen mehrere Handlungen eine natürliche Handlungseinheit dar – zum Beispiel die Verteilung von 1000 Prospekten –, ist die Tat als Einzeltat zu behandeln. Das gilt auch für fahrlässige Verstöße.[2346] Die Höhe des Ordnungsgeldes richtet sich dann nach der Schwere der Tat.[2347] Im Übrigen verneint der BGH aber einen Fortsetzungszusammenhang im Zwangsvollstreckungsverfahren: Einzelakte können nicht als fortgesetzte Handlung zu einer einheitlichen Tat zusammengefasst werden.[2348]

926   Fordert der Gläubiger eine Vertragsstrafe und beantragt er gleichzeitig die Festsetzung eines Ordnungsmittels, ist die Vertragsstrafe bei der Höhe des Ordnungsmittels zu berücksichtigen. Anderseits wirkt sich die Höhe des Ordnungsgeldes durchweg nicht auf die Höhe der verwirkten Vertragsstrafe aus.[2349] Das kann gerade bei der Vereinbarung einer Vertragsstrafe nach „Hamburger Brauch" von Bedeutung sein, wenn die Vertragsstrafe der Höhe nach nicht bestimmt ist.

Praxistipp: Vertragsstrafen-Deal

Für den Gläubiger ist es bei einer Vertragsstrafe nach „Hamburger Brauch" zweckmäßig, zunächst das Ordnungsmittelverfahren durchzuführen und erst dann die Zahlung einer Vertragsstrafe zu fordern. Damit vermeidet der Gläubiger eine mögliche Minderung des Ordnungsgeldes, wenn bereits eine (hohe) Vertragsstrafe bezahlt wurde.

Der Schuldner sollte – wenn ein Verstoß gegen die Unterlassungsverpflichtung offensichtlich ist – nach Möglichkeit versuchen, die Höhe der Vertragsstrafe zu verhandeln und zugleich im Vergleichswege ein Ordnungsmittelverfahren abzuwenden. Dem Schuldner hilft hier, dass eine durch Prozessvergleich vereinbarte Vertragsstrafe nicht selbstständig vollstreckbar ist, sondern eigenständig eingeklagt werden muss. Gerade bei einer Vertragsstrafe nach Hamburger Brauch besteht hier für den Gläubiger ein nicht unerhebliches Prozesskostenrisiko.[2350]

[2345] Vgl. BGH GRUR 1994, 146 = NJW 1994, 45 = WRP 1994, 37 – Vertragsstrafebemessung.
[2346] BGHZ 33, 162 (168).
[2347] Vgl. *Gloy/Loschelder/Erdmann/Spätgens* § 112 Rn. 66.
[2348] BGH I ZB 32/06 = GRUR 2009, 427 = NJW 2009, 921 = WRP 2009, 637 – Mehrfachverstoß gegen Unterlassungstitel.
[2349] Vgl. BGH GRUR 1994, 146 = NJW 1994, 45 = WRP 1994, 37 – Vertragsstrafebemessung und BGH GRUR 1984, 72 = WRP 1984, 14 – Vertragsstrafe für versuchte Vertreterabwerbung.
[2350] → Rn. 650 ff.

G. Besonderheiten bei der Unterlassungs-Zwangsvollstreckung

I. Bestand der einstweiligen Verfügung

Bislang war die Frage umstritten, ob ein Verstoß gegen eine verkündete, mit Androhung 927
gemäß § 890 Abs. 2 ZPO versehene, aber noch nicht im Parteibetrieb durch Zustellung
vollzogene Urteilsverfügung sanktionierbar ist. Der BGH hat klar entschieden: Die Verfügung wirkt ab Verkündung.[2351] Für die Beschlussverfügung gilt: Sie wirkt ab erfolgter Vollziehung.

II. Beseitigung des Unterlassungstitels

Aus einem Unterlassungstitel kann der Gläubiger vollstrecken, so lange der Titel Bestand 928
hat.

Fall „Branchenanzeiger":[2352]

Die Klägerin gibt ein „Branchenanzeigenbuch" heraus. Wegen irreführender Werbung ist die Klägerin zur Unterlassung verurteilt worden. Da die Klägerin gegen die Unterlassungsverpflichtung
verstoßen hat, wurde gegen sie ein Ordnungsgeld verhängt, das die Klägerin erst teilweise geleistet
hat. Zwischenzeitlich erfolgte eine Änderung des UWG. Die Klägerin beruft sich darauf, dass aufgrund der Neuregelung in § 13 Abs. 2 Nr. 1 UWG 1909 kein Wettbewerbsverhältnis mehr zwischen ihr und der Beklagten bestehe. Die Parteien seien nicht auf dem selben Markt tätig. Jedenfalls sei die beanstandete Handlung der Klägerin nicht geeignet, den Wettbewerb – wie von § 13
Abs. 2 Nr. 1 UWG 1909 gefordert – wesentlich zu beeinträchtigen. Sie beantragt deshalb im Wege
der Vollstreckungsabwehrklage, die Zwangsvollstreckung für unzulässig zu erklären und festzustellen, dass die Beklagte nicht mehr berechtigt ist, die Unterlassung der im Urteil untersagten Handlung zu fordern.

1. Fortfall des Verfügungstitels

Der Verfügungstitel kann wegfallen, wenn die Verfügung nach Widerspruch oder Beru- 929
fung aufgehoben wird. Denkbar ist auch, dass der Antragsgegner erfolgreich ein Aufhebungsverfahren gemäß §§ 936, 926, 927 ZPO betreibt. Ist beim Fortfall des Verfügungstitels
über ein anhängiges Ordnungsmittelverfahren noch nicht entschieden, ist das Verfahren in
der Hauptsache erledigt. Denn ohne Titel kann es auch keine Zwangsvollstreckung geben.[2353] Bereits festgesetzte und beigetriebene Ordnungsmittel sind dem Schuldner auf Anordnung des Prozessgerichts erster Instanz zurückzuzahlen,[2354] wenn die Verfügung rückwirkend – etwa mangels eines Verfügungsanspruchs – aufgehoben wird.
Erfolgt eine Aufhebung *ex nunc*, ist die Möglichkeit der Zwangsvollstreckung wegen vor 930
dem Fortfall der Verfügung begangener Zuwiderhandlungen sehr umstritten. Einerseits wird
wegen §§ 775 Nr. 1, 776 ZPO gefordert, eine Zwangsvollstreckung nur zuzulassen, solange
der Titel besteht.[2355] Andererseits können etwa bei einer Erledigungserklärung des Antragstellers Verstöße in der Vergangenheit noch zu sanktionieren sein. Vernünftig wird folgende Lösung sein: Sind Ordnungsgelder zum Zeitpunkt der Aufhebung bereits beigetrieben, sind sie
verfallen. Sind sie noch nicht beigetrieben, scheitert eine Beitreibung an §§ 775 Nr. 1, 776
ZPO, auch wenn der Verstoß noch in die Zeit fällt, in der der Titel bestand. Ist ein Ord-

---

[2351] → Rn. 798.
[2352] OLG Köln GRUR 1997, 316.
[2353] Vgl. *Gloy/Loschelder/Erdmann/Spätgens* § 112 Rn. 31 ff.
[2354] Vgl. *Köhler/Bornkamm* § 12 Rn. 6.17 und OLG Hamm WRP 2002, 472.
[2355] Vgl. *Köhler/Bornkamm* § 12 Rn. 6.16.

nungsmittel noch nicht rechtskräftig festgesetzt,[2356] ist das Ordnungsmittel im Rechtsmittel-verfahren aufzuheben.

930a Uneins ist sich die Rechtsprechung, ob folgende Fallkonstellation die Festsetzung von Ord-nungsmitteln rechtfertigt: Der Unterlassungsschuldner verstößt während des Bestands gegen eine Beschlussverfügung. Diese wird nach Widerspruch vom Landgericht aufgehoben und sodann im Rechtsmittelverfahren wieder erneut erlassen. Das OLG Frankfurt a. M. spricht sich gegen die Festsetzung von Ordnungsmitteln aus, da die vom Landgericht erlassene Ver-fügung nicht mehr existent sei.[2357] Das Berufungsgericht könne nur eine neue einstweilige Verfügung (wenn auch mit gleichem Inhalt) erlassen. Das OLG München hingegen stützt die Ordnungsmittelfestsetzung auf die in der Berufung neu erlassenen Verfügung. Für eine Ord-nungsmittelfestsetzung bedürfe es keiner „Rückwirkung der im Berufungsverfahren erneuer-ten einstweiligen Verfügung".[2358] Allerdings kann über einen Ordnungsmittelantrag noch nach einseitiger Erledigungserklärung (wegen Abgabe einer Unterlassungserklärung) und vor gerichtlicher Feststellung der Erledigung entschieden werden – vorausgesetzt, die Festsetzung von Ordnungsmitteln wurde vor Eintritt des erledigenden Ereignisses beantragt.[2359]

931 Hat der Antragsgegner eine Abschlusserklärung abgegeben, bleibt der Weg der Vollstre-ckungsgegenklage. Denkbar ist auch, die Abschlusserklärung aus wichtigem Grund zu kün-digen. Beides wird allerdings nur erfolgreich sein, wenn sich der Schuldner auf eine Ge-setzesänderung oder auf die Nichtigerklärung einer Norm durch das BVerfG (§ 79 Abs. 2 S. 3 BVerfGG) berufen kann.[2360]

2. Beseitigung der Vollstreckbarkeit eines rechtskräftigen Hauptsache-Unterlassungstitels

932 Eine Beseitigung des Unterlassungstitels im Hauptsacheverfahren ist dem Schuldner nicht möglich. Er kann jedoch unter den soeben beschriebenen Voraussetzungen Vollstreckungs-abwehrklage § 767 ZPO erheben.[2361] Daneben ist die Klage nach § 767 ZPO auch dann denkbar, wenn der Anspruch nachträglich wegen Wegfalls der Irreführung oder Änderung der Verkehrsauffassung erlischt.[2362]

Zum Fall „Branchenanzeiger":

933 Der BGH hat hier entschieden, dass die Voraussetzungen für eine Zwangsvollstreckung aus dem Unterlassungstitel wegen der Gesetzesänderung nicht weggefallen sind. Denn die Parteien – der Verleger eines Branchenbuchs einerseits und der Verleger eines Anzeigenblat-tes – würden sich schon auf dem selben Markt begegnen. Voraussetzung sei nicht, dass sich die Parteien als Wettbewerber auf dem örtlichen gemeinsamen Markt im Rahmen eines konkreten Wettbewerbsverhältnisses begegnen müssen. Es genüge ein abstraktes Wettbe-werbsverhältnis. Es komme auch nicht darauf an, dass die damalige Entscheidung keine Feststellung zur nun geforderten Wesentlichkeit der Beeinträchtigung enthält. Denn jeden-falls wären die Voraussetzungen hierfür – hätte die Rechtslage bereits damals bestanden – gegeben gewesen.

H. Kosten

934 Der Streitwert für das Ordnungsmittelverfahren orientiert sich am Streitwert des Unter-lassungsverfahrens. Er beträgt in der Regel $^1/_3$ bis $^1/_6$ des Wertes.[2363] Die Höhe des Streitwer-

---

[2356] Vgl. *Gloy/Loschelder/Erdmann/Spätgens* § 112 Rn. 31.

[2357] OLG Frankfurt a. M. 6 W 43/12 = BeckRS 2012, 08333, GRUR-Prax 2012, 247 mit Anmerkung *Himmelsbach*.

[2358] OLG München 29 W 2861/99 = NJWE-WettbR 2000, 147 = BeckRS 1999, 30088295. Kritisch *Himmelsbach* GRUR-Prax 2012, 247.

[2359] BGH I ZB 28/11 = BeckRS 2012, 6797 = WRP 2012, 829.

[2360] → Rn. 626.

[2361] Vgl. KG GRUR 1995, 149 = NJW 1995, 1036 = WRP 1995, 199 – Ohne Rahmen, Auflage und Deko.

[2362] Vgl. BGHZ 176, 35 = NJW 2008, 1446.

[2363] Vgl. Gloy/Loschelder/Erdmann/*Spätgens* § 112 Rn. 74.

tes ist von der Höhe des festgesetzten Ordnungsgeldes unabhängig. So kann der Streitwert 50.000 Euro und das Ordnungsgeld 5.000 Euro betragen. Die Kosten hat der Schuldner trotzdem ganz zu tragen, und zwar aus 50.000 Euro. Das Gericht erhält keine Gebühren. Die Anwaltskosten berechnen sich nach Nr. 3309 VV (0,3-Verfahrensgebühr). Jedes Festsetzungsverfahren ist eine eigene Angelegenheit (§ 18 Nr. 14 RVG). Die Androhung gemäß § 890 Abs. 2 ZPO stellt keine eigene Angelegenheit dar, wenn sie bereits im Urteil enthalten ist. Anderenfalls fällt auch hierfür eine 0,3-Verfahrensgebühr nach Nr. 3309 VV an.

Anhang: Checkliste und Muster

Anhang
- **Checkliste**
- **Muster (alphabetisch)**
  - Abmahnung samt
    Unterlassungs-/Verpflichtungserklärung
    - mit bezifferter Vertragsstrafe bzw.
    - mit Vertragsstrafenversprechen nach „Hamburger Brauch"
  - Abschlusserklärung (Abgabe)
    - Standardversion bzw.
    - umfangreiche Erklärung
  - Abschlusserklärung (Aufforderung)
  - Aufhebungsantrag gemäß §§ 936, 927 ZPO
  - Auslandszustellung
  - Beschwerde gegen Zurückweisung des Verfügungsantrags im Beschlusswege
  - Eidesstattliche Versicherung
  - Klageerzwingungs-Antrag gemäß § 926 ZPO
  - Ordnungsmittel-Antrag gemäß § 890 ZPO
  - Schutzschrift
  - Verfügungsantrag
  - Vollziehung (Zustellung) der einstweiligen Verfügung
  - Widerspruch

Anhang

Checkliste des Anspruchstellers

Sache: _____ ./. _____

_____ Instanz

1. **Aktenanlage** verfügen

2. **Fristen** notieren:

   a) Ende der Dringlichkeitsvermutung (_____ Monate ab Kenntnis bzw. grob fahrlässiger Unkenntnis)[1]

   ☐

   b) Verjährung der Ansprüche (§ 11 UWG: 6 Monate ab Kenntnis)[2]

   ☐

   c) Verjährung des Erstattungsanspruchs (Abmahnkosten)[3]

   ☐

3. **Original-Vollmacht** eingegangen?

4. **Verfügungsverfahren:**
   - Verfügungsantrag durch **Beschluss** (teilweise) zurückgewiesen?
     - Beschwerdefrist: 2 Wochen ab Zustellung des Beschlusses

     ☐

   - Verfügung antragsgemäß erlassen?
     - Ende der Verjährungshemmung (§ 204 Abs. 2 BGB) notieren (6 Monate ab Erlass bzw. Verkündung)

     ☐

     - Sofort nach Erlass einer Beschlussverfügung:[4] Übersendung der Verfügung per Fax oder Brief

     erledigt?

     - **Vollziehungsfrist** mit zwei Vorfristen notieren!
       Urteil: 1 Monat ab Verkündung
       Beschluss: 1 Monat ab Zustellung

       Vorfristen:
       1.
       2.

     - **1. Vorfrist:** Liegt Ausfertigung der Verfügung vor?
       Falls nicht: Bei Gericht anfordern!

     erledigt?

     - **Vollziehung veranlassen**
       – Zustellung der Original-Ausfertigung oder einer beglaubigten Abschrift der Ausfertigung

     erledigt?

       – Antrag gemäß § 890 Abs. 2 ZPO in Verfügung enthalten? Falls nicht: Androhung beantragen!

     erledigt?

       – Gebotsverfügung: Antrag gemäß § 888 ZPO stellen!

     erledigt?

     - **2. Vorfrist:** Ist die Zustellung erfolgt und liegen die Zustellungsnachweise vor?

     erledigt?

     - **Abschlusserklärung:**

       Frist zur Aufforderung notieren[5]

       ☐

---

[1] Gemäß der regional relevanten Rechtsprechung, → Rn. 736.
[2] Beachte die Hemmung gemäß § 204 Abs. 1 Nr. 9 BGB, → Rn. 580.
[3] Entspricht der Verjährung gemäß 2b, → Rn. 571.
[4] Sofern aus taktischen Gründen nicht die förmliche Zustellung abgewartet werden soll.
[5] Je nach regionaler Rechtsprechung in der Regel zwischen zwei und vier Wochen nach Vollziehung bzw. Zustellung der Verfügung von Amts wegen mit Fristsetzung von ebenfalls zwischen zwei und vier Wochen. Ein Abwarten von drei Wochen nach Vollziehung wird durchweg ausreichend sein, vgl. → Rn. 861.

Liegt die geforderte Abschlusserklärung vor?   *erledigt?*

- **Verfahren beendet?**

Nein: Erhebung der **Hauptsachklage**[6]

5.   Gegebenenfalls **Berufungs- oder Revisionsfrist** notieren

6.   **Kostenfestsetzungsverfahren:**

a) Kostenfestsetzungsantrag

b) Kostenfestsetzungsbeschluss

c) Gegebenenfalls: Zahlungsaufforderung an Gegner

7.   **Hauptsacheverfahren:**

Hauptsacheentscheidung rechtskräftig und einstweilige Verfügung bestätigt?

- Verzicht auf die Rechte aus der Verfügung und Angebot an Anspruchsgegner, den Original-Titel auszuhändigen

---

[6] Ggf. das Ergebnis eines bereits vom Gegner angestrengten Rechtsmittelverfahrens (zum Beispiel Widerspruch) abwarten, sofern keine Verjährung der Ansprüche droht.

Abmahnung

Anschrift des Verletzers

Vorab per Telefax: ...

Ort, Datum

Telekönig GmbH ./. Telekaiser AG

Sehr geehrte Damen und Herren,

wir zeigen an, dass wir die Telekönig GmbH (*ergänze:* Anschrift) vertreten. Ordnungsgemäße Bevollmächtigung weisen wir durch die hier als **Anlage** beigefügte **Original**-Vollmacht nach.

Wir müssen uns in folgender Angelegenheit an Sie wenden:

In der Zeitung ... vom ... ist auf Seite ... eine Anzeige der Telekaiser AG veröffentlicht. In der Anzeige behaupten Sie unter anderem:

> „Wir sind der größte Anbieter für Internet-Dienstleistungen in Deutschland mit einem weltweiten Umsatz von drei Milliarden Euro (Geschäftsjahr 20..)"

Die Behauptung, die Telekaiser AG sei „der größte Anbieter für Internet-Dienstleistungen in Deutschland", ist unrichtig: Zwar mag die Telekaiser AG womöglich *weltweit* den größten Umsatz für Internet-Dienstleistungen erwirtschaften. Sie erreicht in Deutschland jedoch lediglich einen Marktanteil von höchstens 12 Prozent. Der Marktanteil der Telekönig GmbH beträgt hingegen 18 Prozent. Unsere Mandantschaft ist daher Marktführer – und zwar bereits seit mehreren Jahren. Der „größte Anbieter für Internet-Dienstleistungen in Deutschland" ist damit die Telekönig GmbH.

Wegen Ihrer unrichtigen Werbe-Behauptung haben wir Sie im Auftrag unserer Mandantschaft aufzufordern, eine

Unterlassungs-/Verpflichtungserklärung

im Umfang der hier als Anlage im Entwurf[7] beigefügten Erklärung abzugeben.

Wir weisen darauf hin, dass nach höchstrichterlicher Rechtsprechung (vgl. BGH GRUR 1996, 290 (291) – Wegfall der Wiederholungsgefahr I) nur eine *strafbewehrte* Erklärung die Wiederholungsgefahr in ausreichender Weise ausschließt.

Die Kosten unserer Einschaltung haben Sie gemäß § 12 Abs. 1 S. 2 UWG zu tragen.[8]

Zur Vermeidung einer gerichtlichen Auseinandersetzung geben wir Ihnen die Gelegenheit, die geforderte Erklärung bis spätestens

(*ergänze:* Frist)[9]

abzugeben. Die Vorab-Übersendung per Telefax wahrt die Frist. Gleichwohl weisen wir darauf hin, dass auch die Übersendung des Originals erforderlich ist (vgl. BGH GRUR 1990, 530 (532) – Unterwerfung durch Fernschreiben).

---

[7] → Rn. 603.

[8] Hier kann ergänzt werden, dass eine entsprechende Kostenberechnung bereits beigefügt ist. Es empfiehlt sich jedoch häufig – etwa, um den Verletzer nicht „abzuschrecken" oder um buchhalterische Maßnahmen zu vermeiden, wenn der Verletzer nur einen Teil der angefallenen Abmahnkosten erstattet, während der Verletzte die übrigen Kosten trägt – die Kostenberechnung nach Abgabe der geforderten Erklärung nachzureichen.

[9] In der Regel *maximal* zwei Wochen, häufig auch kürzer bis zu wenigen Tagen oder sogar Stunden (zum Beispiel bei Verletzungshandlungen auf Messen).

Sollte die geforderte Erklärung nicht bis zu vorgenanntem Zeitpunkt vorliegen, müssen wir unserer Mandantschaft empfehlen, Gerichtshilfe in Anspruch zu nehmen.

Mit freundlichen Grüßen

(Unterschrift)

Anlagen:
- Original-Vollmacht
- Unterlassungs-/Verpflichtungserklärung

Unterlassungserklärung

• mit bezifferter Vertragsstrafe bzw.
• mit Vertragsstrafenversprechen nach „Hamburger Brauch"

Unterlassungs-/Verpflichtungserklärung

Telekaiser AG, gesetzlich vertreten durch ..., ... (*ergänze:* Anschrift)

sowie und unabhängig hiervon[10]

Herr Geschäftsführer ..., ... (*ergänze:* Anschrift)

verpflichten sich gegenüber der

Telekönig GmbH, gesetzlich vertreten durch ..., ... (*ergänze:* Anschrift)

1. es künftig zu u n t e r l a s s e n,

   zu Zwecken des Wettbewerbs zu behaupten und/oder zu verbreiten und/oder behaupten und/oder verbreiten zu lassen:

   „Wir sind der größte Anbieter für Internet-Dienstleistungen in Deutschland ...".

   (insbesondere)[11], wenn dies geschieht wie in der Anzeige in der ... Zeitung vom ..., Seite ...

2. für jeden Fall der Zuwiderhandlung gegen die vorstehende Unterlassungsverpflichtung gemäß Ziff. 1

   eine Vertragsstrafe in Höhe von Euro ... (*ergänze:* Höhe der Vertragsstrafe – *in der Regel mindestens zehn Prozent des Streitwertes*) zu bezahlen [wobei § 348 HGB abbedungen wird][12]

   oder alternativ (sog „Hamburger Brauch")

   eine angemessene Vertragsstrafe zu bezahlen, deren Höhe vom ... (*ergänze:* Anspruchsteller) bestimmt und deren Angemessenheit ggf. vom zuständigen Gericht[13] überprüft werden kann;

3. die Kosten der Einschaltung der Rechtsanwälte ... aus Anlass dieser Erklärung aus einem Gegenstandswert von ... (*ergänze:* Gegenstandswert) zu erstatten.

Ggf. bietet sich für den Abgemahnten der Zusatz an:

Die Unterlassungs-/Verpflichtungserklärung wird unter der auflösenden Bedingung einer auf Gesetz oder höchstrichterlicher Rechtsprechung beruhenden eindeutigen Klärung des zu unterlassenden Verhaltens als rechtmäßig abgegeben.[14]

Für (*ergänze:* ggf. Name des abgemahnten Unternehmens):

_____ , den _____

_____

– rechtsverbindliche Unterschrift –

Für (*ergänze:* ggf. weiteren Verletzer):

_____ , den _____

_____

– rechtsverbindliche Unterschrift –

---

[10] Ggf. weitere Unterlassungsschuldner aufnehmen, zum Beispiel Geschäftsführer, → Rn. 518.

[11] → Rn. 702.

[12] → Rn. 644; der Einschub berücksichtigt die Sicht des Anspruchsgegners!

[13] Die häufig übliche Erklärung, das *Landgericht* könne die Angemessenheit überprüfen, könnte implizieren, dass man immer von einer Vertragsstrafe in Höhe von über 5.000 EUR – dem landgerichtlichen Zuständigkeitsstreitwert – ausgeht. „Unverfänglicher" ist die neutrale Formulierung „Gericht".

[14] → Rn. 626.

Abschlusserklärung (Abgabe)

• Standardversion bzw.
• umfangreiche Erklärung

Anschrift des Gegners

Vorab per Telefax: ...

Ort, Datum

Telekaiser AG./. Telekönig GmbH

LG (ergänze: Ort), Aktenzeichen: ...

Sehr geehrte ...,

in vorbezeichneter Angelegenheit wurde die einstweilige Verfügung des Landgerichts ... (*ergänze:* Gerichtsort) vom ... (*ergänze:* Datum) unserer Mandantschaft (*alternativ:* uns) am ... (*ergänze:* Datum) zugestellt.

Wir erklären hiermit (*ggf. ergänzen:* namens und im Auftrag unserer Mandantschaft), dass die einstweilige Verfügung als endgültige Regelung der mit Antragsschrift vom ... (*ergänze:* Datum) geltend gemachten Unterlassungsansprüche anerkannt wird. Zugleich wird auf die Rechte gemäß §§ 926, 927 ZPO (*ggf. auch:* sowie auf das Recht, Rechtsmittel einzulegen) (*ergänze für die ausführliche Fassung:* und auf die Erhebung einer negativen Feststellungsklage sowie auf die Geltendmachung von Schadensersatzansprüchen) verzichtet – hinsichtlich § 927 ZPO unter der auflösenden Bedingung einer auf Gesetz oder höchstrichterlicher Rechtsprechung beruhenden eindeutigen Klärung des zu unterlassenden Verhaltens als rechtmäßig.[15]

Wir weisen ausdrücklich darauf hin, dass die vorstehende Abschlusserklärung rechtsverbindlich, jedoch ohne Anerkenntnis einer Rechtspflicht und ohne Präjudiz in der Sach- und Rechtslage im Übrigen abgegeben wird.

Mit freundlichen Grüßen

(Unterschrift)

---

[15] → Rn. 626.

Abschlusserklärung (Aufforderung)

- Standardversion bzw.
- umfangreiche Erklärung

Anschrift des Verletzten[16]

Vorab per Telefax: ...

Ort, Datum

Telekaiser AG./. Telekönig GmbH

LG (**ergänze:** Ort), Aktenzeichen: ...

Sehr geehrte ...,

in vorbezeichneter Angelegenheit wurde Ihnen (falls der Verletzte im Verfügungsverfahren nicht vertreten war, sonst: Ihrem Prozessbevollmächtigten) die einstweilige Verfügung des Landgerichts ... (*ergänze:* Gerichtsort) vom ... (*ergänze:* Datum) am ... (*ergänze* Datum) zugestellt.

(Hier sodann im Hinblick auf die Kostenerstattung Inhalt der einstweiligen Verfügung erläutern. Die Abschlusserklärung sollte nach Möglichkeit individuell formuliert werden.[17])

Wir fordern Sie hiermit (*ggf. ergänzen:* namens unserer Mandantschaft) zur Abgabe der Abschlusserklärung auf, das heißt bis spätestens

(*ergänze*: Frist[18])

zu erklären, dass die einstweilige Verfügung als endgültige Regelung anerkannt und auf die Rechte aus §§ 926, 927 ZPO (*ggf. ergänzen, sofern Rechtsmittel noch möglich sind:* sowie auf Einlegung eines Rechtsmittels) (*ergänze für die ausführliche Fassung:* und auf die Erhebung einer negativen Feststellungsklage sowie auf die Geltendmachung von Schadensersatzansprüchen) verzichtet wird.

Sollte die Erklärung nicht innerhalb der gesetzten Frist abgegeben sein, werden wir unserer Mandantschaft empfehlen, zur endgültigen Sicherung ihres Anspruches Hauptsacheklage zu erheben.

Mit freundlichen Grüßen

(Unterschrift)

---

[16] Nicht des Prozessbevollmächtigten im Verfügungsverfahren, → Rn. 858.
[17] → Rn. 868.
[18] Drei Wochen dürften unproblematisch sein, → Rn. 861.

Aufhebungsantrag gemäß §§ 936, 927 ZPO

| Anschrift des Gerichts[19] |

| Ort, Datum |

Antrag auf Aufhebung einer einstweiligen Verfügung gemäß §§ 936, 927 ZPO

Az. (des mit der Aufhebung befassten Gerichts): …

In dem Verfügungsverfahren

Antragsteller …

– Antragsteller –

g e g e n

Antragsgegner …

– Antragsgegner –

wird für den Antragsgegner

b e a n t r a g t ,

die einstweilige Verfügung des …gerichts vom … (*ergänze:* Datum, Aktenzeichen) aufzuheben und die Kosten des Aufhebungsverfahrens (*ggf.*[20]: sowie die Kosten des Verfügungsverfahrens) dem Antragsteller aufzuerlegen.

B E G R Ü N D U N G :

Der Antragsteller hat gegen den Antragsgegner beim …gericht … am … eine einstweilige Verfügung durch Beschluss erwirkt.

Glaubhaftmachung: Beschlussverfügung vom … in Kopie, als

– Anlage A 1 –.

Der Antragsteller hat die einstweilige Verfügung bis heute – etwa acht Wochen nach Erlass der Beschlussverfügung – an den Antragsgegner nicht zugestellt.

Der Antragsgegner hat von dem Inhalt der Verfügung erst vor etwa zwei Wochen durch ein Schreiben des Antragstellers Kenntnis erlangt.

Glaubhaftmachung: Schreiben vom … in Kopie, als

– Anlage A 2 –.

Die einstweilige Verfügung ist daher nicht gemäß §§ 936, 929 Abs. 2 ZPO ordnungsgemäß vollzogen worden. Sie ist deshalb aufzuheben.[21]

Über die Kosten der einstweiligen Verfügung ist im Aufhebungsverfahren zu entscheiden (vgl. OLG Karlsruhe WRP 1996, 121 f.)[22]

(Unterschrift)

---

[19] Zuständig ist das Gericht der Hauptsache, bei dem die Hauptsache anhängig ist. Ist keine Hauptsache anhängig, ist das Berufungsgericht zuständig, wenn eine Berufung im Verfügungsverfahren anhängig ist. Ist auch das nicht der Fall, entscheidet das erstinstanzliche Gericht des Verfügungsverfahrens.

[20] Sofern die Voraussetzungen für eine weitergehende Kostenentscheidung gegeben sind.

[21] Ist die Verfügung noch nicht rechtskräftig, kann die mangelnde Vollziehung auch im Rechtsmittelverfahren geltend gemacht werden (→ Rn. 791).

[22] Anders aber OLG München WRP 1996, 1052.

Auslandszustellung

Anschrift des Gerichts

Ort, Datum

Zustellungsersuchen gemäß § 183 ZPO
zum Zwecke der Vollziehung gemäß §§ 936, 929 ZPO[23]

Az.: ...

In dem Verfügungsverfahren

Antragsteller, vertreten durch ..., Straße, Ort

– Antragsteller –

Verfahrensbevollmächtigte: ...

g e g e n

Antragsgegner, vertreten durch ..., Straße, Ort

– Antragsgegner –

wird für den Antragsteller

b e a n t r a g t ,

- die förmliche Zustellung der einstweiligen Verfügung vom ... an den Antragsgegner mit Sitz in ...[24]

  und zwar durch

  Gerichtsvollzieher

  oder

- – sofern die Zustellung durch Gerichtsvollzieher mit dem Recht des Empfangsstaates unvereinbar sein sollte – in der von dem Recht des Empfangsstaates für die Zustellung gerichtlicher (Eil-)Entscheidungen im Parteibetrieb vorgeschrieben Form

  zu veranlassen.

Wegen des drohenden Ablaufs der Vollziehungsfrist am ... (*ergänze:* Datum) wird höflich um **eilige** Veranlassung der Zustellung gebeten.

---

[23] Kann auch bereits im Verfügungsantrag gestellt werden!

[24] → Rn. 836 ff. Meiner Auffassung nach muss als förmliche Zustellung die Postzustellung gemäß § 183 ZPO genügen. Trotzdem empfiehlt es sich, vorsorglich die Zustellung durch Gerichtsvollzieher zu beantragen.

Hierzu sind beigefügt

- **das Original** sowie
- **zwei beglaubigte Abschriften**

der **Ausfertigung** der einstweiligen Verfügung.

(*Ggf.*: Eine **Übersetzung** der Schriftstücke ist entbehrlich)[25]

Sofern Bedenken gegen die beantragte Zustellung bestehen oder eine sonstige Klärungsbedürftigkeit gesehen wird, wird höflich um

richterlichen Hinweis

– gerne auch auf telefonischem Wege – gebeten.

(Unterschrift)

---

[25] Siehe hierzu zum Beispiel Art. 5 EU-ZustellungsVO sowie bilaterale Abkommen.

Beschwerde gegen Zurückweisung des Verfügungsantrags im Beschlusswege

> Anschrift des Erst-Gerichts[26]

> Ort, Datum

Sofortige Beschwerde

Az.: ...

In dem Verfügungsverfahren

Antragsteller ...

– Antragsteller –

g e g e n

Antragsgegner ...

– Antragsgegner –

wegen: Unterlassung (Wettbewerbssache)

legen wir für den Antragsteller gegen den Beschluss des Landgerichts ... vom ..., zugestellt am ...,

B e s c h w e r d e

ein.

Die Entscheidung fügen wir als Anlage in beglaubigter Abschrift bei.

Es wird für den Antragsteller

b e a n t r a g t :

den Beschluss des LG ... vom ... (*ergänze*: Datum, Aktenzeichen) wie folgt abzuändern:

I. Dem Antragsgegner wird bei Meidung eines Ordnungsgeldes von 5 EUR bis zu 250.000 EUR, an dessen Stelle im Falle der Uneinbringlichkeit eine Ordnungshaft bis zu 6 Monaten tritt, oder einer Ordnungshaft bis zu 6 Monaten, (*ggf.*: zu vollziehen am Geschäftsführer der Antragsgegnerin) für jeden einzelnen Fall der Zuwiderhandlung gem. §§ 935 ff., 890 ZPO verboten,

zu Zwecken des Wettbewerbs zu behaupten und/oder zu verbreiten und/oder behaupten und/oder verbreiten zu lassen

„Wir sind der größte Anbieter für Internet-Dienstleistungen in Deutschland ...",

---

[26] Wegen der in § 572 Abs. 1 ZPO vorgesehenen Abhilfeentscheidung empfiehlt es sich, die Beschwerde an das Gericht zu richten, das die zurückweisende Entscheidung erlassen hat. Die Beschwerde kann aber auch beim Beschwerdegericht eingelegt werden (§ 569 Abs. 1 S. 1 ZPO). Eine Beschwerde gegen eine OLG-Entscheidung gibt es nicht, § 567 Abs. 1 ZPO.

insbesondere, wenn dies geschieht wie in der Anzeige in der ... Zeitung vom ..., Seite ...

II. Der Antragsgegner hat die Kosten des Verfahrens zu tragen.

BEGRÜNDUNG:

A.

I.

Zum Sachverhalt

(Kurze Sachverhaltsdarstellung entsprechend der ersten Instanz.)

II.

Zur angegriffenen Entscheidung

Die Kammer hat den Antrag auf Erlass einer einstweiligen Verfügung zurückgewiesen.

Die Zurückweisung des Verfügungsantrages hat die Kammer unter anderem mit den nachstehenden Argumenten zu stützen versucht:

1. ...

2. ...

B.

Zur Beschwerde im Einzelnen

... (*folgt:* Beschwerdebegründung)

Es ist daher der Beschwerde und dem Verfügungsantrag stattzugeben.

(Unterschrift)

Eidesstattliche Versicherung

Eidesstattliche Versicherung

Mir ist bekannt, dass die nachstehende eidesstattliche Versicherung zur Vorlage bei Gericht bestimmt ist. Ich bin darüber informiert, dass eine eidesstattliche Versicherung in allen Einzelheiten der Wahrheit entsprechen muss und weiß, dass eine unrichtige eidesstattliche Versicherung mit Strafe bedroht ist.

Ich erkläre folgendes:

Zur Person:

Ich heiße ..., geboren am ..., und bin ... (*ergänze zB:* Beruf, Stellung im Unternehmen) der ... (*ergänze:* Name des Unternehmens) in ... (*ergänze:* Ort, Straße).

Zur Sache:

...

_____ , den _____

_____

– Unterschrift –

Klageerzwingungs-Antrag gemäß § 926 ZPO

Anschrift des Erst-Gerichts

Ort, Datum

**Antrag auf Erhebung der Hauptsacheklage
gemäß §§ 936, 926 ZPO**

Az. (des Erstgerichts): …

In dem Verfügungsverfahren

Antragsteller …

– Antragsteller –

g e g e n

Antragsgegner …

– Antragsgegner –

wegen: Unterlassung (Wettbewerbssache)

wird für den Antragsgegner

b e a n t r a g t ,

anzuordnen, dass der Antragsteller innerhalb von zwei Wochen nach Zustellung des gerichtlichen Beschlusses gemäß § 926 ZPO Hauptsacheklage zu erheben hat.

(Unterschrift)

Ordnungsmittel-Antrag

Anschrift des Erst-Gerichts

Ort, Datum

**Antrag auf Festsetzung eines Ordnungsmittels
gemäß § 890 ZPO**

Az. (des Erstgerichts): ...

In dem Verfügungsverfahren

Antragsteller ...

– Antragsteller –

g e g e n

Antragsgegner ...

– Antragsgegner –

wegen: Unterlassung (Wettbewerbssache)

hier: Zwangsvollstreckung

bringen wir gemäß KV-Nr. 2110 eine Gebühr von 15 Euro zur Einzahlung.[27]

Es wird für den Antragsteller

b e a n t r a g t ,

I. gegen den Antragsgegner gemäß § 890 Abs. 1 ZPO ein Ordnungsgeld festzusetzen und für den Fall, dass dieses nicht beigetrieben werden kann, Ordnungshaft gegen den Geschäftsführer des Antragsgegners anzuordnen sowie

II. die Kosten der Zwangsvollstreckung dem Antragsgegner aufzuerlegen.

B E G R Ü N D U N G :

I.

Zum Sachverhalt

1. Das Landgericht .../Oberlandesgericht ... hat dem Antragsgegner mit einstweiliger Verfügung vom ... unter Androhung eines für jeden Fall der Zuwiderhandlung festzusetzenden Ordnungsgeldes bis zu 250.000 EUR, ersatzweise Ordnungshaft bis zu 6 Monaten, oder Ordnungshaft bis zu 6 Monaten verboten,

... (*ergänze:* Tenor der Verfügung).

Beweis:

Ausfertigung der einstweiligen Verfügung des Landgerichts München I vom ... als

– Anlage ASt 1 –.

---

[27] Siehe § 12 Abs. 5 GKG.

2. Die einstweilige Verfügung wurde dem Antragsgegner am ... ordnungsgemäß durch Gerichtsvollzieher zugestellt.

Beweis:

Postzustellungsurkunde vom ... in Kopie, als

– Anlage ASt 2 –.

3. Nach Zustellung der einstweiligen Verfügung hat der Antragsgegner gegen das Verbot verstoßen:

Beweis:

Werbeanzeige vom ... in Kopie, als

– Anlage ASt 3 –.

4. Der Antragsgegner hatte zwischen der Zustellung der Verfügung und der Veröffentlichung der Anzeige zehn Tage Zeit, den Anzeigenauftrag zu stornieren. Dies ist in der Regel innerhalb weniger Stunden möglich.

II.

Zum Rechtlichen

1. Es liegt ein Verstoß gegen die einstweilige Verfügung des ...gerichts vor.

2. Der Antragsgegner hat schuldhaft gehandelt: Es wäre ihm ohne Weiteres möglich gewesen, den Anzeigenauftrag zu stornieren.

3. Da der Antragsgegner durch den Verstoß belegt hat, dass er nicht gewillt ist, das gerichtliche Verbot zu berücksichtigen, erscheint die Festsetzung eines Ordnungsgeldes von wenigstens ... Euro als mindestens angemessen.

(Unterschrift)

Schutzschrift

Anschrift des Gerichts (Kammer für Handelssachen)

Ort, Datum

Schutzschrift

im Verfahren auf Erlass einer einstweiligen Verfügung

In dem mutmaßlichen Verfügungsverfahren

Antragsteller, vertreten durch …, Straße, Ort

– Antragsteller –

Verfahrensbevollmächtigte: …

g e g e n

Antragsgegner, vertreten durch …, Straße, Ort

– Antragsgegner –

Verfahrensbevollmächtigte: …

wegen: Unterlassung (Wettbewerbssache)

zeigen wir an, dass wir den mutmaßlichen Antragsgegner vertreten.

Für diesen wird

b e a n t r a g t,

I. den Verfügungsantrag *(ggf. mutmaßlichen Antrag einfügen)* kostenpflichtig zurückzuweisen;

II. dem Antragsteller die Verfahrenskosten durch Beschluss gemäß § 269 Abs. 3 ZPO analog aufzuerlegen, wenn er den Verfügungsantrag vor der Verfügungsverhandlung wieder zurücknehmen sollte.

III. **Hilfsweise:**

1. über den Verfügungsantrag nicht ohne mündliche Verhandlung zu entscheiden sowie

2. Vollstreckungsschutz gemäß § 921 ZPO zu gewähren.

Wir sind damit einverstanden, dass

• die vorliegende Schutzschrift dem Antragsteller ausgehändigt wird, wenn dieser einen Verfügungsantrag bei Gericht anhängig macht oder

• vom erkennenden Gericht Termin zur Verfügungsverhandlung unter Abkürzung der Ladungsfrist bestimmt wird.

B E G R Ü N D U N G :

I.

Zum Sachverhalt

1. Zu den Parteien: …
2. Zur angeblichen Verletzungshandlung: …

II.

Zum Rechtlichen

1. Zur Zuständigkeit des Gerichts: …
2. Zur Aktivlegitimation des Antragstellers: …
3. Zur Passivlegitimation des Antragsgegners: …
4. Zur Anwendbarkeit des UWG (geschäftliche Handlung): …
5. Zur Rechtmäßigkeit der beanstandeten Handlung: …
6. Zum Antrag auf Vollstreckungsschutz: …

(Unterschrift)

Verfügungsantrag

> Anschrift des Gerichts (Kammer für Handelssachen)

> Ort, Datum

Dringender Antrag auf Erlass einer einstweiligen Verfügung

In dem Verfügungsverfahren

Antragsteller, vertreten durch ..., Straße, Ort

– Antragsteller –

Verfahrensbevollmächtigte: ...

g e g e n

Antragsgegner, vertreten durch ..., Straße, Ort

– Antragsgegner –

wegen: Unterlassung (Wettbewerbssache)

zeigen wir an, dass wir den Antragsteller vertreten.

Für diesen

b e a n t r a g e n

wir – wegen der Dringlichkeit der Sache ohne mündliche Verhandlung gem. § 937 Abs. 2 ZPO[28] –

den Erlass einer einstweiligen Verfügung, für die wir folgende Tenorierung unterbreiten (§ 938 Abs. 1 ZPO):

I. Dem Antragsgegner wird bei Meidung eines Ordnungsgeldes von 5 EUR bis zu 250.000 EUR, an dessen Stelle im Falle der Uneinbringlichkeit eine Ordnungshaft bis zu 6 Monaten tritt, oder einer Ordnungshaft bis zu 6 Monaten, (*ggf.*: zu vollziehen am Geschäftsführer der Antragsgegnerin) für jeden einzelnen Fall der Zuwiderhandlung gem. §§ 935 ff., 890 ZPO verboten,

zu Zwecken des Wettbewerbs

zu behaupten und/oder zu verbreiten und/oder behaupten und/oder verbreiten zu lassen

„Wir sind der größte Anbieter für Internet-Dienstleistungen in Deutschland ...",

insbesondere, wenn dies geschieht wie in der Anzeige in der ... Zeitung vom ..., Seite ...

II. Der Antragsgegner hat die Kosten des Verfahrens zu tragen.

III. Der Streitwert wird auf – ... (*Streitwert-Vorschlag des Antragstellers ergänzen*) festgesetzt.

---

[28] Zum Verfügungsverfahren, wenn der Gegner seinen Sitz im Ausland hat, → Rn. 829 ff.

B E G R Ü N D U N G :

I.

Parteien/Allgemeines

1. Der Antragsteller gehört in Deutschland zu den führenden Anbietern von Telekommunikationsdienstleistungen. Er vertreibt unter anderem die Produkte …

2. Der Antragsgegner ist auf dem Markt der Telekommunikationsdienstleistungen Mitbewerber des Antragstellers. Er erwirtschaftet mit dem Vertrieb der Produkte … jährlich weltweit einen Umsatz von … Millionen Euro.

Glaubhaftmachung:

Auszug aus dem Geschäftsbericht 20. des Antragsgegners in Kopie, als

– Anlage ASt 1 –.

3. Die Parteien streiten um die Zulässigkeit einer bundesweit verbreiteten Werbemaßnahme des Antragsgegners.

II.

Verletzungshandlung

1. Der Antragsgegner hat in der Zeitung … vom … auf Seite … eine Anzeige veröffentlichen lassen, die unter anderem den Text enthält:

„Wir sind die größten Anbieter für Internet-Dienstleistungen in Deutschland mit einem weltweiten Umsatz von drei Milliarden Euro (Geschäftsjahr 20..)"

Glaubhaftmachung:

Anzeige in … vom … Seite …, als

– Anlage ASt 2 –.

2. Die Werbeaussage ist unrichtig: …

Glaubhaftmachung:

…

– Anlage ASt 3 –.

3. Wegen der vorgenannten Werbeaussage ließ der Antragsteller den Antragsgegner mit anwaltlichem Schreiben vom … auf Unterlassung in Anspruch nehmen.

Glaubhaftmachung:

Unterlassungsaufforderung samt Unterlassungs-/Verpflichtungserklärung in Kopie, als

– Anlage ASt 4 –.

4. Mit Schreiben vom … hat der Antragsgegner geantwortet und mitgeteilt, dass die Anzeigenschaltung versehentlich erfolgt sei. Eine weitere Veröffentlichung der Anzeige sei – schon wegen der Abmahnung des Antragstellers – nicht beabsichtigt.

Glaubhaftmachung:

Schreiben vom … in Kopie, als

– Anlage ASt 5 –.

Die geforderte Unterlassungserklärung hat der Antragsgegner jedoch nicht abgegeben. Der Antragsteller muss daher Gerichtshilfe in Anspruch nehmen.

369

III.

Zum Rechtlichen

Der Verfügungsantrag ist formellrechtlich sowie materiellrechtlich begründet:

1. Das Landgericht (Kammer für Handelssachen) … ist wegen § 13 Abs. 1 UWG sachlich und wegen § 14 UWG örtlich zuständig.

2. Der Antragsteller hat einen Anspruch auf Unterlassung gegenüber dem Antragsgegner gemäß §§ 3, 5 Abs. 1 Satz 2 Nr. 3 UWG, da der Antragsgegner mit unrichtigen Angaben wirbt.

   Die **Wiederholungsgefahr** ist gegeben, da sich der Antragsgegner geweigert hat, die geforderte Unterlassungserklärung abzugeben. Die einfache Erklärung, die beanstandete Werbeaussage werde nicht wiederholt, reicht zur Ausräumung der Wiederholungsgefahr nicht aus.

3. Gegeben ist auch der **Verfügungsgrund**, da der Antragsteller vor weniger als … *(ergänze die regional relevante Dringlichkeitsfrist, zum Beispiel:* einem Monat) von der Verletzungshandlung Kenntnis erlangt hat.

4. Der Streitwert wird mit EUR … *(Grundstreitwert benennen und mit der Anzahl der Parteien multiplizieren)* angegeben.

5. Sofern das Gericht Bedenken gegen eine zusprechende Entscheidung im Beschlusswege haben sollte oder eine sonstige Klärungsbedürftigkeit vor einer Entscheidung gesehen wird, wird höflich um

richterlichen Hinweis

gem. § 139 ZPO – gerne auch auf telefonischem Wege – gebeten.

(Unterschrift)

Vollziehung (Zustellung) der einstweiligen Verfügung durch Gerichtsvollzieher

Amtsgericht am Sitz des Gegners – Gerichtsvollzieherverteilerstelle –

Ort, Datum

Zustellung einer einstweiligen Verfügung
zum Zwecke der Vollziehung
gemäß §§ 936, 929 Abs. 2 ZPO

In dem Verfügungsverfahren

Antragsteller, vertreten durch ..., Straße, Ort

– Antragsteller –

Verfahrensbevollmächtigte: ...

g e g e n

Antragsgegner, vertreten durch ..., Straße, Ort

– Antragsgegner –

wegen: Unterlassung (Wettbewerbssache)

hier: Vollziehung

übermitteln wir

• das Original der Ausfertigung

• sowie eine beglaubigte Kopie der Ausfertigung

des Beschlusses des ...gerichts ... vom ... (*ergänze:* Datum/Aktenzeichen)

zum Zwecke der eiligen Zustellung

bei dem Antragsgegner.

(Unterschrift)

Widerspruch

Anschrift des Erst-Gerichts

Ort, Datum

Az.: ...

Widerspruch

In dem Verfügungsverfahren

Antragsteller, vertreten durch ..., Straße, Ort

– Antragsteller –

Verfahrensbevollmächtigte: ...

g e g e n

Antragsgegner, vertreten durch ..., Straße, Ort

– Antragsgegner –

Verfahrensbevollmächtigte: ...

wegen: Unterlassung (Wettbewerbssache)

zeigen wir an, dass wir den Antragsgegner vertreten.

Für diesen legen wir Widerspruch gegen die einstweilige Verfügung des ...gerichts vom ... ein (Az.: ...).

In der mündlichen Verhandlung werden wir

b e a n t r a g e n,

  I. die einstweilige Verfügung des ...gerichts vom ... (Az.: ...) aufzuheben,

 II. den auf ihren Erlass gerichteten Antrag zurückzuweisen[29] und

III. die Kosten des Verfahrens dem Antragsteller aufzuerlegen.

Hilfsweise:

Vollstreckungsschutz gemäß § 921 ZPO zu gewähren.

B E G R Ü N D U N G :

I.

Parteien/Allgemeines

1. (Zum Antragsteller) ...

2. (Zum Antragsgegner) ...

---

[29] Der *Antragsteller* beantragt nicht, den Widerspruch zurückzuweisen, sondern die einstweilige Verfügung zu bestätigen.

II.

Zum Sachverhalt

...

III.

Zum Rechtlichen

Der Antrag ist (unzulässig und) unbegründet:

...

(Unterschrift)

Stichwortverzeichnis

Die Zahlen bezeichnen die Randnummern